GRETHLEIN

Jugendgerichtsgesetz

SAMMLUNG GUTTENTAG

249

Jugendgerichtsgesetz

Kommentar

von

Dr. Gerhard Grethlein

Erster Staatsanwalt

2., neubearbeitete und erweiterte Auflage

BERLIN 1965

WALTER DE GRUYTER & CO.

vormals G. J. Göschen'sche Verlagshandlung — J. Guttentag, Verlagsbuchhandlung — Georg Reimer — Karl J. Trübner — Veit & Comp.

Archiv-Nr. 29 49 65 1

Satz und Druck: Walter de Gruyter & Co., Berlin 30

Vorwort

Wenn die erste Auflage des Kommentars die Aufgabe, als Handbuch für die tägliche Praxis rasch zu orientieren, erfüllt zu haben scheint, so wohl vor allem wegen der Kürze und Knappheit der Darstellung. Die Erweiterung der Neuauflage habe ich deshalb nicht leichten Herzens vorgenommen; sie war aber nicht zu umgehen.

Die Kritik setzte an zwei Stellen an: Verschiedentlich wurde die Verwendung zu vieler Abkürzungen gerügt, von Loesch (mittelbar wohl auch von Peters ua) auch die zu knappe Erläuterung des materiellen Rechts. Zwar habe ich trotz der Kritik die Abkürzungen weithin beibehalten, weil durch sie nicht unerheblich Raum gespart wird und weil ich wiederholt bestätigt erhalten habe, daß der Benutzer des Buches sehr rasch mit dem Abkürzungssystem vertraut wird. Doch haben zahlreiche Arbeiten zum materiellen Jugendrecht nicht nur deutlich gemacht, daß der Kommentar insoweit Lücken aufweist, sondern zugleich die Zurückhaltung bei der früheren Erläuterung gerechtfertigt, eben weil vielfach nicht genügend wissenschaftlich gesicherte Erkenntnisse vorlagen. Heute wäre eine so knappe Kommentierung des materiellen Rechts nicht mehr zu vertreten, zumal neuere Erkenntnisse[1]) die bisher herrschende Meinung in verschiedenen Punkten nicht bestätigen. Ich darf auf Einf. II 2a (1), §§ 5, 9, 17 (bes. Anm. 1b), 18 A 3d, 21 A 1c, 27 A 1b sowie auf die Vorb. zu §§ 3 und 105 verweisen. Ein kurzer Hinweis auf die wichtigsten Ergebnisse der Statistik (Einf. IV) war als Überblick über die Entwicklung der Jugendkriminalität und die zu ihrer Bekämpfung eingesetzten Maßnahmen des Jugendrechts geboten.

Auch zu den übrigen Vorschriften des JGG sind durch Gesetzgebung und Verwaltung (zB Verkehrszentralkartei; Maßregeln, Nebenstrafen und -folgen im Registerrecht), in Rechtsprechung und Schrifttum, aber auch sonst in der Praxis, eine Reihe neuer Gedanken oder bisher nicht erörterter Fragen aufgetaucht, die nicht unberücksichtigt bleiben durften, soll der Kommentar auch weiterhin die Aufgabe erfüllen, über alle bekannten Fragen des Jugendrechts Auskunft zu geben. Ebenso mußte auf die zahlreiche Literatur hingewiesen werden, um dem Benutzer stets ein tieferes Eindringen in alle Fragen zu ermöglichen. — Auch dürfte die kurze Zusammenfassung der besonders in Jugendschutzsachen oft auftretenden Beweisrechtsfragen bei verwandten Zeugen uä nach der Rechtsprechung des Bundesgerichtshofs (§ 121 A 3) sich vor allem im Sitzungsdienst als nützlich erweisen.

---

[1]) Leider ist es trotz zahlreicher Veröffentlichungen noch nicht zu einer umfassenden Untersuchung über die Auswirkungen der einzelnen Maßnahmen des JGG gekommen, die auf breiter Basis zu wissenschaftlich klar fundierten Erkenntnissen führen könnte (vgl Einf. Vorb. letzter Abs.).

Vorwort

Durch Bildung von Schwerpunkten, noch häufigerer Benutzung von Fußnoten und unterschiedlichem Druck hoffe ich, die Übersichtlichkeit und Handlichkeit des Werkes zum raschen Gebrauch bei der täglichen Arbeit trotz der Erweiterung gewahrt zu haben. Die fast ausnahmslos beibehaltene Gliederung und Bezeichnung der Anmerkungen und Fußnoten läßt auf die Vorauflage sich beziehende Zitate auch in dieser Auflage leicht auswerten. Das Buch ist noch mehr ein kurzer Kommentar mit vielen Fußnoten geworden und mit Schwerpunkten bei besonders wichtigen oder umstrittenen Fragen, um so nach wie vor dem überlasteten Praktiker eine wissenschaftlich fundierte Arbeit im Jugendrecht auch bei geringem Zeitaufwand zu ermöglichen. Dazu muß der Kommentar aber auch auf dem laufenden gehalten werden. Verlag und Verfasser sind sich einig, daß das bei einem Handbuch zur ständigen Benutzung nicht durch Einführung des Loseblatt-Systems geschehen kann. Die günstigen Erfahrungen mit dem Ergänzungsheft zur 1. Auflage legen vielmehr nahe, durch bei Bedarf erscheinende Ergänzungshefte[2]) den Kommentar möglichst lang aktuell zu erhalten. Damit die Benutzer des Kommentars jeweils sofort nach Erscheinen mit den Ergänzungsheften beliefert werden können, liegt dem Buch eine Bestellkarte bei, die Sie bitte beachten wollen. Damit zeigen Sie zugleich dem Verlag und mir, wie weit ein Interesse an solchen Ergänzungsheften besteht.

Der Zeitpunkt des Erscheinens wird dadurch bestimmt, daß durch Berücksichtigung des gesamten einschlägigen Schrifttums bis Mitte 1964 — der NJW, des BGH-Nachschlagewerkes LM, der JR, der amtlichen Sammlung BGH (Band 19 H. 6) und des ObLG (bis 1963 H. 1) u. a. bis September 1964 — Rechtsprechung und Schrifttum der ersten zehn Jahre der Geltung dieses JGG nun zusammenfassend dargestellt werden können. Nach der Verkündung des 2. Gesetzes zur Sicherung des Straßenverkehrs am 2. 12. 1964, das anch einige Vorschriften des JGG geändert hat, und der Verabschiedung der kleinen Strafprozeßnovelle im November 1964, die für das Jugendrecht keine Besonderheiten gebracht hat, steht nun dem Erscheinen nichts mehr im Wege.

Für alle Hinweise auf Lücken oder gar Fehler oä werde ich auch künftig sehr dankbar sein.

Ansbach, Herbst 1964 Dr. Gerhard Grethlein

Aus dem Vorwort der 1. Auflage

... Kurze Erläuterungsbücher im herkömmlichen Sinn setzen eine wenigstens einigermaßen abgeschlossene Entwicklung des Rechtsgebietes voraus, das Ausgetragensein wenigstens eines Teiles der Probleme. Dies ist gerade beim JGG nicht der Fall. Das Jugendrecht ist ein ziemlich junges, noch ganz in der Entwicklung

[2]) Solche Hefte würden je nach Umfang und Bedeutung des angefallenen Materials etwa in ein- bis zweijährigem Abstand erscheinen und in sich geschlossen jeweils alle Entscheidungen und die wichtigen Abhandlungen seit Erscheinen des Kommentars enthalten. In gleicher Form wie das Ergänzungsheft zur 1. Auflage würde schon das Nachschlagen im Kommentar ergeben, ob das Ergänzungsheft etwas zu der jeweiligen Frage enthält. — Auf diese Weise müßte der Kommentar mindestens 5 Jahre aktuell erhalten werden können.

stehendes Rechtsgebiet. Die herrschende Meinung von heute kann morgen schon überwunden sein. Auch ein kurzes Erläuterungsbuch des JGG kann sich deshalb nur an wenigen Stellen auf die Wiedergabe der herrschenden Anschauung beschränken. Meist ist eine wenigstens kurze Darstellung der Gegenmeinung, wenn auch nur in Fußnoten, unumgänglich, um dem Leser ein eigenes Urteil zu ermöglichen. In dieser Situation ist es auch geboten, neben der in weitestem Umfang berücksichtigten Rechtsprechung und den immer beachteten Kommentaren von Dallinger-Lackner und Potrykus auch das sonstige Schrifttum kurz zu zitieren, um dem Interessierten ein sicheres Eindringen in die einzelnen Probleme zu ermöglichen. Natürlich war eine gewisse Auswahl nicht zu umgehen....

Das Büchlein darf auch nicht nur Jugendrichtern und Jugendstaatsanwälten, für deren tägliche Arbeit es allerdings vorwiegend bestimmt ist, ein rascher Helfer am Schreibtisch und in der Sitzung sein. Als Handbuch des JGG muß es auch den seltener mit dem JGG befaßten Richtern und Staatsanwälten der Erwachsenen-Gerichte, den Rechtsanwälten und den weniger mit den juristischen Problemen des JGG beschäftigten Jugendämtern, der Polizei, den Bewährungshelfern und neuerdings den Disziplinarvorgesetzten der Wehrmacht ein kurz gefaßter Ratgeber für die juristische Seite ihrer Tätigkeit mit und neben dem JGG sein. Deshalb mußten besonders die entsprechenden Abschnitte (§§ 24f, 38, 75, 112 b JGG zB) ebenso wie die grundlegenden Vorschriften ausführlich erläutert werden.

Damit war der Arbeit ein gewisser Mindestumfang gesetzt, der nicht unterschritten werden konnte....

Wo bei der notwendigen kurzen Fassung der Erläuterungen durch Zitate oder Anführung der Gegenmeinung Unübersichtlichkeit drohte, wurden Fußnoten gewählt. Um Wiederholungen zu vermeiden, wurden gelegentlich mehrere Paragraphen in einer Anmerkung zusammenfassend erläutert. Oft waren auch Verweisungen nicht zu umgehen, da das Gesetz selbst vielfach mit Verweisungen arbeitet und besonders materielles und Verfahrensrecht trotz der vielen Überschneidungen in gesonderten Abschnitten behandelt. — Besonders unglücklich ist, daß das Recht der Heranwachsenden und der Soldaten sowie das Verfahren gegen Jugendliche und Heranwachsende fast nur durch Verweisungen geregelt ist. Die bei jeder Vorschrift noch vor dem Gesetzestext angebrachten Hinweise (vgl. Abkürzungsverzeichnis Teil I) sollen auch hier auf engem Raum eine hinreichende Übersicht über das Anwendungsgebiet jeder Vorschrift gestatten.

Von besonderer Bedeutung sind für die Praxis Entscheidungen der Obergerichte. Es lag mir viel daran, jedem Benutzer das Nachlesen der Entscheidungen zu ermöglichen. Alle Fundstellen der an den verschiedensten Stellen abgedruckten Entscheidungen des BGH und des BayObLG stets anzuführen, erschien aus Raumgründen unmöglich. Sie sind nach der Fundstelle der amtlichen Sammlung, hilfsweise der NJW oder einer anderen Zeitschrift zitiert. Doch ist am Ende des Büchleins eine Tabelle abgedruckt, aus der auch die anderen Fundstellen entnommen werden können.

Bogen/Donau, im Herbst 1958 Dr. Gerhard Grethlein

Inhalt

Gliederung des JGG

Abkürzungsverzeichnis

Teil I

Verweisungen zwischen Überschrift der Paragraphen und Gesetzestext

1. **Hw** Die Vorschrift gilt auch für Hw.

Hw-J Die Vorschrift gilt für Hw, wenn die Voraussetzungen des § 105 I (Anwendung des materiellen JRechts) gegeben sind.

Hw-JRecht Die Vorschrift gilt für Hw, auf die im Urteil gem. § 105 I materielles JRecht angewendet worden ist.

~~**Hw**~~ Die Vorschrift gilt für Hw nie.

2. **ErwG** Diese Vorschrift muß auch das ErwG beachten, wenn es (auch) gegen einen J verhandelt.

~~**ErwG**~~ Diese Vorschrift darf das ErwG nicht anwenden.

Zu 1 und 2 a) Die Kombination 1 und 2 zeigt, ob diese Vorschrift vor dem ErwG gilt, wenn es (auch) gegen einen Hw verhandelt, ohne daß ein J beteiligt ist.

zB: **Hw** ... **ErwG** ... Die Vorschrift muß auch das ErwG beachten, wenn es gegen Hw allein oder neben Erw verhandelt.

~~**Hw**~~ .. **ErwG** ..
Hw ... ~~**ErwG**~~ ..
~~**Hw**~~ ... ~~**ErwG**~~ ..
} Die Vorschrift gilt nicht, wenn das ErwG nur gegen Hw oder gegen Hw und Erw verhandelt.

b) **Soweit die Abkürzungen nicht stark gedruckt sind** (zB Hw statt **Hw**), weist das darauf hin, daß Ausnahmen oder Einschränkungen gegenüber der mit dem Starkdruck gekennzeichneten Regelung bestehen. Die angegebene Fundstelle sagt Näheres.

3. **Sold!** Die Vorschrift ist nicht oder nur mit Einschränkungen oder Abwandlungen anzuwenden, wenn der Täter Soldat ist. Die angegebene Fundstelle sagt Näheres.

Teil II

Abkürzungen für die Anmerkungen und Fußnoten

Vorbemerkung. 1. Über die nachstehend erklärten Abkürzungen hinaus werden im Text einige weitere gebräuchliche Abkürzungen dann verwendet, wenn sie ohne weiteres verständlich sind. So sind verschiedene Nachsilben (-keit, -lich,

-ung) häufig gekürzt (-k., -l., -g.). Für „und" wird meist „u." geschrieben. Ähnlich wird zum Teil bei Fürwörtern verfahren (für = f.; gegen = gg; mit = m.; zu, zum, zur = z.). Recht und Strafe werden in Wortzusammensetzungen, aber auch allein als „R" und „Str." (auch St.) geschrieben.

2. Gesetzblätter, Zeitschriften und Entscheidungssammlungen werden grundsätzlich nach Jahrgang und Seite zitiert. Das gilt nur dann nicht, wenn eine andere **Zitierweise** allgemein üblich ist, zB bei BGH und LM. — Römische Zahlen bezeichnen die Absätze einer Vorschrift. — Paragraphen ohne Gesetzesangabe beziehen sich auf das JGG, Absätze ohne Paragraphenangabe auf den eben erläuterten Paragraphen; letzteres gilt von Anmerkungen, Richtlinien zum JGG uä, auch soweit sie sich auf andere Erläuterungswerke zum JGG beziehen. Sonst ist der Absatz, die Anmerkung oder die Richtlinie des vorher erwähnten Paragraphen gemeint, etwa bei § 52 II, RL 3, A 4, im Gegensatz etwa zu RL 2, § 50 A 1a, wo die Richtlinie Nr 2 zu dem eben erläuterten Paragraphen, aber die Anmerkung 1a zu § 50 zu vergleichen sind.

A	Anmerkung
a.	anders, andere ...
aA	anderer Ansicht
aaO	am angegebenen Ort
AbgO	(Reichs) Abgabenordnung
ABl.	Amtsblatt
Abs.	Absatz
abw.	abweichend
aE	am Ende
AFET	Allg. Fürsorgeerziehungstag
AG	Amtsgericht
allg.	allgemein
allgM	allgemeine Meinung
allgR	allgemeines Recht
AO (ErzKartei)	Anordnung (über die gerichtl. Erziehungskartei; abgedruckt bei § 94)
ARi.	Amtsrichter
Art.	Artikel
Aufl.	Auflage
AV	allgemeine Verfügung
B	Bemerkung
BAnz.	Bundesanzeiger
BB	Der Betriebsberater (Zeitschrift)
Bek.	Bekanntmachung
Ber.	Berufung
bes.	besonders, besondere(r)
Beschl.	Beschluß
Beschw.	Beschwerde

bestr.	bestritten
Bew.	Bewährung
BewH	Bewährungshilfe, -helfer; auch: Zeitschrift für „Bewährungshilfe"
BGB	Bürgerliches Gesetzbuch
BGBl	Bundesgesetzblatt
BGH	Bundesgerichtshof; auch Entscheidungen des BGH in Strafsachen
BKA	Bundeskriminalamt
BMJ	Bundesminister der Justiz
BRAGebO	Bundesgebührenordnung für Rechtsanwälte
BRD	Bundesrepublik Deutschland
Burchardi-Klempahn	Strafregister, Führungszeugnis und Karteien (1960)
BVerfG	Bundesverfassungsgericht
BVerwG	Bundesverwaltungsgericht
DAG	Deutsches Auslieferungsgesetz
Dallinger-Lackner	Jugendgerichtsgesetz, Kommentar
DAR	„Deutsches Autorecht"
DDR	Deutsche Demokratische Republik
dh	das heißt
Die Justiz	Amtsblatt des Justizministeriums Baden-Württemberg
Die Polizei	Die Polizei (Zeitschrift)
DJ	„Deutsche Justiz"
DJZ	„Deutsche Juristenzeitung"
DR	Zeitschrift für „Deutsches Recht" (Wochenausgabe, vereinigt mit JW)
DRiZ	„Deutsche Richterzeitung"
DRZ	„Deutsche Rechtszeitschrift"
DVO ErzHilfe	Rechtsverordnung zur Durchführung der Erziehungshilfe durch den Disziplinarvorgesetzten (abgedruckt bei § 112b)
Eb. Schmidt	s. Schmidt (Eberhard)
Einf.	Einführung
Einl.	Einleitung
einschl.	einschließlich
EJF	„Entscheidungen aus dem Jugend- und Familienrecht", Loseblattsammlung (bis 1961)
Entsch.	Entscheidung
entspr.	entsprechend
Erw.	Erwachsener
ErwG	Erwachsenengericht
ErwR	Erwachsenen-Strafrecht
Erz., erz.	Erziehung, erzieherisch oä
ErzBer.	Erziehungsberechtigter
ErzKartei	Anordnung über die gerichtliche Erziehungskartei (abgedruckt bei § 94)

ErzM	Erziehungsmaßregel
f, ff	und folgende
FamRZ	Ehe und Familie im privaten und öffentlichen Recht (Zeitschrift)
FE	Fürsorgeerziehung
FGG	Gesetz über die Angelegenheiten der freiwilligen Gerichtsbarkeit
Floegel-Hartung	Straßenverkehrsrecht, Kommentar 14. Auflage
FN	Fußnote
G	Gericht oder Gesetz (nur bei Zusammensetzungen; sonst Ger. oder Ges.)
GA	Goltdammer's Archiv für Strafrecht
Ganske	Der Begriff des Nachteils bei den strafprozessualen Verschärfungsverboten (N Kölner Rechtswissenschaftl. Abhandlungen Band 15) 1960.
gem.	gemäß
Ger.	Gericht
Ges.	Gesetz
gesVertr.	gesetzlicher Vertreter
GG	Grundgesetz
ggf	gegebenenfalls
GKG	Gerichtskostengesetz
grds	grundsätzlich
Grethlein, Verschlechterungsverbot:	Problematik des Verschlechterungsverbotes im Hinblick auf die besonderen Maßnahmen des Jugendrechts (Strafrecht, Strafverfahren, Kriminologie Band 3) 1963.
GrS	Großer Senat
GStA	Generalstaatsanwalt
GVBl	Gesetz- u. Verordnungsblatt
GVG	Gerichtsverfassungsgesetz
H	Heft
Hartung	Das Strafregister, 2. Aufl. (Die Zitate nach Paragraphen ohne Gesetzesangabe beziehen sich auf das JGG, Zitate auch ohne Paragraphenangabe auf den Paragraphen des JGG, in dessen Erläuterung das Zitat gebracht ist).
HESt	„Höchstrichterliche Entscheidungen", Sammlung von Entscheidungen der Oberlandesgerichte und der obersten Gerichte in Strafsachen
hM	herrschende Meinung
HRR	„Höchstrichterliche Rechtsprechung"
HS	Halbsatz
Hw	Heranwachsender
Hw-J	Heranwachsender, auf den gem. § 105 materielles Jugendrecht anzuwenden ist

Hw-JRecht	Heranwachsender, auf den gem. § 105 materielles Jugendrecht angewendet wurde
iS	im Sinne
iVm	in Verbindung mit
J	Jugend, Jugendliche(r)
j	jugendlich oä (zB jgem. = jugendgemäß)
JA	Jugendarrest
JAGO	Jugendarrestgeschäftsordnung (Sonderveröffentlichung DJ Nr 31)
JAVollzO	Jugendarrest-Vollzugsordnung v. 20. 12. 43, DJ S 580
Jagusch	LK S 428d—471 (Kommentierung des JGG in seinem materiellrechtlichen Teil von Jagusch)
JG	Jugendgericht
JGG	Jugendgerichtsgesetz
JGH	Jugendgerichtshilfe
JK	Jugendkammer
JMBl	Justizministeriallbatt (zB NRW = für Nordrhein-Westfalen)
JME	Justizministerial-Erlaß
JR	„Juristische Rundschau" od. Jugendrecht, je nach Zusammenhang
JRi.	Jugendrichter
JSchöff.	Jugendschöffen
JSchöffG	Jugendschöffengericht
JStA	Jugendstaatsanwalt
JStr.	Jugendstrafe
JVollzO	Jugendstrafvollzugsordnung (Sonderveröffentlichung DJ Nr 32)
JW	„Juristische Wochenschrift"
JWG	(Reichs)Jugendwohlfahrtsgesetz
JWohl	„Jugendwohl", katholische Zeitschrift für Kinder- u. Jugendfürsorge
JZ	„Juristenzeitung"
Kern	Gerichtsverfassungsrecht, 3. Aufl.
Kfz	Kraftfahrzeug
KG	Kammergericht
Kleinknecht-Müller	Kommentar zur StPO, 4. und 5. Aufl.
Kohlrausch-Lange	Strafgesetzbuch-Kommentar. 43. Aufl.
KostO	Kostenordnung
Kroschel	Kroschel-Hülle-Doerner. Die Abfassung der Urteile in Strafsachen, 17. Aufl.
LG	Landgericht
LK	Strafgesetzbuch (Leipziger Kommentar) von Ebermayer, Lobe und Rosenberg, fortgeführt von Nagler; 8. Aufl. herausgegeben von Jagusch und Mezger
LM	Das Nachschlagwerk des Bundesgerichtshofes, herausgegeben von Lindenmaier-Möhring ua

Abkürzungsverzeichnis

Löwe-Rosenberg	Kommentar zur Strafprozeßordnung und zum Gerichtsverfassungsgesetz, 21. Aufl., wo nicht anders vermerkt
Maurach	Deutsches Strafrecht, Allg Teil, Lehrbuch, 2. Aufl.
MDR	„Monatsschrift für Deutsches Recht"
Mezger	Kriminologie, Kurzlehrbuch 1951
MiStra	Anordnung über Mitteilungen in Strafsachen (Bundeseinheitl. Ländervorschriften, zum Teil abgedruckt bei § 70)
Mitt.	Mitteilungen
Mittermaier	Gefängniskunde, ein Lehrbuch für Studium und Praxis, 1954.
MKrim.	Monatsschrift f. Kriminologie u. Strafrechtsreform
MRK	(= Menschenrechtskonvention) Konvention zum Schutze der Menschenrechte und Grundfreiheiten vom 4. 11. 1950
N	Note (fortlaufende Numerierung der Anmerkungen bei Dallinger-Lackner)
NdsRpfl	„Niedersächsische Rechtspflege"
NJW	„Neue Juristische Wochenschrift"
NPol	Die Neue Polizei, Fachzeitschrift für die gesamte Polizei
Nr	Nummer
NRW	Nordrhein-Westfalen
O	Ordnung (in zusammengesetzten Wörtern)
o.	oben
ObLG	Bayerisches Oberstes Landesgericht, auch Sammlung von Entscheidungen des ObLG
OLG	Oberlandesgericht
OWiG	Gesetz über die Ordnungswidrigkeiten
Peters Kriminalpädagogik	Grundprobleme der Kriminalpädagogik 1960
Peters	Strafprozess. Lehrbuch, 1952
Pohlmann-Hasemann	Strafvollstreckungsordnung, Kommentar. 3. Aufl.
Potrykus	Kommentar zum Jugendgerichtsgesetz, 4. Aufl. 1955
R	Recht (meist in zusammengesetzten Wörtern)
RAGebO	Rechtsanwaltsgebührenordnung
RdJ	„Recht der Jugend", Zeitschrift für Erziehung
Rev.	Revision
RG	Reichsgericht; auch Entscheidungen des RG in Strafsachen
RGBl	Reichsgesetzblatt
rglm	regelmäßig
Ri.	Richter
RiStV	Richtlinien für das Strafverfahren (1. 8. 1953)
RJGG	Reichsjugendgerichtsgesetz von 1943; mit Zusatz „23": Reichsjugendgerichtsgesetz von 1923
RJM	früherer Reichsjustizminister
RL	Richtlinien zum JGG (15. 2. 1955)

Rpfl	„Der Deutsche Rechtspfleger"
Rspr	Rechtsprechungsbeilage der DRiZ
S	Seite oder Satz
s. (a.)	siehe (auch)
Sarstedt	Die Revision in Strafsachen, 4. Auflage
Schaffstein	Jugendstrafrecht, eine systematische Darstellung, 1959
SchlHA	Schleswig-Holsteinische Anzeigen
Schmidt (Eberhard)	Lehrkommentar zur Strafprozeßordnung und zum Gerichtsverfassungsgesetz (1953, 57, 60)
SchöffG	Schöffengericht
Schönke-Schröder	Strafgesetzbuch, Kommentar, 11. Aufl.
Schorn	Das Strafbefehls- und Strafverfügungsverfahren, 1962
Schwarz-Dreher	Strafgesetzbuch und Nebengesetze, 25. Aufl.
Schwarz-Kleinknecht	Strafprozeßordnung, Gerichtsverfassungsgesetz, Nebengesetze und ergänzende Bestimmungen, 24. Aufl.
SchwG	Schwurgericht
SjE	Sammlung jugendrechtlicher Entscheidungen, Loseblattsammlung (aus Handbuch des gesamten JRechts, Luchterhand-Verlag)
sof. Beschw.	sofortige Beschwerde
sog.	sogenannt
StA	Staatsanwalt oder Staatsanwaltschaft
StGB	Strafgesetzbuch
StPÄG	Gesetz zur Änderung der Strafprozeßordnung und des Gerichtsverfassungsgesetzes
StPO	Strafprozeßordnung
StReg.	Strafregister
StRegVO	Strafregister-Verordnung
Str.	Strafe (meist in zusammengesetzten Wörtern)
StrAzBew.	Strafaussetzung zur Bewährung
StrFrG	Straffreiheitsgesetz
StrK	Strafkammer
StrR	Strafrecht
stRspr.	ständige Rechtsprechung
StTilgG	Straftilgungsgesetz
StVG	Straßenverkehrsgesetz
StVollstrO	Strafvollstreckungsordnung
StVZO	Straßenverkehrszulassungsordnung
u.	unten, unter
ua	unter anderem, und andere ...
uä	und ähnlich ...
UHaft	Untersuchungshaft
UJ	„Unsere Jugend", Zeitschrift für Jugendhilfe in Wissenschaft und Praxis

unbestJStr.	Jugendstrafe von unbestimmter Dauer
URi.	Untersuchungsrichter
uU	unter Umständen
UVollzO	Untersuchungshaftvollzugsordnung (Bundeseinheitl. von 1953, zum Teil abgedruckt bei § 93)
Verf.	Verfahren
Verh.	Verhandlung
vgl	vergleiche
VO	Verordnung
Vollstr.	Vollstreckung
VollstrL	Vollstreckungsleiter
Vollz.	Vollzug
VollzL	Vollzugsleiter
Voraufl.	Vorauflage dieses Kommentars
Vorb.	Vorbemerkung
vorl.	vorläufig
VormG	Vormundschaftsgericht
VormRi.	Vormundschaftsrichter
VRS	Verkehrsrechtssammlung (Loseblattsammlung)
VU	Voruntersuchung
WiStG	Wirtschaftsstrafgesetz
Z	Ziffer
zB	zum Beispiel
Zbl	„Zentralblatt für Jugendrecht und Jugendwohlfahrt"
ZPO	Zivilprozeßordnung
ZStrVollz	„Zeitschrift für den Strafvollzug"
ZStW	„Zeitschrift für die gesamte Strafrechtswissenschaft"
zT	zum Teil
ZuchtM	Zuchtmittel
zw.	zweifelhaft
zZ	zur Zeit

Einführung

Vorbemerkung

Aufgabe der Jugendstrafrechtspflege ist die Verhinderung des Rückfalls. Sie kann erst eingreifen, wenn das Kind schon in den Brunnen gefallen ist — oder sich wenigstens schon naß gemacht hat. Zu einer Abschreckung anderer ist das Jugendrecht ungeeignet (Hellmer NJW 64/177f.; vgl. §§ 17 A 1a, 18 A. 3c). Die Ursachen der Jugendkriminalität (unten I 1 3. und 4. Absatz) sind der Einwirkung der Jugendgerichtsbarkeit entzogen. Neben sie müssen deshalb in großem Umfang vorbeugende Maßnahmen treten.

Die Bedeutung der Jugendstrafrechtspflege liegt nicht nur darin, daß ein Fünftel oder gar ein Viertel (so Hellmer NJW 64/177) aller Straftaten von Jugendgerichten abgeurteilt werden. Wichtiger noch ist, daß es um junge, noch in der Entwicklung stehende, also beeinflußbare Menschen geht, von denen nach der Statistik etwa 15% Rückfallverbrecher werden (Geerds MKrim 60 (43)/92, 108; Frey spricht von 15% Berufskriminellen). Über 80% der Rückfall- und Berufsverbrecher wurden schon in ihrer Entwicklungszeit straffällig (Hellmer ZStW 60 (72)/397ff, NJW 64/177; vgl. auch MKrim 60 (43)/136; Schönke-Schröder § 20a StGB RN 9: mindestens drei Viertel).

Der Schwerpunkt der Kriminalpolitik müßte also beim Jugendrecht liegen. Denn eine erfolgreiche Kriminalpolitik ist nur möglich, wenn die Gruppe der Kriminellen frühzeitig erkannt und in jungen Jahren erzieherisch nachhaltig beeinflußt, also von weiteren Straftaten abgehalten wird. Merkwürdigerweise wird das Jugendrecht mindestens in einigen, sehr wichtigen Bereichen ungeachtet dieser Bedeutung in Wissenschaft und Kriminalpolitik sträflich vernachlässigt. Die Intuition — und damit der Irrtum — beherrscht in der Praxis das Feld, weil konkrete Forschungen fehlen. So liegen, abgesehen von wenigen Arbeiten auf beschränktem Gebiet, keine Untersuchungen vor, welche der im Jugendgerichtsgesetz vorgesehenen Maßnahmen auf Persönlichkeiten mit diesen oder jenen Anlagen, mit diesem oder jenem Schicksal besonders gut oder nicht ansprechen; nicht einmal eine grundlegende Vergleichsuntersuchung über Erfolge und Mißerfolge der bestimmten oder unbestimmten Jugendstrafe gibt es.

Das große Feld für ein Team erfahrener Jugendrechtler, Psychologen, Psychiater, Pädagogen, Sozialarbeiter und Statistiker liegt brach, obgleich seine Bearbeitung viel Frucht verspricht. Hier könnte nur ein großzügiger Forschungsauftrag helfen; denn neben der großen und verantwortungsvollen Berufsarbeit kann kein im Jugendrecht Tätiger auch noch dieses weite Feld beackern. Schon einige Dissertationen über solche Fragen könnten manches Unkraut jäten, bestehende Irrtümer beseitigen und so manchem Jugendlichen zu einer geeigneteren Maßnahme, damit zu gesundem Wachstum verhelfen. Es geschieht hier zuwenig. „... aber ihr klagt uns an." (Holzschuh.) Das ist die Last des Jugendrichters wie des Kommentators.

I 1) Zusammen mit dem allgemeinen Streben, das Strafrecht nicht nur auf Vergeltung und Sühne aufzubauen, sondern auf die Erfüllung bestimmter Zwecke, besonders der Resozialisierung, auszurichten (Liszt), hat sich in unserem Jahrhundert die Erkenntnis durchgesetzt, daß **Jugendliche keine kleinen Erwachsenen** sind, die man wie diese, gegebenenfalls etwas milder, behandeln könnte (so zB noch StGB §§ 55—57 bis 1923), sondern ganz andere, eben in der Entwicklung stehende Wesen (Mezger S 121f; ähnlich Dallinger-Lackner § 5 N 4, Becker JR 56/338).

Daß das **Alter** einen erheblichen **Einfluß** auf Art und Umfang der **Kriminalität** hat, ist seit langem bekannt. So stehlen zB die Jungen 10mal mehr als sie betrügen; die über 40 Jahre Alten aber betrügen mehr als sie stehlen (Mezger S 117). Die Tat eines jungen Menschen hat auch meist einen ganz anderen Unrechtsgehalt als die äußerlich gleiche Tat eines Erwachsenen (zB Unzucht mit einem Kinde eines knapp 14jährigen mit einem schon reiferen 13 Jahre alten Mädchen; die Wegnahme eines Spielzeugs, der Warenhausdiebstahl eines Dorfmädchens). Abenteuertrieb, Hang zum Übertreiben, Kraftmeierei, Neugierde, Phantasie, Spieltrieb, Grausamkeit, falsche Vorstellungswelt (zB falsch verstandene Kameradschaft), Sturm und Drang der Pubertät bestimmen weithin die Handlungen Jugendlicher (vgl die Beispiele bei Potrykus § 13 B 3). Auch die Reaktion des jugendlichen Täters auf die Tat ist anders (häufig Geständnis, wenig Rechtsmittel; aber auch viel häufiger Selbstmord und Flucht).

Der Unterschied besteht vor allem darin, daß der Erwachsene ausgereift und selbständig ist, während der Jugendliche noch der Führung und des Vorbildes bedarf (auch wenn er sich selbständig gebärdet!), in seiner Unausgeglichenheit Verlockungen leichter erliegt und oft den Unrechtsgehalt der Tat nicht oder nicht in vollem Umfang erkennt (s. § 3 A 1b). Fehlt die Führung, tritt Verwahrlosung auf; ist die Führung falsch, tritt die Irreleitung auf. Oft geht beides Hand in Hand; die fehlende Führung führt leicht zum Anschluß an falsche Vorbilder. Verwahrlosung und Irreleitung sind aber viel häufiger die Ursachen der Jugendkriminalität als schlechte Anlagen [Brauneck MKrim 63 (46)/12ff].

Aus diesen Erkenntnissen lassen sich auch wesentliche **Gründe der** seit Jahren beharrlich ansteigenden **Jugendkriminalität** (unten IV „Statistik") ableiten: Die Auflösung der Familie, begünstigt durch wirkliche und angebliche Überlastung der Väter und Mitarbeit der Mütter, mit der Folge eines allgemeinen Autoritätsverlustes und einer durch jüngste geschichtliche Erfahrungen geförderten Skepsis gegen Staat und Gesellschaft beraubt viele junge Menschen des Haltes und der Führung, deren sie gerade wegen der disharmonischen Reifung (s. unten 2) mehr als frühere Generationen bedürften. In diese Lücke treten wie in keiner Zeit vorher als gefährliche Miterzieher die sog. Massenmedien (Reklame, Groschenhefte, Illustrierte, Film, Fernsehen, Rundfunk, Massensportveranstaltungen), die bei Mißbrauch nicht nur eine seelische Versteppung, eine Entpersönlichung hervorrufen, sondern auch falsche Leitbilder einpfropfen und so die Irreleitung junger Menschen bewirken können (vgl Herrmann

RdJ 60/H 19, 20). Nicht umsonst stammen rund zwei Drittel der jungen Straftäter aus sog. „unvollständigen Familien“ (Näheres s. unten IV Statistik).

2) Aber auch **„die Jugendlichen“ und „die Heranwachsenden“** sind **keine einheitlichen Gruppen,** die für alle Zeiten gleich bleiben. Es gibt keine festen, klar erkennbare Entwicklungsetappen, sondern nur eine alles andere als gleichmäßig fortlaufende Entwicklung jedes einzelnen Menschen. Heute vollzieht sich im allgemeinen vor allem die körperliche, aber auch die intellektuelle Entwicklung schneller als früher (Akzeleration), während die sittlich-charakterliche Entwicklung häufig zurückbleibt (Schaffstein NJW 55/577) (Dissoziation der Reife). Gleichzeitig ist aber auch die Streuungsbreite bei der Entwicklung wesentlich größer als früher, sogar für die körperliche Entwicklung, wie Untersuchungen über den Beginn der Menstruation (Menarche) bestätigt haben (vgl Becker JR 53/412; s. insgesamt Freund, Entwicklungswandel der Jugend).

II. Das **JGG** hat aus diesen Gegebenheiten **nur die Konsequenzen** gezogen. Deshalb müssen diese Gedanken, bes. der Erziehungsgedanke, stets bei der Auslegung des JGG berücksichtigt werden.

1) Zwar hat es, wie die praktischen Bedürfnisse unabweisbar fordern, feste **Altersgrenzen** zwischen strafunmündigen Kindern, Jugendlichen, Heranwachsenden und Erwachsenen gezogen (§ 1). Doch ist diesen Grenzen dadurch jede Starrheit genommen, daß in ihrer Entwicklung zurückgebliebene Jugendliche strafunmündig sein können (§ 3) und daß gegen — noch nicht zu weitgehend selbständigen Persönlichkeiten ausgereifte — Heranwachsende die gleichen auf die Entwicklung abgestimmten Maßnahmen verhängt werden können wie sie für Jugendliche vorgesehen sind (§ 105).

Neuere Forschungen lassen allerdings die Auflockerung der festen Altersgrenzen durch die §§ 3 und 105 JGG als recht zweifelhaft erscheinen. Denn beide Vorschriften fordern Entscheidungen, die das Gericht regelmäßig auch mit Hilfe von Sachverständigen nicht treffen kann, was in der Praxis zu einer kaum vertretbaren Rechtsunsicherheit und Rechtsungleichheit führt. Umgekehrt bietet das Jugendrecht eine so reiche Auswahl verschiedenster Reaktionsmittel [unten 2a (1) (b)], daß aus ihnen sowohl für den noch etwas zurückgebliebenen Jugendlichen wie für den sich dem Abschluß seiner Reifeentwicklung nähernden Heranwachsenden das jeweils Passende gefunden werden kann[1]). Wegen Einzelheiten, weiteren Schrifttums und der Frage, welchen Einfluß diese Erkenntnisse auf die Auslegung des geltenden Rechts haben können, muß auf die Erläuterung zu den §§ 3 und 105 JGG verwiesen werden.

2) Da die Jugendkriminalität nach Täterpersönlichkeit und Tat anders als die allgemeine Kriminalität ist, muß sie auch anders — nicht aber generell milder — bekämpft werden (Dallinger-Lackner § 5 N 4), was — ungeachtet der gleichen Straftatbestände — **zur Eigenständigkeit des Jugendrechts** führt (vgl § 2).

a) (1) Die Bestrafung von Jugendlichen mit den **Strafen** des Erwachsenenrechts ist nicht nur nicht gerechtfertigt (oben I 1 aE), sondern meist auch für deren weitere

---

[1]) Vgl einerseits Bresser „Jugendzurechnungsfähigkeit oder Strafmündigkeit“ ZStW 62(74)/579 und andererseits unten II 3c mit FN 8.

Entwicklung gefährlich. Der Staat aber hat nicht das Recht, junge Menschen zu vernichten (Dallinger-Lackner § 17 N6); ja es liegt sogar im Interesse des Staates, Jugendliche, die gefehlt haben, wieder in die Gemeinschaft der Rechtschaffenen einzugliedern.

(a) Die Lösung ist nicht leicht[2]). Einerseits wird der **jugendliche Straftäter** meist als **Opfer** mangelnder Einführung in die soziale Welt angesehen (Hellmer NJW 64/177; vgl oben I 1), wodurch in letzter Konsequenz das Jugendstrafrecht als Anrecht der Jugend auf die erzieherische Hilfe erscheint, die die persönliche Umwelt und oft allgemein die Verhältnisse dem asozialen Jugendlichen schuldig geblieben sind (Rotten, Zeitschrift für Strafvollzug 62/63). — Andererseits wird gerade der jugendliche Täter von der **Einsicht** beherrscht, daß **Schuld,** also auch sein Fehlverhalten, nach **Strafe verlangt** (Maurach, S 703; ähnl. Spranger, Psychologie des Jugendalters S170ff), weshalb eine Pädagogik unter Verzicht auf Strafe ein Unding wäre (Clostermann, zit. nach BewH 62 H 3 3. Umschlagseite). Nach Foerster (Schuld und Sühne) gleicht die Erziehung ohne Strafe dem Verbinden einer ungereinigten Wunde.

Der Jugendliche muß seine Tat und damit seine Vergangenheit bewältigen, wenn er weiterkommen will. Die Mode, nur zu erziehen statt und ohne zu strafen, mußte Schiffbruch erleiden (Lange). Denn **die Strafe kann in der Erziehung nicht entbehrt werden.** Allein angemessen — jedenfalls im Gebiet des Jugendkriminalrechts — ist die Erziehung durch Strafe. Der junge Mensch muß die Erfahrung machen, daß die Gesellschaft Verstöße gegen ihre, die gesetzliche Ordnung nicht hinnimmt, sondern darauf reagiert. Diese Unrechtsreaktion ist die Strafe im weiten Sinn. Auch die Erziehungsmaßregeln, die im Jugendstrafverfahren angeordnet werden, müssen grundsätzlich dem pädagogischen Gedanken der Sühne Rechnung tragen, repressiv sein (vgl dazu § 9 A 4b). Sogar Erziehungsbeistandschaft und Fürsorgeerziehung tragen Strafcharakter, wenn sie mit dem im Strafurteil enthaltenen Unwertsurteil verknüpft sind (Peters, Kriminalpädagogik S 94 Anm. 230).

Deshalb behält die **Tat im auch Jugendrecht ihr Gewicht**[3]). Ihretwegen wird der Jugendliche verantwortlich gemacht, zur Rechenschaft gezogen (Hellmer NJW 64/177,

---

[2]) **Literatur dazu:** Bitter: Heilen statt strafen (Tagungsbericht über Behandlung und Vorbeugung bei der Jugendkriminalität); Blau: Erziehungsgedanke und Tatadäquanz im Jugendstrafrecht, ZBl 59/117; sowie: Die Bedeutung der Tat im Jugendstrafrecht, MDR 58/731; Foerster: Schuld und Sühne. Grundfragen des Verbrecherproblems und der Jugendfürsorge (4. Aufl.); Frey: Heilen statt strafen (bei Sexualdelinquenten); Hellmer: Schuld und Gefährlichkeit im Jugendstrafrecht (Recht und Staat H 248/249); sowie: Erziehung und Strafe. Zugleich ein Beitrag zur jugendstrafrechtlichen Zumessungslehre; Thomae: Bewußtsein, Persönlichkeit und Schuld, MKrim 61(44)/114; Zullinger: Helfen statt strafen auch bei jugendlichen Dieben.

Piecha: Die Lebensbewährung der als „unerziehbar" entlassenen Fürsorgezöglinge (Göttinger rechtswissenschaftliche Studien Bd 27); Ponkratz-Hübner: Lebensbewährung nach öffentlicher Erziehung; Zillken-Weingartner: Gibt es unerziehbare Minderjährige (Neue Schriftenreihe des AFET H 5); Stutte: Grenzen der Sozialpädagogik. Ergebnisse einer Untersuchung praktisch unerziehbarer Fürsorgezöglinge (Neue Schriftenreihe des AFET 12/58).

[3]) Blau Erziehungsgedanken und „Tatadäquanz" im Jugendstrafrecht, ZBl 59/117; und Die Bedeutung der Tat im Jugendstrafrecht, MDR 58/731; Hellmer „Erziehung und Strafe"; vgl. auch allg. Geerds MKrim 60(43)/92, 111.

179). Sie allein hat das Eingreifen des Strafrichters erforderlich gemacht. Daher muß die gerichtliche Reaktion auch in Beziehung zur Tat stehen, jene darf nicht außer Verhältnis zu dieser sein. Bei einem Mißverhältnis wäre auch erzieherisch nichts gewonnen: der zu hart angefaßte Jugendliche müßte sich ungerecht behandelt fühlen, er wird sich leicht gegen die Maßnahmen sträuben; überdies sind die Möglichkeiten erzieherischer Beeinflussung durchaus beschränkt (vgl § 17 A 1a Abs. 2); der zu mild behandelte verkennt leicht das Gewicht seiner Tat, die offensichtlich nicht ernst genommen wurde. Es ist einleuchtend, daß wegen falschen Parkens nicht Jugendstrafe verhängt, bei Mord nicht auf Jugendstrafe verzichtet werden kann.

Damit ist aber nicht einem Strafen um der Sühne — also um des Strafens — willen das Wort geredet. Das lassen schon die oben erörterten Ursachen der Jugendkriminalität nicht zu. **Die Strafe** kann **im Jugendrecht** nicht Selbstzweck sein, sondern **nur Mittel** zum Zweck, **zur erzieherischen Beeinflussung.** Deshalb wird auf jede Unrechtsreaktion verzichtet, wenn das Eingreifen des Strafgerichts nicht — oder wegen inzwischen angeordneter erzieherischer Maßnahmen nicht mehr — notwendig ist (§§ 5 III, 45, 47). Grundsätzlich wird auch nicht härter eingegriffen (= gestraft), als es zur erzieherischen Beeinflussung dieses Täters erforderlich ist (scheinbare Ausnahme: Kapitalverbrechen gem. § 17 II 2. Alternative; s. § 17 A 2b). So kann und muß auch bei Berücksichtigung des Sühnegedankens die vom Gericht verhängte Maßnahme (= Sühne) für eine gleiche Tat bei verschieden gearteten Jugendlichen unterschiedlich sein. Bei dem einmal gestrauchelten, sonst ordentlichen Täter ist das Gewicht der Tat geringer, er ist mehr zur Sühne bereit. Der schon im Negativen verfestigte junge Mensch dagegen muß erst aufgeschlossen, zur Sühnebereitschaft gebracht werden; seine Tat ist von einer schlechteren Gesinnung ausgegangen und damit schwerwiegender. Überdies ist das Verhältnis Schuld : Strafe keine exakte mathematische Relation, aus der die Maßnahme nach Tagen, Stunden und Minuten abgelesen werden könnte, die genau der Schuld dieses Täters bei dieser Tat entspräche.

Es bleibt dem **Jugendrichter** also noch ein sehr weiter Rahmen, in dem er **so eingreifen** kann, **daß die Persönlichkeit des Täters gefördert** wird, nämlich das Gute hervorgeholt, das Schlechte unterdrückt wird. Das einzige Mittel, den Verbrecher zu bessern, bleibt auch heute, die Fäden abzuschneiden, mit denen er an sein altes Leben angebunden ist, und neue anzuspinnen, die ihn zu einem besseren führen (Pestalozzi in „Lienhard und Gertrud“).

Im Jugendrecht darf also **nicht** ohne Rücksicht auf erzieherische Notwendigkeiten **nur um der Sühne willen gestraft,** aber auch **nicht nur um der Erziehung willen** ohne Bezug zur Tat **erzogen** werden (vgl Knögel NJW 58/609, Lackner JZ 54/134); **die Tat muß** vielmehr auch **um der Erziehung willen geahndet werden.** Deshalb müssen die Maßnahmen sowohl dem Schuldgehalt der Tat wie den erzieherischen Notwendigkeiten entsprechen. Erzieherische Maßnahmen über die durch das Gewicht der Tat gezogenen Grenzen hinaus sind im Jugendstrafrecht nicht möglich; allein auf das Gewicht der Schuld kann nur bei schwerster Kriminalität abgestellt werden (§ 17 A 2b). Insgesamt geht es um die Frage, wie dieser Täter durch eine seiner Tat angemessene

„Strafe" (im weiten Sinn) gebessert, insbesondere von künftigen Straftaten abgehalten werden kann. Im Mittelpunkt der Überlegungen steht nicht die Tat, sondern der Täter.

(b) Das Gesetz stellt entspr. den erheblichen Unterschieden in Entwicklung, Umwelt und Tatgewicht eine **reiche Auswahl verschiedenster Reaktionsmittel,** nämlich Erziehungsmaßregeln (§§ 9—12), Zuchtmittel (§ 13—16) und Jugendstrafe (§§ 17ff) zur Verfügung, die grundsätzlich auch nebeneinander verhängt werden können (§ 8). Aus der Erkenntnis, daß der Täter noch in der Entwicklung steht, also noch beeinflußbar ist, ergibt sich bei der Abkehr vom bloßen Vergeltungsstrafrecht von selbst die Folgerung, daß bei dieser Auswahl **erzieherische Bemühungen den Vorrang** haben müssen (§ 5; Erziehungsgedanke), zumal die persönliche Schuld der jugendlichen Täter oft nicht allzu schwer wiegt (oben I 1 aE). Das Gesetz bestimmt deshalb, daß weder Jugendstrafe (§§ 17ff) noch Zuchtmittel (§ 13ff), nämlich Verwarnung, besondere Pflichten und Jugendarrest, verhängt werden dürfen, wenn Erziehungsmaßregeln (§§ 9ff), nämlich Weisungen, Schutzaufsicht oder Fürsorgeerziehung, ausreichen (Subsidiarität; vgl näher § 5 A 2, 3). Den vielgestaltigen Weisungen (§ 10) kommt dabei besondere Bedeutung zu. — Die Jugendstrafe ist das letzte Mittel, wenn weder Erziehungsmaßregeln noch Zuchtmittel ausreichen. Der Jugendliche soll also nur im äußersten Notfall der Obhut seiner Eltern entzogen werden. Also: „**Keine stationäre Behandlung, wo ambulante genügt!** Keine Jugendstrafe, wo eine Erziehungsmaßregel oder ein Zuchtmittel ausreicht! Keine Fürsorgeerziehung, wo die Schutzaufsicht oder gar die Weisung zum Ziele führt! Kein Jugendarrest, wo eine Ermahnung, Verwarnung oder Auferlegung einer Pflicht genügt"[4]).

Das dargelegte Subsidiaritätsprinzip darf jedoch nicht dazu führen, mildere Maßnahmen zu verhängen, wenn sie zur Erziehung und Besserung nicht ausreichen. Die Praxis zeigt immer wieder, daß Milde am falschen Platz, besonders die wiederholte Verhängung von Jugendarrest gegen kriminelle oder verwahrloste Jugendliche, diese zu erzieherisch nicht mehr ansprechbaren Hangverbrechern machen kann. Die schwere **Entscheidung** des Jugendrichters, **ob die Tat nur Episode oder schon Symptom ist** (Mezger S 123), setzt nicht nur ein gutes Einfühlungsvermögen voraus, sondern fordert in gleicher Weise die Bereitschaft zur Milde gegenüber gutartigen wie die Entschlossenheit zur Härte gegen bösartige Jugendliche.

(c) Bei der **Auswahl der Maßnahmen** ist der Richter weder an den Strafrahmen [vgl aber § 18 A 3d (2)!] noch an die Dreiteilung (§ 1 StGB) des Erwachsenenrechts gebunden. Allein aus Tat und Sühnegedanken bestimmte Straftaxen sind dem Jugendstrafrecht fremd (Dallinger-Lackner § 5 N 11). **Entscheidend ist die Frage, wie der Täter gebessert werden kann.** Aus Anlaß eines Verbrechens können zB Erziehungsmaßregeln angeordnet werden, wobei es nicht einmal zu einem Strafverfahren kommen muß (§ 45 A 2b). Umgekehrt kann aber eine Übertretung nicht mit einer Jugendstrafe geahndet werden, weil hier die Folge außer Verhältnis zur Tat läge [s. § 17 A 1b,

[4]) Holzschuh bei Dallinger-Lackner § 5 N 17, bei Becker JR 53/413 und bei Lackner JZ 54/134. — Vgl Gleumes: Die Praxis der Erziehung in Freiheit, eine Untersuchung ambulanter Erziehungsmaßnahmen in 2 JG-Bezirken (Kriminologische Untersuchungen H 11); Potrykus: Theorie und Praxis der Erziehung in Freiheit, UJ 54/437.

2a (2)]. Die Größe der Schuld begrenzt also die Maßnahmen des Jugendrichters nach oben; dagegen kann, wo erzieherisch keine oder nur geringe Maßnahmen geboten sind, die Reaktion des Jugendrichters unter dem der Schuld entsprechenden Maß bleiben (vgl jedoch §§ 13—16 und § 17 A 2b). Mehrere Taten führen grundsätzlich nur zu **einer einheitlichen Unrechtsreaktion** (§§ 31 f JGG); denn der eine Täter soll ja gebessert, beeindruckt werden.

Auch sonst lassen sich keine festen Einteilungen finden, wie es Hellmer versucht[5]). Um die im Einzelfall richtige Maßnahme treffen zu können, kann der Jugendrichter **nicht in ein Schema** gezwungen werden. Nur Elastizität ermöglicht im Einzelfall eine Verbindung von Straf- und Erziehungszweck; eine generell befriedigende Lösung ist noch nicht gefunden (Hellmer NJW 64/177, 178) und wird sich auch kaum finden lassen (s. oben Vorb.). — Wegen der groben Abgrenzung s. § 5 A 3c!

(d) Bei den getroffenen Maßnahmen kann es nicht ein für allemal sein Bewenden haben. Denn die Erziehung muß mit der fortschreitenden Entwicklung Schritt halten. Dazu müssen alle erzieherischen Maßnahmen abgeändert werden können, soweit sie nicht für nur kurze Zeitdauer getroffen werden wie die Zuchtmittel. Deshalb können Weisungen ausgetauscht und verändert werden (§ 11 II; s. § 10 Vorb.). Auch die bestimmte Jugendstrafe ist, jedenfalls bei längerer Dauer, hinsichtlich der Vollstreckungsdauer eine unbestimmte; die Entlassung kann schon nach Verbüßung des dritten Teiles erfolgen (§ 88, s. § 18 A 3a). Nicht nur die Vollstreckung (§§ 20ff), auch die Verhängung (§ 27ff) einer Jugendstrafe kann zur Bewährung ausgesetzt werden; wie die Bewährungszeit genutzt wird, kann im Einzelfall recht unterschiedlich sein (§§ 22—25, 28f, bes. §§ 22 I S 2, 23 S 3, 24 II, III, 28 S 2). Für die Ausgestaltung des Vollzugs der Jugendstrafe (§ 91, bes. Abs. III) wie des Jugendarrestes (§ 90, bes. Abs. IV) und der Fürsorgeerziehung (§§ 68, 71 I, II JWG) bleibt ein weiter Raum. Gleiches gilt für die Durchführung der Erziehungsbeistandschaft (§ 58 I JWG). In diesen Regelungen ist der erzieherische **Gedanke der Reaktionsbeweglichkeit** im JGG verwirklicht. Auch er darf aber nie zu einer Lösung der Maßnahme von Tat und Schuld führen.

(2) Maßregeln der Sicherung und Besserung sowie Nebenstrafen und Nebenfolgen sind nur in beschränktem Umfang zulässig (s. §§ 6, 7). Sehr umstritten ist die im Entwurf eines Strafgesetzbuches auch gegen Heranwachsende vorgesehene „Vorbeugende Verwahrung"[6]).

b) Die Erkenntnis der Täterpersönlichkeit ist die Voraussetzung dafür, daß die richtige Maßregel gefunden werden kann. Mit der gründlichen Erforschung und

---

[5]) Man kann nicht aufteilen in erzieherische und Sühnemaßnahmen, nicht diese gegen Schuldige, erzieherische Maßnahmen für Gefährliche fordern (so Hellmer „Schuld und Gefährlichkeit im Jugendstrafrecht"); auch geht es nicht an, Erziehungsmaßregeln für die kleine, Zuchtmittel für die mittlere und Jugendstrafe für die schwere Jugendkriminalität zu reservieren (so Hellmer „Erziehung und Strafe"). Dazu sind die Übergänge zu flüssig.

[6]) Vgl Becker ZBl 59/1, 63/61, RdJ 63/129, Brauneck MKrim 63(46)/27, Busch, Zeitschrift für Strafvollzug 1960/309, Carspecken ZBl 59/68, Lüders MKrim 59(42)/156, Petersen RdJ 62/213, Schaffstein S 53, Spieler Die vorbeugende Verwahrung; ihre theoretische Grundlage und ihre praktische Ausgestaltung.

richtigen Beurteilung steht und fällt die Entscheidung des Jugendrichters. Die Schaffung **besonderer Jugendgerichte** (§ 33) mit besonderer örtlicher und sachlicher Zuständigkeit (§§ 39—42) und die sorgsame Auswahl der Jugendrichter, -schöffen und -staatsanwälte (§§ 36f; s. BGH 8/349, 354) ist damit ebenso unumgänglich wie die Übertragung der Ermittlungen zur Täterpersönlichkeit (§ 43) auf die dafür besonders geeignete **Jugendgerichtshilfe,** die auch sonst durch Beratung, Fürsorge und ähnliches eine günstige Entwicklung fördern soll (§ 38) und zur Erfüllung ihrer Aufgaben bedeutsame Rechte im Verfahren hat (§§ 50 III, 93 III). Auch eine Spezialisierung bei der Kriminal-**Polizei** ist wünschenswert, mindestens aber eine entsprechende Unterrichtung der Beamten[7]).

Wegen der Prognoseforschung s. § 43 A 2c mit FN.

c) (1) Um die Persönlichkeit des jugendlichen Täters anzusprechen, **muß auch das Verfahren besonders elastisch** sein und **viele Möglichkeiten** bieten (Grundsatz der Reaktionsbeweglichkeit). Neben dem förmlichen stehen das vereinfachte Jugendstrafverfahren (§§ 76ff) und das formlose Erziehungsverfahren (§§ 45, 47), die beide durch die Befreiung von Förmlichkeiten einen weitgehenden Einfluß erzieherischer Gedanken ermöglichen. Daneben gibt es für Bagatellen die jugendrichterliche Verfügung (§ 75) und die gebührenpflichtige polizeiliche Verwarnung (§ 75 A 6b). Gegebenenfalls können dem Vormundschaftsrichter Anordnung und Auswahl von Erziehungsmaßregeln überlassen werden (§ 53). — Sogar der Verfolgungszwang (Legalitätsprinzip des § 152 II StPO) ist erheblich eingeschränkt (§ 45 A 1c).

(2) Das **Jugendgerichtsverfahren** ist auch wesentlich **anders gestaltet** als das allgemeine Strafverfahren. Im Interesse der Erziehung bedarf es besonderer Beschleunigung (§§ 72 IV, 78 III, 56; § 55 RL 1 S 1), die jedoch nicht auf Kosten der Persönlichkeitserforschung (§§ 43f, 73) gehen darf, weshalb das beschleunigte Verfahren der StPO ausgeschlossen ist (§ 79 II). Der Beschleunigung dient auch die Beschränkung der Rechtsmittel (§ 55). Im Interesse der Erziehung soll grundsätzlich in Anwesenheit des Jugendlichen verhandelt werden (§§ 50f); dabei soll er mit erwachsenen Angeklagten möglichst nicht in Berührung kommen (§ 48 RL 4; vgl § 93 I). Außer in unbedeutenden Fällen (§§ 45, 47, 75) ist jedes summarische schriftliche Verfahren ausgeschlossen, damit auch der Erlaß eines Strafbefehls untersagt (§ 79 I). Aus erzieherischen Gründen soll die Untersuchungshaft so weit wie möglich durch vorläufige erzieherische Anordnungen ersetzt werden (§§ 71f); sie kann nur unter besonderen Umständen angerechnet werden (§ 52). Auch Anklage und Urteil müssen auf die Belange der Erziehung ausgerichtet sein (§§ 46, 54). Besonders betont ist die Stellung des Erziehungsberechtigten und gesetzlichen Vertreters (§§ 50 II, 67). In bestimmten Fällen ist die Anhörung des Disziplinarvorgesetzten von Soldaten vorgesehen (§ 112d). Verteidigung und Beistandschaft (§§ 68f) sind ebenso wie Kosten und Auslagen (§ 74) und die Mitteilungs-

[7]) Dazu Weber: Die polizeilichen Richtlinien zur Bekämpfung der Kriminalität, ZBl 57/309; Haller: Bedingt die Jugendkriminalität eine Jugendpolizei, JWohl 61/395; Heise: Maßnahmen der Polizei zur Bekämpfung der Jugendkriminalität und Jugendgefährdung, ZBl 61/76; Blau: Die Bedeutung des Jugendsachbearbeiters für die Strafrechtspflege, Neue Polizei 63/220, RdJ 64/17.

pflichten (§ 70) besonders geregelt. Interessen der Verletzten und der Allgemeinheit müssen, soweit möglich, hinter den Forderungen der Erziehung zurücktreten; das Verfahren gegen Jugendliche ist nicht öffentlich (§ 48), der Eideszwang ist vor dem Einzelrichter aufgehoben (§ 49); es gibt keine Privat- oder Nebenklage — wohl aber Widerklage — (§ 80), auch keine Zubilligung einer Entschädigung des Verletzten im Strafverfahren (§ 81). — Das Verfahren für die Entscheidungen, die nach den §§ 20—31 (Strafaussetzung zur Bewährung, Aussetzen der Verhängung der Jugendstrafe und nachträgliche Bildung einer Einheits-„Strafe") und §§ 11, 15 III (Abänderung von Weisungen; Verhängung von Jugendarrest bei Verstoß gegen Weisungen oder besondere Pflichten) zu treffen sind, wird in den §§ 57—66 geregelt.

(3) Die **Anrede** ist für Personen über 18 Jahre „Sie", darunter meist „Du", wobei aber im Einzelfall das „Sie" vorzuziehen sein kann.

(4) Insgesamt kann das Jugendstrafverfahren nicht als bloße Abart des allgemeinen Strafverfahrens angesehen werden; es stellt vielmehr nach Zielrichtung, Aufbau und Durchführung ein **eigenständiges Verfahren** dar (BGH 8/349, 354).

d) Auch die **Vollstreckung** (§§ 82ff), der **Vollzug** (§§ 90ff) und das **Strafregisterwesen** (§§ 94ff) wurden den Besonderheiten angepaßt. Hervorzuheben ist, daß der Jugendrichter auch die Vollstreckung leitet und einige besonders wesentliche Entscheidungen in richterlicher Unabhängigkeit trifft.

3) Die bedeutsamste Neuerung des JGG ist die Regelung des Rechts der Heranwachsenden.

a) Schon seit der Zeit unmittelbar nach dem Inkrafttreten des ersten RJGG von 1923 wurde die Forderung erhoben, auch die 18—20jährigen dem JRecht zu unterstellen, gegründet auf die gesicherten wissenschaftlichen Erkenntnisse, daß die charakterliche, besonders die sittliche Entwicklung mit der rascheren körperlichen und intellektuellen Entwicklung nicht nur nicht Schritt hält, sondern oft sogar — besonders bei Kriminellen — verlangsamt ist, daß die Dauer der Entwicklung sehr unterschiedlich ist und daß es einheitliche Maßstäbe nicht gibt (oben I 2). Erst die oft ungenügenden Erziehungsverhältnisse, die vielen schlechten Beispiele und ähnliche Folgen des Krieges und der Nachkriegswirren haben eine besondere gesetzliche Regelung für die 18—20jährigen erzwungen. Den **Reform-Bestrebungen** wurde jedoch nur in sofern voller Erfolg zuteil, als Heranwachsende ebenso wie Jugendliche grundsätzlich vor das Jugendgericht kommen (§ 107). Die materiellen Unrechtsfolgen sind nur unter besonderen Voraussetzungen die gleichen wie bei Jugendlichen (§§ 105, 106); auch das Verfahren weicht zum Teil ab (§§ 108, 109).

b) Die Zuweisung der Heranwachsenden an die Jugendgerichte **hat sich bewährt** und ist heute allgemein als richtig anerkannt (Dallinger-Lackner Einf. N 63).

Hinsichtlich der Voraussetzungen für die Anwendung des Jugendrechts haben die bisherigen Erfahrungen gezeigt, daß bei einer wesentlich größeren Zahl von Heranwachsenden Entwicklungsrückstände vorliegen als der Gesetzgeber angenommen hat (vgl Jagusch § 105 A 4; Schaffstein NJW 55/1577). Nach anfänglicher Zurückhaltung besteht wohl die — sachlich berechtigte — Tendenz, überall Jugendrecht anzuwenden, wo nicht besondere Anhaltspunkte dafür vorliegen, daß der Heranwachsende schon eine weitgehend selbständige Persönlichkeit mit im wesentlichen abgeschlossener Entwicklung ist [s. § 105 A 2e (3)]. Die Statistik trügt hier wegen des in der Praxis üblichen schematischen Strafbefehlsverfahrens bei kleiner Oberflächenkriminalität [s. § 109 A 2 (b) (4)].

c) Auf Grund der **Erfahrungen mit dem § 105 JGG** hat sich die einhellige Meinung[8]) gebildet, daß auch die **Heranwachsenden schlechthin dem Jugendrecht** unterstellt werden sollten. Sie stehen als noch in der Entwicklung begriffene Menschen den Jugendlichen näher als den Erwachsenen. Die reiche Auswahl an Maßregeln, die das JGG zur Verfügung stellt, bietet auch gegen solche Heranwachsende Geeignetes, die schon am Ende der Reifeentwicklung stehen (BGH 12/116). Zudem hängt die von § 105 JGG geforderte Reifeentscheidung weithin von der Auffassung des gerade zuständigen Richters und anderen Zufälligkeiten ab, weil die vom Gesetz aufgegebene Frage oft auch mit Hilfe bester Sachverständiger nicht beantwortet werden kann. — Vgl auch § 105 Vorb. 3 und FN 1.

4) Die Regelungen des JGG gelten mit einigen Abweichungen auch gegen jugendliche oder heranwachsende **Soldaten** (§§ 112aff). Sie gelten weitgehend auch, wenn ausnahmsweise gegen einen **Jugendlichen oder Heranwachsenden vor einem Erwachsenengericht** verhandelt wird (§§ 102—104, 112, 112e).

III. Die Jugendgerichte sind in **Jugendschutzverfahren** auch wahlweise neben den Erwachsenen-Gerichten zuständig (s. § 121).

IV. Statistik[9])

10 Jahre nach Inkrafttreten des JGG bietet die Statistik wertvolle Hinweise auf die Jugendkriminalität, ihre Entwicklung und ihre Schwerpunkte. Natürlich kann in diesem Rahmen nur ein kleiner Ausschnitt gebracht werden.

---

[8]) **Literatur:** Bericht vom 10. deutschen Jugendgerichtstag: Die Rechtsbrüche der Heranwachsenden, ihre Kriminologie und Behandlung (Schriftenreihe der deutschen Vereinigung für Jugendgerichte und Jugendgerichtshilfen NF H 3); Bresser: Zur Problematik des § 105 JGG, NJW 60/375, 1385; Eickmeyer: Die strafrechtliche Behandlung der Heranwachsenden nach § 105 JGG (Kriminologische Untersuchungen H 12); Gerson: Die Anwendung des Jugendstrafrechts auf Hw, RdJ 61/113; Kühling: Zur Kriminologie und strafrechtlichen Behandlung Hw, MKrim 59(42)/157; Lempp: Zur Problematik des § 105 JGG, NJW 60/1384; Loesch: Die strafrechtliche Behandlung der Hw (Schriften des Fliedner-Vereins Rockenberg H 6); Potrykus: Tagungsbericht unter Anführung von Lackner und Schaffstein, NJW 56/1749; Schaffstein: Die Behandlung der Heranwachsenden im künftigen Strafrecht, ZStW 62(74)/1 (s. auch NJW 55/1577); Schneider: Kriminologie und Behandlung hw und jungerwachsener Rechtsbrecher, RdJ 63/1, 24; Wegener: Der „vorzeitige Abschluß der Entwicklung“ bei minderbegabten Straftätern, MKrim 60(43)/147. — — Blau: Zur Reform des Strafrechts für Hw, ZBl 64/157.

[9]) **Literatur:** Muchow: Versuch einer neuartigen Interpretation der Kriminalitätsziffer für Jugendliche, UJ 60/306, 63/319; Potrykus: Zur polizeilichen Kriminalstatistik 1962, UJ 63/510; Rangol: Die Straffälligkeit nach Hauptdeliktsgruppen und Altersklassen 1884 bis 1958, MKrim 61(44) H 5, 6, 62(45)/157; Trips: Zur Statistik der Jugendkriminalität,

1) **Kriminalitätsziffern** (verurteilte Straftäter auf 100000 Einwohner) in Bayern. Die Zahlen in Klammern sind die Vergleichszahlen aus der Bundesstatistik[10]).

	J		Hw		Erw	
1954	1100	(855)	3449	(2623)	1504	
1955	1123	(940)	3393	(2635)	1543	
1956	1221	(1014)	3472	(2713)	1549	
1957	1453	—	3601	—	1501	
1958	1426	(1285)	3621	(2939)	1440	
1959	1471	(1335)	3813	(3083)	1446	
1960	1465	(1372)	3797	(3045)	1393	(1186)
1961	1599	—	4168	—	1341	
1962	1574	—	4167	—	1273	

Die Kriminalität der Jugendlichen hat in 8 Jahren also erheblich (fast 50%), die **der Heranwachsenden** deutlich (etwa 20%) **zugenommen,** während die Kriminalität der Erwachsenen spürbar (etwa 10%) abgenommen hat[11]).

2) Eine Aufgliederung in die **Hauptdeliktsgruppen** zeigt folgendes Ergebnis nach der Bundesstatistik in Kriminalitätsziffern; in Klammern %-Anteil der Deliktsgruppen.

Delikt	J	Hw	Erw
1. Leib und Leben (ohne 4!) (§§ 211—230)	67,6 (4,9%)	235,0 (7,7%)	70 (5,9%)
2. Sittlichkeit (§§ 173—184)	75,7 (5,5%)	65,5 (2,2%)	29 (2,4%)
3. Vermögen (§§ 242—266)	763,5 (55,8%)	879,5 (28,9%)	290 (24,5%)
4. Straßenverkehr	270,1 (19,6%)	1332,0 (43,7%)	518 (43,7%)
5. Sonstiges	195,5 (14,2%)	533,0 (17,5%)	279 (23,5%)
	1372,4 (100%)	3045,0 (100%)	1186 (100%)

DRiZ 61/176; Wehner: Die Entwicklung der J Kriminalität in den letzten 5 Jahren in Berlin, UJ 63/132; Ziskoven: Unsere Jugendkriminalität, UJ 61/69.

Die Quellen bieten stets die Veröffentlichungen der statistischen Ämter des Bundes und der Länder.

[10]) Die entsprechenden Zahlen der Bundesrepublik lagen mir nicht lückenlos vor. Wie die in Klammer angegebenen Zahlen der Bundesstatistik zeigen, stimmt das Verhältnis in Bayern und in der Bundesrepublik überein.

[11]) Die polizeiliche Kriminalstatistik, die die Beteiligung an der Gesamtkriminalität angibt, spiegelt ein günstigeres Bild vor:

	1958	1959	1960	1961	1962
Jugendliche	etwa 9,4%	etwa 8,7%	etwa 7,9%	8,5%	8,0%
Heranwachsende	10,7%	11,5%	12,2%	12,7%	11,6%

Leider ist sie auch weniger genau. Es ergeben sich Unterschiede schon aus der unterschiedlichen Stärke der verschiedenen Geburtsjahrgänge. Dazu kommt, daß nicht jeder in der Polizeistatistik Erfaßte schuldig ist oder überführt wird.

Die Jugendlichen haben also den höchsten Anteil an den Vermögens- und Sittlichkeitsdelikten, die Heranwachsenden den höchsten Anteil an den Verfehlungen gegen Leib und Leben. Im Verhältnis zu Heranwachsenden und Erwachsenen spielen Verkehrsdelikte bei den Jugendlichen eine untergeordnete Rolle.

Aufschlußreich ist auch eine Aufgliederung einzelner wichtiger Delikte für die Jahre 1951, 1955 und 1960 in Kriminalitätsziffern (auf je 100000 dieser Altersgruppen) nach der Bundesstatistik.

	Jugendliche			Heranwachsende			Erwachsene		
	1951	1955	1960	1951	1955	1960	1951	1955	1960
Mord	0,1	0,2	0,3	0,7	0,8	0,7	0,3	0,3	0,3
Totschlag	0,1	0,1	0,1	0,8	0,4	0,4	0,4	0,4	0,3
Vorsätzliche Körperverletzung	35,9	36,2	54,7	128,9	139,0	193,2	41,6	47,7	49,8
Unzucht mit Kindern	18,7	22,2	31,3	13,5	15,4	18,2	10,2	9,3	6,2
Gleichgeschlechtliche Unzucht	9,0	11,2	18,8	13,1	12,2	16,0	5,0	5,6	6,1
Notzucht u. Nötigung zur Unzucht	3,5	6,6	17,1	6,5	9,3	16,3	1,5	1,8	1,9
Diebstahl	669,0	399,0	621,8	916,5	524,6	580,0	181,6	124,7	114,9
Raub, Erpressung	4,1	5,0	11,8	13,7	15,4	21,0	3,1	2,4	2,6
Betrug, Untreue	22,1	22,5	40,8	123,0	119,0	141,0	87,0	109,0	113,0

Es fällt also in der Kriminalität der Jugendlichen und Heranwachsenden eine starke Zunahme bei den vorsätzlichen Körperverletzungen, bei Notzucht und Nötigung zur Unzucht sowie bei Raub und Erpressung auf. Man spricht in der Kriminologie nicht zu Unrecht von der **„Mode der Gewalt“**. Bei Jugendlichen hat auch die Unzucht mit Kindern und die gleichgeschlechtliche Unzucht zugenommen.

Das **Schwergewicht** der Jugendkriminalität liegt **bei den Vermögensdelikten,** besonders beim Diebstahl, **und bei den Gewaltdelikten,** deren Zunahme erheblich ist.

3) Von den in Jugendstrafanstalten einsitzenden Gefangenen stammt die **Mehrzahl aus unvollständigen Familien.**

Aus der Strafvollzugsstatistik Bayerns

	1960	1962	1963
Zahl der Strafgefangenen	604	821	885
davon: beide Eltern verloren	58	25	36
den Vater verloren	237	197	186
die Mutter verloren	57	37	38
unehelich	77	104	109
Eltern getrennt oder geschieden	?	109	109
aus unvollständigen Familien	429	472	478

Unter gewissen Vorbehalten zählen zu den Minderjährigen aus unvollständigen Familien auch die Minderjährigen, deren Eltern beide berufstätig sind. So hatten im Oktober 1957 30,6% der noch nicht 18jährigen eine erwerbstätige Mutter (ZBl 1964/17).

Hellmer (NJW 64/177, 178) berichtet von 50 jungen Schwerkriminellen, deren Familienverhältnisse untersucht wurden. Nur 9 von ihnen wuchsen bei Vater und Mutter auf, davon nur 3 in einigermaßen ordentlichen Verhältnissen.

Ungünstige familiäre Verhältnisse führen also bei jungen Menschen leicht zur Kriminalität.

4) **Die Zahl der vorbestraften Täter** nimmt bei den Jugendlichen und Heranwachsenden in der Bundesrepublik[12]) laufend zu. Die Zahlen in der folgenden Tabelle geben die Prozentzahl der Vorbestraften an, errechnet aus der Gesamtzahl der Verurteilten.

	Jugendliche		nach Jugendrecht abgeurteilte Hw			nach allgemeinem Recht abgeurteilte Hw		
	überhaupt	mehr als 4 mal	mit JStr	überhaupt	mehr als 4 mal	mit JStr	überhaupt	mehr als 4 mal
1954	13,4	0,2	1,1	23,4	0,8	5,5	22,8	1,4
1955	12,5	0,10	0,8	24,0	0,9	4,7	20,5	1,2
1956	13,9	0,15	1,0	24,7	0,7	4,3	21,8	1,1
1957	15,2	0,19	1,3	26,3	0,7	4,7	21,2	0,9
1958	17,4	0,25	1,8	28,2	0,8	5,7	21,7	0,8
1959	17,8	0,31	1,9	30,6	0,9	6,5	22,7	0,9
1960	18,9	0,51	2,1	37,2	1,5	7,7	22,2	1,1

Die Zahl der Verurteilten mit Vorstrafen ist von 1954—1960 bei den Jugendlichen um 77,2%, bei den Heranwachsenden um 63,2% gestiegen. 1954 waren 13,5% der Jugendlichen und 23% der Heranwachsenden, 1960 18,9% der Jugendlichen und 25,25% der Heranwachsenden, die vor dem Jugendgericht standen, vorbestraft. Dabei ist die **Rückfallquote** am geringsten bei den Zuchtmitteln, besonders bei Jugendarrest, während sie bei Jugendstrafe und Fürsorgeerziehung am höchsten ist und die Rückfallschnelligkeit mit der Höhe der Vor-Jugend-Strafe steigt (Hellmer NJW 64/177, 178).

Über die Vorstrafen der Strafgefangenen Bayerns ergibt sich aus den Strafvollzugsstatistiken 1962 und 1963 folgendes:

		ohne	1 mal	2 mal	3 mal	4 mal	5—10 mal	11—20 mal
1962								
Jugendliche	Jugendstrafe	109	35	4	1	—	—	—
Heranwachsende	Jugendstrafe ..	216	266	202	29	13	4	—
	Gefängnis......	23	26	23	5	6	4	1
21—24 jährige	Jugendstrafe ..	55	90	44	22	11	5	—
	Gefängnis......	121	218	206	133	88	127	7

[12]) In Bayern gilt für die Jahre 1961, 1962

	Jugendliche		Heranwachsende		Erwachsene	
	überhaupt	mehr als 4 mal	überhaupt	mehr als 4 mal	überhaupt	mehr als 4 mal
1961	21,5	1,00	25,5	1,70	39,0	10,90
1962	22,0	0,74	29,0	2,10	40,5	11,40

		ohne	1 mal	2 mal	3 mal	4 mal	5—10 mal	11—20 mal
1963								
Jugendliche	Jugendstrafe ..	103	26	1	—	—	—	—
Heranwachsende	Jugendstrafe ..	286	232	69	21	5	10	—
	Gefängnis......	23	23	13	7	4	1	—
21—24 jährige	Jugendstrafe ..	63	87	37	19	11	6	—
	Gefängnis......	128	192	202	127	86	134	6

212/224 der 1962/1963 in einer Jugendstrafanstalt einsitzenden 821/885 jungen Gefangenen waren ehemalige Fürsorgezöglinge. — Unberücksichtigt bleiben die 22/37 Zuchthausgefangenen.

Der Schluß, die Jugendgerichtsbarkeit habe versagt (s. Vorb. der Einf.), liegt nahe. Doch ist zu bedenken, daß die Minderjährigen nach Strafvollzug oä meist wieder in die ungünstigen Verhältnisse zurückkommen, in denen sie kriminell wurden, und zu der Belastung durch diese Umwelt noch die Belastung der Vorbestraften haben. Ohne entscheidende Hilfe, die von der Justiz selbst nicht geleistet werden kann, wird es auch hier nicht gehen.

5) Die verhängten Maßnahmen lassen sich wie folgt gliedern

a) Absolute Zahl für die Bundesrepublik.

	nach JRecht Verurteilte	Jugendstrafe				Zuchtmittel				Erziehungsmaßregeln			
	J+Hw	6Mon	über 6 Mon bis 1 Jahr	über 1 Jahr	unbestimmt	insges.	Jugend Arrest	bes. Pfl.	Verw.	insges.	FE	Schutzaufs.	Weisg.
1954	41127	2972		397	862	46467	17007	14682	14778	6520	588	1864	4068
1955	48262	3484		473	1097	56847	19863	19122	17862	7767	651	2061	5055
1956	53485	1579	2812	691	1155	61556	22910	19902	18744	8134	629	1979	5526
1957	63659	2154	4100	994	1572	71815	27500	23406	20909	9179	676	2066	6437
1958	66071	2383	4841	1238	1479	73871	28957	24141	20773	9134	645	1883	6606

b) Der Umfang und der Erfolg der **Strafaussetzung zur Bewährung** läßt sich aus folgender bayerischer Aufstellung für das Jahr 1961 für Jugendliche und Heranwachsende entnehmen:

	Anzahl	Aussetzung	Widerruf
Jugendstrafe bis 1 Jahr ..	1378	905	269
Haft	539	304	50
Gefängnis bis 3 Monate ...	1747	1069	252
Gefängnis 3—9 Monate ...	495	265	79

Im gleichen Jahr wurde 128 mal die Verhängung der Jugendstrafe zur Bewährung ausgesetzt (§ 27 JGG). Aufgrund dieser Entscheidung in früheren Verfahren wurden 70 Nachverfahren (§ 30 JGG) durchgeführt; während in 60 Fällen die Tilgung des Schuldspruchs angeordnet wurde, mußte gegen 10 Angeklagte Jugendstrafe verhängt werden.

Die Jugendstrafe wird am häufigsten — sehr häufig (in etwa zwei Dritteln der Fälle) — zur Bewährung ausgesetzt. Bei ihr und bei Gefängnis zwischen 3 und 9 Monaten wird am öftesten widerrufen (fast 30%); am seltensten kommt es zur Strafvollstreckung bei der Aussetzung der Verhängung der Jugendstrafe zur Bewährung (knapp 15%).

c) Folgende Strafen wurden nach der bayerischen Strafvollzugsstatistik 1961 bis 1963 von 14—24jährigen **verbüßt.** (Dabei zählen Jugendstrafen, die im Gefängnis verbüßt wurden, als Gefängnis und umgekehrt.)

	1961				1962				1963			
	Zuchth.	Gef.	Haft	JStr.	Zuchth.	Gef.	Haft	JStr.	Zuchth.	Gef.	Haft	JStr.
14—15 J	—	—	—	2	—	—	—	—	—	—	—	—
15—16 J	—	—	—	14	—	—	—	14	—	—	—	11
16—17 J	—	—	—	40	—	—	—	49	—	—	—	38
17—18 J	—	—	—	115	—	—	—	149	—	—	—	81
14—18 J	—	—	—	171	—	—	—	212	—	—	—	130
18—19 J	—	5	—	164	—	2	—	147	—	3	—	153
19—20 J	—	19	1	240	1	18	2	234	—	16	5	210
20—21 J	1	64	3	253	—	68	3	249	4	52	2	260
18—21 J	1	88	4	657	1	88	5	630	4	71	7	623
21—24 J	29	797	14	221	21	900	17	227	33	876	21	223

Gegen 14jährige wird also praktisch nicht, gegen 15jährige kaum und gegen 16jährige nur selten Jugendstrafe vollstreckt. **Die meisten Insassen der Jugendstrafanstalten sind 19 und 20 Jahre alt.**

Nur 11,6 — 14% der 1961—1963 in Strafanstalten einsitzenden 18—20jährigen sind nicht in Jugendstrafanstalten, sondern in Gefängnissen, im Zuchthaus oder in Haftanstalten.

Das entspricht auch etwa dem Verhältnis der Verhängung von Jugendstrafe gegen Heranwachsende: 1960 wurde gegen Heranwachsende in der Bundesrepublik 6581 mal Jugendstrafe, aber nur 890 mal Gefängnis von mehr als 9 Monaten Dauer verhängt.

Die **Dauer des Jugendstrafvollzugs** war nach der gleichen Statistik wie folgt bemessen:

		insgesamt	JStrafe, Dauer unter 5—6 M	6—9 M	9—12 M	1—2 J	2—5 J	5—10 J	unbest. JStr.	Anteil der unbest. JStr. an der JStr. insges.
14—17 J	1961	171	10	32	35	30	6	—	58	33%
	1962	149	18	20	29	30	9	2	41	27%
	1963	130	13	22	28	25	6		36	28%
18—20 J	1961	657	75	101	127	135	68	5	146	22%
	1962	630	74	99	104	149	75	4	125	20%
	1963	618	67	88	113	179	77		94	15%
21—24 J	1961	221	23	24	42	41	37	10	44	20%
	1962	227	25	29	34	47	45	11	36	16%
	1963	223	13	31	29	58	59		33	15%

Hier fällt auf, daß trotz Ansteigens der Jugendkriminalität **laufend weniger Jugendstrafe** an 14—21jährigen vollzogen wird und daß der **Anteil der unbestimmten Jugendstrafe** ebenfalls bei allen Altersgruppen **zurückgegangen** ist. Nur Jugendstrafen von über 1 Jahr Dauer werden in etwas ansteigendem Maße verhängt; doch wird hierdurch bei den 14—21jährigen der Rückgang der unbestimmten Jugendstrafe nicht ausgeglichen.

V. Literatur

1) Eigentliches Jugendrecht

a) Kommentare: Dallinger-Lackner und Potrykus sowie die Kommentierung des JGG bei Dahlke-Fuhrmann-Schäfer: Strafrecht und Strafverfahrensrecht, die Erläuterungen Beckers in „Das deutsche Bundesrecht" und die Kommentierungen der materiellrechtlichen Vorschriften des JGG von Jagusch im Leipziger Kommentar und des Strafregisterrechts von Hartung, das Strafregister S 196—243.

b) Grundrisse: Becker-Mantler-Scheunemann-Vins: Jugendgericht und Jugendgerichtshilfe; Hinrichsen: Einführung in das Jugend-Kriminalrecht; Müller: Das Jugendgericht; Schaffstein: Jugendstrafrecht, eine systematische Darstellung.

c) Entscheidungssammlungen (spezielle): Sammlung jrechtlicher Entscheidungen (Luchterhand-Verlag); bis 1960 auch: Entscheidungen aus dem J- und Familienrecht (Deutsches Jugendarchiv München eV).

d) Sonstiges Schrifttum zum Jugendgerichtsgesetz allgemein: Hellmer: JStrafrechtspflege als Kulturpolitik, RdJ 62/17; sowie: Bewährung und Nichtbewährung des Jugendstrafrechts in NJW 64/177; Herrmann: Der jugendliche Rechtsbrecher und seine Behandlung in RdJ 60 H 19, 20; Kohlhaas: 10 Jahre Jugendrechtsprechung des BGH in UJ 61/15, 19—22; Lackner: Neue Wege zur Bekämpfung der Jugendkriminalität; in JZ 54/133; Mollenhauer: Neue Wege zur Bekämpfung der Jugendkriminalität; Monatsschrift für Kriminologie und Strafrechtsreform Sonderheft 1958: Zum V. internationalen Kongreß für soziale Verteidigung 1958 in Stockholm (Darstellung des Standes der deutschen Jugendkriminalrechtspflege von verschiedenen Experten); Peters: Literaturberichte zum Jugendstrafrecht in ZStW 54/423, 56/109, 58/460, 59/292, 62/136; Potrykus: Auswirkung des Gleichberechtigungsgrundsatzes auf das Jugendstrafverfahrensrecht in ZBl 60/214; Rotten: Probleme und das Jugendstrafrecht in Zeitschrift für Strafvollzug 62/63; Ullrich: die Rechtsprechung des BGH zum JGG in RdJ 63/315, 346, 358; 64/24.

e) Die Stellung des Jugendrichters, Fragen der Zusammenarbeit.

Bericht vom 11. deutschen Jugendgerichtstag Berlin: Die Jugendkriminalrechtspflege als Personenfrage und als Aufgabe der Zusammenarbeit (Schriftenreihe der deutschen Vereinigung für Jugendgerichte und Jugendgerichtshilfen NF H 4); Knögel: Jugend, Jugendrichter und Jugendkriminalität in NJW 58/609; (auch RdJ 58/296, 59/27); Frh. v. Schlotheim: Der Auftrag des Strafrichters in UJ 61/360; Sieverts: Die Verteilung der Funktionen zwischen dem Jugendrichter und den anderen Mitarbeitern in der Jugendkriminalrechtspflege in ZBl 59/221; Potrykus: Sachverständigenaufgaben im JGG in Jahrbuch für Jugendpsychiatrie und ihre Grenzgebiete Band III S 135; Mollenhauer: Richter und Sozialarbeiter. Gedanken zum Verhältnis von Strafrechtspflege und Sozialpädagogik; Becker: Gerichte und Erziehungsberatungsstellen in ZBl 62/89, 126; Munkwitz: Die Aufgaben einer kinder- und jugendpsychiatrischen Klinik für die Sozialgerichtsbarkeit und die Jugendstrafrechtspflege in ZBl 58/245; Potrykus: Jugendgericht und Schule in „Recht und Wirtschaft der Schule" 61/168; Hinrichsen: Jugendkriminalität und Publizistik in UJ 60/99.

f) Strafrechtsreform und Jugendrecht.

Große Strafrechtsreform, Stellungnahme der AGJJ (Arbeitsgemeinschaft für JPflege und JFürsorge), RdJ 64/30; Schüler-Springorum: Denkschrift über die Reform des JGG im Rahmen der Großen Strafrechtsreform (im Auftrag der deutschen Vereinigung für JGerichte und JGerichtshilfen eV), MKrim 64(47)/1.

Luther: Einheitliche Gerichtsbarkeit für Minderjährige durch Familiengerichte oder Jugendgerichte? in FamRZ 63/387; Peters: Der junge Mensch in der Strafrechtsreform (Referat, gehalten am 19. 10. 62 vor der Arbeitsgemeinschaft für Jugendpflege und Jugendfürsorge); Potrykus: Die Auswirkung des StGB-Entwurfes der großen Strafrechtskommission auf die Jugendkriminalrechtspflege in ZBl 59/7, 46; sowie Kleine Strafprozeßreform und JStrafverfahren in RdJ 63/177; Sieverts: Die große Strafrechtsreform und das materielle Jugendkriminalrecht in MKrim 61(44)/222.

Zur Frage der vorbeugenden Verwahrung: s. oben Einf. FN 6.

g) Jugendrecht der DDR.

Kapsa: Das Jugendstrafrecht in der sowjetischen Besatzungszone in RdJ 61/241; Kühling: Jugendstrafvollzug in der DDR in UJ 59/476.

h) Literatur zu Einzelfragen (auch zur Problematik des § 105 JGG uä) ist jeweils bei den einzelnen Paragraphen und Abschnitten vermerkt (s. bes. bei §§ 3, 5, 10, 17, 19, 43, 105). Vgl. auch die Angaben in FN 2, 8, 9 dieser Einführung.

2) Jugendkriminologie.

a) Brisch-Haller-Weber: Jugendkriminalität. Ausmaß, Ursachen, Bekämpfung (Volkswartbund H 7/8); Brückner: Die Jugendkriminalität. Erscheinungsformen, Ursachen, Behandlung; Hallermann: JKriminalität heute. Middendorf: Jugendkriminologie — Studien und Erfahrungen sowie: Ursachen der JKriminalität in JWohl 64/59.

b) Brauneck: Die Entwicklung jugendlicher Straftäter (Hamburger Rechtsstudien H 49); Brauneck: Die kriminell schwer gefährdeten Minderjährigen in MKrim 63(46)/12; Dietrich: Kriminelle Jugendliche; Glueck: Jugendliche Rechtsbrecher; Grünhut: Kriminalität junger Menschen im Wohlfahrtsstaat in MKrim 63(46)/1; Herrmann: Der jugendliche Rechtsbrecher und seine Behandlung in RdJ 60/298, 308; Holzschuh: ... aber ihr klagt uns an! Murenwald-Roestel: Jugendstrafrechtspflege für kriminell schwer Gefährdete (Bericht von der 12. Jugendgerichtstagung) in UJ 62/541; Pfaffenberger: Jugendkriminalität — Hintergründe und Schlußfolgerungen; Schneider: Kriminologie und Behandlung heranwachsender und jungerwachsener Rechtsbrecher in RdJ 63/1, 24; Wilfert: Gefährdete Jugend (Österreich).

c) (1) Brandt: Zur Kriminalität der Unehelichen in RdJ 63/42; sowie: Kriminalität J aus vollständigen Familien in RdJ 63/49, 74; Ehlen: Kriminalität Jugendlicher aus unvollständigen Familien in RdJ 63/53; Lempp: Somatische Ursachen der Frühkriminalität in NJW 59/798; Meyer: Das Ordnungsbild als Ursache zur Straffälligkeit des j Probanden in BewH 60/83; Stutte: Psychopathologische Bedingungen der JKriminalität in RdJ 64/33.

(2) Becker: Gibt es eine Nachahmungskriminalität der Jugendlichen in Die Polizei 63/11; Becker: Das Fernsehen und sein Einfluß auf die JKriminalität in MKrim 63(46)/257; Brandt: Veränderte Familienstruktur und JKriminalität in RdJ 62/209; Muchow: Versuch einer neuartigen Interpretation der Kriminalitätsziffer für J in UJ 60/306, 63/319; Ottinger: Zur mehrdimensionalen Erklärung von Straftaten Jugendlicher in MKrim 62(45)/175; Schmitz: Druckphänomene als wesentliche Faktoren im Delinquenz-Verhalten unreifer Menschen in MKrim 62(45)/1; Steinemann: Erlebnisüberlastung als Ursache der Straffälligkeit bei Jugendlichen und Heranwachsenden in ZBl 58/153; Steinemann: Mißerfolge und Fehlentwicklung im Werdegang junger Straftäter in ZBl 59/253; Steinemann: Das Geltungsbedürfnis als kriminogener Faktor bei Jungtätern in ZBl 63/17; Stutte: Körperliche Selbstwertkonflikte als Kriminalitätsfaktor in MKrim 57(40) H 3, 4; Zeller: Asozialität und Kriminalität J in konstitutionsbiologischer Sicht in RdJ 59/33.

(3) König: Jugendliche Vermögenstäter in N Pol 63/32; Blau: Zur Kriminologie und strafrechtlichen Behandlung des „Autoborgens“ durch jugendliche Täter in ZBl 60/353, 379; Mrowka: Junge Kaufhausdiebe in UJ 63/346; Heinen: Eigentums- und Gewaltdelikte Jugendlicher in UJ 60/202, 261; Schriftenreihe des BKA: Das Phänomen des Strichjungen in Hamburg; Sulimma: Zur Kriminologie der Sittlichkeitsdelikte Minderjähriger in N Pol 62/232; Winterberg: die gleichgeschlechtliche Prostitution der männlichen Jugend und die Gesellschaft. — Vgl. auch nächsten Absatz a. E.

d) Barley: Soziologische Betrachtung zur heutigen Jugendkriminalität in RdJ 60/119; Cohen: Kriminelle Jugend. Zur Soziologie des jugendlichen Bandenwesens (in USA); Joray: Bandenbildung und Bandendelikte (Psychologische Praxis H 28); Meyer: Das Phänomen der häufigen Tatgenossenschaft in der Jugendkriminalität in MKrim 60(43)/172; Steinemann: Gruppenbildung und Gruppenstrukturen bei minderjährigen Straftätern in ZBl 60/161, 196; Wilfert: Jugend-„Gangs". Entstehung, Struktur und Behandlungsmöglichkeit der Komplizengemeinschaft Jugendlicher (Kriminologische Abhandlungen Wien NF 4); Zullinger: Horde, Bande, Gemeinschaft. — Hartmann: Über juvenale Gruppennotzuchtsdelikte, MKrim 64(47)/24.

Bondy-Braden-Cohen-Eyferth: Jugendliche stören die Ordnung (Bericht und Stellungnahme zu den Halbstarkenkrawallen); Hartmann: Spielaspekte des Jugendkrawalls in UJ 60/495; Kaiser: Randalierende Jugend. Eine soziologische und kriminologische Studie über die sog. Halbstarken; Kaiser: Die kriminalpolitische Bedeutung der „Halbstarkendelikte" in ZBl 58/57; Kaiser: Zur Erscheinung des Rowdytums und des Vandalismus in UJ 62/102; Middendorf: Die Halbstarken — Eine Rückschau in ZBl 59/151; Muchow: Zur Psychologie und Pädagogik der Halbstarken in UJ 56/388; Sagritz: Problem der Halbstarken in psychologischer Sicht in NJW 59/806.

3) Kriminalpädagogik, Psychiatrie, Psychologie, Soziologie.

a) Blau: Sozialpädagogische Tendenzen im Strafrecht der Gegenwart in MKrim 62(45)/141; Hellmer: Kriminalpädagogik. Eine Einführung in ihre Probleme; Nass: Kriminalpädagogik; Peters: Grundprobleme der Kriminalpädagogik. — Verantwortliche JArbeit heute (Bericht vom JHilfetag 1964). Schriftenreihe der Arbeitsgemeinschaft für JPflege und JFürsorge H 10.

b) Trammer: Leitfaden jugendrechtlicher Psychiatrie; Villinger-Stutte: Jahrbücher der Jugendpsychiatrie und ihrer Grenzgebiete.

c) Aschenheim: Wie kam es soweit? Tiefenpsychologische Aspekte zur Jugendkriminalität; Becker: Die soziologische und psychologische Situation der Jugend in ZBl 58/277; Blau-Müller-Luckmann: Gerichtliche Psychologie. Aufgaben und Stellung des Psychologen in der Rechtspflege.

d) Brandt: Psychologie für soziale Berufe. Einführung in die Psychologie . . .; Jaide: Eine neue Generation? Eine Untersuchung über Werthaltung und Leitbilder der Jugend; Muchow: Sexualreife und Sozialstruktur der Jugend; Remplein: Die seelische Entwicklung des Menschen im Kindes- und Jugendalter; Spranger: Psychologie des Jugendalters.

e) Beer: Familien- und Jugendsoziologie; Heinen: Der junge Straftäter und seine besondere gesellschaftliche Lage; Heintz-König: Soziologie der Jugendkriminalität; Schelsky: Die skeptische Generation. Eine Soziologie der deutschen Jugend.

Jugendgerichtsgesetz

Vom 4. August 1953 (BGBl I S 751) mit Richtlinien und Erläuterungen

Änderungen des Gesetzes.

30. 3. 1957 BGBl I S 306: §§ 112a—e, 115 III eingefügt;

11. 8. 1961 BGBl I S 1203: § 38 II S 6 weggefallen,
§§ 12, 48 II, 93 III neugefaßt,
§§ 8 II S 1 u. 3, 9 Nr 2, 34 III Nr 3, 76 I S 1, 82 II, 112a Nr 1 „Schutzaufsicht" ersetzt durch „Erziehungsbeistandschaft".

26. 11. 1964 BGBl I S 925: §§ 39 I, 75 I S 1, 76 I S 1 neugefaßt.

19. 12. 1964 BGBl I S 1080: §§ 34 III Nr. 1, 61 II S 2, 69 III S 2, 71 II S 1 neugefaßt;
§§ 39 I S 2, 40 I S 2 eingefügt;
§ 68 bisherige Nr. 1 gestrichen.

Änderung der Richtlinien ab 1. 1. 1963 durch gleichlautende Entschließungen der Landesjustizverwaltungen:

RL 6 zu § 19, RL 4 zu § 43, RL 1 zu § 76, RL 2 zu § 78, RL II 4, II 6 S 2, III 2 (2mal), IV 3 zu §§ 82—85, RL 1 zu § 94, RL 1 zu § 100.

ERSTER TEIL

Anwendungsbereich

§ 1

Persönlicher und sachlicher Anwendungsbereich

1) Hw s. A 2. — **2) ErwG:** § 104 A 1a.

(1) Dieses Gesetz gilt, wenn ein Jugendlicher oder ein Heranwachsender eine Verfehlung begeht, die nach den allgemeinen Vorschriften mit Strafe bedroht ist.

(2) Jugendlicher ist, wer zur Zeit der Tat vierzehn, aber noch nicht achtzehn, Heranwachsender, wer zur Zeit der Tat achtzehn, aber noch nicht einundzwanzig Jahre alt ist.

(3) Strafrechtlich ist nicht verantwortlich, wer zur Zeit der Tat noch nicht vierzehn Jahre alt ist.

Richtlinien zu § 1:

1. Auf Ordnungswidrigkeiten und auf Handlungen, für die Ordnungsstrafen vorgesehen sind, findet das Jugendgerichtsgesetz keine Anwendung (vgl jedoch § 13 Satz 2 des Gesetzes über Ordnungswidrigkeiten in Verbindung mit § 120 JGG).
2. Gibt der Staatsanwalt einer Anzeige wegen Strafunmündigkeit des Beschuldigten keine Folge, so verständigt er in geeigneten Fällen den Vormundschaftsrichter und prüft, ob die Schulbehörden oder andere Stellen zu benachrichtigen sind und ob gegen den Aufsichtspflichtigen einzuschreiten ist.

1 a) Ob eine **Verfehlung** (objektiv-rechtswidriger Verstoß gegen eine Strafvorschrift, auch Übertretung) vorliegt, bestimmt das allg. StrR (§ 2 A 2a, b). Das JGG gilt also — mit Ausnahme der §§ 1 III; 3 (§§ 13 S 2 OWiG, 120 JGG) — nicht (RL 1)

(1) für Ordnungswidrigkeiten[1]; hier sind sowohl im Verwaltungsverfahren als auch im gerichtl. Nachprüfungsverfahren des ARi. (nicht JRi.)[2] Geldbußen zu verhängen (§§ 13, 48, 55 V OWiG). Für die Mischtatbestände gilt das JGG erst, wenn die Verfehlung als Straftat behandelt wird, zB im Falle des § 58 OWiG nach der gerichtl. Zuständigkeitsprüfung. — Das Unterwerfungsverfahren ist gegen J ausgeschlossen (§ 67 VI OWiG), gegen Hw aber zulässig (Dallinger-Lackner § 79 Vorb. 4). — Die Steuerordnungswidrigkeit (§ 413 AbgO) ist ein vom Ger. (§ 33 A 4) zu ahndendes Vergehen, keine Ordnungswidrigkeit.

(2) für Ordnungsstrafen (§§ 178 GVG, 51, 70 StPO, 380, 390 ZPO, 33 FGG, zB); hier ist auch gegen J Geldstrafe oder Haft zu verhängen; diese kann aber in einer JA-Anstalt verbüßt werden.

b) Das JGG gilt — einschl. der ErzM (Dallinger-Lackner N 36) — auch für **Ausländer und Auslandstaten** im Rahmen der §§ 3—6 StGB. Im Verhältnis der **deutschen Länder** — einschl. Berlins (§ 123) und seit 1. 1. 57 des Saarlandes (saarländisches Rechtsangleichungsgesetz vom 22. 12. 1956, ABl. des Saarlandes 56/1667) — gilt das Recht des Tatortes (BGH 7/53, 55; Einzelheiten: LK Vorb. 7 vor § 3 StGB). Im Verhältnis zur **DDR** sind jedoch §§ 3—5 StGB entspr. anzuwenden, weil im JR erhebliche Unterschiede bestehen (zB kein JA und stets ErwR für Hw in DDR; vgl Legien JR 58/45ff, bes II S 46f) und die Voraussetzung für die Anwendung interlokalen Rechts — das Bestehen einer gemeinsamen übergeordneten Rechtsordnung — nicht gegeben ist (Dallinger-Lackner N 37, Potrykus B 12; aA BGH aaO für das allgemeine Recht). Wurde in der DDR ein Jugendlicher wegen der Art des Deliktes gem. § 24 JGG der DDR nach allg. Strafrecht verurteilt, so genügt es im Verfahren nach § 15 RHG, die Strafe durch eine Strafe oder andere Maßregel des JGG zu ersetzen, da nur die Art der Strafe, nicht der Schuldspruch zu beanstanden ist (Dünnebier in abl. Anm. zu KG JR 61/470, das die Vollstreckung für schlechthin unzulässig erklärt hat).

c) Das JGG gilt auch für j. oder hw. **Soldaten** (vgl §§ 112a ff).

2) Das JGG schafft im Interesse der Rechtssicherheit **feste Altersgrenzen**[3]). Für Täter über 21 Jahre gilt stets das allg. StrR; die nicht 14 jährigen werden als Straf-

---

[1]) ObLG 61/89.

[2]) Doch kann die Zuständigkeit für solche Verfahren gegen J und Hw durch die Geschäftsverteilung dem JRi übertragen werden (ObLG 61/89). Wird der JRi ohne ausdrückliche Übertragung tätig, entscheidet nicht ein sachlich unzuständiger, sondern nur ein nach der Geschäftsverteilung nicht berufener Amtsrichter (§ 33 A 1a; 3a, b). Kohlhaas hält bei Schweigen der Geschäftsverteilung sogar den JRichter für zuständig (NJW 61/1415); dafür bietet das Gesetz aber keine Grundlage.

[3]) Über die Altersgrenze vgl. Becker: Das Strafmündigkeitsalter, UJ 63/511 (auch UJ 62/97); Bresser: Jugendzurechnungsfähigkeit oder Strafmündigkeit, ZStrW 62(74)/579; Luther: Ehemündigkeit, Volljährigkeit, Strafmündigkeit (Reihe: Jugend im Blickpunkt).

unmündige (u. A 3) ausgeklammert. Für die übrigen — J (14—17 Jahre) und Hw (18—20 Jahre) — gilt das JGG.

a) (1) Die **Einteilung** richtet sich **nach** dem **Alter zZ der Tat,** dh im Zeitpunkt des eigenen strafrechtl. erhebl. Verhaltens ohne Rücksicht auf den Eintritt des Erfolges; frühere Volljährigkeit ist ohne Bedeutung (Potrykus NJW 57/1136). Dauert eine fortgesetzte Handlung, der rechtswidrige Zustand eines Dauerdeliktes oder die Handlungspflicht beim Unterlassungsdelikt über das 14. Lebensjahr hinaus, ist der Täter strafbar; das Verhalten im strafunmündigen Alter bleibt aber außer Betracht, hinsichtl. des späteren Verhaltens sind die Voraussetzungen des § 3 besonders zu prüfen. Wegen der späteren Altersgrenzen vgl § 32 A 3; 1a, b. Sind mehrere an einer Tat beteiligt, kommt es auf die für den Tatbeitrag entscheidende Willensbetätigung des einzelnen an: ein Tun im strafunmündigen Alter kann nicht dadurch strafbar werden, daß die Tatbeiträge der Mittäter später geleistet werden (Dallinger-Lackner N 10; vgl § 50 I StGB; offen bei BGH JR 54/271).

(2) Das **Alter zZ der Aburteilung** ist für die Einordnung der Tat ohne Belang, bei der Auswahl der Maßnahmen aber oft von großer Bedeutung. Gegen einen inzwischen Erw. zB sind viele Weisungen nicht mehr geeignet [s. § 10 A 1c (2)], auch Verwarnung oder JA meist nicht mehr angebracht (s. § 14 A 1d, § 16 A 2e), ErzBeistandschaft und FE sogar unzulässig (§§ 55, 61, 64, 72 JWG; s. § 12 A 1a). Dagegen können bes. Pflichten rglm noch auferlegt werden (§ 15 A 1b). Für die JStr. gelten an sich keine Besonderheiten (§ 17 A 2), doch sind rglm die erz. Voraussetzungen für JStr. unbestimmter Dauer nicht mehr gegeben (§ 19 A 2b); auch die Aussetzung der Verhängung der JStr. ist grds nicht mehr angebracht [§ 27 A 2b (4)].

b) Das **Alter** ist nach allg. Grundsätzen **zu berechnen.** Der am 1. 7. 40 Geborene ist am 30.6. 58 24^{00} Uhr J, am 1. 7. 58 0^{00} Uhr Hw (§§ 186, 187 II BGB entspr.). Der am 29. 2. 40 Geborene ist am 1. 3. 61, nicht am 28. 2. 61 erwachsen (§ 188 III BGB entspr.).

c) **Zweifel über das Alter** sind zugunsten des Täters zu lösen (BGH 5/366). (1) Bei der 14-Jahres-Grenze bleibt der Täter straffrei. (2) Bei der Grenze zwischen J und Hw kann die Altersreife (§ 3) fehlen. Sonst ist JR anzuwenden, wenn die Voraussetzungen des § 105 gegeben sind; andernfalls ist zu ermitteln, welche Unrechtsfolge nach JR und welche nach ErwR angemessen wäre, zwischen diesen abzuwägen und der Sanktion der Vorzug zu geben, die weniger schwer in die Rechtsstellung des Betroffenen eingreift. Ein Vermischen der verschiedenen Unrechtsfolgen — etwa die Verhängung einer bestimmten JStr., wenn nach JR eine unbestJStr., nach ErwR aber 1 Jahr Gefängnis verwirkt wäre (so BGH 5/366, 370, allerdings durch § 116 III gerechtfertigt), oder die Verhängung einer JStr. von 4(!) Monaten, wenn entweder 10 Monate JStr. oder 4 Monate Gefängnis verwirkt wären (so Schnitzerling NJW 56/1384) — ist unzulässig, weil eine solche Strafe weder nach J- noch nach ErwR verwirkt ist (Dallinger-Lackner N 14, Jagusch A 5b, Lackner GA 55/34, Potrykus NJW 54/1349). Welche Maßnahme im Einzelfall die mildere ist, wird im Zusammenhang beim Verschlechterungsverbot (§ 55 A 4) dargestellt. Das dort Gesagte gilt auch hier. (3) Bei der 21-Jahres-Grenze ist unter Berücksichtigung des § 106 ErwR anzuwenden, wenn die Voraussetzungen des § 105 nicht gegeben sind. Andernfalls ist auch hier zwischen den gegebenen Maßnahmen des JGG und der verwirkten ErwStr. wie § 55 A 4 dargelegt abzuwägen und die mildere Maßnahme zu treffen. — (4) Über die Zuständigkeit bei Zweifeln hinsichtlich der Altersgrenze s. § 33 A 2a.

d) Jedes Urteil ist anfechtbar, das auf der **Einreihung in eine falsche Altersgruppe** beruht. Ein rechtskräftiges Urteil ist aber aus diesem Grund **nur ausnahmsweise nichtig**[3a]), nämlich allg. Grundsätzen (Löwe-Rosenberg Einf. S 144) entspr. nur, wo der Bestand des Urteils für die Rechtsgemeinschaft unerträglich wäre und wo ein solches Urteil offensichtl. nicht hätte ergehen dürfen, also schon aus sich heraus unrichtig ist. Das ist nicht der Fall, wenn die falsche Einstufung auf falschen Tatsachenfeststellungen beruht; hier ist meist die Wiederaufnahme des Verfahrens (§§ 359, 362 StPO) möglich (OLG Hamburg NJW 52/1150; Dallinger-Lackner N 20; Lackner GA 55/38f; aA Potrykus B 4 u. NJW 53/93). Beruht die falsche Eingruppierung auf einem Rechtsfehler, ist das Urteil nur dann nichtig, wenn gegen einen Strafunmündigen eine Maßnahme verhängt wird, die auch der VormRi. gegen ihn nicht aussprechen könnte. Die Verurteilung eines Erw. nach JR und eines J nach ErwR bewirkt keine Nichtigkeit[4]); ob eine Ausnahme zu machen ist, wenn ein J zu Zuchthaus verurteilt wurde, ist zw. (nein: BGH u. FN 4, ja wohl mit Recht Dallinger-Lackner N 21, Lackner GA 55/39). Ein nichtiges Urteil darf nicht beachtet werden; die Nichtigkeit kann nach § 458 StPO festgestellt werden. — Meist sind es unzuständige Ger, die solche Urteile verhängen (vgl dazu § 33 A 3b).

3a) Tatbestandsmäßige und rechtswidrige Gesetzesverstöße von **Kindern**[4a] (sind nie schuldhaft; diesen **fehlt die Schuldfähigkeit**[5]). Wegen solcher Taten kann nur der VormRi eingreifen (RL 2). Stets wird er, wenn die Kinder in eine polizeiliche Untersuchung einbezogen waren, um einen pädagogischen Abschluß des Verfahrens den Kindern gegenüber bemüht sein müssen (Merguet MKrim 58 (41)/102).

b) Daß der Täter zZ der Tat 14 Jahre alt war, ist darüber hinaus eine **Prozeßvoraussetzung,** die — wie allgemein (s. Löwe-Rosenberg (Schäfer) Einl. Kap. 10 B 6a S. 102) — zur Verfahrenseinstellung, nicht zum Freispruch zwingt[6]). Das gilt auch dann, wenn sich nicht ausschließen läßt, daß der Täter zZ der Tat noch nicht 14 Jahre alt war (BGH 18/274 und OLG Stuttgart NJW 62/1272 entspr.). Auch hier ist RL 2 zu beachten.

[3a]) **Literatur:** Luther: Zur Nichtigkeit von Strafurteilen insbes. im JR, ZStW 58/87ff. Er nimmt grds Nichtigkeit an, wenn gegen J ErwStrafen verhängt wurden.

[4]) BGH bei Dallinger MDR 54/400 und bei Herlan GA 54/309, im wesentl. übereinstimmend Dallinger-Lackner N 21, Lackner GA 55/39; aA Potrykus aaO; vgl über die flüssigen Grenzen zwischen J- und ErwR §§ 32, 114; oben A 1a (2) und 2a (2).

[4a]) **Literatur:** Amelunxen: Kind und Kriminalität; Leferenz: Die Kriminalität der Kinder; Luxenburger: Die Kriminalität des Schulkindes in Medizinische Klinik 63/534.

[5]) BGH 9/370, 382, allg.M; aA nur Peters JR 49/498 A 13, 50/746; ZStW 1954/434, 1956/116: je nach Fall Schuld- oder Strafausschließungsgrund; aA für das alte Recht auch RG 57/206, 207f: Strafausschließungsgrund.

[6]) hM, zB Dallinger-Lackner N 43f, Jagusch A 3c, Schäfer in Löwe-Rosenberg Einl. Kap. 10 B 6a S 102, Schaffstein S 28; aA Potrykus B 7: stets Freispruch; vgl § 47 I 3, II 2 für Strafunmündige.

c) Ob eine Aufrechnung (Kompensation, §§ 199, 233 StGB) möglich ist, wenn der Gegner ein Kind war, ist umstritten, aber doch wohl zu bejahen, wenn dieses sich der Rechtswidrigkeit seines Tuns bewußt war[7]). — Die Strafbarkeit von Mittätern und Teilnehmern bleibt bestehen. Auch kann ein Kind Vortäter der Hehlerei sein (BGH 1/47ff) oder sachl. begünstigen. Dagegen ist die persönl. Begünstigung eines Kindes ausgeschlossen, weil es nicht strafmündig ist und deshalb der Bestrafung nicht entzogen werden kann; der mögliche Versuch ist nicht strafbar.

§ 2

Anwendung des allgemeinen Rechts

1) Hw: s. § 1. — **2) ErwG:** § 104 A 1a.

Die allgemeinen Vorschriften gelten nur, soweit in diesem Gesetz nichts anderes bestimmt ist.

1a) Das JGG enthält für J und Hw **Sondervorschriften,** die als leges speciales den Normen des allgR vorgehen, auch wenn diese jünger sind (Grethlein NJW 57/1370 A, Jagusch A 1).

b) Das JGG schließt dabei das allgR nicht nur dort aus, wo es eine ausdrückliche Regelung trifft, sondern schon dort, wo das allgR den Grundsätzen des JGG widerspricht (Dallinger-Lackner N 8, Grethlein NJW 57/1370 A) oder wo es zu einem nicht jgem. Ergebnis führen würde (Potrykus B 2).

c) Sonst aber kommen die ohne Rücksicht auf das Alter geltenden Sätze des allgR. ergänzend zur Anwendung (s. Vorb. zu § 33).

d) (1) Die **Abgrenzung** kann nicht formalistisch erfolgen. Gleiche Begriffe können unterschiedlich gebraucht werden. So ist nach dem JGG die Jugendstrafe die einzige Strafe (s. bes. § 13 III S 1); im allgemeinen Recht dagegen wird der Strafbegriff häufig in einem weiteren Sinn gebraucht, zB in § 233 StGB (ObLG 61/174), in § 466 StPO (KG JR 62/271), beim Verschlechterungsverbot (s. § 55 A 4). In diesen Fällen sind die ErzM und ZuchtM — unbeschadet der gegenteiligen Abgrenzung des JGG — Strafen, eben Strafen im weiten Sinn der entspr. Bestimmungen des allg. Rechts. Ähnlich ist es beim Rückfall, wenn die beiden rückfallbegründenden Vorstrafen in einer Einheitsstrafe zusammengefaßt sind [§ 31 A 4d (1)]. — (2) Die öffentliche Zustellung (§ 40 StPO) widerspricht so sehr einem tragenden Grundsatz des JGG — nämlich der Nicht-Öffentlichkeit — (vgl § 48, § 6 A 3), daß sie gegen J unzulässig ist. Sie kann auch das Verfahren gegen einen J nicht fördern; denn sie wird ihn nicht

---

[7]) Schönke-Schröder RN 2, Schwarz-Dreher A 1 A b je zu § 233 StGB; aA Dallinger-Lackner N 49, Jagusch A 3c aE, Potrykus B 9. Vgl auch BGH 10/373, 374 (zust. ObLG 58/244) bezügl. des Vergleichs mit der Ehrennotwehr und die Erwiderung Schwarz NJW 58/10, der darauf abstellt, daß der beleidigte Beleidiger durch die Beleidigung schon hinreichend bestraft sei. Beides ist aber auch bei Beleidigung durch Kinder gegeben. Auch der Wortlaut der §§ 199, 233 zwingt nicht zu der engen, Kinder ausschließenden Auslegung.

erreichen; in seiner Abwesenheit soll aber grundsätzlich nicht verhandelt werden (§ 50 I).

2a) „Allgemeine Vorschriften" enthalten neben StGB, StPO und GVG das gesamte Nebenstrafrecht (AbgO[0]), Wirtschaftsstrafrecht; Wehrstrafges. s. § 112a Vorb.), das Landesstrafrecht* und die Straffreiheitsgesetze[1]). **b) Welches Verhalten strafbar ist,** bestimmt stets das allgR. Auch dessen **Auslegung** erfolgt nach allg. Grundsätzen. Nur die Folgen des Unrechts sind nach JGG andere. — Für eine bes. „jgem. Auslegung" bietet das Ges. keine Grundlage. Sie ist auch nicht notwendig, weil alle Schwierigkeiten bei richtiger Anwendung des § 3 und richtiger Auswahl der Unrechtsreaktion (s. § 5) vermieden werden. Bei wertausfüllungsbedürftigen Begriffen kann allerdings gleiches Tun bei einem J anders zu beurteilen sein als bei einem Erw (vgl böswillig: kindlich-gefühllos; rücksichtslos: kindlich-unbedacht) (Dallinger-Lackner N 5—7). Wegen des Irrtums s. § 3 A 4b, c.

3) § 2 gilt auch für **Verwaltungsvorschriften** wie GnadenO, Mitt. in Strafsachen und RiStV (die zB nur ergänzend nach den RL zum JGG anwendbar sind).

Werden in diesen Vorschriften allg. Begriffe verwendet, die für das Jugendrecht besonders bestimmt sind, wirkt das JGG auf diese Vorschriften ein. Wenn zB in einer Gnadenordnung der Vollstreckungsbehörde Rechte eingeräumt oder Pflichten auferlegt sind, wird der nach §§ 82ff zuständige Vollstreckungsleiter tätig.

---

[0]) S. Goetzeler NJW 60/1656f: objektives Verfahren (§ 414 AO) und Nebenbeteiligung (§ 421 III AO) sind auch gegen J möglich.

*) Zweifelhaft kann sein, ob und wie weit der Landesgesetzgeber bei **landesrechtlichen Strafbestimmungen** die Ahndung durch bestimmte Maßregeln gebieten, die Anordnung anderer Maßnahmen verbieten kann. ZB bestimmt § 9 II des bayerischen Gesetzes zur Ahndung der Schulversäumnisse vom 3. 9. 1949 GVBl S 228 „Gegen Schulpflichtige über 14 Jahren, die aus eigenem Verschulden den Besuch des Unterrichts versäumen, werden Zuchtmittel nach dem JGG festgesetzt". Wie auch im allgemeinen Strafrecht der Landesgesetzgeber in seinem Bereich bestimmte Höchststrafen festsetzen kann, wird man auch hier den Ausschluß der Jugendstrafe nicht tadeln können. Gleiches gilt für die Fürsorgeerziehung, die härter als alle Zuchtmittel ist [s. § 55 A 4 a (2) (f)]. Bedenklich allerdings ist im Hinblick auf § 5 JGG der Ausschluß von Weisungen und Erziehungsbeistandschaft, weil der Landesgesetzgeber das vom Bund aufgestellte Unrechtsfolgensystem nicht beseitigen darf. Doch wird man im vorliegenden Fall die Beschränkung auf Zuchtmittel zulassen können, weil es sich bei Schulversäumnis um einen Ungehorsam gegenüber erzieherischen Anforderungen handelt und der Bundesgesetzgeber in einem anderen Fall des Ungehorsams gegen erzieherische Maßnahmen zur Ahndung auch ausschließlich das Zuchtmittel des Jugendarrestes bereitstellt (§§ 11 II, 15 III JGG). Zeigt sich, daß die Schulversäumnisse nur Folgen einer allgemeinen Verwahrlosung sind, kann das erzieherisch Notwendige durch Einschaltung des Vormundschaftsrichters geschehen und im JStrafverfahren gem. §§ 45, 47 verfahren werden (vgl § 45 A 2b). — Als zulässig wird man auch die Beschränkung auf Zuchtmittel gegen Heranwachsende ansehen können, weil die pflichtwidrige Versäumung der Schule eine Verfehlung von J, selten von Hw, nie von Erwachsenen und das Nichtbesuchen der Schule auch ein Zeichen der Unreife ist.

[1]) Zum Gesetz von 1954 vgl Dallinger-Lackner A 9—13 mit Fundstellen, Becker Zbl 54/213 und Potrykus NJW 54/1277. Über das Verhältnis zur Aussetzung der Verhängung der JStr. s. § 27 A 2c.

ZWEITER TEIL
Jugendliche

ERSTES HAUPTSTÜCK
Verfehlungen Jugendlicher und ihre Folgen

Erster Abschnitt
Allgemeine Vorschriften

§ 3
Verantwortlichkeit

1) **Hw**: § 105 I, RL 1, A 1. — 2) **ErwG**: § 104 I 1.

Ein Jugendlicher ist strafrechtlich verantwortlich, wenn er zur Zeit der Tat nach seiner sittlichen und geistigen Entwicklung reif genug ist, das Unrecht der Tat einzusehen und nach dieser Einsicht zu handeln. Zur Erziehung eines Jugendlichen, der mangels Reife strafrechtlich nicht verantwortlich ist, kann der Richter dieselben Maßnahmen anordnen wie der Vormundschaftsrichter.

Richtlinien zu § 3:

1. Die strafrechtliche Verantwortlichkeit des Jugendlichen ist in jedem einzelnen Fall zu prüfen; in Zweifelsfällen wird das Gutachten eines Sachverständigen einzuholen sein (vgl auch die §§ 38, 43, 73 und die Richtlinien dazu).

2. Ergibt die Prüfung, daß der Jugendliche mangels Reife nicht verantwortlich ist, so stellt der Staatsanwalt das Verfahren ein (vgl Nr. 7 der Richtlinien zu § 45); ist die Anklage bereits eingereicht, so kann der Richter mit Zustimmung des Staatsanwalts das Verfahren einstellen (§ 47).

3. Für die Erziehung des Jugendlichen wird es meist nachteilig sein, wenn die Hauptverhandlung mit dem Freispruch wegen mangelnder Reife endet. Ergibt sich der Mangel der Reife erst in der Hauptverhandlung, so empfiehlt es sich, die erforderlichen erzieherischen Maßnahmen sofort anzuordnen.

Vorb. § 3 regelt die strafrechtliche Verantwortlichkeit. Dabei sind die ErzM unseres JGG geradezu für die angemessene Behandlung strafunmündiger, aber erziehungs-mündiger Täter geschaffen. Die Frage müßte also in unserem Recht eher nach der Erziehungsmündigkeit gestellt werden. Diese ist aber schon bei normalen Schulkindern gegeben; Ausnahmen gibt es praktisch nur bei geistig oder seelisch kranken Jugendlichen, denen man gem. § 51 StGB gerecht werden kann. — Umgekehrt ist die **Exkulpierung J erz. gefährlich**; denn die Ausbildung ethischer Normen bei einem jungen Menschen wird empfindlich gestört, wenn er für Straftaten nicht zur Rechenschaft gezogen wird (s. Einf. II 2a (2); Merguet MKrim 58 (41)/102 schon für Kinder).

Aus all diesen Gründen hält Bresser (ZStW 62 (74)/579; zustimmend Hellmer NJW 64/177, 179f) den §3 für ein historisches Überbleibsel; denn die ihm entspr. Vorschrift des alten Rechts (§ 56 StGB alter Fassung) wurde geschaffen, als schon die 12 jährigen bestraft wurden, und zwar mit den Strafen des Erwachsenen-Strafrechts. Die Bedenken gegen §3 beruhen auch darauf, daß eine wirklich begründete Entscheidung nicht getroffen werden kann, weshalb die Ergebnisse zwischen den einzelnen Gerichten und Gutachtern weit auseinandergehen.

Solange der § 3 besteht, muß er beachtet werden. Doch können bei seiner Auslegung diese Erkenntnisse nicht unbeachtet bleiben. **Eine Exkulpierung wegen Strafunmündigkeit wird die Ausnahme sein.** Daß oft erst eine Erziehungsmündigkeit, also Strafmündigkeit für ErzM vorliegt, kann unbeachtet bleiben, da § 5 JGG in solchen Fällen den Richter veranlaßt, nur auf ErzM zu erkennen; das entspricht auch der Praxis, die Jugendstrafe eigentlich nur gegen mindestens 16 Jahre alte Angeklagte verhängt (Einf. IV 5c). Der einheitliche Strafmündigkeits-Begriff bleibt also unangetastet. — Der Sachverständige wird, falls er den J nur für strafmündig für ErzM hält, das in seinem Gutachten besonders hervorheben müssen.

1a) Kinder sind stets strafunmündig (§ 1 III), Hw wie Erw immer strafmündig (§ 105 nennt § 3 nicht). **J sind nur bedingt strafmündig,** nämlich nur, **wenn** bei ihnen **Verstandesreife** (1), **ethische Reife** (2) und **Widerstandsfähigkeit** (auch: Willensbildungsfähigkeit) (3) **gegeben sind.** (1) Der J muß nicht nur Recht und Unrecht allg. auseinanderhalten, sondern auch im Einzelfall verstehen können, daß die Rechtsordnung dieses Verhalten nicht erlaubt. Ob er das Unrecht tatsächlich eingesehen hat oder einsieht, ist nur als Anzeichen für die Einsichtsfähigkeit von Bedeutung. — Die Strafbarkeit braucht der J nicht erkennen zu können (RG DR 44/659); die Erkenntnis des Sittenwidrigen oder Unmoralischen genügt nicht (Dallinger-Lackner N 5; BGH 10/35, 41 für den Verbotsirrtum). — (2) Der J muß weiter das Gebot als sittlichen Wert erleben und seine Handlung rechtlich als beanstandenswert empfinden können (BGH EJF C I Nr 3, Dallinger-Lackner N 6) — zu (1) (2). **Geistig und sittlich reif,** das Unrecht einzusehen, im Sinne des § 3 **ist, wem bewußt ist, daß er etwas Verbotenes tut** (BGH bei Herlan GA 59/47). Nur bei außerordentlich schlechter Erziehung und bei selten schlechten Vorbildern in Haus und Umwelt — gelegentlich auch bei Hilfsschülern, in der Volksschule Sitzengebliebenen und bei Kindern, die als Kleinkinder in Heimen waren — wird diese Voraussetzung einmal nicht gegeben sein; in den beiden erstgenannten Fällen wird meist eine sittliche Verwahrlosung vorliegen, die ein Eingreifen des Vormundschaftsrichters erfordert. — (3) Der J muß endlich nach der geistigen Einsicht und dem sittlichen Empfinden handeln, also den **Verlockungen zur Tat widerstehen können,** und zwar kraft schützender Gegenvorstellungen, bes. kraft der Einsicht in seine Rechtspflichten (vgl die Beispiele bei v. Schlotheim UJ 56/152). Bes. der Geschlechts- und Besitztrieb überwindet bei J oft trotz richtiger Einsicht und Wertung alle Hemmungen (Jagusch A 3b bb).Gerade dann ist erz. die Entwicklung von Hemmungsvorstellungen notwendig, weshalb vormundschaftsrichterliche Maßnahmen (§ 3 S 2), mindestens eine eindringliche Ermahnung, nie unterbleiben sollten. — (4) Verstandesreife, ethische Reife und Willensbildungsfähigkeit müssen **bei diesem**

Täter zZ der Tat für die spezielle Tat vorhanden sein. Die Strafmündigkeit muß also für jede Tat gesondert geprüft und eigens beantwortet werden (BGH bei Herlan GA 61/358). Vgl auch A 2. — (5) Wegen der Bedeutung einer krankheitsbedingten Entwicklungsstörung für die Strafmündigkeit s. A 4a.

b) Die notwendigen Feststellungen können nur auf Grund einer eingehenden, **individuellen Prüfung** getroffen werden, da die Gruppe der J ganz verschiedenartige Persönlichkeiten umfaßt (Jagusch A 3a). Bes. die heutige J weist große Schwankungen im Reifeprozeß auf (Einf. I 2). Auch normale J bis 16 Jahre sind noch in der kindlichen ich-bezogenen Vorstellungswelt befangen, weshalb ihnen oft das Verständnis für die Belange anderer abgeht. Die 16 und 17jährigen Burschen leben im „Sturm und Drang"; sie können oft nicht genügend Widerstandskraft aufbringen, zumal auch ihrem Selbständigkeitsdrang häufig nur unentwickelte ethische Vorstellungen entgegenstehen; doch fehlt die Altersreife nur dort, wo der Drang übermächtig ist (Potrykus B 2c). — Bes. sorgfältig ist zu prüfen, wenn es um Tatbestände geht, die ein bes. Verantwortungsbewußtsein (Amtsdelikte, Untreue, Berufsgeheimnis, Aufsichtspflicht), tiefere Einsichten in die Sozialordnung (Hochverrat, Wirtschafts- und Steuervergehen) voraussetzen, denen eine Beziehung zu einer bestimmten Person als Verletztem fehlt (Hehlerei, Warenhausdiebstahl, Betrug zum Nachteil einer öffentl.-rechtl. Körperschaft), die in der Umgebung des J als „Kavaliersdelikte" angesehen werden (Schmuggel, Wilderei, einfache Karten-Glückspiele) oder die nur die Fortsetzung eines im strafunmündigen Alter begonnenen Verhaltens sind. — Langes Bettnässen deutet auf eine zurückgebliebene Entwicklung hin.

2) Die Strafmündigkeit ist teilbar, weil strafrechtliche Rechtsfolgen stets nur an bestimmte, in den Tatbeständen umrissene Verhaltensweisen geknüpft werden(BGH 10/35, 38f). Sie kann für einige von mehreren sachl. oder rechtl. zusammentreffenden oder im Verhältnis der Gesetzeseinheit stehenden Tatbeständen gegeben sein, für andere nicht (RG 47/385, 387, 388) und zwar auch im Verhältnis des Grundtatbestandes zur Qualifikation (hM zB Dallinger-Lackner N 13, Lange JZ 49/399f; aA nur RG DR 44/659; vgl aber BGH 10/35ff, der die Teilbarkeit des Unrechtsbewußtseins beim Verbotsirrtum anerkennt, bestätigt und fortentwickelt durch BGH NJW 63/1963, vgl BGH 15/377; beachte auch Baumann krit. A. JZ 61/564). Es kann immer nur soweit verurteilt werden, als die Unrechtseinsicht und die Willensbildungsfähigkeit reicht.

3a) Die Jugendzurechnungsfähigkeit ist Schuldvoraussetzung (BGH 9/370, 382, Jagusch A 3c, Dallinger-Lackner N 8). Bei ihrem Fehlen ist freizusprechen, wenn nicht — möglichst vor Eröffnung des Hauptverf. — das Verf. vom StA oder vom Ger. nach § 47 I 3, II eingestellt werden kann. Wo ein erz. meist ungünstiger Freispruch unvermeidl. ist, muß wenigstens der äußere Tatbestand festgestellt werden; grds sollte eine Maßnahme nach § 3 S 2 getroffen werden[1]).

[1]) Dallinger-Lackner N 46, § 54 N 7, Potrykus B 3, NJW 53/276, Kroschel S 131; aA AG Kiel NJW 52/1429, um die Vernehmung eines Kindes als Zeugen zu vermeiden. Doch kann das Fehlen der Altersreife nur im Hinblick auf einen bestimmten Geschehensablauf festgestellt werden, die Tat muß also vorher in ihren Einzelheiten aufgeklärt sein; auch wird der Täter durch die Eintragung der Entscheidung in die ErzKartei beschwert, was nur bei Nachweis einer Straftat gerechtfertigt ist.

b) Eine Verurteilung setzt voraus, daß die **Altersreife positiv festgestellt** ist (§ 54 A 3d). Die schwierigen Feststellungen sind grds unter Einschaltung der JGH, ggf unter Zuziehung eines Sachverständigen sorgfältig zu treffen (§ 43; vgl dort); dabei ist es zweckmäßig, wenn sich der Sachverständige auch über die aus dem Entwicklungsstand zu ziehenden Folgerungen äußert (Dallinger-Lackner N 16). Bei nicht behebbaren Zweifeln ist zugunsten des J Strafunmündigkeit anzunehmen (Jagusch A 8).

c) Für **andere** an der Straftat **Beteiligte** und für die Anwendung der §§ 199, 233 StGB gilt bei fehlender Altersreife dasselbe wie bei Strafunmündigkeit (§ 1 A 3c).

4) Konkurrenzen a) Die §§ 51, 55 StGB betreffen von der Entwicklung unabhängige Störungen, **§ 3** aber Reifemängel im normalen, regelwidrigen oder krankhaften biologischen Entwicklungsprozeß[2]). Überschneidungen sind möglich, bes. bei j Psychopathen[3]). Die Ursache der mangelnden Schuldfähigkeit ist manchmal auch nicht aufklärbar. — Beide Vorschriften stehen **unabhängig nebeneinander; mangelnde Reife** kann **niemals** der **Zurechnungsunfähigkeit** gleichgestellt werden (ObLG 58/263f). Grds sollten §§ 51, 55 StGB zuerst geprüft werden, da zB Debile oft nur den Entwicklungszustand eines Kindes erreichen, gegen sie aber nicht erz. Maßnahmen veranlaßt sind, sondern die **Unterbringung** (Dallinger-Lackner N 25). Diese kann ohne Rücksicht auf die Strafmündigkeit angeordnet werden, wenn Zurechnungsunfähigkeit (§§ 51 I, 55 I StGB) vorliegt; die Annahme einer Schuldkonkurrenz (Sauer NJW 49/289ff) wird allg. zu Recht abgelehnt. Bei verminderter Zurechnungsfähigkeit (§§ 51 II, 55 II StGB) ist die Unterbringung nur für Strafmündige möglich; zwar kann gem. § 5 III die Unterbringung im Jugendrecht auch isoliert angeordnet werden, doch muß auch hier eine Maßnahme wenigstens möglich sein, weil gem. § 42 b II StGB diese Anordnung nur neben Strafe [im weiteren Sinn; s. § 2 A 1d (1)] gestattet ist (überzeugend ObLG 58/263ff). — ErzMaßnahmen gem. § 3 S 2 können bei Strafunmündigkeit angeordnet werden; ob daneben Zurechnungsunfähigkeit vorliegt, ist gleichgültig. **Verminderte Zurechnungsfähigkeit** als fakultativer Schuldmilderungsgrund erfordert dagegen stets noch die Prüfung nach § 3. Die Altersreife kann auch bei erhebl. verminderter Zurechnungsfähigkeit gegeben sein (BGH 5/366, 367). Wo strafrechtl. Verantwortlichkeit besteht, wird die Schuldminderung meist durch erhöhte Erz-Bedürftigkeit ausgeglichen (Dallinger-Lackner N 31). — Verminderte Zurechnungsfähigkeit durch **Alkoholgenuß** gibt jedenfalls bei solchen Angeklagten keinen Milderungsgrund ab, die dem Alkohol trotz Kenntnis seiner enthemmenden Wirkung auch dann in unvernünftigem Ausmaß zusprechen, wenn die Gefahr besteht, daß sie sich nach dem Genuß des Alkohols zu einer strafbaren Handlung hinreißen lassen. In einer solchen Lage befinden sich namentlich die meisten umwelt-

[2]) ObLG 58/263, 264, Dallinger-Lackner N 24; aA Stutte Blätter der Wohlfahrtspflege 53/336 und MKrim 55(38)/58: § 3 nur bei geradliniger und normal verlaufender, wenn auch verzögerter Entwicklung; vgl. Cabanis: Beitrag zur Frage der Beeinflussung der strafrechtl. Verantwortlichkeit durch organische Ursachen, MKrim 62(45)/19. Wegen frühkindl. Hirnschäden s. Lempp NJW 59/798.

[3]) Doch ist eine Psychopathie, die nur aus Charaktermängeln besteht und sich in einer kriminellen Veranlagung erschöpft, weder eine Geistesschwäche noch eine krankhafte Störung der Geistestätigkeit (BGH NJW 58/2123).

geschädigten Heranwachsenden und fast regelmäßig solche, die einer sog. „Bande" angehören. Zur wirksamen Bekämpfung im bes. der Jugend-Kriminalität wird es dienen, wenn Alkoholgenuß als Milderungsgrund bei der Strafzumessung tunlichst ausscheidet (BGH MDR 60/938).

b) Verbotsirrtum und mangelnde Altersreife sind von einander **unabhängig.** Doch ist jener grds dort zu entschuldigen, wo die Altersreife fehlt. Liegt sie vor, so ist er rglm nicht entschuldbar, weil feststeht, daß der J das Unrecht seines Tuns hätte einsehen können. Deshalb ist § 3 vor dem Verbotsirrtum zu prüfen (Jagusch A 5, Dallinger-Lackner N 33—38). Die Möglichkeit, die Strafe bei verschuldetem Verbotsirrtum zu mildern, ist im JR praktisch ohne Bedeutung; dagegen darf dieser bei der Auswahl der JGG-Maßnahmen nicht unbeachtet bleiben.

c) Ein **Tatbestandsirrtum** ist **unabhängig** von der Altersreife. Führt ein solcher Irrtum zur Annahme einer fahrlässigen Tat, ist bei der „vorschnellen" J die Altersreife bes. zu prüfen. Auch Unwissenheit und Unerfahrenheit können einen Irrtum veranlassen (Schaffstein S 33).

d) Die **Eidesmündigkeit** ist **keine selbständige Schuldvoraussetzung,** sondern nur der Anlaß, die Voraussetzungen des § 3 sorgsam zu prüfen (Dallinger-Lackner N 39), falls man nicht annehmen will, daß der Eid eines Eidesunmündigen kein Eid im Sinne des Ges. ist (LK Vorb. 4 vor § 153 StGB).

5a) Vormundschaftsrichterl. Erz.Maßnahmen können auch dort vom JRi. angeordnet werden, wo die Altersreife fehlt **(§ 3 S 2)** oder das Fehlen der Altersreife zugunsten des Täters unterstellt werden muß, weil diese Maßnahmen gegen Strafmündige ebenso wie gegen Strafunmündige ergriffen werden können (Dallinger-Lackner N 47). Vor Anordnung muß der JRi. aber freisprechen oder das Verfahren einstellen (Dallinger-Lackner N 53).

b) Dem JRi. stehen hier die **Maßnahmen der §§ 1666 I, 1838 BGB, 56 ff, 62 ff JWG** zur Verfügung, nicht aber die im JGG genannten ErzM. Die Voraussetzungen der §§ 1666 I, 1838 BGB müssen nicht vorliegen; dagegen dürfen ErzBeistandsch. und FE allein unter den Voraussetzungen des JWG verhängt werden, wie sich aus § 12 ergibt (Dallinger-Lackner N 52). — Grds soll der JRi. diese Maßnahmen dem VormRi. überlassen; eine Ausnahme aus erz. Gründen ist dort geboten, wo es bereits zur Hauptverh. gekommen ist.

c) Spätere **Änderungen** der getroffenen Maßnahmen kann nur der VormRi. vornehmen. Die Verhängung von JA nach § 11 II ist ausgeschlossen.

d) Wegen der Behandlung im **Strafregister,** wenn neben der Einstellung wegen Zurechnungsunfähigkeit und Strafunmündigkeit Maßnahmen nach § 3 S 2 getroffen sind, s. § 95 A 1 c, 2 a E.

6) Eine Beschwer und damit eine **Anfechtungsmöglichkeit** nach Freispruch ist nicht gegeben (BGH NJW 16/374; vgl ObLG NJW 61/576 und OLG Saarbrücken NJW 60/2069). Anders ist es nur, wenn der JRi. vormundschaftsrichterliche Maßnahmen (§ 3 S 2) angeordnet oder die Fahrerlaubnis (§ 7 A 1 und FN 1) entzogen hat; denn diese Maßnahmen beschweren.

§ 4

Rechtliche Einordnung der Straftaten Jugendlicher

1) Hw: A 1b. — **2) ErwG:** § 104 I 1.

Ob die Straftat eines Jugendlichen als Verbrechen, Vergehen oder Übertretung anzusehen ist und wann sie verjährt, richtet sich nach den Vorschriften des allgemeinen Strafrechts.

1 a) Die **Einteilung** erfolgt nach der **abstrakten** (BGH 8/78, 79f) Strafdrohung des allgR gem. § 1 StGB. Das ist bedeutsam für Versuch (§ 43 StGB), Beihilfe (§ 49 StGB) und Strafverfolgungsverjährung (§§ 67ff StGB); eine Unterbrechung der Verjährung tritt auch durch Maßnahmen des Richters nach §§ 45 I, 47 ein, weil auch diese Maßnahmen „wegen der begangenen Tat gegen den Täter gerichtet" sind (§ 68 I StGB; so für die Ermahnung Potrykus UJ 56/373). — Gleiches gilt, wenn der JRichter im Verf. nach § 75 (s. dort FN 1b) das Verfahren an den JStaatsanwalt leitet. — Vgl auch §§ 18 I, 38 III, 75, 101.

b) Die Einteilung gilt auch für Hw und zwar entweder über § 105 oder nach allgR unmittelbar.

2) Die Vollstreckungsverjährung ist nicht geregelt.

a) Für JStr. gelten §§ 70 I S 4, 5, III; 71ff StGB entspr.; bei StrAzBew. ist § 22 II zu beachten. Sonst gibt es im JR keine Vollstr.Verjährung. Vgl jedoch für JA § 87 IV, für FE und ErzBeistandschaft §§ 61, 75 JWG.

b) Für Maßregeln der Sicherung und Besserung gelten §§ 70 II S 1, 71f StGB unmittelbar.

§ 5

Die Folgen der Jugendstraftat[1])

1) Hw — J: § 105 I. — **2) ErwG:** § 104 I 1.

(1) Aus Anlaß der Straftat eines Jugendlichen können Erziehungsmaßregeln angeordnet werden.

(2) Die Straftat eines Jugendlichen wird mit Zuchtmitteln oder mit Jugendstrafe geahndet, wenn Erziehungsmaßregeln nicht ausreichen.

(3) Von Zuchtmitteln und Jugendstrafe wird abgesehen, wenn die Unterbringung in einer Heil- oder Pflegeanstalt die Ahndung durch den Richter entbehrlich macht.

Richtlinien zu § 5:

1. Ergibt sich in der Hauptverhandlung, daß bereits eine erzieherische Maßnahme angeordnet worden ist, und hält der Richter deshalb eine Ahndung für entbehrlich, so stellt er mit Zustimmung des Staatsanwalts das Verfahren ein (§ 47).
2. Wird im Urteil wegen verminderter Zurechnungsfähigkeit des Jugendlichen seine Unterbringung in einer Heil- oder Pflegeanstalt angeordnet und dadurch die Ahndung der Tat durch den Richter entbehrlich, so empfiehlt es sich, nicht in der Urteils-

[1]) Literatur: s. Einf. FN 2, 4 und allg. Literaturangaben Einf. V.

formel, sondern in den Urteilsgründen auszusprechen, daß von Zuchtmitteln und Jugendstrafe abgesehen wird.

Vorb. Die Denkschrift der deutschen Vereinigung für Jugendgerichte und Jugendgerichtshilfen zur Änderung des JGG schlägt folgende Neufassung des § 5 vor:

(1) Als Folgen der Straftat eines J oder Hw können angeordnet werden
1. Erziehungsmaßregeln (§ 9)
2. Zuchtmittel (§ 13 II)
3. Jugendstrafe (§ 17)

(2) Von Zuchtmitteln und Jugendstrafe wird abgesehen, wenn Erziehungsmaßregeln oder die Unterbringung in eine Heil- und Pflegeanstalt die Ahndung durch den Richter entbehrlich machen.

Diese Formulierung **entspricht,** wie auch die Denkschrift hervorhebt, **der allgemeinen Auslegung** des § 5 in der heutigen, mißverständlichen Fassung (vgl A 2!). Der bisherige Abs. I wird von der Denkschrift in § 9 übernommen.

1) Vgl zunächst die Einführung, bes. II 2a.

2) Nicht jede Straftat (rechtswidriger, schuldhafter Verstoß gegen einen StrTatbestand des allgR) **eines J führt zu einer Ahndung** durch ZuchtM oder JStr. (§ 5 II). Diese dürfen nämlich nicht verhängt werden, wenn ErzM ausreichen oder sonst eine Ahndung entbehrlich ist **(Subsidiaritätsprinzip).** Ob ErzM ausreichen, muß immer — zweckmäßig zuerst — geprüft werden (Dallinger-Lackner N 23); wo die gesetzl. Voraussetzungen für JStr. (§§ 17 II, 21) oder für ZuchtM (§ 13 I) erfüllt sind, reichen ErzM allein rglm nicht aus (Dallinger-Lackner N 18f).

Bei dieser **Auslegung** wird allerdings dem **Wort „ausreichen"** Gewalt angetan. Denn wo zB die Voraussetzungen für eine Verwarnung vorliegen, werden erst recht Weisungen oder gar Fürsorgeerziehung ausreichen. Doch kommt die einhellige Meinung zu einem sinnvollen Ergebnis durch die Überlegung, daß ErzM nur in dem Umfang angeordnet werden dürfen, in dem auch eine ErzBedürftigkeit besteht (§ 9 A 4a). So werden zwar „ausreichende", aber zu harte ErzM aus der Betrachtung ausgeschlossen. Diese dem Sinn des Gesetzes entsprechende Auslegung gibt der Entwurf der Denkschrift treffend wieder (Vorb.), nicht aber das Gesetz.

Sonst kann eine Ahndung entbehrlich sein, wenn bereits erz. Maßnahmen getroffen sind (RL 1, §§ 45, 47) oder wenn die Unterbringung in einer Heil- oder Pflegeanstalt angeordnet ist (§ 5 III); bei Unterbringung ist das rglm der Fall (Dallinger-Lackner N 26). Zur Urteilsfassung in diesem Fall RL 2; § 260 IV StPO steht nicht entgegen (Dallinger-Lackner N 27).

3a) ErzM werden **aus Anlaß der Straftat** angeordnet (§ 5 I); sie betonen den Erz.-Gedanken, sind jedoch, da im Strafverfahren angeordnet, nicht ohne Sühnefunktion, wenn sie auch nicht als Sühne für die Tat angeordnet werden dürfen. [Einf. II 2a (1) (a) u. § 9 4 4b; vgl Schaffstein S 66]; oft haben sie erhebliche Sühnewirkung (zB FE, Arbeitsaufl.). Art und Umfang der ErzM werden deshalb nicht allein durch Erz.-Bedürftigkeit bestimmt (so aber Dallinger-Lackner N 14 und

Vorauflage), sie dürfen auch nicht außer Verhältnis zur Tat stehen [Einf. II 2a (1), § 9 A 4a]. Das wird bei Fürsorgeerziehung oft nicht gegeben sein (s. § 12 A 3a).

b) Nur wenn ErzM oder die Unterbringung in einer Heil- oder Pflegeanstalt nicht angebracht sind oder wenn deren Anordnung allein nicht ausreicht, wird die **Tat mit ZuchtM oder JStr geahndet.** Bei diesen werden neben den Belangen der Erz. auch das Sühnebedürfnis und das Schutzbedürfnis der Allgemeinheit berücksichtigt (Dallinger-Lackner N 20—22). — **JStr.** (auch mit StrAzBew.) darf **nur** verhängt werden, wenn die vorliegenden schädl. Neigungen anders (durch ZuchtM oder ErzM) nicht mehr wirksam bekämpft werden können (§§ 17 II, 13). Bei unlösbaren Zweifeln ist die Schuld festzustellen und die Verhängung der JStr. zur Bew. auszusetzen (§ 27). Bei bes. schwerer Schuld ist stets auf JStr. zu erkennen (§ 17 II). Der Erz.-Gedanke bestimmt auch bei der JStr. das Strafmaß (§§ 18 II, 19 I) und den Vollz. (§ 91) (für JA vgl § 90 I). Auf den Vollz. der JStr. kann ganz (§§ 20ff) oder wenigstens zum Teil (§§88f) verzichtet werden, wenn das erz. sinnvoll und zweckmäßig ist.

c) Eine feste **Regel für die Abgrenzung** der 3 Gruppen der Unrechtsreaktionsmittel des JGG gibt es nicht [Einf. II 2a (1) (c) u. FN 5]. Doch läßt sich folgendes sagen: Die Zuchtmittel, besonders Verwarnung, Bußzahlung und Jugendarrest, sind nur der erhobene Zeigefinger (§ 13 A 1); durch sie können nur junge Menschen beeindruckt werden, die noch in einer geordneten Welt leben und auch geistig und seelisch genügend ansprechbar sind. Sind Erziehungsmängel — gleich welchen Grades — erkennbar und beruht die Tat auf ihnen (§ 9 A 4a und Schaffstein S 66f), sind in aller Regel Erziehungsmaßregeln angebracht. Jugendstrafe ist nur verwirkt, wenn erhebliche Anlage- oder Erziehungsmängel zu einer kriminell geprägten Fehlhaltung geführt haben oder wenn ein Kapitalverbrechen geahndet werden muß (§ 17 A 2).

Bei der Abgrenzung von Weisungen, besonderen Pflichten, Erziehungsbeistandschaft und Verwarnung entstehen in der Praxis keine besonderen Schwierigkeiten; handelt es sich doch um ähnliche, nicht allzu schwerwiegende Eingriffe (Grethlein, Verschlechterungsverbot S 111f), die zudem noch nebeneinander angeordnet werden können (§ 8 I). Es kann insoweit auf die Erläuterungen bei den einzelnen Vorschriften (§§ 10, 12, 14, 15) Bezug genommen werden. — Zu diesen Maßnahmen und untereinander stehen dagegen Fürsorgeerziehung, Jugendarrest und Jugendstrafe (§§ 12, 16, 17) sowie die Aussetzung der Verhängung der Jugendstrafe (§ 27) oft im Verhältnis des entweder—oder; wegen ihrer Abgrenzung wird auf § 16 A 1, 2, §§ 17 A 2c u. 21 A 1c verwiesen.

Die Praxis greift bes. oft und vielfach schematisch zu JA und Geldbußen. In vielen Fällen wäre eine genau auf den Täter abgestimmte Weisung besser. Immer wieder wird auch JA verhängt, wo bereits JStr. angebracht wäre. Jeder JRi. sollte vor der Verhängung von JA oder von Geldbußen gründl. überlegen, ob nicht andere Maßnahmen besser geeignet sind.

d) Unter den Begriff „Strafe“ in Vorschriften des allg. Rechts können auch ErzM und ZuchtM fallen (vgl § 2 A 1d).

4) Über die Koppelung mehrerer Maßnahmen s. § 8; zur **Urteilsfassung** vgl § 54 A 2, 4. — Wegen der **Nebenstrafen u. Nebenfolgen** und **Maßregeln** der Sicherung u. Besserung vgl §§ 6f.

§ 6

Nebenstrafen und Nebenfolgen

1) Hw — J: § 105 I; sonstige Hw s. § 106 II. — **2) ErwG:** § 104 I 1.

Auf Verlust der bürgerlichen Ehrenrechte, Unfähigkeit zur Bekleidung öffentlicher Ämter oder Zulässigkeit von Polizeiaufsicht darf nicht erkannt werden.

Richtlinie zu § 6:

Soweit eine in § 6 nicht genannte Nebenstrafe oder Nebenfolge nicht zwingend vorgeschrieben ist, beantragt der Staatsanwalt sie nur, wenn sie mit den erzieherischen Notwendigkeiten vereinbar ist.

1) Nebenstrafen und Nebenfolgen, die nach allgR nur neben einer Hauptstr. oder ggf im objektiven Verf. (§§ 430ff StPO) verhängt werden dürfen, können **auch neben ErzM u. ZuchtM** verhängt werden (§ 8 III). Bei ihrer AO ist jedoch **Zurückhaltung geboten** (RL); ihre Verhängung kann über § 6 hinaus im Einzelfall unzulässig sein, wo die AO den Grundsätzen des JGG zuwider laufen würde (§ 2 A 1b).

Eine Nebenstrafe oder -folge, deren Ausspruch nach allg. Recht **zwingend** und die nach JRecht zulässig ist, muß auch gegen J oder Hw angeordnet werden (ObLG zu § 123 Branntwein-Monopol-Ges. nach Dallinger-Lackner Rechtsprechung zum JGG S 3 zu § 6).

2) Nicht erkannt werden darf auf:

a) Verlust der bürgerlichen Ehrenrechte (§§ 32—34 StGB),

b) Unfähigkeit zur Bekleidung öffentl. Ämter (§ 35 StGB),

c) Zulässigkeit von Polizeiaufsicht (§§ 38f StGB),

d) Wertersatzstrafe, weil diese in ihrem Wesen eine Geldstrafe ist und das JGG Geldstrafen ausschließt (BGH 6/258, 259, Potrykus B 3, NJW 54/244; vgl aber §§ 15 I Z 3, II Z 2),

e) Privatbuße (§§ 188, 231 StGB), weil sie eine zivilrechtl. Entschädigung ist (LK A I zu § 188 StGB), für die im JStr.Verf. kein Raum ist (§ 81 entspr., Kümmerlin DJ 43/562); vgl aber § 15 I Z 1!

3) Umstritten ist, ob die AO der Veröffentlichungsbefugnis (§§ 104b II, 165, 200 I StGB) und der öffentl. Bekanntmachung (§§ 200 II, 285a II StGB, 399 AbgO) zulässig ist (ja: Dallinger-Lackner N 9, 10; nein: Potrykus B 2, NJW 54/244). Da Zweifel schon nach RJGG bestanden, der Gesetzgeber aber diese Nebenfolgen nicht in § 6 erwähnt hat, können sie nicht als stets ausgeschlossen angesehen werden (vgl RL). Wo aber die AO den Täter in seiner Entwicklung schwer schädigen würde, ist sie mit den Grundsätzen des JGG nicht vereinbar (vgl §§ 80f, 48 I) und damit unzulässig (§ 2 A 1b). Es kommt also auf den Einzelfall an.

4) Zulässig sind:

a) Einziehung (BGH 6/259) und Unbrauchbarmachung (§§ 40 bis 42 StGB),

b) Verfallserklärung (§ 335 StGB),

c) Verlust des Wahlrechtes, der Wählbarkeit und der aus öffentl. Wahlen hervorgegangenen Rechte (§§ 85, 98, 101, 104b StGB); vgl hier aber bes. RL![1]),

d) Verlust der Eidesfähigkeit (Potrykus NJW 55/244; § 161 I StGB[2]),

e) Abführung des Mehrerlöses (§§ 8ff WiStG),

f) Einziehung des Jagdscheines (§ 41 Bundesjagdges.).

g) Fahrverbot (Kfz-) gem. § 37 StGB; vgl. §§ 75 I S 1, 76 I S 1.

5) Tatgewinn und Entgelt der Tat können **nach § 15 II 2** erfaßt werden.

6) Wegen Nebenstrafen und -folgen nach der **AbgO** vgl Goetzeler NJW 60/1656.

7) Auch **landesrechtliche** Nebenstrafen und -folgen sind möglich, so zB in Bayern die Verlängerung der Schulpflicht nach dem Gesetz zur Ahndung der Schulversäumnisse vom 3. 9. 1949 (GVBl S 228).

§ 7

Maßregeln der Sicherung und Besserung

1) Hw — J: § 105 I; sonstige Hw s. § 106 II. — **2) ErwG:** § 104 I 1.

Als Maßregeln der Sicherung und Besserung im Sinne des allgemeinen Strafrechts können nur die Unterbringung in einer Heil- oder Pflegeanstalt oder die Entziehung der Erlaubnis zum Führen von Kraftfahrzeugen angeordnet werden (§ 42a Nr. 1 und 7 des Strafgesetzbuchs).

1) Maßregeln der Sicherung u. Besserung sind nur die in § 42a StGB genannten. Wo materielles JStR angewendet wird, können **nur Unterbringung in einer Heil- oder Pflegeanstalt oder Entzug der Fahrerlaubnis** angeordnet werden. Die Voraussetzungen einer solchen AO und ihre Durchführung bestimmt das allgR (§§ 42 b, f, g, h, m, n, o StGB, 111a StPO).

Die Fahrerlaubnis kann auch bei fehlender Altersreife (§ 3) entzogen werden[1]). Wegen der **Bedeutung der Altersreife** für die Unterbringung s. § 3 A 4a.

a) Bei der **Unterbringung** in einer Heil- oder Pflegeanstalt ist bes. sorgfältig zu prüfen, ob die öffentl. Sicherheit nicht mit anderen Mitteln (Beistandschaft, ErzBeistandsch., anderweitige Unterbringung) gewahrt werden kann, da eine Unterbringung in der Entwicklung sich bes. nachteilig auswirken kann (BGH NJW 51/450)[2]).

[1]) Vgl FN 2 entspr.

[2]) Nach OLG Köln NJW 63/1748 (zust. BGH NJW 64/176 in Vorlage an großen Senat) soll bei geringer Schuld nicht die vom Gesetz vorgesehene dauernde, sondern nur eine zeitlich begrenzte Eides-Unfähigkeit ausgesprochen werden dürfen, wenn anders die Maßnahme als übermäßig hart angesehen werden müßte. Diese Voraussetzung wird bei jungen Menschen öfter als bei Erw. gegeben sein.

[1]) BGH 6/394, 397 letzter Abs.: neben Maßnahmen nach § 3 S 2; zust. ObLG 58/263; OLG Hamm DAR 64/137 = Verk.Mitt. 64/13 = JMBl NRW 64/41 und Floegel-Hartung § 42 m A 5b = RN 9 lassen unter Gleichstellung des § 3 mit der Zurechnungsunfähigkeit nach §§ 51, 55 StGB entspr. dem Sinn des Gesetzes die Entziehung der Fahrerlaubnis auch neben Freispruch zu.

[2]) Vgl. Koll-Bernards: die Unterbringung Minderjähriger gem. § 42b StGB in „Soziale Arbeit“ 64/249.

Auch bei J genügt die Feststellung, daß der Angeklagte künftig wahrscheinlich gegen die Rechtsordnung gerichtete Straftaten begehen wird; eine verbindliche Voraussage, daß er auch nach Strafverbüßung die Rechtsordnung unmittelbar bedrohen werde, wird nicht gefordert; doch bedarf auch die Wahrscheinlichkeits-Feststellung bei J sorgfältiger Prüfung (BGH Herlan GA 59/339; vgl auch ObLG 58/263). Von der Beweiserhebung über das Verhalten des J kann nicht mit der Begründung abgesehen werden, daß ein bestimmtes Verhalten als wahr unterstellt wird (OLG Schleswig EJF C I 17). Bei verminderter Zurechnungsfähigkeit (§ 51 II StGB) kann neben der Unterbringung auf alle Maßnahmen des JGG erkannt werden; doch ist eine Verbindung fast nie zweckmäßig (§ 5 III A 2 aE). Altersreife und Zurechnungsunfähigkeit s. § 3 A 4a!

b) Bei der **Entziehung der Fahrerlaubnis** ist keinesfalls milder als gegen Erw. zu verfahren, da das Sicherheitsbedürfnis der Allgemeinheit hier im Vordergrund steht (Dallinger-Lackner N 8). — Diese Maßregel kann auch neben ErzM und ZuchtM verhängt werden (BGH 6/394 für ZuchtM, Dallinger-Lackner N 21ff, hM). Über die Zulässigkeit von Weisungen, die in ihrer Auswirkung ähnlich sind, und die Unterschiede zu solchen Weisungen s. § 10 A 2b (8).

2) Über die **bes. Zuständigkeit** im JR s. § 41 A 2d.

3) Der Entwurf der Großen Strafrechtskommission sieht noch die vorbeugende Verwahrung für die 17—26jährigen auf die Dauer von höchstens 5 Jahren vor (Literatur: s. Einf. FN 6).

§ 8

Verbindung von Maßnahmen und Jugendstrafe

1) Hw — J: § 105 I. — **2) ErwG:** § 104 I 1; s. § 9 A 4d. — **3) Sold!** Erz.Hilfe s. § 112b A 1b.

(1) Erziehungsmaßregeln und Zuchtmittel, ebenso mehrere Erziehungsmaßregeln oder mehrere Zuchtmittel können nebeneinander angeordnet werden. Mit der Anordnung der Fürsorgeerziehung darf Jugendarrest nicht verbunden werden.

(2) Der Richter kann neben Jugendstrafe Weisungen erteilen, die Erziehungsbeistandschaft anordnen und besondere Pflichten auferlegen. Auf Fürsorgeerziehung und auf andere Zuchtmittel kann er neben Jugendstrafe nicht erkennen. Steht der Jugendliche unter Bewährungsaufsicht, so ruht eine gleichzeitig bestehende Erziehungsbeistandschaft bis zum Ablauf der Bewährungszeit.

(3) Der Richter kann neben Erziehungsmaßregeln, Zuchtmitteln und Jugendstrafe auf die nach diesem Gesetz zulässigen Nebenstrafen und Nebenfolgen erkennen.

Richtlinie zu § 8:

§ 8 Abs. 1 Satz 2 schließt lediglich die gleichzeitige, nicht aber die aufeinanderfolgende Anordnung von Fürsorgeerziehung und Jugendarrest aus. Wird im Urteil Jugendarrest verhängt und die Auswahl und Anordnung von Erziehungsmaßregeln nach § 53 dem Vormundschaftsrichter überlassen, so ist dieser nicht gehindert, Fürsorgeerziehung anzuordnen. Der Richter kann auch während der Fürsorgeerziehung Jugendarrest verhängen. In der Regel wird aber die Anordnung der Fürsorgeerziehung die Verhängung von Jugendarrest entbehrlich machen (§§ 45, 47).

1) Regel ist, daß die **verschiedenen Reaktionsmittel** des JGG **nebeneinander** verhängt werden können (I S 1, II S 1, III). Erst dadurch kann oft der erz. beste Erfolg erzielt werden, bes. wenn sühnende mit rein erz., scharf zur Ordnung rufende mit länger erz. einwirkenden Maßnahmen gekoppelt werden. Auch kann eine Maßnahme erst die Voraussetzungen schaffen und den Boden bereiten für eine andere, die allein keine Aussicht auf Erfolg bieten würde (Dallinger-Lackner N 2; vgl Grethlein NJW 57/1462).

2a) Einige Kombinationen sind verboten und zwar auch dann, wenn in einem Verf. mehrere Taten abgeurteilt werden (§ 31 I S 2). (1) Erz Beistandschaft und FE (vgl § 61 II S. 2 JWG); (2) FE und JA (I S 2); (3) FE und JStr. (II S 2); (4) JStr. und JA (II S 2); (5) JStr. und Verwarnung (II S 2) dürfen nicht gleichzeitig verhängt werden.

b) Dieses **Koppelungsverbot** gilt **nur für die gleichzeitige Verhängung.** Der JRi. kann aber alle diese Maßnahmen nebeneinander bestehen lassen, wenn in verschiedenen Verf. (ein Zwang zur Verbindung besteht nicht: vgl BGH 10/100, 101) auf sie erkannt worden ist und das Nebeneinander erz. zweckmäßig ist (§§ 31 II, III, 66 I, vgl § 31 A 5). Der JRi. kann auch auf JA (nicht auf JStr.; vgl. § 53; der ErwRi. kann auch das: § 104 IV, § 53 RL 3 S 1) erkennen und dem VormRi. daneben die Verhängung erz. Maßnahmen gem. § 53 überlassen, der dann auch FE anordnen darf (RL)[1]), wenn das Verf. gem. § 53 nicht nur der Umgehung des Koppelungsverbotes dient (vgl Potrykus B 2). Die AO der FE durch den VormRi. oder sonstige Maßnahmen, die dieser trifft, hindern die Anwendung aller Reaktionsmittel des JR nicht (Potrykus B 2 letzter Abs.; vgl § 90 II S 3; aA Heinen BewH 55, 56/233, wenn FE allein oder ua wegen der gleichen Tat angeordnet ist, ohne Grundlage im Ges.).

c) Das **Koppelungsverbot gilt nicht,** wenn die Verhängung der JStr. **nach § 27** ausgesetzt wird. Näheres s. § 27 A 4.

3a) Über das gesetzl. Verbot hinaus ist die **Kombination in folgenden Fällen meist unzweckmäßig:** (1) Weisungen und bes. Pflichten neben FE, da diese die umfassende Maßnahme ist; (2) Verwarnung neben JA, da dieser die in der Verwarnung liegende Mißbilligung in viel schärferer Form enthält [vgl o. A 2a (5)!]; (3) ErzM und ZuchtM [vgl schon o. A 2a (3—5)] neben vollstreckbarer JStr., da grds erst deren Erfolg abgewartet werden sollte. Doch kann zB die Verpflichtung, den Schaden gutzumachen, neben JStr. von 6 Monaten angebracht sein (vgl Potrykus B 3).

b) Der JRi. soll sich im gesetzl. Rahmen **von jedem Schematismus freihalten** und nur darauf achten, was im Einzelfall geboten ist; er wird dabei immer wieder von allg.

---

[1]) Das gilt auch deshalb, weil diese Übertragung der Anordnung von Weisungen entspricht. Denn der Vormundschaftsrichter könnte die anderen Maßnahmen auch ohne förmliche Übertragung gem. § 53 JGG nur auf Grund der gem. § 70 zu fertigenden Mitteilung Fürsorgeerziehung und ErzBeistandschaft anordnen [§ 55 A 4a(2)(g), Grethlein, Verschlechterungsverbot S 103]. Weisungen dürfen aber neben jeder anderen Maßregel des JGG erteilt werden.

Grundsätzen abweichen müssen. Dies gilt bes. bei JStr., deren Vollstr. ausgesetzt ist; zwar ist diese echte JStr. (§ 21 A 1b), doch unterscheidet sie sich von dieser nicht unbeträchtlich nach AO, Bedeutung und Wirkung (vgl Jagusch JZ 53/688 u. Grethlein NJW 57/1463).

4) Die gem. II S 3 **ruhende ErzBeistandschaft** lebt nach dem Ende der BewZeit wieder voll auf, wenn sie nicht inzwischen aufgehoben worden oder erloschen ist.

5) Während die Verbindungsmöglichkeit bei **Nebenstrafen u. Nebenfolgen** unbeschränkt ist (III), erwähnt das Ges. die Koppelung der Maßregeln der Sicherung u. Besserung nicht. Vgl darüber § 7 A 1a und b.

Zweiter Abschnitt

Erziehungsmaßregeln

§ 9

Arten

1) **Hw — J:** § 105 I; s. aber bei §§ 10, 12! — **2)** ErwG; § 104 I 1, IV; s. § 9 A 4d. — **3) Sold!** § 112a Z 2; s. § 9 A 2.

Erziehungsmaßregeln sind

1. die Erteilung von Weisungen,

2. die Erziehungsbeistandschaft,

3. die Fürsorgeerziehung.

Richtlinien zu § 9:

1. Die Erziehungsmaßregeln sind nicht dazu bestimmt, die Straftat eines Jugendlichen zu ahnden. Die Tat ist für den Richter nur der Anlaß, Erziehungsmaßregeln anzuordnen (§ 5 Abs. 1); diese verfolgen den Zweck, erkennbar gewordene Erziehungsmängel durch erzieherische Einwirkung zu beseitigen.
2. Wegen der Eintragung von Erziehungsmaßregeln in das Strafregister oder in die gerichtliche Erziehungskartei wird auf § 94 Abs. 2 und die Anordnung über die gerichtliche Erziehungskartei hingewiesen.

1) Vgl § 5, bes. A 3.

2) **ErzM** sind **nur die 3** hier genannten. Die AO der ErzHilfe durch den Disziplinarvorgesetzten ist eine Weisung (§ 112b A 4a). Auch der VormRi. ist, wenn er nach § 53 tätig wird, an diesen Katalog gebunden (§ 53 A 2c), sonst dagegen nicht (§ 53 A3). — Den ErzM sehr ähnlich ist die Ermahnung (§ 45 I). **Andere Maßnahmen zur Erz.** kann der JRi. nur nach § 3 S 2 („Vormundschaftsrichterl. Maßnahmen“, vgl § 34 III) oder im Rahmen der §§ 45, 47 („erz. Maßnahmen“; vgl dort) anordnen. — Wegen des Verhältnisses der ErzM zu den vormundschaftsrichterl. Maßnahmen des bürgerlichen Rechts s. § 53 A 3.

3) Die **Anordnung** von ErzM setzt Schuldfähigkeit voraus. Dies ergibt sich aus § 3 S 1 beim Vergleich mit S 2, der von Maßnahmen des VormRi., nicht von ErzM spricht (s. o. A 2) und aus § 5 I („Straftat" im Gegensatz zu „Verfehlung" in § 1 I, vgl § 5 A 2, § 1 A 1a); (Dallinger-Lackner N 12, Jagusch A 3, Schaffstein S 66; aA Potrykus B 5).

4) ErzM werden aus **Anlaß der Straftat** eines J angeordnet (§ 5 I). Daraus folgt:

a) Sie dienen der Erziehung. Deshalb müssen ErzBedürftigkeit und ErzFähigkeit für die ErzM des JGG bestehen. — (1) Ein einmaliger Streich eines ordentl. gut erzogenen J kann ErzM also nicht rechtfertigen, weil er der Erz. nicht bedürftig ist (Schaffstein S 66). — (2) Die ErzM des JGG müssen gerade bei diesem Täter Erfolg versprechen; das ist zB bei einem frühkriminellen Verbrecher nicht der Fall [s. § 17 A 2c (2) (b)]. — (3) Das in Betracht kommende ErzM muß sowohl der ErzBedürftigkeit als auch der ErzFähigkeit dieses Täters entsprechen. ErzM sind also nicht anzuordnen, wenn ErzBedürftigkeit nur für Weisungen oder ErzBeistandschaft gegeben ist, diese aber nicht ausreichen (also insoweit die ErzFähigkeit fehlt), oder wenn eine ErzFähigkeit hinsichtlich FE vorhanden wäre, doch FE nicht erforderlich ist (also in soweit die ErzBedürftigkeit fehlt) (vgl Schaffstein S 66). — (4) Auch wenn JStr. wegen der Schwere der Schuld verhängt werden muß (§ 17 II), scheiden ErzM meist aus (vgl. § 8 II S 2).

b) (1) (a) Die **Erziehungsmängel** müssen **in der Straftat ihren Ausdruck** gefunden haben („aus Anlaß der Straftat"). Denn der JRi. erzieht nicht um der Erz. willen [Einf. II 2a (1)]. FE kann deshalb in JStr.Verfahren weder gegen ein sittlich verwahrlostes Mädchen nach einer mit der Verwahrlosung nicht in Zusammenhang stehenden Fahrlässigkeitstat noch gegen einen verlotterten Burschen aus Anlaß einer einfachen Verkehrsübertretung angeordnet werden (Schaffstein S 67, Blau MDR 58/731, ZBl 59/117). — (b) Diese ErzMängel müssen auch **mit ihnen angemessenen Mitteln bekämpft** werden; deshalb läßt das Gesetz zB die Weisung, an einem Verkehrsunterricht teilzunehmen, nur bei Verletzung von Verkehrsvorschriften zu (§ 10 I Z 7).

(2) **Die ErzM dienen nicht der Sühne** („aus Anlaß der Straftat"), sondern der Erziehung. Es ist deshalb unzulässig, ErzM anzuordnen, um so die Tat zu sühnen. (a) Das bedeutet aber nicht, daß die ErzM keine sühnende Wirkung haben dürften (so aber Goebel NJW 54/15). Denn bei der Erz. kann die Tat nicht außer acht gelassen werden, in der ja auch die ErzMängel zum Ausdruck gekommen sind. Es ist ein erz. Anliegen, dem Täter klarzumachen, was er angerichtet hat, und sein Verantwortungsgefühl zu schärfen (Einf. II 2a). Der Täter selbst wird die ErzM in aller Regel als Reaktion auf sein Fehlverhalten begreifen; denn nur um seiner Tat willen steht er vor Gericht und wird schuldig gesprochen. So tragen alle in § 10 Abs. I genannten Weisungen **repressiven Charakter,** weil immer dem Täter unter Bezug auf die Tat Beschränkungen auferlegt werden. Solange der ErzGedanke der vorherrschende ist, die Auswahl um der Erz. willen und nicht um der Sühne willen erfolgt, steht der Berücksichtigung des Sühnegedankens nichts im Wege[1]). Die Beachtung des Sühnegedankens wird aus erz. Gründen auch bei den ErzM sogar gefordert werden müssen [Einf. II 2a (1);

---

[1]) Vgl Dallinger-Lackner N 2, § 5 N 21, § 10 N 3; Potrykus B 1, § 10 B 1, NJW 54/821, UJ 54/437; Schaffstein S 65f; Vins UJ 55/97.

s. FN 1]. — (b) Wie es allerdings erz. vertretbar, ja geboten sein kann, von der Strafverfolgung überhaupt abzusehen (§§ 45, 47), können auch ErzM ohne jeden repressiven Charakter angebracht sein, etwa die heilerz. Behandlung (§ 10 II; s § 10 A 2c). Bei solchen Weisungen wird stets zu überlegen sein, ob nicht dem Sühnegedanken im Interesse der Erz. durch die zusätzliche Verhängung von Zuchtmitteln Rechnung getragen werden sollte [s. Einf. II 2a (1)].

c) Die Voraussetzungen, **ErzM** anzuordnen, sind **öfter** gegeben als die Praxis annimmt. Sie können ob ihrer reichen Auswahl den Erfordernissen des Einzelfalles schon bei der Anordnung am besten angepaßt werden (Potrykus § 9 Vorb.) und später bei veränderten erz. Situationen abgeändert werden (§ 11 II, § 10 Vorb.). Die bisherige Zurückhaltung der J Gerichte (s. Statistik Einf. IV 5a) beruht wohl auf der Überbetonung der ErzFunktion und der Vernachlässigung der Sühnewirkung der ErzM im Schrifttum, wodurch diese Maßnahmen manchen Jugendrichter im J Strafverfahren als unangebracht erschienen sein mögen.

d) Das **ErwG** kann die erforderl. (§§ 5, 104 I Z 1) ErzM nicht selbst anordnen, sondern muß Auswahl und AO dem VormRi. überlassen (§ 104 IV; § 53 RL 3 S 1).

5) Wegen der **Urteilsformel** vgl § 54 A 2b; wegen des Eintrages in die **ErzKartei** s. § 94 A 2. Die AO ErzKartei ist bei § 94 abgedruckt.

§ 10

Weisungen[1])

1) Hw—J: § 105 I; s. § 10 A 1c (2). — **2)** ErwG: § 104 I 1, IV; s. § 9 A 4d. — **3)** **Sold!** § 112a Z 3 S 1, § 10 A 1c (3), § 112b A 4.

(1) Weisungen sind Gebote und Verbote, die die Lebensführung des Jugendlichen regeln und dadurch seine Erziehung fördern und sichern sollen. Der Richter kann dem Jugendlichen insbesondere auferlegen

1. Weisungen zu befolgen, die sich auf den Aufenthaltsort beziehen,

2. bei einer Familie oder in einem Heim zu wohnen,

3. eine Lehr- oder Arbeitsstelle anzunehmen,

4. einer Arbeitsauflage nachzukommen,

---

[1]) **Literatur:** Bruns: Rechtsgrundlage und Zulässigkeitsgrenzen strafrichterlicher Auflagen und Weisungen in GA 59/191 u. NJW 59/1393; Gleumes: Die Praxis der Erz in Freiheit, eine Untersuchung ambulanter Maßnahmen in 2 JG Bezirken (Kriminologische Untersuchungen H 11); Goebel: Grenzen der j richterl. Weisungen in NJW 54/15; Holzschuh: Auflagen und Weisungen im JStrRecht, in JWohl 52/157; Potrykus: Theorie und Praxis der Erz. in Freiheit in UJ 54/437 (vgl auch NJW 58/821); Schnitzerling: Die zeitl. Begrenzung der j richterlichen Weisungen in RdJ 56 H 14; Schnitzerling: Die j richterl. Weisungen gegenüber Verkehrsdelinquenten in DAR 56/124; Stree: Deliktsfolge und GG; Vins: Weisungen und Pflichten; von den Grenzen der j richterl. Freiheit und Verantwortung in UJ 55/97. — Vgl auch Grasnick: Die verfassungsmäßigen Schranken der Auflagen nach § 24 StGB in NJW 59/1999; Prelinger und Pentz: BewAuflagen und Grundgesetz in JR 61/496 und 62/99.

5. den Verkehr mit bestimmten Personen oder den Besuch von Gast- oder Vergnügungsstätten zu unterlassen,

6. keine geistigen Getränke zu genießen oder nicht zu rauchen oder

7. bei einer Verletzung von Verkehrsvorschriften an einem polizeilichen Verkehrsunterricht teilzunehmen.

(2) Der Richter kann dem Jugendlichen auch mit Zustimmung des Erziehungsberechtigten und des gesetzlichen Vertreters auferlegen, sich einer heilerzieherischen Behandlung durch einen Sachverständigen zu unterziehen. Hat der Jugendliche das sechzehnte Lebensjahr vollendet, so soll dies nur mit seinem Einverständnis geschehen.

Richtlinien zu § 10:

1. Weisungen kommen bei nicht allzu schwer wiegenden Verfehlungen in Betracht, die durch ungünstige äußere Einflüsse, Erziehungsmängel oder Fehlerziehung minderen Grades oder durch seelische, geistige oder charakterliche Schwächen oder Störungen des Jugendlichen bedingt sind. Bei verwahrlosten oder schwer gefährdeten Jugendlichen sind sie nur angebracht, wenn sie neben anderen Maßnahmen oder neben Jugendstrafe angeordnet werden.
2. Die Lebensführung gestaltende Gebote sind Verboten im allgemeinen vorzuziehen. Eine Weisung wird besonders wirksam sein, wenn das auferlegte Verhalten in einem inneren Zusammenhang mit der Tat steht. Weisungen, deren Befolgung nicht überwacht werden kann, sind in der Regel für die Erziehung von geringem Wert.
3. Bisweilen kann es angebracht sein, den Jugendlichen durch Weisung der Aufsicht einer bestimmten Person zu unterstellen. Eine solche Weisung wird sich jedoch nur empfehlen, wenn der Erziehungsberechtigte zustimmt.
4. Soll dem Jugendlichen eine Arbeitsauflage gemacht werden, so wird darauf zu achten sein, daß er bei einem Arbeitsunfall Versicherungsschutz[1a]) hat.

   Ob in einem solchen Falle ein Entschädigungsanspruch nach § 1 Abs. 2 des Gesetzes betreffend die Unfallfürsorge für Gefangene vom 30. 6. 1900 (RGBl S 536) besteht, ist zweifelhaft. Führt der Jugendliche die ihm auferlegte Arbeit in abhängiger Stellung wie ein Arbeitnehmer aus, so ist Versicherungsschutz nach § 537 Nr. 1 oder Nr. 10 der Reichsversicherungsordnung[1a]) gegeben. Für die Frage, ob der Jugendliche Arbeit in abhängiger Stellung wie ein Arbeitnehmer leistet, kommt es nicht darauf an, wie alt der Jugendliche ist, ob das Beschäftigungsverhältnis längere Zeit dauern soll, ob dem Jugendlichen Lohn gezahlt wird und ob Beiträge zur Sozialversicherung entrichtet werden.

   Für die Fälle, in denen hiernach gesetzlicher Versicherungsschutz nicht besteht[1a]), wird es sich empfehlen, privaten Versicherungsschutz herbeizuführen. Dies kann in der Weise geschehen, daß eine gemeinnützige Einrichtung mit einer Versicherungs-

---

[1a]) Gem. § 540 RVO (Neufassung) sind alle J und Hw bei einem Arbeitsunfall versichert, der sich bei Ausführung der vom JG erteilten Arbeitsauflagen zugetragen hat. RL 4 ist damit gegenstandslos.

gesellschaft einen Unfallversicherungsvertrag zugunsten einer bestimmten Zahl unbekannter Jugendlicher abschließt, denen von den Gerichten eines Bezirks Arbeitsauflagen erteilt werden.

5. Ist die Befolgung einer Weisung mit Kosten verbunden, so empfiehlt es sich, vor Erteilung der Weisung zu klären, ob der Jugendliche selbst die Kosten aufbringen kann oder ob für ihn der Unterhaltspflichtige, der Bezirksfürsorgeverband oder eine andere Stelle die Kosten übernimmt (vgl auch Nr. 5 der Richtlinien zu § 74).
6. Vor der Erteilung von Weisungen sind die Vertreter der Jugendgerichtshilfe zu hören (§ 38 Abs. 3 Satz 4).
7. Über die Bedeutung der Weisungen und die Folgen schuldhafter Zuwiderhandlung (§ 11 Abs. 2) soll der Richter den Jugendlichen belehren. Die Belehrung wird in der Niederschrift über die Hauptverhandlung vermerkt oder sonst aktenkundig gemacht.
8. Bevor einem Jugendlichen die Weisung erteilt wird, sich einer heilerzieherischen Behandlung zu unterziehen, wird es in der Regel notwendig sein, einen Sachverständigen gutachtlich zu hören.

Vorb. Das Gesetz spricht zwar immer von bestimmten Weisungen, die angeordnet werden. Da aber **jede Weisung** aus Gründen der Erz. **nachträglich geändert,** dh durch eine andere ersetzt werden kann (§ 11 II), bedeutet die Anordnung einer **Weisung nichts Endgültiges.** Vielmehr wird nur ausgesprochen, daß der J durch Weisungen allgemein erzieherisch gefördert werden soll, wobei dieses Ziel zunächst durch die im Urteil ausgesprochene Weisung angestrebt wird. Erweist sich später eine andere Weisung als erz. günstiger, wird sie an Stelle jener angeordnet. Der Richter behält also freie Hand, wenn er auf Weisungen erkennt. Es kann zweckmäßig sein, das bereits im Urteilsspruch zum Ausdruck zu bringen, etwa durch folgende Fassung „... zu seiner Erz. werden Weisungen angeordnet. Zunächst wird er angewiesen ..." (Grethlein, Verschlechterungsverbot S 98f, 168). Näheres, bes. auch über die Grenzen der Abänderbarkeit, s. § 11 A 1).

1a) Im Gegensatz zu den anderen Unrechtsreaktionen des JGG, die gesetzl. genau festgelegt und ausgestaltet sind, ist die **Findung und Ausgestaltung der Weisungen dem JRi. überlassen,** der dabei im Rahmen des § 10 frei ist. Gebote und Verbote im JGUrteil, die nicht in anderen Bestimmungen des JGG aufgeführt sind, sind immer zulässig, wenn sie die Voraussetzungen des § 10 erfüllen.

b) (1) Weisungen können angeordnet werden, wenn **der Täter schuldfähig, erz.-bedürftig und erz.fähig** ist (§ 9 A 3, 4a); vgl. RL 1. (2) Sie müssen die **Lebensführung beeinflussen** und nicht nur der Wiedergutmachung, Sühne oä dienen (§ 9 A 4b). Die Einflußnahme braucht jedoch nicht bes. groß oder von längerer Dauer zu sein (vgl Arbeitsaufl., Verkehrsunterricht, I Z 4 und 7). Wo aber eine solche Einflußnahme zB wegen Widerstandes des Täters nicht möglich ist, darf eine Weisung nicht erteilt werden. (3) Die Weisungen müssen mit den Kräften des Täters ausgeführt werden können und in einem **angemessenen Verhältnis zur Tat** stehen (LG Hannover SjE F 2

S 81; Blau MDR 58/731, Schaffstein S 71, Schnitzerling DAR 56/124, Knögel NJW 58/609, 611 f, vgl auch RL 2 S 2), sinnvoll und **einleuchtend** sein; sie müssen das Ehrgefühl des J schonen (vgl Knögel NJW 58/611 f). Nur dann nimmt sie der J mit der für den erz. Erfolg notwendigen Bereitschaft auf sich (Dallinger-Lackner N 17 f, Potrykus B 3). (4) Sie müssen **klar** und **bestimmt** [vgl § 11 A 2 b (1)] und vor allem **zu überwachen** sein (RL 2 S 3). Deshalb bestehen erhebliche **Bedenken gegen generelle Weisungen,** etwa den Anordnungen einer bestimmten Person nachzukommen oä, zumal der JRi seine Befugnis, Weisungen zu erteilen, nicht übertragen kann. Betrifft die Weisung — wie nach RL 3 — allerdings nur die Aufsicht, ist keine Gefahr: Der Beauftragte überwacht und gibt Ratschläge; befolgt der J solche in einer für seine Entwicklung gefährlichen Weise nicht, muß der Helfer das dem JRi melden, und dieser kann inwoseit gezielte Weisungen erteilen (vgl Berndt BewH 63/229). Vgl § 23 FN 3 für das Problem bei Bew.Auflagen. (5) Die **Dauer der Weisungen** darf ebenfalls nicht in einem Mißverhältnis zur Tat stehen; mehr als 2 Jahre werden kaum je gerechtfertigt sein (Denkschrift der deutschen Vereinigung für JG und JGH zur Änderung des JGG; vgl § 29). In jedem Fall sollte der Endtermin angegeben werden (Dallinger-Lackner N 21, Potrykus NJW 59/1065), wenn das Gesetz auch nicht dazu zwingt (Potrykus B 3) (vgl insgesamt Lackner JZ 54/134).

(6) **Psychologisch** ungeschickte Weisungen sind erz. bedenklich; wo einmal Anlaß bestehen sollte, eine nach der Tat nicht naheliegende oder komplizierte Weisung zu erteilen, sollte ein Psychologe gehört werden.

(7) Über das Einverständnis der **ErzBer.** s. A 3, über die Anhörung der **JGH** s. A 4.

c) (1) Für die **Auswahl** gibt RL 2 Hinweise. (2) Eine große Rolle spielt auch das **Alter** und der Entwicklungsstand zZ der Aburteilung. Ist der Täter inzwischen erw., sind Weisungen, die ausschließl. die Erz. des noch in der Entwicklung stehenden J im Auge haben (zB Rauchverbot, Heimaufenthalt, Besinnungsaufsatz, Werke der Nächstenliebe), nicht angebracht; es kommen hier vor allem Maßnahmen in Betracht, wie sie gegen Erw. als BewAufl. verhängt werden (§ 24 I StGB; zB Beschränkungen hinsichtl. des Aufenthalts, der Benutzung eines Kfz und der Verwendung des Einkommens; Erfüllung einer Unterhaltspflicht, Übernahme einer ständigen Arbeit, Unterstellung unter Aufsicht und Leitung eines Helfers, Teilnahme an einem Verkehrsunterricht) (Dallinger-Lackner § 105 N 73). Auch bei 18—20 jährigen gilt das für Erw. Gesagte zT. Es muß vermieden werden, daß sie durch Weisungen in Opposition getrieben werden, die sie als unangemessenen, nicht mehr altersentspr. Eingriff empfinden. (3) Bei **Soldaten** sind die **Besonderheiten des Wehrdienstes** zu berücksichtigen[2]) (§ 112a Z 3 S 1). So sind Weisungen, die sich auf den Aufenthaltsort beziehen (I Z 1, 2), die Annahme einer Lehr- oder Arbeitsstelle (I Z 3) oder Arbeitsaufl. (I Z 4) oder Verkehrsunterricht (I Z 7) oder eine heilerz. Behandlung (II) anordnen, nicht oder (I Z 4, 7) nur selten angebracht (Potrykus NJW 57/814, 815, II 2 a). Auch sonst ist die Auswahl bei Soldaten nach Art und Umfang durch die zwingend vorgeschriebene Berücksichtigung

---

[2]) Die militärischen Notwendigkeiten haben also den Vorrang; Anordnungen, die damit schlechthin unvereinbar sind, verstoßen gegen das Gesetz und können — ohne Beschränkung durch § 55 I — angefochten werden (Dallinger-Lackner § 112 a N 28—30).

des Wehrdienstes sehr beschränkt (Potrykus aaO); Beispiele: DVO ErzHilfe § 4 II, abgedruckt bei § 112b. Aufsichtspersonen nach RL 3 sollten grds Soldaten sein (§ 112a Z 4 entspr.), wenn schon nicht ErzHilfe durch den Disziplinarvorgesetzten gem. § 112b angeordnet werden soll, eine auf die militärischen Verhältnisse zugeschnittene Weisung nach RL 3 (vgl § 112b, A 4). — Vor der AO von Weisungen soll der nächste Disziplinarvorgesetzte gehört werden (§ 112d, s. dort A 1).

d) Weisungen sind **unzulässig,** wo sie die Grenzen überschreiten, die der staatl. Strafgewalt durch Verfassung[3]) und Sittengesetz gezogen sind (Potrykus NJW 54/822[4])). Das wäre zB der Fall bei Weisungen, das geschwängerte Mädchen zu heiraten[5]), rglm in die Kirche zu gehen, einem bestimmten Verein beizutreten (nicht aber: irgend einer JGruppe beizutreten oder aus einem die Erz. gefährdenden Verein auszutreten). Auch eine Weisung, für 1½ Jahre die Oberschule zu verlassen, ist abzulehnen (LG Hannover SjE F 2 S 81). Ebenso Dallinger-Lackner N 15, Potrykus B 3, Schaffstein S 70; vgl Literatur oben FN 1 u. RdJ 55/137—146. u 235. Stets muß sich der JRi. hüten, die seinem Richteramt gezogenen Grenzen zu überschreiten, weil „der JRi. nicht zum Kindergärtner werden darf" [Schaffstein S 69; vgl Einf. II 2a (1) u. § 10 FN 1]. — Vgl auch FN 6a und FN 2!

2a) I S 2 bringt Beispiele. (1) Bei Weisungen nach **Z 1 u. 2** darf der Täter nicht zwangsweise gegen den Willen der ErzBer. festgehalten werden (über diesen wichtigen Unterschied zur FE vgl Dallinger-Lackner N 5). Die Koppelung mit Weisungen nach **Z 3** ist oft gut (Potrykus B 4 Nr 3). (2) **Arbeitsaufl.** sind nur zulässig, wenn dadurch die Einstellung des Täters zur Arbeit beeinflußt werden soll und kann, da (Zwangs-) Arbeit zur Sühne des Rechtsbruches dem Ethos der Arbeit widerspricht und sich erz. ungünstig auswirken kann (Dallinger-Lackner N 6); sie ist deshalb bei Verkehrsdelikten nur selten angebracht (Schnitzerling DAR 56/125). Arbeit zur Sühne ist nur als Wiedergutmachung gem. § 15 I Z 1 möglich (vgl. dort); über den notwendigen Versicherungsschutz vgl FN 1a. Das JSchutzGes. vom 30. 4. 38 (RGBl I 437) gilt dabei nicht; doch sollte der JRi. die Grundgedanken beachten (Potrykus NJW 56/656). — (3) Die Weisung, eine **Lehr- oder Arbeitsstelle** anzunehmen, darf nicht das Grundrecht der freien Berufswahl antasten (vgl FN 3!); es darf deshalb nur angeordnet werden, eine (nicht eine bestimmte) Stelle anzutreten und beizubehalten (Schaffstein S 70). (4) Diese Beispiele werden **ergänzt** durch das Beispiel **RL 3** [s. dort, oben A 1b (4) und § 23 A 2b (1) aE], durch die **soldatische ErzHilfe** (vgl § 112b mit Anm.) und die bes. Weisung des **Abs. II** (A 2c).

b) Aus diesen Beispielen läßt sich ableiten, welche Art von AO der GesGeber als Weisungen betrachtet (vgl bes. Arbeitsaufl., Alkohol- und Nikotinverbot, Verkehrs-

---

[3]) Vgl oben FN 1, bes. Grasnick NJW 59/1999: Durch Auflagen darf „nicht in die in den Art. 1, 3, 4, 5 III, 7 II u. IV, 9 III, 16, 33, 38, 101, 103 GG verbrieften Grundrechte eingegriffen werden"; dagegen stehen die Art. 2, 5 I u. II, 6 II, 8, 9 I, 10—14, 17 GG Auflagen nicht entgegen. Vgl auch LG Hannover SjE F2 S 81.

[4]) Vgl. Bruns NJW 59/1393 und — ausführlicher — GA 59/193 sowie LG Hannover SjE F2 S 81.

[5]) , ebenso umgekehrt, ein bestimmtes Mädchen nicht zu heiraten.

unterricht). **Weitere Weisungen** sind **zB:** (1) bestimmte Verwendung des Arbeitseinkommens, etwa Ablieferung des Lohnes an Eltern, sparen, über Ausgaben abzurechnen, Schulden in bestimmten Raten zu zahlen, keine Schulden zu machen (Abzahlungsgeschäfte!); (2) bestehende Pflichten gut zu erfüllen (Schule[6]), Arbeit, Elternhaus, Unterhalt); die Pflicht, die Verf.Kosten zu tragen, gehört wohl nicht hierher (vgl BGH 9/365 für BewAufl. des allgR; aA Meyer NJW 57/371 für das JR); doch dürfte die Aufl., bestimmte Verf.Auslagen zu ersetzen, im Rahmen des 15 als Wiedergutmachung zulässig sein; s. dort A 2a (2); (3) eine Lehre zu beenden, Verkehrsvorschriften zu lernen; (4) einen Besinnungsaufsatz zu fertigen (vgl dazu Heinen und Kirchhoff UJ 52/75 und 273, auch in Verkehrssachen: Schnitzerling DAR 56/125); (5) keine Tanz- oder sonstige Veranstaltungen zu besuchen, aus einem die Erz. gefährdenden Verein auszutreten (s. A 1d); (6) irgend einer selbst zu wählenden J Gruppe beizutreten (s. A 1d); (7) auch die Weisung, ein Werk der Nächstenliebe zum Ausgleich für eine Verfehlung zu tun, ist möglich; doch ist Vorsicht am Platze, weil erzwungene gute Werke für die Entwicklung J auch nachteilig sein können (Dallinger-Lackner N 12, Vins UJ 55/97); (8) zulässig ist auch die Weisung, bestimmte Gegenstände für eine gewisse Zeit nicht zu gebrauchen oder abzuliefern[6a]); das gilt auch für Kraftfahrzeuge ungeachtet des § 42 m StGB[6b]), weil dieser dem Schutz der Allgemeinheit dient, die Weisung aber die Erz. des Täters im Auge hat und Schutz- und Erz-Bedürfnis nicht immer zusammentreffen, zB bei dem Motorradfahrer, der durch seine Motorradleidenschaft in Schulden geraten ist und gestohlen oder betrogen hat (Dallinger-Lackner N 11, Potrykus B 1, NJW 54/821, Schnitzerling DAR 56/124f; vgl auch Hartung DRiZ 58/51; aA Pentz und Goebel NJW 54/15, 16 und 337, Kroschel S 138); (9) auch die Aufl., etwa an einen rücksichtslosen Radfahrer oder undisziplinierten Fußgänger, eine Haftpflichtversicherung abzuschließen, fällt noch in diesen Rahmen, weil sie das Verantwortungsbewußtsein fördern kann (Schnitzerling DAR 56/125); (10) sogar ein Berufsverbot kann zulässig sein (vgl BGH 9/258ff, für BewAufl. des allg. R, Schnitzerling: Das Berufsausübungsverbot als BewAufl. im JStr.-Recht RdJ 62/148); die Meinung Schaffsteins S 71, auch eine erz.gerechtfertigte Weisung, einen Beruf nicht weiter auszuüben, sei nicht zulässig, weil es die Maßregel des Berufsverbotes gegen J nicht gebe, kann nicht geteilt werden, weil Weisung und Maßregel auf verschiedenen, nicht vergleichbaren Ebenen liegen [vgl oben (8)]. (11) Wegen Geschenkauflagen vgl Schacht UJ 58/480. (12) Wegen Weisungen bei Verkehrsdelikten[6a]) vgl Schnitzerling DAR 56/124. (13) Neben Jugendarrest können Weisungen für das Verhalten im JA Vollzug förderlich sein, so die Fertigung eines Besinnungsaufsatzes, die pünktliche und vorschriftsgemäße Gestellung und

---

[6]) bei Schulversäumnis zB „ab Rechtskraft des Urteils den Unterricht in ... schule in ... regelmäßig und pünktlich zu besuchen und jede Störung zu unterlassen" (vgl Schütze UJ 61/229).

[6a]) Vgl. OLG Köln MDR 64/617: Die Weisung, den Führerschein für 2½ Monate bei den Akten zu lassen, ist gegenüber einem wegen „jugendlichen Leichtsinns" nach JRecht abgeurteilten Hw jedenfalls dann nicht zulässig, wenn der „Leichtsinn" nur in einer einmaligen fahrlässigen Verkehrsübertretung zum Ausdruck gekommen ist.

[6b]) Beachte nun § 37 StGB, der aber zeitlich begrenzter ist.

die tadelfreie, gehorsame Führung[7]); sie sind zulässig, da sie in den Rahmen des § 10 I S 1 passen. (14) Zeitliche Ausgangsbeschränkungen (mit Maß, bes. bei Hw!).

c) Die Weisung, sich einer **heilerz. Behandlung** zu unterziehen, ist in II und RL 8 eingehend behandelt[8]). Sie ist sinnlos gegen Schwachsinnige, gegen J, deren Tat Ausfluß einer anlagemäßigen charakterlichen Abartigkeit ist, und grds auch gegen leugnende, nur durch Indizien überführte Täter; sie sollte nur nach vorheriger Anhörung des für ihre Durchführung in Betracht kommenden Sachverständigen, im Einvernehmen mit dem J und seinen Eltern angeordnet werden (Pfeiffer MKrim 60(43)/162). Angezeigt ist diese Behandlung vor allem, wenn ursprünglich leistungsfähige Anlagen der Persönlichkeit durch Ungunst der Lebensumstände, bes. der Entwicklung an ihrer natürlichen Entfaltung gehindert wurden (Wendt MKrim 57(40)/193). Als Sachverständige kommen Psychiater und Psychologen in Betracht; wo Erz-Beratungsstellen vorhanden sind, können diese eingeschaltet werden. Aufgabe der Behandlung ist vor allem, den Grund der Gesetzesverletzungen aufzudecken, ihn dem J bewußt zu machen und diesem dabei einen Weg aufzuzeigen. — Zu den **Kosten** zahlen die Sozialversicherungsträger eine Beihilfe, wenn ein Amtsarzt die heilerz. Behandlung für notwendig und aussichtsreich hält.

3) Die Befolgung der Weisungen **kann nicht erzwungen,** sondern **nur** die **Nichtbefolgung** mit JA **geahndet** werden (§ 11 II, Dallinger-Lackner N 32). Darüber soll der J **belehrt** werden (RL 7: aktenkundig!)[9]). Verbieten die **ErzBer.** die Befolgung der Weisung (zB den Heimaufenthalt), kann nur durch Änderung der Weisung geholfen werden [vgl § 11 A 2b (1)]. Weisungen sollten deshalb nicht gegen den Willen der ErzBer. erteilt werden[10]) (für die Heil-Erz. bes. streng II). Über die Bereitschaft des J vgl A 1b (2), (3).

---

[7]) „. . . Weisung erteilt, nach Ladung zum Arrestantritt pünktlich um 13 Uhr den Arrest anzutreten, keine Eßwaren oder Tabakwaren, keine Bücher oder Zeitschriften mitzubringen, sich während des Arrestes ruhig und geordnet zu verhalten und den Anordnungen der die Aufsicht führenden Justizwachtmeister nachzukommen." (Schütze UJ 61/229, 63/504, NJW 62/783). — Scholz kritisiert in UJ 64/213 („Bankrotterklärung des JRi. als Vollstr.- und Vollz.Leiter einer JArrestanstalt"). Aber warum soll man Schwierigkeiten nicht vorbeugen!

[8]) **Literatur:** Pfeiffer: Erfahrungsbericht über richterl. angeordnete heilerz. Behandlung im Sinn des § 10 II JGG, MKrim 60(43)/162; Stutte: Indikation und Möglichkeiten heilerz. Behandlung bei j Straffälligen (Schriften des Fliedner Vereins Rockenberg H 11); vgl auch MKrim 56(39)/103. — Vgl: Bittner: Psychotherapie für Kriminelle, BewH 60/274; Demski: Psychotherapeutische Behandlung als Bewährungsauflage, NJW 59/2100; Dührsen: Psychotherapie bei Kindern und J; Hirschmann: die Indikation zur Psychotherapie bei Rechtsbrechern aus der Sicht des Psychiaters in NJW 61/245; Strasser: Strafe und Psychopathie in BewH 60/91; Thomann: Psychotherapeutische Behandlung von Straffälligen in BewH 61/330; Wendt: Die Möglichkeiten und Grenzen psychotherapeutischer Behandlung von erw und j Rechtsbrechern in MKrim 57(40)/193.

[9]) Es kann zweckmäßig sein, bereits in den Urteilssatz aufzunehmen „Bei Verstößen gegen diese Weisungen kann JArrest verhängt werden" (vgl Schulze FN 2).

[10]) Schaffstein S 70; Middendorf RdJ 55/141; Maurach, S 707, meint, ohne elterl. Zustimmung verstoße jede Weisung gegen Art. 6 GG; doch ist jede Strafsanktion ein solcher Eingriff.

4) Die Überwachung obliegt der **JGH** (§ 38 II S 3); auch deshalb muß (Ausnahme: § 75 I S 3; §§ 45, 47) sie vor der AO gem. § 38 III S 4 **gehört** werden (RL 6). Da die JGH nur als Helfer des JRi. überwacht, darf auch dieser selbst die Einhaltung der Weisungen kontrollieren. Neben der JGH darf auch ein bes. Helfer zur Überwachung herangezogen werden. Die amtl. BewH haben Weisungen nur zu überwachen, wenn diese als Bew.Aufl. erteilt sind (Dallinger-Lackner N 23—26).

5) Über **Kosten** und **Versicherung** vgl RL 4 und 5. Das Schreiben des BJM vom 4. 10. 54 (bei Dallinger-Lackner N 33 u. Potrykus NJW 54/244) und RL 4 sind durch § 540 RVO überholt, der immer den Versicherungsschutz gewährt.

§ 11

Nachträgliche Änderung von Weisungen
Folgen der Zuwiderhandlung

1) Hw — J: § 105 I. — **2) ErwG:** § 104 I 1, IV; s. §§ 65 A 2c und 53 A2d. — **3) Sold!** § 112a Z 3; § 11 A 1a, b (2).

(1) Der Richter kann Weisungen nachträglich ändern oder von ihnen befreien, wenn dies aus Gründen der Erziehung geboten ist.

(2) Kommt der Jugendliche Weisungen schuldhaft nicht nach, so kann Jugendarrest verhängt werden, wenn eine Belehrung über die Folgen schuldhafter Zuwiderhandlung erfolgt war.

Richtlinien zu § 11:

1. Die nachträgliche Änderung von Weisungen kommt vor allem in Betracht, wenn die weitere Entwicklung des Jugendlichen oder eine Änderung seiner Lebensverhältnisse die Anpassung der Erziehungsmaßregeln erforderlich macht oder wenn sich die Unzweckmäßigkeit einer Weisung herausstellt.
2. Bei Weisungen, denen der Jugendliche längere Zeit hindurch nachzukommen hat, empfiehlt es sich, in angemessenen Zeitabständen zu prüfen, ob es aus Gründen der Erziehung geboten ist, die Weisung zu ändern oder aufzuheben. In der Regel wird vor der Änderung oder Aufhebung die Jugendgerichtshilfe zu hören sein.
3. Der Jugendarrest ist das schärfste Mittel, das bei Zuwiderhandlungen gegen Weisungen oder bei Nichterfüllung von besonderen Pflichten (§ 15) zur Verfügung steht. Bei leichten Zuwiderhandlungen kann eine formlose Ermahnung des Jugendlichen ausreichen.
4. Vor der Verhängung von Jugendarrest muß geprüft werden, ob der Jugendliche der Weisung (§ 10) schuldhaft zuwidergehandelt oder die besondere Pflicht (§ 15) schuldhaft nicht erfüllt hat. Hierzu ist in der Regel erforderlich, daß der Richter den Jugendlichen anhört.

1a) Der „Einbruch in die Rechtskraft“ durch **Änderung einer Weisung** nach dem Grundsatz der Reaktionsbeweglichkeit ist nicht nur mögl., wenn sich die Tatsachen geändert haben (Änderung der persönl. Verhältnisse, der Entwicklung, Erreichung des erstrebten erz. Erfolges, Wehrdienst: § 112a Z 3 S 2), sondern auch dann, wenn die Situation anders beurteilt wird (J ist schwerer oder leichter erziehbar, die neue Umgebung oder Aufsichtsperson erweist sich als ungeeignet, die Weisung kann nicht überwacht werden) (RL 1); Verschulden ist nicht erforderl. Denn das Ges. verlangt nur allg., daß **Gründe der Erz.** eine Änderung **gebieten.** Die Achtung vor der Rechtskraft kann einer Abänderung nicht entgegenstehen (vgl aber Dallinger-Lackner N 3, Potrykus B 1), weil im Hinblick auf § 11 I nicht die angeordnete Weisung in Rechtskraft erwächst, sondern nur die AO, daß dieser J durch Weisungen in der jeweils angemessenen Form erzogen werden soll (Grethlein, Verschlechterungsverbot S 98f, 168; s. § 10 Vorb.). Wegen der Grenzen s. unten b (1). — **Wenn eine Änderung** notwendig ist, **muß** sie vorgenommen werden; das ist für den Wehrdienst in § 112a Z 3 S 2 ausdrückl. ausgesprochen, gilt aber allg. Längerwährende Weisungen sind deshalb von Zeit zu Zeit zu überprüfen, ob sie noch den Verhältnissen entspr. (RL 2).

b) (1) Die **neuen Weisungen** dürfen **auch härter und anders** geartet sein (heute allg. M; vgl § 23 A 3a für BewAufl.). Doch dürfen auch bei Abänderung nur Weisungen nach § 10 erteilt werden (Dallinger-Lackner N 1; aA Potrykus B 1 hinsichtl. Geldaufl.); das gilt auch bei Soldaten (s. § 15 A 6b; aA Dallinger-Lackner § 112a N 35). Dabei sind die allg. Grenzen zu beachten, die den Weisungen gesetzt sind (s. bei § 10). Besonders wichtig ist, daß **auch die neuen Weisungen nicht von der Tat losgelöst** werden dürfen; sie müssen also auch zu ihr in Beziehung stehen und angemessen sein [s. § 9 A 4 und Einf. II 2a (1)]. — (2) Auch eine **bloße Ergänzung** durch eine weitere Weisung ist mögl., wenn schon eine Weisung erteilt war. Ebenso ist die **Aufhebung** aller Weisungen mögl., zB wenn der Erfolg erreicht ist oder mit Weisungen nicht zu erreichen ist; in diesem Fall ist ggf beim VormRi. FE anzuregen (Dallinger-Lackner N 6). Aufhebung kann bes. bei Einberufung angebracht sein (§ 112a Z 3 S 2; Potrykus NJW 57/814, 815 II 1a). — Auch die ErzHilfe durch den Disziplinarvorgesetzten ist eine Weisung (§ 112b A 4) und sollte (§ 112a Z 3 S 2) daher im Rahmen der Abänderung ggf angeordnet oder ersetzt werden.

2a) Der **vorsätzl. oder fahrlässige Verstoß gegen eine Weisung**[1]) ist ein spezifisch jstrafrechtl. Tatbestand des Ungehorsams[2]) und **kann mit JA**[3]) **geahndet** werden[4]). Das ist rglm nur bei erhebl. Verstößen angebracht (s. § 38 II S 3, 4); oft genügt eine Ermahnung (RL 3; § 65 RL) oder eine Änderung der Weisung. Doch ist auch eine zu große Geduld des JRi. erz. gefährl.

b) (1) JA kann nur verhängt werden, wenn der Täter **belehrt** war (wohl Bedingung der Strafbark.), auch sonst **schuldhaft** gehandelt hat (RL 4), und wenn die Zuwider-

---

[1]) oder gegen eine bes. Pflicht (§ 15 III) oder gegen eine Bewährungsauflage [§ 26 A 1c (1) mit FN 2].

[2]) Überzeugend Dallinger-Lackner N 10; Jagusch A 4; Schaffstein S 73f; aA Potrykus B 4 und Schnitzerling JZ 56/274, deren Konstruktion mehr auf eine Ersatzstrafe hinausläuft, obwohl sie den Ersatzcharakter ausdrücklich ablehnen.

[3]) **Literatur:** Arndt: Der J Arrest nach den §§ 11 II, 15 III JGG, SchlHA 63/114; auch Voss: SchlHA 59/135.

[4]) Vgl FN 5.

handlung nachgewiesen ist. Ist die Befolgung der Weisung — zB wegen eines entgegenstehenden Gebote des ErzBer. — nicht zumutbar, fehlt die Schuld. Bei einem Konflikt mit militärischen Pflichten gehen diese vor [§ 10 A 1 c (3), bes. FN 2]. Die Zuwiderhandlungen gegen die Weisungen und bes. Pflichten sind für den Soldaten dann nicht rechtswidrig (Dallinger-Lackner § 112 a N 31). — Die **Ermittlung** des objektiven Tatbestandes ist schwierig, wenn die Weisung nicht bestimmt, der Nachweis des subjektiven Tatbestandes fällt schwer, wenn die Weisung nicht klar und verständl. ist. (2) Weiter muß eine Weisung verletzt sein, die **im Urteil,** nach § 11 I, als BewAufl. (§ 26 A 1 c), nach § 53 vom VormRi. **oder** nach § 75 (Besonderheit: § 75 III) **erteilt** wurde; nicht genügt, wenn die Weisung nach §§ 45, 47 oder vom VormRi. in eigener Zuständigk. ausgesprochen worden ist. (3) Daß der **inzwischen ältere** Täter bei einer strafbaren Handlung zum gleichen Zeitpunkt nicht mehr nach materiellem JR abzuurteilen wäre, steht der Verhängung von JA hier nicht entgegen (allgM).

c) Es kann **wegen jedes einzelnen Verstoßes JA bis zum Höchstmaß** unter Beachtung des § 31 verhängt werden, auch wenn die Weisung neben DauerJA von 4 Wochen ausgesprochen wurde[5]); denn es handelt sich um mehrere selbständige Verfehlungen. Bei wiederholter Verhängung von JA (vgl. allg. § 16 RL 4) ist Vorsicht geboten; in diesen Fällen wird oft die Weisung den Verhältnissen nicht gerecht.

d) Die Verhängung von JA ist — wie o. dargestellt — eine Ungehorsamsfolge, kein Beugemittel; der JA ist deshalb auch bei **nachträgl. Erfüllung** der Weisung zu vollstrecken (Dallinger-Lackner N 18, Potrykus B 7 aE, NJW 56/658); hier kann nur die Gnadenbehörde helfen. Auch die Weisung bleibt unabhängig von der Verhängung und dem **Vollz. des JA** bestehen.

e) Dies alles gilt **entspr.** beim Verstoß gegen eine **bes. Pflicht** (§ 15 III) oder eine Bew.Auflage [§ 26 A 1 c (1) mit FN 2].

3) Zuständigk., Verf. u. Anfechtung vgl § 65 mit A, § 53 A 2c, ferner § 11 RL 2 S 2, 4 S 2. — Wiederaufnahme-Verf. § 55 A 5b.

§ 12

Erziehungsbeistandschaft und Fürsorgeerziehung

1) Hw — J: § 105 I; s. § 12 A 1a. — **2)** ErwG: § 104 I 1, IV; § 9 A 4d. — **3) Sold!** § 112a Z 1, A 1a; § 12 A 4.

Die Voraussetzungen, die Ausübung und Ausführung sowie die Beendigung der Erziehungsbeistandschaft und der Fürsorgeerziehung richten sich nach den Vorschriften

---

[5]) LG Lübeck SchlHA 63/126; Arndt SchlHA 63/114; Dallinger-Lackner N 10, 15; Jagusch A 4; vgl auch Voss SchlHA 59/135; aA z.T. Potrykus B 8, der zwar auch bei mehreren Verstößen die Dauer des gem. § 11 II verhängten JA auf insgesamt 4 Wochen begrenzt wissen will, aber deren Verhängung auch dann zuläßt, wenn bereits im Urteil neben der Weisung auf JA erkannt ist. Schnitzerling JZ 56/274 will wegen einer Tat insgesamt nur 4 Wochen JA zulassen, so daß nach ihm eine Weisung, die neben JA von 4 Wochen angeordnet ist, ungesühnt übertreten werden kann.

über Jugendwohlfahrt. Eines Versuches, den Erziehungsbeistand nach § 57 des Gesetzes für Jugendwohlfahrt zu bestellen, oder die freiwillige Erziehungshilfe nach § 63 des Gesetzes für Jugendwohlfahrt zu gewähren, bedarf es nicht.

1a) Neben den **Voraussetzungen des JWG** (vgl die Erläuterungsbücher hierzu) müssen auch die **allg. Voraussetzungen** für die AO von **ErzM** (§ 9 A 3, 4a) vorliegen Doch können FE und ErzBeistandsch. auch bei fehlender Altersreife als vormundschaftsrichterl. Maßnahmen gem. § 3 S 2 durch den JRi. angeordnet werden (vgl § 3 A 5). Es dürfen die besonderen Altersgrenzen des JWG nicht übersehen werden (§§ 55, 61, 64, 67 IV, 75 JWG); für diese kommt es auf die **Zeit des Urteils** an (Schaffstein S 77; aA Dallinger-Lackner N 25: Zeit der Einreichung der Anklage). ErzBeistandschaft und FE sind damit grds auch in Verf. gegen Hw möglich; ob sie in diesem Alter noch sinnvoll sind, bleibt auch nach der Erhöhung der Altersgrenze durch das JWG zweifelhaft (vgl Dallinger-Lackner N 74, 75, Potrykus B 6 je zu § 105).

b) Dem **JRi.** obliegt **nur** die **AO**, nicht aber die Durchführung und Aufhebung, die Sache des VormRi. sind (Dallinger-Lackner N 6, 20). Die **Zuständigk. des VormRi.** und des JAmtes richtet sich nach JWG. Wegen der Vollstr. s. § 82 A 2.

2a) Die **ErzBeistandschaft** ist bei straffälligen J selten ein geeignetes Mittel. Der JRi. erteilt in den entspr. Fällen besser eine Weisung nach § 10 RL 3, da der J durch § 11 II wenigstens mittelbar gezwungen ist, den Weisungen des Helfers nachzukommen. — Die Bestellung des ErzBeistands bleibt zweckmäßig dem VormRi. vorbehalten, auch wenn § 12 S 2 gegenüber dem JWG-Verfahren (§§ 56f JWG) wesentliche Erleichterungen bringt. ErzBeistand ist immer eine bestimmte Person, nicht das JAmt als Behörde (§§ 56f JWG). — Zur neuen Gesetzeslage: Becker: von der Schutzaufsicht zur Erz.Beistandschaft, MDR 63/261; Sengling—Huwale: die ErzBeistandschaft — Aufgaben und Probleme. UJ 63/206; Carspecken: Schutzaufsicht und ErzBeistandschaft [Frage der Überleitung] ZBl 64/130.

b) ErzBeistandschaft und BewH (§ 24) dürfen nicht verwechselt werden.

3a) FE sollte der JRi. tunlich nicht anordnen (Potrykus UJ 56/235), sondern auch die AO dem VormRi. ggf nach § 53 überlassen, weil das JGVerf. zu den notwendigen Ermittlungen schlecht geeignet ist und weil eine zu häufige AO von FE im StrVerf. ihr Ansehen als ErzMaßnahme noch mehr untergräbt. Nur wenn sich die Notwendigkeit der FE erst in der Hauptverh. herausstellt, zugleich aber alle erforderl. Feststellungen in dieser Verh. getroffen werden können, ist die AO der FE durch das JG zu vertreten. Sie darf nie gegen Kriminelle verhängt werden. Sonst ist zu prüfen, ob nicht ambulante Maßnahmen genügen (Subsidiarität; s. Einf. II 2a) und ob nicht die Maßnahme außer Verhältnis zur Tat steht (§ 5 A 3a). Das wird bei der unbestimmt langen Dauer des Freiheitsentzuges nicht selten der Fall sein (der Vorm Ri. ist freier, nicht durch die Tat gebunden; für ihn geht es nur um die Erz; auch deshalb ist das Verf. gem. § 53 meist vorzuziehen). Die Schwierigkeiten, die der Durchführung der FE wegen der Überbelegung der Heime entgegenstehen (Dendorfer ZBl 64/10), sollte auch der JRi nicht außer acht lassen. Wegen der Abgrenzung zur JStr. vgl

§ 17 2c (1) und (2) (b). Von der durch das JWG gebotenen Vorprüfung, ob Freiwillige ErzHilfe möglich ist, befreit § 12 S 2 den JRi.

b) Bei nicht ganz ausreichender Klärung kann es einmal zweckmäßig sein, daß das JG nur die **vorl. FE** anordnet. Das ist zulässig (hM, zB Dallinger-Lackner N 46); die Akten sind dann alsbald dem VormRi. zuzuleiten, der in seinem Verf. über die endgültige AO entscheidet. Auch die Aussetzung des Verf. auf AO der FE (vgl Potrykus ZBl 61/206) bis zu einem Jahr (§ 68 JWG) ist aus den gleichen Gründen rechtl. zulässig; zweckmäßig kann eine solche Maßnahme nur sein, wenn das Verschlechterungsverbot (darüber § 55 A 4) dazu zwingt; auch hier ist aber die Verweisung nach § 53 besser.

c) Die vom JRi. angeordnete FE — auch die vorl. — darf **erst nach Rechtskraft** durchgeführt werden (allgM, vgl § 71 I S 2).

4) Gegen **Soldaten** darf weder FE noch ErzBeistandsch. angeordnet werden (§ 112a Z 1).

Dritter Abschnitt
Zuchtmittel

§ 13

Arten und Anwendung

1) Hw — J: § 105 I. — **2) ErwG:** § 104 I 1.

(1) Der Richter ahndet die Straftat mit Zuchtmitteln, wenn Jugendstrafe nicht geboten ist, dem Jugendlichen aber eindringlich zum Bewußtsein gebracht werden muß, daß er für das von ihm begangene Unrecht einzustehen hat.

(2) Zuchtmittel sind

1. die Verwarnung,

2. die Auferlegung besonderer Pflichten,

3. der Jugendarrest.

(3) Zuchtmittel haben nicht die Rechtswirkungen einer Strafe. Sie werden nicht in das Strafregister eingetragen und begründen nicht die Anwendung von strafrechtlichen Rückfallvorschriften.

Richtlinien zu § 13:

1. Die Zuchtmittel sollen dazu dienen, das Ehrgefühl eines im Grunde gutgearteten Jugendlichen zu wecken und ihn zu der Einsicht zu bringen, daß er strafbares Unrecht begangen hat und dafür einstehen muß. Hierin liegt ihr erzieherischer Wert. Sie sind daher nur angebracht, wenn zu erwarten ist, daß der Jugendliche zu dieser Einsicht kommen und sich künftig ordentlich führen wird.
2. Wenn außer dem Zuchtmittel eine längere erzieherische Beeinflussung des Jugendlichen erforderlich ist, wird die Verbindung mit einer Erziehungsmaßregel angezeigt sein (§ 8 Abs. 1).

3. Wegen der Eintragung von Zuchtmitteln in das Strafregister oder in die gerichtliche Erziehungskartei wird auf § 94 Abs. 2 und die Anordnung über die gerichtliche Erziehungskartei hingewiesen.

Vorb. Vgl zur **Abgrenzung** gegen ErzM und JStr. § 5 A 3c. — Die Definition des BGH 18/207, 209 über den J Arrest (s. § 16 FN 2) trifft auf die ZuchtM schlechthin zu. Auch der Anwendungsbereich hinsichtlich der Täterpersönlichkeit stimmt weithin mit dem für den J Arrest erarbeiteten überein (s. § 16 A 2b).

1) Das **ZuchtM ist** ein eindringlicher tatbezogener Mahn- und Ordnungsruf (I) ohne die Fernwirkungen der Str. (III). Es hat Übelcharakter und dient der Ahndung und Sühne, soll aber dabei die Entwicklung des Täters erz. günstig (RL 1 S 2) beeinflussen und dadurch weitere strafbare Verfehlungen verhindern. Dem Täter soll es die Autorität der RechtsO zum Bewußtsein bringen und ihn erkennen lassen, daß er für sein Tun einzustehen hat und daß sich Unrecht nicht lohnt. Im Gegensatz zur ErzM und zur JStr. ist das ZuchtM nicht auf Dauerwirkung angelegt; deshalb sind Verbindungen (§ 8) oft angezeigt (RL 2 für ErzM, § 23 und Grethlein NJW 57/1462 für BewZeit). Wichtig ist, daß irgendwelche Nachwirkungen auch in Schule und Beruf vermieden werden (vgl § 16 RL 8).

2) **ZuchtM** dürfen **nur gegen** strafrechtl. verantwortl. (§ 3 S 1; 5), im Grund gutgeartete, erz. ansprechbare (RL 1) J verhängt werden; bei kriminellen, verwahrlosten, schwer gefährdeten oder geistig erhebl. zurückgebliebenen J scheiden sie aus (vgl RL 1 S 3). Bei üblichen J-Flegeleien sind ZuchtM wegen ihres ernsten Charakters nicht angebracht (§ 45), bei bes. schwerer Schuld nicht ausreichend (§ 17 II). Vgl auch § 5 A 2, 3.

3) ZuchtM kann **nur der JRi. durch** Urteil, bes. Pflichten auch als BewAufl. (§ 23) und im Rahmen der §§ 45, 47, JA gem. §§ 11 II, 75 III durch Beschl., Verwarnung und Geldaufl. in einer jrichterl. Verfügung (§ 75) verhängen.

4) ZuchtM sind **keine Str.** (näher III). **Doch** kann neben ihnen die Fahrerlaubnis entzogen werden (§ 7 A 1b). Auch rechtfertigt die Gefahr der Verhängung von ZuchtM die Verweigerung der Aussage (BGH 9/34 ff für § 55 StPO und JA).

Überhaupt können ZuchtM dem Begriff der „Strafe" in einzelnen Vorschriften des allg. Rechts unterfallen; vgl § 2 A 1d.

5) Wegen der **Urteilsformel** vgl § 54 A 2b; wegen der Eintragung in die **ErzKartei** s. § 94 A 2 und die bei § 94 abgedruckte AO ErzKartei.

§ 14

Verwarnung

1) Hw — J: § 105 I; s. § 14 A 1d. — **2) ErwG:** § 104 I 1. — **3) Sold!** § 14 A 1d.

Durch die Verwarnung soll dem Jugendlichen das Unrecht der Tat eindringlich vorgehalten werden.

Richtlinien zu § 14:

1. Eine Verwarnung durch Urteil wird nur dann anzuordnen sein, wenn sich erst in der Hauptverhandlung ergibt, daß eine förmliche Zurechtweisung des Jugendlichen angezeigt und ausreichend ist. Hält der Staatsanwalt eine Zurechtweisung des Jugendlichen für ausreichend, so regt er eine Ermahnung bei dem Jugendrichter an und sieht von der Verfolgung ab, wenn der Richter der Anregung entspricht (§ 45). In derartigen Fällen kann das Verfahren auch noch nach Einreichung der Anklageschrift in Verbindung mit einer Ermahnung eingestellt werden (§ 47).
2. Wegen des Ausspruchs der rechtskräftig angeordneten Verwarnung wird auf Abschnitt IV Nr. 1 der Richtlinien zu §§ 82 bis 85 hingewiesen.

1a) Die **Verwarnung** ist eine **Zurechtweisung** des Täters unter Vorhaltung des Unrechts der Tat. Durch sie wird er auf die Schwere des Schuldvorwurfs und auf die Folgen für den Verletzten und die Allgemeinheit hingewiesen; zugleich wird er vor weiteren Verfehlungen im eigenen Interesse gewarnt und unter Anrufung seiner Ehre und seines Gewissens zur Rücksicht gegen die Mitmenschen ermahnt.

b) Eine solche Zurechtweisung ist bei jeder Verurteilung erz. geboten. Die Verwarnung zeichnet sich darüber hinaus durch die **bes. Form** aus, in der auf sie erkannt wird (Urteilssatz, jrichterl. Verfügung) und bes. in der sie vollzogen wird (vgl Heinen UJ 52/29 u. 120). Dadurch erhält sie Sühnefunktion und wird zum ZuchtM. Sie ist deshalb neben JStr. oder JA nicht mehr [§ 8 A 2a (5) u. 3a (2)], in leichtesten Fällen aber überhaupt nicht notwendig, weil hier eine formlose Ermahnung genügt (RL 1).

c) Eine **Verwarnung** ist **meist neben** einer Weisung oder einer bes. Pflicht angebracht, wenn das in der Tat enthaltene Unrecht bes. betont werden soll; die Zurechtweisung hat dann neben dem erz. Moment eine nicht unbedeutende Sühnefunktion (ähnl. Ehrenstr.). — **Allein** sollte sie **nur** bei leichten einmaligen Verstößen gutartiger J verhängt werden, die die Verh. bes. beeindruckt hat (vgl RL 1 S 1). Sie ist auch bei Vergehen (aus Not, nach Verführung, als J-Streich) mögl. (Dallinger-Lackner N 3; aA wohl Potrykus B 3: nur Übertretungen).

d) Eine Verwarnung verspricht **gegen Hw** oder J, die zZ des Urteils schon über 18 Jahre alt sind, **nur** unter bes. günstigen Umständen Erfolg, weil sie auf die Mentalität der J abgestimmt ist (Dallinger-Lackner N 77, Potrykus B 6 je zu § 105). Ähnl. gilt bei **Soldaten.**

2a) Der Ausspruch ist nur die Verhängung und bedarf des **Vollz.** Dieser ist **erst nach Rechtskraft** mögl. Bei allseitigem Rechtsmittelverzicht ist die Verwarnung grds im Anschluß an die Verh. zu erteilen. Oft wird aber das Urteil erst später rechtskräftig, da auf Verwarnung meist im vereinfachten JVerf. in Abwesenheit des JStA erkannt wird [vgl § 78 A 5a (3)]. Dann ist eine nachdrückl. Zurechtweisung aE der Sitzung und eine entspr. gefaßte schriftl. Verwarnung u. Bezug auf die Zurechtweisung in entspr. äußerer Form noch das beste. Denn das ist erz. wirksamer als der bes. Verwarnungstermin, zu dem der J wegen derselben Tat zum 2. Mal ggf von weit außerhalb unter Versäumung seiner Arbeit vor Ger. erscheinen muß (Angemessenheit!). Der

Grundsatz, daß die Verwarnung nur mündl. erteilt werden soll (§ 85 RL IV 1, Dallinger-Lackner N 10, Jagusch A 4, Potrykus B 5), muß hier zurücktreten, zumal das Gesetz die schriftl. Verwarnung nicht ausschließt.

b) Ob der säumige J **zum Verwarnungstermin vorgeführt** werden darf, ist bestr. (ja Jagusch A 4, nein Dallinger-Lackner N 8, Potrykus B 7 zu Recht; vgl §§ 60 A 3c, 65 FN 2).

3) Zur **Urteilsfassung** vgl § 54 A 2b.

§ 15

Auferlegung besonderer Pflichten

1) Hw—J: § 105 I; s. § 15 A 1b. — **2) ErwG:** § 104 I 1. — **3) Sold!** § 112a Z 3, § 15 A 6.

(1) Als besondere Pflichten kann der Richter dem Jugendlichen auferlegen,

1. den Schaden wiedergutzumachen,

2. sich persönlich bei dem Verletzten zu entschuldigen oder

3. einen Geldbetrag zugunsten einer gemeinnützigen Einrichtung zu zahlen.

(2) Der Richter soll die Zahlung eines Geldbetrages nur anordnen, wenn

1. der Jugendliche eine leichte Verfehlung begangen hat und anzunehmen ist, daß er den Geldbetrag aus Mitteln zahlt, über die er selbständig verfügen darf, oder

2. dem Jugendlichen der Gewinn, den er aus der Tat erlangt, oder das Entgelt, das er für sie erhalten hat, entzogen werden soll.

(3) Bei schuldhafter Nichterfüllung von besonderen Pflichten gilt § 11 Abs. 2 entsprechend.

Richtlinien zu § 15:

1. Der Auflage, den Schaden wiedergutzumachen, wird in der Regel ein besonderer erzieherischer Wert zukommen. Es empfiehlt sich deshalb, von dieser Auflage in allen geeigneten Fällen Gebrauch zu machen. Die Wiedergutmachung des Schadens kann auch in Arbeitsleistungen für den Geschädigten bestehen (vgl hierzu Nr. 4 der Richtlinien zu § 10).
2. Der Auflage, sich persönlich bei dem Verletzten zu entschuldigen, soll der Jugendliche nach Möglichkeit in Gegenwart des Richters im Anschluß an die Hauptverhandlung nachkommen.
3. Wird die Zahlung eines Geldbetrages auferlegt, so empfiehlt es sich aus erzieherischen Gründen, die Anordnung zugunsten einer gemeinnützigen Einrichtung zu treffen, die der Betreuung der gefährdeten oder straffälligen Jugend dient.
4. Der Geldbetrag, dessen Zahlung auferlegt wird, soll den wirtschaftlichen Verhältnissen des Jugendlichen angepaßt sein; er darf nicht so bemessen werden, daß durch die Erfüllung der Auflage die in erster Linie gebotene Wiedergutmachung des Schadens in Frage gestellt wird.

5. Über die Bedeutung der besonderen Pflichten und die Folgen schuldhafter Nichterfüllung soll der Richter den Jugendlichen belehren. Die Belehrung wird in der Niederschrift über die Hauptverhandlung vermerkt oder sonst aktenkundig gemacht.
6. Wegen der Folgen schuldhafter Nichterfüllung von besonderen Pflichten wird auf die Nrn. 3 und 4 der Richtlinien zu § 11 hingewiesen. Geldleistungen, die nach § 15 Abs. 1 Nrn. 1 und 3 auferlegt worden sind, können nicht zwangsweise beigetrieben werden.

1a) Es gibt **nur die drei** in I genannten bes. Pflichten. Sie fördern die Erz. durch echte, tatbezogene Sühneleistungen. Ähnl. Aufl. sind oft als Weisungen mögl., wenn sie die bes. Voraussetzungen des § 10 erfüllen (s. § 10 A 1a, b, d). Die begriffl. scharfe Grenze zwischen bes. Pflichten u. Weisungen ist in der Praxis durchaus flüssig (Jagusch A 3, Schaffstein S 72; vgl auch § 9 A 4b sowie unten A 2c).

b) Schadenswiedergutmachung und Geldaufl. ist ohne Rücksicht auf das **Alter zZ des Urteils,** also auch bei **Hw-Taten** (§ 105) angebracht, zumal Ältere meist mehr Mittel zu ihrer Verfügung haben. Die Entschuldigung dagegen ist bei dieser Gruppe meist verfehlt (Dallinger-Lackner § 105 N 78).

2a) (1) **Schadenswiedergutmachung**[1]) kann durch eine Geldaufl. oder durch Naturalrestitution oder durch Arbeitsleistung im Wert des Schadens (beachte Versicherungsschutz § 10 RL 4!) erreicht werden (RL 1). Sie sollte grds angeordnet werden, notfalls unter Aufstellung eines Ratenplanes oder nur als Teilleistung, und in allen Einzelheiten im Urteil festgelegt werden, rglm in Verbindung mit anderen Maßnahmen (§ 8). Allein ist sie nur selten und nur gegenüber unverdorbenen, aufgeschlossenen Tätern geeignet (Dallinger-Lackner N 6). (2) Hierher gehört wohl auch die Zahlung bestimmter **VerfAuslagen,** etwa Sachverständigen-Gebühren uä [Potrykus § 45 B 2; BGH 9/365ff steht nicht entgegen; vgl § 10 A 2b (2)].

b) Muß der J nicht genau die Leistung erbringen, die er **zivilrechtlich** schuldet, erlischt der Ersatzanspruch des Verletzten nur, wenn dieser die Leistung an Erfüllungs Statt annimmt (§§ 363f BGB). Der Ri. sollte eine entspr. Erklärung zu Protokoll nehmen. Die zu erbringende Leistung muß genau bestimmt werden; keinesfalls darf dem Täter mehr aufgebürdet werden, als er schuldet (vgl FN 1).

c) Schaden ist nur der materielle; sonst wäre § 15 I Z 2 überflüssig. Deshalb gehören die sog. Geschenkauflagen nicht hierher. Diese können nur als Weisungen angeordnet werden (aA Schacht UJ 58/480, um die AO nach § 45 I S 1 zu ermöglichen).

3) Die **Entschuldigung** kommt nur in Betracht, wenn der J dazu bereit ist. Eine Weigerung läßt oft wichtige Schlüsse zu. Vgl RL 2.

4a) Geldaufl. als Buße haben nur Sinn, wenn der J sie aus eigenen Mitteln (Lohn, Taschengeld; II Z 1) unter Opfern aufbringt und wenn er sie als echte Sühne (deshalb

[1]) **Literatur:** Schnitzerling: Die Schadenswiedergutmachung im Strafrecht in DAR 59/201, 204; auch Prelinger und Penz in JR 61/496, 62/99: BewAufl. und Grundges.

RL 3) anerkennt. Der Eindruck, mit Geld sei alles gutzumachen, muß vermieden werden. Diese Aufl. ist grds nur zur Ahndung kleinerer Delikte geeignet (II Z 1). Über die Höhe RL 4.

b) Geldaufl. kann **auch Verfallswirkung** haben (II Z 2). Wo der Täter noch Vorteile aus der Tat hat und diese nicht an einen Geschädigten abgeführt werden können, sollte sie stets ohne Rücksicht auf die sonstigen Vermögensverhältnisse des Täters neben anderen Maßnahmen angeordnet werden.

c) Im Urteil muß nicht nur der **Betrag**, sondern auch die **Einrichtung genau bezeichnet** werden (OLG Düsseldorf JMBl NRW 60/220 = SjE F 2 S 94). **Gemeinnützig** sind nur solche Einrichtungen, durch deren Tätigkeit ausschließl. und unmittelbar die Allgemeinheit gefördert wird (OLG Düsseldorf JMBl NRW 62/191 = SjE F 2 S 93).

5a) Bes. Pflichten können **nicht nachträgl. geändert** (a. als BewAufl.) und **nicht** unmittelbar **erzwungen** werden (keine Erhöhung oder Beitreibung einer Geldaufl.; vgl RL 6 S 2). Wurde der Täter entspr. belehrt, kann **nach schuldhafter Verletzung JA gem. § 11 II** verhängt werden (s. dort A 2; vgl RL 5, 6). — Dadurch, daß der JRi. von der Verhängung des JA absieht, kann er im Notfalle die **Aufl. gegenstandslos** machen (Potrykus B 4, Dallinger-Lackner N 17). Bei überholten Aufl. ist es aus ErzGründen besser, dem J mitzuteilen, daß der JRi. nicht mehr auf der Erfüllung besteht.

b) Die **Überwachung** erfolgt wie bei einer Weisung grds durch die JGH (§ 10 A 4). Die JGH sollte deshalb auch hier gehört werden (Potrykus B 7).

6a) Bei **Soldaten** soll vor der Auferlegung bes. Pflichten der nächste Disziplinar-Vorgesetzte gehört werden (§ 112d, s. dort), weil die Besonderheiten des Wehrdienstes berücksichtigt werden sollen (§ 112a Z 3 S 1). Grds werden gegen Soldaten nur Geldaufl. zur Wiedergutmachung, Buße oder mit Verfallswirkung und — ausnahmsweise (s. A 1b) — die Entschuldigung in Betracht kommen. Doch müssen auch die Zahlungsaufl. dem Wehrsold angepaßt sein (Potrykus NJW 57/815). Wiedergutmachung durch Arbeit ist für Soldaten kaum mögl.

b) § 112a Z 3 S 2 sieht die **Anpassung bereits auferlegter bes. Pflichten an den Wehrdienst** vor. Dies gilt aber nur für bes. Pflichten, die durch BewAufl. angeordnet sind und gem. § 23 S 3 abgeändert werden können. Sonst kann die Anpassung wohl nur dadurch geschehen, daß der JRi. bei Zuwiderhandlungen davon absieht, JA zu verhängen und das dem J bereits vorher mitteilt (o. A 5). Die Ersetzung einer bes. Pflicht durch eine andere oder durch eine Weisung dürfte auch hier nicht mögl. sein, weil der GesGeber dies bei den bes. Pflichten bewußt und wegen ihres Ahndungscharakters mR ausgeschlossen hat (a. bei den als Bew. Auflage auferlegten bes. Pflichten, da bei ihnen der Sühnezweck zurücktritt; vgl § 23 S 1 mit § 10 I S 1). Die gegenteilige Auffassung von Potrykus (NJW 57/815) führt wegen des Sühnecharakters der bes. Pflichten zu ganz erhebl. Schwierigkeiten bei der Frage, welche Maßnahmen als Ersatz der anzupassenden bes. Pflichten zulässig sind (wie Potrykus auch Dallinger-Lackner § 112a N 35).

§ 16

Jugendarrest[1])

1) Hw — J: § 105 I; s. § 16 A 2e. — **2) ErwG:** § 104 I 1. — **3) Sold!** § 112a A 2c.

(1) Der Jugendarrest ist Freizeitarrest, Kurzarrest oder Dauerarrest.

(2) Der Freizeitarrest wird für die wöchentliche Freizeit des Jugendlichen verhängt und auf mindestens eine Freizeit und höchstens vier Freizeiten bemessen.

(3) Der Kurzarrest wird statt des Freizeitarrestes verhängt, wenn der zusammenhängende Vollzug aus Gründen der Erziehung zweckmäßig erscheint und weder die Ausbildung noch die Arbeit des Jugendlichen beeinträchtigt werden. Dabei stehen zwei Tage Kurzarrest einer Freizeit gleich. Die Gesamtdauer des Kurzarrestes darf aber sechs Tage nicht überschreiten.

(4) Der Dauerarrest beträgt mindestens eine Woche und höchstens vier Wochen. Er wird nach vollen Tagen oder Wochen bemessen.

Richtlinien zu § 16:

1. Der Jugendarrest ist ein geeignetes Zuchtmittel bei nicht allzu schweren Verfehlungen gutgearteter Jugendlicher, die durch eine kurze, strenge Freiheitsentziehung, den damit verbundenen Zwang zur Selbstbesinnung und die Betreuung während des Arrestes noch erzieherisch beeinflußt werden können.
2. Für Jugendliche, die verwahrlost oder geistig so zurückgeblieben sind, daß sie den Sinn des Jugendarrestes nicht begreifen, erscheint dieses Zuchtmittel nicht geeignet.
3. Jugendarrest unterschiedslos gegen Jugendliche zu verhängen, die zum erstenmal vor dem Richter stehen, entspricht nicht dem Sinn dieses Zuchtmittels.
4. Besonders sorgfältiger Prüfung bedarf die Frage, ob gegen einen Jugendlichen, der bereits Jugendarrest verbüßt hat, bei einer neuen Verfehlung nochmals Jugendarrest verhängt werden soll. Zwar kann die Aufeinanderfolge von Freizeitarrest und Dauerarrest sinnvoll sein. Es wird aber in der Regel nutzlos sein, gegen einen Jugendlichen, der bereits Dauerarrest verbüßt hat und nach kurzer Zeit wieder eine Straftat begeht, nochmals Jugendarrest zu verhängen. Wenn in einem solchen Falle eine Jugendstrafe nicht gerechtfertigt ist, so empfiehlt es sich, andere Maßnahmen anzuordnen, die eine länger dauernde erzieherische Einwirkung ermöglichen.
5. Mit der Anordnung der Fürsorgeerziehung darf Jugendarrest nicht verbunden werden (§ 8 Abs. 1 Satz 2).
6. Wöchentliche Freizeit ist die Zeit von der Beendigung der Arbeit am Ende der Woche bis zum Beginn der Arbeit in der nächsten Woche. Wird der Jugendliche an Sonntagen beschäftigt, so tritt an die Stelle dieser Freizeit die entsprechende Freizeit während der Woche. Der Freizeitarrest kann auch an einem Feiertag vollstreckt

---

[1]) **Literatur:** Voss: der J Arrest in SchlHA 59/135; Trips: Die Rückfälligkeit der Bruchsaler Jugendarrestanten des Vollzugsjahres 1958 in MKrim 63(46)/228; Hilpert: Der J Arrestvollzug an 615 J und Hw ... der J Arrestanstalt Radolfszell (Diss. Freiburg).

werden, jedoch nicht über die regelmäßige Dauer der wöchentlichen Freizeit hinaus.

7. Wird auf Jugendarrest erkannt, so darf die Fassung des Urteils nicht den unrichtigen Eindruck erwecken, als sei der Jugendarrest eine Strafe. Es muß daher vermieden werden, im Zusammenhang mit Jugendarrest von Strafe oder Bestrafung zu sprechen.

8. Wenn zu befürchten ist, daß der Jugendliche wegen der Verurteilung zu Jugendarrest aus einem Lehr- oder Arbeitsverhältnis entlassen wird, empfiehlt es sich, daß der Richter oder auf seine Veranlassung ein Vertreter der Jugendgerichtshilfe mit dem Lehrherrn oder Arbeitgeber in Verbindung tritt, um ihn über das Wesen und den Erziehungszweck des Jugendarrestes aufzuklären. Dies gilt entsprechend für den Fall, daß einem Schüler wegen der Verurteilung zu Jugendarrest von seiten der Schule Nachteile drohen.

1) Der **JA ist**[2]) ein kurzfristiger Freiheitsentzug mit sühnendem (zB RG 75/279, 281f) und erz. (RL 1; § 90 I) Charakter (Dallinger-Lackner N 3), aber **keine Str.** (RL 7, § 13 III). Er hat alle Sofortwirkungen der Str. und stellt eine harte Zurechtweisung dar, die zur Besinnung führen soll, erstrebt aber keine volle Sühne (Dallinger-Lackner N 4); auch sollen den Täter keine Neben- oder Fernwirkungen treffen (RL 8; § 13 III). Der JA ist nach den Bedürfnissen der Erz. ausgestaltet. In seiner Einmaligkeit, Kürze und Härte (vgl. A zu § 90) ist er ein eindringlicher **Ordnungsruf,** häufig verbunden mit einer Schockwirkung; er darf deshalb auch ausnahmslos [s. § 55 A 4a (4), FN 50] nicht zur Bew. ausgesetzt werden (§ 87 I A 1b), weil das seinem Wesen zuwiderliefe.

---

[2]) BGH 18/207, 209f definiert:

„Der Jugendarrest ist seinem Wesen nach als ein Ahndungsmittel eigener Art ausgestaltet. Er enthält in sich sowohl Elemente der Strafe als auch der ErzM. Er ist ein kurzfristiger Freiheitsentzug mit sühnendem und erz. Charakter. Soweit er die Elemente der Strafe enthält, soll er Ausgleich für begangenes Unrecht sein und durch seine Einflußnahme auf den J auch der Besserung dienen, ferner vermöge seines harten Vollzugs abschreckend wirken (. . .). Von der JStr., die den Täter entsühnen und in die Gesellschaft wieder einordnen soll, unterscheidet er sich dadurch, daß er eine „mehr schreckhaft empfundene harte Zurechtweisung sein soll, die wohl eine ernste Mahnung, in der Regel aber keine volle Sühne für das begangene Unrecht darstellt". Seine Zwecksetzung ist daher von der JStr. verschieden und vor allem weniger weitreichend. Soweit es sich um das Ziel der Erz. handelt, soll dieses durch einen kurzen und harten Zugriff, der das Ehrgefühl anspricht und für die Zukunft eine eindringliche Warnung ist, erreicht werden. Im Gegensatz zur Strafe ist er also nicht auf Durchführung eines umfassenden ErzProzesses zugeschnitten. Er soll durch seine Einmaligkeit und Kürze wirken und durch diesen eindringlichen und fühlbaren Ordnungsruf den J davor schützen, auf dem erstmalig eingeschlagenen Weg fortzufahren. Eine längere Freiheitsentziehung würde gerade diese erz. Wirkung nicht erreichen können.

. . . kommt der Jugendarrest vor allem in Betracht für Verfehlungen aus Unachtsamkeit, j. Kraftgefühl oder Übermut, aus typisch j. Neigungen und j. Vorwärtsstreben, j. Trotzhaltung, j. Abenteuerlust, mangelnder Selbständigkeit sowie bei Gelegenheits- und Augenblicksverfehlungen, die sich aus einer plötzlich auftretenden Situation ergeben, ohne daß der Täter sonst zu kriminellem Verhalten neigt."

2) Der **Anwendungsbereich** ist kleiner, als die Praxis meint (vgl § 5 A 3c).

a) Für leichte Verfehlungen ist er zu hart, für ganz schwere zu kurz (vgl RL 1).

b) Entscheidend aber ist die **Täterpersönlichkeit.** JA gegen Kriminelle, Verwahrloste oder geistig erhebl. Zurückgebliebene ist sinnlos[3]) (RL 1, 2; s. auch Einf. II 2a (1) aE). Er kommt deshalb bei FE-Zöglingen meist nicht in Betracht (Potrykus NJW 55/245). Dagegen ist er am Platz, wenn gutgeartete, einsichtige J mit Ehrgefühl aus Unachtsamkeit, Übermut, j. Trotz, j. Abenteuerlust, j. Wissensdurst (Technik) gefehlt haben, auch bei Verführung, Gelegenheitsdelikten und Kurzschlußhandlungen (Dallinger-Lackner N 24ff nach Peters); eine vorübergehende Trotzhaltung schadet nicht. Entscheidend ist, daß der J noch in einer geordneten, heilen Welt lebt. Vgl auch BGH in FN 2 letzter Absatz. In geeigneten Fällen angewandt, sind die Aussichten auf eine erfolgreiche Beeinflussung sehr groß; ist doch die Rückfallquote beim J Arrest die geringste, obwohl sie durch die Verhängung von J Arrest am falschen Platz noch sehr ungünstig beeinflußt wird (s. Einl. IV 4, § 16 FN 3, RL 4 und A 2c sowie Hellmer NJW 64/177, 178 und Trips MKrim 63(46)/228).

c) JA darf deshalb **nicht schematisch** verhängt werden, wenn der Täter erstmals vor Ger. steht (RL 3). **Mehrmalige Verhängung** von JA in kurzer Zeit ist selten gerechtfertigt (vgl RL 4); die Rückfälligkeit ist nach wiederholter Verhängung von JA erschreckend groß (Schaffstein S 96).

d) Bei unüberwindl. **Zweifeln,** ob der Täter durch JA ansprechbar ist[3]), wird JA zu verhängen sein, „um den möglicherweise zum Erfolg führenden Vollz. nicht zu versäumen" (Dallinger-Lackner N 17), ggf neben der Aussetzung der Verhängung der JStr nach § 27 (s. § 27 A 4b).

e) Wie die Erfahrung zeigt, hat der JA gerade bei geeigneten (o. A 2b) **Hw** bes. Erfolge aufzuweisen. Dagegen ist Vorsicht geboten, wenn der Täter inzwischen **volljährig** geworden ist und JA als unangemessen empfindet (Dallinger-Lackner N 79, 80, Potrykus B 6 je zu § 105; vgl FN 3). Wegen JA gegen **Soldaten** s. § 112a A 2c.

f) Bei Ungehorsam gegen erz. Anordnungen, nämlich Weisungen (§ 10), bes. Pflichten (§ 15), Bewährungsauflagen [§ 26 A 1c (1)] sieht der Gesetzgeber J Arrest vor (§§ 11 II, 15 III, 75; vgl auch § 2 FN *). Schnitzerling spricht hier von „Beugearrest" (DAR 55/201, 204). Näheres s. § 11 A 2.

3a) Freizeit-Arrest (II) dauert im Regelfall (vgl RL 6) von Samstag 15^{00} bis Montag 6^{00}. JA an 3 oder 4 Freizeiten sollte nur ausnahmsweise festgesetzt werden (Gewöhnung!).

---

[3]) Trips MKr 63(46)/228 scheidet als „Arrestuntauglich" aus (1) J aus FE oder sonstiger öffentl. Erziehung; (2) Verwahrloste; (3) schon zu JStr. oder JA Verurteilte; (4) wenn das 20. Lebensjahr bei Arrestantritt überschritten ist; (5) Halbdebile; (6) Frühkriminelle (Hangtäter, brutale Rohlinge). — 30,6% der Jugendarrestanten waren aus dieser Gruppe, und zwar aus (1) 14,9%, (2) 4,1%, (3) 6,5%, (4) 1,9%, (5) 2,4%, (6) 0,8%. Während von den übrigen J Arrestanten nur 20,7% später zu JStr. oder Gefängnis verurteilt wurden, waren es bei dieser Gruppe 52%.

b) Kurzarrest (III) tritt nur an Stelle des Freizeitarrestes. Die Umwandlung ist entspr. zu begründen. Sie sollte nicht zu selten vorgenommen werden, wo das Ges. die Möglichkeit bietet (Arbeitslosigkeit, Urlaub), weil Kurzarrest rglm rascher und nachhaltiger wirkt. Die Dauer ergibt sich aus der Umrechnung gem. III S 2, 3; 3 oder 5 Tage sind aber mögl. (Dallinger-Lackner N 13); auch können 6 Tage Kurzarrest an Stelle von JA an 4 Freizeiten treten (Dallinger-Lackner aaO; aA Potrykus B 7: 6 Tage und 1 Freizeit), Bei **Änderung der Verhältnisse** kann die Umwandlung zwar nachträgl. erfolgen (§ 86), aber nicht mehr rückgängig gemacht werden.

c) Das Höchstmaß des **Dauerarrestes** (IV) beträgt 4 Wochen (nicht 1 Monat!). Auch hier sollte, um eine Abstumpfung und Gewöhnung zu vermeiden, nur in bes. Fällen das Höchstmaß verhängt werden (Schaffstein S 95); zwar kann während des Vollzugs die Dauer verkürzt werden (§ 87 II); das geschieht aber nur selten.

d) Schon der erkennende Richter muß sich Gedanken über die **Form des Vollzugs** (§ 90 III, IV) machen und sollte deren Ergebnis im Urteil niederlegen; denn er kennt den J — jedenfalls zunächst — besser als der VollzLeiter; auch kann die Art des Vollzugs die erforderliche Dauer des JA beeinflussen, weil die Wirkung bei hartem Vollzug oft schneller erreicht wird.

4) Über **Koppelung** vgl § 8. Die verschiedenen Formen des JA (II—IV) sind grds nicht zu koppeln; niemals dürfen in einem Urteil insgesamt mehr als 28 Tage JA verhängt werden (s. aber § 11 A 2c). — Schütze (UJ 61/229, 63/504, NJW 62/783) schlägt, um Schwierigkeiten beim JA Vollzug zu vermeiden, vor, neben der JA Verhängung zugleich eine Weisung zu erteilen, die zu gutem Benehmen beim Vollzug verpflichtet (s. § 10 FN 7).

5) Über **Vollstr. u. Vollz.** vgl §§ 86f, 90; wegen der Urteilsfassung vgl RL 7 und § 54 A 2b, 4a.

Vierter Abschnitt

Die Jugendstrafe

§ 17

Form und Voraussetzungen

1) Hw—J: § 105 I; s. § 17 A 2. — **2) ErwG:** § 104 I 1. — **3) Sold!** § 112a A 3a; § 17 A 2a(3).

(1) Die Jugendstrafe ist Freiheitsentzug in einer Jugendstrafanstalt.

(2) Der Richter verhängt Jugendstrafe, wenn wegen der schädlichen Neigungen des Jugendlichen, die in der Tat hervorgetreten sind, Erziehungsmaßregeln oder Zuchtmittel zur Erziehung nicht ausreichen oder wenn wegen der Schwere der Schuld Strafe erforderlich ist.

Richtlinien zu § 17:

1. Die Jugendstrafe ist eine selbständige, unabhängig von dem Erwachsenenstrafrecht ausgestaltete Freiheitsstrafe. Sie ist in erster Linie Erziehungsstrafe. Die Jugend-

strafe darf deshalb mit der Gefängnisstrafe nicht gleichgesetzt werden; die Anwendung gleichartiger Grundsätze bei der Strafzumessung würde zu unrichtigen Ergebnissen führen.

2. In der Regel wird es sich empfehlen, daß der Richter in der mündlichen Urteilsbegründung das Wesen der Jugendstrafe und ihre Verschiedenheit von der Gefängnisstrafe in geeigneter Weise darlegt. Dies ist vor allem dann angezeigt, wenn Jugendliche und Erwachsene gemeinsam abgeurteilt werden (§ 103).

1 a) **JStr. ist die einzige kriminelle Str.** des JGG. Sie ist sowohl nach den Voraussetzungen (§ 17) wie nach den Vollzugsvorschriften (§§ 91 f) auf die besondere Lage junger Menschen zugeschnitten und gegenüber den Str. des allg. Rechts **eigenständig** (aliud) (RL 1; BGH 10/100, 103). Sie enthält alle Elemente des allg. Strafbegriffes (Vergeltung, Sühne, Abschreckung, Besserung, Schutz der Allgemeinheit, Ehrenrührigkeit) und soll auch „den Täter entsühnen und in die Gesellschaft wieder einordnen" (BGH 18/207, 209). Doch erhält der **Besserungszweck ein besonderes Gewicht,** da es sich um junge, in der Entwicklung stehende, also beeinflußbare Täter handelt; der **Vergeltungszweck** ist dem häufig untergeordnet, der **Abschreckungsgedanke** (dazu BGH JR 54/149 und 15/224 sowie BGH bei Herlan GA 55/364; s. A 2, § 18 A 3 c) bedeutungslos, falls sich der Täter nicht der bes. Wirkung seiner Tat auf die Allgemeinheit bewußt war (Krumme LM § 17 JGG Nr 4).

Es kann hier allerdings nicht verschwiegen werden, daß der **JStrVollzug weithin nicht die Anforderungen erfüllt,** die an ihn als ErzStrafvollzug gestellt werden und gestellt werden müssen; er muß sich deshalb lebhafte Kritik gefallen lassen. Bondy (BewH 63/5, 11) sieht im heutigen Strafvollzug weitgehend eine Verbrecherschule und hält resignierend einen Erziehungsstrafvollzug für unmöglich. Auch Werner (Pädagogik im Strafvollzug, Schriften des Fliedner-Vereins Rockenberg H 24) stellt aus praktischer Erfahrung fest, daß bis zur Durchsetzung echter pädagogischer Formen noch ein weiter Weg sei, wobei dem JStrVollzug recht enge Grenzen gesetzt seien. Hellmer (NJW 64/177) meint, im JStrVollzug sei in den letzten 50 Jahren praktisch nichts geschehen, also der in dieser Zeit im JRecht eingeführte ErzGedanke unbeachtet geblieben, weshalb JStrafe nur wegen ErzBedürftigkeit nicht zu rechtfertigen sei. Brauneck (MKrim 63(46)/26) empfindet wegen der ungenügenden Ausstattung der JStrAnstalten mit Erziehern uä die Verhängung von JStr. dann als ungerecht, wenn sie nicht wegen der Schwere der Schuld geboten ist (ähnl. Haegert JR 61/127). Auch für Hellmer (NJW 64/177, 179) ist die Verhängung der JStr. unangreifbare Notwendigkeit nur vom Standpunkt der Sühne.

Die JStr. kann wegen der Mängel im Vollzug nicht als reine ErzStrafe angesprochen werden; vielmehr kommt dem **Sühnegedanken** nach wie vor **ein nicht unbedeutendes Gewicht** zu, was aber den erz. Notwendigkeiten nicht grds widerspricht [Einf. II 2 a (1)].

b) Weil die JStr. nach dem Willen des Gesetzgebers in erster Linie **ErzStrafe** (RL 1 S 2) ist, darf sie grds (s. A 2 b) nicht verhängt werden, wenn sie zu schweren Schäden in der Entwicklung des jungen Menschen führen müßte, was besonders bei langen Freiheitsstrafen der Fall sein kann (§ 18 A 2 a). Da sie aber nur bei entsprechender Tatschuld zu rechtfertigen ist (oben a 2. Abs.), muß sich Notwendigkeit und Berechtigung der JStr. auch aus der **Schuld** (= Einzeltat — und Lebensführungsschuld) ableiten lassen (Dallinger-Lackner N 6). Auch im JRecht wird die Prüfung der Einzeltatschuld nicht durch den Nachweis einer Verwahrlosung überflüssig, da die **JStr. keine bloße ErzM** ist (LG Frankfurt ZBl 60/218). Deshalb ist JStr wegen — auch schwerster — Übertretungen selbst bei stark Verwahrlosten nicht zu rechtfertigen[1]; hier soll der Vormundschaftsrichter eingreifen (s. § 53). Zur Frage, ob die Höhe der JStr. aus erz. Gründen das Maß der Schuld überschreiten darf, s. § 18 A 3d.

c) Die JStr. ist Vorstrafe im Sinn der Rückfallvorschriften [s. § 31 A 4d (1) und FN 1], nach BGH 12/129, 133ff (zust. Schönke-Schröder § 20a StGB RN 12) auch im Sinn des § 20a I StGB. Letzteres ist nicht richtig, denn § 20a I StGB spricht nur von Zuchthaus und Gefängnis, nicht von JStr.; diese am Wortlaut haftende Auslegung führt zu einem sinnvollen Ergebnis: der zwingende § 20 a I StGB wird ausgeschaltet, der nachgiebige § 20 a II StGB bleibt; es kann deshalb — wie es wünschenswert ist — bei J-Vorstrafen auf den Einzelfall abgestellt werden (überzeugend Lackner JR 59/226, Kohlhaas EJF C I 49, Dallinger-Lackner N 36; ebenso Schwarz-Dreher § 20 a StGB A 2a). Die JStr. schließt in gleicher Weise wie eine andere Freiheitsstrafe die Strafaussetzung einer neuerdings erkannten Freiheitsstrafe aus (ObLG 60/271), solange sie nicht tilgungsreif (vgl §§ 96 II, 95 II mit § 3 StrTilgG) ist (OLG Köln JMBl NRW 61/139).

2) JStr. kann nur (BGH JR 54/149) **unter den bes. Voraussetzungen des II,** nämlich (a) beim Vorliegen schädl. Neigungen oder (b) bei bes. schwerer Schuld verhängt werden. Außerdem dürfen (c) andere Maßnahmen des JGG nicht ausreichen (§ 5 II, 13 I, 27). **Dann aber muß JStr.** verhängt werden, auch wenn der Täter inzwischen erwachsen ist (wegen des Vollzugs s. § 92 II, III); für **Hw** (§ 105) gelten hinsichtl. der Voraussetzungen keine Besonderheiten (BGH bei Herlan GA 59/339f, Dallinger-Lackner N 82, Potrykus B 6 je zu § 105).

a) Die schädl. Neigungen müssen in der Tat hervorgetreten und anders nicht zu bekämpfen sein[2]).

(1) **Schädliche Neigungen**[2]) sind erhebl. Anlage- oder ErzMängel, die ohne längere Gesamterz. des Täters die Gefahr von Störungen der Gemeinschafts-Ordnung durch weitere Straftaten begründen (BGH 11/169); die Gefahr nur sittl. anstößigen Verhaltens genügt nicht (BGH EJF C I 22). Die Anlage- oder Entwicklungsschäden müssen so schwer sein, daß deren Beseitigung sinnvoll nur in einem länger dauernden Strafvollzug versucht werden kann (BGH 18/207, 210). Der Täter muß sich bereits „daran gewöhnt haben, aus einer in seiner Persönlichkeit wurzelnden

---

[1]) LG Frankfurt ZBl 60/218 für Ausweislosigk., Blau MDR 58/731, ZBl 59/117 ua für gehäufte Verkehrsverstöße, Schaffstein S 101f für Landstreicherei u. Prostitution (nur „gemeinlästig"); aA LG Hamburg MDR 59/511 aus bes. Gründen bei fortges. Mundraub; Dallinger-Lackner N 7, 24 u. Potrykus B 4a Abs. 2 lassen gewisse Ausnahmen zu, ähnl. Voraufl. — Vgl Einf. II 2a (1) § 17 A 1a Abs. 2 und bes. § 18 A 3d (2) (a).

[2]) **Literatur:** Seibert: MDR 62/171; auch Messerer: UJ 53/74 und Brückner: Die J Kriminologie S 196—198.

falschen Trieb- oder Willensrichtung zu handeln" (Dallinger-Lackner N 20); ein Hang im Sinne der Haltung des Gewohnheitsverbrechers wird aber nicht gefordert (Seibert MDR 62/171). Gelegenheits-, Konflikts- und Notkriminalität scheidet also aus (BGH 11/169, 16/261, Seibert aaO, § 19 RL 1 S 2; vgl aber unten b!), ebenso Neigungen als Ausfluß normaler Entwicklungserscheinungen, auch wenn sie im Augenblick als schädlich erscheinen (Brückner, JKriminologie S 197).

Die schädl. Neigungen brauchen erst im Verlauf der zur Aburteilung stehenden mehreren Taten durch Verführung — und — oder — Gewöhnung geweckt worden sein (BGH 11/169). Schon in der ersten Straftat können sich schädliche Neigungen ausgewirkt haben; um das feststellen zu können, müssen schon vor der Tat entwickelte Persönlichkeitsmängel (= anlage-, erz.- oder unweltbedingte Mängel der Charakterbildung) nachgewiesen werden, die auf die Tat Einfluß hatten und weitere Straftaten befürchten lassen (BGH 16/261). — Die Fehlentwicklung kann auch auf körperl. Gebrechen oder irgendwelchen Umwelteinflüssen beruhen (Dallinger-Lackner N 20). Bei unverschuldeten schädl. Neigungen liegt die Schuld in ungenügender Selbsterz.; diese Schuld wird aber selten so schwer wiegen, daß JStr- gerechtfertigt ist, weshalb grds der VormRi., nicht der JRi. eingreifen sollte; sonst kann eine Prüfung gem. § 3 geboten sein.

(2) **Die Tat** muß **Ausfluß der schädlichen Neigungen** sein, so ein Bettelbetrug des Landstreichers, nicht der Gelegenheitsdiebstahl des Strichjungen. Vgl § 9 A 4b.

(3) Daß **andere Maßnahmen** des JGG **nicht ausreichen,** um die auf kriminelle Taten gerichteten Handlungen erfolgreich zu bekämpfen, kann nur nach eingehender Persönlichkeitserforschung (§ 43) entschieden und bei entsprechendem Gewicht der Tat begründet werden [Dallinger-Lackner N 24; oben 1a 2. Abs., Einf. II 2a (1)]. Rechtfertigt das Gewicht der Tat JStr. nur von einer Dauer, die die erforderl. erz. Einwirkung nicht ermöglicht, ist die Verhängung von JStr. sinnlos [vgl § 18 II, § 18 A 3d (1) aE]; hier kommt rglm Fürsorgeerziehung in Betracht. Die Ansicht von Potrykus B 4a aE, diese Voraussetzung (3) sei regelmäßig gegeben, wenn die Voraussetzungen oben (1) und (2) vorlägen, ist weithin richtig, jedoch deshalb gefährlich, weil dabei leicht die sorgfältige Prüfung unterbleibt, ob JStrVollzug die einzige Möglichkeit ist und die anderen Möglichkeiten nicht genügend erwogen werden.

Über die anderen Maßnahmen s. unten A 2c!

(4) **Wegen unbehebbarer Zweifel** über das Vorliegen dieser Voraussetzungen s. §§ 27—30.

b) (1) Der 4. Strafsenat[3]) des **BGH** bejaht die **Schwere der Schuld** praktisch nur, wenn auch schädliche Neigungen vorliegen (15/224, 16/261). Denn er läßt die innere

[3]) Derselbe 4. Strafsenat hat allerdings früher (VRS 13/125) eine Verurteilung zu 5 Jahren JStr. allein wegen der Schwere der Schuld bestätigt, dem der Schuldspruch eines 4mal sitzengebliebenen, als wüster und tollkühner Fahrer bekannten Hw wegen vorsätzlicher Straßenverkehrsgefährdung und Körperverletzung mit Todesfolge zugrunde lag, weil der Hw eine Telegraphenstange über die Straße gelegt und sie auch dort gelassen hatte, als er das Herannahen seines Motorrad fahrenden Freundes bemerkt hatte. Neuerdings (BGH 18/207, 209) bezeichnet derselbe Senat die Entsühnung des Täters als Wesen der JStr. (vgl. auch BGH 14/198). Der 2. Strafsenat stellte ausdrücklich fest, daß auch im JRecht dem Sühnegedanken

Tatseite — Umfang der Schuld, charakterliche Haltung, Stärke des verbrecherischen Willens, Beweggründe und Zwecke — allein entscheiden und berücksichtigt den äußeren Geschehensablauf nur soweit, als er Schlüsse auf das Maß der persönl. Schuld und charakterlichen Haltung zuläßt. Der äußere Schuldgehalt soll also für sich allein nichts besagen, JStr. auch hier nur möglich sein, wenn erz. Gründe sie fordern. Nicht die Schwere des sachl. Unrechts, sondern die Schwere des zu erhebenden Vorwurfs sei entscheidend; ein Abstellen auf Fälle schwerer und schwerster Kriminalität (so aber zu Recht Dallinger-Lackner N 20, Potrykus B 4b u. die allg. Praxis) sei eine Überbetonung des sachl. Unrechts (Krumme LM § 17 JGG Nr 4).

(2) **Diese Auffassung ist abzulehnen;** sie vermengt die zwei selbständigen Alternativen des § 17 II in unzulässiger Weise. a + b ist nicht gleich a = b. Daß das JGG den Sühnegedanken bei schwerster Kriminalität über das erz. notwendige Maß hinaus berücksichtigt haben will, zeigen §§ 18 I S 2, 105 II. Wenn dort für Hw generell, für J bei schwerer Kriminalität (abgegrenzt durch den Strafrahmen des allg. Rechts) JStr. zwischen 5 und 10 Jahren zugelassen wird, bleiben erz. Überlegungen bewußt zugunsten des Sühnegedankens unbeachtet; denn es kann auch dem Gesetzgeber nicht entgangen sein, daß jede mehr als 4—5 Jahre betragende Strafe erz. nicht zu rechtfertigen ist, ja die Persönlichkeitsentwicklung schwer gefährdet (s. § 18 A 2a). Der Mord eines noch so gut beleumundeten J muß geahndet werden; ErzM kommen also nicht in Betracht; 4 Wochen JArrest wären lächerlich; es bleibt nur die JStr., auch wenn sie nur mit der Schwere der Tat zu rechtfertigen ist. — **Schwere der Schuld** setzt sich eben **aus 2 Elementen** zusammen, dem **Gewicht der Tat** an sich und der **Beziehung des Täters zur Tat,** dem verschuldeten Erfolg und der Stärke des verbrecherischen Willens. Ist das Gewicht der Tat bes. groß (wie beim Mord), ist auch dann schwere Schuld gegeben, wenn der Täter bisher ordentlich war; die Tat allein spricht so gegen ihn, daß seine Schuld schwer ist. Je geringer das Gewicht der Tat wird, desto negativer muß die Haltung des J sein, bis seine Schuld als schwer bezeichnet werden kann. Die Schuld des charakterlosen J, der eine Übertretung gewissenlos begeht, ist nie eine schwere; hier ist das Gewicht der Tat zu gering (vgl Grethlein NJW 61/687).

Außerdem läßt der BGH (15/224, 16/261) alle Erkenntnisse über die Bedeutung der Tat im JRecht [Einf. II 2a (1)] und über die geringen erz. Möglichkeiten des heutigen JStrVollzuges (§ 17 A 1 Abs. 2) außer acht. Von dieser Warte aus bezeichnet Hellmer (NJW 64/177, 179) die Entscheidung des BGH schlicht, aber richtig als „unverständlich". — Selbst die weitere Entwicklung des J ist bei der Auslegung des BGH gefährdet. Dem J muß das Gewicht seiner Tat nachdrücklich vor Augen geführt werden, daß er in dieser Projektion die Schwere der Schuld erkennt, sich mit der Tat wirklich auseinandersetzen und sie schließlich überwinden kann (vgl Potrykus B 3).

Rechnung getragen werden kann (BGH 10/233). Der 1. Strafsenat (1 StR 169/61 vom 28. 4. 61) hat eine Verletzung materiellen Rechts rügende Revision eines nicht vorbestraften 16jährigen als offensichtlich unbegründet verworfen, der wegen gemeinschaftlicher Vergewaltigung eines Mädchens (etwa 10—15 mal hintereinander) durch 5 Burschen, von denen er bei weitem der jüngste war, und obgleich er sich auch mit seinem Bruder noch vor Beendigung der Tat entfernt hatte, allein wegen der Schwere der Schuld zu 2 Jahren Jugendstrafe verurteilt worden war.

(3) **Ob die Schuld bes. schwer** ist, entscheidet also das **Sühnebedürfnis,** das sich aus der Stärke des verbrecherischen Willens und dem verschuldeten Erfolg ergibt. Es kommt nur schwerste Kriminalität (Dallinger-Lackner N 20, Potrykus B 4b) in Betracht, also nicht einmal alle nach ErwR mit Zuchthaus bedrohten Taten (bedenkl. RG 77/102). Deshalb **scheiden grds aus** Fahrlässigkeitstaten auch bei schwerstem Erfolg (a. wohl nur bei Wiederholung oder bes. schwerer bewußter Fahrlässigkeit) (Dallinger-Lackner N 29, Potrykus B 4b), ggf auch Taten eines nicht erziehbaren, der sofortigen Behandlung bedürftigen Geisteskranken (BGH bei Herlan GA 55/364) oder Taten an der Grenze der Altersreife (Dallinger-Lackner N 28). Überhaupt spielt das **Alter auch hier eine Rolle,** weil mit zunehmendem Alter die Schuld größer, das Sühnebedürfnis gewichtiger wird [s. § 105 II, § 18 A 2b, 3d (4); vgl auch Statistik Einf. IV 5c].

c) (1) Die **Abgrenzung zwischen JStr. und anderen Maßregeln des JGG** ist relativ einfach, **wenn JStr. wegen der Schwere der Schuld** in Betracht kommt. Hier muß das Bedürfnis nach Ahndung so stark sein, daß die nur aus Anlaß der Tat anzuordnenden ErzM unangemessen erschienen und die ZuchtM wegen des Mißverhältnisses zwischen ihrem und dem Gewicht der Tat dem J nicht mehr zum Bewußtsein brächten, daß er für das von ihm begangene Unrecht einzustehen hat (§ 13 I JGG). — Aussetzung der Verhängung der JStr. kommt hier nach dem klaren Wortlaut des § 27 nicht in Betracht. Dagegen kann und muß die nur wegen der Schwere der Schuld ausgesprochene JStr zur Bewährung ausgesetzt werden, wenn die gesetzl. Voraussetzungen (§ 20f) gegeben sind, was oft der Fall sein wird, bes. wenn der Vollzug der JStr. für den ordentl. J eine Gefahr für seine Entwicklung werden könnte (beachte A 1a Abs. 2). Die Hinweise zu c (2) (b) sollten auch hier nicht unbeachtet bleiben.

(2) (a) Überschneidungen der **JStr. wegen schädlicher Neigungen** mit ZuchtM, Weisungen und ErzBeistandschaft sind selten. Alle genannten Maßnahmen setzen einen Täter voraus, der aus heilen Verhältnissen kommt, seine Tat einsieht, zu Sühne und Mitarbeit bereit ist und auch keine allzu schwerwiegende Tat begangen hat [§ 10 A 1b (2) und (3), § 12 A 2a, § 13 A 1, § 16 A 2b].

(b) Schwierigkeiten bereitet immer wieder die **Abgrenzung der JStr. zu FE**[3a]. FE wird angeordnet, „wenn sie erforderlich ist, weil der Minderjährige zu verwahrlosen droht oder verwahrlost ist" (§ 64 I S 1 JWG), wobei zwischen „lediglich körperl. Verwahrlosung einerseits und geistiger und seelischer Verwahrlosung andererseits nicht mehr unterschieden wird" (Potrykus in Erbs, Strafrechtl. Nebengesetze, A 2 zu § 64 JWG). Verwahrlosung (vgl Art. 6 III GG) ist ein dem Erziehungsziel des § 1 JWG entgegengesetzter Entwicklungsprozeß; der Betroffene muß der körperl., geistigen oder sittl. Eigenschaften ermangeln, die als Ergebnis einer ordnungsgem. Erz. vorausgesetzt werden müssen (KG Jahrbücher der freiwilligen Gerichtsbarkeit 17/169, Potrykus aaO). — JStr. dagegen soll „den Täter entsühnen und in die Gesellschaft wieder einordnen" (BGH 18/207, 209), außerhalb deren er sich durch seine Straftat gestellt hat; Notwendigkeit und Berechtigung der JStr. muß sich aus der Schuld

[3a]) **Literatur:** Werner: J Strafe und FE — ein Beitrag zur Indikation der stationären Sanktionen im J Strafrecht, RdJ 64/113. — Vgl auch Heinen JU 58/460.

ableiten lassen (Dallinger-Lackner N 6; vgl. LG Frankfurt ZBl 60/218). Die JStr. zielt gegen Täter, von denen die Gefahr weiterer Störungen der Gemeinschaftsordnung durch weitere Straftaten ausgeht (BGH 11/169).

Die JStr. ist also die Reaktion auf Straftaten einigen Gewichts und setzt kriminelle Schuld voraus; sie soll dazu führen, daß der Täter die sonst zu erwartenden Straftaten unterläßt. Die FE dient nicht der Sühne und setzt auch keine Straftaten voraus; sie gewährt — im Rahmen des Möglichen! — dem Minderjährigen die Erz., auf die er Anspruch hat, die ihm in seiner bisherigen Umgebung nicht gegeben wurde. Sie stellt auf das Fehlen von Eigenschaften ab. Daraus folgt:

(1a) **JStr. ist gegen 14, 15 jährige** und oft auch 16 jährige auch bei kriminellen Taten **nur selten** gerechtfertigt; bei ihnen überwiegt die mangelnde Erz. die Schuld; die Straftat hat meist noch zu wenig Eigengewicht, sie ist mehr Folge einer Unerzogenheit. Doch wird es auch unter den J dieses Alters Täter und Taten geben, gegen die JStr. angebracht ist (vgl Statistik Einf. IV 5c).

FE, nicht JStr. ist also angebracht besonders bei jüngeren Tätern aus schlechten familiären Verhältnissen, bei Straftaten geringen Gewichts; häufig gegen passive Naturen, denen auch der Antrieb zu Straftaten größeren Ausmaßes und Gewichts fehlt [vgl oben A 2a (3) und § 18 A 3d (2) (a)].

(1b) **JStr., nicht FE** ist, wenn Taten entspr. Gewichts vorliegen, angebracht (vgl Heinen UJ 58/460) gegen

(aa) aktive Frühkriminelle (Bandenchefs uä, wohl auch Störenfriede aus dem Hintergrund); (bb) erhebl. Kriminell-Bereite (arbeitsscheue Bandenmitglieder; J ohne Bindung an Elternhaus, Werte uä); (cc) kriminell bes. leicht beeinflußbare Mitläufer; (dd) kriminelle Psychopathen und erhebl. Schwachsinnige; (ee) Entwicklungstäter (die erst Aussicht auf Besserung nach Abschluß der Entwicklung bieten)[4]); (ff) krinimelle Dauerausreißer; (gg) echte Homosexuelle.

Bei kriminellen Taten Hw und am Ende des JAlters ist FE meist nicht mehr angebracht, besonders nicht gegen Gewohnheitsdiebe und -betrüger, gewalttätige Sittlichkeitsverbrecher, Strichjungen mit einem schon gefestigten Hang. Dagegen gehören Landstreicher und Prostituierte nicht in die JStrAnstalt, solange ihre Straftaten unerheblich sind, sie also nur gemeinlästig sind (Schaffstein S 101 aA Potrykus B 4a).

(c) **JStr.** wegen schädlicher Neigungen darf auch **nicht** angeordnet werden, **wenn** der JRi. der Überzeugung ist, daß der Täter auch ohne Strafvollzug **durch eine Bewährungszeit gebessert** werden kann (**aA die allg. Praxis;** vgl Statistik Einf. IV 5b). Denn „die **JStr. ist Freiheitsentzug** in einer JStrAnstalt" (§ 17 I, ähnl. § 92), bestimmt

---

[4]) Doch hält Lemp NJW 59/798 auch bei gehäuften Straftaten nach frühkindl. Hirnschäden FE für angebracht, da die Straftaten stark organisch bedingt sind und um das 21. Lebensjahr aufhören.

das Gesetz; der BGH spricht von der Notwendigkeit längerer Gesamterziehung (BGH 11/169) oder der Notwendigkeit eines länger dauernden Strafvollzuges (BGH 18/207, 210) als Voraussetzungen der JStr. Tatsächlich kommt etwa die Hälfte der zur JStr. Verurteilten nicht in die JStrAnstalt, wird diese Hälfte nicht der angebl. erforderlichen Gesamterziehung unterworfen (s. Einf. IV 5b, Statistik), weil die JStr. zur Bewährung ausgesetzt und nicht widerrufen wurde (§§ 20ff). Bei dieser Hälfte lagen also, wie sich durch erfolgreichen Verlauf der Bewährungszeit erwiesen hat, keine schädlichen Neigungen des Ausmaßes vor, daß nur noch eine längere Gesamterziehung in einer JStrAnstalt half. Der Richter selbst hatte bereits im Urteil zum Ausdruck gebracht, daß er an die Notwendigkeit einer solch längeren Gesamterziehung nicht glaubt, daß er vielmehr erwartet (§ 21; vgl BGH VRS 25/427), allein durch Bewährungsaufsicht, Weisungen und bes. Pflichten werde der J wieder auf den rechten Weg kommen, seine schädlichen Neigungen seien nicht der Art, daß nur noch der Vollzug der JStr. helfe. Da er sich allerdings nicht ganz klar war, hat er auf JStr. erkannt und sie zur Bew. ausgesetzt (vgl § 21 A 1c mit FN 6). In diesen Normal-Fällen der Strafaussetzung zur Bewährung ist also ungewiß, ob schädliche Neigungen eines Ausmaßes vorliegen, daß JStr. erforderlich ist. Es sind dann aber nur die Voraussetzungen für eine **Entscheidung nach § 27 JGG** gegeben, nicht aber für die Verhängung einer JStr.

Der sog. Schuldspruch nach § 27 JGG ist aber nicht nur logischer, sondern auch erz. besser. Stellt sich nämlich heraus, daß tatsächlich eine längere Gesamterz. durch JStr. nicht zu umgehen ist, kann die nach diesen letzten umfassenderen Erkenntnissen verwirkte Strafe im Nachverfahren (§ 30) verhängt werden. Die zur Bewährung ausgesetzte JStr. muß dagegen in einem Zeitpunkt bemessen werden, in dem der J noch offensichtlich falsch eingeschätzt wird, weil erwartet wird, ein Strafvollzug sei nicht nötig. Es muß füglich bezweifelt werden, ob hier schon das richtige Strafmaß (vgl bes. § 18 II) gefunden werden kann. — Außerdem kommt es im Verf. nach § 27 nur zum StrVollzug, wenn dieser sich als unvermeidbar erwiesen hat (§ 30 I). Dagegen genügen nach Strafaussetzung auch andere Gründe (§ 26 II), weshalb eine Jugendstrafe vollstreckt werden kann, deren Notwendigkeit — hinsichtlich des Vollzuges — bei der Anordnung verneint und deren Notwendigkeit auch später nicht geprüft wurde. — Näher Grethlein JR 64/88; vgl auch Hellmer Die Strafaussetzung in JRecht und Seibert MDR 62/171 aE.

Diese **Ausweitung des Anwendungsbereiches des § 27 JGG** entspricht zwar nicht den Vorstellungen des Gesetzgebers, aber dem Sinn der JGG, besonders dem Subsidiaritätsprinzip [Einf. A II 2a (1) (b)], nach dem **JStr. wirklich das letzte Mittel** ist, und den sich aus den Unzulänglichkeiten des JStrVollzugs (§ 17 A 1a Abs. 2) ergebenden Konsequenzen.

3) Wegen **Strafhöhe,** Strafbemessung vgl § 18f, wegen Strafaussetzung zur Bew. vgl §§ 20—26, wegen **Aussetzung der Verhängung** der JStr. zur Bew. vgl §§ 27—30, wegen der **Urteilsfassung** vgl § 54 A 2a, 4a, wegen der **Strafvollstreckung** vgl §§ 82ff, wegen der **Entlassung zur Bew.** vgl §§ 88f, wegen des **Vollzugs** vgl §§ 91f, wegen der Folgen im **Strafregister** vgl §§ 94—101.

§ 18

Dauer der Jugendstrafe

1) Hw — J: § 105 I, II; s. § 18 A 2b, § 105 A 3a (1). — **2) ErwG:** § 104 I 1.

(1) Das Mindestmaß der Jugendstrafe beträgt sechs Monate, das Höchstmaß fünf Jahre. Handelt es sich bei der Tat um ein Verbrechen, für das nach dem allgemeinen Strafrecht eine Höchststrafe von mehr als zehn Jahren Zuchthaus angedroht ist, so ist das Höchstmaß zehn Jahre. Die Strafrahmen des allgemeinen Strafrechts gelten nicht.

(2) Die Jugendstrafe ist so zu bemessen, daß die erforderliche erzieherische Einwirkung möglich ist.

Richtlinien zu § 18:

1. Das gesetzliche Mindestmaß der Jugendstrafe beruht auf der Erkenntnis, daß in einem Zeitraum von weniger als sechs Monaten eine wirksame erzieherische Einwirkung auf den verurteilten Jugendlichen im allgemeinen nicht möglich ist.
2. Der Umstand, daß Jugendstrafe von weniger als sechs Monaten nicht ausgesprochen werden kann, darf nicht dazu führen, daß Jugendarrest in Fällen verhängt wird, in denen dieses Zuchtmittel nicht angebracht ist (vgl. die Nrn. 1 bis 4 der Richtlinien zu § 16). Ist weder Jugendstrafe noch Jugendarrest gerechtfertigt, so kann der Richter mehrere Maßnahmen miteinander verbinden (§ 8) und vor allem Weisungen erteilen, die eine länger dauernde erzieherische Einwirkung ermöglichen (vgl. § 10 und die Richtlinien dazu).
3. § 18 Abs. 2 enthält eine zwingende Strafzumessungsregel für alle Fälle, in denen Jugendstrafe verhängt wird.
4. Wegen der Anrechnung von Untersuchungshaft auf Jugendstrafe wird auf § 52 Abs. 2 und die Richtlinien dazu hingewiesen.

1 a) Das **Mindestmaß von 6 Monaten** soll eine erz. Einwirkung ermöglichen (RL 1), andererseits auch den JRi. dazu zwingen, JStr. nur als letztes Mittel (§§ 5 II, 17 II) zu verhängen, sonst aber möglichst durch länger wirksame Weisungen und andere Maßnahmen den erz. Erfolg zu erreichen (RL 2, vgl Dallinger-Lackner N 5, Potrykus B 3). Vgl § 17 A 2 c und § 18 A 3 d (1)!

b) Das Mindestmaß darf nur gem. § 116 I und zur Befolgung des Verschlechterungsverbotes (vgl § 55 A 4 g) **unterschritten** werden. Mildernde Umstände, Versuch, Beihilfe uä berechtigen dagegen nicht zur Unterschreitung des Mindestmaßes (Potrykus NJW 56/656).

2) Das **Höchstmaß** ist ebenso absolut.

a) Im **Regelfall** beträgt es **5 Jahre** (bei unbest JStr. 4 Jahre: § 19 II), und beruht auf der Erkenntnis, daß Anstaltserz. nur bis 4 oder 5 Jahre Erfolg verspricht. (Mittermeier, Gefängniskunde S 125; Peters, Grundprobleme der Kriminalpädagogik S 193, Dallinger-Lackner § 105 N 81; vgl auch Frh. v. Schlotheim MKrim 61(44)/107, Mollenhauer MKrim 61(44) H 5, 6; Grünhut RdJ 61 H 1).

b) Das Höchstmaß ist **erhöht auf 10 Jahre** (1) bei Hw wegen des größeren Gewichts des Sühnegedankens (§ 105 II) und (2) bei den durch I S 2 umschriebenen Fällen schwerster Kriminalität J wegen des dann überwiegenden Sühnegedankens (vgl § 17 A 2b). Es kommt hier auf die Strafrahmen des allgR an; die Höchst-Str. von mehr als 10 Jahren Zuchthaus ist dem allg. Strafrahmen ohne Rücksicht auf mildernde Umstände zu entnehmen (BGH 8/78, 79f).

c) Der **JRi.** als EinzelRi. darf JStr. **nur bis zu 1 Jahr** verhängen (§ 39 II).

3) Mindest- u. Höchstmaß bestimmen den Strafrahmen der J Verfehlung. Der Strafrahmen des allg. Rechts ist — abgesehen von § 18 I S 2 — ohne Bedeutung (s. Einf. II 2a; vgl aber unten A 3d!); die Rüge, daß keine mildernden Umstände angenommen wurden, geht deshalb fehl (BGH bei Herlan GA 59/340). Dagegen muß verminderte Zurechnungsfähigkeit (§§ 51 II, 55 II StGB) auch bei der Bemessung der JStr. berücksichtigt werden, weil sie Einfluß auf den Schuldgehalt hat; doch muß sie auch im JRecht nicht zu einer Strafmilderung führen; sie soll es sogar grds nicht nach übermäßigem Alkoholgenuß (BGH MDR 60/938; vgl § 3 A 4a). Wegen der Abweichungen in der Zumessung sollte Sinn und Zweck der JStr. stets bes. erläutert werden (§ 17 RL 2).

a) Bei der **Strafbemessung** hat der **Erz.Zweck Vorrang** (II, RL 3), auch wenn JStr. nur wegen der Schwere der Schuld verwirkt ist. J mit schlechter Anlage bedürfen längerer Einwirkung als J aus ungünstiger Umgebung (Dallinger-Lackner N 12). Auch bei diesen reichen 6 Monate oft nicht aus. Die zur Erz. erforderl. Zeit genau zu bestimmen, ist kaum mögl. Es muß deshalb bei der Festsetzung berücksichtigt werden, daß eine zu kurz bemessene JStr. später nicht mehr verlängert werden kann, auch wenn der erz. Erfolg noch nicht erreicht ist, also alle bisherigen Bemühungen in Verf. und StrVollz. sinnlos waren (Dallinger-Lackner § 91 N 9), während umgekehrt die JStr. jederzeit (§§ 88f) verkürzt werden kann, wenn weiterer Vollzug nicht mehr geboten ist [vgl auch § 88 A 2c (2) (d)]. Denn jede nicht an der Untergrenze des StrRahmens bemessene JStr. ist hinsichtlich ihrer Dauer eine unbestimmte Str., weil der Rest schon nach dem Vollzug des 1. Strafdrittels, frühestens nach 6 Monaten erlassen werden kann (Grethlein, Verschlechterungsverbot S 68f). So wird die Reaktionsbeweglichkeit gewahrt, die gerade bei der auf längere Dauer angelegten JStr. bedeutsam ist, weil die Entwicklung des jungen Menschen weitergeht und er nach einem Jahr etwa schon ein ganz anderer sein kann als beim Urteilsspruch. Diese Situation — keine Verlängerungs-, aber sehr weitgehende Verkürzungsmöglichkeit — zwingt den JRi., in dem mit der Schuld vereinbarten Strafrahmen **die Strafe so zu bemessen, daß sie auch unter ungünstigen Umständen die erforderliche Beeinflussung ermöglicht** (§ 18 II). Bei normaler oder gar günstiger Entwicklung in der JStrAnstalt kann der Täter vorzeitig entlassen und in der anschließenden Zeit der Bewährung unter günstigeren Umständen weiter erzogen werden als es in der JStrAnstalt der Fall wäre (vgl Hellmer NJW 64/177, 179, Haegert JR 61/127). Dies ist keine Abkehr von dem Sühnegedanken, der die JStrafe durchdringt (§ 17 A 2a). Denn auch das Verhalten in der Strafanstalt kann mehr oder weniger intensive Sühne sein, kürzere oder längere Zeit erfordern[1]). Die Anstalt muß im Rahmen der Sühne den Täter so weit bringen, daß er von der Tat sich abkehrt, sie überwindet; die weitere Erz. erfolgt dann besser in Freiheit. Der Strafvollzug dient dem Abschneiden der alten, die anschließende Bew.Zeit dem Anknüpfen der neuen Fäden (vgl Pestalozzi Einf. II 2a (1) (a) aE). — Diese Erkenntnisse werden vielfach dazu führen, diesen Überlegungen auch Ausdruck zu verleihen und gleich eine JStr. unbestimmter Dauer zu verhängen (s. § 19 A 2a).

b) Der **Sühnegedanke** ist oft ganz anders zu berücksichtigen als im ErwR, da sich die Schuld sich entwickelnder J anders darstellt als die Erw. bei gleichen Taten (Einf. I 1; II 2a). Im JR dürfen im Gegensatz zum ErwR **auch Tatbestandsmerkmale strafschärfend** berücksichtigt werden, zB daß ein Mensch getötet wurde, weil diese Tatbestandsmerkmale im eigenständigen Strafrahmen des JGG noch nicht straferhöhend wirken (BHG bei Herlan GA 56/346).

c) Eine Erhöhung der Str. zur **Abschreckung Dritter** ist nicht zulässig (BGH JR 54/149 u. bei Herlan GA 56/346; Jagusch A 3 aE); ob Ausnahmen bei bes. Häufung bestimmter Taten in einem Ger.Bezirk gerechtfertigt sind, ist zw. (ja: Dallinger-Lackner N 13, Schaffstein S 106); doch wird man mindestens verlangen müssen, daß der Täter die bes. Umstände und die Wirkung seiner Tat auf die Allgemeinheit gekannt hat (Krumme LM § 17 JGG Nr 4).

d) (1) Sühne- und Erz.Gedanken in ein angemessenes Verhältnis zu bringen, ist nicht immer leicht. § 18 II gibt zwar dem **Erz.Gedanken den Vorrang.** Doch ist eine **Strafhöhe unzulässig, die über das Maß der Schuld hinausgeht** [GG Art. 1, Menschenrechtskonvention Art. 3, dazu BGH NJW 64/176; vgl Einf. II 2a (1)]. Für die Berücksichtigung des Erz.Gedankens bleibt noch genügend Raum. Einmal gibt der Schuldgehalt immer nur einen — weiten! — Rahmen. Zum andern ist der Schuldgehalt nicht unerheblich von der Persönlichkeit abhängig [vgl Einf. II 2a (1) (a)]. Die richtige Beurteilung ist oft erst im Vollzug möglich, weshalb auch eine Strafbemessung unter Berücksichtigung der früheren Entlassungsmöglichkeit des § 88 dem Schuldprinzip nicht widerspricht[1]) (vgl oben a). § 18 II führt so zu einer Beschränkung der Verhängung von JStr. wegen schädlicher Neigungen: da die Strafhöhe so gewählt werden muß, daß ihre Dauer die erforderl. erz. Einwirkung ermöglicht, muß eine Tat entsprechenden Gewichts vorliegen; hier kann die Strafe in dem verbleibenden weiten Rahmen entspr. den erz. Bedürfnissen festgesetzt werden. Wo das nicht der Fall ist, ist kein Raum für JStr., sondern für Fürsorgeerz. oä.

(2) (a) Da die JStr. nicht höher sein darf als durch den Schuldgehalt der Tat gerechtfertigt ist, **kann eine JStr. nie höher sein als die Höchststrafe des allg. Rechts**[2]) für diese Tat (aA hM, zB BGH MDR 55/372, der in solchen Fällen eine bes. Darlegung

---

[1]) Kohlrausch-Lange § 23 StGB Vorb. III 2 weist auch für das allg. Recht darauf hin, daß die Entlassung zur Bew. (§ 26 StGB) die nachträgliche Anpassung an Stelle der oft unmöglichen Prognose treten läßt — zur Erreichung des gerechten Strafübels.

[2]) Das widerspräche allerdings nicht Art 7 I S 2 MRK, nach dem höhere als die angedrohten Strafen nicht ausgesprochen werden dürfen. Denn welche Strafen gegen J angedroht sind, ergibt sich nicht aus den Normen des allg. Rechts, sondern aus § 18.

der erz. Gesichtspunkte verlangt, u. Voraufl.). Denn die Höchststrafe des allg. Rechts bezeichnet das Maß der Strafe, das der Gesetzgeber in extrem schweren Fällen als dem Gewicht dieser Art von Straftaten entsprechend ansieht, wenn also ein kriminell verfestigter Erwachsener — ausgenommen allein Gewohnheitsverbrecher: § 20a StGB — die Tat in der schwersten Ausführungsart begeht. Ein solches Gewicht wird die Tat eines Jugendlichen nie haben können; damit aber kann eine höhere Jugendstrafe mit dem Sühnegedanken nicht mehr in Einklang gebracht werden. Deshalb ist JStr. auch nicht wegen Übertretungen zulässig (§ 17 A 1b mit FN 1).

(b) Dagegen kann die Sühne eine **höhere Strafe** erfordern **als für die Erz. notwendig;** das folgt aus §§ 18 I S 2, 105 II (s. § 18 A 2a), kann allerdings nur für Fälle bes. schweren Verschuldens oder allerschwerster Folgen gelten, da in allen anderen Fällen dem Sühnebedürfnis schon durch die Verhängung der JStr. Genüge getan ist (Grethlein NJW 61/687).

(3) Allein nach den Grundsätzen des allg. Strafrechts **als reine Schuldstrafe** ist auch die JStr. zu bemessen, **wenn** ausnahmsweise feststeht, daß der **Täter unerziehbar** ist; unbest. JStr. scheidet aus (19 RL 2 S 2, RG DJ 42/381). Ähnliches gilt für eine JStr. von **mehr als 5 Jahren**, weil auch hier das erz. Moment zurücktritt, der Sühnegedanke überwiegt (s. o. A 2a, b, § 105 A 3a).

(4) Mit zunehmendem **Alter** und entspr. Reife wiegt die Schuld schwerer, das Sühnebedürfnis wird größer. Entsprechend tritt der Erz.Gedanke mehr zurück (vgl § 17 A 2c (2) (b) und § 18 A 2a, b).

e) Allg. zu beachten ist, daß Freiheitsentzug J wegen ihres **größeren Freiheitsdranges** meist härter trifft als Erw. (Potrykus B 8).

§ 19

Jugendstrafe von unbestimmter Dauer[1])

1) Hw — J: § 105 I; s. § 19 A 2b. — **2) ErwG:** § 104 I 1.

(1) Der Richter verhängt Jugendstrafe von unbestimmter Dauer, wenn wegen der schädlichen Neigungen des Jugendlichen, die in der Tat hervorgetreten sind, eine Jugendstrafe von höchstens vier Jahren geboten ist und sich nicht voraussehen läßt, welche Zeit erforderlich ist, um den Jugendlichen durch den Strafvollzug zu einem rechtschaffenen Lebenswandel zu erziehen.

(2) Das Höchstmaß der Jugendstrafe von unbestimmter Dauer beträgt vier Jahre. Der Richter kann ein geringeres Höchstmaß bestimmen oder das Mindestmaß (§ 18

[1]) **Literatur:** Heinen: MDR 54/264; Holzschuh: JWohl 50/81ff, 102ff; Müller: RdJ 56 H 5 und Schriften des Fliedner-Vereins Rockenberg Nr 11; Selge, MKrim 62(45)/130; vgl. auch Behr, UJ 62/369 mit Erwiderung Mollenhauer, UJ 62/567. — Dallinger-Lackner Einl RN 25 mit Fundstellen, Potrykus § 19 B 2, Schaffstein S 107—110, Creifels GA 54/289, Würtenberger in Band 1 der Materialien zur Strafrechtsreform, Gutachten der Strafrechtslehrer 1954 S 89; Abel, BewH 64/121 (s. FN 1a). — Hoeck-Gradenwitz: Die unbestimmte Internierungszeit und ihre Bedeutung für die Resozialisierung, Zeitschr. f. StrVollz. 63/322.

Abs. 1) erhöhen. Der Unterschied zwischen dem Mindest- und dem Höchstmaß soll nicht weniger als zwei Jahre betragen.

(3) Die Jugendstrafe von unbestimmter Dauer wird nach den für das Vollstreckungsverfahren geltenden Vorschriften (§ 89 Abs. 3 und 4) in eine bestimmte Jugendstrafe umgewandelt, sobald der Jugendliche aus dem Strafvollzug entlassen wird.

Richtlinien zu § 19:

1. Die Anwendung der Jugendstrafe von unbestimmter Dauer erfordert die Feststellung, daß die Straftat aus schädlichen Neigungen des Jugendlichen erwachsen ist. Sie ist daher ausgeschlossen, wenn der Jugendliche nur der Verführung des Augenblicks erlegen ist oder die Verfehlung in einer Konfliktslage begangen hat (Gelegenheits- oder Konfliktstaten). In diesen Fällen darf auch dann nicht auf eine Jugendstrafe von unbestimmter Dauer erkannt werden, wenn die Verfehlung besonders schwer ist.
2. Für die Verhängung einer Jugendstrafe von unbestimmter Dauer bedarf es nicht der Feststellung, daß der Jugendliche erziehbar ist. Von der unbestimmten Verurteilung darf beim Vorliegen der sonstigen Voraussetzungen nur dann abgesehen werden, wenn feststeht, daß der Jugendliche unerziehbar ist. Diese Feststellung wird aber in der Hauptverhandlung in aller Regel noch nicht getroffen werden können.
3. Um bei dem Jugendlichen keine falschen Vorstellungen über die Dauer der Strafe aufkommen zu lassen, empfiehlt es sich, in den Urteilsspruch das Mindest- und das Höchstmaß der Strafe auch dann aufzunehmen, wenn es dem gesetzlichen entspricht.
4. Um der Erziehungsarbeit in der Jugendstrafanstalt einen ausreichenden Spielraum zu geben, wird der Staatsanwalt ein geringeres Höchstmaß als vier Jahre nur beantragen, wenn die Persönlichkeit des Jugendlichen die Erwartung begründet, daß das Erziehungsziel der unbestimmten Jugendstrafe in einer kürzeren Zeit erreicht sein wird.
5. Bei der Belehrung über das Wesen der unbestimmten Jugendstrafe wird dem Jugendlichen klarzumachen sein, daß die Dauer der Freiheitsentziehung von seiner charakterlichen Festigung abhängt. Es darf ihm nicht in Aussicht gestellt werden, daß er bei guter Führung nach Verbüßung des Mindestmaßes der Jugendstrafe entlassen wird.
6. Wird ein Fürsorgezögling zu einer Jugendstrafe von unbestimmter Dauer verurteilt, so ist darauf hinzuwirken, daß die Fürsorgeerziehung nach § 75 Abs. 2 des Gesetzes für Jugendwohlfahrt aufgehoben wird.

1) UnbestJStr. muß verhängt werden, **wenn**

a) schädl. Neigungen zur Verhängung von JStr. zwingen (vgl § 17 A 2a). Das ist nicht der Fall, wo JStr. allein wegen der Schwere der Schuld (§ 17 A 2b) verhängt wird (vgl RL 1); dagegen ist die unbest. JStr. möglich, wenn zusätzlich zu den schädlichen Neigungen auch die Schwere der Schuld JStr. gebietet (BGH bei Herlan GA 58/47).

b) (1) **JStr. von höchstens 4 Jahren geboten** ist. Höhere JStr. ist nur aus dem Sühnegedanken gerechtfertigt (vgl § 18 A 2), während die unbestJStr. der Verwirklichung des Erz.Gedankens (§ 18 II) dient,

(2) für die Tat eine HöchstStr. von **mindestens 2 Jahren 6 Monaten** (§ 18 I S 1, § 19 II S 3) unter Berücksichtigung des Erz.-Gedankens auch nach dem Sühnegedanken **noch vertretbar** ist (Dallinger-Lackner N 6, Jagusch A 4), was bei Übertretung nie der Fall sein wird (Potrykus B 3a, aA Holzschuh JWohl 50/82), zumal Übertretungen die Verhängung von JStr. nicht rechtfertigen (§ 17 A 1b).

c) der Täter nicht voll durchschaubar und Art und Stärke seiner schädl. Neigungen und damit die für eine erfolgreiche Erz. notwendige Zeit **nicht hinreichend feststellbar** ist (Jagusch A 4, vgl RG DJ 42/381). Das kann erst nach umfassender Persönlichkeitserforschung (vgl § 43) angenommen werden; s. a. A 2a; vgl § 18 A 3a.

d) Über Nicht-Erziehbare vgl § 18 A 3d (2); die **Erz.Fähigkeit** muß **nicht festgestellt** werden (RL 2). Über Maßnahmen des StrVollz., wenn sich der Täter dort als unerziehbar erweist vgl § 89 A 1a, § 92 A 2b.

2a) Die Voraussetzungen des § 19 sind **öfter** gegeben, **als** die **Praxis** annimmt. Selbst wenn man mit der Feststellung, die zur Erz. notwendige Zeit lasse sich voraussehen, nicht zu ängstl. ist (s. § 18 A 3a), wird auch eine nur annähernde Voraussage in einer Vielzahl von Fällen nicht mögl. sein (Dallinger-Lackner N 12, 13, Jagusch A 4). Durch Verhängung der unbestJStr. wird der **Täter im Ergebnis besser gestellt** als durch bestimmte JStr., was dazu berechtigt, manche rechtstheoretischen und kriminalpolitischen Bedenken zu unterdrücken (s. FN 1). Auch die bestimmte JStr. ist hinsichtl. ihrer Dauer unbestimmt (§ 88, § 18 A 3a; vgl Grethlein, Verschlechterungsverbot S 68f) und muß es sein (vgl § 18 A 3a mit FN 1). Das Höchstmaß der unbestJStr. darf wie die bestimmte JStr. nicht über das durch Schuld gerechtfertigte Maß festgesetzt (§ 18 A 3d), auch die bestimmte JStr. muß so bemessen werden, daß genügend Raum zur Erziehung bleibt (§ 18 A 3a, d). Die Entlassung aus der unbest. JStr. erfolgt, sobald es erz. vertretbar ist (§ 89); bei der bestimmten JStr. kann bei gleichen Voraussetzungen noch das Sühnebedürfnis entgegenstehen (§ 88). — (Vgl insgesamt Grethlein, Verschlechterungsverbot S 166ff, 81ff).

Die **unbestJStr.** sollte **grds** verhängt werden, wenn die Straftat erhebl. Charakter- und Lebensführungsschuld erkennen läßt, allg. bei erhebl. Straftaten verwahrloster J, die für FE nicht mehr geeignet sind (Dallinger-Lackner N 20, vgl RL 6), auch wenn sie erstmals vor Gericht stehen (Potrykus B 3b). **Nicht geeignet** ist die unbestJStr. rglm bei vermindert zurechnungsfähigen (§ 51 II StGB) und solchen J, die schon im JStr. Vollzug waren[1a]). UnbestJStr. zur rechten Zeit hat schon oft ein Abgleiten in das Gewohnheitsverbrechertum verhindert (Dallinger-Lackner N 20). — Entgegen

---

[1a]) Abel, BewH 64/121, 124 hält auch solche J für ungeeignet, die schon einmal in einer FEAnstalt waren. Er spricht allg. von mehr als 50% Widerruf nach bedingter Entlassung aus unbest. JStr. und meint, daß gerade spätere Berufsverbrecher durch die „klar überschaubare Quittung" der bestimmten JStr. am besten getroffen werden.

übereinstimmender Forderung des Schrifttums (Dallinger-Lackner RN 13, 20, Jagusch A 4, Potrykus B 2, Schaffstein S 107ff) macht die **Praxis** nur sehr zögernd und mit zunehmender Zurückhaltung von der unbestJStr. nur wenig Gebrauch (vgl Statistik Einf. IV 5c). Das kann nur damit erklärt werden, daß sich viele JRi. der eben erörterten Vorzüge nicht bewußt sind[2]). Auch die J empfinden die unbestJStr. meist als bes. Belastung und bereiten schon deshalb in der JStrAnstalt Schwierigkeiten. Deshalb sollte der JRi. jedem zu unbestJStr. Verurteilten klarmachen, daß er ohne die unbestJStr. zu einer JStr. hätte verurteilt werden müssen, die dem Höchstmaß entspricht (vgl § 17 A 3a) und daß demgegenüber die unbestJStr. bes. hinsichtl. der Entlassungsmöglichkeit wesentl. Verbesserungen bietet.

b) UnbestJStr. kann auch verhängt werden, wenn nicht feststeht, ob der Täter zZ der Tat J oder Hw war und die Voraussetzungen des § 105 nicht gegeben sind [§ 1 A 2c (2)]. — Gerade bei **Hw** (§ 105) sind große Erfolge festzustellen. Ist der Täter allerdings inzwischen **erwachsen,** sind oft die erz. Voraussetzungen (A 1c, 2a) nicht mehr gegeben.

c) Der **JRi.** darf unbestJStr. **nicht** verhängen (§ 39 II).

3a) Das **gesetzl. Mindest- u. Höchstmaß** beträgt 6 Monate bzw. 4 Jahre. Abweichungen sind mögl. (1) Das Mindestmaß ist zu erhöhen, wenn eine ausreichende Sühne nur bei einer höheren MindestStr. gewährleistet ist oder wenn feststeht, daß 6 Monate zur Umerziehung keinesfalls ausreichen (Dallinger-Lackner N 15). Eine Erhöhung wird relativ oft geboten sein; die übl. Festsetzung eines keinesfalls genügenden Mindestmaßes führt in den J Strafanstalten zu Resignation, Mißtrauen und anderen Schwierigkeiten. (2) Das Höchstmaß ist herabzusetzen, wenn 4 Jahre JStr. mit dem Sühnegedanken nicht vereinbart werden könnten [vgl A 1b (2)] oder wenn ausnahmsweise feststehen sollte, daß zur Erz. keinesfalls 4 Jahre notwendig sind. Hier ist Vorsicht geboten (RL 4).

b) (1) Die **Spanne** soll **auch bei Abänderung mindestens 2 Jahre** betragen; andernfalls ist der Charakter der nur relativ bestimmten Str. (RahmenStr.) nicht mehr gewahrt, die erz. Vorteile sind gefährdet. Doch sind Ausnahmen von der 2-Jahres-Spanne aus allen rechtlich beachtlichen und billigenswerten Gründen, die im Urteil darzulegen sind, möglich; zB wenn eine Mindeststrafe von 2 Jahren als Sühne nicht ausreicht (BGH 14/198) oder bei Einheitsstrafenbildung (Dallinger-Lackner N 17). — (2) Die **Abweichung** ist **nur dann Rev.Grund,** wenn ohne Grund die vorgesehene Spanne nicht eingehalten ist oder wenn die Spanne so klein ist, daß die Str. bereits den Charakter einer bestimmten Str. hat (OLG Hamm NJW 57/193).

---

[2]) So auch der BGH 5/366, 370. Selbst der Gesetzgeber ging von der falschen Vorstellung aus, daß die unbestJStr. ein besonderes Übel sei, wie § 116 III JGG zeigt (auch sonst hatte der Gesetzgeber des JGG gelegentlich falsche Vorstellungen, etwa bei der Wirkung der Einheitsstrafenbildung auf den Rückfall: vgl einerseits Schriftl. Bericht des Ausschusses ... vom 5. 6. 53 S 7, abgedruckt bei Dallinger-Lackner § 31 RN 1, OLG Hamm NJW 52/1028, Potrykus DRiZ 53/106, andererseits BGH 7/300, Grethlein NJW 54/1591, nicht mehr bestritten).

4a) Verbindungen mit ErzM oder ZuchtM sind rglm **unzweckmäßig** (vgl. auch RL 6). **StrAzBew.** ist **nicht** mögl.

b) Über Urteilsformel und **-begründung** vgl RL 3 u. 5 u. § 54 A 2a, 4a, über **Umwandlung** der unbestJStr. in eine bestimmte JStr. (III) vgl § 89 A 2c, über **Anrechnung der UHaft** vgl § 52 A 4.

Fünfter Abschnitt

Aussetzung der Jugendstrafe zur Bewährung

§ 20

Zweck der Aussetzung[1])

1) Hw — J: § 105 I. — **2) ErwG:** § 104 I 1.

Der Richter kann die Vollstreckung einer bestimmten Jugendstrafe von nicht mehr als einem Jahr aussetzen, damit der Jugendliche durch gute Führung während einer Bewährungszeit Straferlaß erlangen kann.

Anmerkungen und Richtlinien hierzu siehe nach § 21.

§ 21

Voraussetzungen

1) Hw — J: § 105 I. — **2) ErwG:** § 104 I 1.

Der Richter darf die Vollstreckung der Jugendstrafe nur aussetzen, wenn die Persönlichkeit des Jugendlichen und sein Vorleben in Verbindung mit seinem Verhalten nach der Tat oder einer günstigen Veränderung seiner Lebensumstände erwarten lassen, daß er infolge der Aussetzung und unter der erzieherischen Einwirkung in der Bewährungszeit künftig einen rechtschaffenen Lebenswandel führen wird. Der Richter soll auch berücksichtigen, ob der Vollzug der Jugendstrafe eine Erziehungsmaßregel gefährden würde.

---

[1]) **Literatur:** Grethlein JStr. und Bewährung JR, 64/88; Hellmer: Die Strafaussetzung in JStr. Recht, Versuch einer Grundlegung des Strafaussetzungsgedankens für die gerichtl. und fürsorgerische Praxis (vgl auch RdJ 59/209, 244); Kübel: Erfahrungen in der BewH für J und Hw aus der Sicht des Richters, BewH 61/214; Loesch: Bew und BewHilfe aus der Sicht des Richters (Schriften des Fliedner-Vereins Rockenberg H 8); Meyer: Strafaussetzung— Bewährung—Bewährungshilfe (Verein BewH); Quad: Die Bedeutung der Auswahl bei der AO der BewAufsicht BewH 54—55/169; Reiser: BewH bei Rückfälligen?, BewH 55/109; Siegmund: Über die Auswahl j. Rechtsbrecher für die BewHilfe, BewH 58/105; Sydow: Erfolg und Mißerfolg der Strafaussetzung z. Bew. (Kriminologische Untersuchungen H 13; allg. Recht). — Vgl Gerson: Zur Frage der Strafaussetzung auf Bewährung bei einem jugendl. Mörder MKrim 59(42)/40 und 61(44)/225 sowie Rehbein: Zur Frage der Strafaussetzung auf Bew. bei einem wegen Totschlags verurteilten Hw MKrim 61(44)/211, beide zu § 88.

Richtlinien zu §§ 20 und 21:

1. Die Entscheidung darüber, ob eine bestimmte Jugendstrafe von nicht mehr als einem Jahr zur Bewährung auszusetzen ist, kann nur nach sorgfältiger Erforschung der Persönlichkeit und der Lebensverhältnisse des Jugendlichen getroffen werden. Die Aussetzung der Jugendstrafe setzt also eine gründliche Prüfung des Einzelfalles voraus. Verfehlt wäre es z. B., die Maßnahme unterschiedslos auf Erstbestrafte anzuwenden.
2. Für den Erfolg der Aussetzung der Jugendstrafe zur Bewährung ist es von Bedeutung, ob der Jugendliche fähig und willens ist, sich zu bessern. Sein Einverständnis mit der Maßnahme ist zwar nicht vorgeschrieben; eine Aussetzung ohne dieses Einverständnis ist aber nur sinnvoll, wenn erwartet werden kann, daß der Jugendliche in der Bewährungszeit zu einer bejahenden Einstellung kommt.
3. Aus erzieherischen Gründen empfiehlt es sich, dem Jugendlichen bewußt zu machen, daß die Jugendstrafe im Vertrauen auf seine Fähigkeit und seinen Willen, sich zu bewähren, ausgesetzt wird und daß ihm daraus eine besondere Verpflichtung zum Wohlverhalten erwächst.
4. Wegen der Anordnung der beschränkten Auskunft aus dem Strafregister wird auf § 96 Abs. 2 hingewiesen.

1a) (1) Das geltende Recht bietet **drei Möglichkeiten,** die Verhängung oder den Vollz. einer Str. durch erz. Behandlung in Freiheit abzuwenden, näml. (a) gem. §§ 45, 47 durch eine formlos angeordnete Bew.Zeit, nach deren Erfolg das Verf. eingestellt wird (§§ 45, 47 je A 4), (b) gem. §§ 27ff durch Schuldfeststellung u. Strafausspruch erst bei Nichtbewährung, (c) gem. §§ 20ff durch Ausspruch einer Str. unter gleichzeitiger Aussetzung der Vollstr. zur Bew. (2) Alle Maßnahmen wollen den Täter vor den oft **unguten Wirkungen bes. kürzerer Str.** bewahren (Potrykus § 20 Vorb. 1), wenn seine **Resozialisierung in der Freiheit** erwartet werden kann. Durch die Besserung zeigt der Täter einmal, daß seine schädl. Neigungen kleiner als befürchtet waren, mindestens daß sie ohne Strafvollz. beseitigt werden konnten[2]). Zugleich verdient er sich durch gute Führung den Straferlaß, sühnt also auch seine Tat durch seine Bemühungen um gute Führung. (3) Die genannten Maßnahmen sind **für Kriminelle u.** (grds) **für Verwahrloste nicht geeignet**[3]), sondern nur für Täter mit einem guten Kern, die vorwiegend durch ungünstige Umwelteinflüsse gefährdet sind. Diese dürfen aber nach neueren Erkenntnissen nicht sich selbst überlassen bleiben. **Der Ri. muß** vielmehr mit Hilfe von Aufl,

---

[2]), daß also die Verhängung der JStr. nicht geboten war; vgl § 17 A 2c (2) (c) und § 21 A 1c.

[3]) Vgl dazu bes. Kübel, BewH 61/214, und Siegmund, Bew 58/105: nicht geeignet bei anlagebedingt Geistesgestörten, Debilen mittleren und schweren Grades, ausgesprochenen Trinkern, Arbeitsscheuen, Hochstaplern und in ihrer Haltung schon stark verfestigten, sexuell abwegig Veranlagten. — Erhebliche Bedenken gegen StrAzBew. bestehen weiter bei J ohne Bindung an Familie und Beruf aus eigener Schuld, bei J aus asozialen Familien, bei J nach erfolgloser Fürsorgeerziehung, bei J mit mehrfacher Vorverurteilung zu JArrest, bei Dirnen, bei J mit der Neigung zu Widerstand gegen Erzieher und Polizei, bei ehemaligen Hilfsschülern (soweit nicht Typ des leitbaren, gutmütigen Primitiven).

und Helfern **dem Täter bei der Resozialisierung helfen**, da das „Damoklesschwert" der drohenden Str. gerade bei den neuen Eindrücken leicht zugängl. J allein nicht genügt.

b) Trotz StrAzBew. bleibt die verhängte JStr. echte JStr.; ein Unterschied besteht nur in der Vollstr.[4]). Diese im ErwR und JR übereinstimmende Konstruktion des Ges. führt zu erhebl. praktischen Schwierigkeiten, weil eine zur Bew. ausgesetzte Str. nach ihrem Wesen u. ihrem Ziel etwas anderes ist als die zu vollstreckende Str.[5]). — Auch die ausgesetzte Str. ist eine Maßnahme im Strafensystem, **keine Gnade** (BGH NJW 54/39, 40f). Nach Ablehnung der StrAzBew. durch das Ger. kann die Gnadenbehörde einen entspr. Gnadenerweis gewähren.

c) (1) **Strafaussetzung z. Bew. und Jugendstrafe wegen schädlicher Neigungen sind Widersprüche.** Hier erklärt der JRi., daß eine längere Gesamterziehung im JStr.Vollzug notwendig ist (BGH 18/207, 210, 11/169), dort aber gibt er seiner Erwartung (§ 21; vgl BGH VRS 25/421) Ausdruck, daß der JStr.Vollzug durch die besonderen Möglichkeiten der Bew.Zeit überflüssig werden wird[6]). Mit Recht betont Hellmer (Die Strafaussetzung im JRecht), daß eine Selbsterziehung, wie sie die Strafaussetzung im Auge hat, dann von vornherein aussichtslos ist, wenn wirklich schädliche Neigungen im Sinn des § 17 vorliegen. **Dafür** sollte **Aussetzung der Verhängung der JStr.** zur Bew. angeordnet werden, deren Erfolge nach der Statistik (Einf. IV 5b) etwa doppelt so groß wie die der Strafaussetzung zur Bewährung sind [näher oben § 17 A 2c (2) (c) und bes. Grethlein JR 64/88].

Die allg. **Praxis** macht dagegen von der Strafaussetzung z. Bew. auch bei wegen schädlicher Neigungen verhängter JStr. reichlich Gebrauch. Aus der Statistik ergibt sich, daß nur die Hälfte der für erforderlich gehaltenen und deshalb angeordneten JStrafen tatsächlich erforderlich waren, nämlich vollstreckt werden mußten (Einf. IV 5b).

(2) Dagegen ist die **StrAzBew. ein geeignetes Mittel,** erz. unerwünschte Folgen des JStr. Vollzugs (s. § 17 A 1a Abs. 2) an jungen Menschen zu vermeiden, die so schwer gefehlt haben, daß die Tat **wegen der Schwere der Schuld** nur mit **JStr.** geahndet werden kann. Denn dem Sühnebedürfnis kann schon durch den Ausspruch der Strafe und die darin liegende starke Mißbilligung genügend Rechnung getragen werden, ohne daß es noch des Vollzugs bedürfte (Bruns GA 56/193, 196ff für viele). Gerade für solche Fälle ordnet das Gesetz an, daß JStr. bis zu einem Jahr grds nicht vollstreckt wird, wenn ihr Vollzug nicht erz. notwendig ist (vgl aber § 21 A 3).

---

[4]) Vgl §§ 57, 26 II Nr 1 JGG, 23 I StGB, 263 IV StPO; Dallinger-Lackner § 20 N2, Kleinknecht-Müller § 331 StPO A 4a, Bruns GA 56/200—202; vgl auch BGH 7/180, 184.

[5]) Vgl Jagusch JZ 53/688, Maassen MDR 54/1; vgl insgesamt Dallinger-Lackner § 20 N 1, 2, Jagusch § 20 A 3.

[6]) Ähnl. im Ergebnis Hellmer, die Strafaussetzung im JStrafrecht; vgl Sieverts UJ 52/292, Potrykus ZBl 51/280, 52/104. Auch Potrykus (§ 20 B 4) weist darauf hin, daß kaum zu begründen sein wird, warum andere Maßnahmen nicht ausreichen sollen, wenn eine JStr. zur Bew. ausgesetzt werden kann. Dagegen wollen Dallinger-Lackner § 20 N 8 die Frage des § 17 II auch dahin stellen lassen, ob JStr. mit StrAzBew. notwendig sei; das ist jedoch nicht richtig, weil die Frage nach der StrAzBew. erst dann gestellt werden darf, wenn feststeht, daß JStr. notwendig ist (vgl Kleinknecht-Müller § 263 StPO A 7).

2) Voraussetzungen für StrAzBew. sind eine JStr. bis zu 1 Jahr (a) u. eine günstige Prognose für den Täter (b).

a) Ob **JStr. von höchstens 1 Jahr** verhängt ist, ist nach der Höhe der erkannten Str. zu beurteilen; die Höhe des — zB nach Anrechnung von UHaft — zu verbüßenden Teiles ist ohne Bedeutung (BGH 5/377f); nur muß noch ein Strafrest übrig sein, die Strafe darf also durch Anrechnung von UHaft noch nicht voll verbüßt sein, weil dann kein Raum mehr für die Aussetzung der Vollstreckung bleibt (BGH NJW 61/1220). Ohne Einfluß ist auch, wenn eine früher verhängte JStr. noch nicht erledigt ist [s. § 31 A 5b (7)]. Bei unbestJStr. und bei JA gibt es keine StrAzBew., s. auch u. c!

b) (1) Ob eine **günstige Prognose** (dazu Schnitzerling RdJ 57/353) gerechtfertigt ist, kann nur eine umfassende Persönlichkeitserforschung (§ 43) ergeben (RL 1). In ihrem Rahmen (Dallinger-Lackner § 21 N 2; Potrykus § 20 B 3) ist das Vorleben (Vorstr.!) und — als Indiz für die Stellung des Täters zur Tat — das Verhalten nach der Tat (Reue, Wiedergutmachung[7]), Änderung bisheriger Gewohnheiten) zu würdigen. Auch die Umweltverhältnisse, unter denen der Täter sich bewähren soll (Elternhaus, Freunde, JVerbände, Arbeit, BewH), oder Krankheiten sind zu beachten (BGH 10/287f); wichtig ist, ob der J aus der ungünstigen Umgebung herausgekommen ist, die die Tat ausgelöst hat. Günstige Veränderungen können auch durch Bew.Aufl. erst vom Ger. oder anderweitig herbeigeführt werden (Dallinger-Lackner § 21 N 4; vgl BGH 8/182, 185f). (2) **Die Erwartung (nicht bloß die Hoffnung)**[8]) künftig rechtschaffenen Lebenswandels muß gegeben sein. Sie kann **zB** bei ungefestigten J begründet sein, wenn die Tat überwiegend auf ungünstigen Umwelteinflüssen (Not, schlechtes Beispiel, Verführung) beruht, bei Pubertätstaten (aus Trotz, Protest gegen die Gesellschaft, Streben nach Geltung, plötzl. hervorbrechendem Geschlechtstrieb, sexueller Neugier), oder bei persönlichkeitsfremden Kurzschlußhandlungen aus starken, außergewöhnl. Reizeinflüssen. Die Erwartung ist auch bei Erstbestraften oft nicht gerechtfertigt (RL1 S 3); sie fehlt rglm bei krimineller Gefährdung u. fortgeschrittener Verwahrlosung, wenn nicht ausnahmsweise die Fehlentwicklung überwiegend auf ungünstigen Umwelteinflüssen beruht, nun aber günstige Verhältnisse bestehen. — Vgl auch o. A 1a(3) u. § 43 A 2 u. insgesamt Loesch, Quadt, Faust BewH 55/135, 169, 185 sowie Dallinger-Lackner § 21 N 5—12.

c) Eine **im Nachverf.** verhängte JStr. darf **nicht ausgesetzt** werden (§ 30 I S 2).

3a) Liegen diese Voraussetzungen vor, darf der Ri. die **StrAzBew. nur bei ausreichenden Gründen verweigern** (BGH GA 58/305), etwa weil der Täter ernstl. mit

---

[7]) Fehlende Wiedergutmachung allein rechtfertigt die Ablehnung der Strafaussetzung bei einem 15jährigen Moped-Dieb nicht; denn es kann von ihm nicht verlangt werden, daß er sich bei der Polizei nach dem Geschädigten erkundigt und sich diesem gegenüber zur Wiedergutmachung verpflichtet (BGH bei Herlan GA 61/358).

[8]) Nach BGH VRS 25/426 = DAR 64/22 und OLG Hamburg NJW 64/876 (zu § 23 StGB) genügt die nicht unbegründete Erwartung; Gewähr (= einige Gewißheit) für künftiges Wohlverhalten ist nicht erforderlich. Vgl Lennartz: StrAzBew und bedingte Entlassung ... trotz Risikos, BewH 64/137.

einer Bew.Zeit u. -Aufsicht nicht einverstanden ist (RL 2; vgl auch RL 3 u. §§ 26 II Nr 2, 60 III), weil die Aussetzung im **Einzelfall** aus ganz bestimmten Gründen der Öffentlichk. oder dem Verletzten gegenüber oder bei VorStr. im Interesse der Autorität der RechtsO nicht zu vertreten wäre u. wesentl. Erz.Interessen nicht entgegenstehen. Wo der Sühnegedanke gegen, der Erz.Zweck für eine StrAzBew. sprechen, muß nach dem Gewicht im Einzelfall entschieden werden (BGH 10/233, 234). (Dallinger-Lackner § 20 N 11f; Potrykus § 20 B 5.) Die grds Versagung der StrAzBew. bei bestimmten Delikten ist ungesetzl. (BGH 6/298, 300).

b) Andererseits sollte eine **JStr. nach Möglichk. zur Bew. ausgesetzt** werden[9]), **wenn** der Vollz. der JStr. eine bereits angeordnete erfolgversprechende **ErzM gefährden** würde. In der Regel rechtfertigen Weisungen u. ErzBeistandsch. die Aussetzung nicht, wohl aber FE, wenn sie erst gerade anläuft oder schon gute Erfolge gezeigt hat, nicht aber, wenn die Taten während der FE begangen sind. Zweckmäßig wird bei FE-Zöglingen der Heimleiter zum ehrenamtl. BewH bestellt und die Aufl. erteilt, daß der J sich dessen Leitung unterstellt (Dallinger-Lackner § 21 N 13f; Einheitlichk. der Erz.!). Vgl aber § 23 A 2b (1) aE!

4a) Es kann immer **nur die ganze Str. ausgesetzt** werden (vgl BGH 6/163 für Erw.). Doch hindert die Anrechnung von UHaft (BGH 6/391)[10]) oder vorher verbüßter JA oder JStr. im Fall des § 31 II (Dallinger-Lackner § 31 N 42) die StrAzBew. nicht. Nach Vollstr. eines Teils ist bedingte Entlassung mögl. (§ 88).

b) StrAzBew. wird im Anschluß an die Verh. durch Urteil oder nachträgl. durch Beschl. **angeordnet** (§ 57; vgl dazu und wegen der prozessualen Fragen bei §§ 57 u. 59 I).

c) Mit der AO der StrAzBew. sollen spürbare **Aufl.** angeordnet werden (§ 23); gleichzeitig muß ein **BewH** bestellt werden (§ 24). Weiter ordnet der JRi. die **beschränkte Auskunft** aus dem StReg. an (§ 96 II).

d) Wegen der **Urteilsfassung** vgl § 54 A 2a, wegen der -begründung RL 3, § 54 A 4a.

§ 22

Bewährungszeit

1) Hw — J: § 105 I. — **2)** ErwG: § 104 I 1, V 1; s. § 58 A 4.

(1) Der Richter setzt die Bewährungszeit auf mindestens zwei und höchstens drei Jahre fest. Er kann sie nachträglich bis auf ein Jahr verkürzen oder vor ihrem Ablauf, wenn der Jugendliche Bewährungsauflagen schuldhaft nicht nachkommt, bis auf vier Jahre verlängern. Die Bewährungszeit beginnt mit der Rechtskraft der Entscheidung über die Aussetzung der Jugendstrafe.

(2) Während der Bewährungszeit ruht die Verjährung der Vollstreckung der Jugendstrafe.

---

[9]) falls nicht überhaupt von der Verhängung der JStr. abgesehen werden kann (oben A 1c).

[10]) a. nur, wenn durch die Anrechnung der UHaft die Strafe bereits voll verbüßt ist: BGH NJW 61/1220; vgl § 21 A 2a.

1a) Das Ges. kennt nur eine bestimmte **Bew.Zeit zwischen 2 u. 3 Jahren.** Wegen der Unsicherheit aller Voraussagen u. der engen Voraussetzungen für eine Verlängerung (A 2b) wird die Bew.Zeit nur in Ausnahmefällen auf die Mindestdauer von 2 Jahren festgesetzt werden können.

b) Die **Bew.Zeit beginnt** mit der Rechtskraft des Urteils oder Beschl., die die StrAzBew. anordnen (§ 57). Der **Endtermin** wird am besten durch ein Datum festgelegt. Andernfalls ist das Ende nach § 188 BGB zu berechnen. In der BewZeit erlittener Freiheitsentzug verlängert jene nicht (Dreher in Anm. zu OLG Braunschweig NJW 64/1581, das nach Länge der Zeit differenziert).

2a) **Verkürzung** auf ein Jahr ist nach pflichtgem. Ermessen mögl., etwa bei unerwartet günstiger Entwicklung und rascher Resozialisierung.

b) **Verlängerung** auf vier Jahre ist nur innerhalb der Bew.Zeit mögl. und nur nach schuldhafter Verletzung von Bew.Aufl.

3) Wegen der **prozessualen Fragen** vgl §§ 58, 59 II.

4a) **Wegen Vollstr.Verjährung** vgl § 4 A 2! Ihr **Ruhen** (II) bedeutet, daß nur die Bew.-Zeit ausgeklammert wird. Die Vollstr.Verjährungsfrist verlängert sich also um die tatsächl. Bew.Zeit.

b) Die Prüfung u. Entscheidung gem. § 26 führt zu **keiner Unterbrechung,** da es sich um Aufgaben des erkennenden Ger., nicht um solche eines Vollstr.Organs handelt (Dallinger-Lackner N 19, aA Potrykus B 3).

§ 23

Bewährungsauflagen[1])

1) Hw—J: § 105 I; s. § 10 A 1 c (2) und § 15 A 1 b. — **2)** ErwG: § 104 I 1, V 1; s. § 58 A 4. **3)** **Sold!** § 23 A 2 b (2).

Der Richter soll für die Dauer der Bewährungszeit die Lebensführung des Jugendlichen durch Auflagen beeinflussen, die eine umfassende erzieherische Einwirkung gewährleisten. Zu diesem Zweck soll er dem Jugendlichen Weisungen erteilen (§ 10) oder besondere Pflichten auferlegen (§ 15). Diese Anordnungen kann er auch nachträglich treffen, ändern oder aufheben.

Richtlinien zu § 23:

1. Eine günstige erzieherische Einwirkung ist nur von solchen Bewährungsauflagen zu erwarten, die der Persönlichkeit des Jugendlichen und seinen Lebensverhältnissen angepaßt sind. Wegen des Inhalts der Bewährungsauflagen wird auf die Nr. 2 der Richtlinien zu § 10 und die Nrn. 1 bis 4 der Richtlinien zu § 15 hingewiesen.
2. Für die nachträgliche Änderung von Bewährungsauflagen gelten die Nrn. 1 und 2 der Richtlinien zu § 11 entsprechend.

---

[1]) **Literatur:** Prelinger und Pentz: Bew.Auflagen und Grundgesetz in JR 61/496 und JR 62/99; vgl § 10 FN 1 und § 25 FN 1.

3. Die Bewährungsauflagen werden in einem Bewährungsplan zusammengestellt, der dem Jugendlichen auszuhändigen ist (§ 60).

1) Der J soll in der Bew.Zeit intensiv erzogen (vgl Meng BewH 54/69) und muß deshalb — bis auf ganz wenige Ausnahmen — **einschneidenden** („die Lebensführung beeinflussenden") **Aufl.** unterworfen werden, die seiner Persönlichk. und seinen Lebensverhältnissen entsprechen (RL 1). Die StrAzBew. sollte in ihrer Wirkung rglm nicht wesentl. hinter dem Str.Vollz. zurückbleiben (Potrykus B 1)[2]).

2a) Als **Aufl.** sind **nur Weisungen** (§ 10) **und bes. Pflichten** (§ 15) vorgesehen.Grds gilt das dort Gesagte, bes. die Warnung vor jedem Schema, auch hier (vgl RL 1 S2). Die Maßnahmen haben jedoch als Bew.Aufl. durch die Drohung des Widerrufs ein größeres Gewicht; sie haben oft auch dort Erfolgsaussichten, wo Weisungen und bes. Pflichten ohne den Druck der StrAzBew. nicht mehr am Platze wären (Dallinger-Lackner N 4).

b) (1) Die Aufl. sind **auf die Mitwirkung des BewH** (§ 24) **abzustellen.** Zu spezielle Aufl. würden seine Tätigkeit ungünstig einengen (Dallinger-Lackner § 24 N 31; vgl § 25 RL 2 S 2). Oft genügt die Weisung, sich der Aufsicht und Leitung des BewH generell oder im Hinblick auf ein bestimmtes Gebiet (Arbeit, Freizeit, Geld) zu unterstellen. Fügt sich der J nicht und verweigert er den Gehorsam bes. gegenüber Ratschlägen, deren Nichtbefolgung den Erfolg der Bew. in Frage stellt, kann der JRi. gem. § 23 S 3 entspr. Weisungen erteilen (Berndt BewH 63/229). Dem BewHelfer kann dieses staatl. Hoheitsrecht nicht übertragen werden[3]). (2) Bei **Soldaten** gilt für die Auswahl der Aufl. das § 10 A 1c (3) und § 15 A 6 Gesagte (wegen Abänderung s. § 11 A 1a, b (2) je aE) gem. §§ 112a Z 3, 112b (vgl dort A 4a). Nach § 112d soll vorher der nächste Disziplinar-Vorgesetzte gehört werden.

c) Die Aufl. im einzelnen können **nur für die Bew.Zeit** getroffen werden, sich innerhalb dieser aber auch auf einen kleineren Zeitraum erstrecken oder sich in einem einmaligen Tun erschöpfen.

---

[2]) Denn die BewZeit ist, wie Hellmer (Die Strafaussetzung im JStr. Recht) hervorhebt, vom Staat abgeleitete, zweckgebundene Freiheit, ein Mittel zum Zweck der Bewährung. Vgl auch Obstfeld: Zur Freiheit verurteilt, BewH 58—59/71.

[3]) Diese Frage ist umstritten. Friedrichs BewH 62/3, 11 geht einerseits davon aus, daß der Richter dieses Hoheitsrecht nicht übertragen könne, will aber andererseits doch die Weisung zulassen, den Anordnungen des BewHelfers nachzukommen, und Verstöße gegen solche Anordnungen als Verstoß gegen Bew.Auflagen werten (ähnl. Schaffstein S 128; Dallinger-Lackner N 5; Voraufl.). Wie hier Pentz NJW 58/1768, Berndt BewH 63/229.

Weder aus § 10 I Z 2 noch aus § 10 RL 3 noch aus § 112b kann etwas anderes abgeleitet werden. Die Befugnisse des Disziplinarvorgesetzten gem. § 112b beruhen auf gesetzl. Grundlage. Die Weisungen nach § 10 I Z 2 und § 10 RL 3 beziehen sich nur auf Leitung und Überwachung; aus ihnen ergibt sich nicht, daß die Aufsichtsperson verbindliche Anordnung treffen kann, deren Nichtbeachtung zur Verhängung von JA (§ 26 A 1c (1) u. FN 2), zur Verlängerung der Bew.Zeit (§ 22 I S 2) und zum Widerruf der Strafaussetzung (§ 26 I Z 3) führen. Die Befugnis, solche folgenschweren Anordnungen zu treffen, kann nur der Gesetzgeber zuerkennen, nicht der Richter in Form von Weisungen.

3a) Die Aufl. können **nachträgl. geändert oder aufgehoben** werden, auch soweit sie bes. Pflichten sind. Die Änderung kann auch zuungunsten erfolgen, den Verurteilten also zusätzlich beschweren[4]). Es gilt das bei § 11 Gesagte (RL 2).

b) Sie können **sogar erst nachträgl. getroffen** werden, was dann zweckmäßig ist, wenn noch Ermittlungen über die günstigste Möglichk. der Beeinflussung geführt werden müssen. Sinnvolle Auflagen sind meist erst nach dem Erstbericht des BewH über Persönlichkeit und Umwelt des Verurteilten möglich; im Hinblick auf die Abänderbarkeit können zur Überbrückung der Zwischenzeit vorläufige Auflagen angeordnet werden.

4a) Die **Überwachung** obliegt nicht der JGH, sondern dem BewH (§ 24 I); wegen der **Folgen der Zuwiderhandlung** s. § 26 A 1c.

b) Über **prozessuale Fragen u. Bew.Plan** s. RL 3 und §§ 58—60.

§ 24

Bewährungsaufsicht und Bewährungshilfe[1])

1) **Hw — J:** § 105 I. — **2)** ErwG: § 104 I, V 1; s. § 58 A 4. — **3) Sold!** A 5.

(1) Die Lebensführung des Jugendlichen während der Bewährungszeit und die Erfüllung der richterlichen Auflagen überwacht ein hauptamtlicher Bewährungshelfer, der unter der Aufsicht des Richters steht und diesem verantwortlich ist.

(2) Der Richter kann auch einen ehrenamtlichen Bewährungshelfer bestellen, wenn dies aus Gründen der Erziehung zweckmäßig erscheint oder wenn in dem Bezirk des Jugendgerichts ein hauptamtlicher Helfer nicht angestellt worden ist.

(3) Der Bewährungshelfer soll dem Jugendlichen während der Bewährungszeit helfend und betreuend zur Seite stehen, seine Erziehung fördern und möglichst mit dem Erziehungsberechtigten und dem gesetzlichen Vertreter vertrauensvoll zusammenwirken. Er hat bei der Ausübung seines Amtes das Recht auf Zutritt zu dem Jugendlichen. Er kann von dem Erziehungsberechtigten, dem gesetzlichen Vertreter, der Schule, dem Lehrherrn oder dem sonstigen Leiter der Berufsausbildung Auskunft über die Lebensführung des Jugendlichen verlangen.

Anmerkungen und Richtlinien hierzu siehe nach § 25.

---

[4]) Das folgt schon daraus, daß Auflagen auch nachträglich angeordnet werden können. OLG Nürnberg GA 62/91, Grethlein, Verschlechterungsverbot S 54ff, Kleinknecht-Müller § 305a StPO A 5b.

[1]) Siehe § 25 FN 1!

§ 25

Pflichten des Bewährungshelfers[1])

1) Hw — J: § 105 I. — **2) ErwG:** § 104 I 1. — **3) Sold!** A 5.

Der Bewährungshelfer führt die Bewährungsaufsicht nach den Anweisungen des Richters durch. Er berichtet über die Lebensführung des Jugendlichen in Zeitabständen, die der Richter bestimmt. Erhebliche Zuwiderhandlungen des Jugendlichen gegen Bewährungsauflagen teilt er dem Richter mit.

---

[1]) **Literatur: a) Allgemein:** Middendorf—Schnitzerling—Jung: Praktische BewH (Grundriß und Leitfaden); Abel: Möglichkeiten und Grenzen der BewH, BewH 58/87; Jung: 10 Jahre BewH, UJ 62/289; Wahl: 10 Jahre BewAufsicht und BewH in der BRD, BewH 64/5; Friedrichs: Stellung, Aufgabe und Arbeitsweise des BewH, BewH 62/3; Meyer: Strafaussetzung—Bewährung—Bewährungshilfe (Verein Bew.Hilfe); Pentz: Die rechtliche Stellung des Bewährungshelfers, RdJ 61/305; Schnitzerling: Die unterschiedl. Stellung des BewH im J- und ErwRecht, ZBl 57/297; Faust: **BewH aus der Sicht** des JPsychiaters, BewH 54—55/185; Loesch: BewHelfer und BewHilfe aus der Sicht des JRi., BewH 54—55/135; Obstfeld: Die BewH bei J und Hw aus der Sicht des hauptamtl. BewH, BewH 54/22; Ziethen: BewH aus der Sicht des BewH, BewH 59/161. — Berndt: Stellung und Aufgaben von **JRi. und BewH** im Bew.Verfahren, BewH 63/229; Obstfeld: Richter und BewH, BewH 61/230; Quadt: Über die Zusammenarbeit zwischen Richter und BewH, BewH 60/159; v. Schenk: Der BewH in der Hauptverhandlung gegen seinen Probanden, BewH 60/33; Ziethen: Die Stellung des BewH in der Hauptverhandlung, BewH 60/36; Carspecken: Die **JGH und die BewH,** ZBl 54/163; Koll-Bernards: Die Zusammenarbeit der Bewährungshilfe mit anderen Stellen . . ., RdJ 59/58, 66, 93; Ziethen: BewH und JAmt in der Zusammenarbeit, BewH 61/128. **Polizei und BewH** (oä): Torney, Abel, v. Bezold, Meister, Kutschbach, BewH 64/174, 179, 183, 193, 203.

b) Erber: Die **Arbeitsmethoden** des BewH, BewH 57—58/239; Quadt: Methoden und Stand der BewH für J und Hw, BewH 61/239; Fröhlich: Berufsberatung in der BewH, BewH 58/3; Grauf: Die Arbeitsvermittlung von Straffälligen, BewH 58/10; Müller-Zedow: Fragen der Eheberatung . . . in der BewH, BewH 60/3.

Bang: Prinzipien und Methoden der **Einzelfallhilfe**, BewH 59/147; Erber: Das Erstgespräch, BewH 56/119; Erber: Das gezielte Einzelgespräch . . . BewH 60/115; Otto: Der Hausbesuch . . ., BewH 59/181; Erber: Vertiefte Einzelhilfe und **Gruppenbetreuung,** BewH 59/169; Wahl: Gruppentherapie und Behandlung Straffälliger in internationaler Sicht; Browarzik: Gruppenanalyse über die Führung einer Probandengruppe, BewH 63/286; Ayass: Probanden im **JWohnheim,** BewH 63/146; Kräutle: Heimerziehung als Mittel der BewH, BewH 63/134.

Brocher: Die **seelische Situation** des Probanden, BewH 57—58/143; Faust: Das Schuldgefühl des Probanden als Voraussetzung, BewH 58—59/101; Jung: ein j Mörder in der Bew.-Aufsicht und BewH, BewH 61/145. — Abel: Unterschiede zwischen den mit Schuldspruch und Aussetzung z. Bew. unterstellten Probanden und den Probanden, die aus dem JStrVollz. z. Bew. entlassen worden sind, BewH 64/121.

c) Merkel: StrAzBew. bei **Soldaten,** DRiZ 61/54; Roestel: zivile oder militärische BewH für Soldaten, UJ 59/220; Schnitzerling: Der BewH im militärischen Bereich, BewH 57/95.

Schnitzerling: Die rechtl. Stellung des **hauptamtl. BewH** im Verhältnis zum j und hw Probanden, RdJ 57 H 17; Zimmermann: Die Einschaltung **ehrenamtl. BewH** in der J-Gerichtsbarkeit, ZBl 55/277.

Brückner und Krause: **Ursachen des Widerrufs** der Bew.Aufsicht, BewH 60/173 u. 185; Potrykus und Carspecken: Über den **Standort der BewH,** ZBl. 60/112 und 167.

Vgl noch **§ 21 FN 1** und zur Prognoseforschung **§ 43 FN 1,** bes. letzter Abs.

Richtlinien zu §§ 24 und 25:

1. Bewährungsaufsicht und Bewährungshilfe folgen aus derselben richterlichen Maßnahme und ergänzen sich. Von der Persönlichkeit und den Lebensverhältnissen des Jugendlichen und von deren Entwicklung wird es abhängen, ob die eine oder die andere Seite im Vordergrund steht.
2. Da der Bewährungshelfer unter der Aufsicht des Richters steht, ihm verantwortlich ist und nach seinen Anweisungen handelt, ist eine enge persönliche Zusammenarbeit des Richters mit dem Bewährungshelfer unerläßlich. Es empfiehlt sich jedoch, dem Bewährungshelfer weitgehende Selbständigkeit einzuräumen.
3. Der Richter unterstützt den Bewährungshelfer in dem Bemühen, ein persönliches, auf Vertrauen beruhendes Verhältnis zu dem Jugendlichen zu gewinnen.
4. Der Richter wird darauf hinwirken, daß ihm der Bewährungshelfer nicht nur erhebliche Zuwiderhandlungen des Jugendlichen gegen Bewährungsauflagen (§ 25 Satz 3), sondern auch alles Wesentliche mitteilt, was ihm über das Vorleben des Jugendlichen, seine Lebensverhältnisse und seine Führung bekannt wird. Gegenüber anderen Personen und Stellen wird der Bewährungshelfer Verschwiegenheit wahren, um das für die Erziehungsarbeit notwendige Vertrauensverhältnis zwischen ihm und dem Jugendlichen nicht zu beeinträchtigen. Die Entscheidung darüber, ob Mitteilungen über den Jugendlichen belastende Umstände an andere Stellen, vor allem an die Strafverfolgungsbehörden, weiterzugeben sind, wird sich der Richter vorbehalten.
5. Um die Entwicklung des Jugendlichen während der Bewährungszeit beobachten und notwendige Maßnahmen treffen zu können, wird der Richter dem Bewährungshelfer zur Pflicht machen, ihm in anfangs kürzeren, später längeren Zeitabständen über seine Tätigkeit und über die Führung des Jugendlichen schriftlich zu berichten und ihm von besonderen Vorfällen sofort Mitteilung zu machen.
6. Vor Bestellung eines ehrenamtlichen Bewährungshelfers soll seine Eignung für die Betreuung des Jugendlichen sorgfältig geprüft und seine Einwilligung eingeholt werden.

1) Verhältnis des BewH **zum Ri.** (§ 25).

a) (1) Mit der AO der StrAzBew. übernimmt der **Ri. die Verantwortung** für ihr Gelingen. Er entscheidet, wie sein Versuch durchgeführt und ob er ggf abgebrochen wird. Dabei **unterstützt ihn der BewH.** Dieser untersteht bezügl. seiner ganzen Arbeit (Hilfe u. Aufsicht: Dallinger-Lackner § 24 N 29) der Fachaufsicht des Ri. (§ 24 I aE, RL 2 S 1); die Dienstaufsicht liegt bei der Anstellungsbehörde (s. § 113). Die Tätigkeit des BewH erhält durch die Aufl., ggf durch bes. Anweisungen des Ri. (§ 25 S 1), die Richtung. Herr des AussetzungsVerf. ist also der Ri. Er sollte jedoch grds den BewH möglichst frei arbeiten lassen (RL 2 S 2, Dallinger-Lackner § 24 N 31, vgl § 23 A 2b). — (2) Nur ein **enges, unbürokratisches Vertrauensverhältnis** kann zum Erfolg führen; ständiger persönl. Kontakt durch offene Gespräche ist unentbehrl. Der Ri. soll bzw. muß (§ 58 I S 2; Dallinger-Lackner § 24 N 30) den BewH vor der Erteilung und Abänderung von Aufl., vor Verlängerung u. Verkürzung der Bew.Zeit und vor der Abschlußentsch. hören, er soll ihn bei seiner ganzen Tätigkeit unterstützen (RL 3). Der BewH soll den Ri. möglichst eingehend unterrichten (A 1b).

b) Durch die **Berichtstätigk.** (§ 25 S 2, 3; RL 5) des BewH wird der Ri. stets auf dem laufenden gehalten und von bes. Vorkommnissen (§ 25 S 3) sofort unterrichtet. Das Hauptgewicht (Dallinger-Lackner § 25 N 5) liegt bei der Mitt. der Tatsachen (Familienverhältnisse, Arbeit, Schule, Freundschaften, Freizeitgestaltung, Verhältnis zur Tat, wirtschaftl. Verhältnisse, Pläne, Verhältnis des J zum BewH ua; vgl RL 4 S 1); daneben ist eine daraus abgeleitete Beurteilung des Täters und seiner Situation zu geben; weiter müssen die Folgerungen, die der BewH daraus zieht, und seine Absichten angegeben werden. — Soweit der Ri. das Ermittlungsergebnis für seine Entsch. benutzen will, darf dies nur nach den Vorschriften der StPO geschehen; der BewH wird deshalb im Bericht zweckmäßig Beweismittel angeben[2]). Der **erste Bericht** muß umfassend sein; spätere können sich auf die Mitt. von Änderungen beschränken. Der **Schlußbericht** (§ 26 RL 1) muß sich zur Frage des Straferlasses oder des Widerrufes äußern. Verstöße ohne Bedeutung muß der BewH nicht melden (A 2c); eine Meldung an die StVerfolgungsbehörde ist nie Sache des BewH (RL 4 S 3). Der Richter muß sich auf die Berichte des BewH verlassen können; sie durch die Polizei überprüfen zu lassen, ist unangebracht. Dagegen ist es zweckmäßig, wenn das JAmt einen Durchschlag des Berichtes erhält (Ziethen BewH 61/128). — Vgl auch § 38 A 5b, c und FN 2.

2) Verhältnis des BewH **zum Verurteilten.**

a) Es ist ein menschliches, unbürokratisches, das auf **Vertrauen und Achtung** aufgebaut sein muß (RL 3); Verschwiegenheit des BewH gegen Dritte (A 3c) ist eine wesentl. Voraussetzung. Bes. in der Anfangszeit hat die Einzelbetreuung unbedingten Vorrang vor der Gruppenarbeit.

b) Eine wirksame **Hilfe** (§ 24 III S 1) ist nur mögl., wenn der BewH sich eingehend mit der Person des J vertraut gemacht hat, also weiß, was not tut. Seine Tätigk. darf sich aber nicht auf Arbeitsvermittlung ua beschränken, er soll vor allem auch den J in schwierigeren Fragen **beraten,** ihn zur Fortbildung **anregen** und so an der Gestaltung des Lebens des J mitwirken.

c) Zugleich (vgl RL 1) hat der BewH den J zu **beaufsichtigen** (§ 24 I; s. § 23 A 4a), um entspr. berichten zu können (vgl o. 1b). Doch ist es dem BewH erlaubt, kleinere Verstöße selbst zu bereinigen und von einem Bericht an den Ri. abzusehen, bes. wenn der J selbst den Verstoß gemeldet hat; das muß die Ausnahme bleiben, kann dann aber zu einer Stärkung des Vertrauens führen (Dallinger-Lackner § 25 N 9).

3) Verhältnis des BewH **zu Dritten.**

a) Ein gutes Verhältnis **zu ErzBer. und gesVertr.** ist wünschenswert, da die Erz. einheitl. sein soll; der BewH muß sich darum bemühen. Bei unverständigen ErzBer.

[2]) Wegen der Problematik der Zeugenvernehmung des BewH selbst vgl Baumann: Der Sozialarbeiter (BewH) als Zeuge vor Gericht oder seine gerichtliche Vernehmung, BewH 63/249.

wird eine Zusammenarbeit manchmal nicht mögl. sein (§ 24 III S 1); eine Entfernung des J aus seiner häusl. Umgebung kann dann zweckmäßig sein.

b) Ebenso notwendig ist eine gute Zusammenarbeit **mit Behörden** (JAmt — s. Lubkowitz BewH 55, 56/237 —; Arbeitsamt; Wohnungsamt; auch Strafanstalt — s. Conrad BewH 57/89 —; u. Strafanstaltsfürsorge — s. Wehr BewH 55, 56/261), die zur Amtshilfe verpflichtet sind (Art. 35 GG), mit Wohlfahrts-**Organisationen, Heimen,** aufgeschlossenen **Firmen ua,** da nur dann die Möglichk. gegeben ist, dem J zu helfen (A 2b).

c) Doch soll der BewH möglichst **unauffällig auftreten und allen Dritten gegenüber schweigen,** um das Vertrauen des J nicht zu enttäuschen (RL 4 S 2). Das gilt auch gegenüber den Eltern; doch wird der BewH hier ggf versuchen, den J selbst zur Mitt. an seine Eltern zu bewegen. Gegenüber höheren Rechtsgütern muß allerdings die Schweigepflicht zurücktreten. Der BewH hat deshalb auch **kein Zeugnisverweigerungsrecht,** bedarf **jedoch** der **Aussagegenehmigung** nach den beamtenrechtl. Vorschriften; vgl v. Schenk, BewH 60/33, 35. Soweit irgend möglich, wird der verständige Richter den BewH nicht als Zeugen gegen den Probanden beiziehen (vgl FN 2); die von Ziethen (BewH 60/36) geforderte Vernehmung als Sachverständigen wird allerdings nur selten möglich sein.

Vgl auch § 38 A 5c (2) (a). — Die Meldung belastender Momente an die StVerfolgungsbehörde ist Sache des Ri. (RL 4 S 3).

d) Zutritt zum J kann der BewH jedem Dritten gegenüber mit polizeil. Hilfe **erzwingen** (§ 24 III S 2; Dallinger-Lackner § 24 N 19, Potrykus § 24 B 6), sollte es aber grds nicht[3]). Ist der J in UHaft, darf der BewH ihn wie der Verteidiger besuchen (§ 93 III). Weiter hat er gegenüber Erziehern u. Ausbildern ein **Auskunftsrecht** über die Lebensführung (§ 24 III S 3), das dadurch erzwungen werden kann, daß der Ri. bei Auskunftsverweigerung selbst vernimmt (Dallinger-Lackner § 24 N 20, Jagusch § 24 A 3; aA Potrykus § 24 B 6, der § 33 FGG anwenden will). — Beide Rechte darf der BewH nur ausüben, soweit die Bew.Aufsicht das erfordert.

4a) Die schwierige Aufgabe eines **BewH** können auch gut ausgebildete, erfahrene Sozialpfleger von hoher Intelligenz, großem Idealismus, lebendiger Aktivität, echter Hilfsbereitschaft, bes. Kontaktfähigk. und zugleich bestimmtem, achtunggebietendem wie vertrauenerweckendem Auftreten, von Festigk. u. Geduld nur dann lösen, wenn sie nicht überlastet sind (höchstens 40—50 Fälle gleichzeitig). Der BewH darf nicht bürokratisch arbeiten; sein Büro ist zweckmäßig nicht in Dienstgebäuden. Seine Zuständigk. richtet sich grds nach der Geschäftsverteilung. Versagt der BewH, führt die StrAzBew. oft zum Mißerfolg.

b) Wegen dieser Bedeutung des BewH und der hohen persönl. Voraussetzungen sollte ein **ehrenamtl. BewH** (§ 24 II, RL 6) nur aufgestellt werden, wenn erz.befähigte, gefestigte Persönlichkeiten vorhanden sind, die den J gut kennen und auf ihn Einfluß

---

[3]) Dorsch, BewH 64/209. Der BewH begeht also keinen Hausfriedensbruch, wenn er sich den Zutritt zum Probanden gegen den Willen des Inhabers des Hausrechts erzwingt.

haben (Geistl., Verwandte), bes. der Heimleiter bei FE-Zöglingen (Potrykus NJW 55/245, Heinen BewH 55, 56/235, s. § 21 A 3 b aE). Auch wo der amtl. BewH zu bekannt ist und sein Einsatz den J ins Gerede bringen könnte, sollte der Einsatz eines ehrenamtl. BewH erwogen werden (Dallinger-Lackner § 24 N 25). Der ehrenamtl. BewH hat alle Rechte u. Pflichten. Eine Verpflichtung zur Übernahme dieses Amtes besteht nicht.

5a) Bei Soldaten hat der BewH, der nicht Soldat ist, gem. § 112 a Z 5 nur geringe Befugnisse. Er muß sich praktisch auf die zivilen Maßnahmen (Schadenswiedergutmachung, Vorbereitung für die Zeit nach dem Wehrdienst) beschränken, kann aber kaum Einfluß auf Haltung u. Lebensführung des Soldaten nehmen (Potrykus NJW 57/814, 817; Dallinger-Lackner § 112a N 52). Auch unzulässige Maßnahmen des Disziplinarvorgesetzten haben nach § 112 a Z 5 letzter Satz Vorrang; BewH und Richter können dagegen bei dessen militärischem Vorgesetzten Beschwerde einlegen (Dallinger-Lackner § 112 a N 53).

Bewährungshelfer kann jeder **Soldat** sein, auch der Disziplinarvorgesetzte. Er sollte jedoch eine in der Sozialarbeit erfahrene, ausgeglichene Persönlichkeit und älter als der Verurteilte sein. Ist ein Vorgesetzter BewH, besteht die Gefahr, daß es nicht zu dem erforderl. menschl. Kontakt kommt (Dallinger-Lackner § 112 a N 46 f). Vor der Bestellung eines Soldaten muß der nächste Vorgesetzte des J (oder Hw) gehört werden (§ 112 d; s. dort). Die Auswahl muß bes. sorgsam erfolgen, weil der Richter keine Anweisungen geben kann (§ 112 a Z 4 S 2). — Auch der militärische BewH untersteht der Aufsicht des Richters und muß ihm berichten; doch darf der Richter ihm keine bestimmten Anweisungen erteilen, um militärische Interessen nicht zu gefährden (Dallinger-Lackner § 112 a N 50). Bei nicht behebbaren Schwierigkeiten kann der Richter auch den militärischen BewH entlassen (Dallinger-Lackner § 112 a N 51). — Als Soldat ist der BewH Befehlen Vorgesetzter nur im Rahmen des Dienstverhältnisses unterworfen; AO ohne Bezug auf den Dienst trifft er selbständig (Dallinger-Lackner § 112 a N 49).

Ob der JRi. den **amtl. BewH** (oder einen anderen Zivilisten — vgl § 24 II —) **oder** einen **Soldaten** zum BewH bestellt, liegt in seinem **Ermessen** (Dallinger-Lackner § 112 a N 45). Wo, wie meist, zivile Verhältnisse der Regelung bedürfen, verdient — bes. bei Taten ohne Bezug auf den Wehrdienst — der zivile BewH den Vorzug (Dallinger-Lackner § 112 a N 54), zumal die allg. Sorgepflicht des militärischen Vorgesetzten besteht (§ 10 II, III Soldatengesetz). Auch eine Verbindung einer zivilen BewH mit ErzBeistandschaft durch den militärischen Vorgesetzten (§§ 112 a Z 2, 112 b IV) ist möglich, gegebenenfalls als BewAuflage (§ 23, § 112 b A 4 a, c). Diese Verbindung ist aber nur dort aussichtsreich, wo BewH und Vorgesetzter bes. aufgeschlossene Menschen sind. Bei Taten aus der Zivilzeit sollte die BewH bei Wehrpflichtigen grds am Heimatort weitergeführt werden (BGH NJW 59/1503 mit Anm. Grethlein, OLG Köln EJF C I 66 = SjE F 3 S 291). — Roestel (UJ 59/200) und Potrykus (NJW 57/814, 817) geben dem ehrenamtl. militärischen BewH den Vorzug; das ist für Taten mit Bezug zum Wehrdienst richtig.

b) Die militärischen Interessen sind zum Schaden einer wirksamen BewH und -Aufsicht überbetont. Ein gewisser Ausgleich liegt in der Pflicht der militärischen Vorgesetzten gem. § 10 II, III Soldatenges. sich dafür einzusetzen, daß ein unter Bew.Aufsicht stehender Soldat das Ziel der Bew.Aufsicht auch erreicht (Dallinger-Lackner § 112a N 40f).

§ 26

Erlaß der Jugendstrafe; Widerruf der Aussetzung

1) Hw — J: § 105 I. — **2)** ErwG: § 104 I 1, V 1; s. § 58 A 4.

(1) Hat der Jugendliche sich bewährt, so wird die Jugendstrafe nach Ablauf der Bewährungszeit erlassen.

(2) Der Richter widerruft, falls andere Maßnahmen nicht ausreichen, die Aussetzung der Jugendstrafe, wenn

1. Umstände bekannt werden, die bei Würdigung des Wesens der Aussetzung zu ihrer Versagung geführt hätten,

2. der Jugendliche, der das sechzehnte Lebensjahr vollendet hat, sich weigert, die Erfüllung der Bewährungsauflagen zu versprechen (§ 60 Abs. 3),

3. der Jugendliche Bewährungsauflagen schuldhaft nicht nachkommt oder

4. sich auf andere Weise zeigt, daß das in ihn gesetzte Vertrauen nicht gerechtfertigt war.

(3) Leistungen, die der Jugendliche auf Grund von Auflagen erbracht hat, werden nicht zurückerstattet.

Richtlinien zu § 26:

1. Nach Ablauf der Bewährungszeit legt der Bewährungshelfer dem Richter einen Schlußbericht vor. Vor der Entscheidung über den Erlaß der Jugendstrafe sind auch der Staatsanwalt und der Jugendliche zu hören (§ 58 Abs. 1).
2. Wird die Jugendstrafe nach Ablauf der Bewährungszeit erlassen, so erklärt der Richter zugleich den Strafmakel als beseitigt (§ 96 Abs. 3).
3. Falls der Widerruf der Aussetzung in Betracht kommt, kann der Richter vorläufige Maßnahmen treffen, um sich der Person des Jugendlichen zu versichern (§ 61).

1a) Der **Widerruf** ist **bis zum Erlaß** der JStr. (A 2) jederzeit nach Vorliegen der Voraussetzungen (A 1b) mögl., also auch nach Ablauf der Bew.Zeit[1]), wobei ein nach

---

[1]) Dallinger-Lackner N 21, Potrykus B 1; für das allgR KG JR 58/189 u. — zusammenfassend — Weigelt DAR 58/158; aA Jagusch A 3; doch schreibt das Ges. keinen früheren Zeitpunkt vor; § 22 I S 2 betrifft nur die Verlängerung der Bew.Zeit, eine entspr. Anwendung würde zu einer nicht gerechtfertigten Verkürzung der Bew.Zeit führen, da zB auch ein Verbrechen, das in den letzten Tagen der Bew.Zeit begangen ist, nach der Gegenmeinung praktisch nicht mehr zum Widerruf führen könnte. Von der hier vertretenen Meinung geht auch RL 1 aus, weil andernfalls der Schlußbericht nach Ablauf der Bew.Zeit sinnlos wäre.

Wie hier — mit leichter Einschränkung — OLG Schleswig, SchlHA 59/270.

Ablauf der Bew.Zeit liegendes Verhalten außer Betracht bleibt (zw)[1a]. Doch sollen die Ermittlungen schon im Hinblick auf § 22 I S 2 frühzeitig eingeleitet werden; auch die Entsch. über Widerruf oder Erlaß muß im Erz.Interesse bald ergehen.

b) Die **Widerrufsvoraussetzungen** in II Z 1—4 sind **abschließend** (Dallinger-Lackner N 2, Jagusch A 4; aA Potrykus B 4) (1) **Z 1** setzt kein Verschulden voraus, trifft aber nur bei wesentl., das Gesamtbild beeinflussenden Umständen (auch VorStr.) zu, die das letzte erkennende Ger nicht gekannt hat (vgl BGH 7/64), aber berücksichtigen hätte dürfen oder müssen [s. A 1b (5)]. (2) Die Altersgrenze der **Z 2** bezieht sich auf den Zeitpunkt der Weigerung (3) **Z 3** entspricht § 11 II und setzt Verschulden voraus (4) Auch **Z 4** betrifft nur vom Täter zu vertretende Umstände, da ein unverschuldetes Handeln Vertrauen nicht enttäuschen kann; auch bei neuen Straftaten kommt es auf Art u. Umfang an; schlechter Lebenswandel genügt, auch wenn er nicht strafbar ist. — (5) **Z 4** betrifft Ereignisse nach, **Z 1** Tatsachen u. Ereignisse vor der Entsch. über die Aussetzung (Dallinger-Lackner N 15).

c) (1) Wo diese Voraussetzungen vorliegen, **widerruft** der JRi. **nur, wenn** andere Maßnahmen wie zB Ermahnung, Änderung der Aufl. (§ 23 S 3), AO an den BewH (§ 25 S 1), ggf ein Wechsel des BewH, Verlängerung der Bew.Zeit (§ 22 I S 2), Verhängung von JA gem. §§ 11 II, 15 III nach entspr. Belehrung[2]), Anregung an VormRi., FE anzuordnen, uä nicht ausreichen. Für diese Entsch. ist der Widerrufsgrund nach Gewicht u. Ursache an dem Persönlichkeitsbild des Täters zu messen. Es gelten die Grundsätze des § 5 **(Subsidiarität des Widerrufs).** (2) Bei zu erwartendem Widerruf kann sich der JRi. der **Person des J versichern** (RL 3, § 61). (3) Im Rahmen der Bew.Aufl. erbrachte Leistungen werden nach Widerruf nicht zurückerstattet (III).

d) Die **sof. Beschw.** gegen den Widerruf (§ 59 III) hat keine aufschiebende Wirkung (§§ 311 I, 307 StPO). Die Vollstr kann deshalb vom VollstrL. (§§ 84, 85) — ausnahmsweise — noch **vor Rechtskraft** eingeleitet werden[3]) (Dallinger-Lackner § 82 Vorb 17).

[1a]) OLG Köln NJW 63/2137 = MDR 63/683. AA OLG Braunschweig NJW 64/1581 (zust. Anm. Dreher) = NdsRpfl 64/118. — ME ist zu unterscheiden: Verstöße gegen II Ziff. 2, 3 kommen begrifflich nur in der BewZeit in Betracht. Dagegen können allg. Umstände gem. II Ziff. 1, 4 auch nach Ablauf der BewZeit eintreten oder bekannt werden, so daß ein Nicht-Bewähren feststeht. Umgekehrt kann ein nach der BewZeit liegendes positives Verhalten ein vorher beobachtetes Fehlverhalten in einem anderen Licht und einen danach an sich gebotenen Widerruf als nicht notwendig erscheinen lassen.

[2]) Überzeugend Dallinger-Lackner N 20, ebenso Dorsch BewH 60/38, Jagusch § 23 A 3, Loesch NJW 61/1153 FN 13, Schaffstein S 120, Schnitzerling DAR 59/201, 204; aA Potrykus B 3 und wohl auch Hellmer, die Strafaussetzung im JR; doch ist die Verhängung von JArrest auch in diesen Fällen oft erz. günstig, das Ges. steht nicht entgegen. Nach Abel, BewH 61/121, 129 hat sich rasch verhängter JArrest bei Verstößen gegen Bew Auflagen als sehr erfolgreich erwiesen.

[3]) Die sofortige Vollstreckbarkeit des Widerrufsbeschlusses ist recht bedenklich. Während sonst Grundlage der Strafvollstreckung ein rechtskräftiges Urteil ist, soll hier ein noch anfechtbarer Beschluß die durch rechtskräftiges Urteil getroffene Anordnung, daß nicht vollstreckt wird, beseitigen können (LG Mannheim NJW 63/673, 64/415; Blösch NJW 63/1296). OLG Karlsruhe NJW 64/1085 = Justiz 64/153 = RPfl 64/145 (mit abl. Anm. Pohlmann) sieht deshalb den Widerrufsbeschluß als nicht vollzugsfähig an, meint, § 307 I StPO gelte nur für

2) Wo nicht widerrufen wird und kein Grund zur Verlängerung der Bew.Zeit besteht, ist nach den Abschlußermittlungen (RL 1) die **Str.** unanfechtbar (§ 59 IV) und konstitutiv **zu erlassen; der Strafmakel muß als beseitigt erklärt werden** (RL 2; § 96 III). Der Erlaß tritt mit Verkündung oder Zustellung ein (Dallinger-Lackner N 30).

3) Verf: § 58; **Anfechtung:** § 59 III, IV.

Sechster Abschnitt

Aussetzung der Verhängung der Jugendstrafe[1])

§ 27

Voraussetzungen

1) Hw—J: § 105 I; s. § 27 A 1c, 2b (4). — **2) ErwG:** § 104 I 1.

Kann nach Erschöpfung der Ermittlungsmöglichkeiten nicht mit Sicherheit beurteilt werden, ob in der Straftat eines Jugendlichen schädliche Neigungen von einem Umfang hervorgetreten sind, daß eine Jugendstrafe erforderlich ist, so kann der Richter die Schuld des Jugendlichen feststellen, die Entscheidung über die Verhängung der Jugendstrafe aber für eine von ihm zu bestimmende Bewährungszeit aussetzen.

Richtlinien zu § 27:

1. Die Aussetzung der Verhängung der Jugendstrafe ist nicht zulässig, wenn wegen der Schwere der Schuld auf Jugendstrafe erkannt werden muß (vgl § 17 Abs 2).
2. Wegen der beschränkten Auskunftspflicht über den einen Schuldspruch betreffenden Strafregistervermerk wird auf § 96 Abs. 1 hingewiesen.

1 a) Die **bedingte Verurteilung** (vgl § 21 A 1 a) erspart dem Täter jeden Strafmakel und ist ein bes. Anlaß zu guter Führung, da der Täter über die Folgen eines Versagens im Ungewissen ist, was die Hemmungen steigert (vgl FE, unbestJStr.). Sie kann der StrAzBew. nicht gleichgestellt werden, da bei ihr gerade keine JStr. verhängt wird (BGH 9/160ff).

b) Die **Natur der bedingten Verurteilung** ist umstritten (vgl FN 1 u. A 4). Potrykus (JR 61/407) betrachtet die Entscheidung nach § 27 als reinen, von anderen Erwägungen isolierten Schuldspruch und leugnet jede Ahndungsmöglichkeit. Diese Ansicht kann schon deshalb nicht richtig sein, da sie den erheblich gefährdeten J (s. A 2a, b)

---

vollzugsfähige Beschlüsse, und hält § 14 II StVollstrO — als mit dem Gesetz nicht vereinbar — für ungültig. Wegen der Ungereimtheiten sollte stets die Vollziehung des Widerrufsbeschlusses gem. § 307 II StPO ausgesetzt werden. Bei der Gesetzeslage wird man jedoch von der im Text vertretenen Auffassung auszugehen haben (so auch Scheunemann NJW 61/644f).

Die Problematik des allg. Rechts hinsichtlich des Erlasses eines Haftbefehls vor Rechtskraft des Widerrufsbeschlusses (vgl OLG Karlsruhe aaO) besteht im JRecht wegen § 61 nicht.

[1]) **Literatur:** Potrykus: Über die bedingte Verurteilung nach §§ 27ff JGG, MDR 54/456. Vgl auch Potrykus JR 61/407, Loesch NJW 61/ 1151, Voss NJW 62/1095; andererseits Grethlein NJW 57/1462, bes. JR 62/161, 63/364 u. NJW 62/1606 und die zu § 27 A 4 angeführte Rechtsprechung. Vgl auch Abel BewH 64/121, 124.

sich selbst überläßt, den JRi. in die Rolle des passiven Beobachters verweist, der nun abwartet, wie der J sich weiter entwickelt. Hier wird gegen den Erz.Gedanken, einen Grundpfeiler des JRechts, verstoßen und das Gesetz verkannt. Denn nach diesem wird die Entscheidung über **die Verhängung der JStr. nicht zur Beobachtung, sondern zur Bewährung ausgesetzt.** Die §§ 28f treffen alle Voraussetzungen, daß dem J geholfen werden kann. Als Bewährungsauflagen können auch bes. Pflichten angeordnet werden, also ZuchtM, die auch der Ahndung und Sühne dienen (§§ 29, 23, 13 I, II Z 2; vgl § 13 A 1).

Das Gesetz will also, daß dem J geholfen wird. Solange ungeklärt ist, ob nichts anderes als JStr. Vollzug zur erz.günstigen Beeinflussung ausreicht (A 2a, b), stellt der JRi. die Entscheidung über die Verhängung der JStr. zurück, verharrt aber nicht untätig, sondern versucht, durch andere Maßnahmen (gem. §§ 29, 23, 24 Weisungen, bes. Pflichten, Aufsicht eines BewH; vgl weiter A 4) **den J so zu beeinflussen, daß JStr. überflüssig wird.** Es kann deshalb nicht von einer Zweiteilung des Verfahrens in Schuld- und Straffrage nach angelsächsischem Vorbild oder ähnl. dem zivilrechtl. Grund- und Betragsurteil gesprochen werden, nicht von einer bloßen Aussetzung zu weiteren Ermittlungen mit der Besonderheit, daß der abgeschlossene Schuldkomplex in Rechtskraft erwächst und die notwendigen weiteren Ermittlungen nicht sofort möglich sind (aA hH, zB Schaffstein S 122, auch Vorauflage). Die Entscheidung nach § 27 ist vielmehr eine **echte Strafentscheidung**[2]), in der die Schuld festgestellt und das zur Erziehung Erforderliche und möglicherweise Ausreichende sofort getan wird, jedoch im Interesse der Erziehung auch die aus Gründen der Sühne allein nicht gebotene, aber mögliche **Verhängung von JStr.** für den Fall **vorbehalten** bleibt, daß anders eine Beeinflussung des Täters nicht erreicht werden kann. Hierdurch wird auch der Sühnegedanke nicht verletzt (A 2a, b).

c) Die **Rechtskraft umfaßt** nur den Schuldspruch selbst und die ihn unmittelbar tragenden Feststellungen, bei Hw auch die Entsch. nach § 105 [s. § 30 A 1b, c (1)]. An alle weiteren Feststellungen besteht keine Bindung im Nachverf., weil diese ja nur die Voraussetzungen des § 27, also die bestehende Unsicherheit dartun sollen (Jagusch § 30 A 3a). Eine Bindung an sie widerspräche der materiellen Gerechtigk. und wäre auch deshalb nicht tragbar, weil der J keine Möglichk. hat, diese den Schuldspruch nicht tragenden Feststellungen anzugreifen (Dallinger-Lackner § 30 N 14). Ob die Straffrage ganz offen bleibt und nachträgl. noch jede Maßnahme des JGG angeordnet oder ob auch hier jedenfalls insoweit eine Bindung besteht, als nur noch auf JStr. erkannt werden kann, ist bestr. (vgl § 30 A 1c).

Die neben dem Schuldspruch getroffenen Maßnahmen können in Rechtskraft erwachsen, soweit sie deren fähig sind. Das ist für die Bew.Auflagen und für die Bew.Zeit wegen der Abänderbarkeit (§§ 28 S 2; 29, 23 S 3) nicht der Fall[3]). Wegen anderer Verbindungen s. § 27 A 4.

[2]) Schon im Schuldspruch liegt eine sühnende Mißbilligung [vgl Einf. II 2a (1) (a)]; als Bew.Auflagen können bes. Pflichten, also sühnende Zuchtmittel angeordnet werden; wegen JArrest s. A 4b.

[3]) vgl Grethlein, Verschlechterungsverbot S 54ff und FN 42a S 56 unter Berücksichtigung der dem § 24 IV S 3 StGB entspr. Regelung des § 28 S 2.

2a) Die Entscheidung nach § 27 mit dem Vorbehalt der nachträglichen Verhängung der JStr. ist nur unter folgenden **Voraussetzungen** mögl., näml. (1) daß der Täter schuldig ist, (2) daß eingehende Persönlichkeitsermittlungen im allg. vorgeschriebenen Umfang (Dallinger-Lackner N 7) geführt sind (vgl § 43), (3) daß dennoch nicht geklärt werden konnte, ob der Umfang der schädl. Neigungen schon zur Verhängung einer JStr. zwingt. Verschiedenes muß für JStr. sprechen, anderes für andere Maßnahmen des JGG; es muß also (a) Art oder (b) Umfang der schädl. Neigungen oder (c) die erz. Ansprechbarkeit des Täters fraglich sein (Jagusch A 3), (4) daß JStr. bei Art der Tat und der Schwere der Schuld mit dem Sühnegedanken vereinbar (§ 17 A 1a, 2a), aber nicht geboten ist (§ 17 A 2b); letzteres ergibt sich aus dem Wortlaut des § 27, der nur auf schädl. Neigungen abstellt (Schaffstein S 122; s. RL 1).

Diese Voraussetzungen sind bes. im Hinblick auf die recht begrenzte erz. Möglichkeiten unserer JStr. Anstalten (§ 17 A 1 a) **öfter, als in der Praxis angenommen, gegeben** [§ 17 A 2 c (2) (c)], weil es sich bei der Frage, ob schädliche Neigungen im Sinne des § 17 vorliegen, um die grundlegende „entweder-oder"-Entscheidung des JStr. Rechts handelt, wie auch die Spanne zwischen 4 Wochen JArrest und 6 Monaten JStr. zeigt. **Die erforderliche Klarheit wird oft** bei nur schwer durchschaubaren J **nicht gewonnen werden können,** auch nicht bei bisher unauffälligen Tätern, die nun wegen mehrerer nicht unerheblicher, aus der bisherigen Entwicklung nicht ableitbarer Taten vor Gericht stehen (Schaffstein S 123). — **Erfolgreich** wird die Entscheidung nach § 27 bes. dann sein, wenn die Möglichkeit besteht, den J aus seiner ungünstigen Umgebung zu bringen, bes. seine **Aufnahme in einem guten Heim** im Rahmen der Bew.Auflagen zu bewirken (§§ 29, 23, 10 I Z 2) oder wenigstens zu Beginn JA verbüßen zu lassen (s. A 4b).

b) Die **bedingte Verurteilung scheidet** also **aus,** (1) wenn schon die Schwere der Schuld eine JStr. erfordert (RL 1), (2) bei Bagatell-Delikten, die die Verhängung einer JStr. nie rechtfertigen (§ 17 A 1b), (3) bei anderen als den unter a) genannten Unklarheiten; hier sind Zweifel zugunsten des Täters zu beheben. (4) Ist der Täter zZ der Aburteilung schon erwachsen, sind die Voraussetzungen grds nicht mehr gegeben, weil dann die Entwicklung meist zu einem gewissen Abschluß gekommen ist. (5) Auch wo von einer Bewährungszeit keine günstige Beeinflussung erwartet werden kann (darüber s. § 21 FN 3), kommt eine Entscheidung nach § 27 JGG als erz. sinnlos nicht in Betracht; falls es nicht noch andere Möglichk. der Beeinflussung gibt, bleibt nur die JStr., weil alle anderen Maßnahmen nicht zur Bekämpfung der schädlichen Neigungen ausreichen.

c) Ob eine **Amnestie** der Anwendung des § 27 entgegensteht (so BGH 9/104ff; vgl § 15 II StrFrG 1954), ist zw.; die Ansicht des BGH zwingt den Ri. zu einer Feststellung, die er an sich (vgl § 27) nicht treffen kann.

3a) Nur wenn die festumrissenen **Voraussetzungen** vorliegen, **kann u. muß** die **Aussetzung** angeordnet werden. Andere, zB erz. Gründe berechtigen dazu nicht. Wegen dieser festumrissenen Voraussetzungen kann von einem Ausnahmecharakter der Vorschrift keine Rede sein (Dallinger-Lackner N 12). Die Gegenmeinung (Potrykus B 2, Schaffstein S 122) verkennt die Schwierigkeiten, denen die gewissenhafte Feststellung begegnet, schädliche Neigungen von so großem Umfang lägen vor, daß nur noch JStr. hilft [s. § 17 A 2c (2) (c)].

b) (1) Der Schuldspruch unterliegt der **beschränkten Auskunft** (RL 2, § 96 I); wegen der Frage, welche Folgen neben dem Schuldspruch angeordnete Maßregeln haben, vgl § 96 A 4 (2) **Anrechnung von UHaft** ist nur im Nachverfahren (§ 30) möglich, wenn JStr. verhängt wird (Potrykus NJW 56/635), oder bei der Anordnung von JA neben der Entscheidung nach § 27 (darüber s. § 27 A 4).

c) Der **JRi.** sollte die AO **nur** treffen, wenn sich ausnahmsweise **sicher** voraussehen läßt, daß bei einem Nachverf. JStr. nicht über ein Jahr oder unbestJStr. verhängt wird; andernfalls ist Abgabe vor Eröffnung des HauptVerf. [s. § 41 A 2a (1), A 3d] an das JSchöffG geboten, um zu vermeiden, daß ein anderes Ger. die Entsch. nach § 30 trifft (vgl § 62 A 2d) (Potrykus NJW 56/655f). Die Voraussetzungen einer Verweisung nach § 270 StPO liegen dagegen nur selten vor (§ 41 A 4 aE).

4a) Ob neben der Entscheidung nach § 27 außer den dort vorgesehenen Anordnungen für die Bew.Zeit **noch andere Maßnahmen** ergriffen werden dürfen, ist sehr umstritten. Klar ist, daß daneben Weisungen und bes. Pflichten als Bew.Auflagen (§§ 29, 23, 11, 15 JGG), nicht aber JStr. verhängt werden kann (§ 27 Wortlaut). Eine Verwarnung (§ 14) ist neben dem Gewicht der Entscheidung nach § 27 nicht am Platze (vgl FN 2!), ebensowenig die Anordnung der Erziehungsbeistandschaft (§ 12), weil durch die Bew.Aufsicht das gleiche Ziel besser, vor allem mit mehr Nachdruck angestrebt werden kann (vgl § 61 I S 2 JWG). Die Frage tritt also praktisch nur im Verhältnis zu Fürsorgeerziehung und JArrest auf und hat bei letzteren eine lebhafte Diskussion ausgelöst.

b) JArrest darf **neben der Entscheidung nach § 27 nach BGH** 18/207[4]) **nicht** angeordnet werden, weil durch das Verbot der gleichzeitigen Verhängung von JStr. und JArrest (§ 8 II S 2) der Grundsatz der Einspurigkeit des Freiheitsentzuges verwirklicht werde und dieser Grundsatz bei den verschiedenen Aufgaben und Anwendungsbereichen von JStr. und JArrest auch dann zu beachten sei, wenn die Verhängung nicht gleichzeitig erfolge, weil wegen einer Tat gegen den Täter nicht beide unterschiedliche Maßnahmen verhängt werden dürften; zudem dürfe JA schlechthin nicht verhängt werden, wenn schädliche Neigungen im Sinn des § 17 nicht ausgeschlossen werden könnten. Auch Potrykus (JR 61/407), Loesch (NJW 61/1151) und Voss (NJW 62/1095) lehnen diese Koppelung ab, weil jede Verbindung eine das Verfahren abschließende Entscheidung voraussetze, was bei § 27 gerade nicht der Fall sei; weil eine Doppelbestrafung vorliege, wenn im Nachverfahren auf JStr. erkannt würde; weil JArrest nicht verhängt werden dürfe, wenn seine Voraussetzungen und damit sein Erfolg zweifelhaft sei, uä[5]).

---

[4]) unter Bestätigung des vorlegenden OLG Düsseldorf NJW 62/1640; zu den Argumenten vgl FN 7.

[5]) zu den Argumenten vgl FN 7.

Unbestritten ist aber, auch von den Gegnern, daß die **Verbindung** des Ausspruches nach **§ 27 mit der Anordnung von JArrest** nach den praktischen Erfahrungen **zu erz. sehr guten Ergebnissen** geführt und in Genossensachen unbefriedigende Ergebnisse vermieden hat[6]). Ich kann nicht einsehen, daß der JRi. dieser erz. so sinnvolle und erfolgreiche Verbindung nicht treffen dürfen soll, obwohl — wie ebenfalls unbestritten ist — der **Wortlaut** des § 8 (und auch der anderer JGG Vorschriften) **nicht entgegensteht.** Denn die Aussetzung der Verhängung ist gerade nicht die Verhängung einer JStrafe (BGH 9/160 für 23 III S 2 StGB); selbst wo es zur Verhängung von JStr. im Nachverfahren (§ 30) kommt, wird diese nach, nicht neben dem JArrest ausgesprochen, meist wenn der JArrest längst vollstreckt ist. Wo das Gesetz Raum für die Auslegung läßt, muß im JRecht die erz. beste Lösung gewählt werden: die oben angeführten Argumente der Gegenmeinung glaube ich widerlegt zu haben[7]). Insbesondere ist darauf hinzuweisen, daß die Entscheidung nach § 27 nicht ein isolierter Schuldspruch, sondern eine echte jrichterl. Entscheidung ist mit Schuldfeststellung und Anordnung geeigneter Maßnahmen (A 1b). — Meine Meinung wird auch vom OLG Schleswig[8]) —, und in zwei Entscheidungen — vom Kammergericht[9]) geteilt.

Natürlich wäre bei vielen J, die so stark gefährdet sind, daß die Voraussetzungen des § 27 vorliegen, eine längere Entfernung aus der bisherigen Umgebung, also eine Unterbringung in geeigneten Heimen (vgl probations homes bzw. hosteles in England) im Rahmen der Bewährung durch entspr. Auflagen der beste Weg. Solche Möglichkeiten bestehen bei uns noch nicht oder in nur beschränktem Umfang. Die

---

[6]) Vgl Fundstellen oben 4b 1. Absatz sowie Martin LM § 8 JGG A 2 zu BGH. Vgl auch Dorsch BewH 60/38, 40, der sich aus seinen praktischen Erfahrungen meiner Meinung angeschlossen hat.

[7]) Grethlein NJW 57/1463, 62/1606, JR 62/161, 63/304.

Der BGH übersieht, daß JArrest auch verhängt werden kann, wenn schon einmal auf JStr. erkannt, das Vorliegen schädlicher Neigungen also bejaht wurde [vgl § 26 A 1c (1) mit FN 2, § 31 A 5b (6)], oder bei Ungehorsam gegen eine Bew.Auflage im Rahmen der Aussetzung der Verhängung der JStr. zur Bew. gem. § 27, weiter, daß oft JArrest verhängt wird, weil schädliche Neigungen nicht vorzuliegen scheinen, was sich später als Irrtum herausstellt. Der sog. Grundsatz der Einspurigkeit ist nur eine Erfindung ad hoc, sonst gebietet das Gesetz sogar 2 Strafen — einschließlich der Ersatzstrafen — (zB § 266 StGB); auch durch Maßregeln neben Strafen können zwei freiheitsentziehende Maßnahmen nebeneinander treten.

Die Ansicht, § 8 beziehe sich nur auf abschließende Entscheidungen, findet im Gesetz keine Stütze (vgl auch § 27 A 1b); im übrigen ist auch die Entscheidung nach § 27 in 5/6 der Fälle die Entscheidung, nach der nur noch festgestellt wird, daß es bei ihr sein Bewenden hat. — Eine Doppelbestrafung liegt nur vor, wenn wegen 1 Tat zwei Urteile ergehen, nicht schon, wenn die eine Sühne der Tat zwei Strafen sind (vgl § 266 StGB); im übrigen muß der vorher verbüßte JArrest auf eine später verhängte JStr. entspr. § 31 II S 2 angerechnet werden (§ 30 A 4d, eingehend Grethlein NJW 62/1606); vgl auch BGH 15/259, nach dem statt einer früher rechtskräftigen Geldstrafe eine Gefängnisstrafe verhängt werden kann, allerdings unter Rückzahlungsanordnung.

[8]) SchlHA 61/108.

[9]) 6. 2. 61 (3) 1 Ss 384/60 (106/60) NJW 61/1175; 15. 2. 61 (4) 1 Ss 363/60 (54/60) JR 61/190.

bedauerliche Lücke kann zu einem Teil durch die Verbindung mit JArrest geschlossen werden.

JArrest neben der Entscheidung nach § 27 ist also gegen BGH 18/207 zulässig und nützlich, damit in den geeigneten Fällen geboten.

c) Dieselbe Problematik besteht gegenüber der **Fürsorgeerziehung.** Mit Recht halten Dallinger-Lackner (N 13) diese Koppelung für zulässig (aA OLG Frankfurt NJW 55/603, Potrykus NJW 55/245f). Im Gegensatz zur Vorauflage bin ich auf Grund praktischer Erfahrung[10]) heute der Meinung, daß auch die Anordnung der Fürsorgeerziehung neben der Entscheidung **nach § 27** sinnvoll und erz.günstig sein kann.

d) Neben der Entsch. nach § 27 können, wo die Voraussetzungen vorliegen, die im JRecht zulässigen **Maßregeln der Sicherung und Besserung** (aA Hartung Strafregister § 96 JGG A 1a), **Nebenstrafen und Nebenfolgen** ausgesprochen werden. Denn die Entscheidung nach § 27 ist eine ebenso spezifisch jugendrechtliche Unrechtsreaktion, wie ErzM und ZuchtM, neben denen diese Entscheidungen zulässig sind (§ 8 III für Nebenstrafen und Nebenfolgen, § 5 III für Unterbringung, BGH 6/394 für Entziehung der Fahrerlaubnis); doch wird bei der Anordnung der Unterbringung in einer Heil- und Pflegeanstalt rglm eine Entscheidung nach § 27 gem. § 5 III entbehrlich sein.

5) Nachträgliche Entscheidung über die Verhängung von JStrafe: § 30; **Verf:** § 62 I; **Urteilsfassung und Begründung:** § 54 A 2d, 4a; **Rechtsmittel:** § 55 A 2a, 3.

§ 28

Bewährungszeit

1) Hw — J: § 105 I. — **2)** ErwH: § 104 I 1, V 2; s. § 62 A 2d (2).

Die Bewährungszeit beträgt mindestens ein Jahr und höchstens zwei Jahre. Sie kann nachträglich bis auf das Mindestmaß verkürzt oder vor ihrem Ablauf bis auf das Höchstmaß verlängert werden. Sie beginnt mit der Rechtskraft des Urteils, in dem die Schuld des Jugendlichen festgestellt wird.

1a) Die Bew.Zeit muß hier immer **zwischen 1 u. 2 Jahren** liegen. Die Dauer richtet sich nach der Zeit, die voraussichtl. zur Erkenntnis des Täters (§ 27 A 1b, 2a) notwendig ist. Solange die Unklarheit besteht, kann eine kürzere Bew.Zeit vor ihrem Ablauf ohne weitere Gründe bis zur Höchstgrenze von 2 Jahren verlängert werden.

[10]) In meinem Amtsbezirk befindet sich die einzige staatl. FE-Anstalt Bayerns, in der auch all die FE-Zöglinge sind, die in anderen Anstalten nicht gut tun. Natürlich kommt es zur Flucht und dabei meist zu Straftaten. In vielen Fällen hält der Anstaltsleiter die Fortführung der FE für erfolgversprechend; da dann die Voraussetzungen für die Verhängung von JStr. wegen schädlicher Neigungen nicht gegeben sind, andererseits aber auch häufig das Vorliegen schädlicher Neigungen nicht auszuschließen ist, wird oft nach § 27 JGG entschieden, nicht selten gekoppelt mit JArrest. Die Erfolge überwiegen die Mißerfolge bei weitem — trotz der meist sehr ungünstigen bisherigen Entwicklung. Der Schluß, daß die Koppelung der Entscheidung nach § 27 mit der Anordnung von FE auch sonst sinnvoll sein kann, liegt also nahe. Allerdings ist auch hier zu betonen, daß es besser ist, wenn die FE vom Vormundschaftsrichter angeordnet wird.

b) Im übrigen gilt das bei § 22 Gesagte (bes. A 1b, 2a) entspr.

2) Die **Strafverfolgungsverjährung** ruht in der Bew.Zeit (§ 69 I StGB).

3) Wegen **verfahrensrechtl. Fragen** vgl §§ 62 IV, 63 II, 58 I, II 1, 59 II, V. Eine Übertragung nachträgl. Entsch. oder gar des Verf. als Ganzes ist also nicht mögl. (s. § 62 A 2d).

§ 29

Bewährungsaufsicht

1) Hw—J: § 105 I; s. § 10 A 1c (2) u. § 15 A 1b. — **2)** ErwG: § 104 I 1, V 2; s. § 62 A 2d (2). — **3)** **Sold!** § 23 A 2b (2), § 25 A 5.

Der Jugendliche wird für die Dauer der Bewährungszeit unter Bewährungsaufsicht gestellt. Die §§ 23 bis 25 sind anzuwenden.

1) Der Unterschied zur StrAzBew. liegt darin, daß Aufl., Bew.Aufsicht u. BewH auch **darauf zugeschnitten** werden müssen, den **Täter zu erkennen** (§ 28 A 1a). **Daneben** darf aber nichts unversucht bleiben, den **Täter** günstig **zu beeinflussen,** zu einem rechtschaffenen Leben zu erz. (Potrykus B 1) und damit die Tat zu sühnen (ähnl. wie bei der StrAzBew.). Jagusch (§ 30 A 3c) betont in wenig jgem. Weise zu sehr den Ermittlungsgedanken. Wo ein geeignetes Heim zur Verfügung steht, verspricht eine Heimweisung gem. § 10 I Z 2 als Bew.Auflage in diesen kritischen Fällen oft den besten Erfolg.

2a) Die Folgen eines **Verstoßes gegen Aufl.** sind an sich die gleichen wie bei StrAzBew. (§ 26 A 1c); doch berechtigt dieser im Gegensatz zu § 26 II Z 3 nicht zur Verhängung von JStr. (vgl § 30 A 4b).

b) Im übrigen gilt das bei den §§ 23, 24, 25 Gesagte entspr.

3) Wegen der **verfahrensrechtl. Fragen** vgl § 28 A 3 u. § 64.

§ 30

Verhängung der Jugendstrafe; Tilgung des Schuldspruchs

1) **Hw—J:** § 105 I; s. § 30 A 1c (1). — **2)** **ErwG:** § 104 I 1, V 2.

(1) Stellt sich vor allem durch schlechte Führung des Jugendlichen während der Bewährungszeit heraus, daß die in dem Schuldspruch mißbilligte Tat auf schädliche Neigungen von einem Umfang zurückzuführen ist, daß eine Jugendstrafe erforderlich ist, so erkennt der Richter auf die Strafe, die er im Zeitpunkt des Schuldspruchs bei sicherer Beurteilung der schädlichen Neigungen des Jugendlichen ausgesprochen hätte. Eine Aussetzung dieser Strafe nach § 20 ist unzulässig.

(2) Liegen die Voraussetzungen des Absatzes 1 nach Ablauf der Bewährungszeit nicht vor, so wird der Schuldspruch getilgt.

1a) Im **Nachverf.** sind **nur 3 Entsch.** mögl.: Weitere Aussetzung der Verhängung (A 2), Tilgung des Schuldspruchs (A 3) u. Verhängung der JStr. (A 4).

b) Gegenstand der Entsch. ist die Tat, deretwegen der J nach § 27 schuldig gesprochen wurde. (1) **Eine Bindung an das Urteil nach § 27** besteht nur hinsichtl. des Schuldspruchs und der ihn unmittelbar tragenden Feststellungen (§ 27 A 1c). Im Nachverf. darf hier ebensowenig eine Nachprüfung einsetzen wie im Verf. über eine auf das Strafmaß beschränkte Ber. Eine **Bindung fehlt** nur dort, wo die im Schuldspruch bezeichnete Rechtsnorm keine strafrechtl. Folgen haben kann (Beihilfe, Versuch zur Übertretung; Ordnungswidrigk.), Prozeßvoraussetzungen fehlen oder Prozeßhindernisse gegeben sind (Verjährung, Strafantrag, ne bis in idem, Fehlen der JG-Zuständigk.)[0]). Das Verf. ist dann einzustellen (§§ 260 I, 206a StPO) (vgl insgesamt Dallinger-Lackner N 11—13 mit Nachweisen). (2) Das **Persönlichkeitsbild** des J ist dagegen selbständig und **ohne jede Bindung zu beurteilen** (Jagusch A 3a).

c) (1) Als **Unrechtsreaktion** kann auf Grund des Schuldspruchs **nur JStr.** verhängt werden, weil nur deren Verhängung im Urteil nach § 27 vorbehalten ist. Bei Hw findet deshalb im Nachverf. keine Prüfung nach § 105 mehr statt (Dallinger-Lackner § 105 N 83, Potrykus § 30 B 2, NJW 56/655 gegen NJW 55/246). Aus dem gleichen Grund ist es auch nicht möglich, zugleich mit der AO der Tilgung ErzM oder ZuchtM zu verhängen[1]). Die Tat ist — ähnl. wie bei StrAzBew. — mit dem erfolgreichen Abschluß der Bew.Zeit gesühnt [vgl § 21 A 1a (2) aE u. § 29 A 1]. (2) Die gebotenen erz. Einwirkungen sind während der Bew.Zeit vorzunehmen, die höchstens 2 Jahre betragen darf (§ 28). Die Bew.Auflagen können nicht über die Bew.Zeit hinaus aufrechterhalten werden (vgl § 23 A 2c). Über diese Zeit hinaus andauernde Maßnahmen sind erz. sinnlos, wenn zB auch aus den in § 27 A 4 genannten Gründen im Urteil noch länger dauernde Weisungen zulässig wären. Doch wurde schon dargelegt, daß Weisungen mit mehr als 2 Jahren Laufzeit kaum gerechtfertigt werden können [§ 10 A 1b (5)].

2) Ergibt eine zur Festsetzung der JStr. in der Bew.Zeit anberaumte Verh. nicht die Voraussetzungen für die Verhängung von JStr. (A 4a, b), so muß die Entsch. über die **Verhängung weiterhin ausgesetzt** bleiben (§ 62 III), falls nicht die Bew.Zeit inzwischen — uU durch Verkürzung — abgelaufen ist. Die Tilgung des Schuldspruchs vor Ablauf der Bew.Zeit oder die AO von ErzM oder ZuchtM (vgl A 1c) ist nicht mögl. Konnte der Täter näml. trotz eingehender Persönlichkeitserforschung

---

[0]) Vgl auch im Text A 4b aE.
Wie hier für das allg. Recht ObLG 63/157, nach dem das Rechtsmittelgericht trotz Rechtskraft des Schuldspruches ein VerfHindernis auch dann zu beachten hat, wenn es nur einen von mehreren rechtl. Gesichtspunkten betrifft und daher nicht zur Einstellung des Verf. im Ganzen führt.

[1]) BGH 18/207, 211, Dallinger-Lackner N 9 mit eingehenden Nachweisen über die Absichten des Gesetzgebers, Schaffstein S 124; aA OLG Schleswig NJW 58/34 = EJF C I 40, Jagusch A 3c, Potrykus B 1c, NJW 55/246.

in der Verh. nach § 27 nicht erkannt werden, ist eine Beobachtung während der Bew.-Zeit, also mindestens 1 Jahr (eine längere Bew.Zeit kann verkürzt werden: § 28 S 2) erforderl., um zu sicheren Ergebnissen zu kommen und Trugschlüsse zu vermeiden. Das hat das Ges. in §§ 30 II, 62 III hinreichend deutl. zum Ausdruck gebracht (Dallinger-Lackner N 17, aA Jagusch A 3c, Potrykus B 2c, OLG Schleswig NJW 58/34).

3) Ist während der Bew.Zeit keine Str. ausgesprochen worden und ergibt sich auch bei den Schlußermittlungen und auf Grund der in der ganzen Bew.Zeit gesammelten Erfahrungen keine Notwendigk. für die Verhängung von JStr. (A 4a, b), so muß der **Schuldspruch getilgt** werden (durch Urteil oder Beschl.: § 62 I, II). Die Entsch. soll möglichst rasch ergehen (Dallinger-Lackner N 19).

4a) Auf **JStr.** kann **im Nachverf. durch Urteil** (§ 62 I S 1; vgl § 62 A 2) erkannt werden, **sobald** der Schuldspruch rechtskräftig ist (Dallinger-Lackner § 62 N 13) und sich herausstellt, daß zZ der Entsch. nach § 27 schädl. Neigungen von einem die Verhängung von JStr. erfordernden Umfang vorgelegen haben. Dies ist während der ganzen Bew.Zeit **bis zur Tilgung** des Schuldspruchs (vgl § 26 A 1a) mögl.

b) Der Verstoß gegen Bew.Aufl. genügt ebensowenig wie allg. schlechte Führung oder neue strafbare Handlungen (vgl dazu BGH 9/160, 162; § 31 A 5). Solche Vorkommnisse können vielmehr nur als Indiz dafür gewertet werden, daß die Voraussetzungen für den Erlaß einer JStr. bereits im Verf. nach § 27 vorgelegen haben. In gleicher Richtung können auch andere Umstände gewertet werden, auch wenn sie schon vor der Entsch. nach § 27 lagen. **Alle** ermittelten **Umstände** dürfen (vgl. § 26 II Z 1) also **nur zur Erkenntnis der Täterpersönlichk.**, bes. des Umfangs der schädl. Neigungen und der Möglichk. der erz. Beeinflussung, herangezogen werden. Deshalb ist auch die JStr. so zu bemessen, wie sie bei der Entsch. nach § 27 bei sicherer Erkenntnis der Täterpersönlichk. bemessen worden wäre; das **Verhalten in der Bew.Zeit** kann **nie** zur **Strafschärfung** führen. Nur darf hier die **JStr. nie zur Bew. ausgesetzt** werden. — Stellt sich erst im Nachverfahren heraus, daß der Täter **zurechnungsunfähig** (§§ 51 I, 55 I StGB) oder noch **strafunmündig** (§ 3) ist, kann bei noch so negativer Persönlichkeitsbeurteilung **keine JStr.** verhängt werden, weil die grundlegende Voraussetzung für die Verhängung einer Strafe fehlt und weil diese auch kein geeignetes Mittel gegen diesen Täter ist; vgl auch oben A 1b (1).

c) Es kann **nur JStr.**, jedoch in jedem Umfang **verhängt** werden (vgl auch A 1c). Die Erkenntnis der Täterpersönlichk. führt häufig zur Verhängung von unbestJStr. (§ 27: „nicht mit Sicherheit beurteilt", § 19: „nicht voraussehen"); über das Verf. in diesem Falle, wenn der JRi. (§ 39) die Entsch. nach § 27 getroffen hat, s. § 62 A 2d.

d) Vor dem Schuldspruch (§ 27) verbüßte **UHaft** kann gem. § 52 angerechnet werden (Potrykus NJW 56/655), ebenso in der Bew.Zeit erlittene UHaft [§ 62 A 2b (2)]. War neben der Entscheidung nach § 27 **JArrest verhängt** worden (vgl § 27 A 4b), muß die Vollzugszeit entspr. § 31 II S 2 **voll angerechnet** werden, wenn im Nachverfahren **auf JStr.** erkannt wird (eingehend Grethlein NJW 62/1606).

5) Verfahrensrechtl. Fragen § 62, **Anfechtung** § 63, **Urteilsfassung** § 54 A 2d, 4a.

Siebenter Abschnitt

Mehrere Straftaten

§ 31

Mehrere Straftaten eines Jugendlichen[0])

1) Hw — J: § 105 I. — 2) ErwG: § 104 I 1.

(1) Auch wenn ein Jugendlicher mehrere Straftaten begangen hat, setzt der Richter nur einheitlich Erziehungsmaßregeln, Zuchtmittel oder eine Jugendstrafe fest. Soweit es dieses Gesetz zuläßt (§ 8), können ungleichartige Erziehungsmaßregeln und Zuchtmittel nebeneinander angeordnet oder Maßnahmen mit der Strafe verbunden werden. Die gesetzlichen Höchstgrenzen des Jugendarrestes und der Jugendstrafe dürfen nicht überschritten werden.

(2) Ist gegen den Jugendlichen wegen eines Teils der Straftaten bereits rechtskräftig die Schuld festgestellt oder eine Erziehungsmaßregel, ein Zuchtmittel oder eine Jugendstrafe festgesetzt worden, aber noch nicht vollständig ausgeführt, verbüßt oder sonst erledigt, so wird unter Einbeziehung des Urteils in gleicher Weise nur einheitlich auf Maßnahmen oder Jugendstrafe erkannt. Die Anrechnung bereits verbüßten Jugendarrestes steht im Ermessen des Richters, wenn er auf Jugendstrafe erkennt.

(3) Ist es aus erzieherischen Gründen zweckmäßig, so kann der Richter davon absehen, schon abgeurteilte Straftaten in die neue Entscheidung einzubeziehen. Dabei kann er Erziehungsmaßregeln und Zuchtmittel für erledigt erklären, wenn er auf Jugendstrafe erkennt.

Richtlinien zu § 31:

1. Ein rechtskräftiges Urteil wird im Gegensatz zu § 79 StGB auch einbezogen, wenn die weitere Straftat nach seiner Verkündung begangen worden ist.
2. Ist durch das frühere Urteil Jugendstrafe verhängt und die Vollstreckung nach § 20 zur Bewährung ausgesetzt worden, so bedarf es zur Einbeziehung nicht des Widerrufs der Aussetzung. Das gleiche gilt, wenn nach §§ 88, 89 während der Vollstreckung einer Jugendstrafe Entlassung zur Bewährung angeordnet worden ist. Ist in dem früheren Urteil nach § 27 lediglich die Schuld festgestellt worden, so wird durch die Einbeziehung dieses Urteils auch das ihm zugrunde liegende Verfahren erledigt.
3. Bei der neuen Entscheidung ist von den tatsächlichen Feststellungen und dem Schuldspruch des einzubeziehenden rechtskräftigen Urteils auszugehen. Es wird jedoch insoweit erneut Beweis zu erheben sein, als dies für die Gesamtbeurteilung des Angeklagten, insbesondere im Hinblick auf die Festsetzung einer neuen Maßnahme oder Jugendstrafe, erforderlich ist.

---

[0]) **Literatur:** Frisch: Zur Einheitsstrafe des § 31 JGG in NJW 59/1669; Potrykus: Zur Einbeziehung im JStr.Recht in NJW 59/1064.

4. Ist wegen der neuen Straftat eine Verschärfung des früheren Urteils nicht angemessen, so verfährt der Staatsanwalt in der Regel nach § 154 StPO. Dies gilt auch, wenn es ausreicht, die Aussetzung einer Jugendstrafe zur Bewährung (§ 26) oder eine Entlassung zur Bewährung (§§ 88, 89) zu widerrufen oder ein nach Schuldspruch ausgesetztes Verfahren fortzusetzen (§ 30).
5. Eine in dem einbezogenen Urteil angerechnete Untersuchungshaft wird ebenso wie ein wegen einer Untersuchungshaft nicht vollstreckter Jugendarrest in der entsprechenden Höhe auch in der neuen Entscheidung zu berücksichtigen sein.

1) **§ 31 regelt nur die bes. Folgen der Tatmehrheit im JR.** Ob Tatmehrheit oder Tateinheit, ob eine fortgesetzte Handlung, eine natürl. Handlungseinheit oder ein Dauerdelikt vorliegt, bestimmt das allg R. Trotz gleicher materieller Folgen (A 2 u. 3) muß die Frage der Konkurrenz, bes. aus verfahrensrechtl. Gründen [vgl § 55 A 1c (2) (3)], auch im JRecht beantwortet werden (Dallinger-Lackner N 4, Jagusch A 4a, Potrykus NJW 59/1064, Schaffstein S 58).

2) Wo eine Handlung vorliegt (**Tateinheit, fortgesetzte Handlung, natürl. Handlungseinheit, Dauerdelikt**), ist auf **nur eine Unrechtsfolge** zu erkennen, die allerdings gem. § 8 aus mehreren Maßnahmen bestehen kann. Über den Strafrahmen vgl A 3.

3) **Auch bei mehreren Handlungen** kennt das JR **nur eine Unrechtsfolge**, gleich wie wenn nur eine Handlung vorläge. Das gilt **ausnahmslos, wenn** alle Taten **in einem Verf.** abgeurteilt werden. Als Täter- u. Erz.StrR hat das JR weniger die Ahndung der mehreren Taten als die erz. Beeinflussung des einen Täters im Auge; diese aber kann nur einheitl. sein (Grundsatz der Wirkungseinheit, Einheitsprinzip). Es stehen alle Maßnahmen (§§ 6, 7; 9—30) u. alle Verbindungsmöglichkeiten (§ 8) des JGG zur Verfügung. — **Der Strafrahmen** ist der gleiche wie bei einer Tat; auch die Höchstgrenzen der einzelnen Maßnahmen (zB 4 Wochen bei JA) sind zu beachten; gilt für eine der mehreren Taten der erhöhte Strafrahmen der §§ 18 I S 2, 105 II, so ist dieser für alle einheitl. zu ahndenden Taten maßgebend. — Wegen der Auswirkungen vgl A 4d, bes. (2), (3).

In eine Einheitsstrafe einbezogen werden können freilich nur solche Taten, die vom deutschen Gericht verfolgt werden können. So hat der Grundsatz der Spezialität des **Auslieferungsrechts** den Vorrang: soweit hiernach eine Strafverfolgung ausgeschlossen ist, kann kein Schuldspruch und damit keine Einbeziehung erfolgen; das Verfahren wegen solcher Taten muß vorläufig eingestellt werden. Werden auch solche Taten einbezogen, ist das Urteil anfechtbar, aber nicht nichtig (Grethlein NJW 63/945 mit Fundstellen, bes. BGH 15/125; vgl §§ 6, 31 DAG, Richtlinien für den Verkehr mit dem Ausland in strafrechtl. Angelegenheiten). — In **Staatsschutzsachen** bleibt es bei der Zuständigkeit des **OLG** gem. § 134 a I GVG, wenn eine neue, einzubeziehende Tat wegen ihres geringen Gewichts die Beurteilung der Gesamtsache als Verf. minderer Bedeutung nicht in Frage stellt (KG bei Wagner GA 62/213).

4) Das erz. gebotene Prinzip der **EinheitsStr.** (besser: einheitl. Maßnahme) **gilt grds** (Ausnahme: A 5) **auch,** wenn mehrere Taten eines J **in verschiedenen Verf.** abgeurteilt werden.

a) Auch wenn die Voraussetzungen des ErwR für die Bildung einer GesamtStr. nicht vorliegen (RL 1), wird die frühere Entsch. in das neue Urteil einbezogen, wenn **vier Voraussetzungen** vorliegen. **(1)** Die **frühere Entsch.** muß **rechtskräftig** sein (sonst § 66; s. dort A 1a (3), b). **(2)** Die **Maßnahmen** der früheren Entsch. dürfen **noch nicht vollständig ausgeführt,** verbüßt oder erledigt sein; die Einbeziehung ist zB nicht mögl., wenn Gebote oder bes. Pflichten erfüllt sind, wenn die Zeit abgelaufen ist, für die ein Verbot ausgesprochen ist, wenn eine Weisung oder eine bes. Pflicht nicht mehr erfüllt werden kann (Tod des Beleidigten vor Entschuldigung, schwere Kinderlähmung des Verurteilten vor Erfüllung der Arbeitsaufl.), wenn die Verwarnung vollzogen ist (§ 14 A 2a), wenn die FE oder ErzBeistandsch. beendet ist (§§ 75, 61 JWG), wenn JA restlos verbüßt ist (RG DJ 43/157), von seiner Vollstr. abgesehen wird (87 III) oder wenn 1 Jahr seit Rechtskraft seiner Verhängung abgelaufen ist (§ 87 IV), wenn bei Aussetzung der Verhängung der JStr. die Entsch. im Nachverf. (§ 30) rechtskräftig ist (die auf JStr. lautende Nachentsch. ist nach allg. Gesichtspunkten einbeziehbar), wenn eine JStr. ganz verbüßt ist oder wenn Vollstr.Verjährung (§ 4 A 2), Straferlaß, Gnadenerweis oder Amnestie der Vollstr. entgegensteht. — Ist ein Teil der Maßnahmen erledigt, werden nur die übrigen einbezogen. **(3)** Aus dem früheren Urteil müssen noch **ErzM, ZuchtM, JStr.** oder die Aussetzung der Verhängung der JStr. **übrig**geblieben sein **und** solche Maßnahmen müssen **auch wegen der neuen Tat** zu verhängen sein. Sind nur noch NebenStr.,-Folgen, Maßregeln der Sicherung u. Besserung aus dem alten Urteil übrig oder sind im neuen Verf. nur solche zu treffen, unterbleibt die Einbeziehung, weil mit diesen keine spezifisch erz. Zwecke verfolgt werden (Dallinger-Lackner N 11). — Wegen Einbeziehung von ErwStr. s. § 32 A 2. **(4)** Die Einbeziehung darf **nicht erz. unzweckmäßig** sein (III, A 5).

Liegen diese Voraussetzungen vor, **muß die frühere Strafe einbezogen** werden. Schwierigkeiten hinsichtl. der Höchstgrenze der JStr. berechtigen nicht dazu, von der Einbeziehung abzusehen, falls nicht dadurch erz. Bedenken gegen die Einbeziehung begründet werden [Frisch NJW 59/1669, wohl auch Dallinger-Lackner N 46; vgl A 5b (4), (7); aA Potrykus NJW 59/1064 unter Mißachtung des Wesens der Einheitsstrafe].

b) Die **Einbeziehung besteht darin,** daß der Gesamtkomplex einheitl. bewertet und Unrechtsfolgen wie bei gleichzeitiger Aburteilung ausgesprochen werden. Einbezogen werden also nicht nur die Maßnahmen des früheren Urteils, sondern dieses selbst **mit seinem Schuldspruch** (OLG Schleswig EJF C I 46, Potrykus NJW 59/1064; Urteilsformel: § 54 A 2b). (1) Der Schuldausspruch des einbezogenen Urteils und die ihn tragenden Feststellungen sind bindend (BGH GA 53/83, Dallinger-Lackner N 25, Jagusch A 4b aa); es gilt das bei § 30 A 1b Ausgeführte. Dagegen ist die **Bindung** durch die Rechtskraft hinsichtl. der Straffrage nur beschränkt. Die dazu getroffenen Feststellungen unterliegen der freien Beweiswürdigung (Jagusch A 4b bb), eine Wiederholung der früheren Beweisaufnahme ist jedoch ausgeschlossen. Denn die alten Taten werden nicht neu abgeurteilt, andererseits soll eine etwaige bessere Erkenntnis der Täterpersönlichk. nicht unbeachtet bleiben (Dallinger-Lackner N 26; vgl RL 3). (2) Die Rechtskraft führt auch dazu, daß die neuen Maßnahmen **nicht milder** (s. § 55 A 4) sein dürfen als die des früheren Urteils (zB kein JA, wenn früher JStr. verhängt war). Eine Ausnahme gilt für ErzM, da es bei ihnen nur auf das Erz.Bedürfnis ankommt (Dallinger-Lackner N 29f, Jagusch A 4b bb). (3) JStr. oder JA des früheren Urteils werden **ganz einbezogen,** auch wenn schon ein Teil verbüßt ist (BGH 16/335 und BGH bei Herlan GA 63/105; vgl § 41 Str.Vollstr.O). Die unbest. JStr. ist nach Umwandlung (§§ 19 III, 89 III, IV) in der vollen Höhe der (bestimmten) Umwandlungsstrafe (s. § 89 A 2c) einzubeziehen (OLG Celle GA 60/86 = ZBl 60/27 = EJF C I 63; OLG Schleswig EJF C I 46). Die verbüßten Teile werden (s. § 54 A 2f aE) ausdrücklich voll **angerechnet,** ebenso im früheren Urteil bereits angerechnete UHaft (RL 5), nicht dagegen UHaft des früheren Verfahrens, die im früheren Urteil ausdrücklich nicht angerechnet wurde (Rechtskraft!). Ein zum Teil verbüßter JA aus dem früheren Urteil kann angerechnet werden, wenn auf JStr. erkannt wird (II S 2). (4) Die AO der StrAzBew. (§ 20), der Aussetzung der Verhängung der JStr. (§ 27) u. der Entlassung zur Bew. werden dabei hinfällig (RL 2). Eine Anrechnung der früheren Bew.Zeit auf die neue Bew.Zeit ist ausgeschlossen (Potrykus NJW 59/1065). (5) Früher angeordnete Maßregeln der Sicherung u. Besserung, NebenStr. u. -Folgen müssen in den Einheitsstrafspruch ebenfalls aufgenommen werden. (6) Kosten: § 74 RL 2 S 2, 3; 3 S 4. Wird entgegen § 74 RL 2 S 2, 3 unter Verletzung der Rechtskraft in dem neuen Urteil § 74 voll angewandt, während im ersten Urteil dem Angekl. Kosten aufgebürdet waren, sind schon bezahlte Kosten zurückzuvergüten, weil nur noch das 2. Urteil besteht (s. A 4c) und deshalb die Staatskasse ungerechtfertigt bereichert ist (vgl BGH 15/259; aA Potrykus NJW 59/1066 in — nicht gerechtfertigter — entspr. Anwendung des § 26 III). (7) Wegen der sich aus dem Auslieferungsrecht ergebenden Schwierigkeiten und ihrer Behebung s. oben A 3 Abs. 2 und eingehend Grethlein NJW 63/945.

c) Mit der Einbeziehung fallen die Rechtsfolgen der einbezogenen Entsch. weg, als wäre diese Entsch. nicht ergangen. Es **gilt nur noch die neue Entsch.** Die nicht ausdrückl. aufrechterhaltenen ErzM u. ZuchtM des früheren Urteils werden zB gegenstandslos, ob sie verbüßt sind oder nicht (vgl BGH 14/381). Wird die neue wie die alte JStr. zur Bew. ausgesetzt, müssen eine neue Bew.Zeit [ohne Anrechnung der alten — s. A 4b (4)] festgesetzt, neue Auflagen erteilt und ein neuer Bew.Plan aufgestellt werden, da die auf die Bew. bezogenen früheren Anordnungen mit dem Wegfall der Strafaussetzung der früheren Entscheidung, auf die sie allein gegründet waren, ebenfalls gegenstandslos geworden sind (aA hinsichtl. der Auflagen Potrykus NJW 59/1065 FN 9 ohne Begründung).

d) Weitergehende Folgen als die der Vereinheitlichung aller gegen diesen Täter getroffenen Maßnahmen **hat** die Bildung einer **Einheitsstrafe nicht.** (1) So liegt zB Rückfall vor, wenn eine JStr. teilweise verbüßt ist, der Rest in eine neue JStr. einbezogen ist, die wegen einer nach der Teilverbüßung der ersten Str. begangenen Tat verhängt ist, und der Täter nach Verbüßung der EinheitsStr. wieder straffällig wird[1]). (2) Weiter hindert die EinheitsStr. auch nicht die Teilanfechtung des Schuldspruchs [s. § 55 A 1c (2)]; (3) sie ändert auch nichts daran, daß Verfahrensverstöße vom Rev.Ger. nur auf ausdrückl. Rüge beachtet werden (s. § 55 A 1d). — Die **einheitl. Ahndung betrifft nur die Straffrage** und beeinflußt nicht den Prozeßgegenstand (ausführl. Dallinger-Lackner N 15—22 vor § 55).

e) (1) Die unberechtigte (s. A 5) **Unterlassung der Einbeziehung ist ein Anfechtungsgrund,** der der Beschränkung des § 55 I nicht unterliegt [§ 55 A 2b (2) (a)], wohl aber der Beschränkung des § 55 II. Die Anfechtung eines Urteils kann **nicht darauf beschränkt** werden, daß eine nicht verbüßte JStr. nicht einbezogen wurde; denn die sich aus § 31 II, III ergebenden Fragen können nicht von den übrigen Strafzumessungserwägungen getrennt werden (BGH bei Herlan GA 63/105). (2) Umgekehrt hindert das **Verschlechterungsverbot** nicht eine Erhöhung einer EinheitsJStr. um den bereits verbüßten Teil der einbezogenen JStr. eines früheren Urteils, wenn in dem aufgehobenen Urteil rechtsirrig nur der noch nicht verbüßte Teil der JStr. aus dem früheren Urteil einbezogen war (BGH 16/335 und BGH bei Herlan GA 63/105).

f) Auf Grund der übergeordneten Normen des **Auslieferungsrechts** kann es noch im Vollstreckungsverfahren zu einer Ausgliederung eines Teiles der Taten kommen (näher Grethlein NJW 63/945, 946).

5a) Die Bildung der EinheitsStr. kann unterbleiben, wenn dies **erz. zweckmäßig** ist und die Taten Gegenstand **mehrerer Verfahren** sind (kein Zwang zur Verbindung: BGH 10/100, 101). Beachte aber A 3, 4!

b) Eine **EinheitsStr.** sollte **zB** in folgenden Fällen **nicht** gebildet werden: (1) wenn die übriggebliebenen Maßnahmen der früheren Urteile gegen die Reaktion des neuen Urteils ohne Bedeutung sind; die früheren Maßnahmen können für erledigt erklärt werden; (2) wenn die neuen Taten keine wesentl. selbständige Bedeutung haben; hier ist Einstellung nach § 154 StPO zu erwägen, gegebenenfalls mit Widerruf einer StrAzBew. oder einer Entlassung zur Bew. (§§ 88 V, 89 II) oder unter Einleitung des NachVerf. nach § 30 (RL 4); auch die Abänderung von Bew.Aufl. kommt in Betracht oder die Verlängerung der Bew.Zeit (Dallinger-Lackner N 48); (3) wenn die neue Tat eine auf einer ganz anderen Ebene liegende Gelegenheitstat oder ein aus einer bes. Situation entsprungener Rückfall in die an sich schon überwundene frühere Haltung ist. Hier ist der Ausspruch einer neuen Maßnahme zu empfehlen, die neben die alte tritt, aber auf sie abzustimmen ist (vgl Potrykus NJW 56/654f, auch Grethlein NJW 57/1462); (4) wenn die Einbeziehung zu einer unverhältnismäßig langen JStr. zwingen würde, etwa wenn das frühere Urteil auf unbestJStr. lautet und noch ein nach § 89 III festgesetzter Strafrest besteht; hier sollte eine neue selbständige Str. neben den Strafrest treten; (5) wenn die neue Maßnahme den Vollz. der früheren nicht hindert, bes. wenn eine Bew. uU nach anfängl.

[1]) BGH 7/300, Grethlein NJW 54/1591, Dallinger-Lackner N 35, Jagusch A 4b bb gegen die frühere allgM, zB OLG Hamm NJW 52/1028 = JZ 52/630 = JR 52/411, Potrykus DRiZ 53/106, von der auch noch der Ges.Geber des JGG ausgegangen ist (schriftl. Bericht des Ausschusses für Rechtswesen u. Verfassungsrecht über den Entwurf eines Ges. zur Änderung des RJGG vom 5. 6. 1953 S 7 bei Dallinger-Lackner N 1).

Schwierigkeiten erfolgreich angelaufen ist; (6) wenn eine Ergänzung der früheren Maßnahmen geboten ist, die im Wege des § 31 II wegen des Koppelungsverbotes (§ 8) nicht mögl. ist; zB wenn bei StrAzBew. der Fall o. (2) nicht vorliegt, andererseits auch eine Erhöhung der JStr. nicht gut wäre, während die AO von JA oder FE neben der bisherigen JStr. mit StrAzBew. eine wirksame Beeinflussung des Täters verspricht (vgl bes. Grethlein NJW 57/1462, auch Dallinger-Lackner N 49); (7) wenn eine EinheitsStr. wegen der Höhe nicht mehr zur Bew. ausgesetzt werden könnte, obwohl StrAzBew. aus bes. Gründen noch zu vertreten ist. Erfolgt keine Einbeziehung, kann näml. die neue JStr. ebenfalls zur Bew. ausgesetzt werden, auch wenn die Summe beiderJStr. 1 Jahr übersteigt, da § 20 nur für jede Str. einzeln gilt (Potrykus NJW 56/654f, 59/1064f); (8) wenn im früheren Urteil FE angeordnet ist, die noch nicht erledigt ist (überzeugend Potrykus NJW 59/1066).

c) Dagegen ist es **niemals** erz. zweckmäßig, **JArrest neben JArrest oder JStr. neben JStr.** bestehen zu lassen, **wenn** dadurch praktisch die vom Gesetzgeber sorgsam gerade unter Beachtung erz. Gesichtspunkte ermittelten Höchstgrenzen überschritten werden (Schaffstein S 61, aA wohl Potrykus NJW 59/1064). Dies gilt nicht für die in A 5b (7) erwähnten Fälle, da die Höhe der zur Bew. aussetzbaren JStr. weniger nach erz. Gesichtspunkten als nach dem Sühnegedanken festgesetzt ist.

6a) Das Einheitsprinzip gilt **für Urteil u. jrichterl. Verfügg.**, wenn bei dieser auch häufig nach III zu verfahren sein dürfte. **Nicht** gilt es für Maßnahmen **nach §§ 45, 47.**

b) Das **Einheitsprinzip** gilt **auch bei** mehreren Zuwiderhandlungen gegen Weisungen oder bes. Pflichten (§§ 11 II, 15 III, 75 III), jedoch — wegen der Besonderheit dieser Reaktion als Ahndung eines Einzelverstoßes, nicht des Gesamtverhaltens — nicht im Verhältnis dieser Zuwiderhandlungen zu Straftaten (Dallinger-Lackner N 55, aA Potrykus § 11 A 8).

c) Die EinheitsStr. kann **auch nachträgl.** gebildet werden (§ 66).

7) Urteilsfassung: § 54 A 2f. Bedeutung im **Rechtsmittel- und Wiederaufnahmeverf.**: § 55 A 1c (2), 5a (1). **Zuständigk.**: § 41 A 7. **Taten in verschiedenen Altersstufen:** § 32 A 1. **Amnestie:** Dallinger-Lackner § 2 N 13.

§ 32

Mehrere Straftaten in verschiedenen Alters- und Reifestufen

1) Hw — J: § 105 I. — **2) ErwG:** § 104 I 1.

Für mehrere Straftaten, die gleichzeitig abgeurteilt werden und auf die teils Jugendstrafrecht und teils allgemeines Strafrecht anzuwenden wäre, gilt einheitlich das Jugendstrafrecht, wenn das Schwergewicht bei den Straftaten liegt, die nach Jugendstrafrecht zu beurteilen wären. Ist dies nicht der Fall, so ist einheitlich das allgemeine Strafrecht anzuwenden.

1a) Diese Vorschrift gilt **bei Tatmehrheit**[0]. Sie wird erst angewendet, **wenn** feststeht, daß ein **Teil der Taten nach JR,** ein **anderer nach ErwR** abzuurteilen wäre. Das

[0]) Dauerdelikt und fortgesetzte Handlung: s. A 3.

ist nicht der Fall, wenn die Taten mit 17 u. 19 Jahren begangen wurden, für die späteren Taten aber die Voraussetzungen des § 105 I vorliegen, oder wenn die Taten mit 20 u. 22 Jahren begangen wurden, für keine Tat aber § 105 I zutrifft. Im ersten Fall sind alle Taten nach JR, im zweiten alle nach ErwR abzuurteilen. Bei Zweifeln über das Alter: § 1 A 2c.

b) Folge des Zusammentreffens von Taten, die getrennt teils nach JR und teils nach ErwR abzuurteilen wären, ist, daß **für alle Taten einheitl. entweder JR oder ErwR** angewendet wird. Kommt JR zur Anwendung, ist eine EinheitsStr. (§ 31) zu bilden. Andernfalls sind für alle Taten — also auch für die vor Vollendung des 18. Lebensjahr begangenen — EinzelStr. des ErwR auszuwerfen und im Rahmen der §§ 74ff StGB ggf eine GesamtStr. zu bilden (BGH bei Herlan GA 54/309). Wo keine GesamtStr. zu bilden ist (Geld- oder HaftStr.), wird also auch für eine JStraftat eine Geld- oder HaftStr. ausgesprochen. Die Lage ist so, als wären im ersten Fall alle Taten JTaten, im zweiten Fall nur ErwTaten. Jedoch ist bei der Straffrage im ersten Fall zu berücksichtigen, daß die Persönlichkeitsentwicklung bereits fortgeschritten ist [vgl § 1 A 2a (2)]; im zweiten Fall ist das j. Alter bei den früheren Taten zu beachten.

c) Ob ErwR oder JR anzuwenden ist, entscheidet das **Schwergewicht**[1]) der Taten, wobei bei Zweifeln nach dem klaren Wortlaut des Ges. ErwRecht gilt (BGH 12/129, 134, Dallinger-Lackner N 11; aA Potrykus B 4, wohl auch Schaffstein S 49). Das Schwergewicht liegt bei den Taten, deren Unrechtsgehalt nach der äußeren und inneren Tatseite die größere Bedeutung für die Persönlichkeitsentwicklung des Täters und für die Allgemeinheit zukommt. Voraussetzungen der Entsch. sind eine Gesamtwürdigung der Täterpersönlichk. und die Aufklärung der Tatwurzeln (BGH 6/6, 7). Zahl und äußere Schwere der Taten sind höchstens Anzeichen (BGH JR 54/271: Mord u. Mordversuch als J, drei Raubtaten als Erw.: ErwR); wichtiger ist, ob die Taten persönlichkeitsentsprechend oder -fremd sind (wofür Verführung oder Gelegenheit zur Tat bedeutsam sind), ob die späteren Taten aus den früheren entstanden sind (BGH 6/6, 7, OLG Bremen JZ 51/310), ob sie eine Entwicklung eingeleitet haben oder das Ergebnis einer inzwischen abgeschlossenen Altersentwicklung sind (Dallinger-Lackner N 8). Zu beachten ist, daß der Weg zum Verbrechen grds schwerer ist als die Fortsetzung (OLG Bremen MDR 51/569, Potrykus B 4). Für die Abschätzung des Schwergewichts ist deshalb auch vom Zeitpunkt des Urteils auszugehen (Dallinger-Lackner N 9, Jagusch A 2, OLG Bremen MDR 51/569; aA Potrykus B4: Zeit der Tat).

2a) Das Ges. verlangt weiter **gleichzeitige Aburteilung.** Der BGH[1a]), Schaffstein S 50 und wohl auch Potrykus (B 2) halten deshalb und, weil JStr. und Gefängnis

---

[1]) **Literatur:** Potrykus: Zur Frage der Bestimmung des Schwergewichts nach § 32 JGG (aus der Rechtsprechung) RdJ 56 H 6.

[1a]) BGH 14/287 (erneute Straffälligk. nach Volljährigkeit, vorherige JStraftat noch nicht abgeurteilt) wie 10/100, 103 (bei getrennter Aburteilung wegen Rechtsmittelbeschränkung); a. BGH LM § 32 JGG Nr. 4 unter II 2 (bei Teilanfechtung und Teilaufhebung), vgl § 55 A 1c (3) (a).

wesensverschieden sind (§ 17 A 1), eine Zusammenfassung von rechtskräftigen Urteilen, deren eines JR, deren anderes ErwR angewendet hat, nicht für zulässig. Doch will der BGH (14/287) diese Härte durch entsprechende Minderung der Strafhöhe ausgleichen (vgl Kohlhaas EJF C I 67). Bedenkt man aber, daß eine dem Täter günstige Zusammenfassung mehrerer rechtskräftiger ErwStr. nach §§ 79 StGB, 460 StPO und mehrerer rechtskräftiger j. richterlicher Maßnahmen darüber hinaus nach §§ 31, 66 mögl. ist, daß weiter eine GefängnisStr. in einer JStr.Anstalt u. eine JStr. im Gefängnis vollstreckt werden kann (§§ 92 II, 114), so wäre zB das Nebeneinander von unverkürzter Gefängnis- u. JStr., die uU hintereinander in der gleichen Strafanstalt verbüßt werden, eine durch nichts gerechtfertigte unbillige Härte. Überdies ist es erz. wenig sinnvoll, wenn zB JA nach einer GefängnisStr. verbüßt wird (Scheunemann UJ 52/413). Deshalb muß **§ 32 über seinen Wortlaut hinaus** in einer dem Täter günstigen entspr. Anwendung **auch** gelten, **wenn** die Voraussetzungen des **§ 79 StGB** gegeben sind[2]).

b) Zur Vermeidung von Schwierigk. sollten Verf. mit Taten, die in verschiedenen Altersstufen begangen sind, **grds verbunden** werden (vgl zur Verbindung allg. § 103 A 1); ein Zwang dazu besteht jedoch nicht (BGH 10/100, 101f). — Wegen des Verfahrens s. § 109 A 3.

3) Das o. A 1 Gesagte gilt **entspr. für Dauerdelikte u. fortgesetzte Handlungen** (BGH 6/6, 7; allgM)[3]). Bei der Prüfung, wo das Schwergewicht liegt, kommt dem Umstand, daß der (Gesamt-) Vorsatz noch im Geltungsbereich des JR gefaßt worden ist, oft bes. Bedeutung zu (BGH aaO und bei Dallinger MDR 58/566).

ZWEITES HAUPTSTÜCK

Jugendgerichtsverfassung und Jugendstrafverfahren

Vorbemerkung

1) Auch für das Ger.Verfassungs- u. Verfahrensrecht kommt es auf **das Alter zZ der Tat** an (s. § 33 A 2a; a. die Stellung des ErzBer. u. gesVertr. § 67 A 5a).

2) Das **allgR** gilt nur **ergänzend**. Es kommt in Betracht

a) für **Verbindung** (§§ 2ff, 13, 237 StPO, 17 RiStV; vgl §§ 31f; 103, 109, 112 JGG),

b) für **Voruntersuchung** (§§ 178ff StPO); die StrK-Entsch. (§ 73 I GVG) trifft die JK. Für den URi. im JVerf. gilt § 37 JGG. Auch für das erstinstanzl. Verf. der

---

[2]) OLG Koblenz GA 54/281, Dallinger-Lackner N 4, Potrykus § 31 B 16, Lackner GA 55/40, Löwe-Rosenberg 20. Aufl. § 460 StPO A 9b; zweifelnd Jagusch A 4; aA Schaffstein S 50. Der von mir (NJW 54/1397) unternommene Versuch, Unbilligkeiten durch eine entspr. Anwendung der §§ 74ff StGB zu vermeiden, führt zu einer — wohl unzulässigen — Vermischung der verschiedenen Systeme des J- u. ErwR.

[3]) Wie BGH zB OLG Koblenz und OLG Hamburg bei Wagner GA 62/14; unverständlich und formalistisch OLG Frankfurt aaO gegen einen Angekl., der vom 19. Lebensjahr bis über das 21. Lebensjahr hinaus fortgesetzt für einen fremden Nachrichtendienst gearbeitet hat: § 105 soll hier nicht anwendbar sein, weil die fortgesetzte Handlung über das 21. Jahr hinausreicht.

JK nach § 41 I Z 1 findet VU nur im Rahmen des § 178 II StPO statt, weil § 178 StPO nur auf die Art des Ger., nicht auf die ihm zugewiesenen Verf. abstellt (zw.; aA Dallinger-Lackner Vorb. 10),

c) für den **Ausschluß des Richters** wegen Befangenheit. Die kleine Strafprozeßreform hat nichts Neues gebracht; der Eröffnungsrichter ist weder im allgemeinen noch im Jugend-Recht ausgeschlossen.

Allg. wird auf die **Erläuterungsbücher zum allg. Recht** verwiesen.

3) Vgl auch die Einf., bes. II 2b u. c.

Erster Abschnitt

Jugendgerichtsverfassung[1])

§ 33

Jugendgerichte

1) Hw: § 107; s. § 33 A 1d (1). — **2)** ~~ErwG~~: § 104 A 1b.

(1) Über Verfehlungen Jugendlicher entscheiden die Jugendgerichte.

(2) Jugendgerichte sind der Amtsrichter als Jugendrichter, das Schöffengericht (Jugendschöffengericht) und die Strafkammer (Jugendkammer).

(3) In der Hauptverhandlung ist das Jugendschöffengericht mit dem Jugendrichter als Vorsitzendem und zwei Jugendschöffen, die Jugendkammer mit drei Richtern einschließlich des Vorsitzenden und zwei Jugendschöffen besetzt. Als Jugendschöffen sollen zu jeder Hauptverhandlung ein Mann und eine Frau herangezogen werden.

(4) Die Landesjustizverwaltung[2]) kann einen Amtsrichter zum Jugendrichter für den Bezirk mehrerer Amtsgerichte bestellen (Bezirksjugendrichter). Sie kann auch bei einem Amtsgericht ein gemeinsames Jugendschöffengericht für den Bezirk mehrerer Amtsgerichte einrichten.

1a) (1) **Die JG sind** Teile der ordentl. Gerichtsbark., wie II zeigt. Sie sind jedoch **Ger. für bes. Sachgebiete** (Art. 101 II GG) mit bes. Aufbau (A 1b), bes. Zuständigk. (§§ 39ff) und einem eigenständigen Verf. (Dallinger-Lackner N 5) — s. Einf. II 2c. Der BGH nennt sie „Ger. bes. Art innerhalb der ordentl. Gerichtsbark.“ (7/26, 28; 8/349; 353ff)[3]). Durch die Mitwirkung jugendpsychologisch bes. geschulter Ri. und StA

---

[1]) **Literatur:** Hinrichsen: Für u. wider des BezirksJG UJ 56/304; auch Dallinger-Lackner N 32—39, Potrykus B 9, 10.

[2]) Die Ermächtigung gilt zugunsten der Landesregierungen, die allerdings die Ermächtigung an die Landesjustizverwaltung weiter übertragen können (Gesetz zum Erlaß von Rechtsverordnungen vom 3. 7. 1961 BGBl I S 856; vgl BVerfG NJW 60/1291, BGBl 60/481 und Diller JR 60/332, 334f).

[3]) Das ObLG (61/89) bezeichnet die JGerichte als unselbständige Abteilungen ihrer Gerichte. Dallinger-Lackner N 5 sprechen von Gerichten für bes. Sachgebiete. Löwe-Rosenberg 20. Aufl. § 26 GVG A 6b wollen die JGerichte wie Sondergerichte behandelt wissen. Beachte BGH 18/79ff und § 33 A 3.

sowie in der Erz. bes. erfahrener Schöff. und durch die bes. Gestaltung des Verf. soll die richtige Beurteilung der j. u. hw. Täter und deren Taten ermöglicht werden; dadurch erhält der j. oder hw. Mörder zB vor der JK den gleichen, ja einen besseren Rechtsschutz als der wegen Mordes angeklagte Erw. vor dem SchwG. Der J oder Hw ist deshalb auch „grds. beschwert, wenn er vor ein ErwG statt vor ein JG kommt" (BGH 9/399, 403).

(2) Diese **Sonderstellung** haben die JG aber **nur, wenn J oder Hw** angeklagt sind. „Vom Erw. her gesehen sind die JG nicht so sehr Ger. anderer Art. Daß jugendpsychologisch bes. geschulte Richter oder Laienrichter mitwirken, ist für den Erw. nicht, jedenfalls nicht von erheblicher Bedeutung" (BGH 9/399, 403)[4]). Für ihn ist der JRi. eben ein AmtsRi., das JSchöffG ein SchöffG und die JK nichts anderes als eine gewöhnl. StrK. Der Erw. ist deshalb durch eine Entsch. des JG nur dann beschwert, wenn dieses JG nach seiner Besetzung einem ErwG entspricht, dessen Zuständigk. zur Aburteilung dieser Tat nicht ausreicht [OLG Oldenburg NJW 57/1329 = MDR 57/566; s. u. A 3a (2); vgl auch §§ 103 A 3c, 121 A 2 a (2) (a) u. 108 II, III].

b) JG werden **nur am Amts- u. Landger.** gebildet. Rev.Ger. ist also auch in JSachen ein allg. Ger. Über das Verhältnis des JG zu BGH, OLG u. Staatsschutzkammern als erstinstanzl. Ger. s. bei §§ 39—41. (1) Es gibt den **JRi.** als EinzelRi.[5]), das **JSchöffG u. die JK**. Ein erweitertes SchöffG, eine kleine StrK oder ein SchwG gibt es bei den JG — auch gegen Hw — nicht, auch nicht im JSchutzVerf. [§ 121 A 2a (2) (a), (4)]. (2) III regelt die **Besetzung** in der Hauptverh., außerhalb entscheidet beim AG der JRi., beim LG die JK mit drei BerufsRi. (§§ 30 II, 76 I GVG). Das alles gilt auch im JSchutzVerf. [§ 121 A 2a (1), (4)]. (3) Als **Schöffen** können 2 Männer, 2 Frauen oder 1 Mann u. 1 Frau mitwirken. Letzteres ist das vom Ges. mit Recht Gewünschte. Um das zu verwirklichen, werden die Haupt- u. Hilfsschöffen getrennt nach Geschlecht ausgelost; die Listen müssen getrennt geführt werden [§ 35 V, A 2b (6)]. (4) Die ordentlichen **Sitzungstage** müssen für das ganze Geschäftsjahr von vornherein festgesetzt und hierfür die JSchöffen ausgelost werden (§§ 45, 77 GVG). Reichen die vorher bestimmten Sitzungstage nicht aus oder muß kurzfristig terminiert werden, muß eine zusätzliche außerordentliche Sitzung[5a]) anberaumt werden, zu der die JSchöffen nach §§ 45, 98 GVG auszulosen sind[5a]). Unzulässig ist es, gemeinsame Sitzungstage für J- und StrKammer festzusetzen und dem Vorsitzenden die Bestimmung zu überlassen, an welchen Sitzungstagen die JKammer tragen soll (BGH 15/107).

c) (1) **BezirksJG**[1]) (IV) sind nur in Großstädten mit mehreren Ger. wünschenswert. Auf dem flachen Lande sollte jedes AG seinen JRi. haben, zumal dieser in bes. Maße

[4]) AA allerdings BGH 13/157, 161ff, doch wohl überholt durch BGH 18/79ff; zu den wenig überzeugenden Argumenten von BGH 13/157, 161f vgl Grethlein NJW 61/2144, 2145 rechte Spalte.

[5]) Daß „der Amtsrichter auch Jugendrichter" (s. § 33 II) „für den Bezirk des Amtsgerichts" ist (zB bayVO v. 30. 11. 56 BayBS III 166), macht nicht jeden Amtsrichter zum Jugendrichter (ObLG 59/210).

[5a]) Wegen außerordentlicher Sitzungen BGH 16/65; wegen der Wirkung der Auslosung, wenn der 1. Termin ausfällt: BGH 17/176.

Erz.Ri. ist. Es ist auch mögl., nur einen Teil der jrichterl. Aufgaben zu konzentrieren und etwa Verf. nach §§ 45, 75 bei jedem Ger. zu belassen. Die Bildung von HaftGer. nach § 58 I GVG gilt für J u. Hw nur, wenn dies ausdrückl. klargestellt ist (Dallinger-Lackner N 36). Der Bezirks JRi. ist mangels ausdrückl. Beschränkung JRi. für den ganzen Bezirk im Umfang des § 34 (s. dort A 1a), also auch im Vorverf. (Bach, Potrykus je DRiZ 54/190). (2) Dagegen ist die Bildung von **BezirksJSchöffG**[1]) wünschenswert und vertretbar, da sie über Taten von größerem Gewicht entscheiden müssen und die örtl. Gegebenheiten meist eine weniger bedeutsame Rolle spielen. Es gilt § 58 II, III GVG. (3) Wegen der Ermächtigung s. FN 2. (4) Die Konzentration ist hier wie sonst nur eine Änderung der örtlichen Zuständigkeit (Schäfer in Löwe-Rosenberg Einl. Kapitel 10 B 8c).

d) (1) Die JG sind **gegen Hw** im gleichen Umfang wie gegen J zuständig. Wenn auch eine Geschäftsverteilung zwischen den verschiedenen Kammern oder Referaten durch Aufteilung nach J u. Hw nicht unzulässig sein dürfte (so aber Becker JR 53/411, 413), so widerspräche sie doch dem Sinn des Ges. und wäre überaus unzweckmäßig, weil der JRi. genügend Erfahrungen für die Reife-Beurteilungen beider Altersgruppen nur gewinnen kann, wenn er für J u. Hw zugleich zuständig ist (Dallinger-Lackner N 8, Potrykus B 2 je zu § 107; vgl § 36 RL 2 S 2 für JStA). (2) Gleiches gilt für die BezirksJG u. die BezirksJSchöffG (Dallinger-Lackner § 107 N 9).

2a) Das **JG entscheidet** (I) über alle Verfehlungen (§ 1 A 1a), bei denen der Täter zZ der Tat schon 14, aber noch nicht 21 Jahre alt war (BGH 6/354 für Hw), oder wenn darüber Zweifel bestehen (BGH 5/366, 370; Dallinger-Lackner N 13). Wegen mehrerer Taten, fortgesetzter Handlung oder Dauerdelikt aus der Zeit vor u. nach Vollendung des 21. Lebensjahres s. § 102 Vorb. 1b.

b) Ausnahmen sind nach §§ 103, 112 sowie gem. §§ 102 S 1, 112 gegeben. § 102 ist nur bezügl. der Staatschutzkammer (§ 74a GVG) eine Ausnahmevorschrift; im übrigen ergibt sich aus § 33 II, daß JG nur auf der Ebene der AG u. LG gebildet werden. Über das anzuwendende Recht s. § 104, 112 S 2.

c) JG sind **gegen Erw.** auch als JSchutzGer. (§§ 26, 74b GVG; vgl bei § 121), ggf bei Verbindung (§ 103) zuständig.

3a) (1) (a) Nach der **neuen Ansicht des BGH**[6]) berührt die unberechtigte (vgl §§ 102f, 121) Entscheidung eines **JGerichts gegen Erwachsene,** aber auch eines **Erw-Gerichts gegen J oder Hw** nicht die Zuständigkeit, sondern ist **nur eine Überschreitung des Geschäftskreises,** weil auch der JRichter ordentlicher Richter sei, die JGerichte allgemein strafrechtliche Aufgaben wahrnähmen[7]). Die Überschreitung des Geschäftskreises sowohl durch das J- wie durch das ErwGericht ist demnach nur ein Mangel,

---

[6]) 18/79, 80, 84: großer Senat in Übereinstimmung mit dem vorlegenden 1. Strafsenat und dem Generalbundesanwalt, gebilligt vom 2. Strafsenat: 18/173. Vgl. OLG Stuttgart NJW 59/1697.

[7]) Das ist für den Erw vor dem JGericht richtig [A 3a (2) (a)], entspricht aber nicht dem hinreichend deutlich zum Ausdruck gekommenen Willen des Gesetzgebers für die Aburteilung J oder Hw durch ErwGerichte [A 3a (2) (b)]. Vgl Grethlein NJW 61/2144.

der vom Revisionsgericht erst **auf Rüge**[8]), nicht von Amts wegen beachtet wird (BGH 18/79, 82f, so schon RG JW 38/42). Folgerichtig wird die **Abgabe** von dem zu Unrecht angegangenen ErwGericht an das zuständige JGericht (und umgekehrt) zugelassen[9]), wenn es sich nur um ein Gericht gleichen Ranges[10]) und gleichen Bezirkes[11]) handelt (BGH 18/173). Die Abgabe kann allerdings nicht mit bindender Wirkung erfolgen, ist vielmehr von der Übernahmebereitschaft des angegangenen Gerichts abhängig[12]), bei Streitigkeiten entscheidet das Präsidium (Schwarz-Kleinknecht § 63 GVG A 8, 1 aE, Kern, Gerichtsverfassungsrecht 1959 S 157); eine Zustimmung der Staatsanwaltschaft ist nicht erforderlich, da es sich nach dieser Ansicht um einen internen Vorgang des angegangenen Gerichts handelt[13]).

(b) **Im Gegensatz dazu** sah die **bisherige einhellige Meinung** in der Überschreitung der Aufgabengrenze zwischen J- und ErwGericht jedenfalls dann einen von Amts wegen zu beachtenden Verstoß, wenn dadurch ein J oder Hw der JGerichtsbarkeit entzogen wurde, mit der Folge, daß der Erlaß eines Eröffnungsbeschlusses abzulehnen, später das Verfahren einzustellen war und daß das Revisionsgericht diesen Mangel

---

[8]) Die **Rüge** muß auf § 338 Z 4 StPO gestützt werden (BGH 8/349, 353, 10/75, Dallinger-Lackner N 24), nicht auf § 338 Z 1 StPO (so aber Potrykus B 3), da nicht die Besetzung des Gerichts, sondern seine Unzuständigkeit gerügt wird. Konsequenter wäre allerdings die allg. Rüge der Gesetzesverletzung (nämlich der §§ 33, 107) gem. § 337 StPO [s. A 3a (2) (a)], die für den Erwachsenen allerdings immer erfolglos bleiben müßte, da es eine entspr. Vorschrift für ihn nicht gibt [s. A 3a (2) (c)] und überdies bei ihm die Beschwer fehlt [s. A 1a (2)].

[9]) So auch ObLG 61/121 mit eingehender Begründung unter Auseinandersetzung mit Rechtsprechung und Schrifttum, auch ObLG 57/118, 60/122, 124, OLG Frankfurt NJW 56/1211, Schäfer in Löwe-Rosenberg Einl. Kapitel 10 B 8 und FN 61a; OLG Schleswig GA 59/28 = EJF C I 38 = SchlHA 58/117 für die Strafkammer hinsichtl. der Rückverweisung an den JRi.

[10]) Die Abgabe an ein **Gericht niederen Ranges** ist durch § 269 StPO ausgeschlossen, weshalb das Schöffengericht nur an das JSchöffengericht, nicht an den JRichter verweisen kann (BGH 18/173). Das erweiterte Schöffengericht steht aber dem JSchöffengericht gleich, da jenes sich vom normalen Schöffengericht weder im Strafbann noch sonst in einem für den Angeklagten wichtigen Punkt unterscheidet. Das JSchöffengericht wird in solchen Fällen grds gem. § 41 I Z 2 an die JKammer vorlegen, solange das möglich ist, also bis zur Eröffnung des Hauptverfahrens (§ 40 II). Aus dieser Beschränkung, die allein formelle, keine sachlichen Gründe hat, rechtfertigt sich mittelbar die hier vertretene Ansicht.

Für die Abgabe an ein **Gericht höherer Ordnung** müssen in unserem Rahmen zwei Abgabegründe vorliegen, für die Verweisung zwischen J- und ErwGericht (oder umgekehrt) und für die Abgabe an das höhere Gericht (darüber s. Anm. zu § 41). Es erfolgt mit einem Verweisungsbeschluß eine Verweisung (BGH 18/173 läßt offen).

[11]) Eine Abgabe an ein anderes Gericht (nicht nur an eine andere Abteilung!) **(örtliche Zuständigkeit)** ist nicht möglich, weil § 42 III nur zwischen JGerichten gilt (BGH 18/173). Wo hinsichtlich der örtlichen Zuständigkeit Bedenken bestehen, kann dem im Rahmen der §§ 16, 18 StPO nach der Abgabe zwischen J- und ErwGericht des gleichen Gerichtes — gem. § 12 II StPO — Rechnung getragen werden, innerhalb der JGerichte auch gem. § 42 III.

[12]) Vgl die Fundstellen bei FN 16 und BGH 18/290.

[13]) Hier ist die Situation also anders als bei der Verweisung, wenn man eine funktionelle Zuständigkeit oder — wie die hM bisher — eine sachliche Zuständigkeit zwischen J- und ErwGerichten annimmt; vgl FN 16.

von Amts wegen beachten und das Verfahren an das zuständige Gericht verweisen mußte[14a]).

Die gleiche Ansicht im umgekehrten Fall der Aburteilung eines Erw durch ein JGericht haben nur der BGH und das OLG Hamm je einmal vertreten; im übrigen wurde diesem Verstoß nur geringe Bedeutung beigemessen[14b]).

(2) (a) Die neue Ansicht des **BGH überzeugt hinsichtlich der Erwachsenen.** Denn der JRichter, das JSchöffengericht und die JKammer sind so besetzt, wie Amtsgericht, Schöffengericht und Strafkammer besetzt sein müssen. Daß jene dazu noch besondere Eignung und Erfahrung für die Beurteilung der Straftaten J und Hw haben, berührt den Erw nicht. Es handelt sich für ihn nur um eine Frage der Geschäftsverteilung[15]). Konsequenter als der BGH wird man daraus aber nicht nur die unbeschränkte Abgabemöglichkeit folgern müssen, sondern auch, daß eine Rüge im Revisionsverfahren unbeachtet bleiben muß, solange es sich bei der Überschreitung des Geschäftsverteilungsplanes nur um ein Versehen, einen Irrtum handelt (RG 36/321, BGH 11/106, Schwarz-Kleinknecht § 63 GVG A 7)[15a]).

(b) **Anders ist es bei den J und Hw.** Der Gesetzgeber hat für sie besondere Gerichte geschaffen, die neben ihrer allgemeinen Beschaffenheit als Strafgerichte noch spezielle Eignung für JSachen haben, wenigstens haben sollen. Nur so ist gewährleistet, daß J und Hw richtig behandelt werden, die richtige Reaktion auf ihre Straftat erfolgt, sie also gerecht und erz. vorteilhaft verurteilt werden. Nur ein richtig besetztes JGericht kann diesen schwierigen Aufgaben gerecht werden, nur durch dieses kann materielles Unrecht vermieden werden. Wo J oder Hw ohne gesetzliche Grundlage nicht vom JGericht abgeurteilt werden, liegt ein sie belastender Gesetzesverstoß vor, der auf Rüge zur Aufhebung des Urteils durch das Revisionsgericht führen muß, gleichgültig, ob man das Vorliegen eines absoluten Revisionsgrundes annimmt oder nicht (s. FN 8). Wollte man auf die Rüge abstellen, würde ein Grundsatz des Jugendrechts verletzt und die Wahrung des allgemeinen Interesses, daß J und Hw durch für sie bes. geeignete Gerichte abgeurteilt werden sollen, dem J oder Hw und den für ihn Tätigen

---

[14a]) **Für J vor ErwGerichten:**

BGH 7/26, 28, 8/349, 353ff, 9/399, 403, 10/64, 10/74, 76, 10/100, 103; NJW 59/159, 161 (der hier wesentl. Teil ist in BGH 12/116ff nicht abgedruckt), ObLG 55/53f, Dallinger-Lackner N 19f, 23, Kleinknecht-Müller § 1 StPO Vorb. 4c, Schäfer in Löwe-Rosenberg Einl. Kapitel 10 B 8, 8a FN 61a, Grethlein NJW 61/2144, Lackner GA 56/382, Pentz GA 58/299, Weigelt DAR 59/293; **aA** OLG Hamburg GA 58/57 = Zbl 58/56 = EJF C I 34 (bei Zurückweisung; s. § 103 A 4a), ObLG 61/121, OLG Frankfurt NJW 56/1211 und Potrykus B 3 je für Verweisung.

[14b]) Für **Erw vor JGerichten:**

BGH 13/157, 161, OLG Hamm NJW 58/1704 = VRS 15/442; **aA** OLG Oldenburg NJW 57/1329 = MDR 57/566 (falls nicht gerügt, Aufhebung nur bei Beschwer; doch Prüfung von Amts wegen), OLG Stuttgart NJW 59/1697 und NJW 61/1424 (nur auf Rüge, dann stets aufzuheben), OLG Schleswig GA 59/28 = EJF C I 38 = SchlHA 58/117 (für Verweisung); Grethlein NJW 61/2144f und Pentz GA 58/300 (keine Unzuständigkeit, nur Überschreitung des Geschäftskreises).

[15]) s. § 33 A 1a (2), Grethlein NJW 61/2144, Pentz GA 58/300, vgl auch Dünnebier in Löwe-Rosenberg § 4 StPO A IV 6b.

[15a]) Vgl BVerfG NJW 64/1020 und NJW 63/757.

überlassen. Der Bedeutung der eigenständigen JGerichtsbarkeit entspricht nur die Auslegung, daß die Tätigkeit der JGerichte gegen einen J oder Hw nicht eine Frage der Geschäftsverteilung, sondern eine echte Zuständigkeitsfrage ist, nämlich die **Frage nach der funktionellen Zuständigkeit** (ObLG 54/152); denn der Gesetzgeber hat die Befugnis, gegen J und Hw zu entscheiden — abgesehen von den Sonderschriften der §§ 102f, 112 — nur den dafür besonders geeigneten JGerichten in ihrem besonderen Verfahren überlassen (§§ 33, 107). Ein Revisionsgericht, das mit der neueren Rechtsprechung des BGH nicht aufhebt, weil die unberechtigte Aburteilung eines J oder Hw nicht ausdrücklich gerügt ist, riskiert die Aufhebung durch das Bundesverfassungsgericht; denn dadurch, daß ein ErwGericht entgegen §§ 33, 107 entschieden hat, ist der J oder Hw zugleich seinem gesetzlichen Richter entzogen (Art 101 GVG)[15a]).

Folgt man der hier vertretenen Ansicht, kommen die **Grundsätze der sachlichen Zuständigkeit entsprechend** zur Anwendung. Deshalb ist eine **Abgabe** an das zuständige Gericht im Einvernehmen der beiden Gerichte (nicht nur der Vorsitzenden) und unter Zustimmung der Staatsanwaltschaft möglich[16]). Kommt eine Einigung nicht zustande, hilft allerdings nur die Einstellung oder die Ablehnung der Eröffnung; eine Entscheidung des Präsidiums ist hier nicht möglich. — Vom **Revisionsgericht** ist der Mangel dieser Zuständigkeit von Amts wegen zu beachten; es muß aufheben und zurückverweisen, und zwar an die JKammer, wenn auch das JSchöffengericht zuständig wäre, es sich aber um ein besonders umfangreiches Verfahren handelt (BGH NJW 60/2203). Für die Klärung der Zuständigkeit erforderliche Ermittlungen über Alter und Tatzeit darf das Revisionsgericht vornehmen (BGH NJW 57/1370). — Auch für das **Berufungsgericht** wird man die Zurückweisung an das zuständige Gericht gem. § 328 II StPO zulassen können, da auch die Verweisung des ErwGerichts an das zuständige JGericht zulässig ist[17]).

(c) Wir kommen also zu einer **unterschiedlichen Behandlung beider Fälle** [oben (a) und (b)], die der BGH sowohl in der früheren wie in der neuen Rechtsprechung ablehnt. Sie ist jedoch nach dem Gesetz gerechtfertigt. §§ 33 I, 107 bestimmen unmißverständlich, daß über Verfehlungen J und Hw JGerichte zu entscheiden haben. Eine entsprechende Bestimmung für Erw. gibt es nicht; wie die Gerichte gegen Erw. besetzt sein müssen, bestimmt das GVG allgemein. Diesen Anforderungen genügen die Jugendgerichte; sie sind also zugleich ordentl. Gerichte gegen Erw. Umgekehrt gilt das aber nicht; dem stehen die klaren Bestimmungen des JGG entgegen.

(3) Das Urteil eines zunächst unzuständigen Gerichts hat auf jeden Fall Bestand, wenn das Gericht — etwa durch Änderung des Sachverhalts oä in der Verhandlung — **zZ des Urteils zuständig** war. Ist das Verfahren in nicht ordnungsgemäßer Weise an das zuständige Gericht gelangt, kommt es darauf an, ob das von ihm durchgeführte

---

[16]) Überzeugend ObLG 61/121 mit ausführlicher Begründung unter Auseinandersetzung mit Rechtsprechung und Schrifttum (vgl auch ObLG 57/118, 60/147: das Gericht, 60/122, 124), Schäfer in Löwe-Rosenberg Einl. Kapitel 10 B 8 FN 61a; vgl auch BGH 18/290 für die sachl. Zuständigkeit und oben FN 9.

[17]) oben im Text dieses Abschnittes; OLG Schleswig GA 59/28 = EJF C I 38 = SchlHA 58/117 ließ bereits die Verweisung von der Strafkammer an den JRichter zu.

Verfahren ordnungsgemäß eröffnet wurde, weil der Mangel des Eröffnungsbeschlusses von Amts wegen zu beachten ist (ObLG 60/122); bei Beachtung der oben (1), (2) entwickelten Grundsätze wird — gegen ObLG — regelmäßig der Eröffnungsbeschluß auch dann als wirksam gelten können, wenn das Erw statt des JG und umgekehrt den Beschluß erlassen hat; denn bei der Eröffnung geht es nicht um grundlegende Besonderheiten des Jugendgerichtes. Bloße Mängel der Verweisung dürfen — wenn überhaupt [s. A 3a (1) (2)] — nur auf Rüge beachtet werden (OLG Braunschweig EJF C I 19).

(4) Die Unzuständigkeit des J oder ErwGerichtes gegenüber einem Angeklagten ist für die **Mitangeklagten** ohne Bedeutung. Der Verstoß gegen diese Zuständigkeit berührt nur die Entscheidung gegen den Angeklagten, der davon betroffen ist (BGH 10/119 und NJW 62/261).

(5) Das gegen einen J entscheidende ErwG und das gegen einen Erw. entscheidende JGericht kann auch **sachlich oder örtlich nicht zuständig** sein. Der Mangel der örtlichen Zuständigkeit schadet nicht (§§ 16, 18 StPO). Dagegen ist von Amts wegen zu beachten, wenn ein ungenügend besetztes Gericht (zB JRichter für den eines Verbrechens angeklagten Erwachsenen, Amtsrichter für den J bei Führerscheinentzug) entscheidet (§ 6 StPO, BGH 10/74, 18/79); ob das gegen einen Erw. entscheidende JGericht sachlich zuständig (= genügend besetzt) ist, ergeben die §§ 24—29, 73—78, 79—82, 120—122 und 134—139 GVG, für J oder Hw vor ErwGerichten sind die §§ 39—41, 108 JGG maßgebend. — Wegen der Folgen der sachl. Unzuständigkeit vgl die Anm. zu § 41.

b) Mit Rücksicht darauf, daß JG auch gegen Erw. (§§ 26, 74b GVG, 103) und ErwG auch gegen J (§§ 102f) entscheiden dürfen, ist die rechtskräftige **Entsch. eines nicht zuständigen Gerichts nicht nichtig**[18]), gleich welcher der oben behandelten Ansichten man folgt.

c) Untersuchungshandlungen des unzuständigen Ri. sind **voll gültig** (§ 20 StPO entspr.).

d) Über die Folgen der Anwendung des materiellen JR auf Erw. u. umgekehrt vgl § 1 A 2d.

e) Über die besondere Frage der **Zuständigk. nach Verbindung** s. § 103 A 4.

4) Verwaltungsbehörden können wegen Verfehlungen von J (§ 33 I) oder Hw (§ 107) **nicht** tätig werden (Dallinger-Lackner N 7; § 107 N 7), also auch nicht Strafbescheide erlassen (§ 79 RL 3; Dallinger-Lackner N 38, Potrykus B 6a je zu § 109); etwas anderes gilt bei Ordnungswidrigkeiten (§ 1 A 1a (1): „Bußgeldbescheid").

Wegen der Befugnisse des **Finanzamtes** gegen J und Hw weithin überzeugend Goetzeler NJW 60/1656.

---

[18]) Dallinger-Lackner N 21, Sarstedt LM § 338 Z 4 StPO Nr 2, Luther ZStW 58(41)/87, 92; vgl BGH bei Herlan GA 54/308, OLG Hamburg NJW 52/1150 = JZ 52/436; s. auch § 338 Z 1, 4 StPO und § 1 A 2d; aA Potrykus B 3, NJW 53/93: grds nichtig.

§ 34

Aufgaben des Jugendrichters

1) Hw: § 107. — **2)** ~~**ErwG**~~ : § 104 A 1b.

(1) Dem Jugendrichter liegen alle Aufgaben ob, die ein Amtsrichter im Strafverfahren hat.

(2) Der Jugendrichter soll nach Möglichkeit zugleich auch Vormundschaftsrichter sein. Ist dies nicht durchführbar, so sollen ihm für die Minderjährigen über vierzehn Jahren die vormundschaftsrichterlichen Erziehungsaufgaben übertragen werden. Aus besonderen Gründen, namentlich wenn der Jugendrichter für den Bezirk mehrerer Amtsgerichte bestellt ist, kann hiervon abgewichen werden.

(3) Vormundschaftsrichterliche Erziehungsaufgaben sind

1.[1]) die Unterstützung der Eltern, des Vormundes und des Pflegers durch geeignete Maßregeln (§ 1631 Abs. 2, §§, 1800, 1915 des Bürgerlichen Gesetzbuchs),

2. die Maßnahmen zur Abwendung einer Gefährdung des Minderjährigen (§§ 1666, 1838, 1915 des Bürgerlichen Gesetzbuchs),

3. die Entscheidungen, die die Erziehungsbeistandschaft und die Fürsorgeerziehung betreffen.

Richtlinien zu § 34:

1. Zu den Aufgaben des Jugendrichters gehört nach § 34 Abs. 1 auch die Erledigung der Rechtshilfeersuchen in Jugendsachen. Es empfiehlt sich, ihm bei der Geschäftsverteilung auch die Erledigung der Rechtshilfe in sonstigen Strafsachen zu übertragen, wenn um Vernehmung eines Minderjährigen ersucht wird.

2. Wird der Amtsrichter als Jugendrichter oder Vollstreckungsleiter mit einem Jugendlichen oder Heranwachsenden befaßt, für den ein anderes Amtsgericht als Vormundschaftsgericht zuständig ist, so kann es angebracht sein, daß das Gericht des Jugendrichters oder Vollstreckungsleiters gemäß § 46 des Reichsgesetzes über die Angelegenheiten der freiwilligen Gerichtsbarkeit die Aufgaben des Vormundschaftsrichters übernimmt. Die übernommenen vormundschaftsrichterlichen Aufgaben kann der Jugendrichter nach der gleichen Vorschrift wieder abgeben.

3. Werden nach Einleitung eines Strafverfahrens vormundschaftsrichterliche Maßnahmen für einen Jugendlichen oder Heranwachsenden erforderlich, gegen den Anklage vor einem anderen Gericht erhoben ist oder erhoben werden soll, so wird der Vormundschaftsrichter prüfen, ob sich die Abgabe der vormundschaftsrichterlichen Aufgaben an den Jugendrichter empfiehlt, der bereits mit dem Jugendlichen oder Heranwachsenden befaßt ist oder demnächst befaßt werden wird.

1) Die Vorschrift gilt nur **für das AG** (über LG u. A 2).

---

[1]) Fassung nach StPÄG, inhaltlich unverändert.

a) I bindet das Präsidium bei der Geschäftsverteilung. (1) **Der JRi. ist** EinzelRi. (§§ 33 II, 39) u. Vorsitzender des JSchöffG (§§ 33 III, 40). Er trifft wie der ARi. im allg. Strafverf. alle außerhalb der Hauptverh. anfallenden Entsch. (§ 30 II GVG), einschließl. der des Vollstr.Leiters (§ 82 I), nimmt die richterl. Handlungen im vorbereitenden Verf. vor (§§ 162, 165f StPO) und ist im JVerf. RechtshilfeRi. (RL 1 S 1, § 157 GVG). Er entscheidet auch in Haftsachen vor Anklageerhebung (§ 125 StPO) [über die bes. HaftGer. vgl § 33 A 1c (1)]. (2) Das alles gilt **auch für JSchutzverf.**, sobald der StA Anklage vor einem JG erhoben hat; denn damit ist die Zuständigk. des JG begründet (aA Dallinger-Lackner N 8). (3) Wegen Ordnungswidrigk. s. § 1 A 1a (1) mit FN 2.

b) II enthält für die Geschäftsverteilung **noch weitere** — nicht bindende, aber beherzigenswerte — **Vorschläge**. (1) Vor allem soll der JRi. auch VormRi. sein. Das entspricht seiner Aufgabe als Erz.Ri., die er vor allem als EinzelRi. hat, und dient der Einheitlichk. der Erz.; § 42 I Z 1, II u. § 46 FGG (bes. I S 2) geben Gelegenheit, alle anhängigen Verf. auch örtl. in eine Hand zu bringen (vgl auch RL 2, 3; Mitt.Pflichten: § 70 JGG, 31 MiStra). Auch der BezirksJRi. u. der JRi. als Vorsitzender des BezirksJSchöffG sollte in seinem AG Bezirk VormRi. sein. — Wo diese Verbindung nicht mögl. ist, sollen wenigstens die vormundschaftsrichterl. Erz.Aufgaben[0]) (III) für J u. Hw dem JRi. übertragen werden, notfalls sogar beschränkt auf nur einige der in III aufgeführten Aufgaben (Dallinger-Lackner N 18). — Auch die Vernehmung Minderjähriger bei Rechtshilfe in allg. Strafsachen sollte dem JRi. übertragen werden. (2) Wegen der zwischen Täter- u. Tatstrafrecht, J u. ErwR bestehenden Unterschiede (vgl Einf.) sollte der JRi. möglichst nicht zugleich Erw.StrafRi. sein (Potrykus § 18 B 7); ebenso ist eine Referatsteilung durch die Trennung J:Hw zu vermeiden (vgl § 33 A 1d (1), § 36 RL 2 S 2).

2) Die Verbindung JG-VormG **ist für das LG** nicht vorgeschrieben, doch im Wege der Geschäftsverteilung mögl. Bei kleineren LG ist die Zivilkammer, die über die Beschw. gegen die Entsch. des VormRi. entscheidet, oft besser zur JK geeignet als die allg. StrK (vgl o. 1b).

§ 35

Jugendschöffen[1])

1) **Hw:** § 107. — 2) **ErwG:** § 104 A 1b.

(1) Die Schöffen der Jugendgerichte (Jugendschöffen) werden auf Vorschlag des Jugendwohlfahrtsausschusses für die Dauer von zwei Geschäftsjahren von dem in § 40 des Gerichtsverfassungsgesetzes vorgesehenen Ausschuß gewählt. Dieser soll eine gleiche Anzahl von Männern und Frauen wählen.

(2) Der Jugendwohlfahrtsausschuß soll ebenso viele Männer wie Frauen und mindestens die doppelte Anzahl von Personen vorschlagen, die als Jugendschöffen und

---

[0]) Vgl die Schrift von Schnitzerling: Die vormundschaftsrichterlichen Erziehungsaufgaben.

[1]) **Literatur:** Heinen: Auswahl und Aufgaben der JSchöff. Zbl 54/163.

-hilfsschöffen benötigt werden. Die Vorgeschlagenen sollen erzieherisch befähigt und in der Jugenderziehung erfahren sein.

(3) Die Vorschlagliste des Jugendwohlfahrtsausschusses gilt als Vorschlagsliste im Sinne des § 36 des Gerichtsverfassungsgesetzes. Für die Aufnahme in die Liste ist die Zustimmung von zwei Dritteln der stimmberechtigten Mitglieder erforderlich. Die Vorschlagsliste ist im Jugendamt eine Woche lang zu jedermanns Einsicht aufzulegen. Der Zeitpunkt der Auflegung ist vorher öffentlich bekanntzumachen.

(4) Bei der Entscheidung über Einsprüche gegen die Vorschlagsliste des Jugendwohlfahrtsausschusses und bei der Wahl der Jugendschöffen und -hilfsschöffen führt der Jugendrichter den Vorsitz in dem Schöffenwahlausschuß.

(5) Die Jugendschöffen werden in besondere für Männer und Frauen getrennt zu führende Schöffenlisten aufgenommen.

1) Die **JSchöff.** üben während der Hauptverh. das **Richteramt in vollem Umfang** aus (§ 30 I GVG).

2a) Für das Amt und die Wahl der JSchöff. gilt **grds** das **GVG** (§§ 31—58, 77 GVG; vgl dort).

b) Für die **Wahl** gelten jedoch einige **Besonderheiten**, die sich aus dem Ges. ergeben und keiner Erläuterung bedürfen. Bemerkt sei nur folgendes (1) Erz.befähigte und in der JErz. erfahrene Leute (II S 2) sind in allen Volkskreisen zu finden (Eltern, Lehrherrn, freie Mitarbeiter der J- u. Wohlfahrtsorganisationen). (2) In entspr. Anwendung des § 33 Nr 2 GVG genügt es, wenn die JSchöff. 1 Jahr im Bezirk des JWohlfahrtsausschusses und zZ der Wahl im Bezirk des zu besetzenden AG wohnen (aA Dallinger-Lackner N 9, der auch dafür die Jahresfrist fordert). (3) Die Zusammensetzung des JWohlfahrtsausschusses ist in § 14 JWG geregelt; er ist bei der Wahl nicht weisungsgebunden. (4) Sind für einen AGBezirk mehrere JÄmter zuständig, gelten die §§ 43 I, 58 II GVG entspr. (Dallinger-Lackner N 11). Der BezirksJRi. führt, falls seine Zuständigk. nicht beschränkt ist [§ 33 A 1c (1)], in allen Wahlausschüssen seines Bezirkes den Vorsitz (Dallinger-Lackner N 20; aA Heinen Zbl 54/165), da nur er für diesen Bezirk JRi. ist. (5) Bei der Einreichung der Vorschlagsliste (II) hat der Leiter der zuständigen Verwaltungsbehörde die Art der öffentl. Bekanntmachung (III S 4), die Tage, in denen die Liste öffentl. aufgelegen hat (III S 3) und die Tatsache der $^2/_3$ Mehrheit (III S 2) zu bescheinigen. (6) Es sind 4 JSchöff.Listen zu führen (V), näml. die Haupt- u. Hilfsschöffenlisten, je getrennt für Männer u. Frauen; entspr. erfolgt die Auslosung. BGH 6/117ff[2]), 10/384[3]) u. 10/252[4]) gelten jeweils nur entweder (a) für die Männer-Haupt- u. Hilfsliste oder (b)

[2]) Ersatz eines weggefallenen Hauptgeschworenen durch den ersten der Hilfsgeschworenen, der stets an Stelle des Weggefallenen einzuteilen u. in der Hilfsgeschworenenliste zu streichen ist.

[3]) Ersatz für eine Sitzung; vgl auch BGH 9/203 über die Voraussetzungen einer Befreiung vom Schöffenamt (nur gem. §§ 32—35 GVG) und über die Reihenfolge allg., BGH 12/243f über die Reihenfolge im 2. Geschäftsjahr und BGH 18/349, wenn Ergänzungsschöffe bestimmt ist oder war.

[4]) Ersetzung eines dauernd weggefallenen Schöffen.

für die Frauen-Haupt- u. Hilfsliste. (7) Werden J Schöff. gewählt, die nicht vom JWohlfahrtsausschuß vorgeschlagen wurden, ist die Wahl ungültig. Sie dürfen wie JSchöff., die die gesetzl. Voraussetzungen nicht erfüllen, nicht in der Sitzung mitwirken. Jede Mitwirkung ist ein absoluter Rev.Grund gem. § 338 Z 1 StPO[5]). (8) Wegen Auslosung zu ordentl. und außerordentl. Sitzungen s. § 33 A 1b (4).

§ 36

Jugendstaatsanwalt

1): Hw: § 107; vgl § 36 RL 2 S 2. — **2)** ~~ErwG~~ : § 36 A 2a, § 104 A 1b; vgl aber § 103 A 3b (2).

Für Verfahren, die zur Zuständigkeit der Jugendgerichte gehören, werden Jugendstaatsanwälte bestellt.

Richtlinien zu § 36:

1. Bei den mit mehreren Staatsanwälten besetzten Staatanwaltschaften überträgt der Leiter einem oder, wenn der Geschäftsanfall es erfordert, mehreren Staatsanwälten die Geschäfte des Jugendstaatsanwalts.
2. Der Jugendstaatsanwalt bearbeitet grundsätzlich sämtliche Verfahren, die zur Zuständigkeit der Jugendgerichte gehören, sowie die Jugendschutzsachen (§§ 26, 74b GVG). Ist die Staatsanwaltschaft mit mehreren Jugendstaatsanwälten besetzt, so soll jeder von ihnen die Strafsachen gegen Heranwachsende im gleichen Umfang wie diejenigen gegen Jugendliche bearbeiten. Werden mehrere Strafsachen verbunden, von denen ein Teil nach den Vorschriften des allgemeinen Verfahrensrecht durchzuführen ist, so ist dem Jugendstaatsanwalt die Bearbeitung zu übertragen, wenn das Schwergewicht bei dem Verfahren liegt, das zur Zuständigkeit der Jugendgerichte gehört. Ist hiernach der Jugendstaatsanwalt zur Behandlung nicht berufen, so hat ihn der zuständige Staatsanwalt über den Fortgang des Verfahrens zu unterrichten.
3. Der Sachbearbeiter soll nach Möglichkeit die Anklage auch in der Hauptverhandlung vertreten, sofern er nicht im vereinfachten Jugendverfahren von der Teilnahme an der mündlichen Verhandlung absieht (§ 78 Abs. 2).

Vorb.: Der BGH (bei Herlan GA 61/358) bezeichnet die Vorschrift als bloße Ordnungsvorschrift. Jedenfalls hat ihre **Verletzung keine Folgen,** da die „Staatsanwaltschaft" vertreten war (§ 338 Z 5 StPO) und kein Anhalt dafür besteht, daß die Entscheidung des Gerichts anders ergangen wäre, wenn ein anderer (nämlich der J-) Staatsanwalt mitgewirkt hätte (§ 337 StPO).

1a) Die bes. **Bedeutung des StA in JVerf.** liegt darin, daß er nicht nur die bes. Persönlichkeitsforschung (§ 43) leiten (BGH 6/326, 328) und sich dazu häufig persönl.

---

[5]) Dallinger-Lackner N 25; Potrykus B 2 hält zwar die Wahl nicht für ungültig, doch den Rev.Grund auch für gegeben; doch darf es gar nicht zur Verh. eines unzulässig besetzten Ger. kommen; vgl BGH 12/197, 206ff (Änderung einer gesetzwidrigen Ernennung auch während des Geschäftsjahres).

in die Ermittlungen einschalten muß (vgl § 43, bes. RL 1, 5, § 44), sondern auch entscheidenden Einfluß auf das Verf. selbst dadurch nimmt, daß er — von der Anklagepflicht weithin befreit — zu entscheiden hat, ob es überhaupt zu einem StrVerf. kommt, und daß er bei Anklageerhebung dem Verf. durch die Wahl der Verfahrensart [Einf. II 2c (1)] eine bestimmte Richtung gibt. Weiter hat er bei der Wahl des örtl. zuständigen Ger. viele Möglichk. (§ 42). Diese Entsch. erfordern Fingerspitzengefühl und Wendigk. — Durch seinen Überblick über die JKriminalität im ganzen LGBezirk weiß der JStA am besten, was not tut; er kann durch seine Anträge u. Anregungen die Rechtsprechung bes. weniger erfahrener JRi. an kleinen Ger. günstig beeinflussen. Er ist, wie im allgR, stets zu hören (§ 33 StPO).

b) Aus all diesen Gründen erscheint die an sich zulässige[0]) Übertragung (GVG §§ 142 I Nr 3, II, 145 II) der Geschäfte des JStA auf **Amtsanwälte** oder gar auf **örtl. Sitzungsvertreter** (vgl RL 3) bedenkl., zumal es in JSachen nicht angeht, Übertretungen und kleinere Vergehen iS des allgR schlechthin als Bagatell-Sachen zu behandeln, da sie ein durchaus beachtenswertes Symptom beginnender Kriminalität sein können[1]).

c) Es entspricht auch wenig der Bedeutung des JStA, wenn die hM (Dallinger-Lackner N 8, Potrykus B 3) empfiehlt, daß er in der Sitzung keine bestimmten **Anträge** stellt. Hinsichtl. der Schuldfrage ist das sicher nicht notwendig. Aber auch bei der Frage der Auswahl der angemessenen Reaktion oder der Strafbemessung soll der JStA seine Meinung äußern, zumal er JKriminalität u. Rechtsprechung im LGBezirk besser als das JG übersicht; ob dies in Form eines Vorschlages oder eines Antrages geschieht, ist erz. wohl ohne Bedeutung. Bei entspr. enger und längerer Zusammenarbeit zwischen JRi. u. JStA ergeben sich aus der Stellung eines bestimmten Antrags erfahrungsgemäß keine Schwierigk. — Für den **Schlußvortrag** gilt § 46, der die Fassung der Anklageschrift behandelt, entspr.; der Täter wird hierbei oft direkt angesprochen werden.

2a) (1) Der **JStA** wird in **allen Verf.** tätig, **für die das JG zuständig** ist; er bearbeitet die JSchutzsachen, wenn Anklage zum JG in Betracht kommt (vgl Wortlaut des § 36); in den Verf. nach § 102 wird er nur tätig, wenn das Verf. gem. § 102 S 2 dem JSchöffG zugewiesen ist (ab Zuweisung: § 102 RL 1). Werden Verfehlungen J oder Hw gem. § 103 durch ErwG geahndet, muß der ErwStA den JStA unterrichten (RL 2 S 4). Über die Geschäfte des JStA u. die **Geschäftsverteilung** im einzelnen vgl auch die RL. (2) Neben den JVerf. können dem JStA auch noch andere Geschäfte zugewiesen werden [zB § 103 A 3b (2); vgl aber § 34 A 1b (2)].

b) **Für die örtl. Zuständigkeit** des JStA gilt § 42. (§ 143 GVG, Dallinger-Lackner § 42 N 2, Grethlein UJ 55/307). Über die örtl. Zuständigk. muß also möglichst

[0]) OLG Hamm RPfl. 62/182 = SjE F 3 S 213 auch für Anklagen wegen Verbrechen: wegen des Umfangs der Tätigkeit kommt es auf das Landesrecht an. Ebenso Dallinger MDR 63/797 FN 7.

[1]) Potrykus B 1, Zbl 53/70; abweichend Dallinger-Lackner N 14, die keine Bedenken gegen eine Zuweisung an Amtsanwälte im Rahmen der RL 3 zu § 23 RJGG nach Vorprüfung durch den JStA haben; bei Vorprüfung bedeutet aber die Abgabe einfacher Sachen keine wesentl. Entlastung, stellt vielmehr insgesamt durch die doppelte Prüfung einen gewissen Leerlauf dar.

frühzeitig entschieden werden. Wird im Wege der Abgabe oder später bei der Vollstr. ein anderes Ger. zuständig, ändert sich damit auch die Zuständigk. des JStA (§ 143 GVG; aA LG Kiel SchlHA 56/274). Denn die Zuständigkeit der StA richtet sich nach der jeweiligen Gerichts-Zuständigkeit (Dünnebier bei Löwe-Rosenberg § 13 StPO A II 2b).

§ 37

Auswahl der Jugendrichter und Jugendstaatsanwälte[1])

1) **Hw:** § 107. — 2) **ErwG** : § 104 A 1b.

Die Richter bei den Jugendgerichten und die Jugendstaatsanwälte sollen erzieherisch befähigt und in der Jugenderziehung erfahren sein.

Richtlinien zu § 37:

1. Bei der Auswahl der Richter bei den Jugendgerichten und der Jugendstaatsanwälte ist in besonderem Maße auf Eignung und Neigung Rücksicht zu nehmen. Die Jugendkammer soll nach Möglichkeit mit bewährten früheren Jugend- und Vormundschaftsrichtern besetzt werden.
2. In der Jugendstrafrechtspflege sind besondere Erfahrungen notwendig, die regelmäßig erst im Laufe längerer Zeit erworben werden können. Ein häufiger Wechsel der Richter bei den Jugendgerichten und der Jugendstaatsanwälte muß daher nach Möglichkeit vermieden werden.
3. Für die Tätigkeit der Richter bei den Jugendgerichten und der Jugendstaatsanwälte sind Kenntnisse auf den Gebieten der Pädagogik, der Jugendpsychologie, der Jugendpsychiatrie, der Kriminalbiologie und der Soziologie von besonderem Nutzen.
4. Den Richtern bei den Jugendgerichten und den Jugendstaatsanwälten wird empfohlen, mit Vereinigungen und Einrichtungen, die der Jugendhilfe dienen, Fühlung zu halten.

1) Der **JRi.** hat von allen SpruchRi. wohl den **größten Spielraum** in der Auswahl der zu ergreifenden Maßregeln (vgl Einf., bes. II 2a) und in der Gestaltung des Verf. (vgl Einf., bes. II 2c). So kann jeder Täter in der ihm gemäßen Art angepackt werden. Mit der Größe des Spielraums wächst aber auch die Gefahr, daneben zu greifen. Die **Verantwortung** des JRi. wird noch dadurch erhöht, daß die Erkenntnis der sich entwickelnden Persönlichk. bes. schwer ist (Dallinger-Lackner N 2) und daß die Maßnahmen des Ri. einen noch weithin formbaren Täter treffen und damit — oft entscheidenden — Einfluß auf dessen weiteres Leben haben (vgl BGH 8/349, 354f; 9/399, 402). — Gleiches gilt für den JStA (§ 36 A 1a).

[1]) **Literatur:** Die Jugendkriminalrechtspflege als Personenfrage und als Aufgabe der Zusammenarbeit (Schriftenreihe der deutschen Vereinigung für JG und JGH N.F. 4; Bericht vom 11. JG Tag Berlin 1959).

Wegen **JSchöff** s. § 35, **JAmt** s. § 38, **BewHelfer** § 25 A 4, **Polizei** Einf. II 2b aE mit FN 7.

2a) Nur die besten Ri. und StA werden diesen Anforderungen gewachsen sein (vgl Dallinger-Lackner N 2, auch Weinkauff DRiZ 51/85). Sie müssen Liebe zur Sache (RL 1 S 1), große Erfahrung (RL 2) und ein gutes Wissen über die bes. Probleme der Entwicklungszeit (RL 3) mitbringen. Sie müssen weiter ausgeglichene Persönlichk. sein, die erz. befähigt sind u. die Täter ansprechen. Die Auswahl ist für das JR von entscheidender Bedeutung (vgl Dallinger-Lackner N 2, BGH 9/399, 402). Die Meinung des BGH (8/349, 354), daß diese Gedanken Gemeingut seien, dürfte — leider — zu optimistisch sein.

b) Daneben müssen sie mit der JArbeit verbunden bleiben (RL 4) und ständig an ihrer **Fortbildung** arbeiten (Dallinger-Lackner N 7). Die Justizverwaltung soll durch Kurse, Tagungen und Büchereimittel ihrerseits die Gelegenheit zur Fortbildung geben wie sie auch durch entspr. Pensenberechnung nicht nur die Fortbildung, sondern auch eine unbürokratische, menschlich aufgeschlossene Behandlung der „kleinen Fälle" (vgl dazu § 36 A 1b) ermöglichen soll (vgl auch § 44 A 3).

3) Das alles gilt auch für die Mitglieder der JK (vgl RL 1 S 2).

4) § 37 ist jedoch trotz seiner großen Bedeutung bloße **Ordnungsvorschrift**; seine Verletzung begründet die Rev. nicht (BGH MDR 58/356).

5a) Wegen der Verbindung des Amtes des JRi. u. JStA mit anderen Referaten vgl § 34 A 1b u. § 36 A 2a (2).

b) JSchöff.: § 35; JStrafvollz.Beamte: § 91 IV; Verteidiger: § 68 A 1a; JAmt: § 14 II, III JWG.

§ 38

Jugendgerichtshilfe[0])

1) Hw: § 107; s. § 38 A 8. — **2) ErwG:** § 104 I 2, III, A 2. — **3) Sold:** A 8.

(1) Die Jugendgerichtshilfe wird von den Jugendämtern im Zusammenwirken mit den Vereinigungen für Jugendhilfe ausgeübt.

(2) Die Vertreter der Jugendgerichtshilfe bringen die erzieherischen, sozialen und fürsorgerischen Gesichtspunkte im Verfahren vor den Jugendgerichten zur Geltung. Sie unterstützen zu diesem Zweck die beteiligten Behörden durch Erforschung der Persönlichkeit, der Entwicklung und der Umwelt des Beschuldigten und äußern sich zu den Maßnahmen, die zu ergreifen sind. Soweit nicht ein Bewährungshelfer dazu berufen ist, wachen sie darüber, daß der Jugendliche Weisungen und besonderen

---

[0]) **Literatur:** Frh. v. Schlotheim-Ullrich-Meng: Praktische JGerichtshilfe, ein Leitfaden aus juristischer und fürsorgerischer Sicht für die sozialpädagogische Ausbildung und Praxis (3 Teile: JGH als Rechtsinstitut; JGH aus der Sicht des JAmts; Zusammenarbeit zwischen JGH und BewH); Holzschuh: Zur Entwicklung und Gestaltung der JGerichtshilfe, RdJ 63/113; Roestel: Die Bedeutung der Organisationsform für den Wert der JGH, SchlHA 63/41; Berliner Richtlinien für die JGH v. 1. 1. 59 (Dienstblatt des Senats vom 2. 12. 58 S 103, besprochen von Potrykus UJ 59/334). — Vgl auch Carspecken: Wege der Zusammenarbeit des JAmts mit anderen Trägern der JArbeit.

Pflichten nachkommt. Erhebliche Zuwiderhandlungen teilen sie dem Richter mit. Während der Bewährungszeit arbeiten sie eng mit dem Bewährungshelfer zusammen. Während des Vollzugs bleiben sie mit dem Jugendlichen in Verbindung und nehmen sich seiner Wiedereingliederung in die Gemeinschaft an.

(3) Im gesamten Verfahren gegen einen Jugendlichen ist die Jugendgerichtshilfe heranzuziehen. Dies soll so früh wie möglich geschehen. Bei Übertretungen kann von der Heranziehung der Jugendgerichtshilfe abgesehen werden, wenn ihre Mitwirkung für die sachgemäße Durchführung des Verfahrens entbehrlich ist. Vor der Erteilung von Weisungen (§ 10) sind die Vertreter der Jugendgerichtshilfe stets zu hören.

Richtlinien zu § 38:

1. Der Staatsanwalt und der Richter wirken darauf hin, daß der Bericht, in dem die Jugendgerichtshilfe ihre Erhebungen niederlegt, ein klares Bild von der Persönlichkeit, der Entwicklung und der Umwelt des Beschuldigten gibt und sich auch über etwa vorliegende Verfehlungen des Jugendlichen im strafunmündigen Alter ausspricht.
2. Es empfiehlt sich, darauf hinzuwirken, daß an der Hauptverhandlung der Fürsorger teilnimmt, der die Ermittlungen für den Bericht der Jugendgerichtshilfe angestellt hat.
3. Die in dem Bericht der Jugendgerichtshilfe erwähnten Tatsachen darf der Richter nur dann seiner Entscheidung zugrunde legen, wenn ihre Richtigkeit nach den Vorschriften über die Beweisaufnahme festgestellt ist (wegen der Verlesung dieser Berichte vgl. §§ 250ff., insbesondere § 251 Abs. 2 und 3 und § 256 Abs. 1 StPO).

1) Ohne gute JGH könnten die JG ihre Aufgaben nicht erfüllen. Durch die Aufklärung u. den Vortrag der erz., sozialen u. fürsorgerischen Gesichtspunkte (A 5) schafft die JGH die Voraussetzungen für die richtige Anwendung des JGG als TäterStrR (Einf. II 2b u. § 43 A 1b, c). Weiter bereitet die JGH durch Unterstützung und Betreuung, Beratung und Leitung des J (A 7), aber auch durch seine Überwachung und durch Zusammenarbeit mit der BewH (A 6) den Boden für den Erfolg der vom JG getroffenen Maßnahmen. Die JGH ist gleichzeitig Hilfe für das Ger. und Hilfe für den Täter (Dallinger-Lackner N 5). Für diese Aufgabe ist die JGH als bes. Institution geschaffen (A 2), die als **Prozeßhilfeorgan eigener Art** eine bedeutsame Rechtsstellung im Verf. gegen J oder Hw hat (A 3); auf ihre Mitwirkung kann nur in Ausnahmefällen verzichtet werden (A 4).

2 a) Die JGH ist Pflichtaufgabe (§ 4 Z 4 JWG) **des JAmtes** (§ 9ff JWG). Es wirkt mit den Vereinigungen der (freien, privaten) JHilfe (§§ 7 und 9 JWG) zusammen (I). Diese haben damit ein Recht auf Beteiligung und Mitwirkung. Das JAmt kann im Rahmen des § 11 JWG die Geschäfte der JGH auf die freien Vereinigungen widerrufl. übertragen, behält aber auch dann die Verantwortung für eine sachgemäße Erledigung; eine Pflicht zur Übertragung einzelner Aufgaben besteht nicht mehr (hM; aA nur Riedel UJ 50/261 u. früher AV DJ 41/1054). — Bei asozialen Familien, Fällen schwerer Kriminalität und wenn Widerstand zu erwarten ist, ist eine Übertragung nicht gerechtfertigt, weil die JGH hoheitl. Befugnisse und auch die größere Autorität hat.

b) Örtl. zuständig ist in entspr. Anwendung des § 143 GVG (entgegen § 7 I JWG) das JAmt des Ger.Bezirkes (Becker NJW 54/335, 337, Dallinger-Lackner N 12; aA Potrykus B 1 u. NJW 54/823), da nur so die notwendige enge Zusammenarbeit zwischen JGH, JG u. JStA gewährleistet ist. Das gem. § 7 I JWG zuständige JAmt wird grds im Wege der Amtshilfe (§ 5 JWG) gehört werden müssen.

3 a) Die JGH muß immer (Ausnahme: A 4) **so bald als mögl.** und für das ganze Verf. **eingeschaltet** werden (III S 1, 2). Sie soll möglichst weitgehend herangezogen werden, auch wenn das nicht ausdrückl. vorgeschrieben ist (zB bei der Änderung von Weisungen, § 11 RL 2 S 2). Dabei müssen **JGH, JG u. JStA** möglichst **eng** und vertrauensvoll **zusammenarbeiten.** Mündl. Besprechungen sind notwendig. Nur so kann die JGH ihre wichtige Aufgabe voll erfüllen, ohne daß das Verf. über Gebühr verzögert wird (vgl § 43 A 5 eingehend).

b) Um die Mitwirkung der **JGH** sicherzustellen, hat sie **im Verf.** bestimmte **Rechte.** Die JGH darf mit dem Verhafteten mündl. u. schriftl. verkehren (§§ 93 III JGG, 148 StPO), kann in der Hauptverh., deren Zeit und Ort ihr mitzuteilen sind (§ 50 III), anwesend sein (§ 48 II) und das Wort ergreifen (§ 50 III). Sie soll möglichst schnell von der Tat unterrichtet werden (§ 43 RL 5 S 3); auch sonst hat sie das Recht auf laufende Mitt. (§ 70 JGG, Nr 32 MiStra).

c) (1) Die JGH hat jedoch **nicht das Recht,** Fragen oder Beweisanträge zu stellen und Rechtsmittel einzulegen; sie hat mangels einer entspr. Vorschrift auch keinen Anspruch auf **Akteneinsicht** (aA Potrykus B 6); doch ist eine großzügige Handhabung geboten (Dallinger-Lackner N 56; vgl § 43 RL 7 S 2). (2) Es ist auch nicht Sache der JGH, j. Zeugen über die Bedeutung des Zeugnisverweigerungsrechts zu belehren (BGH 9/195, 197), wenn sich auch der Vorsitzende durch sie unterstützen lassen darf (Potrykus NJW 57/1137).

d) Wird die **JGH nicht herangezogen,** obgleich ihre Mitwirkung vorgeschrieben ist, liegt allein darin ein Verf.Verstoß (§§ 38 III, 50 III), auf dem das Urteil beruhen kann (OLG Hamburg Zbl 58/56, GA 58/57); meist wird dadurch zugleich die Aufklärungspflicht (§§ 244 II StPO, 43 JGG; vgl dort A 1 d) verletzt (BGH EJF C I 7). Dieser Verstoß kann auch in der Nichtanhörung in der Sitzung liegen, selbst wenn die JGH nicht ums Wort gebeten hat. Doch besagt § 38 III 1 nicht, daß es ohne Bericht der JGH nicht geht; denn es sind Fälle denkbar, in denen ein entspr. Bericht nicht erstattet werden kann (BGH bei Herlan GA 59/340). In jedem Fall wird ein solcher Verstoß grds **nur den Straf-, nicht den Schuldspruch** berühren (Deisenhofer EJF C I 34 in Anm. zu OLG Hamburg aaO, vgl aber A 5 b (2); für Hw schlechthin BGH bei Herlan GA 61/358).

4 a) Die **JGH muß** dann **nicht eingeschaltet** werden, **wenn** nur eine **Übertretung** vorliegt **und** die Mitwirkung der **JGH entbehrl.** ist (III S 3). Sollen jedoch Weisungen erteilt werden (III S 4; vgl § 10 A 4) oder hat eine Übertretung[1]) kriminellen Gehalt, (zB §§ 361 I Z 3, 6; 370 Z 5 StGB), ist die Einschaltung der JGH geboten.

b) (1) Dagegen können das jrichterl. Verfügg. Verf. und das jrichterl. Erz.Verf. stets ohne Einschaltung der JGH durchgeführt werden (§ 75 I S 3, § 45 A 3a, aber A 5a, RL 6 S 3), solange nur eine Übertretung Gegenstand der Verf. ist. Gleiches gilt an sich für das vereinfachte JVerf. zur Vereinfachung u. Beschleunigung (§ 78 III); doch sollte die JGH hier grds eingeschaltet werden (vgl § 78 A 5a (4), § 43 A 5b). (2) Am Strafbefehlsverf. der Hw ist die JGH wie am normalen Verf. beteiligt, nicht dagegen bei Erlaß einer gerichtl. Str. Verfügg. (III S 3, § 75 I S 3 entspr.).

5 a) (1) Als **Ermittlungshilfe** (II S 2) wirkt die JGH entscheidend **bei** der durch § 43 gebotenen **Erforschung der Persönlichk.**, der Anlagen, der Entwicklung und der Umwelt des Täters mit. (Umfang der Ermittlungen: § 43 A 2, 3, 4). Sie hat dabei die Wahrheit ohne Rücksicht auf die Folgen für den Täter zu ermitteln und die ermittelten Tatsachen streng objektiv vorzutragen (A 5b). J Ri. u. JStA sind dadurch nicht gehindert, auch eigene Ermittlungen zur Persönlichkeitserforschung durchzuführen (§ 43 A 4b). (2) Im Gegensatz zur Polizei, die durch die Aufklärung der Tat die Grundlagen für den Schuldspruch legt, schafft die JGH durch die Erforschung der Täterpersönlichk. die Voraussetzungen für die Wahl der richtigen Unrechtsreaktion. Die Aufklärung der Tat ist also nicht Sache der JGH, sondern der Polizei. Die JGH ist keine Strafverfolgungsbehörde und nicht über den allg. Rahmen (§ 138 StGB) hinaus zu Strafanzeigen verpflichtet. Sie ist auch nicht Verteidiger des J. Sie muß sich möglichst jeder Äußerung zur Schuldfrage enthalten. Nur im Rahmen der Folgerungen aus den zur Person ermittelten Tatsachen kann sie vorsichtig Stellung nehmen, ob die Tat in das allg. Persönlichkeitsbild des Täters paßt.

b) (1) Der **Bericht** der JGH hat alle ermittelten **Tatsachen streng objektiv** aufzuführen[2]). Dabei sind die Beweismittel zu bezeichnen, ggf ist anzugeben, daß der

[1]) Im Gegensatz zu den meisten Verkehrsübertretungen u. zu Verletzungen strafrechtl. Vorschriften mehr verwaltungsrechtl. Inhalts.

[2]) Ein oft brauchbares **Schema** bringt Nesselmüller UJ 55/187, anknüpfend an Hinrichsen UJ 54/494. Vgl auch Ullrich: Der Bericht der JGH (Schriften des Fliedner-Vereins Rockenberg H 20) und Potrykus UJ 59/336. Umstände, die nach der Prognoseforschung bedeutsam sind, sollten so weit möglich aufgeklärt und in den Bericht aufgenommen werden; s. näher § 43 A 2b.

Für den Bericht kann rglm ein **Formblatt („Jugendfragebogen")** verwendet werden, das davor bewahrt, wichtige Punkte zu vergessen. Dabei muß der Berichtende sich vom Schema freihalten, bei besonderem Anlaß Ergänzungsblätter beilegen oder ganz frei berichten, dabei aber auf alle Fragen des „Fragebogens" eingehen. Auch Potrykus (UJ 63/80) tritt auf Grund seiner Erfahrungen für Formblattberichte ein.

Folgender Jugendfragebogen hat sich hier bewährt (an seine Stelle tritt bei einfachen, klar gelagerten Fällen der kleineren, teilweise auch mittleren Kriminalität (vgl § 43 A 3) ein gleich aufgebauter, auf etwa $^1/_3$ verkürzter „Kurzer Jugendfragebogen").

1) Personalien: Name, geboren am, gesetzlicher Vertreter mit Anschrift, Sorgeberechtigter mit Anschrift; 2) Familienverhältnisse: a) Ist der Besch. ehelich oder unehelich geboren, ist er legitimiert oder adoptiert? b) Leben seine Eltern, besteht die Ehe noch, leben die Eltern zusammen? c) Lebt der Beschuldigte bei den Eltern, Stiefeltern, Großeltern, Pflegeeltern, im Heim? d) Wer erzieht und beaufsichtigt den Besch.? Erzieherische Fähigkeiten?

JGH Beweismittel (zB „zwei gutbeleumundete Zeugen", „1 Brief") bekannt sind [vgl u. A 5c (2)]. Auch sind Umstände anzugeben, die für die Glaubwürdigk. von

---

e) Wer lebt noch mit im Familienverband (auch Schlafgänger uä)? f) Wie ist der Kontakt in der Familie allgemein und besonders zum Besch.? 3) Lebensverhältnisse: a) Wer in der Familie geht der Arbeit nach? b) Wie ist die wirtschaftliche Lage der Familie? c) Über welche Geldbeträge verfügt der Besch.? d) Wie verwendet er sie? e) Wie sind die Wohn- und Schlafverhältnisse? f) Ist der Besch. ordentlich ernährt? 4) Anlagen, Ruf, besondere Umwelteinflüsse: a) Wie ist der Ruf der Familie und der einzelnen Mitglieder? b) Besteht Hang zum Alkoholismus, zur Kriminalität, zur Unzucht? Falls ja, bei wem?, in welchem Umfang? c) Bestehen Anlagen zu Geistes- oder anderen schweren Krankheiten? Falls ja, zu welchen Krankheiten?, bei wem schon aufgetreten? d) Besondere Ereignisse und Veränderungen aus der Familiengeschichte? 5) Vorschulzeit: Besondere Ereignisse, Krankheiten, Auffälligkeiten in der Entwicklung; 6) Schule: a) Welche Schule wurde, wird besucht, bis zu welcher Klasse? b) Welche Klassen wurden wiederholt, warum? c) Wie waren/sind Führung und Leistung? d) Welche Berufspläne und -wünsche hatte der Beschuldigte — seine Eltern — bei Schulentlassung? 7) Lehr- und Arbeitsverhältnisse: a) Aufzählung der bisherigen, ihre Dauer. Gründe der Auflösung? b) Auffälligkeiten früherer Arbeitsplätze? c) Wie ist die gegenwärtige Lehr- oder Arbeitsstelle? d) Wie ist der Kontakt zum Arbeitgeber und zu den Arbeitskollegen? e) Ist der Besch. mit Beruf und Arbeitsplatz zufrieden? Falls nein, warum nicht? f) Strebt er weiter (Ziel)? g) Wie sind Führung und Leistung? h) Wie wurde die Gesellenprüfung abgelegt? Oder warum wurde sie nicht abgelegt? 8) Freizeit: a) Womit beschäftigt er sich (Basteln, Sport, Motor)? b) Sieht er gerne Filme/Fernsehen? Wenn ja, was bevorzugt er (Wildwest, Abenteuer, Reisen, Liebe uä)? c) Liest er? Welche Schriften, welche Schriftsteller bevorzugt er? d) Unterhält er Kameradschaften, Freundschaften, Liebesbeziehungen? Welchen Einfluß haben diese auf ihn? e) Gehört er einer Jugendorganisation, einem Verein an? Welcher/m? f) Nimmt er am staatsbürgerlichen oder religiösen Leben aktiv Anteil? Wie? g) Schätzt er Heimat und Brauchtum? h) Trinkt oder raucht er? (Umfang) i) Führung und Ruf außerhalb der Schule, Lehre, Arbeit? 9) Persönlichkeitsbild: a) Äußere Erscheinung; bestehende Krankheiten, Gebrechen b) Charakterliche Entwicklung, Auffälligkeiten (zB Launen, Verschlossenheit, bes. Mitteilsamkeit, Geltungsbedürfnis, Egoismus, Lüge, Grausamkeit) c) Geistige Fähigkeiten? d) Sind Pubertätseinflüsse vorhanden? Wenn ja, wie äußern sie sich? e) Pläne des Besch. (Berufsziel, Ehe, Sport)? 10) Bisherige Erfahrung mit dem Besch.: Beim Jugendamt, beim Gericht? Vorstrafen, Maßnahmen uä 11) Vermutliche Ursachen der Tat: (Not; äußere Einflüsse? Schlechter Umgang, Verführung, Verwahrlosung? Leichtsinn, Unbesonnenheit, Kurzschlußhandlung? Mangelnde oder falsche Erziehung oder Aufsicht? Anlagen, verbrecherische Neigung?) 12) Wie steht der Besch. zut Tat? Hat er den Schaden ersetzt, sich entschuldigt? 13) Vorschläge des Jugendamtes: a) Sind weitere Ermittlungen zur Persönlichkeit veranlaßt (Sachverständiger uä)? Wenn ja, warum und worüber? b) Würde der Besch. eine Bewährungszeit durchstehen? c) Wäre der Besch. noch mit erzieherischen Maßnahmen anzusprechen? Allein, oder in Verbindung mit anderen Maßnahmen? Welche Maßnahmen halten Sie für besonders geeignet? d) Weitere Vorschläge 14) Nur für Jugendliche (zur Zeit der Tat noch nicht 18 Jahre!): a) Konnte der Besch. verstandesmäßig erkennen, daß sein Verhalten unerlaubt ist? b) Konnte der Besch. auch nach seinen ethischen Vorstellungen erkennen, daß sein Verhalten sittlich zu mißbilligen ist? c) Hätte der Besch. bei gutem Willen die Kraft aufbringen können, anders zu handeln, zB also der Versuchung oder Verführung zu widerstehen? 15) Nur für Heranwachsende (zur Zeit der Tat schon 18, aber noch nicht 21 Jahre alt): a) War der Besch. zur Zeit der Tat in geistig-sittlicher Hinsicht altersgemäß entwickelt oder war er im wesentlichen noch ein ungefestigter, innerlich unsicherer Mensch ohne klare Planung und Zielsetzung in der Lebensführung? (bitte unter Anführung von Tatsachen beantworten!) b) Stellt die Tat nach Ihrer Ansicht eine Jugendverfehlung dar, d. i. ein Verhalten, wie es vorwiegend unreife Menschen zeigen, aus Motiven, wie sie vorwiegend bei solchen Menschen entscheidend sind? Warum?

Bedeutung sind (Verwandtschaft, Freundschaft, Feindschaft uä). — JStA u. JRi. **wirken auf die Ergänzung des Berichtes hin, wenn er Lücken enthält und kein klares** Bild des Täters gibt. — (2) Die JGH **regt** psychiatrische oder psychologische **Untersuchungen** (auch nach § 73) **an**, wenn sie auf Tatsachen gestoßen ist, die Zweifel über Reife (§ 3), Entwicklung (§ 105), Umfang der schädl. Neigungen (§ 17 II) oder über die allg.strafrechtl. Verantwortlichk. (§§ 51, 55 StGB) begründen (§ 43 A 4c). — (3) **Auch Maßnahmen** nach §§ 71, 45 kann die JGH **anregen**, zur Frage der Zweckmäßigk. bestimmter Weisungen (§ 10) oder bes. Pflichten (§ 15) **Stellung nehmen** oder sich zur Frage äußern, ob FE oder JStr. (mit oder ohne StrAzBew.) geboten ist. Ebenso steht es ihr frei, aus den ermittelten Tatsachen **Schlüsse** auf die Persönlichk. des Täters zu ziehen. Doch sollen solche Ausführungen schon äußerlich getrennt werden von den Tatsachenfeststellungen, die das Kernstück des Berichts sind und bleiben müssen. Die JGH sollte dabei Zurückhaltung üben, da sie hier auf das Gebiet des JRi. übergreift. In diesem Rahmen und mit Bedacht (gem. II S 1, 2) abgegebene Anregungen und Schlußfolgerungen aber werden dem Ri. stets willkommen sein.

c) (1) Der **Ermittlungsbericht** der JGH ist **Bestandteil der Akten** und damit dem Verteidiger zugängl. (über dessen Pflichten s. § 68 A 1b, 2 u. Lüttger NJW 51/744ff). — (2) **Zum Urteil** darf **nur** verwendet werden, was **Gegenstand der Verh. war** (§ 261 StPO; Art. 103 I GG; vgl Schnitzerling JWohl 57/187). Vom Ermittlungsbericht und auch vom mündl. Vortrag der JGH darf nur das festgestellt werden, was nach Vorhalt zugestanden oder was durch Beweismittel **nach den Vorschriften der StPO** [(a)—(c)] **bewiesen** ist. — Bei Verwertung des Berichts im Urteil wird im Zweifel angenommen, daß die Feststellung ordnungsgemäß im Wege des Vorhalts getroffen wurde (Dallinger-Lackner N 25, vgl BGH NJW 58/559). — (a) Der **Vertreter der JGH** kann auch als **Zeuge** vernommen werden[3]), und zwar auch als „Zeuge vom Hörensagen" über die Angaben von Gewährspersonen; in diesem Falle ist aber § 244 II StPO zu beachten (BGH 6/209, 210). Die Vernehmung über Angaben von Personen, die in der Verh. von ihrem Zeugnisverweigerungsrecht Gebrauch gemacht haben, ist dann unzulässig, wenn die Angaben in dem anhängigen StrVerf. (BGH 1/373ff), aber zulässig, wenn die Angaben in einem anderen (Zivil-, FGG-) Verf. oder sonst bei einer Betreuung, einem Gespräch usw gemacht worden sind (BGH 1/373, 376). Der Vertreter der JGH hat kein Zeugnisverweigerungsrecht; doch sollte seine Vernehmung möglichst vermieden, ggf entspr. taktvoll geführt werden, weil sonst die Arbeit der JGH über Gebühr erschwert werden könnte (vgl auch § 51 I, II); ggf (§ 54 StPO) ist eine Aussagegenehmigung erforderl.[4]). — (b) **Urkunden** wie Schülerbogen, Zeugnisse uä (nicht aber Leumundszeugnisse) können verlesen werden (vgl §§ 249ff, 256 I StPO); doch kann die Aufklärungspflicht zu einer Vernehmung des Ausstellers zwingen. (c) Der Tatsachenteil des **Ermittlungsberichts** kann **nur verlesen** werden, **wenn** die

---

[3]) Dallinger-Lackner N 28, Potrykus B 5, Schaffstein S 155; aA Peters, Strafprozeß S 484, Eb. Schmidt, Lehrkommentar § 250 StPO A 3.

[4]) Vgl die rechtspolitischen Betrachtungen von Baumann: Der Sozialarbeiter (BewHelfer) als Zeuge vor Gericht oder seine gerichtliche Vernehmung, BewH 63/249.

Voraussetzungen des § 251 II StPO beim Ermittler vorliegen; liegen sie beim Gewährsmann vor, ist der Ermittler zu vernehmen.

6) **Die JGH überwacht** die Befolgung der Weisungen u. der bes. Pflichten (II S 3, vgl § 10 A 4, § 15 A 5b), auch wenn sie vor der Erteilung nicht gehört wurde; denn ein solcher Verf.Verstoß kann die rechtskräftige gerichtl. AO nicht unbeachtlich machen (Dallinger-Lackner N 35; aA Potrykus B 8). Die JGH muß dem JRi. nur von schwereren Verstößen des J berichten (II S 4) und kann bei leichteren selbst ermahnen oä. Die JGH tritt jedoch hinter die BewH zurück, wenn eine solche besteht (II S 3)[5]). Während der Bew.Zeit unterstützt sie die BewH auf allen Gebieten nach besten Kräften (II S 5; s. § 25 A 3b). Auch wenn die BewH dem JAmt übertragen ist, sollten JGH u. BewH doch von verschiedenen Personen durchgeführt werden.

7) Endlich obliegt der **JGH** auch die **erz. Betreuung** der Täter **sowie** die **Fürsorge** für diese, um deren Wiedereingliederung in die Gemeinschaft zu fördern. Dazu muß sie den Kontakt mit dem Verurteilten möglichst auch während der Zeit der Str.Verbüßung aufrechterhalten (II S 6)[6]). Im übrigen gilt das § 25 A 2b für die BewH Gesagte hier entspr.

8) Die **JGH** wirkt in gleicher Weise **auch im Verf. gegen Hw** mit, soweit nicht die allg. Ausnahmen (A 4) gelten (OLG Hamburg GA 58/57 = EJF C I 34 = ZBl 58/56). Auch im Verf. gegen hw **Soldaten** wirkt die JGH mit (OLG Schleswig EJF C I 47 = SchlHA 58/341).

a) Auf ihre Ermittlungstätigk. (A 5) über Persönlichk., Entwicklung u. Umwelt kann auch dann nicht verzichtet werden, wenn der Täter inzwischen erw. oder allgR anzuwenden ist (BGH 6/354: Rev.Grund). Denn die nach § 105 zu treffende Entsch. kann — von seltenen Ausnahmen abgesehen (BGH 6/326, 329; s. § 105 A 2e) — nur nach eingehenden, grds der JGH übertragenen Ermittlungen getroffen werden (Dallinger-Lackner § 107 N 15); auch bei Anwendung allgR kann der Bericht der JGH für die Ermessensentsch. nach § 106 große Bedeutung haben.

b) Dagegen tritt bei Hw, bei denen die Voraussetzungen des § 105 nicht gegeben sind, die erz. Betreuung (A 6, 7) zurück; sie unterbleibt rglm ganz, wenn der Täter inzwischen erw. geworden ist (Dallinger-Lackner § 107 N 16). Die fürsorgerische Betreuung kann jedoch auch hier noch nützlich sein.

---

[5]) Aus dem „Soweit ..." ergibt sich, daß die Aufgaben der JGH nach II S 1, 2 ihr auch dann obliegen, wenn BewH besteht; das gilt bes. für den Bericht der JGH (A 5).

[6]) Vgl Ullrich: Die nachgehende Fürsorge bei strafentlassenen Jugendlichen, RdJ 1956 H 5; Lindemann: Fürsorge für strafentlassene J, JWohl 63/406; Neuland-Berg: Wie sieht der j Strafgefangene das JAmt?, RdJ 64/97.

Zweiter Abschnitt
Zuständigkeit

§ 39
Sachliche Zuständigkeit des Jugendrichters

1) Hw — J: § 108 I, A 1; sonstige Hw s. § 108 II, A 1. — **2)** ErwG: A 1b.

(1) Der Jugendrichter ist zuständig für Verfehlungen Jugendlicher, wenn nur Erziehungsmaßregeln, Zuchtmittel, nach diesem Gesetz zulässige Nebenstrafen und Nebenfolgen oder die Entziehung der Fahrerlaubnis zu erwarten sind und der Staatsanwalt Anklage beim Einzelrichter erhebt. § 209 Abs. 2 und 3 Strafprozeßordnung gilt entsprechend[1]).

(2) Der Jugendrichter darf auf Jugendstrafe von mehr als einem Jahr oder von unbestimmter Dauer nicht erkennen.

Anmerkungen und Richtlinien hierzu siehe nach § 41.

§ 40
Sachliche Zuständigkeit des Jugendschöffengerichts

1) Hw — J: § 108 I, A 1; sonstige Hw s. § 108 I—III, A 1. — **2)** Abs. I ErwG: A 1b. — Abs. II—IV ~~ErwG~~: A 1b.

(1) Das Jugendschöffengericht ist zuständig für alle Verfehlungen, die nicht zur Zuständigkeit eines anderen Jugendgerichts gehören. § 209 Abs. 2 und 3 Strafprozeßordnung gilt entsprechend.[1])

(2) Das Jugendschöffengericht kann bis zur Eröffnung des Hauptverfahrens von Amts wegen die Entscheidung der Jugendkammer darüber herbeiführen, ob sie eine Sache wegen ihres besonderen Umfangs übernehmen will.

(3) Vor Erlaß des Übernahmebeschlusses fordert der Vorsitzende der Jugendkammer den Angeschuldigten auf, sich innerhalb einer zu bestimmenden Frist zu erklären, ob er die Vornahme einzelner Beweiserhebungen vor der Hauptverhandlung oder eine Voruntersuchung (§ 178 der Strafprozeßordnung), beantragen will.

(4) Der Beschluß, durch den die Jugendkammer die Sache übernimmt oder die Übernahme ablehnt, ist nicht anfechtbar. Der Übernahmebeschluß ist mit dem Eröffnungsbeschluß zu verbinden.

Anmerkungen und Richtlinien hierzu siehe nach § 41.

§ 41
Sachliche Zuständigkeit der Jugendkammer

1) Hw — J: § 108 I, A 1; sonstige Hw s. § 41 RL 3, § 108 III, A 1. — **2)** ~~ErwG~~: A 1b

(1) Die Jugendkammer ist als erkennendes Gericht des ersten Rechtszuges zuständig in Sachen,

---

[1]) S. 2 ist ab 1. 4. 65 gültig (StPÄG).

1. die nach den allgemeinen Vorschriften zur Zuständigkeit des Schwurgerichts gehören und

2. die sie nach Vorlage durch das Jugendschöffengericht wegen ihres besonderen Umfangs übernimmt (§ 40 Abs. 2).

(2) Die Jugendkammer ist außerdem zuständig für die Verhandlung und Entscheidung über das Rechtsmittel der Berufung gegen die Urteile des Jugendrichters und des Jugendschöffengerichts. Sie trifft auch die in § 73 Abs. 1 des Gerichtsverfassungsgesetzes bezeichneten Entscheidungen.

Richtlinien zu §§ 39 bis 41:

1. In Jugendschutzsachen sind neben den für allgemeine Strafsachen zuständigen Gerichten auch die Jugendgerichte zuständig (§§ 26, 74b GVG).
2. Die Entscheidung der Jugendkammer nach § 40 Abs. 2 kann nicht der Staatsanwalt oder der Angeschuldigte, sondern nur der Vorsitzende des Jugendschöffengerichts herbeiführen. Für die Übernahme werden namentlich Strafsachen in Betracht kommen, die wegen der großen Anzahl von Beschuldigten oder Zeugen von einem Berufsrichter allein nicht sachgemäß erledigt werden können.
3. Im Verfahren gegen Heranwachsende ist die Jugendkammer auch zuständig, wenn Zuchthausstrafe von mehr als zwei Jahren oder Sicherungsverwahrung zu erwarten ist (§ 108 Abs. 3).

Vorb. 1) §§ 33, 107 setzen JGerichte für Verfahren gegen J und Hw ein. Die Frage, wann ein allg. Strafgericht gegen J und Hw tätig werden kann, ist in den §§ 102, 103, 112, der umgekehrte Fall in §§ 103, 112, 121 (vgl §§ 26, 74b GVG) behandelt. Die Folgen einer Überschreitung dieser **Abgrenzung zwischen J- und ErwGericht** wurden in § 33 A 3 untersucht. Ob das allg. Strafgericht oder das JGericht zur Entscheidung berufen ist, ist neben und unabhängig von der sachl. (§§ 39—41, 108), örtlichen (§§ 42, 108) und allg. funktionellen (A 1 c) Zuständigkeit zu prüfen.

2) Wie im allg. Recht ist auch im JRecht **das höhere Gericht zuständig,** wenn „ein nicht allzu fern liegender Verdacht einer Tat“ besteht, für die die Zuständigkeit dieses Gerichts gegeben ist (BGH GA 62/149); entspr. ist die Zuständigkeit des höheren Gerichts auch dann gegeben, wenn eine nicht allzu fern liegende Möglichkeit besteht, daß Strafen oder andere Maßnahmen verhängt werden, über deren Anordnung das höhere Gericht befinden soll [vgl A 2a (1)].

3) Auch im JRecht ist durch den nicht angefochtenen Beschluß, das Gericht sei sachlich oder örtlich nicht zuständig (= **Unzuständigkeitserklärung),** nur dieses **Gericht gebunden.** Anklage zu einem Gericht gleichen Ranges an einem anderen Ort bleibt zulässig (BGH 18/1).

1a) Die **JG haben** in Verf. gegen J eine **andere sachl. Zuständigk.** als die ErwG. Diese bes. Zuständigk. besteht auch für Verf. gegen Hw, auf die JR anzuwenden ist. Dagegen gilt für die sachl. Zuständigk. auch bei Hw allgR, wenn sie nach ErwR abzuurteilen sind (s. RL 3 u. § 108 A 1). Auch im JSchutzVerf. gilt die sachl. Zuständigk. des allgR [§ 121 A 2a (2) (a)].

b) (1) Die §§ 39 u. 40 I gelten **vor dem ErwG** insofern entspr., als der Erw. EinzelRi. u. das Erw.SchöffG die hier gezogenen Grenzen nicht überschreiten dürfen. Dagegen hat die (allg.) StrK nie die SchwG-Zuständigk. des § 41 I Z 1; die §§ 41 I Z 2, II, 40 II—IV gelten nur für das Verf. vor JG (Dallinger-Lackner § 104 N 7. 32; vgl § 103 A 3c). (2) Die Zuständigk. des BGH, des ObLG, der OLG u. der Staatsschutzkammern als Ger. 1. Instanz bestimmt sich nur nach allgR (§§ 102 S 1, 33 II).

c) Die **funktionelle Zuständigk.** ist im JR — mangels abweichender Regelung — die gleiche **wie im allgR** (§ 2), so der Instanzenzug (A 6), die Zuständigk. im VorVerf. und für Rechtshilfe [§ 34 A 1a (1)] sowie bei VU (§ 73 I GVG; s. § 33 Vorb. 2b). § 41 II ist an sich überflüssig (Dallinger-Lackner § 41 N 12), ebenso insoweit § 34 I.

2a) (1) Die **Anklage** wird **zum JRi.** (§ 39 I) erhoben, wenn nur ErzM (§ 9), ZuchtM (§ 13), nach § 6 zulässige NebenStr. u. -Folgen oder Entzug der Fahrerlaubnis (§§ 42 m ff StGB) zu erwarten sind; also nicht, wenn JStr. (mit oder ohne Aussetzung zur Bew.) oder die Aussetzung der Verhängung der JStr. oder Unterbringung in einer Heil- oder Pflegeanstalt in Betracht kommt; schon bei Zweifeln ist der JRi. nicht zuständig (Dallinger-Lackner § 39 N 4, 5, Potrykus NJW 57/1135; konkrete Betrachtungsweise). (2) Ist an sich die Zuständigk. des JRi. gegeben, liegt es doch noch im Ermessen des JStA (Ausnahme: A 3, 5d), ob das Verf. vor den JRi. oder vor das JSchöffG kommt. Bei Taten von größerem Gewicht (fahrlässige Tötung) oder größerem Umfang (gleichgeschlechtl. Unzucht in einem Heim) oder Aufsehen in der Öffentlichk. sollte stets zum JSchöffG angeklagt werden. Sonst aber — und zwar auch bei Verbrechen — verdient das schnellere Verf. vor dem JRi. auch deshalb den Vorzug, weil hier die Einheit JRi.—VormRi. [§ 34 A 1b (1)] meist gewahrt ist (Dallinger-Lackner § 39 N 5, Potrykus § 39 B 5).

b) **Zur JK** kann nur wegen der in § 80 GVG aufgezählten Delikte (SchwG-Sachen) angeklagt werden (§ 41 I Z 1), aber schon dann, wenn insoweit ein nicht allzu fern liegender Verdacht besteht (BGH GA 62/149; Vorb. 2). — Wegen des Sicherungsverfahrens (§§ 429a ff StPO) s. A 2d (2).

c) Der **BGH**, das ObLG, das OLG oder die Staatsschutzkammer des LG am Sitz des OLG sind für die in §§ 134 I, 74a GVG aufgezählten Delikte zuständig. Es genügt ein nicht allzu fern liegender Verdacht (Vorb. 2).

d) (1) **Zum JSchöffG** (§ 40 I) ist die Anklage in allen übrigen Verf. zu erheben, also wo kein Delikt nach §§ 80, 134 I, 74a I GVG vorliegt (A 1b, c), aber die Unterbringung in einer Heil- oder Pflegeanstalt, die Verhängung einer JStr. gleich welcher Höhe[1]) oder die Aussetzung der Verhängung einer JStr. in Betracht kommt [A 2a (1)], sowie immer dann, wenn der JStA nicht vor dem JRi. anklagt [A 2a (2)]. (2) Das JSchöffG ist auch zur Durchführung des Sicherungsverf. (§§ 429a ff StPO) berufen. Die abschließende Regelung der sachl. Zuständigk. durch das JGG

[1]) Dallinger-Lackner § 40 N 2; aA Potrykus § 40 B 1, der durch Anwendung des § 16 I StGB in Verbindung wohl mit § 24 GVG 5 Jahre JStr. für die Grenze hält; doch gelten diese Vorschriften wegen der erschöpfenden Regelung der sachl. Zuständigk. in §§ 39—41 u. der JStr. in §§ 17 ff gem. § 2 für die JG nicht.

ist auch für das Sicherungsverf. sinnvoll, da der JRi. als Vorsitzender des JSchöffG eine bes. Erfahrung in der Auswahl von Maßnahmen hat, die zur Abwendung der bes. bei J unerwünschten (§ 7 A 1a) Unterbringung in einer Heil- oder Pflegeanstalt ausreichen können[2]).

e) Durch **Sachzusammenhang** (§ 3 StPO; s. § 103 FN 1) kann auch ein höheres Ger. zuständig werden.

3) Hält das angegangene **Ger. sich für sachl. nicht zuständig**, teilt es zweckmäßig dem StA seine Bedenken mit, der dann die Anklage zurücknehmen (§ 156 StPO) und sie beim zuständigen Ger. erheben kann, ggf nach Einfügung des wesentl. Ergebnisses der Ermittlungen (§ 200 II StPO). Beharrt der StA auf seinem Standpunkt, ist zu unterscheiden:

a) Der JRi. (auch als Vorsitzender des JSchöffG) hält die Zuständigk. der JK oder eines höheren Ger. für gegeben; es ist gem. § 209 III StPO zu verfahren (Dallinger-Lackner § 40 N 5, Kleinknecht-Müller § 209 StPO A 7d), und zwar auch gegenüber der einem anderen LG angehörenden Staatsschutzkammer[2a]) (§ 74a III GVG, Dallinger-Lackner § 40 N 5, Schwarz-Kleinknecht § 209 StPO A 5; aA Kleinknecht-Müller § 209 StPO A 4d).

b) Die JK legt gem. § 209 III dem BGH vor, wenn sie diesen für zuständig hält. In allen anderen Fällen kann sie die Anklage vor dem Gericht zulassen, das sie für zuständig hält (§ 209 I StPO)[3]).

c) Der JRi. als Vorsitzender des JSchöffG hält den JRi. allein für zuständig. Er kann vor dem JEinzelrichter seines Bezirks eröffnen, soweit nicht nur Übertretungen, Privatklagedelikte oder Vergehen angeklagt sind, die mit Gefängnis bis höchstens 6 Monaten bedroht sind (§§ 39 I S 2, 40 I S 2 JGG iVm § 209 II III StPO)[3]).

d) Der als EinzelRi. angegangene **JRi.** hält das JSchöffG für zuständig; er muß die Akten dem Vorsitzenden dieses Gerichts vorlegen, wenn er nicht selbst Vor-

---

[2]) OLG Oldenburg NJW 58/1200, OLG Karlsruhe JZ 57/31 = EJF C I 9, LG Waldshut NJW 56/1488 zust. A Potrykus, Dallinger-Lackner § 40 N 4, Löwe-Rosenberg § 429b StPO A 7 aE; aA OLG Hamm JMBl NRW 55/116, früher Grethlein UJ 56/34.

[2a]) S. BGH 13/378: **Die Zuständigkeit nach § 74a** GVG ist eine **sachl.** Zuständigkeit nur im Verhältnis des Landgerichts zu den Amtsgerichten, im übrigen eine Regelung der **örtl.** Zuständigkeit im Verhältnis mehrerer Landgerichte untereinander und eine geschäftsordnungsmäßige **(funktionelle)** Zuständigkeit im Verhältnis der Staatsschutzkammer zu den übrigen großen Strafkammern am selben Landgericht.

[3]) Bis zum 31. 3. 1965 gilt noch die alte Regelung: Die JK kann nur an die Staatsschutzkammer des gleichen LG abgeben, andernfalls muß sie die Eröffnung ablehnen. Vor den JRi. als Einzelrichter kann sie nicht eröffnen. — Letzteres gilt auch für den Vorsitzenden des JSchöffG. Der zu Unrecht angegangene JEinzelRi. muß die Eröffnung ablehnen; das ist unbestritten, wenn an dem angegangenen Gericht kein JSchöffG besteht. Besteht dort auch ein JSchöffG, wollen Dallinger-Lackner (§ 39 N 7) gegen Potrykus (§ 39 B 2, NJW 54/823) eine Eröffnung durch den zur Übernahme bereiten Vorsitzenden des JSchöffG zulassen. — Hält das LG den BGH oder das AG das LG für zuständig, entscheidet das höhere Gericht.

sitzender des JSchöffG ist und selbst vor diesem eröffnen kann (§§ 39 I S 2, 40 I S 2 iVm § 209 III StPO)[3]). Bei dieser Zuständigkeitsprüfung im Zwischen-Verf. ist nur I, nicht II des § 39 in Betracht zu ziehen (allgM zB Dallinger-Lackner § 39 N 7).

4) **Nach Eröffnung des Hauptverfahrens** besteht nicht nur die Möglichkeit der förmlichen **Verweisung** an das höhere Gericht gem. § 270 StPO. Auch vor und außerhalb der Hauptverhandlung kann auf Grund der gem. § 6 StPO stets vorzunehmenden Prüfung der sachl. Zuständigkeit durch Vorlage entspr. §§ 209 II, III StPO an das höhere Gericht abgegeben werden; doch wird dadurch das höhere Gericht nicht gebunden, sondern nur zuständig, wenn es das Verfahren übernimmt, wobei es einen neuen Eröffnungsbeschluß erlassen oder den alten weitergelten lassen kann; in der Verhandlung wird nur dieser, nicht auch der Verweisungsbeschluß verlesen[3a]).

a) **Die JKammer** kann nur an den BGH oder an die Staatsschutzkammer[2a]) ihres LG verweisen[3b]). In allen anderen Fällen muß sie selbst entscheiden (§ 269 StPO).

b) **Das JSchöffG** hat alle Maßnahmen des JGG zur Verfügung (A 2d). Eine Verweisung ist nur mögl., wenn sich herausstellt, daß ein in §§ 74a, 80, 134 GVG aufgeführtes Delikt vorliegt; hier ist Verweisung (A4 Abs. 1) geboten, selbst wenn die JK vorher die nach § 40 II angetragene Übernahme abgelehnt hat (OLG Celle MDR 57/117, Rpfl 57/16, EJF C I 20, Zbl 57/246), und zwar auch gegenüber der Staatsschutzkammer (vgl A 3a).

c) **Der JRi.** muß unter den gleichen Umständen verweisen wie das JSchöffG, aber auch dann, wenn sein Strafbann nicht ausreicht. Er darf die in § 39 I u. II genannten Maßnahmen treffen sowie die Schuld gem. § 27 feststellen (vgl aber § 27 A 3c), aber weder JStr. von über 1 Jahr oder von unbestimmter Dauer verhängen noch die Unterbringung in einer Heil- oder Pflegeanstalt anordnen[4]). Eine Verwei-

---

[3a]) BGH 18/290, zust. Eb. Schmidt NJW 63/1477, abl. Peters JZ 63/686 mit gewichtigen Gründen, Schwarz-Kleinknecht § 270 StPO A 9; aA bisherige hM, zB BGH 6/109, Voraufl.; vgl ObLG 61/121 für Verweisung von ErwGericht an JGericht auf dem Boden der damals herrschenden Ansicht, die Abgrenzung sei eine Frage der sachl. Zuständigkeit.

[3b]) Bei der Verweisung an den BGH handelt es sich um eine förmliche Abgabe gem. § 270 StPO oder auf dem vom BGH 18/290 gezeigten Weg (oben A 4 1. Absatz mit FN 3a). Dagegen ist die Abgabe an die Staatsschutzkammer des gleichen LG nur eine Abgabe an den nach der Geschäftsverteilung berufenen Spruchkörper des gleichen Gerichtes. Diese Abgabe ist im Gegensatz zur Lage vor der Eröffnung des Hauptverfahrens grds (oben A 3b) auch dann möglich, wenn die Staatsschutzkammer eines anderen Landgerichts zuständig wäre; denn der hier vorliegende Mangel der örtlichen Zuständigkeit darf vom Gericht von Amts wegen nicht berücksichtigt werden (§ 18 StPO). Rügt allerdings der Angeklagte den Mangel der örtlichen Zuständigkeit rechtzeitig (§ 16 StPO), ist das Verf. einzustellen (§§ 206a, 260 III StPO). Doch ist eine Verweisung an das zuständige Gericht unschädlich, wenn die StA einverstanden ist und das Empfängergericht über die Eröffnung des Hauptverfahrens neu entscheidet (OLG Braunschweig JZ 62/420, NdsRpfl 61/284, Schwarz-Kleinknecht § 16 StPO A 2; vgl OLG Hamm NJW 61/232: Fehlen des neuen Eröffnungsbeschlusses ist ein unheilbarer Mangel).

[4]) Potrykus § 39 B 1, 4, NJW 57/1135; aA für die Maßnahmen der Sicherung u. Besserung Dallinger-Lackner § 39 N 4, 14. Diese gehen auch für das JR von einem einheitl., durch § 39 beschränkten **Strafbann des AG** aus; einen solchen **gibt es** aber im Gegensatz zum allgR (hM, zB BGH 16/248, ObLG 51/452; vgl § 108 FN 1) **im JR nicht.** Im Gegensatz zu § 24 GVG

sung ist nur zulässig, wenn auch der durch § 39 II erweiterte Strafbann nicht ausreicht (Dallinger-Lackner § 39 N 14, aA Potrykus (39 B 4).

5) Daneben sieht das Ges. noch verschiedene **bes. Übertragungsmöglichkeiten** vor.

a) Vom JSchöffG zur JK gem. §§ 40 II, 41 I Z 2. Ob der JRi. als Vorsitzender des JSchöffG vorlegt (RL 2 S 1) und ob die Kammer übernimmt, liegt in ihrem sachl. nicht nachprüfbaren Ermessen (§ 40 IV S 1). Die Vorlage ist erst nach Einreichung der Anklageschrift an das JSchöffG und nur bis zur Eröffnung des Hauptverf. mögl.[5]). Der Übernahmebeschl. muß mit dem Eröffnungsbeschl. verbunden werden (§ 40 IV S 2). Abgabegrund ist nur der bes. Umfang des Verf., der die Kraft eines Ri. übersteigt (zB Banden), nicht aber rechtl. Schwierigk. oder das bes. Aufsehen, das die Tat erregt hat (RL 2 S 2). § 40 III gibt dem Angeschuldigten dabei bes. Schutz als Ausgleich für den Verlust einer Tatsacheninstanz.

b) Von der **Staatsschutzkammer zum JSchöffG** gem. § 102 S 2 (s. dort).

c) Nach ErwR gem. §§ 134a GVG.

d) Durch das Rev.Ger. gem. § 354 III StPO, und zwar auch auf den JRi., wenn die StA zu ihm nicht angeklagt hat, also an sich eine Zuständigkeitsvoraussetzung fehlt (Dallinger-Lackner § 39 N 11; ObLG 62/85 für den Fall, daß es nur noch um die Frage der Auslagenerstattung geht; BGH bei Dallinger MDR 53/273 für das allg. Recht). Wegen der Rückverweisung einer bes. umfangreichen Sache an die JKammer statt an das an sich zuständige JSchöffengericht s. BGH NJW 60/2203 u. FN 5.

6a) Die **JKammer** tritt **als Berufungs- und Beschwerdeinstanz** an die Stelle der großen und der kleinen Strafkammer des allg. Rechts (§ 41 ist also keine erschöpfende Aufzählung). Die JKammer hat stets zu entscheiden, auch wenn das angefochtene Urteil gegen einen Hw ErwRecht angewendet hat (KG VRS 23/301). Wegen Zuständigkeit für die Berufung eines Erw. gegen das Urteil eines JGerichts, wenn alle J und Hw aus dem Verf. ausgeschieden sind, s. § 103 A 4a (3). Als Berufungsgericht ist die JKammer an sich an den **Strafbann des Erstgerichts** gebunden, also zB an § 39, wenn das Urteil eines JRichters angefochten ist, oder an die Grenze von 2 Jahren Zuchthaus für das AG allgemein (§ 108 III). Doch kann die JKammer das Verfahren — auch stillschweigend — an sich als Gericht 1. Instanz verweisen; hält sie die Regeln eines Verfahrens 1. Instanz ein, darf sie nach Aufhebung des Ersturteils wegen

---

kennt das JGG keinen amtgerichtl. Strafbann, sondern nur einen bes. Strafbann des JRi. (§ 39 I), der aus Gründen der Zweckmäßigk. für die Hauptverh. erweitert ist (§ 39 II). — Durch die Neufassung des § 39 I im 2. Gesetz zur Sicherung des Straßenverkehrs (BGBl 1964 S. 921 ff.) kann der Jugend-(einzel)-Richter auch die Fahrerlaubnis entziehen (so schon — zu Unrecht für das damalige Recht — LG Dortmund NJW 64/1683; der Widerspruch von Potrykus NJW 64/2143 ist durch das neue Gesetz überholt).

[5]) Der BGH NJW 60/2203 hat aber ein Verfahren, in dem das Urteil der Strafkammer aufgehoben wurde, weil das Verfahren vor ein JGericht gehört hätte, an die JKammer statt an das zuständige JSchöffengericht verwiesen, weil die Sache für das JSchöffengericht zu umfangreich war und durch die unrichtige Ausschaltung des JGerichts im bisherigen Verfahren die Möglichkeit der Übertragung gem. §§ 40 II, 41 I Z 2 verschlossen blieb.

sachlicher Unzuständigkeit auch eine höhere Strafe verhängen als das Erstgericht sie hätte aussprechen dürfen (Pentz GA 58/299). Gegen solche Urteile sind Rechtsmittel ohne die Beschränkung des § 55 II möglich, da sie erstinstanzlich sind. Auch eine Verbindung von Verfahren 1. und 2. Instanz wird man danach zulassen können, wenn sie sich in der gleichen Verfahrenslage befinden[6]).

b) Der sonstige **Instanzenzug** ist wie im ErwRecht, doch beschränkt durch § 55 II.

7) Zur **Einheitsstrafenbildung** (§ 31) ist jedes Ger. im Rahmen seines Strafbannes[7]) berufen, auch wenn die früheren Verf. wegen in §§ 74a, 80, 134 GVG aufgeführter Delikte anhängig waren. Denn diese Sonderzuständigk. betrifft nur die Aburteilung der Taten selbst; diese ist aber bei der Einbeziehung schon erfolgt. Etwas anderes gilt nur, wenn ein Schuldspruch (§ 27) einbezogen wird; denn hier wird in soweit die Tat hinsichtl. der Straffrage abgeurteilt (Dallinger-Lackner § 40 N 2).

§ 42

Örtliche Zuständigkeit

1) Hw: § 108 I, A 2. — **2) ErwG:** § 104 A 1b.

(1) Neben dem Richter, der nach dem allgemeinen Verfahrensrecht zuständig ist, sind zuständig

1. der Richter, dem die vormundschaftsrichterlichen Erziehungsaufgaben für den Beschuldigten obliegen,

2. der Richter, in dessen Bezirk sich der auf freiem Fuß befindliche Beschuldigte zur Zeit der Erhebung der Anklage aufhält,

3. solange der Beschuldigte eine Jugendstrafe noch nicht vollständig verbüßt hat, der Richter, dem die Aufgaben des Vollstreckungsleiters obliegen.

(2) Der Staatsanwalt soll die Anklage nach Möglichkeit vor dem Richter erheben, dem die vormundschaftsrichterlichen Erziehungsaufgaben obliegen, solange aber der Beschuldigte eine Jugendstrafe noch nicht vollständig verbüßt hat, vor dem Richter, dem die Aufgaben des Vollstreckungsleiters obliegen.

(3) Wechselt der Angeklagte seinen Aufenthalt, so kann der Richter das Verfahren mit Zustimmung des Staatsanwalts an den Richter abgeben, in dessen Bezirk sich der Angeklagte aufhält. Hat der Richter, an den das Verfahren abgegeben worden ist, gegen die Übernahme Bedenken, so entscheidet das gemeinschaftliche obere Gericht.

---

[6]) Kleinknecht-Müller § 4 StPO A 4, Dünnebier in Löwe-Rosenberg §§ 2—4 StPO A IV 3e, Schwarz-Kleinknecht § 4 StPO A 4, BGH 4/157; **aA BGH** 19/177, Niethammer in Löwe-Rosenberg 20. Aufl. § 4 StPO A 8; Eb. Schmidt, Lehrkommentar § 4 StPO A 6: eine Verbindung sei nur in 1. Instanz möglich, nicht mehr, wenn ein Urteil ergangen sei; das gilt aber nur, soweit der Instanzenzug verändert würde; die Verbindung bei demselben Gericht anhängiger Sachen 1. und 2. Instanz wird davon nicht betroffen (Kohlhaas LM § 4 StPO Nr. 5). Die Verbindung einer Strafsache, in der das Hauptverfahren bereits eröffnet ist, mit einer Strafsache im Ermittlungsstadium ist nicht möglich (BGH 18/130).

[7]) Der JRichter also nur bis zu einem Jahr: OLG Celle GA 60/86 = Zbl 60/27 = EJF C I 63.

Richtlinien zu § 42:

1. Bei Verfehlungen von geringem Unrechtsgehalt, bei denen vormundschaftsrichterliche Maßnahmen nicht erforderlich sind, stellt der Staatsanwalt seinen Antrag in der Regel bei dem Jugendrichter, in dessen Bezirk sich der auf freiem Fuß befindliche Beschuldigte zur Zeit der Erhebung der Anklage aufhält (§ 42 Abs. 1 Nr. 2) oder in dessen Bezirk der Beschuldigte ergriffen worden ist (§ 9 StPO).
2. Wird die Anklage im Falle des § 42 Abs. 1 Nr. 3 nicht vor dem danach zuständigen Richter erhoben, so übersendet der Staatsanwalt dem Vollstreckungsleiter eine Abschrift der Anklage und teilt ihm den Ausgang des Verfahrens mit.

1a) (1) Auch für das JG gelten die **allg. Gerichtsstände** (§§ 7ff StPO). **Daneben** treten im Verf. vor dem JG (nicht vor dem ErwG: §§ 104, 112) noch die **drei bes. Gerichtsstände** des Abs. I, die deshalb von bes. Bedeutung sind, weil sie die persönl. Bindungen des Täters berücksichtigen und damit die Belange des JR als Täterstrafrecht wahren (vgl Grethlein NJW 57/1370 A; UJ 55/303). Die bes. Gerichtsstände haben grds Vorrang vor den allg. (II, RL 1). (2) Die Gerichtsstände des JGG gelten **auch für JSchöffG u. JK** 1. Instanz, weil die für sie maßgebl. Gesichtspunkte — wenn auch etwas eingeschränkt — für alle Ger. gelten, in deren Bezirk der Täter sich aufhält oder die vormundschaftsrichterl. Erz.Aufgaben und die Aufgaben des VollstrL wahrzunehmen sind (Dallinger-Lackner N 4, Grethlein UJ 55/303; BGH 18/1 für die dem VollstrL übergeordnete JKammer auch gegen Hw, aA Potrykus B 5 und NJW 54/823).

b) § 42 JGG enthält eine **abschließende Sondervorschrift** der örtlichen Zuständigkeit im JG Verfahren, weil in ihr die erz. wichtigen Belange der Entscheidungsnähe und die Einheit der Erziehung ihren Niederschlag gefunden haben. **Im Gegensatz dazu** läßt der **BGH**[1]) die jrechtliche Sonderregelung hinter die Normen des allg. Rechts über die Konzentration bestimmter Verfahren und Delikte zurücktreten (§§ 476a **AbgO**, 3 III **Binnenschiffahrts**verfahrensgesetz; beide ändern nur die örtliche Zuständigkeit: Schäfer in Löwe-Rosenberg Einl.Kapitel 10 B 8c).

c) Die besonderen Gerichtsstände gelten gem. § 143 GVG **auch für den JStaatsanwalt** (Dallinger-Lackner N 2, Grethlein UJ 55/307; allg. Löwe-Rosenberg § 13 StPO A II 2b).

---

[1]) BGH 11/116 für § 3 Binnenschiffahrtsverfahrensgesetz; BGH 10/323, 326f für § 476a AbgO, LG Paderborn NJW 57/722, LG Regensburg MDR 59/596, Kopacek NJW 61/2147; Kohlhaas EJF C I 30 u. 35 sowie Schnitzerling DRiZ 58/317 mit Bedauern; aA LG Traunstein NJW 57/1003, Grethlein NJW 57/1370, Goetzeler NJW 60/1656.

Problematisch ist die Geltung des § 476a AbgO nach hM dann, wenn das Steuerdelikt mit anderen Delikten sachlich oder rechtlich zusammentrifft (vgl Bode NJW 58/1910, Buschmann NJW 60/1990, Kleinmann NJW 63/95). OLG Köln MDR 61/788, LG Köln NJW 61/1320 (zust. A Lohmeyer), LG Ulm NJW 61/2272, Bode NJW 58/1910 wenden § 476a AbgO auch in jedem Fall des tateinheitlichen Zusammentreffens an, LG Bochum NJW 63/873, LG Memmingen MDR 56/694, NJW 58/312, LG Regensburg MDR 59/596, Buschmann NJW 60/326, Löwe-Rosenberg Vorb. 4 vor §§ 7ff StPO stellen auf das Schwergewicht oä ab.

2a) Der Gerichtsstand der vormundschaftsrichterl. Zuständigk. (vgl A 1 u. § 34) besteht ohne Rücksicht darauf, ob beim VormG. schon ein Verf. anhängig war oder ist, ob der JRi. zugleich VormRi. ist, ob ihm nur die vormundschaftsrichterl. Erz. Aufgaben übertragen sind oder ob er in Vormundschaftssachen überhaupt nicht tätig wird. Dieser Gerichtsstand besteht nicht mehr, wenn der Täter zZ der Anklageerhebung schon volljährig ist (s. § 108 A 2). — Die Zuständigk. des VormG ergibt sich aus §§ 36, 43, 46 FGG; die Tätigk. eines an sich nicht zuständigen VormRi. zur Behebung eines augenblickl. Notstandes (§ 44 FGG) begründet keine JGG-Zuständigk.

b) Der Gerichtsstand des freiwilligen Aufenthaltes setzt nicht einen gewöhnl. Aufenthalt oder einen Aufenthalt von langer Dauer voraus; doch ist bei ganz kurzem Aufenthalt eine Anklage zu dem AufenthaltsortGer. unzweckmäßig. Nur auf freiem Fuß muß sich der Beschuldigte befinden. Das ist nicht der Fall bei Str.Gefangenen, UHäftlingen und bei allen, denen die Freiheit auf Grund von Vorschriften des Str.- u. StrVerfRechts entzogen worden ist (§§ 112ff, 127, 126a StPO, 42b StGB, 61, 71 II, 73 JGG). Nicht auf freiem Fuß sind nach der wenig überzeugenden, weil formalistischen Rechtsprechung des BGH alle auf Grund richterlicher Anordnung in einem ErzHeim Untergebrachten[2]); dagegen sind nach der zutreffenden allgM die im Wege der freiwilligen ErzHilfe in den gleichen Heimen Untergebrachten auf freiem Fuß (vgl Prahl NJW 64/530 zu § 1800 II BGB), ebenso die auf Grund einer Weisung des JRichters in einem Heim Untergebrachten (Dallinger-Lackner N 9, Grethlein DRiZ 55/112 FN 12) und die Soldaten in der Kaserne (OLG Karlsruhe, die Justiz 63/244; s. FN 2).

c) Der **Gerichtsstand des VollstrL** besteht nur bei JStr., die entweder gerade verbüßt wird oder für deren Rest Entlassung zur Bew. angeordnet ist, wenn die Bew. noch läuft; nicht genügt JA-Vollz. oder StrAzBew. für eine JStr. Ist die Vollstr.

[2]) **BGH** 13/209: „Auf freiem Fuß befindet sich somit nur, wer in keiner Weise durch eine behördliche Anordnung in seiner Freiheit und in der Wahl seines Aufenthaltsortes beschränkt ist." Ebenso BGH NJW 54/1775 beiläufig, OLG Celle NJW 58/1835, OLG Schleswig SchlHA 60/179, Dallinger-Lackner N 10, Potrykus B 3 und NJW 54/823, Löwe-Rosenberg § 35 StPO A 8, Schnitzerling DRiZ 58/316 (der alle Schwierigkeiten durch unzulässig weite Auslegung des § 42 III vermeidet). **AA** OLG Hamm NJW 59/1095 = MDR 59/595 = Zbl 59/266, Grethlein DRiZ 55/111 und bes. EJF C I 51, Becker NJW 54/336, Dünnhaupt NJW 54/1775 und 58/1835, Hinrichsen RdJ 55/100.

Die vom BGH angeführte hM bringt größte Schwierigkeiten, nämlich erz. gefährliche Unterbrechung der FE, unterschiedliche Behandlung der Zöglinge einer Anstalt, schließlich eine Diskreditierung der FE. Sie ist unlogisch, weil § 42 I Z 3 sogar eine Zuständigkeit bei der JStrafanstalt begründet und weil die vom BGH aufgestellten Merkmale der Unfreiheit (s. oben S 1) auf jeden Soldaten, ja jeden Beamten zutreffen, schließlich kann überhaupt kein Minderjähriger seinen Aufenthaltsort selbst bestimmen, weil er unter elterlicher Gewalt steht. Die FE wird durch das Gericht nur in Ergänzung der ungenügenden elterlichen Gewalt angeordnet („Obervormundschaft"). Entscheidend kann nur sein, ob die Strafverfolgungsbehörde Einfluß auf den Gerichtsstand nehmen kann; das ist bei FE-Zöglingen wie bei Soldaten wie bei Beamten nicht der Fall. — Daß § 122b StGB die Befreiung eines FE-Zöglings mit Strafe bedroht, läßt keine Schlüsse zu, zumal § 235 StGB den sogar mit schwererer Strafe bedroht, der einen Minderjährigen dem ErzBerechtigten entzieht.

Die Praxis versagt dem BGH glücklicherweise weithin **die Gefolgschaft;** §§ 7, 9, 13 StPO schaffen oft die willkommene formelle Grundlage.

gem. § 85 III widerrufl. abgegeben, ist die Zuständigk. bei dem abgebenden (zw.) und dem übernehmenden Ger. gegeben (Dallinger-Lackner N 14). — Diese Zuständigk. endet mit der vollständigen Verbüßung oder Erlaß der JStr., auch bei endgültiger Entlassung nach § 89 IV.

3a) Die Auswahl trifft der StA[2a]), ohne daß Ger. oder J einen Einfluß haben (Löwe-Rosenberg § 12 StPO A 5). Der StA soll dem Gerichtsstand des VollstrL den Vorrang geben, sonst dem der vormundschaftsgerichtl. Zuständigk. (II). Es können aber überwiegende Interessen entgegenstehen, so daß bei kleiner Kriminalität, die es nicht rechtfertigt, den Täter aus seiner Umgebung herauszureißen, der Gerichtsstand des Aufenthalts (RL 1), bei größeren Verkehrsdelikten mit zu erwartendem Augenschein und vielen Zeugen der Gerichtsstand des Tatortes vorzuziehen sind (Dallinger-Lackner N 18, 21, Grethlein UJ 55/307, Potrykus NJW 56/656).

b) Das **Ger. lehnt die Eröffnung ab**[2a]), wenn bei ihm keiner der vielen Gerichtsstände für nur eine der im Verfahren verbundenen Taten gegeben ist. Eine Verweisung ist nicht vorgesehen (OLG Braunschweig JZ 62/420, NdsRpfl 61/284, OLG Hamm NJW 61/232); doch ist eine Verweisung unschädlich, wenn der StA einverstanden war und das angegangene Gericht ausdrücklich noch einmal über die Eröffnung des Hauptverfahrens entschieden hat (OLG Braunschweig aaO). — **Nach Eröffnung des Hauptverfahrens** kann die örtliche Unzuständigkeit **nur auf Rüge** des Angeklagten noch beachtet werden (§§ 16, 18 StPO); auf begründete Rüge ist gem. §§ 206a, 260 III StPO einzustellen.

c) Kommt das Verf. nicht zum Ger. des VormRi., **kann Abgabe des vormundschaftsgerichtl. Verf.** angezeigt sein (§ 46 FGG, bes. I S 2 u. § 34 RL 2). — Wegen der Mitt.Pflicht vgl RL 2, § 70 u. MiStra 31.

4a) (1) (a) **Das Gericht kann** nach Eröffnung des Hauptverfahrens (BGH 13/209, 10/391) stets[3]) das Verfahren **an das Gericht des neuen Aufenthaltsortes abgeben**[4]), wenn der Angeklagte seinen Aufenthalt — sei es auch unfreiwillig[5]) — nach Erhebung der Anklage[5a]) geändert hat; nicht erforderlich ist, daß er sich in diesem Zeitpunkt noch im Bezirk des abgebenden Gerichts aufgehalten hat (BGH 10/323, 325). Bei mehrfachem Aufenthaltswechsel kann **mehrfach abgegeben** werden (BGH 13/284,

---

[2a]) § 209 StPO gilt hier nicht.

[3]) hM, zB BGH 10/323, 325, OLG Frankfurt NJW 56/521; aA nur Pentz NJW 54/1351 u. DRiZ 57/33: nur wenn zum Ger. des Aufenthaltsortes oder Wohnsitzes angeklagt ist. Diese oft hinderl. Beschränkung erscheint willkürl. und ohne Grundlage im Ges.

[4]) Vgl insgesamt Lackner, Die Abgabe des Verf. nach dem JGG, GA 56/379; Schnitzerling, Die Abgabe d. JGVerf. bei einem Aufenthaltswechsel d. Angeklagten, DRiZ 58/315.

[5]) BGH NJW 54/1775 (für FE), 13/209, 214f (für FE), bei Herlan GA 63/106 (Unterbringung in ErzHeim auf richterl. AO), OLG Celle Zbl 58/273 (im Wege der freiwilligen ErzHilfe), OLG Schleswig SchlHA 60/179. — Offen OLG Karlsruhe die Justiz 63/244 (freiwillig, wer — wie der zu einem anderen Truppenteil versetzte Soldat — zu dem Aufenthaltswechsel auf Grund allg. Regelung rechtl. verpflichtet ist).

[5a]) BGH 13/209 (überzeugend), OLG München NJW 58/1056, OLG Schleswig SchlHA 60/179, Dallinger-Lackner N 26; aA noch BGH 54/1775, OLG Hamm NJW 59/1095; Schnitzerling DRiZ 58/316 hält sogar die Abgabe bei früherem Aufenthaltswechsel für möglich.

286)[5b]); auch bei kurzfristigem Aufenthalt ist Abgabe möglich, doch selten zweckmäßig; das Verfahren darf durch die Abgabe nicht verzögert werden (Kohlhaas EJF C I 60), weshalb zB bei kleineren Verkehrsverstößen eine Abgabe nur selten angebracht ist (BGH 13/186, 190). — (b) Die Abgabe ist an die **Zustimmung des StA** und die **Bereitschaft des Gerichts** am neuen Aufenthaltsort zur Übernahme gebunden; lehnt dieses die Übernahme ab, kann das **gemeinschaftl. obere Gericht** (JKammer, OLG, BGH; nicht ObLG: BGH 11/80ff, 13/293, 16/78, 16/84, ObLG 57/165ff) angerufen werden. Erst mit der Übernahme oder der die Übernahme anordnenden Entscheidung des oberen Gerichts wird das Verfahren beim übernehmenden Gericht anhängig. Später auftauchende Bedenken können nicht berücksichtigt werden (BGH 13/284ff).

(2) (a) Eine Abgabe gem. § 42 III ist **im vereinfachten JVerf. nicht** zulässig, weil hier niemals die zur Abgabe erforderliche Bindung des Gerichts eintritt, da das Gericht bis zur Entsch. dieses Verf. ablehnen kann (§ 77 I). Ein Ablehnungsgrund ist, daß ein Aufenthaltswechsel vorliegt, der im RegelVerf. zur Abgabe nach § 42 III führen würde [BGH 12/180, 182ff; aA Schnitzerling DRiZ 58/316, der Abgabe zuläßt, sobald der Antrag nicht mehr zurückgenommen werden kann, darüber s. § 78 Anm. 3b (1)]. Gleiches gilt, wenn dem vereinfachten JVerf. eine jugendrichterliche Verfügung vorausgegangen ist. Aus denselben Gründen ist eine Abgabe **im beschleunigten Verfahren** nach § 212 StPO **nicht** möglich (BGH NJW 61/789, vgl §§ 212b I, II StPO: 77 I JGG). — (b) Im **Strafbefehls- und Strafverfügungsverfahren** ist Abgabe nach § 42 III wie Übertragung nach § 12 II StPO **erst nach Beginn** der auf rechtzeitigen Einspruch hin anberaumten **Hauptverhandlung** möglich, regelmäßig aber nicht mehr zweckmäßig (BGH 13/186, 188ff). Gleiches gilt für die **jugendrichterliche Verfügung,** falls ausnahmsweise nicht gem. § 76 II im vereinfachten JVerf. entschieden wird.

(3) Die Abgabe ist **nur bis zum Erlaß eines Urteils** möglich, weil § 42 III nicht in den Instanzenzug eingreifen kann (BGH 10/177, 18/261). Deshalb kann auch das Rechtsmittelgericht oder das Erstgericht nach Zurückverweisung nicht mehr nach dieser Vorschrift abgeben (BGH 10/177, 18/261; RG 13/365 für § 12 II StPO; Löwe-Rosenberg A 6c, Eb.Schmidt A 10, Schwarz-Kleinknecht A 3 je zu § 12 StPO).

[5b]) Hier wird das Verfahren voll und unwiderruflich abgegeben. Das neue Gericht ist allein und unbeschränkt zuständig. Es ist kein Grund ersichtlich, warum für diesen Richter § 42 III nicht mehr gelten sollte. Anders ist die Lage bei der Übertragung der Entscheidungen, die infolge der Aussetzung oder Entlassung zur Bewährung erforderlich werden (§ 58, 88 V, 89 II), oder bei der Abgabe der Vollstreckung (§ 85 III). Im ersten Fall ist auch eine teilweise Übertragung möglich, im letzten Fall nur eine widerrufliche Übertragung zulässig. In beiden Fällen müßte jede Weiterübertragung zu einer Zersplitterung und — wie die Praxis zeigt — zu Unklarheiten und Schwierigkeiten führen. Außerdem ist bei den Bewährungsentscheidungen eine wiederholte Übertragung einer ordentlichen Bewährungsaufsicht abträglich; es ist allein sinnvoll, Weiterübertragungen nur über die Person des Richters zuzulassen, der die Bewährung bewilligt hat, und so einen ruhenden Pol zu finden. Ähnliches gilt für den Vollstreckungsleiter, das Gesetz schafft in §§ 84f sehr klare Verhältnisse, läßt eine Übertragung nur aus wichtigen Gründen und widerruflich zu (§ 85 III) und bindet die Vollstreckung so weiter an den gesetzlichen Vollstreckungsleiter. — Vgl § 58 A 3c (2) und FN 5 sowie § 85 A 4a (1).

(4) Eine **fehlerhafte Abgabe** ist **Revisionsgrund** gem. § 338 Z 4 StPO, weil ein unzuständiges Gericht entschieden hat; etwas anderes gilt nur, wenn auch bei diesem Gericht ein Gerichtsstand begründet (dieser Fehler kann aber geheilt werden: §§ 16, 18 StPO), die Staatsanwaltschaft einverstanden war und das Verfahren bei dem angegangenen Gericht ordnungsgemäß eröffnet wurde.

b) Weitere Übertragungsmöglichkeiten: (1) Gem. **§ 12 II StPO;** diese allg. Vorschrift ermöglicht eine Änderung des Gerichtsstandes durch Beschluß des gemeinsamen oberen Gerichts auch dann, wenn der Aufenthalt schon vor der Erhebung der Anklage gewechselt wurde[6]), setzt aber voraus, daß bei Anklageerhebung auch bei dem anderen Gericht eine Zuständigkeit bestand (allgM, zB BGH 13/209f); (2) **in späteren Verfahrensabschnitten:** §§ 58 II S 2, 3, 88 V S 3, 89 II; § 65 I S 2, 3; (3) **bei UHaft:** § 72 V.

Dritter Abschnitt
Jugendstrafverfahren

Erster Unterabschnitt
Das Vorverfahren

§ 43

Umfang der Ermittlungen[0])

1) Hw: § 109 I S 1; § 43 RL 12, A 1b aE. — **2)** ErwG: RL 12; § 104 I 3, III, A 2. — **3) Sold!** § 112d, § 43 A 4a (1) (b), A 4b (1), § 112d A 2.

(1) Nach Einleitung des Verfahrens sollen so bald wie möglich die Lebens- und Familienverhältnisse, der Werdegang, das bisherige Verhalten des Beschuldigten und alle übrigen Umstände ermittelt werden, die zur Beurteilung seiner seelischen, geistigen und charakterlichen Eigenart dienen können. Der Erziehungsberechtigte und der gesetzliche Vertreter, die Schule und der Lehrherr oder der sonstige Leiter der Berufsausbildung sollen, soweit möglich, gehört werden. Die Anhörung des Lehrherrn oder Ausbildungsleiters unterbleibt, wenn der Jugendliche davon unerwünschte Nachteile, namentlich den Verlust seines Arbeitsplatzes, zu besorgen hätte. § 38 Abs. 3 ist zu beachten.

(2) Bei Fürsorgezöglingen erhält die Fürsorgeerziehungsbehörde Gelegenheit zur Äußerung.

(3) Soweit erforderlich, ist eine Untersuchung des Beschuldigten, namentlich zur Feststellung seines Entwicklungsstandes oder anderer für das Verfahren wesentlicher

[6]) BGH 13/209, OLG Hamm NJW 59/1095, Dallinger-Lackner N 26; Pentz NJW 54/1351 wendet hier § 42 III entspr. an, ähnl. Schnitzerling DRiZ 58/316. Nicht ganz klar durch — wohl zu weit gefaßten — Leitsatz OLG München NJW 58/1056 = EJF C I 48, das im Ergebnis doch wohl auf die hier vertretene Meinung hinausläuft.

[0]) **Literatur:** Nass: Die Erforschung der Täterpersönlichkeit im Ermittlungsverfahren; Schneider: Probleme der Erforschung der Täterpersönlichkeit im Strafverfahren, Neue Polizei 62/34; s. FN 1. 3.

Eigenschaften herbeizuführen. Nach Möglichkeit soll ein zur kriminalbiologischen Untersuchung von Jugendlichen befähigter Sachverständiger mit der Durchführung der Anordnung beauftragt werden.

Richtlinien zu § 43:

1. Die Ermittlungen des Staatsanwalts erstrecken sich auch auf die Umstände, die für die Aussetzung der Jugendstrafe zur Bewährung und für die Aussetzung der Verhängung der Jugendstrafe bedeutsam sein können. Nr. 15 RiStV gilt entsprechend.

2. Zur Persönlichkeitserforschung sollen Akten über Vorstrafen, vormundschaftsrichterliche Akten sowie Personalakten von Vollzugsanstalten und Erziehungsheimen beigezogen werden. Wichtige Aufschlüsse über die Persönlichkeit des Jugendlichen können auch Aufzeichnungen der Schule geben.

3. Befindet sich der Jugendliche in Untersuchungshaft, so fordert der Staatsanwalt oder der Richter in der Regel von der Vollzugsanstalt einen Bericht über die von ihr vorgenommene Persönlichkeitserforschung, über das Verhalten des Jugendlichen in der Anstalt und über seine besonderen Eigenarten an (Nr. 79 UVollzO).

4. Steht der Beschuldigte unter Bewährungsaufsicht oder ist für ihn ein Erziehungsbeistand bestellt, so soll auch der Bewährungshelfer oder der Erziehungsbeistand gehört werden.

5. Die Vornahme aller gebotenen Ermittlungen darf die schnelle Durchführung des Jugendstrafverfahrens nicht beeinträchtigen. Die Maßnahmen und Strafen des Jugendstrafrechts sind nur dann voll wirksam, wenn das Urteil der Tat auf dem Fuße folgt. Der Staatsanwalt wirkt deshalb darauf hin, daß die Polizei das Jugendamt verständigt, sobald der Stand der Ermittlungen dies erlaubt, und daß das Jugendamt seine Erhebungen mit größter Beschleunigung durchführt. In geeigneten Fällen kann ein mündlicher oder fernmündlicher Bericht — dem schriftlichen Bericht vorausgehend oder statt eines solchen — angefordert werden, dessen Inhalt der Staatsanwalt oder der Richter in den Akten vermerkt.

6. Ist das Jugendamt bereits von der Polizei verständigt, so teilt der Staatsanwalt dem Jugendamt sobald wie möglich — in der Regel fernmündlich — mit, ob und bei welchem Gericht er Anklage erheben oder Antrag im vereinfachten Jugendverfahren (§ 76) stellen wird. Soll das Verfahren durchgeführt werden, so wird das Jugendamt im allgemeinen dem Gericht unmittelbar berichten und dem Staatsanwalt eine Abschrift des Berichts übersenden. Erwägt der Staatsanwalt, nach § 45 von der Verfolgung abzusehen, hält er aber noch eine Äußerung des Jugendamtes für erforderlich, so ersucht er das Jugendamt, ihm zu berichten. In anderen geeigneten Fällen, namentlich wenn der Staatsanwalt wegen nicht erwiesener Schuld das Verfahren einstellen will, benachrichtigt er das Jugendamt, daß und weshalb sich der Bericht erübrigt.

7. Ist das Jugendamt von der Polizei noch nicht verständigt, so ersucht der Staatsanwalt das Jugendamt um Bericht. Hierbei wird er in der Regel davon absehen, dem Jugendamt die Akten zu übersenden, jedoch gegebenenfalls Akteneinsicht anregen.

8. Der Richter wird im allgemeinen den Eingang des Berichts des Jugendamtes nicht abwarten, sondern über die Eröffnung des Hauptverfahrens beschließen und Termin zur Hauptverhandlung auch dann anberaumen, wenn der Bericht noch nicht vorliegt. Von Ort und Zeit der Hauptverhandlung ist das Jugendamt zu benachrichtigen (§ 50 Abs. 3).

9. Befindet sich der Jugendliche als Fürsorgezögling in Heimerziehung, so ist in der Regel außer der Fürsorgeerziehungsbehörde auch der Leiter des Erziehungsheims unmittelbar um Äußerung zu ersuchen.

10. Die Untersuchung des Jugendlichen durch einen Sachverständigen kann — außer zur Feststellung des Entwicklungsstandes — namentlich veranlaßt sein,
    a) wenn Grund zu der Annahme besteht, daß die Verfehlung mit einer Geistes- oder Gemütskrankheit des Jugendlichen zusammenhängt,
    b) wenn der Jugendliche durch seelische, geistige oder körperliche Besonderheiten auffällt oder
    c) wenn der Jugendliche ohne erkennbare Ursachen erheblich verwahrlost ist.

11. Die Untersuchung wird dem Sachverständigen mitunter Veranlassung geben, die Unterbringung des Jugendlichen zur Beobachtung nach § 73 anzuregen.

12. § 43 gilt auch im Verfahren gegen Jugendliche vor den für allgemeine Strafsachen zuständigen Gerichten und im Verfahren gegen Heranwachsende (§ 104 Abs. 1 Nr. 3, § 109 Abs. 1 Satz 1; vgl. jedoch § 104 Abs. 3, § 112).

1a) Die Vorschrift befaßt sich nur mit den **Ermittlungen zur Persönlichkeit** des Täters (A 2) und wird durch § 44 ergänzt. Die Führung der übrigen Ermittlungen zum Tathergang richtet sich nach den allg. Vorschriften (§ 2). Bes. zu beachten sind die RiStV 3—5 (vgl A 5a!). Die Ermittlungen sind immer, auch bei Hw, vom JStA und der Polizei zu führen, nicht vom Finanzamt oä (Goetzeler NJW 60/1656f für § 421 I AbgO).

b) Die sorgfältige Persönlichkeitsermittlung ist die entscheidende **Voraussetzung für eine erfolgreiche Anwendung des JGG.** Nur wenn die Persönlichk. nach Anlage, Entwicklung u. allg. wie tatauslösenden Umwelteinflüssen eingehend erforscht ist, kann in einem vorwiegend nach erz. Gesichtspunkten ausgerichteten Täterstrafrecht, wie es das JGG ist, das rechte Erz.Mittel, die richtige Unrechtsfolge bestimmt werden (Einf. II 2a, b; auch § 3 A 1b) und kann auch das Verf. den bes. Erfordernissen dieses Täters und dieser Tat angepaßt werden (Einfl. II 2c) (vgl BGH NJW 51/769, 770 für das noch vorwiegend tatbezogene ErwR). Deshalb ist diese Persönlichkeitserforschung neben der Aufklärung des Sachverhalts eine bes. Verf.Aufgabe **von über-**

ragender Bedeutung, da es im JR weniger auf das Geschehene ankommt als darauf, wie dieser Täter in seiner weiteren Entwicklung beeinflußt werden kann (Dallinger-Lackner N 6). Wegen dieser Bedeutung gilt § 43 **auch gegen Hw** (§ 109 I S 1), selbst wenn der Täter inzwischen **volljährig** geworden ist, u. grds auch in den Verf. der **ErwG** gegen J oder Hw (vgl RL 12 u. § 104 A 2a).

c) Organ der Persönlichkeitsforschung ist die JGH (vgl § 38 II S 2 und u. A 4, sowie § 38 A 5). Die Überwachung ist Sache des JStA (BGH 6/326, 328, RL 1, 5 S 3; vgl auch A 5), ebenso die laufende Unterrichtung der JGH (RL 5 S 3, 6, 7).

d) § 43 ist nur eine Soll-Vorschrift; sie bezieht sich zunächst auf das VorVerf. Ein Verstoß ist an sich kein Rev.Grund (BGH 6/326, 328). Doch verletzt das Ger. grds seine **Aufklärungspflicht** (§ 244 II StPO), wenn es ein Urteil ohne gründl. Persönlichkeitserforschung spricht, bes. also wenn es nicht prüft, ob die in § 43 vorgesehenen Maßnahmen nicht eine bessere Aufklärung des Persönlichkeitsbildes ermöglichen und damit für eine gerechte Urteilsfindung notwendig sind (Umfang s. A 3). Nur in der Verletzung der Aufklärungspflicht liegt ein Rev.Grund (BGH 6/326, 329). Damit das Ger. dieser Pflicht genügen kann, müssen JGH und JStA (A 4) im VorVerf. gem. § 43 ermitteln (insgesamt Dallinger-Lackner 7—11; vgl auch BGH MDR 54/694).

2a) Zu ermitteln sind alle Umstände, die zur Beurteilung der seelischen, geistigen u. charakterl. Eigenart dienen (I S 1), bes. auch Entwicklungsstand u. Reife. Es muß dadurch die Tat sowie die innere und äußere Lage, der sie entsprungen ist, in ihren wesentl. Zügen dargestellt und aus den seelischen Zuständen und Beweggründen erklärt werden können. Das ist eine kriminologische Aufgabe. Wegen Einzelheiten muß auf das Fachschrifttum verwiesen werden (vgl Einf. V u. ausführl. bei Dallinger-Lackner N 15—17). Wichtig ist, daß die Persönlichk. und ihre Umwelt als Ganzes erfaßt wird; die Zweige der Kriminologie müssen dazu zusammenwirken; auch bei Analysen darf die **Ganzheitsbetrachtung** nicht vergessen werden (Dallinger-Lackner N 6, 18, 19).

b) Im einzelnen sind bes. von Bedeutung (1) Anlagen [Kriminalität, Trunksucht, Gewerbeunzucht in der Familie — vgl auch A 2b (6)], (2) Umwelt, bes. (a) Familie (unehel. Abstammung, Scheidung, Getrenntleben, Tod eines Elternteils; Berufstätigk., Lebenswandel, ggf Vergnügungssucht, Krankheiten der Eltern, wirtschaftl. Lage; Nestwärme, Einzelkind, jüngstes Kind, Schlüsselkind, Heimkind, Großelternkind; Verhältnisse zu Geschwistern u. anderen Verwandten), (b) sonstige Umwelt (Ernährung, Kleidung, Wohnung, Taschengeld, Beruf oder Arbeitslosigk., Freizeitgestaltung wie Lesen, Film, Sport, Tanzen uä, Nachbarschaft, Freundeskreis, Jugendverbände, Vereine, religiöse u. politische Einstellung, Gebräuche u. Sitten der Heimat), (3) Entwicklung (Kinderkrankheiten*), Unfälle, Schulbildung, Berufsausbildung, Prüfungen, etwaige Verzögerungen, Säumnisse, Interesselosigkeit), (4) bisheriges

*) Vgl Lempp NJW 59/798ff wegen frühkindl. Gehirnschädigung: eine auffällige Häufung von nicht recht erklärlichen Straftaten soll oft auf einer nur schwer feststellbaren frühkindlichen Gehirnschädigung beruhen.

Verhalten auch vor der Strafmündigk. (VorStr. oder Maßnahmen des VormRi., Erfolge in Schule u. Lehre, Verhalten zu Freunden, in Heimen, Verwendung des Einkommens, Freizeitgestaltung, Umgang, Verhältnis zum anderen Geschlecht, Rauchen u. Trinken, Interesse am politischen, wirtschaftl. u. sozialen Geschehen, Beeinflußbark. u. erz. Ansprechbark.), (5) Pläne (Berufsziel, Heiratsabsichten, Ehrgeiz im Sport uä). (6) Daneben sind Verstand, Begabung, Wille, Gemüt, Gefühls- u. Triebleben, Charakter, Temperament, Wertvorstellungen, Einstellung zu Natur u. Technik allg. sowie bes. auffällige körperl. Erscheinungsformen von Bedeutung. — Grundsätzlich sollten alle von der Prognoseforschung (A 2c und FN 1) als wichtig erkannte Umstände erforscht werden.

c) Bei der Wertung der einzelnen Tatsachen können **die Gut- u. Schlechtpunktsysteme** wertvolle Anhaltspunkte u. Kontrollen sein. Allein und mechanisch angewandt müssen sie allerdings zu Fehlbeurteilungen führen, weil ihnen die Gesamtschau fehlt. Schlechtpunktsysteme allein sind für die JArbeit nur bedingt brauchbar, da jede Erz.Arbeit beim Positiven ansetzen muß. Der Wert der **Prognosetafeln** liegt darin, daß sie die **Alarmzeichen herausstellen**[1]).

Neben den § 38 FN 2 und oben A 2b aufgeführten allgemeinen Entwicklungs- und Lebensumständen stellt die Prognose-Forschung vor allem folgende Punkte als wichtig heraus:

(a) Art des Delikts und der Vorbelastung (bei J bes. bedenklich Betrug, Widerstand, Gewerbsunzucht, Bettel, Landstreicherei), bes. interlokale Kriminalität;

---

[1]) Dallinger-Lackner N 19; vgl Mezger S 230, Middendorf Zbl 56/194, Hinrichsen UJ 54/494, Schaffstein S 56ff (knapper Überblick mit Literaturhinweisen).

Literatur zur Prognoseforschung: Brückner: Untersuchungen über die Rückfallprognose bei chronischen Vermögensbrechern, MKrim 58(41)/93; Geerds: Zur kriminellen Prognose, MKrim 60(43)/92; Glueck: Jugendliche Rechtsbrecher. Wege zur Vorbeugung (Übersetzung Gilbert); Mey: Über den Szondy-Test als Hilfsmittel bei der Persönlichkeitserforschung im Jugendstrafrecht, MKrim 61(44)/148; Meyer: Der kriminologische Wert der Prognosetafeln, MKrim 59(42)/221; Meyer: Diagnose und Prognose im JStrafverfahren, BewH 60/20; Meyer: Gedanken zu den Prognoseverfahren, GA 61/257; Middendorf: Die Prognose im Strafrecht und in der Kriminologie, ZStW 60(72)/108; Middendorf: Die soziale Prognose, RdJ 59/225, 248 sowie: Die Prognoseforschung und ihre Anwendung im Strafrecht und Strafverfahren; Potrykus: Prognosefragen (kurzer zusammenfassender Bericht), UJ 63/80; Schneider: Probleme der Erforschung der Täterpersönlichkeit im Strafverfahren, NPol 62/34; Welsch: Persönlichkeitsforschung und Prognose; Welsch: Entwicklung und heutiger Stand der kriminologischen Persönlichkeitsforschung und Prognose, MKrim 63(46)/137.

Besonders hervorzuheben Meyer MKrim 59(42)/221 (wegen Aufführung der Systeme Burgess, Glueck, Mannheim-Wilkins, Frey, Schiedt, Brückner, Meyer mit Fundstellen) und Geerds MKrim 60(43)/92 (wegen Aufzeigens der Grenzen der Prognoseverfahren nach sehr gutem Überblick über die verschiedenen Methoden).

Nachtrag: Middendorf: Ursachen der JKriminalität (zur Ursachenforschung), JWohl 64/59; Middendorf: Die Prognoseforschung und ihre Anwendung im Strafrecht und Strafverfahren (Strafrecht, Strafverfahren, Kriminologie H 9); RdJ 1963 H 21 mit Beiträgen von Henningsen, Loesch, Rahn, Ulrich, Vins.

Baumann: Die Prognoseforschung in der **Bew Hilfe,** BewH 64/212; Döring: Zur Rückfallprognose der bedingt verurteilten J u. Hw, RdJ 64/168.

(b) Vorstrafen (bes. Frühkriminalität), Zahl und Schnelligkeit des Rückfalls, Zahl und Dauer der schon verbüßten Strafen; (c) Fürsorgeerziehung (länger als 6 Monate, Ausreißer), 2mal und öfter JArrest, Straftaten als Strafunmündiger; (d) Verhalten in Strafanstalt (Hausstrafen, Ausreißer), in einer früheren Bewährungszeit. — **Günstig ist** immer eine Bindung an Arbeit, Arbeitsstelle, Familie, ordentliche Vereinigungen oä; **umgekehrt** mahnen Anzeichen ungenügenden Pflichtbewußtseins (Schulschwänzen) oder Versuche, sich einer schwierigen Situation nicht zu stellen (Abbruch der Lehre, Ausreißen), zur Vorsicht[1*]). — Vgl auch A 3c!

3a) Der **Umfang der Ermittlungen** ist verschieden und wird von der Aufklärungspflicht (§ 244 II StPO; s. A 1d) bestimmt; er ist auch von der Bedeutung der Sache abhängig (§ 73 RL 1, A 2b[1a]). Der bloße Eindruck in der Verh., der nur die körperl., höchstens auch die geistige, nicht aber die sittliche Entwicklung erkennen läßt, genügt niemals (ObLG DAR 56/19 für § 105). Die Anhörungen nach I S 2, 3 u. RL 9 sind grds vorzunehmen. In Bagatellfällen genügen polizeil. Ermittlungen (vgl § 38 III S 3). Sonst genügen in einfach gelagerten Fällen Ermittlungen der JGH (A 4a) allein; bei größeren Schwierigk. ist ein Sachverständiger (A 4c) zuzuziehen; in dem dazwischen liegenden Bereich kann die Einschaltung des JStA oder JRi. (A 4b) die erforderl. Aufklärung bringen. — Das alles gilt auch für Hw [s. aber A 3b (2)], also auch für die Ermittlungen zu § 105 I (Kohlhaas EJF C I 36).

Liegt die Tat längere Zeit zurück, müssen Zeugen über den Stand der Entwicklung zur Zeit der Tat gehört werden (BGH 12/116, 120 für Hw).

b) (1) Handelt es sich **zB** eindeutig um leichte Oberflächen- oder Gelegenheits-Kriminalität, genügt es, wenn das Bild des Täters skizziert wird. Wo aber schwerere Taten vorliegen, die in der Persönlichk. verwurzelt sind, hilft nur eine ganz eingehende Ermittlung. Nur so können die Voraussetzungen für FE oder JStr. dargetan oder abgelehnt oder die Voraussetzungen für StrAzBew. festgestellt werden (RL 1). Bes. sorgfältig muß ermittelt werden, wenn die Tat nicht zur bisherigen Lebensführung des J paßt oder wenn der J ohne ersichtl. Grund verwahrlost ist; hier finden sich oft tieferliegende, bisher nicht erkannte Ursachen (Dallinger-Lackner N 7). (2) Wo genügend Anhaltspunkte (also nicht nur der Eindruck) dafür vorliegen, daß die Tat eines Hw nach ErwR abzuurteilen ist und dabei § 106 nicht in Betracht kommt, können die Ermittlungen nach § 43 ganz unterbleiben (BGH 6/326, 329: Taten mit 19 u. 20 Jahren, seit 3 Jahren verheiratet, ordentl. Ehe, gesicherte Lebensgrundlage, 1 Kind, als Unrecht leicht erkannbare Taten); doch werden so klar liegende Fälle die ganz seltene Ausnahme sein.

c) Das **Schwergewicht der Ermittlungen** liegt bei den Umständen, die für die strafrechtliche Beurteilung bes. Bedeutung haben. Auch hier sind die bei der Prognoseforschung (A 2c, FN 1) gewonnenen Erkenntnisse von bes. Bedeutung, da das J Recht oft, ja meist eine Prognose verlangt (§§ 5 II, III, 13 I, 17 II, 18 II, 21, 27). So sind zB

[1*]) Vgl Horn: Die Einstellung von J zum Schul- und Berufsleben, Zeitschr. f. Strafvollz. 63/219.

[1a]) s. auch Blau MDR 58/731.

unehel. Geburt und erbliche Belastung mit einer Geisteskrankheit rglm weniger von Bedeutung als frühe Betrügereien, Schulschwänzen, Lehrflucht, häufiger Wechsel der Arbeitsplätze, wiederholte Ausbrüche aus FE-Anstalten (: Mangel an Ausdauer, Verantwortungsgefühl, Durchstehen von Schwierigkeiten!); die Prognose ist schlecht bei gemütsarmen, abnorm erregbaren, besonders aktiven und haltschwachen Menschen, die vor allem bei geistiger Minderbegabung bes. gefährdet und bes. gefährlich sind.

4a) Die Ermittlungen betreibt grds die JGH (A 1c). (1)(a) Diese spricht mit ErzBer., gesVertr. (vgl § 50 II, 67), Lehrer, Lehrherrn oder sonstigem Ausbildungsleiter. Gem. § 43 I S 3 u. entspr. § 70 S 1 unterbleibt die Anhörung der letztgenannten, wenn unerwünschte Nachteile entstehen. Erz.Ber. u. gesVertr. haben eine stärkere Stellung, doch sind ihre weitgehenden Befugnisse in bes. Fällen auch beschränkbar (§§ 51 II, 67 IV). — (b) Weiter hört die JGH den J und seine Umgebung (§ 43 I S 3 gilt entspr.) und unterrichtet sich ggf bei FE-Behörde und -Heim (II, RL 9) sowie bei Bew.- oder Schutzhelfer (RL 4). Bei Soldaten ist rglm der nächste Disziplinarvorgesetzte zu hören (§ 112d A 2 aE). Weiter sollte der J grds angehalten werden, einen Lebenslauf[1b]) zu schreiben, der dem Ger. vorgelegt wird, weil daraus zu ersehen sein kann, welche Ereignisse den J bes. beeindruckt haben. — (2) Daneben greift die JGH auf frühere Feststellungen u. Beobachtungen auch aus früheren Verf. und aus Verf. gegen andere Täter zurück. (3) Die JGH sollte ihren **Bericht** grds beim JStA einreichen (bestr., s. A 5b). Näheres über den Bericht u. die Verwertung der Ermittlungen der JGH § 38 A 5b, c, FN 2. Ermittler sollten nur notfalls als Zeugen vernommen werden (vgl Baumann BewH 63/249). — (4) Die Aufgabe zu ermitteln berechtigt die JGH nicht, den befragten Stellen Mitteilungen über das Verfahren zu machen; Nr. 34 III MiStra (s. bei § 70) behält zB die Anordnung einer Mitteilung an die Schule allein dem JRi. oder JStA vor.

b) (1) **Daneben kann** der **JStA**, ggf auch der **JRi.** selbst Berichte der Schule (I S 2, 3), der FE-Behörde, des FE-Heimleiters (II, RL 9), des Bew.- oder Schutzhelfers (RL 4), bei Soldaten auch des Disziplinarvorgesetzten (§ 112d A 2 aE) sowie Schulakten, -aufzeichnungen uä **erholen.** (2) An Hand des StReg. u. der Erz.Kartei **erholt** der JStA **frühere Akten** und zieht auch die Akten des VormRi., der Vollz.Anstalten u. Erz.Heime, ggf auch die Scheidungsakten der Eltern des J bei (vgl RL 2); weiter erholt er den Bericht der UHaft-Anstalt, eines Heims oä, wenn der J dort untergebracht ist (RL 3). (3) Von wesentl. Bedeutung kann auch die **Vernehmung** des J durch den JStA oder JRi. sein (§ 44; s. dort).

c) Ist dadurch keine genügende (vgl A 3) Klärung zu erzielen, muß eine **Untersuchung**[2]) **durch einen** zur kriminalbiologischen Untersuchung J befähigten

---

[1b]) Vgl Steinemann: Diagnostische Hinweise im schriftl. Lebenslauf j. Rechtsbrecher, Zbl 61/136.

[2]) Vgl Illchmann-Christ: Gerichtsärztliche Probleme des neuen JGG, Zbl 55/69; Potrykus: Sachverständigenaufgaben im JGG (Jahrbuch für Jugendpsychiatrie und ihre Grenzgebiete, Band III S 135), auch RdJ 60/346.

Sachverständigen[3]) angeordnet werden (III). — (1) Ein erfahrener JRi. wird einen Sachverständigen weniger oft heranziehen müssen als ein JRi., der sich noch einarbeiten muß oder gar ein ErwG. Außer in den in RL 10 sowie § 10 RL 8 genannten Fällen ist ein Sachverständiger einzuschalten, wenn noch zu klären ist, ob die Verfehlung eine Episode (Pubertät, Gelegenheit) oder ein Symptom (Anlage, Verwahrlosung) ist, und wenn die Tat nach dem bisherigen Verhalten nicht verständl. ist. — (2) Wie im allgR sind auch diese Sachverständigen nur **Gehilfen des Ri.**, der die Verantwortung trägt und sich selbst eine Meinung bilden muß (BGH 7/238). Auskünfte, die der Sachverständige von dritter Seite erhalten hat, können durch ihn nicht in den Prozeß eingeführt werden. Bestreitet der Angeklagte, ist über solche Tatsachen bes. Beweis zu erheben, falls sie für das Urteil bedeutsam sind (BGH 9/292). (3) Die Untersuchung soll **möglichst ambulant** erfolgen. Wo das nicht genügt (vgl RL 11), muß die Unterbringung zur Beobachtung (§ 73; s. dort) angeordnet werden, falls nicht die Untersuchung gelegentl. einer aus anderen Gründen angeordneten UHaft oder einstweiligen Unterbringung in einem Erz.Heim mögl. wird. (4) Die richterl. angeordnete Untersuchung nach § 43 III kann durch Vorführung **erzwungen** werden (Argument aus § 73). Die AO umfaßt jedoch nicht die Befugnis, jede körperl. Untersuchung vorzunehmen; dafür gelten §§ 81a, b StPO. — Unabhängig davon gilt § 246a StPO, wenn mit Unterbringung in einer Heil- oder Pflegeanstalt zu rechnen ist. — (5) Ein Gutachter, der im Auftrag des JAmts tätig geworden ist, unterliegt nicht der Schweigepflicht, da es hier an dem Vertrauensverhältnis Arzt: Patient fehlt (BGH JR 61/111).

5a) Diese weitgehende Ermittlungspflicht könnte zu einer **Verzögerung** des Verf. führen. Das **muß** aber aus erz. Gründen **vermieden werden**. Bes. bei der kleineren und mittleren Kriminalität ist auch die beste Maßnahme erz. weniger wirksam, wenn sie der Tat nicht auf dem Fuße folgt (RL 5 S 2). Das JVerf. kann jedoch in angemessener

---

[3]) JPsychologen, JPsychiater, die oft bei Erz.Beratungsstellen tätig sind; am besten dürfte ein mit den psychologischen Untersuchungsmethoden vertrauter JPsychiater geeignet sein; Helbig NJW 57/1665; **entscheidend ist aber die Persönlichk.**

Der BGH (NJW 59/2315) macht keinen Unterschied zwischen Psychiatern und Psychologen als Sachverständigen in Fällen ohne Krankheitsgehalt, verpflichtet aber das Gericht, das vom Gutachten des beigezogenen Psychiaters abweichen und der von diesem unterbreiteten Ansicht eines Psychologen folgen will, auch noch einen Psychologen zuzuziehen. — Die Praxis gibt den Psychiatern auch dort den Vorzug, wo es sich um die mehr psychologischen Fragen der Reifung handelt (1961 waren in Bayern nur 28 Psychologen gegenüber 130 Psychiatern bei der Frage des § 105 zugezogen), wohl wegen der im allgemeinen nüchterneren, mit weniger Hypothesen belasteten Gutachten der Psychiater.

Literatur: Munkwitz: Die Tätigkeit des jugendpsychiatrischen Sachverständigen für Strafvollzug und Bewährungshilfe; Blau-Müller/Luckmann: Gerichtliche Psychologie, Aufgaben und Stellung des Psychologen in der Rechtspflege; Tamborini: Einige Gedanken zur forensisch-psychologischen Begutachtung j. Rechtsbrecher, UJ 59/138; Roesen: Der psychologische Sachverständige im Sittlichkeitsprozeß, NJW 64/442 (Bedenken gegen psychologische Sachverständige); Mey: Über den Szondy-Test ... im JStrVerf., MKrim 61(44)/148 (ablehnend). — Vgl auch Haddenbrock: die juristisch-psychiatrische Kompetenzgrenze bei der Beurteilung der Zurechnungsfähigk. im Lichte der neueren Rechtsprechung, ZStW 63(75)/460.

Zeit durchgeführt werden, wenn die Tatbestandsermittlung schnell betrieben (s. RiStV 3—5) und möglichst gleichzeitig (I S 1, § 38 III S 2) die Persönlichkeitserforschung rasch durchgeführt wird. Deshalb soll die JGH schon von der Polizei verständigt werden (RL 5 S 3), doch nur bei hinreichendem Verdacht. Um die Nachteile unnötiger Bloßstellung zu vermeiden, kann das JAmt zunächst nur im Rahmen seiner allg. fürsorgerischen Tätigk. auftreten. Kann der Schuldnachweis nicht geführt werden, muß die JGH sofort unterrichtet werden (RL 6 S 4).

b) Unter der notwendigen Beschleunigung darf aber die **Sorgfalt** des Verf. **nicht leiden** (A 1b). Denn eine richtige Maßnahme nach etwas längerer Zeit ist noch besser als eine schnelle, aber falsche Maßnahme. Schon die Entsch. des JStA, welche Verf.Art zu wählen und zu welchem Ger. anzuklagen ist (Einf. II 2c (1), § 36 A 1a, § 109 II), ja ob überhaupt ein Verf. durchzuführen ist (§§ 3, 45), hängt von dem Ergebnis der Persönlichkeitserforschung ab, also davon, ob der J die Altersreife hat (§ 3), ob der Hw altersgemäß entwickelt ist (§ 105), ob die Tat anlage- oder gelegenheitsbedingt ist, ob sie auf Verwahrlosung u. schädl. Neigungen beruht ua. Vielfach wird sich jedoch schon aus den polizeilichen Ermittlungen ein Anhalt ergeben, welches Gewicht dem Verfahren zukommt. Altersunreife wird nur bei wenigen Taten, bes. junger Täter, anzunehmen sein (§ 3 Vorb.); auch hier kann das gerichtl. Verfahren noch erz. einwandfrei abgeschlossen werden (§§ 3 S 2, 47 I Z 3). Ein Antrag auf ein vereinfachtes JVerfahren kann bis zur Verhandlung zurückgenommen werden [§ 78 A 3b (1)]; ein Strafbefehl gegen Hw kommt nur selten in Betracht [vgl § 109 A 2b (4)]; nach förmlicher Anklage kann das Verfahren den Bedürfnissen auch nachträglich angepaßt werden. **Meist** kann deshalb der JStA **anklagen,** der JRi. **eröffnen, bevor die Ermittlungen abgeschlossen** sind (Dallinger-Lackner N 14, Potrykus Vorb. 2, RL 6, 8; aA Voraufl.), auch wenn diese Aufgabe der StA, nicht des Gerichts sind (BGH 6/326, 328). Nur wo es einmal wirklich darauf ankommt, muß der Bericht des JAmts — möglichst nur ein Zwischenbericht gem. RL 5 S 4 — abgewartet werden; eine untragbare Verzögerung braucht auch dann nicht einzutreten, wenn die Ermittlungen nur im notwendigen Umfang (A 3) geführt werden, JGH, Polizei u. JStA rasch und konzentriert arbeiten und der Ri. kurzfristig die Termine anberaumt.

§ 44

Vernehmung des Beschuldigten

1) Hw : § 109 RL 6; aber § 44 RL 1 S 2. — 2) ErwG: RL 1 S 2; § 104 II.

Ist Jugendstrafe zu erwarten, so soll der Staatsanwalt oder der Vorsitzende des Jugendgerichts den Beschuldigten vernehmen, ehe die Anklage erhoben wird.

Richtlinien zu § 44:

1. Die Vernehmung dient vor allem dem Zweck, vor der Hauptverhandlung, in der der Jugendliche sich vielfach nicht unbefangen gibt, ein persönliches Bild von ihm zu erhalten und dadurch auch die Prüfung der strafrechtlichen Verantwortlichkeit (§ 3) zu erleichtern. Eine solche Vernehmung kann auch im Verfahren

gegen Jugendliche vor den für allgemeine Strafsachen zuständigen Gerichten angezeigt sein, obwohl sie dort nicht vorgeschrieben ist (§ 104); das gleiche gilt im Hinblick auf § 105 auch im Verfahren gegen Heranwachsende (§ 109). Die Vernehmung kann die Grundlage für die Entschließung bilden, ob die Untersuchung des Jugendlichen nach § 43 Abs. 3 oder § 73 Abs. 1 angezeigt ist.

2. Bei der Vernehmung wird der Staatsanwalt oder der Richter die in Nr. 19 RiStV dargelegten Grundsätze und, wenn Schulkinder vernommen werden, etwa hierfür ergangene Bestimmungen beachten. Wie die Vernehmung aktenkundig gemacht und ob ein Protokollführer zugezogen werden soll, steht im Ermessen des Vernehmenden.

1a) Die „Vernehmung" dient der Persönlichkeitserforschung durch den persönl. Eindruck (RL 1 S 1, 3). Sie ist am besten zwanglos und ohne Protokollführer und StA durchzuführen, weil sich der J so am besten aufschließt; das Ergebnis sollte der Vernehmende anschließend in einer Aktenfeststellung niederlegen (vgl RL 2).

b) Die Vernehmung **kann zugleich der Ermittlung des Sachverhalts** dienen und dabei die polizeil. Vernehmung ersetzen (was oft wünschenswert ist; vgl RiStV 19) oder ergänzen. Für die richterl. Vernehmung gelten dann die §§ 133ff, 162, 166, 168, 169 I, 187, 188, 192 II StPO; 34 I JGG; hier muß also ein Protokollführer zugezogen werden (vgl auch RiStV 33f). Wo der Sachverhalt bereits ermittelt ist, sollte sich die Vernehmung auf die Persönlichkeitserforschung beschränken (A 1a).

c) Die Vernehmung wird zweckmäßig **mit dem Schlußgehör** (§ 169b StPO) verbunden.

d) Über das Recht des ErzBer. u. des gesVertr. s. § 67, A 2d.

2a) Ob der JStA oder JRi. vernimmt, hängt vom Einzelfall ab. Eine Regel, daß grds der JRi. vernehmen sollte (so Potrykus B 3), besteht nicht. Der JStA ist Herr des VorVerf.; ein persönl. Eindruck kann für seine Entsch. (§ 36 A 1a, § 43 A 5b) oft wesentl. sein (Dallinger-Lackner N 7). Andererseits unterbricht die richterl. Vernehmung die Verjährung (§ 68 StGB).

b) Einen Antrag des JStA auf Vernehmung nach § 44 kann der **JRi.** nicht ablehnen (§§ 162 StPO, 158 GVG). Zuständig ist der Vorsitzende des Ger., zu dem Anklage erhoben werden soll.

3) § 44 ist eine **Sollvorschrift**. Da die Aufschließung des J oft zeitraubend ist, bleibt § 44 bei der Überlastung der JRi. und JStA leider häufig unbeachtet (Becker JR 54/46). Das aber kann wegen ungenügender Persönlichkeitserforschung (§§ 244 II StPO, 43 JGG) zur Aufhebung des Urteils führen.

§ 45

Absehen von der Verfolgung

1) ~~HW~~ : § 109 RL 6; § 45 RL 8; vgl § 109 A 2b (1). — **2) ErwG:** § 104 I 4, § 45 RL 8.

(1) Hält der Staatsanwalt eine Ahndung durch Urteil für entbehrlich, so kann er bei dem Jugendrichter anregen, dem geständigen Beschuldigten eine Arbeitsauflage zu machen, ihm besondere Pflichten aufzuerlegen, die Teilnahme an einem polizeilichen

Verkehrsunterricht anzuordnen oder eine Ermahnung auszusprechen. § 11 Abs. 2 und § 15 Abs. 3 sind nicht anzuwenden. Entspricht der Jugendrichter der Anregung, so hat der Staatsanwalt von der Verfolgung abzusehen.

(2) Der Staatsanwalt kann ohne Zustimmung des Richters von der Verfolgung absehen, wenn

1. **eine erzieherische Maßnahme, die eine Ahndung durch den Richter entbehrlich macht, bereits angeordnet ist oder**
2. **die Voraussetzung des § 153 der Strafprozeßordnung vorliegen.**

Richtlinien zu § 45:

1. Wegen der Erteilung von Arbeitsauflagen und der Auferlegung besonderer Pflichten wird auf die Richtlinien zu §§ 10 und 15 hingewiesen.
2. Aus erzieherischen Gründen empfiehlt es sich, die Ermahnung nach Möglichkeit mündlich zu erteilen und sie mit einer der anderen in Abs. 1 bezeichneten Maßnahmen zu verbinden.
3. Kommt der Jugendliche Weisungen oder besonderen Pflichten nicht nach, so darf Jugendarrest nicht verhängt werden (§ 45 Abs. 1 Satz 2). Der Staatsanwalt prüft daher, ob das Verfahren aufzunehmen und durchzuführen ist.
4. Die erzieherische Maßnahme, die eine Ahndung durch den Richter entbehrlich macht, braucht nicht von einem Gericht angeordnet zu sein; sie kann z. B. auch von dem Erziehungsberechtigten, dem Jugendamt, der Schule oder dem Lehrherrn ausgehen.
5. Nach § 153 Abs. 1 und 2 StPO wird der Staatsanwalt nur in seltenen Ausnahmefällen verfahren, da das Absehen von der Verfolgung ohne jede Maßnahme gegen den Jugendlichen nachteilige erzieherische Wirkungen hervorrufen kann.
6. In Zweifelsfällen gibt der Staatsanwalt dem Jugendrichter Gelegenheit zur Äußerung, bevor er von der Verfolgung absieht.
7. Ist der Jugendliche mangels Reife strafrechtlich nicht verantwortlich (§ 3), so stellt der Staatsanwalt das Verfahren ein und benachrichtigt den Vormundschaftsrichter.
8. § 45 gilt auch im Verfahren gegen Jugendliche vor den für allgemeine Strafsachen zuständigen Gerichten (§ 104 Abs. 1 Nr. 4), aber nicht im Verfahren gegen Heranwachsende (§ 109).

1a) (1) **Wie im allgR** stellt der StA das Verf. ein, wenn die Tat nicht strafbar oder nicht nachzuweisen ist oder wenn eine Prozeßvoraussetzung fehlt (**§ 170 II StPO**). Gleiches gilt, wenn die Altersreife fehlt (§ 3) oder nicht nachweisbar ist (RL 7; § 3 A 3a, b). Wird eingestellt, weil die Altersreife nicht festzustellen ist, können vormundschaftsrichterl. ErzMaßnahmen beim JRi. beantragt werden (§ 3 S 2, A 5a). (2) Leichtfertig erhobene Anklagen (s. RiStV 88) sind erz. bes. gefährl. (3) Wird das

Verf. aus diesen Gründen eingestellt, kann der Verletzte das Klageerzwingungsverf. betreiben[1]).

b) (1) **Weiter** kann der StA wie im allgR unter den bes. Voraussetzungen der §§ 153—154d, 376 StPO von der Verfolgung absehen (**Opportunitätsprinzip**). Die §§ 153 u. 376 StPO sind allerdings für das JR durch die §§ 45 II 2, 80 I 2 abgewandelt. Die übrigen StPO-Vorschriften aber werden **durch § 45 nicht ausgeschaltet**. Es gibt immer wieder Fälle, bei denen die Voraussetzungen des § 45 nicht vorliegen oder wenigstens zw. sind, während eine Einstellungsmöglichk. der StPO unzweideutig gegeben ist. Da § 45 den Verfolgungszwang weiter auflockert, kann aus ihm keine Einschränkung der allg. Einstellungsmöglichk. abgeleitet werden (so wohl auch Dallinger-Lackner N 6 und § 31 RL 4 für § 154 StPO; aA wohl Löwe-Rosenberg (Kohlhaas) § 154 StPO A 11 („bei JSachen gilt die Spezialvorschrift der §§ 45, 47 JGG"). Auf der hier vertretenen Ansicht fußt die allg. Anwendung der gebührenpflichtigen Verwarnung gegen J (vgl § 75 A 6b). Wo auf die Möglichkeit abgestellt ist, von Strafe abzusehen (§ 153a StPO), gilt dies nicht nur für die JStr., sondern auch für ErzM und Zuchtmittel [ObLG 61/174; vgl § 2 A 1d (1)]; entsprechend weit dürfte der Begriff Strafe in § 154 StPO auszulegen sein.

(2) Das Klageerzwingungsverfahren ist hier durch § 172 II S 3 StPO ausgeschlossen.

c) Gegenüber J (RL 8; Alter: zZ der Tat) ist aber das **Legalitätsprinzip** (§ 152 II StPO nicht nur durch das Opportunitätsprinzip (A 1b) aufgelockert, sondern **durch** das **Subsidiaritätsprinzip**, durch den Vorrang des ErzGedankens sogar bei Verbrechen, **durchbrochen**. Es wäre zB erz. verfehlt, wenn wegen einer Bagatelle gegen einen J eine ordentl. Verh. durchgeführt würde. § 45 ist deshalb für das JR keine Ausnahmevorschrift, sondern der Ausdruck des allg. Gedankens, daß — wie im Verhältnis ErzM, ZuchtM, JStr. — nur dort ein aufgelockertes (§ 76) oder förml. GerVerf. durchgeführt werden soll, wo ein formloses ErzVerf. nicht genügt. § 45 begegnet damit einer Entwertung der Ger.Verh. und des Urteils. Deshalb muß die Möglichk., von der Verfolgung abzusehen, in jeder Lage des Verf. (§ 47 A 1c) geprüft werden (vgl Dallinger-Lackner N 7, Potrykus B 4). Sie wird grds nur bei leichteren, erstmaligen Verfehlungen gegeben sein; bei Verfehlungen mit kriminellem Gehalt (leichte Diebstähle, auch Mundraub zB) wird ein Absehen nach § 45 nur zu vertreten sein, wenn RL 2 genau beachtet wird. — Insgesamt kann man nicht — wie Potrykus B 2 — von einer Anklagefreiheit sprechen, da auch das

[1]) OLG Braunschweig NJW 60/1214, OLG Hamm NJW 60/1968, Schäfer in Löwe-Rosenberg Einl. Kapitel 11 B 2 S 118 (gegen 20. Aufl. § 172 StPO A 5 aE); unklar Dallinger-Lackner N 37; aA Potrykus B 2, OLG Frankfurt MDR 59/415 = EJF D II 10 (mit abl. Anm. Möhl), Zbl 59/58. Doch dient das Klageerzwingungsverfahren der gerichtlichen Kontrolle des Legalitätsprinzips (OLG Celle NdsRpfl 63/258). Dieses ist im JRecht zwar gelockert, ja durchbrochen, doch nicht aufgehoben (A 1b, c). Stellt also der StA nicht auf Grund der besonderen Vorschriften des JGG, sondern nur deshalb das Verf. ein, weil er die Tat nicht für strafbar oder nachweisbar hält, ist kein Grund ersichtl., warum diese Entsch. im JR nicht nachprüfbar sein soll. Ganz deutl. wird dies dann, wenn die Voraussetzungen des § 45 u. der in A 1b genannten Vorschriften eindeutig nicht vorliegen, zB bei Mord.

Verf. nach § 45 an bestimmte Voraussetzungen gebunden ist (Pentz NJW 58/819). Roestel UJ 60/506 warnt nachdrücklich und mit Recht vor einer raschen Anwendung des **§ 45** ohne genügende **Persönlichkeitserforschung,** ausgenommen leichte Verkehrsübertretungen; bei Zweifeln verdient der Weg über die Einstellung nach § 47 im vereinfachten JVerfahren (§§ 76ff) den Vorzug. — Wegen Anfechtung s. A 5a.

Bevor der StA nach § 45 verfährt, muß er **zunächst prüfen, ob nach § 170 II StPO** (A 1a) oder nach einem **AmnestieGes.** einzustellen ist. Doch ist ein Absehen nach § 45 II auch ohne Klärung der noch zw. Schuldfrage mögl., wenn auch bei Bejahung der Schuldfrage nur ein Absehen nach § 45 II in Betracht käme, weil entweder ausreichende erz. Maßnahmen bereits von dritter Seite getroffen oder aber keinerlei Maßnahmen erforderl. sind[1a]).

d) Für alle Fälle (A 1a, b, c) gelten für die **Benachrichtigung** und Mitt. die §§ 170 II S 2, 171 StPO, 67 II, 70 JGG; Nr. 70, 71 RiStV, 10, 11, 31, 32, 35 MiStra, 2 I e, II AO Erz.Kartei.

Nach RiStV 72 muß der StA **interessierte Behörden** vor der Einstellung des Ermittlungsverfahrens hören. Ob dies auch gilt, wenn das formlose ErzVerf. gem. § 45 I beabsichtigt ist, ist umstritten, doch entgegen bayJME 4214 — II — 477/64 v. 15. 5. 64 zu verneinen. Denn § 45 I eröffnet ein bes. j gemäßes Verfahren zur angemessenen Ahndung, keine VerfEinstellung; ob es erz. geeignet ist, können Verwaltungsbehörden nicht beurteilen. Ist durch Justiz-Verwaltungsvorschriften (wie JME aaO) allerdings die Geltung RiStV 72 auch für § 45 I bejaht, liegt darin eine verbindliche Weisung, § 72 RiStV in diesen Fällen entspr. anzuwenden.

e) Eine **Einstellung** des Ermittlungsverfahrens gegen J und Hw ist der **Staatsanwaltschaft** vorbehalten; das Finanzamt ist dazu nicht berechtigt (Goetzeler NJW 60/1656 für §§ 446 I, 477 II AO). Wegen der Befugnisse der Polizei s. § 75 A 6b.

2) Wo das Eingreifen des Ger. überhaupt entbehrt werden kann, verfährt der JStA entspr. dem Subsidiaritätsprinzip gem. **II.**

a) Der StA kann von der Verfolgung jeder Übertretung und jedes Vergehens unter den Voraussetzungen des **§ 153 StPO** absehen, also wenn die Schuld gering ist, die Folgen der Tat unbedeutend sind und an der Verfolgung der Tat kein öffentl. Interesse besteht. Weiter dürfen erz. Maßnahmen nicht erforderl. sein. Letzteres ist nur selten der Fall, etwa wenn eine bes. leichte Tat so lange zurückliegt, daß der Täter keine Beziehungen mehr zu ihr hat, uU auch bei einem nur leicht schuldhaften Verbotsirrtum, einer Konfliktssituation oder wenn der Täter die Grenze der strafrechtl. Verantwortlichk. (§ 3) gerade überschritten hatte (vgl Kümmerlin DJ 43/558). Auch in diesen Fällen wird meist wenigstens eine Ermahnung (vgl A 2b u. A 3a) angebracht sein (RL 5). Wegen der übrigen Voraussetzungen kann auf die Erläuterungswerke zur StPO verwiesen werden. — Auch bei Vergehen ist die **Zustimmung des Rl. nicht erforderl.,** wie sich aus den ersten Worten des II und daraus ergibt, daß

[1a]) Dallinger-Lackner N 17; aA wohl Potrykus B 1 u. Pentz NJW 58/819, die stets eine Klärung der Schuldfrage zu fordern scheinen; das wäre in den genannten Fällen aber ein sinnloser Arbeitsaufwand u. ggf auch erz. bedenkl.

die Zustimmung des Ri. in § 153 II das Legalitätsprinzip sichern soll, dieses aber gerade durch § 45 durchbrochen ist (A 1c); der Hinweis auf § 153 StPO (ohne Anführung eines bestimmten Abs.) sollte nur der Befugnis des StA, von der Verfolgung ohne Zustimmung des Ri. abzusehen, einen festen Rahmen geben (ebenso Dallinger-Lackner N 9, 15, s. a § 109 RL 6 unter „45"; Schaffstein S 161; aA Potrykus B 8, NJW 54/822, Pentz NJW 54/1352); doch verdient gerade hier RL 6 Beachtung.

b) Der StA kann von der Verfolgung jeden Deliktes (auch eines Verbrechens) **absehen, wenn** eine **ausreichende erz. Maßnahme** bereits angeordnet ist. Er kann diese Voraussetzungen selbst schaffen (vgl BGH 8/182, 185f für StrAzBew. bei behördl. Maßnahmen), indem er solche Maßnahmen anregt (Dallinger-Lackner N 12, 13) oder eine solche zB in Gestalt einer Ermahnung [vgl A 3a (4)], Belehrung oä selbst ergreift (Dallinger-Lackner N 14, Potrykus B 4). Die Erz.Maßnahme kann zB vom VormRi., ErzBer., Lehrmeister, Schutz- oder Bew.Helfer, JAmt oder auch von der Schule getroffen worden sein (RL 4). Auch eine Ermahnung oder Belehrung durch die Polizei (vgl § 22 StVG u. § 75 A 6b) oder die JGH im Ermittlungsverf. gehört hierher, falls sie den J beeindruckt hat (Dallinger-Lackner N 14, Potrykus B 4).

3a) Ist die **Einschaltung des Ger.** erforderl., so ist doch häufig noch eine Ahndung durch **Urteil entbehrl.** Der StA regt in diesem Fall die entspr. **erz. Maßnahmen** beim Ri. an. Es kommen dabei — allein oder nebeneinander (§ 8) — nur in Betracht: (1) Arbeitsaufl. [§ 10 I Z 4, RL 1, 4; A 2a (2)] — (2) Teilnahme an einem polizeil. Verkehrsunterricht (§ 10 Z 7) — (3) Auferlegung bes. Pflichten[1b] (§ 15; s. RL u. A dazu), also auch Schadenswiedergutmachung durch Zahlung bestimmter Verf. Auslagen [s. § 15 A 2a (2)] — (4) Ermahnung (vgl § 14 RL 1 S 2, 3; A 1 — wegen der Form s. RL 2[1c]). — Die JGH muß hier vor der AO der Arbeitsaufl. oder des Verkehrsunterrichts (also einer Weisung) wegen einer Übertretung nicht gehört werden (§ 75 I S 3 entspr., Dallinger-Lackner N 25; s. aber A 5a). Die Weisungen können gem. § 11 I geändert werden, aber unter Beschränkung auf die zwei in § 45 genannten. Über Ungehorsam s. A 3d (2) (b).

b) Voraussetzung für diese erz. Maßnahmen des Ri. ist ein **glaubhaftes Geständnis. Beruft sich der J auf Verbotsirrtum, kommt dieses Verfahren nicht in Betracht; denn es eignet sich nur, wenn Tat und Schuld offen zutage liegen; „geständig" im Sinne der Vorschrift ist also nur, wer Tat und Schuld zugesteht. — Ob ein Geständnis vorliegt und ob die Maßnahme zweckmäßig ist, hat der Richter zu prüfen.**

c) Der Ri. kann dem Vorschlag des StA ganz **entsprechen oder** er kann ihn **ablehnen.** Er kann **auch eine andere zulässige Maßnahme** [A 3a (1)—(4)] **treffen.** Solche Abweichungen sollten grds im Einvernehmen mit dem StA erfolgen; durch seine Zustim-

[1b]) Die Meinung Schacht's UJ 58/480, die Verhängung von Geschenkauflagen sei auch in diesem Verfahren möglich, weil Geschenke eine Gutmachung ideellen Schadens seien, kann nicht gebilligt werden.

[1c]) Es ist also auch schriftliche Ermahnung zulässig, die sorgsam gefaßt sein sollte; sie verdient den Vorzug, wenn der J vom Gerichtssitz weiter entfernt wohnt oder es sich um eine Bagatell-Tat eines ordentlichen J handelt.

mung ändert der StA seinen Antrag, so daß der Ri. mit der AO dem — geänderten — Vorschlag entspricht. Der Ri. kann aber auch ohne Zustimmung des StA, ja gegen dessen Willen eine andere zulässige Maßnahme treffen[2]).

d) (1) **Entspricht der Ri. dem Vorschlag** des StA (s. A 3c) **u. erfüllt der J die AO,** muß der StA von der Verfolgung absehen. Es liegt ein echtes **Verf.Hindernis** vor **(bestr.)**[3]). Eine Anklage oder einen Antrag nach § 76 müßte das Ger. deshalb auch dann zurückweisen (§ 204 StPO), wenn der StA zwar zunächst eingestellt, das Verf. später aber wieder aufgenommen hätte, ohne daß ein rechtfertigender Grund (§ 47 III entspr.; Dallinger-Lackner N 30; vgl § 47 A 5d) gegeben wäre. Deshalb bleibt der an sich zulässigen Dienstaufsichtsbeschwerde gegen die Einstellung rglm der Erfolg versagt, wenn nicht die Voraussetzungen des § 47 III vorliegen. Auch ein Auskunftsverweigerungsrecht nach § 55 StPO ist deshalb nur gegeben, wo die Voraussetzungen des § 47 III vorliegen (vgl aber BGH 10/104, 106f). (2) (a) **Entspricht der Ri. dem Vorschlag des StA nicht**, dh trifft er keine oder eine vom StA nicht beantragte Maßnahme, **oder** (b) **erfüllt der J** die im Einvernehmen mit dem StA vom Ri. erlassene **AO nicht**, ist der StA frei[4]). Der StA kann also anklagen, wenn die Voraussetzungen (noch) gegeben sind (Verjährung![5]) oder aus einem anderen Grunde das Verf. einstellen. Bereits erbrachte Leistungen sind in einem späteren Urteil anzurechnen (Dallinger-Lackner N 30), soweit sie nicht zurückerstattet werden können (Potrykus B 6; vgl auch BGH NJW 51/894). — Dagegen kann wegen des Ungehorsams des J kein JA verhängt werden [§ 11 A 2b (2)].

4) § 45 bietet auch die Möglichk., ein Verf. noch **im VorVerf. zur Bew. auszusetzen** (s. § 21 A 1a). Oft wird sich erst aus dem Verhalten nach der Tat, der Möglichk. oder dem Erfolg von Maßnahmen nach II Z 1 sicher beurteilen lassen, ob ein Einschreiten des Ger. erforderl. ist (Dallinger-Lackner N 31; aA Potrykus B 10). Nach Möglichk. sollte der StA aber ein solches Verf. dem Ri. überlassen (vgl § 47 A 4).

5a) Die Entsch. nach § 45 **trifft der StA rglm auf Grund des Berichtes der JGH**[6]), ggf unter Anhörung des ErzBer. u. des gesVertr. Ein Mitwirken des Ri. ist nur im

[2]) Dallinger-Lackner N 24, Pentz NJW 54/1352, aA Potrykus B 6; aber das Ges. ordnet keine Bindung des Ri. an.

[3]) Dallinger-Lackner N 28, vgl auch Fränkel bei LM § 45 JGG Nr 1; **aA BGH** 10/104, 106f, Potrykus B 6, Pentz NJW 54/1352; diese nehmen an, daß kein Verbrauch der Str.Klage eintrete und eine vom StA — gegen die gesetzl. Vorschriften — erhobene Anklage zulässig sei. Diese Meinung kann nicht gebilligt werden, da man kaum annehmen kann, daß der Ges. Geber die Nichtbeachtung dieses gesetzl. Verbotes zulassen wollte; eine Anfechtung ist näml. durch § 55 I praktisch ausgeschlossen.

[4]) Dallinger-Lackner N 28, Potrykus B 6; aA Pentz NJW 54/1352: Der StA sei auch gebunden, wenn der JRi. eine andere Maßnahme getroffen habe. Doch ist der StA Herr des VorVerf. u. kann deshalb nicht durch eine von ihm nicht gebilligte Maßnahme gebunden werden.

[5]) Die Maßnahmen des Richters gem. § 45 unterbrechen die Verjährung (s. § 4 A 1a), dagegen nicht eine Zahlungsaufforderung oä.

[6]) Roestel UJ 60/506 warnt auf Grund von Beispielen vor einer Anwendung des § 45 ohne genügende Persönlichkeitsforschung.

Falle des I (A 3) vorgeschrieben; doch sollte seine Stellungnahme in allen nicht ganz bedeutungslosen Fällen eingeholt werden (RL 6). Der StA ist aber nur im Falle des I gebunden [A 3d(1)]; sonst kann er auch bei Zustimmung des Ri. zur Einstellung wie in den Fällen des allgR (A 1b) noch anklagen, sogar noch nach Einstellung (Dallinger-Lackner N 4, 18). — Die Entsch. des StA nach § 45 ist nur mit Dienstaufsichtsbeschwerde, nicht im Klageerzwingungsverf. anzufechten (allgM; vgl OLG Braunschweig NJW 60/1214 und § 172 II S 3 StPO; wegen des Klageerzwingungsverfahrens sonst s. A 1 und FN 1), es sei denn, der StA hat die ihm durch § 45 gesetzten Grenzen überschritten (Pentz NJW 58/819); beim Absehen nach I versagt rglm auch diese Beschwerde [vgl A 3d (1)].

b) Eine nach § 45 getroffene Maßnahme kann **nicht zu einer EinheitsStr.** einbezogen werden (§ 31 A 6a).

§ 46

Wesentliches Ergebnis der Ermittlungen

1) ~~Hw~~: § 109 RL 6; aber § 46 RL 4. — **2)** ErwG: RL 4.

Der Staatsanwalt soll das wesentliche Ergebnis der Ermittlungen in der Anklageschrift (§ 200 Abs. 2 der Strafprozeßordnung) so darstellen, daß die Kenntnisnahme durch den Beschuldigten möglichst keine Nachteile für seine Erziehung verursacht.

Richtlinien zu § 46:

1. Ausführungen über mangelhafte Erziehung des Jugendlichen durch die Eltern, Einzelheiten über Sittlichkeitsdelikte oder über kriminelle Methoden und ähnliche Angaben nimmt der Staatsanwalt nicht in die Anklageschrift auf.
2. Auf eine dem Jugendlichen verständliche Fassung der Anklageschrift legt der Staatsanwalt besonderes Gewicht. Im übrigen ist Nr. 89 RiStV zu beachten.
3. Wegen des Antrags im vereinfachten Jugendverfahren wird auf § 76 und die Richtlinien dazu hingewiesen.
4. Wenn auch § 46 im Verfahren gegen Jugendliche vor den für allgemeine Strafsachen zuständigen Gerichten und im Verfahren gegen Heranwachsende nicht unmittelbar gilt (§§ 104, 109), so wird doch sein Grundgedanke auch dort zu beachten sein.

Vorbemerkung: Anklagebehörde ist ausschließlich die Staatsanwaltschaft (§ 36); gewisse Einschränkungen bestehen zugunsten der landesrechtlich ermächtigten Polizeibehörden (§ 75). Andere Behörden haben keine Anklagebefugnisse (vgl § 79 A 2 für landesrechtliche Verfahren); dem Finanzamt wird man gegen Hw die Befugnisse aus § 472 AO zubilligen können, nicht aber gegen J (Goetzeler NJW 60/1656; vgl §§ 80 III, 109).

Der Anklageerhebung geht ab 1. 4. 1965 uU das **SchlußgeJör** voraus (s. § 169b StPO).

1a) Die Anklageschrift hat die Tat unter Hervorhebung ihrer ges. Merkmale nicht nur durch Angabe des **Gesetzeswortlautes** und des Ortes und der Zeit der Tat, sondern auch durch Angabe konkreter **Tatumstände** individualisierend zu schildern

(§ 200 I StPO, BGH NJW 54/360; vgl auch BGH 5/226, 227 u. 10/137, 139ff). Das gilt auch für das JGG. RL 1 gilt nur in diesem Rahmen; doch sind erz. Gesichtspunkte bei der Fassung auch hier zu beachten.

b) Unter den **Strafgesetzen** ist bei J stets § 3 als Schuldvoraussetzung zu nennen; bei Hw, gegen die JR zur Anwendung kommen wird, § 105; die näheren Einzelheiten der Begründung gehören in das wesentl. Ermittlungsergebnis (Dallinger-Lackner N 4, Kleinknecht-Müller A 3i zu § 200 StPO).

c) Ab 1. 4. 1965 muß auch der **Name des Verteidigers** aufgenommen werden. (§ 200 I S 2 StPO)

2a) Das wesentl. Ergebnis der Ermittlungen braucht nur (vgl aber RiStV 91 I) bei Anklagen zum JSchöffG und zu höheren Ger. aufgenommen zu werden (§§ 200 II S 2, 33 II, 39 JGG). Es dient dem rechtsstaatl. Schutz des Angeklagten, indem es die wesentl. Einzelheiten des Beweisstoffes aufdeckt, der im geheimen VorVerf. gesammelt wurde, ihm dadurch erst die Möglichk. zu Anträgen nach § 201 StPO gibt und eine wirksam vorbereitete (§ 219 StPO) Verteidigung gestattet.

b) Bei dieser Bedeutung hat das wesentl. Ergebnis der Ermittlungen seinen festen Platz auch im JR. Bei **geschickter Fassung** (vgl auch RL 1) der Anklageschrift (s. RL 3) werden sich aus der Mitt. an den J (A 4) rglm keine erz. Nachteile ergeben. Bei unlösbarem Konflikt aber geht der rechtsstaatl. Schutz (A 2a) erz. Bedenken vor.

3) Es ist selbstverständl., daß gerade im JVerf. die Anklageschrift **klar u. verständl.** sein muß (RL 2; vgl auch RiStV 89). Zur Auswahl der Beweismittel s. RiStV 90.

4) Die Anklageschrift ist dem J, seinem ErzBer. u. seinem gesVertr. in vollem Umfang **zuzustellen** (§§ 201 StPO, 67 II JGG, RiStV 93 I) und dem Verteidiger in Abschrift zuzusenden (RiStV 93 III); vgl auch die MiStra, bes. 10—13, 31—35.

Zweiter Unterabschnitt

Das Hauptverfahren

§ 47

Einstellung des Verfahrens durch den Richter

1) Hw: § 109 RL 6, § 47 RL 2; vgl § 109 A 2b (1). — **2) ErwG:** RL 2; § 104 I 4.

(1) Ist die Anklage eingereicht, so kann der Richter das Verfahren einstellen, wenn

1. er eine Ahndung für entbehrlich hält und gegen den geständigen Angeklagten eine in § 45 Abs. 1 bezeichnete Maßnahme anordnet,

2. die Voraussetzungen des § 45 Abs. 2 vorliegen oder

3. der Angeklagte mangels Reife strafrechtlich nicht verantwortlich ist.

(2) Die Einstellung bedarf der Zustimmung des Staatsanwalts. Der Einstellungsbeschluß kann auch in der Hauptverhandlung ergehen. Er wird mit Gründen versehen

und ist nicht anfechtbar. Die Gründe werden dem Angeklagten nicht mitgeteilt, soweit davon Nachteile für die Erziehung zu befürchten sind.

(3) Wegen derselben Tat kann nur auf Grund neuer Tatsachen oder Beweismittel von neuem Anklage erhoben werden.

Richtlinien zu § 47:

1. Im vereinfachten Jugendverfahren bedarf es der Zustimmung des Staatsanwalts zu der Einstellung des Verfahrens nach § 47 Abs. 2 Satz 1 in der mündlichen Verhandlung nicht, wenn der Staatsanwalt an dieser nicht teilnimmt (§ 78 Abs. 2 Satz 2).
2. § 47 gilt auch im Verfahren gegen Jugendliche vor den für allgemeine Strafsachen zuständigen Gerichten (§ 104 Abs. 1 Nr. 4), jedoch nicht im Verfahren gegen Heranwachsende (§ 109).

1) Ist die Anklage gegen einen J (zZ der Tat; s. RL 2) erhoben oder Antrag nach § 76 gestellt (§ 76 I 2), gilt — solange nicht die Klage zulässig zurückgenommen (§ 156 StPO) ist — folgendes:

a) Wie im allgR ist **zunächst** (§ 45 A 1 c 2. Abs. entspr.) **zu prüfen, ob** „der Angeschuldigte einer strafbaren Handlung **hinreichend verdächtig erscheint“** (§ 203 StPO). **Das** Hauptverf. wird nicht eröffnet, wenn eine Verurteilung nicht zu erwarten ist; es gilt dasselbe wie für die Einstellung des Vorverf. durch den StA [s. § 45 A 1a (1), (2)] (Dallinger-Lackner N 6, 7) (Legalitätsprinzip).

b) Daneben kann das Ger. das Verf. **gem. §§ 153a II, 154 II, 154b IV StPO einstellen** (s. § 45 A 1b) (Opportunitätsprinzip). § 153 III StPO ist in § 47 völlig aufgegangen, § 383 II StPO durch § 80 I gegenstandslos.

c) Das erz. bedingte Subsidiaritätsprinzip führt dazu, daß jedes Ger. (s. RL 2) das Verf. bis zur Rechtskraft (§ 153 III StPO entspr.) **unter den Voraussetzungen des § 45 einstellt**, wo das formlose ErzVerf. genügt (vgl § 45 A 1c). Diese Einstellung ist also noch im Rev.Verf. u. auch dann mögl., wenn kein die Anfechtung rechtfertigender Grund zur Abänderung der Entsch. zwingt (Dallinger-Lackner N 9), ebenso im jrichterl. Verfügungsverf. (§ 75 II) selbst nach Einspruch (§ 75 A 5b).

2) Wegen der **Voraussetzungen** des § 45 wird auf dessen A 2 u. 3a, b verwiesen. Es gilt hier das gleiche.

a) Die Einstellung ohne jede Reaktion (§ 45 II Z 2) empfiehlt sich hier noch weniger (vgl § 45 A 2a; Kümmerlin DJ 43/558).

b) Die **erz. Maßnahmen** (§ 45 II Z 1, A 2b) können vor oder nach der Anklage-Erhebung liegen.

c) Die AO von Maßnahmen (§ 45 I, A 3a) setzt auch hier ein Geständnis voraus (§ 45 A 3b). Kommt der J den Aufl. nach, muß der JRi. einstellen; der JStA kann seine Zustimmung nicht verweigern (Dallinger-Lackner N 15). Wegen der Folgen des Ungehorsams gilt § 45 A 3d(2). Wegen der Rechtskraft der Einstellung s. u. A 5d.

3) Weiter kann **nach Eröffnung des Hauptverf.** in gleicher Weise **eingestellt** werden, **wenn** sich inzwischen (s. A 1a) herausgestellt hat, **daß die Altersreife** (§ 3 — nicht die Zurechnungsfähigk. nach §§ 51, 55 StGB) **fehlt** oder nicht nachweisbar ist [s. § 45 A 1a (1)]. Dies ermöglicht es, erz. ungünstige Freisprüche zu vermeiden. Grds sollte hier aber die Tat als solche festgestellt (s. § 3 A 3a, FN 1) und nach § 3 S 2 verfahren werden, bes. wenn die Einstellung erst in der Verh. erfolgt (§ 3 RL 3 u. A 5); wegen der Begründung s. § 54 A 3d aE.

4) Die Frage, ob eingestellt werden kann, läßt sich oft erst auf Grund der weiteren Entwicklung u. des weiteren Verhaltens klären. § 47 bietet die Grundlage für eine **Einstellung zur Bew. im Zwischenverf. und auch im Hauptverf.** vor dem Urteil (vgl Clostermann DJ 38/827f; s. § 21 A 1a). So sollte stets verfahren werden, wenn Maßnahmen nach § 45 I getroffen sind, um ihre Erfüllung überwachen u. mittelbar erzwingen zu können (Dallinger-Lackner N 19, 20, Pentz NJW 54/1352; Peters UJ 50/89; vgl u. A 5d).

5a) Das Ger. (A 1c) bedarf zu dieser Einstellung der **Zustimmung des StA** (II S 1). Wo die Zustimmung nicht erteilt wird, muß im förml. Verf. so entschieden werden, als gäbe es § 47 nicht. Die Zustimmung des JStA ist jedoch in der Verh. des vereinfachten JVerf. nicht erforderl., wenn der JStA an der Verh. nicht teilnimmt (RL 1; § 78 II S 2); hier kann also auch bei Verf. wegen eines Vergehens ohne jede Reaktion und ohne Zustimmung des JStA eingestellt werden (§§ 47 I Z 2, 45 II Z 2; vgl § 45 A 2a).

b) (1) Die **Entsch.** ergeht, auch in der Verh., **durch Beschl.** Dieser muß zur Feststellung des Umfangs der Rechtskraft (vgl A 5d) **begründet** werden (II S 2). Die Gründe werden aber dem Angeklagten nicht mitgeteilt, wenn zu befürchten ist (dh die nicht zu entfernt liegende Möglichk. besteht), daß dies für die Erz. nachteilig ist (II S 3, vgl § 51 RL 1). — (2) Der Beschl. ist **nicht anfechtbar** (II S 2); doch ist Beschw. (§ 304 StPO) zulässig, wenn Maßnahmen verhängt sind, die nicht in § 45 I genannt sind; denn das wäre ein unerlaubter — weil in dieser Form vom Ges. nicht zugelassener — Eingriff. (3) Jeder Beschl. nach § 47 muß eine **Kosten**entsch. enthalten, auch wenn Ger. Gebühren nicht anfallen (§ 464 StPO, Potrykus NJW 57/1136); es gilt § 467 I StPO (s. a. bei § 74).

c) Mitt.: s. § 70, MiStra 10, 11, 31, 32, 35, AO Erz.Kartei Nr 2 I d, e, II.

d) Der Beschl. ist der **beschränkten Rechtskraft** fähig wie der Beschl., durch den die Eröffnung des Verf. abgelehnt wird (III; § 211 StPO). Die neuen Tatsachen u. Beweismittel müssen gegenüber den Gründen des Einstellungsbeschl. erhebl. sein; es genügt aber, wenn sie nur für das Ger. neu sind (BGH 7/64, 66 für § 211 StPO). — Allg. schlechte Führung nach der Tat ist keine solche Tatsache, auch nicht die Nichterfüllung der auferlegten Weisungen oder bes. Pflichten (Dallinger-Lackner N 27, Pentz NJW 54/1352; aA Potrykus B 5, Schaffstein S 163), weil dadurch das Bild der Tat an sich nicht verändert wird. Nur darauf, nicht auf die Einschätzung des Täters kommt es aber hier an, wie der Vergleich mit § 211 StPO zeigt. Unzuträglichk. entstehen nicht, wenn nach A 4 verfahren wird. Liegen die Voraussetzungen des III vor, kann das schon eingestellte Verf. nicht fortgesetzt werden; es muß vielmehr erneut angeklagt werden. — Wegen weiterer Einzelheiten kann auf die Erläuterungsbücher der StPO bei § 211 verwiesen werden.

e) Eine nach § 47 getroffene Maßnahme kann **nicht** in eine **EinheitsStr.** einbezogen werden (§ 31 A 6a).

§ 48

Nichtöffentlichkeit

1) Hw: § 109 I S 2, RL 1, 6; § 48 A 1c. — 2) ErwG: § 104 II; § 48 RL 3, A 1c.

(1) Die Verhandlung vor dem erkennenden Gericht einschließlich der Verkündung der Entscheidungen ist nicht öffentlich.

(2) Neben den am Verfahren Beteiligten ist dem Verletzten, den Beamten der Kriminalpolizei und, falls der Angeklagte unter Bewährungsaufsicht steht oder für ihn ein Erziehungsbeistand bestellt ist, dem Helfer und dem Erziehungsbeistand die Anwesenheit gestattet. Andere Personen kann der Vorsitzende aus besonderen Gründen, namentlich zu Ausbildungszwecken, zulassen.

(3) Sind in dem Verfahren auch Heranwachsende oder Erwachsene angeklagt, so ist die Verhandlung öffentlich. Die Öffentlichkeit kann ausgeschlossen werden, wenn dies im Interesse der Erziehung jugendlicher Angeklagter geboten ist.

Richtlinien zu § 48:

1. Die Anwesenheit einer größeren Zahl von Personen in der Hauptverhandlung ist aus erzieherischen Gründen unerwünscht. Insbesondere soll bei dem Jugendlichen nicht der Eindruck entstehen, daß er Mittelpunkt des allgemeinen Interesses sei. Auch kann durch die Zulassung unbeteiligter Personen das Fortkommen des Jugendlichen unnötig erschwert werden. Manche Jugendliche werden durch die Anwesenheit eines größeren Personenkreises eingeschüchtert und halten mit ihren Angaben in der Verhandlung zurück. Daher wird besonders sorgfältig zu prüfen sein, ob Personen, die keine Recht auf Anwesenheit haben, zur Verhandlung zugelassen werden sollen.
2. Referendaren, die bei Justizbehörden beschäftigt sind, sowie Polizeibeamten und Sozialarbeitern, die in der Ausbildung stehen, kann die Teilnahme an der Verhandlung im allgemeinen großzügig gestattet werden. Dagegen empfiehlt es sich aus den in Nr. 1 angegebenen Gründen nicht, Schulklassen oder anderen größeren Personengruppen die Teilnahme an der Verhandlung zu erlauben. Entschließt sich der Vorsitzende, die Presse in der Hauptverhandlung zuzulassen, so wirkt er darauf hin, daß in den Presseberichten der Name des Jugendlichen nicht genannt, sein Lichtbild nicht veröffentlicht und nach Möglichkeit auch jede andere Angabe vermieden wird, die auf die Person des Jugendlichen hindeutet. Nr. 112 Abs. 2 Satz 3 RiStV gilt sinngemäß.

3. Sind in dem Verfahren auch Heranwachsende oder Erwachsene angeklagt und liegt das Schwergewicht bei dem Verfahren gegen die Jugendlichen (§ 103 Abs. 2), so beantragt der Staatsanwalt aus den unter Nr. 1 angegebenen Gründen den Ausschluß der Öffentlichkeit.

4. Aus erzieherischen Gründen muß nach Möglichkeit vermieden werden, daß die Jugendlichen und Heranwachsenden mit erwachsenen Angeklagten in Berührung kommen. Hierauf wird bei der Bestimmung des Sitzungstages und bei der Auswahl des Sitzungssaales Rücksicht zu nehmen sein.

1a) Der bedeutsame Grundsatz der **Öffentlichk.** von Verh. u. Urteilsverkündung (§§ 169, 173 GVG), dessen Verletzung sogar absoluter Rev.Grund ist[1]) (§ 338 Z 6 StPO), gilt im Interesse der Erz. (vgl RL 1) **nicht, wo nur J** (Alter zZ der Tat[2]) **vor JG** abgeurteilt werden.

b) Die **allg. Grundsätze** über die **Öffentlichk.** gelten auch vor dem JG, wenn nur gegen Erw im JSchutzVerf. (BGH MDR 55/246) — oder wenn gegen Hw u. Erw. zugleich verhandelt wird (vgl § 109 I S 2 u. § 48 III).

c) (1) Sonst kann die **Öffentlichk.** über die Möglichk. des allgR hinaus nach dem Ermessen des Ger. aus den bes. jrechtl. Gesichtspunkten heraus **ausgeschlossen** werden, also (a) wenn ein J durch das ErwG abgeurteilt wird (§§ 104 II, 48 I)[3]), (b) wenn gegen Hw[4]) (§ 109 I S 2) oder (c) wenn gegen J u. Hw, gegen J u. Erw. oder gegen J, Hw u. Erw. verhandelt wird (III S 2), gleichgültig, ob vor dem J oder ErwG (§ 104 II)[3]). — Die letztgenannte Möglichk. (c) besteht nur so lange, als ein J am Verf. beteiligt ist, also zB nicht im Rechtsmittelverf. eines Erw. oder von Hw oder Erw., wenn gegen alle J rechtskräftig entschieden ist (Dallinger-Lackner N 28); sind nur noch Hw vorhanden, gilt (b). (2) In den Fällen (1) (b), (c) verlangt das Ges., daß der im Ermessen des Ger. liegende („kann“) Ausschluß der Öffentlichk. **im Interesse der Erz.** geboten ist. Dieses erz. Notwendigk. gibt auch im Fall (1) (a) im Rahmen des Ermessens den Ausschlag. RL 1, 3 enthalten die wesentl. Gesichtspunkte für diese Entsch. Eine einschränkende Auslegung wäre verfehlt (Dallinger-Lackner N 26).

2) Ist die **Öffentlichk. kraft Ges. ausgeschlossen** (I; o. A 1a), sind die §§ 169—174 GVG (über § 175 GVG s. A 2b (1)(c), (2) je aE u. A 4) nicht anwendbar. Es **gilt** folgendes:

a) Die Öffentlichk. ist für Verh. u. Urteilsverkündung in allen Rechtszügen ausgeschlossen und zwar auch dann, wenn der J inzwischen 18 oder auch 21 Jahre alt geworden ist. Ein Verstoß ist nur ein relativer Rev. Grund (§ 337 StPO, allgM; § 338 Z 6 StPO gilt nur bei unberechtigtem Ausschluß der Öffentlichk.), der zur Aufhe-

---

1) Doch schadet es nicht, wenn ein Zuhörer sich freiwillig entfernt, auch wenn das dem Gericht gelegen kommt und der Zuhörer das erkennt (BGH NJW 63/166).

2) BGH GA 63/106 für Hw (§ 109 I S 2).

3) Dallinger-Lackner § 104 N 27, § 112 N 13; aA Potrykus B 3, 104 B 3, der §§ 48, 109 I S 2 vor dem ErwG nicht für anwendbar hält; doch widerspricht diese Ansicht § 104 II, zumal erz. Gesichtspunkte für die Anwendung sprechen.

4) Nach dem Alter zZ der Tat (BGH GA 63/106).

bung des Urteils führt, wenn nicht ausgeschlossen werden kann, daß das Urteil auf diesem Verstoß beruht (Dallinger-Lackner N 7), etwa weil der J durch die vielen Zuhörer eingeschüchtert wurde (RL 1 S 4).

b) (1) **Zur Anwesenheit berechtigt** (II S 1) sind (a) alle am Verf. Beteiligten, also ErzBer. u. gesVertr., Vertreter der JGH, Verteidiger, Beistand; nicht aber zB Zeugen[5]); geschiedene Mutter, wenn dem Vater allein das Sorgerecht zusteht [s. aber u. (2)]; Ehemann (s. aber § 149 StPO); (b) der Verletzte, dh wer in seinen durch die verletzte Str.Vorschrift rechtl. geschützten Interessen beeinträchtigt ist (Dallinger-Lackner N 9, enger Potrykus B 6a), auch der Gefährdete (vgl BGH 10/372f für § 61 Z 2 StPO), auch dessen Vertreter; (c) der Helfer, wenn der Angeklagte unter Bew. oder ErzBeistandsch. steht; Beamte der Kriminalpolizei, der die Dienstaufsicht führende Ri. oder Beamte der Justizverwaltung (§ 175 III GVG). (2) Daneben kann **anderen Personen die Anwesenheit gestattet** (II S 2) werden, wenn ein bes. Grund vorliegt (vgl RL 1 S 5) wie zB bei erw. Angehörigen, Studierenden (vgl RL 2 S 1); doch sollte es sich stets nur um Einzelgenehmigungen handeln (RL 2 S 2). Für Presse u. Rundfunk gelten RL 2 S 3, 4 u. RiStV 112 II S 3. — Bei der Entsch. über die Zulassung sind auch die Gesichtspunkte zu beachten, die in den Ausschließungsgründen des allgR (§§ 171a, 172 GVG) ihren Niederschlag gefunden haben. Über die Zulassung entscheidet der Vorsitzende widerrufl., ohne daß es einer Anhörung der Verf.Beteiligten bedarf (§ 175 II S 2 GVG). (3) Der zur Anwesenheit Berechtigte (1) kann sich gegen die Nicht-Zulassung beschweren (§ 304 StPO, allgM); die grundlose (vgl A 3c aE u. A 4) Verweigerung des Zutritts kann als relativer Rev.Grund dann erfolgreich geltend gemacht werden, wenn dadurch Sachdienl. unerörtert geblieben ist. — Alle übrigen Personen haben kein Recht auf Anwesenheit und deshalb auch keinen **Rechtsbehelf**, wenn sie nicht zugelassen werden oder eine Zulassung widerrufen wird (Dallinger-Lackner N 23, Potrykus B 6b). — Gegen die Zulassung gibt es kein Rechtsmittel (Dallinger-Lackner aaO).

3) Wird die **Öffentlichk. aus jrechtl. Gründen** (A 1c) **ausgeschlossen,** gilt folgendes:

a) Die Ausschließung erfolgt nach § 174 I GVG; bes. müssen alle Beteiligten Gelegenheit zur Äußerung erhalten haben (BGH 10/119, 120); auch ist der Ausschließungsbeschl. gem. § 174 I S 3 GVG zu begründen (aA für § 174 I S 3 Dallinger-Lackner N 30f, die aber eine Begründung dringend empfehlen).

b) Die **Wirkungen** der Ausschließung sind die gleichen wie bei der gesetzl. Ausschließung nach § 48 I. Das A 2 Gesagte gilt auch hier. Denn die Ausschließung erfolgt in beiden Fällen im Interesse der Erz. Die Anwendung der auf einer ganz anderen Interessenlage beruhenden Vorschriften des GVG wäre verfehlt[6]). Es gelten jedoch 2 Ausnahmen: (1) Die Öffentlichk. kann auch nur für einen Teil des Verf. aus-

[5]) Vgl Kühling UJ 60/320: Die Zeugen sind bis zu ihrer Vernehmung Verfahrensbeteiligte, die aber gem. §§ 58 I, 243 IV StPO vor ihrer Vernehmung außerhalb des Sitzungssaales warten müssen. Mit ihrer Entlassung endet ihre Stellung als Verfahrensbeteiligte; sie haben kein Recht auf Anwesenheit mehr. Deshalb sollten sie so bald als möglich nach ihrer Vernehmung entlassen werden.

[6]) OLG Oldenburg NJW 59/1506 = MDR 59/682 = JZ 59/499 = GA 59/254 = EJF C I 61.

geschlossen werden (Dallinger-Lackner N 28), weil die Ausschließung nur im Einzelfall erfolgt und erz. Gesichtspunkte zB der öffentl. Urteilsverkündung nicht immer entgegenstehen müssen. Auch hier kann also (A 3b S 1) die Öffentlichkeit von der Urteilsverkündung ausgeschlossen werden (OLG Oldenburg wie FN 3, OLG Düsseldorf NJW 61/1547 = Zbl 61/248; aA Potrykus B 8, § 109 B 2, EJF C I 61). Der Ausschluß der Öffentlichkeit schlechthin umfaßt auch die Urteilsverkündung (OLG Düsseldorf aaO). (2) Der Ausschluß gilt nur für die jeweilige Instanz, weil jede Instanz selbständig ist und Bindungen nur dort bestehen, wo sie im Ges. ausdrückl. festgelegt sind. (3) Der Ausschluß der Öffentlichk. ohne nähere Prüfung und ohne Verh. darüber beschwert nur die mitangeklagten Hw u. Erw.; der J kann deshalb auf diese Verstöße keine Rev. gründen (BGH 10/119ff).

c) Die Möglichk., die Öffentlichk. nach dem JGG auszuschließen (§§ 48 III S 2, 109 I S 2, 104 II) hindert den **Ausschluß der Öffentlichk. nach allgR** (§§ 171b, 172 GVG) nicht. In diesen Fällen haben von den in § 48 II genannten Anwesenheitsberechtigten nur die Prozeßbeteiligten das Recht auf Anwesenheit, weil § 48 hier gar nicht zur Anwendung kommt (weitere Gründe A 4a aE). Gründe der Staatssicherheit können vor ErwG sogar zum Ausschluß Prozeßbeteiligter führen (§ 104 III).

4a) § 175 I GVG, mehr ein Ausfluß der Sitzungspolizei, gilt im JVerf. entspr. Danach können die **Anwesenheitsberechtigten** [A 2b (1)], soweit sie nicht Prozeßbeteiligte sind (hM zB Dallinger-Lackner N 14), von der Teilnahme an der Verh. **ausgeschlossen** werden. Gleiches gilt, wenn die Voraussetzungen der §§ 171b, 172 GVG gegeben sind (aA Dallinger-Lackner N 13 vgl o. A 3c); denn § 48 ist zwar Sondervorschrift, dient aber nur der Einschränkung des Grundsatzes der Öffentlichk. und kann deshalb nicht zu einer Erweiterung der Öffentlichk. gegenüber dem allgR führen.

b) Prozeßbeteiligte können jedoch nur nach §§ 176ff GVG, 51 II JGG ausgeschlossen werden.

c) Diese wie alle anderen Anwesenheitsberechtigten können auch ausgeschlossen werden, wenn sie **als Zeugen** in Betracht kommen (§§ 58 I, 243 IV StPO; vgl § 51 A 2c und § 48 FN 1).

§ 49

Vereidigung von Zeugen und Sachverständigen

1) ~~Hw~~: § 49 RL; § 109 RL 6. — 2) ~~ErwG~~: § 49 RL; § 104 A 1b (3).

(1) Im Verfahren vor dem Jugendrichter werden Zeugen nur vereidigt, wenn es der Richter wegen der ausschlaggebenden Bedeutung der Aussage oder zur Herbeiführung einer wahren Aussage für notwendig hält. Von der Vereidigung von Sachverständigen kann der Jugendrichter in jedem Falle absehen.

(2) Sind in dem Verfahren auch Heranwachsende oder Erwachsene angeklagt, so ist Absatz 1 nicht anzuwenden.

Richtlinie zu § 49:

§ 49 Abs. 1 gilt weder im Verfahren vor dem Jugendschöffengericht und der Jugendkammer noch im Verfahren gegen Jugendliche vor den für allgemeine Strafsachen zuständigen Gerichten und gegen Heranwachsende. In diesen Fällen ist nach §§ 59 bis 62 StPO zu verfahren.

1a) Zeugen sind auch im JVerf. **zu vereidigen, wenn nicht** das Ges. eine **Ausnahme** vorsieht. Es gilt das allgR (§§ 59ff StPO; RL S 2).

b) Als **weitere Ausnahme** tritt neben die des allgR (§§ 60—62 StPO) § 49 I 1, der § 62 StPO praktisch dadurch erweitert, daß die Sonderregelung für allg. Bagatell-Verf. (Privatklage- u. Übertretungsverf.) auch gilt, wenn nur gegen J (II; Alter zZ der Tat) **vor dem JRi. als EinzelRi.** (RL; BGH 8/78f) verhandelt wird, es sich also mehr um ein Erz. als um ein StrVerf. handelt. Diese Ausnahme besteht nach dem klaren Ges.Wortlaut nicht bei der JK als BerufungsGer. (aA Dallinger-Lackner N 3; vgl aber BGH aaO). Es handelt sich bei der JK mit drei BerufsRi. u. zwei Schöffen nicht mehr um ein Bagatellverf., zumal es hier grds (§§ 39, 55 I) um Freispruch oder Verhängung von JStr. geht.

c) Für § 49 I S 1 gelten die zu § 62 StPO entwickelten Grundsätze (vgl die einschl. Erläuterungsbücher). Der BGH fordert eine Begründung[1]) und legt der Aussage keine wesentliche Bedeutung bei, wenn der Richter sie für unrichtig hält (BGH 16/99 entspr. Vorlage ObLG NJW 61/576; ebenso KG DAR 64/169 = VRS 26/287). In diesem Bereich ist § 61 Ziff. 3 StPO durch diese Sondervorschrift ausgeschaltet (KGaaO für § 62 StPO).

2) Auch für die **Beeidigung von Sachverständigen** gilt das allgR (§ 79 StPO). Nur in Verf. gegen J (II) entscheidet der JRi. (RL S 1; vgl A 1b) nach seinem pflichtgemäßen Ermessen durch Beschl. unabhängig von den Anträgen der Prozeßbeteiligten.

§ 50

Anwesenheit in der Hauptverhandlung

Abs. 1: 1) ~~Hw~~ : § 109 RL 6, § 50 A 1 d. — **2)** ErwG: A 1 d, § 104 II.
Abs. 2: 1) Hw: § 109 I S 1, § 50 RL 4, A 2c. — **2)** ErwG: RL 4, A 2c. § 104 I 9, III, A 2.
Abs. 3: 1) Hw: § 109 I S 1, § 50 A 3c. — **2)** ErwG: A 3c; § 104 I 2, III, A 2.

(1) Die Hauptverhandlung kann nur dann ohne den Angeklagten stattfinden, wenn dies im allgemeinen Verfahren zulässig wäre, besondere Gründe dafür vorliegen und der Staatsanwalt zustimmt.

---

[1]) Der BGH (10/109, 111 und 14/374) fordert für § 62 StPO, daß bei dem Absehen von Beeidigung der Beschluß wenigstens grds dahin begründet wird, daß es sich um einen Regelfall handelt oder daß trotz ausschlaggebender Bedeutung der Aussage nach Inhalt u. Beweiswert oder trotz Unglaubwürdigk. (vgl BGH 16/99, im Text A 1c aE) das Gericht die Beeidigung nicht für notwendig hält. — AA ObLG 52/9: keine Begründung, da Entsch. des pflichtgem. Ermessens u. Alternative für Rev. Ger. unterscheidbar, unter Berufung auf RG 77/332 u. BGH 1/175, 177.

(2) Der Vorsitzende soll auch die Ladung des Erziehungsberechtigten und des gesetzlichen Vertreters anordnen. Die Vorschriften über die Ladung, die Folgen des Ausbleibens und die Gebühren von Zeugen gelten entsprechend.

(3) Dem Vertreter der Jugendgerichtshilfe sind Ort und Zeit der Hauptverhandlung mitzuteilen. Er erhält auf Verlangen das Wort.

Richtlinien zu § 50:

1. Im Jugendstrafverfahren ist der persönliche Eindruck, den der Richter von dem Jugendlichen erhält, von entscheidender Bedeutung. Eine Hauptverhandlung in Abwesenheit des Angeklagten wird deshalb nur in Erwägung zu ziehen sein, wenn es sich um eine geringfügige Verfehlung handelt, auf Grund des Berichts der Jugendgerichtshilfe ein klares Persönlichkeitsbild vorliegt, das Erscheinen des Jugendlichen wegen weiter Entfernung mit großen Schwierigkeiten verbunden ist und gegebenenfalls eine Abtrennung des Verfahrens gegen den abwesenden Jugendlichen mit Rücksicht auf eine umfangreiche Beweisaufnahme unangebracht ist.
2. Nimmt der Staatsanwalt im vereinfachten Jugendverfahren an der mündlichen Verhandlung nicht teil, so bedarf es seiner Zustimmung zur Durchführung der Verhandlung in Abwesenheit des Angeklagten nicht (§ 78 Abs. 2 Satz 2).
3. Die Hauptverhandlung ist ein bedeutsames Ereignis im Leben und für die Erziehung des Jugendlichen. Deshalb muß größter Wert darauf gelegt werden, daß der Erziehungsberechtigte und der gesetzliche Vertreter in der Hauptverhandlung anwesend sind. Ihre Teilnahme an der Hauptverhandlung kann auch dazu führen, daß das Verfahren alsbald rechtskräftig abgeschlossen wird. Auf § 67 Abs. 5 wird hingewiesen.
4. § 50 Abs. 2 gilt auch im Verfahren gegen Jugendliche vor den für allgemeine Strafsachen zuständigen Gerichten und im Verfahren gegen Heranwachsende (§ 104 Abs. 1 Nr. 9; § 109 Abs. 1; vgl. jedoch § 104 Abs. 3, § 112).
5. Der Vertreter der Jugendgerichtshilfe tritt in der Hauptverhandlung weder als Gehilfe der Staatsanwaltschaft noch als Verteidiger oder Vertreter des Jugendlichen oder seines Erziehungsberechtigten auf, sondern nimmt die ihm nach § 38 obliegenden Aufgaben wahr. Ein Recht, an die Prozeßbeteiligten Fragen zu stellen (§ 240 StPO), hat der Vertreter der Jugendgerichtshilfe nicht.

1a) Der **angeklagte J sollte immer anwesend sein**, weil sich das Ger. nur so ein genügendes Bild von ihm machen kann (RL 1 S 1; § 43!). Bes. Schwierigk. stehen der Anwesenheit bei richtiger Handhabung der Zuständigkeitsvorschriften (§ 42) nicht entgegen; überdies kommt es bei leichten Verfehlungen gar nicht zur Verh. (§§ 45, 75).

b) Deshalb müssen bei einer **Verh. ohne ihn** nicht nur die Voraussetzungen des allgR[1]) gegeben sein, sondern darüber hinaus **bes. Gründe** (RL 1 S 2) und die **Zustimmung des JStA** (Ausnahme: RL 2) vorliegen (I). Die Verhängung von FE u.

[1]) StPO §§ 231, 232, 233, 276ff, 411 II, 413 IV (§ 75 I S 4 JGG).

JStr. sowie die Aussetzung der Verhängung der JStr. [s. § 78 A 2a (1)] sind dann nicht zulässig (§§ 232 I, 233 I StPO, 78 I S 2 JGG entspr.; Dallinger-Lackner N 6), ausgenommen den Fall, daß der Angeklagte sich unerlaubt aus der Verh. entfernt (§ 231 StPO)[2]) (s. § 51 A 1a). Ein Urteil, das gegen den abwesenden Angeklagten ergeht, ohne daß alle Voraussetzungen vorliegen, verfällt der Rev. (§ 338 Z 5 StPO).

c) Der Angeklagte kann **jedoch zeitweilig** von der Verh. **ausgeschlossen** werden (s. § 51).

d) I gilt **nur für J vor JG**, nicht für Hw (§ 109 RL 6). **Doch** sollte das Ger. den Grundgedanken des I selbst bei der Anwendung des allgR bei der Ausübung seines Ermessens gebührend berücksichtigen (Dallinger-Lackner § 109 N 26). Wegen der Schwierigkeit der Entscheidung über die Altersreife (§ 105) ist eine Hauptverhandlung gegen einen **nicht anwesenden Hw nur** möglich, wenn **ausnahmsweise** auch ohne ihn ausreichend geprüft werden kann, ob J- oder ErwRecht anzuwenden ist [darüber vgl bei § 105, bes. A 2e (1)] (OLG Hamburg NJW 63/67 = GA 63/54 = DAR 63/279).

In Verfahren gegen **J vor ErwG** kann und sollte stets **I entspr.** angewendet werden (§ 104 II, Dallinger-Lackner N 28; aA Potrykus B 3 je zu § 104).

2a) ErzBer. u. gesVertr. haben ein Recht auf Anwesenheit (§ 67 A 2d) und sind **wie Zeugen zu laden** und zu entschädigen; bleiben sie aus, können sie nach den Zeugenvorschriften bestraft u. vorgeführt werden (§§ 48, 51, 71 StPO). Es steht also nicht in ihrem Belieben, ob sie zur Verh. — auch im vereinfachten JVerf. (§ 78 III S 2, RL 2) — kommen. Denn ihre Anwesenheit ist für die Persönlichkeitserforschung, für die Auswahl der zu treffenden Maßnahmen wichtig, unterstreicht die Bedeutung der Verh. und kann zu dem erwünschten beschleunigten Eintritt der Rechtskraft führen (RL 3). Über eine zeitweilige Ausschließung s. § 51.

Üblich ist die formlose Ladung, die ja auch gegenüber Zeugen zulässig ist (§ 48 StPO; Schwarz-Kleinknecht § 48 StPO A 1).

b) Ihre Ladung kann nur aus wichtigen Gründen (vgl darüber § 51 u. dort RL 2; § 67 IV) unterbleiben („soll"). Ein Verstoß kann zugleich gegen die Sachaufklärungspflicht (Persönlichkeitserforschung!) gerichtet sein (Dallinger-Lackner N 18) oder die Verteidigung behindern (Potrykus B 2) und dann auf Rev. hin zur Aufhebung des Urteils führen; daneben kann ein Verstoß gegen II einen Wiedereinsetzungsgrund gegen die Versäumung der Rechtsmittelfrist bilden (§ 67 A 2e).

c) II gilt nach Eintritt der Volljährigk. nicht mehr, weil der Volljährige weder einen ErzBerechtigten noch einen ges. Vertreter hat (BGH bei Herlan GA 63/106; s. § 67 A 5a). Dagegen gilt diese Vorschrift auch in Verfahren gegen Hw vor ErwGerichten (BGH aaO).

d) Ausnahmen aus Gründen der Staatssicherheit: § 104 III und dort A 2a.

3a) Der Vertreter der JGH (Zuständigk. § 38 A 2b) erhält eine **TerminsMitt.**, auch wenn nur eine Übertretung Gegenstand des Verf. ist (Dallinger-Lackner N 26). Das

---

[2]) AA Dallinger-Lackner N 7 für JStr.; doch enthält § 231 StPO keine Str.Begrenzung u. ermöglicht eine Verurteilung nur, wenn die weitere Anwesenheit des Angeklagten nicht erforderl. ist, dh wenn die Aufklärung auch zur Person vollständig ist.

gilt grds auch im vereinfachten JVerf. [§ 78 RL 3 S 2 u. A 5a (4)], jedoch nicht vor dem Rev.Ger., das nur in rechtl. Hinsicht nachzuprüfen hat (überzeugend Dallinger-Lackner N 32, aA Potrykus B 4).

b) Wie oft und wann (am besten nach der Beweisaufnahme) das **Wort zu erteilen** ist, ist eine Frage der Sachleitung (§ 238 I, II StPO). Über die Stellung der JGH vgl RL 5 u. § 38 A 3, 5. Über die Folgen, wenn sie nicht eingeschaltet wird, s. § 38 A 3d.

c) III gilt auch gegenüber Volljährigen, gegen Hw (§ 109 I) u. vor dem ErwG (§ 104 I Z 2): (BGH bei Herlan GA 63/106); Ausnahmen aus Gründen der Staatssicherheit: § 104 III und dort A 2a.

§ 51

Zeitweilige Ausschließung von Beteiligten

1) Hw: § 109 RL 6, § 51 RL 4 S 2. — **2)** ErwG: RL 4 S 1; § 104 II, RL.

(1) Der Vorsitzende soll den Angeklagten für die Dauer solcher Erörterungen von der Verhandlung ausschließen, aus denen Nachteile für die Erziehung entstehen können. Er hat ihn von dem, was in seiner Abwesenheit verhandelt worden ist, zu unterrichten, soweit es für seine Verteidigung erforderlich ist.

(2) Der Vorsitzende soll auch Angehörige, den Erziehungsberechtigten und den gesetzlichen Vertreter des Angeklagten von der Verhandlung ausschließen, soweit gegen ihre Anwesenheit Bedenken bestehen.

Richtlinien zu § 51:

1. Die Ausschließung von der Verhandlung wird sich namentlich empfehlen, wenn bei der Vernehmung eines Sachverständigen oder der Anhörung des Vertreters der Jugendgerichtshilfe oder des Erziehungsberechtigten Anlagemängel des Jugendlichen, mangelnde Erziehungsfähigkeit der Eltern, Vorstrafen der Eltern, Vererbung einer geistigen Erkrankung oder ähnliche Umstände erörtert werden. Auch während der Ausführungen des Staatsanwalts, eines Verteidigers oder eines Beistandes kann der Ausschluß des Jugendlichen aus erzieherischen Gründen angezeigt sein.
2. Angehörige, der Erziehungsberechtigte und der gesetzliche Vertreter des Jugendlichen werden besonders dann auszuschließen sein, wenn die Erörterung der persönlichen Verhältnisse des Jugendlichen auf sie verletzend wirken oder die Zusammenarbeit zwischen ihnen und den Stellen, die den Jugendlichen betreuen, erschweren könnte. Ihre Ausschließung kann auch dann angezeigt sein, wenn zu befürchten ist, daß der Jugendliche in ihrer Anwesenheit mit der Wahrheit zurückhalten wird.
3. Der Vorsitzende wird, soweit erforderlich, dem Vertreter der Jugendgerichtshilfe, dem Sachverständigen, dem Verteidiger und dem Beistand nahelegen, von sich aus den Ausschluß anzuregen, wenn in ihren Ausführungen Umstände berührt werden sollen, die einen Ausschluß angezeigt erscheinen lassen.

4. Im Verfahren gegen Jugendliche vor den für allgemeine Strafsachen zuständigen Gerichten kann § 51 nach dem Ermessen des Gerichts angewendet werden (§ 104 Abs. 2). Im Verfahren gegen Heranwachsende gilt die Vorschrift nicht (§ 109); hier kann das Gericht den Angeklagten nur nach den allgemeinen Verfahrensvorschriften von der Verhandlung ausschließen (vgl. insbesondere § 247 StPO).

1a) Der Angeklagte hat das Recht und die Pflicht (§ 231 StPO), **in der ganzen Verh. anwesend** zu sein. Das Ger. darf grds (Ausnahme A 1b) **nicht anordnen oder dulden, daß der Angeklagte sich entfernt**; grds kann also weder das Ger. den Angeklagten für einen Teil der Verh. beurlauben (vgl RG 69/18f), noch kann dieser auf seine Anwesenheit verzichten (RG 42/197f). § 231 II StPO (§ 50 A 1b) trifft nur den Fall, daß sich der Angeklagte gegen den Willen des Ger. („dennoch") entfernt. Deshalb gilt § 51 auch, wenn sich der J auf einen entspr. Hinweis des Vorsitzenden „freiwillig" (?) entfernt (aA Dallinger-Lackner N 31, Potrykus B 3, vgl aber BGH 3/384, 385; NJW 63/166).

b) Ausnahmen nach allg R sind in §§ 247 StPO, 177 GVG enthalten. § 51 I JGG eröffnet in Verf. gegen J (RL 4) eine weitere Möglichk. nicht nur für die Beweisaufnahme, sondern für alle Ausführungen in der Sitzung einschließl. der Schlußvorträge; dagegen ist Urteilsverkündung und -begründung keine Erörterung iS des § 51 I S 1 (aA Potrykus B 2). Wegen der Gründe s. RL 1. Es kommt nicht nur auf das Thema der Erörterungen (auch Sittlichkeitsfragen) an, sondern auch auf den J selbst; ist er schon selbständig und einsichtig, wird seine Ausschließung selten in Frage kommen. Überhaupt ist **bei der Ausschließung Vorsicht** geboten, da sie in grundlegende Rechte eingreift u. Mißtrauen gegen das Ger. begründen kann (Dallinger-Lackner N 10; aA Potrykus B 4, der für häufigen Ausschluß ist). Ausschließung im Interesse der Arbeit der JGH ist nur mögl., wenn sonst Nachteile für die Erz. dieses Angeklagten entstehen könnten (Dallinger-Lackner N 9, aA Potrykus B 1).

c) Der Ausschluß nach § 51 I erfolgt durch den Vorsitzenden (sonst durch das Ger.; § 247 I StPO, BGH 4/364), ggf **auf** Anregg. (vgl RL 3). **Die AO ist in allen Fällen** (JGG, StPO) nach Anhörung der Prozeßbeteiligten zu verkünden, zu begründen und in der Niederschrift zu vermerken (BGH 4/364, 15/194).

d) Die Maßnahme des Vorsitzenden nach § 51 I S 1 kann beim Ger. nur mit der Begründung **angefochten** werden, sie sei gesetzl. unzulässig (§ 238 II StPO). Wegen der Bedeutung der Anwesenheit kann der Angeklagte seinen vom Vorsitzenden verfügten Ausschluß auch dann mit Rev. anfechten (absoluter Rev.Grund: § 338 Z 5 StPO), wenn er die Entsch. des Ger. nicht angerufen hat (Dallinger-Lackner N 14; vgl BGH 3/368, 370).

e) Nach der Wiederzulassung muß der Vorsitzende unverzügl. (BGH 3/384, 386) dem nach § 51 ausgeschlossenen Angeklagten in einer dem Zweck der Ausschließungsvorschrift angepaßten, für die Verteidigung genügenden (Art. 103 I GG!) Weise **unterrichten** (I S 2), also bes. alle belastenden Umstände darlegen (bei Ausschluß nach allgR ist alles Wesentl. mitzuteilen). Die Unterrichtung ist in der Niederschrift zu vermerken. Unterlassung ist Rev.Grund (§ 338 Z 8 StPO, BGH 1/346, 350), und zwar auch im JVerf., wenngleich die Anrufung des Ger. nach § 238 II StPO mögl. ist (Dallinger-Lackner N 18, Potrykus B 5). Über Ausnahmen bei fortgesetztem ungebührl. Verhalten u. bei Mitwirkung eines Verteidigers: BGH NJW 57/1326.

2a) Die Ausschließung des gesVertr., ErzBer. u. aller (vgl § 48 A 2b) **Angehörigen** (§ 52 II StGB) ist gem. II schon bei Bedenken gegen ihre Anwesenheit, also zB auch im Interesse der JGH oder aus Rücksicht gegen Zeugen mögl. (vgl dazu BGH 3/344, 345 vorletzter S u. RL 2), auch wenn der Angehörige Beistand (§§ 69 JGG, 148 StPO) ist (vgl auch § 175 I GVG u. § 48 A 4); weitere Ausschließungsgründe: A 2c u. § 48 A 4.

b) Auch hier ist die **Ausschließung die Ausnahme**; bei der AO ist aus den gleichen Gründen (A 1b) Zurückhaltung geboten. Die Ausschließung der prozeßbeteiligten Angehörigen [§ 48 A 2b (1) (a)] erfolgt wie die des Angeklagten (A 1c, d) und ist, wenn sie zu Unrecht erfolgt, (relativer) Rev.Grund; der Ausschluß anderer Angehöriger ist im nichtöffentl. JVerf. nur der Widerruf ihrer Zulassung und nicht anfechtbar [§ 48 A 2b (3)]. — Eine Unterrichtung nach Wiederzulassung über die Vorgänge in der Zeit des Ausschlusses ist nicht vorgeschrieben, aber meist zweckmäßig.

c) Auch ein **Angehöriger** kann ausgeschlossen werden, wenn er **Zeuge** ist (§§ 58 I, 243 IV StPO, BGH LM § 67 JGG Nr 1); doch kann auch das Recht der Anwesenheit stärker sein als die genannten Vorschriften (Dallinger-Lackner N 26). Es ist im Einzelfall abzuwägen; mindestens ist der Angehörige nicht als letzter Zeuge zu vernehmen (BGH 4/205, 206f). — Auch wegen **Ungebühr** (§ 177 GVG) ist die Entfernung mögl.

3a) Zeugen dürfen vor ihrer Vernehmung nicht im Sitzungssaal verbleiben (§§ 58 I, 243 IV StPO); nach der Vernehmung sind sie bis zu ihrer Entlassung als Verfahrensbeteiligte anwesenheitsberechtigt (§ 48 II). Bestehen Bedenken gegen ihre Anwesenheit, müssen sie also entlassen werden (vgl Kühling UJ 60/320).

b) Verletzte, Kriminalbeamte, Bewährungshelfer und Erziehungsbeistand können nur bei Ungebühr gem. § 177 GVG entfernt werden (§ 48 II). — Anderen Personen, denen die Anwesenheit gem. § 48 II S 2 gestattet wurde, können durch Widerruf der Zulassung [§ 48 A 2b (3)] entfernt werden.

c) StA, Verteidiger und Vertreter der **JGHilfe** dürfen nicht entfernt werden.

4) Die Vorschrift **gilt entspr.** für das Anwesenheitsrecht bei **Untersuchungshandlungen** außerhalb der Hauptverh. (allgM); vgl aber § 67 A 2d mit FN 2a.

§ 52

Berücksichtigung von Untersuchungshaft bei Jugendarrest und Jugendstrafe

1) Hw — J: § 109 II, § 52 RL 2. — **2) ErwG:** § 104 I 5, § 52 RL 2.

(1) Wird auf Jugendarrest erkannt und ist dessen Zweck durch Untersuchungshaft oder eine andere wegen der Tat erlittene Freiheitsentziehung ganz oder teilweise erreicht,

so kann der Richter im Urteil aussprechen, daß oder wieweit der Jugendarrest nicht vollstreckt wird.

(2) Der Richter soll erlittene Untersuchungshaft auf Jugendstrafe nur anrechnen, soweit sich ihr Vollzug erzieherisch günstig ausgewirkt hat oder die Versagung der Anrechnung auch bei Berücksichtigung der Erziehungsaufgabe des Strafvollzugs eine unbillige Härte wäre.

(3) Wird auf Jugendstrafe von unbestimmter Dauer Untersuchungshaft angerechnet, so hat der Richter zugleich zu bestimmen, wieweit sich die Anrechnung auf das Mindest- und das Höchstmaß der Strafe auswirkt. Dabei ist mindestens ein Viertel der Untersuchungshaft auf das Mindestmaß anzurechnen.

Richtlinien zu § 52:

1. Als eine andere wegen der Tat erlittene Freiheitsentziehung im Sinne von § 52 Abs. 1 ist namentlich die Unterbringung in einem Heim oder einer Anstalt nach § 71 Abs. 2, § 72 Abs. 3 und § 73 anzusehen.
2. § 52 gilt auch im Verfahren gegen Jugendliche vor den für allgemeine Strafsachen zuständigen Gerichten (§ 104 Abs. 1 Nr. 5), im Verfahren gegen Heranwachsende nur, wenn der Richter Jugendstrafrecht anwendet (§ 109 Abs. 2).

1 a) **Berücksichtigt** kann nicht nur UHaft werden, sondern auch **jede** andere wegen der Tat erlittene **Freiheitsentziehung**; zB s. RL 1, weiter Unterbringung zur Beobachtung, einstweilige Unterbringung, Haft nach vorl. Festnahme u. Vorführungshaft (§ 81 StPO: BGH 4/325, 326; §§ 126a, 127ff, 230 II StPO).

b) Die Haft muß **wegen einer Tat** erlitten sein, die **Gegenstand der Urteilsfällung ist.** Das ist der Fall, wenn die UHaft wegen der Tat angeordnet war, die zur Verurteilung führt; es genügt aber Verurteilung im gleichen Verf., wenn nur die Tat nicht erst nach Verbüßung der UHaft begangen war (RG 71/140, 142f).

c) Die **Berücksichtigung** der UHaft geschieht **nur gem. § 52.** Die Tatsache, daß UHaft verbüßt wurde, darf bei der Festsetzung des JA u. der JStr. nicht berücksichtigt werden, wie I zeigt; denn an sich bestünde zB kein Anlaß, überhaupt JA zu verhängen, wenn sein Zweck schon erreicht ist (s. A 2a; vgl Einf. II 2a, § 5 A 2, § 47 A 1c, § 45 A 1c; vgl auch BGH 7/214, 216).

d) Die Frage der Berücksichtigung muß **erkennbar geprüft** sein (BGH 3/327, 330). Wegen der Urteilsfassung bei Berücksichtigung der UHaft s. § 54 A 2g.

e) **Auch das Rev.Ger.** kann UHaft noch berücksichtigen (BGH LM § 60 StGB 1). Bei Rückverweisung nur zur Frage der Strafaussetzung ist die seit der Rückverweisung verbüßte U-Haft grds anzurechnen (vgl ObLG JR 63/263).

U-Haft ab Erlaß des Urteils ist stets — gem. § 87 II auch auf JArrest (s. § 87 A 3) — anzurechnen, wenn das Urteil vom Angeklagten nicht mehr angefochten werden kann (§§ 61 II, 87 II JGG, 450 StPO), selbst wenn der gesetzliche Vertreter des Angeklagten Rechtsmittel eingelegt hat (Kühne DRiZ 63/179, 182, Pentz GA 58/303f, Pohlmann RPfl 63/368). Ob etwas anderes gilt, wenn der Angeklagte das Rechtsmittel seines gesetzlichen Vertreters nach Volljährigkeit übernimmt oder wenn er die Rücknahme des Rechtsmittels des gesetzlichen Vertreters durch Verweigerung der Zustimmung unmöglich macht oder wenn er bloß auf sein eigenes Rechtsmittel verzichtet hat, ist umstritten[1]).

2) Berücksichtigung **gegenüber JA** ist dadurch mögl., daß er ohne Rücksicht auf die UHaft verhängt, aber angeordnet wird, daß der JA ganz oder zum Teil nicht vollstreckt wird. Zur Urteilsfassung s. § 54 A 2g.

a) Voraussetzung ist, daß der **Zweck des JA** (§ 16 A 1) durch die UHaft (A 1a) ganz oder zum Teil **erreicht** ist; es kommt auf die Persönlichk., Dauer und Art (auch örtl. Vollz.Verhältnisse) der UHaft sowie die Wirkung hinsichtl. des künftigen Verhaltens an (RG 75/279, 284) (Einsicht, echte Reue, Besserungswille). Einen wichtigen Hinweis gibt der Bericht der UHaftanstalt (vgl 79 UVollzO) oder die Vernehmung des betreffenden Beamten, falls der J den Bericht nicht anerkennt (§§250, 256 StPO). Trotz der erz. Gestaltung der UHaft (§ 93 II) sind der erz. Einwirkung der UHaft Grenzen gesetzt (§ 72 A 1b), die nicht übersehen werden dürfen. Kühne (DRiZ 63/179, 182) geht zu weit, wenn er die Anrechnung der vollen U-Haft aus Art. 2 II S 2, 19 II GG für notwendig hält, solange genaue Feststellungen über die erz. Beeinflussung nicht getroffen werden können, weil davon ausgegangen werden müsse, daß jeder Freiheitsentzug erz. günstig sei; beachtenswert an diesen Ausführungen ist jedoch, daß die Verpflichtung des Gerichts klar herausgestellt ist, **konkrete Feststellungen über die erz. Wirkung der U-Haft** zu treffen.

b) Auch wenn diese Voraussetzung gegeben ist, wird UHaft nur entspr. den allg. Grundsätzen (§ 60 StGB) berücksichtigt. Bei Beachtung des Subsidiaritätsprinzips (Einf. II 2a, § 45 A 1c) ist die Anrechnung grds veranlaßt, wenn die Voraussetzungen (A 2a) vorliegen (s. A 1c).

c) Eine **Anfechtung** des auf JArrest lautenden JGerichts-Urteils wegen der Nichtberücksichtigung der U-Haft ist nicht möglich, weil die Frage der Anrechnung der U-Haft nur die Frage betrifft, in welchem Umfang JArrest angeordnet ist, diese Frage aber der Anfechtung durch § 55 I entzogen ist (LG Tübingen MDR 61/170).

3a) Auf **JStr.** soll (A 3b) UHaft nur unter **2 Voraussetzungen** angerechnet werden, näml. (1) wenn sich die UHaft erz.günstig ausgewirkt hat (vgl A 2a) oder (2) wenn die Versagung der Anrechnung auch bei Berücksichtigung der erz. Belange eine

[1]) Pohlmann RPfl 63/368: Anrechnung auch bei Verzicht des J wegen Gesetzeswortlaut; volle Anrechnung, wenn J das Rechtsmittel nach Volljährigk. nicht übernimmt; keine Anrechnung, wenn der J übernimmt, die prozessuale Maßnahme seines ges. Vertr. also billigt und dessen Rechtsmittel rückwirkend zu seinem eigenen macht, weil die Anwendung des § 450 I StPO sich nach dem Zeitpunkt der Rechtskraft des Urteils richtet und der J vorher keine Rechte erworben hatte (überzeugend; aA Pentz GA 58/303: bei Übernahme Anrechnung der vor der Volljährigk. erlittenen U-Haft).

Pentz GA 58/303: (s. o) Anrechnung auch, wenn der J die Zurücknahme des Rechtsmittels durch Verweigerung seiner Zustimmung verhindert (zutreffend im Hinblick auf den Gesetzeswortlaut).

Kühne DRiZ 63/179, 182: keine Anrechnung nur bei unlauterem Zusammenwirken des J mit seinem gesetzl. Vertreter (mangels Nachweismöglichkeit ohne Bedeutung).

unbillige Härte wäre, zB wenn die UHaft aus Gründen, die nicht in der Person des Täters liegen, außergewöhnl. lang gedauert hat.

b) Liegen diese Voraussetzungen vor oder wird über ihr Fehlen aus bes. Gründen ausnahmsweise (**„soll“**) hinweggesehen, gelten auch hier die allg. Grundsätze (§ 60 StGB), wobei grds die Anrechnung geboten ist (s. A 2b, vgl A 1c).

4) Bei **unbestJStr.** gilt das A 3 Gesagte. An sich kann UHaft auf die Mindest- oder Höchststrafe angerechnet werden.

a) Soweit UHaft auf die MindestStr. angerechnet wird, wirkt sich das zugleich auf die HöchstStr. aus, weil die MindestStr. nur ein Teil der HöchstStr. ist (BGH 10/21, 24) (HöchstStr. = MindestStr. + Differenz zwischen Mindest- u. HöchstStr.). So wird die auf die MindestStr. voll angerechnete UHaft im Ergebnis auch voll vom Höchstmaß abgezogen; die auf die MindestStr. angerechnete UHaft wird wie vollstreckte Str. behandelt (BGH 6/215). Die Anrechnung auf die MindestStr. allein oder zu einem größeren Teil ohne Auswirkung auf die HöchstStr. ist also nicht mögl. und wäre auch bedenkl., weil kaum begründet werden könnte, warum die Voraussetzungen des II nur beim Mindest-, nicht beim Höchstmaß vorliegen.

b) Das gilt nicht in gleichem Maße umgekehrt, weil dadurch das Mindestmaß auf eine erz. bedeutungslose Zeitspanne herabgedrückt werden könnte. Doch wäre aus obigen Gründen auch die Anrechnung auf die HöchstStr. allein problematisch. **Bei Anrechnung auf das Höchstmaß muß deshalb mindestens ¼ der anzurechnenden** — nicht der erlittenen — **UHaft auf die MindestStr. angerechnet werden**; dieser Teil wirkt sich nach dem oben a) Dargelegten auch auf die HöchstStr. aus, so daß zur bes. Anrechnung auf diese nur der Restteil der UHaft bleibt. Der zu verbüßende Teil des Höchstmaßes beträgt also Höchstmaß abzügl. der auf Mindest- u. Höchstmaß angerechneten UHaft.

c) Die ganze angerechnete UHaft wirkt sich also stets voll auf das Höchstmaß aus; die Anrechnung auf das Mindestmaß kann auf den vierten Teil (III S 2) beschränkt werden. Die **Spanne zwischen** dem bei Berücksichtigung der UHaft bleibenden **Mindest- u. Höchstmaß** kann dadurch 2 Jahre unterschreiten; wesentl. Verkürzungen der Spanne sollten aber vermieden werden (vgl § 19 A 3b).

d) Die Frage der Anrechnung der UHaft **auf unbest. JStr. ist sehr umstritten**[2]).

---

[2]) **Wie hier BGH** 10/21 ff (mit irreführendem Leitsatz!), im Ergebnis ähnl. ObLG 55/1, 3, Dallinger-Lackner N 17—21, Dallinger NJW 55/980f, **aA** Krauss NJW 55/579, 57/1020, der meint, die UHaft müsse aufgeteilt werden, wobei der auf das Mindestmaß treffende Teil keine Wirkung auf das Höchstmaß habe, so daß wegen III S 2 das Höchstmaß höchstens um ¾ der UHaft vermindert werden könne; aber eine schon verbüßte Str. — wie es die angerechnete UHaft ist (BGH 6/215) — kann nicht noch einmal vollstreckt werden. Ist zB das Mindestmaß von 1 Jahr wegen Anrechnung von 6 Monaten UHaft schon nach 6 Monaten Strafhaft verbüßt, kann nur noch der verbleibende Rest vollstreckt werden. Das Ges. sagt nichts anderes, wie der BGH aaO auch unter Berücksichtigung der Entstehungsgeschichte überzeugend dargelegt hat. AA auch — etwas unklar — Potrykus B 5, der in MDR 55/321, dem Ri. freie Hand bei der Verteilung lassen will, sich in NJW 57/1137 zur Auffassung von Krauss bekennt und vom BGH mehr den Leitsatz als die Gründe beachtet; ähnl. wohl auch

e) (1) **Urteilsfassung** § 54 A 2g. Bei dem Meinungsstreit ist es geboten, die Absichten des Ger. in den Urteilsgründen näher darzulegen. **Unklarheiten sind gem. § 458 StPO** (ObLG 55/1, 2; nun allgM) zu entscheiden. Im Zweifel — etwa bei Anrechnung der UHaft ohne Aufteilung — muß die UHaft voll auf das Mindestmaß angerechnet werden, was sich dann auch auf das Höchstmaß auswirkt (A 4a, vgl ObLG 55/1, 3). (2) **Zuständig zur Klärung** ist das **erkennende Ger.** (§ 462 StPO), nicht der VollstrL; einen Zuständigkeitsstreit zwischen beiden entscheidet das gemeinschaftl. obere Ger. gem. § 14 StPO (ObLG NJW 55/601). Der VollstrL hat im Verf. nicht nur ein Antragsrecht, sondern auch ein Beschw.Recht (Krauss NJW 58/49; s. § 83 A 1c).

5) Wegen der UHaft bei **EinheitsStr.** s. § 31 A 4b (3).

§ 53

Überweisung an den Vormundschaftsrichter

1) **Hw — J:** § 109 II, § 53 RL 3 S 2. — **2)** ErwG: § 104 IV, § 53 RL 3 S 1.

Der Richter kann dem Vormundschaftsrichter im Urteil die Auswahl und Anordnung von Erziehungsmaßregeln überlassen, wenn er nicht auf Jugendstrafe erkennt. Der Vormundschaftsrichter muß dann eine Erziehungsmaßregel anordnen, soweit sich nicht die Umstände, die für das Urteil maßgebend waren, verändert haben.

Richtlinien zu § 53:

1. Die Überweisung an den Vormundschaftsrichter kann nicht unter Beschränkung auf bestimmte Maßnahmen angeordnet werden. Hält der überweisende Richter eine bestimmte Maßnahme für angezeigt, so teilt er dies dem Vormundschaftsrichter unter Angabe der Gründe mit.
2. Will der Vormundschaftsrichter von der Anordnung von Erziehungsmaßregeln absehen, weil sich die Umstände, die für das Urteil maßgebend waren, nach der Urteilsverkündung verändert haben, so wird er sich nach Anhörung der Jugendgerichtshilfe mit dem erkennenden Richter in Verbindung setzen, um nach Möglichkeit dessen Einverständnis zu erlangen.
3. Hält der Richter im Verfahren gegen Jugendliche vor den für allgemeine Strafsachen zuständigen Gerichten Erziehungsmaßregeln für erforderlich, so hat er deren Auswahl und Anordnung dem Vormundschaftsrichter zu überlassen, selbst wenn er zugleich auf Jugendstrafe erkennt (§ 104 Abs. 4). Im Verfahren gegen Heranwachsende kann der Richter die Anordnung und Auswahl von Erziehungsmaßregeln nach § 53 dem Vormundschaftsrichter überlassen, wenn er Jugendstrafrecht anwendet (§ 109 Abs. 2).

Lackner in A zum BGH in JZ 57/314ff; sein Angriff gegen die Begründung des BGH, ebenso zwingend wie die Auswirkung der auf das Mindestmaß angerechneten UHaft auf das Höchstmaß sei die umgekehrte Auswirkung, ist nicht begründet. Denn die auf das Mindestmaß angerechnete UHaft steht der Verbüßung stets gleich, die auf das Höchstmaß angerechnete UHaft aber nur, wenn die Vollstr. der restl. Str. durchgeführt ist.

1a) (1) **Das JG kann nach seinem Ermessen** notwendige ErzM selbst anordnen (vgl §§ 5, 8—10, 12) oder **Auswahl u. AO von ErzM dem VormRi. überlassen** (a. ErwG: muß überlassen; s. RL 3). Letzteres wird vor allem in Betracht kommen, wenn eine über den Einzelfall hinausgehende Verwahrlosung festgestellt wird, auch wenn noch weitere Ermittlungen darüber notwendig sind, welche Maßnahme angemessen ist, den größten Erfolg verspricht oder wie sie im einzelnen ausgestaltet werden soll. Auch dann, wenn die Mitglieder eines KollegialGer. (JSchöffG, JK) uneinig sind, welche ErzM die richtige ist, kann § 53 helfen. Erziehungsbeistandschaft und Fürsorgeerziehung sollte der JRichter grds nicht (§ 12 A 2a, 3a), Weisungen und ErzHilfe durch den Disziplinarvorgesetzten (§ 112a Z 2) dagegen rglm selbst anordnen.

b) Die **Überlassung** ist nur **nicht mögl.**, wenn der JRi. zugleich auf JStr. erkennt (a. vor ErwG: RL 3); sie ist **unzweckmäßig** — doch im Hinblick auf Weisungen zulässig (s. A 1a aE) — **wenn** der J volljährig ist oder bald wird. Sie **setzt voraus**, daß eine Verfehlung nachgewiesen ist, für die der J strafrechtl. verantwortl. ist.

c) Der Ri. darf dem VormRi. nicht vorschreiben, welche Maßnahme er anzuordnen hat, sondern muß ihm die **Auswahl überlassen.** Anregungen, auch in den Urteilsgründen, sind mögl., jedoch ist Zurückhaltung angebracht (RL 1). Eine Bindung hinsichtl. der Auswahl tritt nie ein.

d) **Urteilsfassung** s. § 54 A 2c, 4a. Anfechtung s. § 55 A 2, bes. a.

2a) Mit der Rechtskraft des Urteils ist das **JStr.Verf. zu Ende.** Einem neuen Str.Verf. wegen dieser Tat steht die Rechtskraft entgegen (**ne bis in idem**, Art. 103 III GG; Potrykus B 5).

b) **Die Auswahl u. AO** der ErzM erfolgt durch den VormRi. **im Verf. der freiwilligen Gerichtsbark.** Das FGG gilt für die Zuständigk. des VormRi. (vgl § 34 II, III, RL 2, 3), für die Beweisaufnahme und für die Anfechtung der Entsch., für die also die Beschränkungen des § 55 nicht gelten (Dallinger-Lackner N 17, Potrykus B 5).

c) **Der VormRi. muß ErzM des JGG** (§§ 9—12, 112b; vgl aber A 3!) **anordnen.** Gegen die Nicht-AO hat das JAmt u. der JRi. das Recht der Beschw. nach § 57 I Z 9 FGG (Dallinger-Lackner N 18, Potrykus B 6). Nur wenn sich die Verhältnisse (zB Familie, Beruf) seit Erlaß des Urteils — darüber s. § 57 A 2a (2) — (Dallinger-Lackner N 15, aA Potrykus B 8: seit Rechtskraft) wesentl. geändert haben oder wenn neue — auch die Schuldfrage betreffende — wesentl. Tatsachen bekannt werden, die dem JG bei Erlaß des Urteils nicht bekannt waren (Dallinger-Lackner N 16, ähnl. Potrykus B 6), kann der VormRi. — grds im Einvernehmen mit dem JRi. (RL 2) — von der AO von ErzM absehen; das kann — ausnahmsweise — auch der Fall sein, wenn schon Verf. u. Urteil den J hinreichend beeindruckt haben. Ob die AO vormundschaftsrichterl. ErzM des bürgerl. Rechts auch zum Absehen berechtigt, ist zw. (nein: Dallinger-Lackner N 13; vgl aber § 45 II S 1, Subsidiaritätsprinzip).

d) Der **VormRi. kann auch** die von ihm getroffenen ErzM nach § 11 I **abändern,** denn auch die Änderung ist ein Teil der Auswahl, die der JRi. dem VormRi. überlassen hat[1]). **Dagegen** hat der überlassende **JRi.** (wegen ErwG s. § 65 A 2c) bei Ungehorsam gem. § 11 II **JA zu verhängen** (§ 65 u. RL dazu), weil damit ein bes. Unrecht geahndet wird (§ 11 A 2a) und der VormRi. nicht zur Ahndung und Verhängung von ZuchtM befugt ist (Dallinger-Lackner N 21, Potrykus § 11 B 4).

Hat der Vormundschaftsrichter die **Erz.Hilfe** durch den Diszipl.Vorgesetzten angeordnet, obliegt ihm auch die **Erledigt-Erklärung** gem. § 112b III S 1, 112c I, da das Verfahren des JGerichts mit der Übertragung abgeschlossen ist und das weitere (FGG-)Verfahren dem Vormundschaftsrichter obliegt (Dallinger-Lackner § 112c N 6). §§ 112c III, 83 gelten nicht.

3) Der **VormRi.** hat **stets** die Möglichk., neben den vom JRi. oder von ihm selbst gem. § 53 angeordneten jrichterl. ErzM noch **vormundschaftsrichterl. ErzMaßnahmen des bürgerl. Rechts** zu treffen, wie er diese auch anordnen kann, wenn das JG keine ErzM für notwendig gehalten hat. ErzM (§§ 9—12) stehen ihm dann nicht zur Verfügung (Dallinger-Lackner N 14, aA Potrykus B 7 für Weisungen). Widersprechende Maßnahmen müssen unbedingt vermieden werden. Sind Maßnahmen zweckmäßig, die nur der VormRi. verhängen kann, kann der JRi. solche anregen oder — wenn er zugleich als VormRi. zuständig ist — solche selbst verhängen und nach deren AO gem. §§ 45 II Z 1, 47 I Z 2 verfahren.

§ 54

Urteilsgründe

1) Hw — J: § 109 II, § 54 RL 5. — **2) ErwG:** § 104 I 6, § 54 RL 5.

(1) Wird der Angeklagte schuldig gesprochen, so wird in den Urteilsgründen auch ausgeführt, welche Umstände für seine Bestrafung, für die angeordneten Maßnahmen, für die Überlassung ihrer Auswahl und Anordnung an den Vormundschaftsrichter oder für das Absehen von Zuchtmitteln und Strafe bestimmend waren. Dabei soll namentlich die seelische, geistige und körperliche Eigenart des Angeklagten berücksichtigt werden.

(2) Die Urteilsgründe werden dem Angeklagten nicht mitgeteilt, soweit davon Nachteile für die Erziehung zu befürchten sind.

Richtlinien zu § 54:

1. Für die Entscheidung im Jugendstrafverfahren ist die Persönlichkeit des Jugendlichen von ausschlaggebender Bedeutung. Dies muß sich auch in den Urteilsgründen widerspiegeln, zumal diese eine wertvolle Grundlage für spätere Maßnahmen sind. Der Vorschrift, daß in den Gründen des schuldigsprechenden Urteils die seelische, geistige und körperliche Eigenart des Jugendlichen berücksichtigt werden soll, wird durch eine bloße Schilderung des Lebenslaufes nicht genügt. Das gilt namentlich für Urteile, in denen die Fürsorgeerziehung angeordnet (§ 12), Jugendstrafe von unbestimmter Dauer verhängt (§ 19), die Schuld des Jugendlichen festgestellt (§ 27) oder Jugendstrafrecht gegen Heranwachsende angewendet wird (§ 105).

[1]) Dallinger-Lackner N 20; aA Potrykus B 8, § 65 B 1, der allerdings den VormRi. aus § 53 S 2 zur Aufhebung für berechtigt hält.

2. Bei der Abfassung der Urteilsgründe wird auch zu berücksichtigen sein, daß das Urteil eine wichtige Grundlage für die Erziehungsarbeit im Vollzug bildet.
3. Die Verkündung des Urteils ist für die Erziehung von besonderer Bedeutung. Die mündliche Eröffnung der Urteilsgründe soll dem Wesen und dem Verständnis des Jugendlichen angepaßt sein. Alle nicht unbedingt gebotenen rechtlichen Ausführungen können unterbleiben. Erörterungen, die für die Erziehung des Jugendlichen nachteilig sein können, werden zu vermeiden sein.
4. Soll der Jugendliche eine Ausfertigung oder eine Abschrift des Urteils mit Gründen erhalten (etwa nach § 35 Abs. 1 Satz 2, § 316 StPO), so bestimmt der Richter, inwieweit ihm die schriftlichen Urteilsgründe mitgeteilt werden. Erhält der Jugendliche nur einen Auszug der Gründe, so wird dies auf der Ausfertigung oder der Abschrift vermerkt, die für ihn bestimmt ist.
5. § 54 gilt auch im Verfahren gegen Jugendliche vor den für allgemeine Strafsachen zuständigen Gerichten (§ 104 Abs. 1 Nr. 6), im Verfahren gegen Heranwachsende nur, wenn der Richter Jugendstrafrecht anwendet (§ 109 Abs. 2).

1a) Auch im JR gilt § 267 StPO, der durch § 54 I ergänzt wird. Die jrechtl. Besonderheiten ergeben sich zwingend daraus, daß das JR ein Erz.- und Täterstrafrecht ist, bei dem ein Urteilsspruch nur bei Beachtung des § 54 wirkl. begründet ist.

b) Nur das **Rubrum** richtet sich allein **nach allgR.**

2) Für den **Tenor** gilt folgendes:

a) Freispruch, Verhängung von **Maßregeln** der Sicherung u. Besserung, AO von **NebenStr. u. -Folgen** sowie Verurteilung zu **JStr.** einschließl. einer StrAzBew. erfolgen wie im allgR. Bei unbestJStr. ist — zweckmäßig stets (§ 19 RL 3) — anzufügen: „Das Mindestmaß beträgt ..., das Höchstmaß ..." Bei Freispruch wegen Strafunmündigkeit kann zugleich im Urteilssatz eine Maßnahme nach § 3 S 2 angeordnet werden.

b) Bei AO von **ErzM u. ZuchtM** lautet der Urteilsspruch: „Der Angeklagte ist eines ... schuldig. (1) Ihm wird die Weisung erteilt, ... (oder noch zutreffender: Zu seiner Erz. werden Weisungen angeordnet; zunächst wird er angewiesen, ...; s. § 10 Vorb.); (2) Es wird ErzBeistandschaft (FE) angeordnet (oder: für ihn wird NN zum Erz-Beistand bestellt); (3) Er ist zu verwarnen; (4) Als bes. Pflicht wird ihm auferlegt, ...; (5) Es wird auf ... JA erkannt." — **Wichtig ist,** Weisungen u. bes. Pflichten sehr genau zu fassen [vgl § 11 A 2b (1)]. Weiter darf die Verwarnung nicht im Urteilssatz erteilt werden (vgl § 14 A 2a). Bei ErzM ist nicht anzuführen, daß von ZuchtM u. JStr. abgesehen wurde; denn dies ist vom Ges. vorgeschrieben, wenn ErzM ausreichen (Dallinger-Lackner § 5 N 24; aA Potrykus § 9 B 7, Kroschel S 32).

c) Wird **Auswahl u. AO der ErzM dem VormRi. überlassen**, ergeht folgendes Urteil: „Der Angeklagte ist eines ... schuldig. Es soll bei ErzM sein Bewenden haben. Ihre Auswahl u. AO wird dem VormRi. überlassen."

d) Bei der **Aussetzung der Verhängung der JStr.** lautet das Urteil: „Der Angeklagte ist eines . . . schuldig. Die Entsch. über die Verhängung einer JStr. wird zur Bew. ausgesetzt." Die Bew.Zeit wird in einem bes. Beschl. festgesetzt (§§ 62 IV, 58 I; Dallinger-Lackner § 62 N 18, aA Potrykus § 62 B 4). Im **Nachtragsverf.** (§ 30) lautet die Entsch. entweder: „Der im Urteil vom . . . gegen den Angeklagten getroffene Schuldspruch ist zu tilgen"; oder: „Auf Grund des Urteils . . . wird der Angeklagte zu . . . JStr. verurteilt."

e) Der **Kostenausspruch** erfolgt wie im allgR. Bei Anwendung des § 74 (s. dort) kann entweder der Kostenausspruch im Urteilssatz ganz unterbleiben, wodurch die Staatskasse mangels eines Kostenschuldners keinen Ersatz erhält, was in den Gründen[1]) darzulegen ist (OLG Schleswig EJF C I 2), oder lauten: „Die Kosten trägt die Staatskasse." Letzteres ist vorzuziehen, weil sonst § 464 I StPO verletzt wird; erz. Bedenken bestehen mE nicht (Dallinger-Lackner § 74 A 17; aA Potrykus § 74 B 1, Kroschel S 34, Schnitzerling RdJ 57/94, MDR 62/541 ua). Dieser Meinungsstreit beeinflußt die Anfechtbarkeit der Kostenentscheidung nicht (OLG Schleswig aaO).

f) Die **Einbeziehung nach § 31** erfolgt so: „Der Angeklagte wird unter Einbeziehung des Urteils . . . wegen der dort genannten Taten und wegen . . . zu . . . JStr. verurteilt" (oder bei ErzM u. ZuchtM die entspr. Fassung). Die auf Grund des einbezogenen Urteils schon verbüßte JStr. ist im Urteilsspruch ähnl. wie UHaft anzurechnen (BGH 16/335, Dallinger-Lackner § 31 N 51); dagegen will Potrykus (NJW 59/1064) die Anrechnung nur in den Gründen vornehmen. — Der entspr. Teil der Urteilsformel lautet etwa: „Auf diese Strafe werden die auf Grund des Urteils vom . . . verbüßte JStrafe, die dort angerechnete U-Haft und . . . Tage der in diesem Verfahren erlittenen U-Haft angerechnet." — Vgl insgesamt BGH 16/335 und § 31 A 4b.

g) Wird **UHaft bei JA** berücksichtigt, so ist nach normalem Ausspruch [A 2b (5)] anzufügen: „Dieser JA wird mit Rücksicht auf die vom Angeklagten erlittene UHaft nicht (oder: nur noch in Höhe von . . .) vollstreckt." — Die Anrechnung von UHaft auf **JStr.** erfolgt wie im allgR, bei unbestJStr. entspr. § 52 A 4, etwa so: „3 Monate der erlittenen UHaft werden auf das Mindestmaß, weitere 3 Monate auf das Höchstmaß angerechnet"; oder: „6 Monate der erlittenen UHaft werden auf das Mindestmaß angerechnet". Es ist stets geboten, in den Urteilsgründen klarzustellen, daß die auf das Mindestmaß angerechnete UHaft sich auf das Höchstmaß auswirkt, sich also in beiden Beispielen das Höchstmaß um 6 Monate verkürzt.

h) Wo **Hw nach allgR** abgeurteilt werden, gilt nichts bes.; daß Gefängnis statt Zuchthaus verhängt wird (§ 106 I), wird im Tenor nicht erwähnt („. . . wegen Totschlags zu . . . Gefängnis"); s. § 106 A 2c.

[1]) Der BGH hat unterschiedlich entschieden. Bei Herlan GA 59/47 läßt er die Feststellung der JKammer genügen, „die Kostenentscheidung rechtfertigt sich nach den §§ 465, 467 StPO", weil darin zum Ausdruck komme, daß das Gericht den § 74 nicht anwenden wolle. In BGH 16/261 dagegen wird eine ausführliche Erörterung der Auferlegung der Kosten jedenfalls dann verlangt, wenn mehrere J mit unterschiedlichen geldlichen Verhältnissen in gleicher Weise zu den Kosten verurteilt wurden. — Wegen der bes. Lage, wenn ein Nebenkläger beteiligt ist, vgl § 74 FN 4.

3) Für die **Begründung** gilt zunächst § 267 StPO.

a) Zuerst ist der **Sachverhalt** nach der äußeren u. inneren Tatseite zu schildern. Zu dieser Tatschilderung gehört im JR als Erz.- u. Täterstrafrecht eine Schilderung des Täters, seiner Familie, Entwicklung u. Umwelt mit Lebenslauf sowie seiner Eigenarten, also das Ergebnis der Persönlichkeitserforschung (§ 43, s. dort) (RL 1). Diese Schilderung ist ein Teil der vom Ger. zu treffenden Feststellungen; sie gehört an den Anfang, vor die Darstellung der Tat; denn diese soll sich ja gerade aus den Feststellungen zur Person erklären, fast ableiten lassen und so zeigen, ob die Tat aus Anlage und Neigung oder nur aus bes. äußeren Umständen entsprungen ist (vgl Dallinger-Lackner N 4, 14, Potrykus B 2, 3; aA Kroschel S 131). — Es darf nur aufgenommen werden, was zur Überzeugung des Ger. entspr. den Prozeßgrundsätzen festgestellt wurde (s. § 38 A 5c); doch kann das im Rahmen der Persönlichkeitsermittlung Festgestellte auch berücksichtigt werden, soweit es nicht Gegenstand der Tat war (vgl BGH NJW 51/769).

b) Hierauf ist das **Vorbringen des Angeklagten** möglichst zusammenhängend darzustellen. Weiter sind unter Auseinandersetzung mit dem Vorbringen des Angeklagten und den Beweismitteln **die für die richterl. Überzeugung maßgebenden Gründe** darzutun.

c) Es folgt die **rechtl. Würdigung**. Bei mehreren Ges.Verletzungen ist ihr Verhältnis darzulegen (§ 31 A 1).

d) Anschließend muß festgestellt werden, daß der Täter **J oder Hw** ist, und — nur **bei J**, nicht bei Hw! — die Frage der **Strafmündigk.** erörtert werden. Bestehen keine Zweifel, genügt die kurze Feststellung, das Ger. habe nach der Entwicklung und dem Auftreten des J in der Verh. sowie nach seiner Einlassung und Verteidigung die Überzeugung gewonnen, daß er zZ der Tat die Einsichtsfähigk. in geistiger und sittl. (BGH EJF C I 3) Hinsicht und das Hemmungsvermögen besessen habe und für seine Tat verantwortl. sei (Kroschel S 131). Das Fehlen dieser Feststellung begründet die Rev. wegen eines sachl.-rechtl. Mangels oder wegen ungenügender Sachaufklärung[2]) (§ 244 II StPO). Bestehen Zweifel, ob Verstandesreife, Erkenntnisfähigk. u. Hemmungsvermögen vorliegen, oder soll die Verantwortlichk. verneint werden, ist eine eingehende Begründung erforderl. Auch im letztgenannten Fall können die Ausführungen A 1—3c nicht unterbleiben oder gekürzt werden (§ 3 FN 1). Doch ist Einstellung durch Beschl. mögl. (§ 47 I Z 3, II S 2), für den das o. Gesagte auch gilt.

4a) Endl. ist die **Strafzumessung** sorgfältig zu begründen. (1) **Bei Hw** muß zunächst eingehend erörtert werden, warum J- oder ErwR angewendet wird[3]). Ist ein Antrag auf Anwendung des JR gestellt, ist dieser entspr. § 267 II StPO in den Gründen zu verbescheiden (BGH bei Herlan GA 56/347). (2) Bei Anwendung von **ErwR** gelten für die weiteren Ausführungen die allg. Grundsätze. — (3) Bei Anwendung von **JR** ist

[2]) Ob das auch nach den Überlegungen Bressers (s. § 3 Vorb.) noch gelten kann, erscheint zweifelhaft. Der Tatrichter wird sich jedoch, um unnötige Aufhebungen zu vermeiden, an die im Text vertretene Auffassung halten.

[3]) BGH MDR 54/694, Dallinger-Lackner § 109 N 13, Kroschel S 132, 134, Schaffstein NJW 55/1578; vgl § 54 RL 1 S 3, 4; § 105 A 4c.

stets darzulegen, ob, ggf warum nicht ErzM ausreichen. Bei ZuchtM ist anzugeben, daß und warum JStr. nicht geboten ist; bei JStr. auch, warum ZuchtM nicht ausreichen. Insbes. muß das Vorliegen schädl. Neigungen eingehend — und nicht nur formelhaft — begründet und angegeben werden, welcher Art diese sind. Wegen der Strafhöhe s. § 18 A 3; über unbestJStr., wo noch zu begründen ist, warum eine genaue Dauer nicht festgesetzt werden kann, s. A. zu § 19. Auch bei JA muß die gewählte Form begründet werden. — Ebenfalls begründet werden muß das Absehen von ZuchtM u. JStr. nach § 5 III, die Gründe für die Überlassung der Auswahl u. AO von ErzM an den VormRi. und die Gründe für die Aussetzung der Verhängung von JStr. zur Bew. (hier bes., worin die Ungewißheit besteht und welche Maßnahmen vergebl. zu ihrer Beseitigung getroffen wurden). Auch hier sind, wie im allgR, nicht alle, sondern **nur die für die Entsch. des Ger. bestimmenden Umstände** anzuführen. Hinsichtl. der Begründung einer StrAzBew., der Wertung des Prozeßverhaltens des Angeklagten gelten die Grundsätze des allg. Rechts; wegen des Vorbehalts der Entscheidung über die Strafaussetzung zur Bewährung s. § 57 A 1b.

b) Unterbringung in einer Heil- oder Pflegeanstalt ist bes. eingehend zu begründen (s. § 7 A 1a).

5) Abgekürzte Urteile sind zwar zulässig; jedoch gilt § 54 auch für sie. Wesentl. Verkürzungen sind dadurch nicht mögl. und sollten auch deshalb vermieden werden, weil nur eingehende Darlegungen im JG-Urteil für Vollz. u. bei späteren Straftaten eine zuverlässige, der Bedeutung entspr. Grundlagen schaffen können (RL 2). Über das Urteil nach vereinfachtem Verf. s. § 78 A 5d.

6a) Das Urteil ist **wie im allgR zu verkünden**; dabei dürfen aber Umstände nicht erörtert werden, die für die Erz. des J von Nachteil sein können (RL 3 S 4), da der J nicht entfernt werden darf (§ 51 A 1b), II aber auch für die mündl. Begründung gilt. Eine eindrucksvolle Urteilsverkündung, die dem Wesen und Verständnis des J angepaßt ist, hat großen erz. Wert (RL 3). — Daran hat sich die **Rechtsmittelbelehrung** anzuschließen, wenn nicht auf Rechtsmittel verzichtet wird (§ 35a StPO); diese Belehrung erfordert bes. Takt (vgl Dallinger-Lackner § 55 Vorb. 24, Potrykus B 4, Schnitzerling UJ 57/1).

b) Von den **schriftl. Urteilsgründen**, die alles enthalten müssen, dürfen dem Angeklagten solche Teile nicht mitgeteilt werden, die Nachteile für seine Erz. befürchten lassen. Soweit mögl. sollte hier — bes. bei Hw oder inzwischen volljährigen Tätern (Dallinger-Lackner § 109 N 13) — Zurückhaltung geübt werden und das Urteil möglichst so gefaßt werden, daß auch der Angeklagte es ganz lesen kann. Die Entsch. trifft der Vorsitzende (RL 4, Dallinger-Lackner N 25, Potrykus B 4). Die Tatsache, daß es sich nur um einen Auszug handelt, ist auf der Ausfertigung zu vermerken. — Die Erteilung nur eines Auszuges der Urteilsgründe auch an ErzBer. u. gesVertr. ist mangels entspr. Bestimmung nicht mögl. (Dallinger-Lackner N 26, aA Potrykus B 4, wenn ein erz. ungünstiger Mißbrauch zu befürchten ist).

7) Wegen **BewH, Bew.Zeit u. Bew.Aufl.** vgl §§ 58, 62 IV, auch 60, 64.

Dritter Unterabschnitt
Rechtsmittelverfahren

§ 55

Anfechtung von Entscheidungen

1) Hw — J: § 109 II, § 55 RL 3; vgl aber § 55 A 3b (2) (c). — **2) ErwG:** § 104 I 7, § 55 RL 3.

(1) Eine Entscheidung, in der lediglich Erziehungsmaßregeln oder Zuchtmittel angeordnet oder die Auswahl und Anordnung von Erziehungsmaßregeln dem Vormundschaftsrichter überlassen sind, kann nicht wegen des Umfangs der Maßnahmen und nicht deshalb angefochten werden, weil andere oder weitere Erziehungsmaßregeln oder Zuchtmittel hätten angeordnet werden sollen oder weil die Auswahl und Anordnung der Erziehungsmaßregeln dem Vormundschaftsrichter überlassen worden sind. Diese Vorschrift gilt nicht, wenn die Entscheidung Fürsorgeerziehung angeordnet hat.

(2) Wer eine zulässige Berufung eingelegt hat, kann gegen das Berufungsurteil nicht mehr Revision einlegen. Hat der Angeklagte, der Erziehungsberechtigte oder der gesetzliche Vertreter eine zulässige Berufung eingelegt, so steht gegen das Berufungsurteil keinem von ihnen das Rechtsmittel der Revision zu.

Richtlinien zu § 55:

1. Aus erzieherischen Gründen ist es dringend erwünscht, daß das Jugendstrafverfahren möglichst schnell zum Abschluß gebracht wird. Bei der Einlegung von Rechtsmitteln zuungunsten des Angeklagten ist daher besondere Zurückhaltung geboten (vgl. im übrigen Nr. 130 RiStV).
2. Die Anfechtung der im Verfahren bei Aussetzung der Jugendstrafe zur Bewährung oder bei Aussetzung der Verhängung der Jugendstrafe ergehenden Entscheidungen ist in den §§ 59 und 63 geregelt. Für die Anfechtung nachträglicher Entscheidungen über Weisungen und Pflichten gilt § 65 Abs. 2. Wegen der Anfechtung von Entscheidungen im Vollstreckungsverfahren wird auf § 83 Satz 2 hingewiesen.
3. § 55 gilt auch im Verfahren gegen Jugendliche vor den für allgemeine Strafsachen zuständigen Gerichten (§ 104 Abs. 1 Nr. 7), im Verfahren gegen Heranwachsende nur, wenn der Richter Jugendstrafrecht anwendet (§ 109 Abs. 2).

1a) (1) **Auch im JR gelten grds die Vorschriften des allgR über Rechtsmittel. § 55 beschränkt jedoch** die Rechtsmittel nicht unerhebl. (A 2, 3), um das JStr.Verf. möglichst rasch abzuschließen, wie es erz. geboten ist (RL 1 S 1, § 43 RL 5 S 2). Diese sachl. wohl erwogene Rechtsmittelbeschränkung des JR verstößt nicht gegen den Gleichheitsgrundsatz (ObLG 56/163ff für II). Auch § 59 I, der bei einer auf die StrAzBew. beschränkte Anfechtung statt Ber. oder Rev. sof.Beschw. zuläßt, ist eine Rechtsmittelbeschränkung (s. dort). — Über diese gesetzl. Beschränkungen hinaus übt der JStA im Interesse des raschen Abschlusses des Verf. bes. Zurückhaltung bei der Einlegung von Rechtsmitteln (RL 1 S 2). (2) **Weitere Regelungen über Rechtsmittel** (vgl RL 2) enthalten die §§ 47 II S 3, 59, 61 II S 2 iVm § 115 StPO,

63, 65 II, 66 II S 3 iVm § 462 IV StPO, 71 II S 2 iVm § 115 StPO, 73 II, 75 II S 2, 77 I S 3, 83 S 2, 88 V S 3, 89 II, 99 III. Zu beachten ist, daß die Rechtsmittelfrist im vereinfachten JVerfahren für den StA, der nicht in der Sitzung war, erst von der Zustellung des Urteils ab läuft (§ 78 A 5a (3), d (3); OLG Neustadt NJW 63/1074 = MDR 63/335).

b) Anfechtungsberechtigt sind: (1) der **Verteidiger,** jedoch nicht gegen den ausdrückl. Willen des Angeklagten (§ 297 StPO). Diese Beschränkung gilt nicht bei ausdrückl. Auftrag der unter (2) Genannten; er wird dann als deren Beauftragter tätig; nicht der Beistand, der die Rechte des Verteidigers nur in der Hauptverh. hat (§ 69 III S 2; Dallinger-Lackner Vorb. 4; unterschiedl. Potrykus B 2 u. § 69 B 4); (2) der **gesVertr.** (§ 298 I StPO) und der **ErzBer.** (§ 67 III). **(a) Beide haben bis zur Volljährigk.** (s. § 67 A 5a) **des J ein selbständiges Anfechtungsrecht zugunsten** des Angeklagten auch gegen dessen Willen. Ein von ihnen vor der Volljährigk. eingelegtes Rechtsmittel wirkt nach Volljährigk. des Angeklagten für diesen weiter, selbst wenn er vorher auf ein eigenes Rechtsmittel verzichtet hat[1]). Die nach Volljährigk. anfallende Rev.Begründung obliegt dem Angeklagten, auch wenn ErzBer. oder gesVertr. Rev. eingelegt hat[1a]) Nach Volljährigk. können diese weder ein Rechtsmittel einlegen noch zulässig begründen. (b) Das Anfechtungsrecht besteht nur innerhalb der für den Angeklagten laufenden Fristen, allerdings ggf mit dem Recht der Wiedereinsetzung (näher § 67 A 2e), (3) der **Angeklagte stets ohne Rücksicht auf Alter u. Geschäftsfähigk.** und ohne Bindung an die Maßnahmen des ErzBer. und des gesVertr. (vgl aber A 3c).

(4) **Das Rechtsmittel wirkt,** gleich, wer es eingelegt hat, **immer für den Angeklagten;** er ist — auch nach eigenem Rechtsmittelverzicht! — Verfahrensbeteiligter und deshalb zB zu selbständiger Anfechtung berechtigt, wenn das Gericht ein vom ges. Vertreter eingelegtes Rechtsmittel zu Unrecht verworfen hat (OLG Celle NJW 64/417; vgl oben A 1b (2) mit FN 1).

c) Für Rechtsmittelverzicht, Teilanfechtung [s. (2)(3)] **und Rücknahme** [s. (1)] **eines Rechtsmittels gilt allgR.** (1) GesVertr. u. ErzBer. können jedoch das von ihnen eingelegte Rechtsmittel entspr. § 302 I S 2 StPO nur mit Zustimmung des Angeklagten **zurücknehmen**[2]). (2) Die Bildung einer **EinheitsStr.** hindert bei Tatmehrheit (vgl § 31 A 1) nicht die auf eine Tat **beschränkte Anfechtung** des Schuld-

---

[1]) BGH 10/174, Pohlmann RPfl 63/368, Pentz GA 58/299, 303, Löwe-Rosenberg (Jagusch) § 298 StPO A 5, wenn auch zweifelnd; ähnl. wie hier OLG Celle NJW 64/417 [s. oben A 1b (4)]. — Wegen Wirkung auf Anrechnung von UHaft gem. § 450 StPO s. § 52 A 1e mit FN o).

[1a]) BGH 10/174ff, RG 42/342ff, Dallinger-Lackner § 67 N 26, Löwe-Rosenberg (Jagusch) § 298 StPO A 5, Pohlmann RPfl 63/368, Pentz GA 58/303; unterschiedlich Potrykus: wie hier NJW 55/246, 57/1136; aA § 67 B 3.

[2]) OLG Düsseldorf NJW 57/840 = EJF D II 4, Dallinger-Lackner § 67 N 41, Löwe-Rosenberg (Jagusch) § 302 StPO A 9, Eb.Schmidt § 298 StPO A 4, Sarstedt S 19, Pentz GA 58/304; aA Kleinknecht-Müller § 298 StPO A 3a. Wie hier bei nachträgl. Beschränkung des Rechtsmittels OLG Celle NJW 64/417. Nach der Gegenmeinung würde gegebenenfalls der J um sein Rechtsmittel gebracht, das er im Vertrauen auf das vom ErzBer. oder ges.Vertr. eingelegte Rechtsmittel nicht ergriffen hat.

spruches[3]). Doch wird stets der gesamte Strafausspruch von der Anfechtung erfaßt; eine Bindung an die rechtskräftigen Teile des Schuldspruches besteht nur hinsichtl. der Schuldfrage; hinsichtl. aller anderen Feststellungen bes. zur Straffrage ist das Ger. frei (Dallinger-Lackner Vorb. 21). Deshalb kann auch die Straffrage nur als Ganzes angegriffen werden[3a]) (Dallinger-Lackner Vorb. 20); etwas anderes kann nur hinsichtl. NebenStr., Nebenfolgen, Maßregeln der Sicherung u. Besserung und der Anrechnung der UHaft gelten (vgl BGH 6/183, 7/214) sowie hinsichtl. der StrAzBew (§ 59; s. dort). — Wegen der Bindung an den rechtskräftigen Schuldspruch bei der Entsch. zur Straffrage allg. vgl BGH MDR 55/433; s. auch § 31 A 4b. (3) (a) Auch § 32 hindert nicht die **Teilanfechtung** nur der in einer bestimmten **Alterstufe** begangenen Taten. War gem § 32 eine Einheitsstrafe gebildet, so ist von der Anfechtung notwendig die Straffrage ganz umfaßt, weil hier für die einzelnen Taten nicht gesonderte Str. ausgeworfen sind; es gilt o. (2). War dagegen gem § 32 allg. Recht angewendet worden, ließe sich die Anfechtung an sich auch hinsichtl. der Straffrage beschränken (vgl. §§ 74ff StGB). Deshalb will BGH 10/100, 103 hier die Verurteilung auch hinsichtlich des Strafausspruches in Rechtskraft erwachsen lassen, soweit wegen der zugrunde liegenden Taten nicht angefochten ist, während die übrigen Taten gesondert, uU unter Nichtbeachtung des § 32 nach JR abgeurteilt werden sollen (zw. u. sehr bedenkl.; s. § 32 A 2). (b) Weiter kann die Nichtanwendung einer **Strafmilderungsvorschrift bei einem Hw** gerügt werden, ohne daß davon die Anwendung des allgR, also die nach § 105 zutreffende Entsch. berührt würde (ObLG 56/7f); Gleiches gilt für die Anfechtung der nach allgR gewährten StrAzBew. (OLG Frankfurt NJW 56/233, zustimmend Schnitzerling). Dagegen kann die Entsch. nach § 105 nicht gesondert von der übrigen Straffrage angefochten werden (§ 105 A 4d). (4) **Rechtsmittelbeschränkung** ist Teilverzicht; es gilt das zu (1) Gesagte entspr. (OLG Celle NJW 64/417 = MDR 64/255).

d) Das **Rev.Ger.** prüft auch bei EinheitsStr (§§ 31f) nur im Rahmen der vorgetragenen Rügen (§§ 352, 344 StPO)[4]). Bei Zurückverweisung gilt A 1c (2), (3) entspr.

2) Abs. I gilt für jede Entsch. (Urteil, Beschl. ua), jede Instanz, jedes Rechtsmittel (Ber., Rev., Beschw.) und jeden Rechtsbehelf (A 5).

a) Voraussetzung ist, daß **nur ErzM** (ohne FE) **oder ZuchtM** (einschließl. DauerArrest) ausgesprochen sind **oder gem. § 53** die Auswahl u. AO der ErzM [hier einschließl.

---

[3]) BGH GA 53/83, 85; Dallinger-Lackner Vorb. 17—19; aA Potrykus § 56 B 1a, der meint, es sei stets der ganze Schuld- u. Str.Ausspruch angegriffen, doch hinsichtl. der Nachprüfg. Erleichterungen zuläßt. — S. auch § 56 u. § 31 A 4d.

[3a]) Die Revision kann auch nicht darauf beschränkt werden, daß eine noch nicht verbüßte JStrafe nicht einbezogen wurde, weil die Entscheidung darüber (§ 31 II oder III) nicht von den übrigen Strafzumessungserwägungen getrennt werden kann (BGH bei Herlan GA 63/105).

[4]) BGH GA 53/83 zustimmend Herlan, Dallinger-Lackner Vorb. 22; aA Potrykus § 56 B 1b, der auch hier ohne Grundlage im Ges. volle Nachprüfung fordert, doch dabei Erleichterungen zuläßt.

FE[5])] dem VormRi. übertragen sind. — I beschränkt also die Rechtsmittel nicht, wenn neben diesen Maßnahmen oder allein FE oder JStr. verhängt, die Verhängung einer JStr. zur Bew. ausgesetzt ist oder Maßregeln der Sicherung u. Besserung (OLG Hamm JMBl NRW 57/36 = Rspr 57 Nr 378, Potrykus NJW 54/1350, 55/246), NebenStr. und Nebenfolgen (LG Schweinfurt EJF C I 13 für die Verlängerung der Schuldpflicht gem. § 9 III Bay. Schulversäumnisgesetz) ausgesprochen sind; solche Entscheidungen können in jedem Umfang und mit jeder Begründung angefochten werden (A 2c). Schon deshalb gilt die Beschränkung des I nicht für die in § 59 geregelte Anfechtung der nachträglichen Entscheidung über die Strafaussetzung zur Bewährung (Potrykus NJW 60/1216).

b) (1) Auch dann (A 2a) ist die **Anfechtung nur unzulässig,** wenn sie mit bestimmter Begründung erfolgt, näml. **wenn Umfang oder Auswahl** der Maßnahmen (einschl. § 53) **angegriffen wird.** Solange das Rechtsmittel nicht begründet wird (Dallinger-Lackner N 21) oder die Begründung sich nicht nur auf die ausgeschlossenen „Straf“-maß-Rügen beschränkt, kann das Rechtsmittel nicht nach § 55 I unzulässig sein[6]). Eine Aufklärung dadurch, daß das Ger. den Angeklagten befragt, was er mit seiner Berufung erstrebe, kann nur dann zu einer Verwerfung des Rechtsmittels als unzulässig führen, wenn das Rechtsmittel in der Form einer teilweisen Zurücknahme auf die durch I ausgeschlossenen Beschwer-Punkte beschränkt wird (Dallinger-Lackner N 21, OLG Celle NJW 64/417); der Erklärende muß sich der Tragweite bewußt sein, was bes. im Hinblick auf die Möglichkeiten der §§ 47 I Nr 1, II, 45 I JGG oft zweifelhaft sein wird (OLG Celle aaO). Bei Erklärungen des Verteidigers, aber auch des ges. Vertreters oder des ErzBerechtigten [s. A 1c (1)] darf § 302 II StPO nicht übersehen werden (vgl OLG Celle aaO). (2) (a) Der **Schuldspruch kann stets angefochten werden, ebenso** der Freispruch (auch wegen Strafunmündigk.) durch den StA. Auch der Einwand der Gesetzwidrigkeit einer Maßnahme ist immer möglich; so wenn die Bildung einer Einheitsstrafe aus rechtsirrigen Erwägungen abgelehnt wurde (OLG Schleswig EJF C I 46 = SchlHA 58/180), wenn das ErwGericht ErzMaßregeln angeordnet hat (§ 104 IV), wenn durch Weisungen die der staatlichen Strafgewalt gezogenen Grenzen überschritten werden (§ 10 A 1d) oder wenn JArrest zur Bewährung ausgesetzt wurde (OLG Düsseldorf NJW 61/891 = SjE F 3 S 266b u. 268k, OLG Frankfurt NJW 63/969). Dagegen ist eine Anfechtung eines auf JArrest lautenden Urteils nicht deshalb möglich, weil die UHaft nicht gem. § 52 I berücksichtigt wurde;

---

[5]) Dallinger-Lackner N 17; aA Potrykus § 53 B 5, wenn die Urteilsgründe ergeben, daß FE in Betracht kommt. — Doch ist das im Ges. nicht vorgesehen und auch nicht notwendig, weil die AO der FE durch den VormRi. im FGG Verf. angefochten werden kann.

[6]) Eine Verwerfung als offenbar unzulässig, wenn (1) nur in I S 1 genannte Maßnahmen angeordnet sind, (2) der Angeklagte in 1. Instanz im Umfang des Schuldspruchs geständig war, (3) der Schuldspruch keinen Rechtsirrtum enthält u. (4) die Berufungsschrift keinerlei Hinweis auf zulässige Rügen enthält (so Hellmer JR 55/92, 93; ähnl. Potrykus B 5 A II b α), ist nach geltendem Recht nicht mögl. (Dallinger-Lackner N 17); denn jedes Rechtsmittel, das nicht näher begründet ist, richtet sich gegen die Entsch. als Ganzes (§ 318 S 2 StPO), also auch gegen den Schuldspruch.

denn das gehört zum Umfang der Anordnung des JArrestes, der der Anfechtung entzogen ist (LG Tübingen MDR 61/170). (b) Der J kann weiter die Verneinung der Strafmündigk. (§ 3 S 1) angreifen, um die Grundlage für nach § 3 S 2 angeordneten Maßnahmen zu beseitigen; er kann hier zu diesem Zweck auch geltend machen, daß er keine strafbare Handlung begangen habe oder daß Maßnahmen nach § 3 S 2 nicht erforderl. seien (Dallinger-Lackner N 12, ähnl. wie bei Freispruch nach § 51 I StGB u. Unterbringung nach § 42b StGB). (c) Der Hw kann stets mit der Begründung anfechten, es sei die falsche RechtsO angewandt (Frage des § 105 I). (d) Der StA hat auch dann ein Rechtsmittel, wenn er JStr. (oder mindestens Schuldspruch nach § 27), eine NebenStr. oder Nebenfolge oder eine Maßregel der Sicherung u. Besserung allein oder neben den getroffenen Maßnahmen für notwendig hält, nicht aber FE (I S 2 dient nur dem Schutz des J, Dallinger-Lackner N 15; Anregung an VormRi. ist aber mögl.: § 53 A 3).

c) Ein danach **zulässiges Rechtsmittel ergreift das Urteil in vollem Umfang.** In ihm können auch Rügen enthalten sein, die allein nicht zulässig wären[7]). Das **RechtsmittelGer. kann**, wenn das Urteil zulässig angefochten ist, **auch** ErzM, ZuchtM oder die Überweisung nach § 53 **aufheben und abändern**, weil § 55 I nur die Zulässigk. des Rechtsmittels betrifft, aber **keine Bindung des RechtsmittelGer.** bewirkt[8]). So kann auf Ber. des Angeklagten, der seinen Freispruch erstrebt, in 2. Instanz an Stelle eines Dauerarrestes des Ersturteils JA in anderer Form oder eine andere ErzM (außer FE) oder ein anderes ZuchtM (s. A 4a) angeordnet werden (BGH 10/198, 200f). Das kann notwendig sein, wenn auf Grund neu bekannt gewordener Tatsachen eine Änderung geboten ist; es wäre sinnlos und erz. gefährl., hier nur auf das Abänderungsverf. des ErstRi. zu verweisen. Das RechtsmittelGer. sollte aber gerade in diesem Punkt äußerste Zurückhaltung üben und bedenken, daß es sich vorwiegend um erz. Maßnahmen handelt, deren Notwendigk. und Umfang vom ErstGer. meist besser beurteilt werden kann als von dem später entscheidenden, mit den örtl. u. persönl. Verhältnissen weniger vertrauten OberGer. (BGH NJW 52/436 für viele).

3) II gilt nur für Urteile.

a) Deren **Anfechtung** richtet sich **grds** nach **allgR.** Zu beachten ist, daß (1) die JK auch über die Ber. gegen Urteile des JRi. als EinzelRi. entscheidet (§ 41 II

---

[7]) KG DAR 54/189, Dallinger-Lackner N 9, aA Potrykus B 5 A II b aE, 5 B II, NJW 55/929, der meint, daß bei Verbindung nur die in I S 1 nicht genannten Maßnahmen angefochten werden könnten, die dort angeführten aber in Rechtskraft erwüchsen. Das steht nicht im Ges. und ist nicht dessen Sinn: Wenn die erstrebte Beschleunigung durch die zulässige Anfechtung schon nicht erreicht werden kann, ist es gleich, in welchem Umfang das Urteil überprüft wird.

[8]) BGH 10/198, 200f, OLG Stuttgart NJW 56/33, LG Kiel NJW 56/1166, Dallinger-Lackner N 18, 19; aA OLG Frankfurt NJW 56/32 zustimmende A Schnitzerling, Kaufmann JZ 58/9, Pentz JZ 57/49, Potrykus NJW 55/929, ablehnende A zu BGH aaO in NJW 57/998 u. Stuttgart aaO, B 5 B II, Schaffstein S 170f. Dabei nimmt Potrykus stets diese Bindung an, während die übrigen nur dann eine Bindung bejahen, wenn der Schuldspruch nicht geändert wird. Nähere Begründung s. Text.

S 1) und daß (2) der Ausschluß der Berufung nach § 313 StPO und der Zulässigk. der Rev. nach § 334 StPO bei Anwendung materiellen JR nur im Falle des Freispruchs (nicht auch der Einstellung) gilt, weil ErzM u. ZuchtM nicht GeldStr. gleichgestellt werden können (allgM, zB Dallinger-Lackner Vorb. 11).

b) Gem. II S 1 hat aber **jeder Anfechtungsberechtigte** (A 1b, aber A 3c) **nur ein Rechtsmittel** [A 3b (2)], Ber. oder Rev. (1) Die **Rev. gegen das Ersturteil** ist im JR nicht Sprung-, sondern **WahlRev.** Ungeachtet dieser Abweichung gelten schon mit Rücksicht auf die Bedeutung dieser Wahl und deshalb, weil diese erst nach Kenntnis der schriftl. Urteilsgründe sinnvoll ausgeübt werden kann, auch hier die Grundsätze des **allgR über die Ausübung des Wahlrechts** bis zum Ablauf der Rev.Begründungsfrist[9]) und über die Behandlung der Anfechtung als Ber., wenn keine oder keine genügende (§§ 344, 337 StPO) Begründung gegeben wird[10]). Der Anfechtende ist aber an **die Wahl gebunden, sobald** er sie getroffen hat und sinnvoll treffen konnte[11]). Letzteres ist erst der Fall, wenn ihm das schriftliche Urteil zugestellt ist[12]); auch dann schadet es nicht, wenn das Rechtsmittel irrtümlich falsch bezeichnet ist (§ 300 StPO). Ein vorher eingelegtes Rechtsmittel ist ungeachtet seiner Bezeichnung und Begründung nur eine Anfechtung schlechthin; diese kann innerhalb der Revisionsbegründungsfrist[13]) als Revision bezeichnet werden; geschieht das nicht,

---

[9]) BGH 2/63ff, 5/338, Dallinger-Lackner N 24—26, Schaffstein S 169, Löwe-Rosenberg (Jagusch) § 335 StPO A 2; Schwarz-Kleinknecht § 335 StPO A 2A.

[10]) BGH 2/63ff, Dallinger-Lackner N 27.

[11]) Dies kann aus § 300 StPO abgeleitet werden, nach dem ein Irrtum in der Bezeichnung des Rechtsmittels nicht schadet. Da aber der Anfechtungsberechtigte im JRecht die Wahl zwischen Berufung und Revision treffen muß, was er erst nach Kenntnis der schriftlichen Urteilsgründe kann, muß eine vorherige Ausübung der Wahl in entspr. Anwendung des § 300 StPO dem Irrtum gleichgestellt werden. Vgl Fundstellen FN 12, 13.

[12]) OLG Schleswig SchlHA 59/216, Schwarz-Kleinknecht § 335 StPO A 2C, Weigelt DAR 59/295; vgl FN 13.

[13]) a) BGH 13/388, 17/44 (zust. Anm. Kleinknecht JZ 60/754, Eb.Schmidt JZ 62/370), OLG Celle NJW 62/67, OLG Hamm JMBl NRW 59/175, OLG Karlsruhe NJW 59/209, OLG Köln NJW 57/641, Löwe-Rosenberg (Jagusch) § 335 StPO A 4, Strathenwert JZ 58/64. — Für das JRecht Dallinger-Lackner N 28—31.

Die in FN 12 genannten binden jedoch zutreffend nur an die nach Zustellung des Urteils getroffene Wahl; (vgl unten b). Dagegen halten an einer Erklärung fest: ObLG NJW 59/2280 (Vorlage zu BGH 13/388), OLG Braunschweig NJW 61/1504 (Vorlage zu BGH 17/44) (für Staatsanwalt), OLG Nürnberg MDR 59/595 = GA 59/319, OLG Stuttgart NJW 57/641 = JZ 58/63, Mayer NJW 59/1522, Voraufl.

b) Nach Zustellung des Urteils wird man den Anfechtenden an seine Erklärung binden müssen, wenn nicht ein Irrtum vorliegt (§ 300 StPO). So A. Mayer NJW 60/733 allg. ObLG NJW 60/1682 für Verteidiger, OLG Braunschweig NJW 61/1504 für Staatsanwalt. AA Eb. Schmidt NJW 60/1651, der jedes Rechtsmittel ohne Rücksicht auf Bezeichnung als Berufung behandelt wissen will, wenn diese zulässig ist und in der Begründungsfrist keine Revisionsanträge gestellt sind; das entspricht in dieser Allgemeinheit nicht dem geltenden Recht. BGH 13/388 verlangt, daß die bewußte Ausübung der Wahl zum Ausdruck kommen müsse; nach Zustellung des Urteils wird man das im Hinblick auf die erteilte Rechtsmittelbelehrung stets anzunehmen haben. OLG Hamburg GA 63/27 läßt die Bindung eintreten, wenn der

wird sie als Berufung behandelt (s.o.). — Wegen des Übergangs zur sof. Beschwerde gem. § 59 I s. § 59 A 1b (2), FN 1.

(2) (a) Jeder hat **nur ein Rechtsmittel,** auch wenn das auf seine und des Gegners Berufung ergangene Urteil ihm nachteiliger ist als das Ersturteil[14]), selbst wenn er seine Berufung auf einzelne Punkte beschränkt hatte[15]). Dagegen wirkt die erfolgreiche Revision eines Mitangeklagten gegen das Berufungsurteil im Rahmen des § 357 StPO auch für den nach JRecht Verurteilten, der Berufung eingelegt hat, obwohl er selbst wegen § 55 II keine Revision hätte einlegen können; denn § 55 II dient der Beschleunigung; dieser Gesichtspunkt muß aber auch aus erz. Gründen gegenüber einem erwiesenermaßen falschen Urteil zurücktreten[16]).

(b) Das schließt jedoch nicht aus, daß **auch in JSachen gegen Ber.Urteile Rev.** eingelegt wird. So kann jeder Verf.Beteiligte Rev. gegen ein Ber.Urteil einlegen, das nur auf Ber. eines anderen Verf.Beteiligten (s. aber A 3c!) ergangen ist[17]), auch wenn er selbst in anderer Eigenschaft Ber. eingelegt hatte (zB Ber. als Nebenkläger, Rev. als Angeklagter)[18]). Rev. kann auch einlegen, wessen Ber. als unzulässig verworfen[19]) oder irrtüml. nicht behandelt wurde[20]), oder wer eine bloße „Anfechtung" ohne Ausübung der Wahl in der Rev.Begründungsfrist zurückgenommen hat[21]). Endlich ist Rev. auch dem Ber.Führer selbst mögl., der vom Ber.Ger. auf Grund einer gleichzeitigen Ber. des StA oder Nebenklägers wegen Taten verurteilt wurde, hinsichtl. derer er in 1. Instanz freigesprochen wurde[22]), sowie der-

---

Angeklagte im Revisionsschriftsatz ankündigt, er werde die Revision nach Zustellung des Urteils begründen und eine Verlängerung der Revisionsbegründungsfrist erbitten.

c) Ohne Bedeutung für das JRecht sind die Äußerungen für den Übergang von Berufung zur Revision im allg. Recht, da es sich dabei um den Verzicht auf die 2. (zusätzliche) Tatsacheninstanz, nicht um die im JRecht zu treffende Wahl handelt. Die hM läßt zu Recht den Übergang zu: zB BGH 5/338, 340f, Schwarz-Kleinknecht § 335 A 2B.

[14]) Deshalb kann zB der Angeklagte das schärfere Ber.Urteil nicht anfechten, wenn es nach Verh. über seine u. des StA zulässige Ber. ergangen ist. OLG Hamm NJW 55/1609, ObLG DRiZ 33 Nr 282, KG JW 33/639, Dallinger-Lackner N 32. **Vgl aber** FN 22 u. Text dazu.

[15]) ObLG NJW 64/1084 = RPfl 64/176 (Berufung war nur gegen die Nebenstrafe der Einziehung gerichtet), Dallinger-Lackner N 33. **Vgl. aber** FN 22 u. Text dazu.

[16]) Überzeugend Dallinger MDR 63/539ff; vgl die Gedanken des BGH NJW 58/560 mit Zitaten (§ 357 StPO bei Zurücknahme) und OLG Celle MDR 58/444 (§ 357 StPO entspr. bei Einstellung wegen Verjährung gem. § 206a StPO); aA OLG Oldenburg NJW 57/1450 = EJF C I 33.

[17]) Potrykus B 6.

[18]) Dallinger-Lackner N 36.

[19]) Eine abw. Ansicht des Rev.Ger. über die Zulässigk. der Ber. ist für die Zulässigk. der Rev. ohne Bedeutung: Dallinger-Lackner N 35.

[20]) Dallinger-Lackner N 36; vgl ObLG 59/168: die vom LG übersehene Berufung soll gegenstandslos werden, wenn der Berufungsführer mit der — zwar eingelegten — Revision seine übergangene Berufung nicht weiter verfolgt.

[21]) Dallinger-Lackner N 37; anders dagegen, wenn die Wahl schon ausgeübt war: OLG Celle MDR 64/527.

[22]) OLG Dresden, Düsseldorf JW 33/469, 976; Dallinger-Lackner N 34; aA Potrykus B 6; aber der Angeklagte hätte insoweit gegen das Urteil erster Instanz mangels Beschwer gar kein Rechtsmittel gehabt!

jenige, der Rev. gewählt hatte, dessen Rev. aber als Ber. behandelt wurde, weil ein anderer Verfahrensbeteiligter Berufung eingelegt hat (§ 335 III StPO)[23]). Revision ist auch dann zulässig, wenn die JKammer auf Berufung eine Strafe oder Maßnahme verhängt hat, die die Strafgewalt des Gerichts übersteigt, dessen Urteil angefochten ist (zB mehr als 2 Jahre Zuchthaus; mehr als 1 Jahr JStrafe oder Unterbringung oder Entzug der Fahrerlaubnis, wenn der J(-einzel-)Richter entschieden hatte); denn hier hat die JKammer als Gericht 1. Instanz entschieden (s. § 41 A 6a), die Einlegung der Berufung darf also nicht beachtet werden (Pentz GA 58/302f).

(c) **Ein Hw** kann Revision gegen das **allgRecht** anwendende Berufungsurteil einlegen, auch wenn er in 1. Instanz nach JRecht verurteilt wurde und selbst zulässig Berufung eingelegt hat; denn § 55 II JGG gilt nur, wenn JRecht angewendet wurde[24]). Die hM gibt umgekehrt dem Angeklagten, der bereits Berufung eingelegt hatte, auch dann keine Revision gegen das **JRecht** anwendende Berufungsurteil, wenn er in 1. Instanz nach allgRecht abgeurteilt wurde (zw.)[25]). — Ein Hw, der vom JRichter wegen Übertretung zu einer Geldstrafe verurteilt wurde, kann gem. **§ 313 StPO** nur Revision einlegen (OLG Köln NJW 63/1073: § 55 II gilt nur, wenn JRecht angewendet wird).

c) Wenn ein **Angeklagter, ErzBer., gesVertr. oder Verteidiger** Ber. eingelegt hat, kann ein anderer der Genannten nicht mehr Rev. einlegen und umgekehrt (II S 2). Der Verteidiger übt die Rechte des Mandanten aus; legen beide verschiedene Rechtsmittel ein, gilt das zuerst eingelegte (aber § 297 StPO), weil damit die Wahlmöglichk. verbraucht ist[26]) [A 3b (1)]. Hinsichtl. der übrigen hier Genannten gilt in einem solchen Fall § 335 III StPO, alle Rechtsmittel werden als Ber. behandelt; doch hat der Rev.Führer wegen II S 2 gegen das Ber.Urteil nicht mehr die Rev.

d) Ein gem. § 55 II **unzulässiges Rechtsmittel** ist nicht von dem Gericht, dessen Urteil angefochten wird, gem. § 346 I StPO, sondern **vom Revisionsgericht** gem. § 349 I StPO zu verwerfen. Eine zu Unrecht gem. § 346 I StPO erlassene Entscheidung wird aber wirksam, wenn sie nicht gem. § 346 II StPO angefochten wird[27]).

---

[23]) OLG Celle MDR 64/527, Dallinger-Lackner N 42, ObLG JW 33/464; andernfalls wäre das Wahlrecht verletzt; s. aber A 3c.

[24]) OLG Neustadt MDR 56/504, OLG Celle Nds.Rpfl 62/88, OLG Köln NJW 63/1073.

[25]) ObLG 61/258, OLG Celle NJW 56/521 = VRS 10/145, OLG Oldenburg VRS 21/450 = Nds.Rpfl 61/137, Dallinger-Lackner N 32, 43ff, Potrykus B 6. — Doch gewährt das Gesetz dem zu JRecht Verurteilten ein Rechtsmittel; eine Ausnahmevorschrift wie § 55 II sollte nicht zu Lasten des Angeklagten einschränkend ausgelegt werden.

Wie die anderen Obergerichte auch OLG Stuttgart, Justiz 64/172 für die sof. Beschwerde gegen die Versagung der Aussetzung der JStr. z. Bew; vgl § 59 A 1b(2) u. FN 1.

[26]) Dallinger-Lackner N 38, die mit Recht annehmen, daß die in Unkenntnis der Lage erfolgte Rücknahme des wirksamen Rechtsmittels unwirksam ist.

[27]) ObLG 62/207, OLG Frankfurt SjE F 3 S 267, Potrykus B 6; Schwarz-Kleinknecht A 1 und Löwe-Rosenberg (Jagusch) A 1e je zu § 346 StPO; vgl BGH MDR 59/507; aA Dallinger-Lackner N 43; Kleinknecht-Müller § 346 StPO A 3.

4) Auch in JSachen gilt das **Verschlechterungsverbot**[27a,b]) **des allgR**, das sich nur auf die Straf-, nicht auf die Schuldfrage, auch nicht auf die Unterbringung in einer Heil- oder Pflegeanstalt bezieht (§§ 331, 358 II StPO). **Das Verschlecherungsverbot steht auch einer Verschärfung des früheren Urteils nicht entgegen, wenn bei einer** fortgesetzten Handlung ein Teil der Handlungsglieder nach dem ersten Urteil begangen ist[28]); auch kann die alte Maßnahme unverändert aufrechterhalten werden, wenn die Verurteilung wegen mehrerer Taten hinsichtl. einiger Taten keinen Bestand hat (BGH 7/86); letzteres wird im JRecht, bei dem es mehr um die Person des Täters und dessen Beeinflussung geht, häufig gerechtfertigt sein (vgl aber § 56 RL 1). — Auf das Verschlechterungsverbot kann nicht verzichtet werden[29]).

a) (1) **Auch für ErzM und ZuchtM** gilt das Verschlechterungsverbot, und zwar nicht nur in ihrem Verhältnis untereinander[30]), sondern auch in ihrem Verhältnis zu Strafen im eigentlichen Sinn[31]). Denn die Vorschriften des Verschlechterungsverbots gehen von einem weiten Strafbegriff aus, der auch Maßnahmen der Sicherung und Besserung umfaßt, weil sonst der Ausschluß des Verschlechterungsverbotes für die Anordnung der Unterbringung in einer Heil- oder Pflegeanstalt uä nicht erforderlich gewesen wäre (§§ 331 II, 358 II S 2, 373 II S 2 StPO)[32]). Strafen in diesem weiten Sinne

---

[27a]) **Literatur:** Die vielschichtigen Fragen sind eingehend behandelt in Grethlein: Problematik des Verschlechterungsverbotes im Hinblick auf die besonderen Maßnahmen des Jugendrechts (Schriftenreihe: Strafrecht, Strafverfahren, Kriminologie H 3); meine dort gewonnenen Ergebnisse sind hier wiederholt, ohne daß Raum für nähere Begründung wäre.

Weitere Literatur: Petersen: Die reformatio in peius im JStrafrecht, NJW 61/348; auch Potrykus NJW 55/929 und 61/863. **Allg.:** Ganske: Der Begriff des Nachteils bei den strafprozessualen Verschärfungsverboten (Neue Kölner Rechtswissenschaftliche Abhandlungen H 15); Jagusch bei Löwe-Rosenberg § 331 StPO A 1—8, § 358 StPO A 5 und NJW 62/1417ff; Schwarz-Kleinknecht §§ 331 StPO A 1—8; § 358 A 4; Eb.Schmidt, Anm. zu § 331 StPO; vgl auch Bruns JZ 54/730; Dallinger MDR 54/333, Seibert MDR 54/340 und BGH 5/312ff.

[27b]) BGH 10/198, 202; 16/335, 337; OLG Düsseldorf NJW 61/891 = SjE F 3 S 266b u. 268k — zustimmend OLG Hamburg NJW 63/67, 68 = GA 63/54 = DAR 63/279 — und neuerdings OLG Düsseldorf NJW 64/216 (Das Verschlechterungsverbot gilt als tragender Grundsatz eines rechtsstaatlich geordneten Verfahrens auch im JGVerfahren ohne jede Einschränkung) sowie OLG Köln NJW 64/1684 = MDR 64/695; LG Nürnberg-Fürth MDR 62/326; Grethlein, Verschlechterungsverbot S 33—36, Petersen NJW 61/348, Potrykus NJW 61/863 und B 10, Dallinger-Lackner N 23.

[28]) BGH 9/324, 330ff, ObLG 57/83f, 62/1 (gegen früher 55/77ff), Grethlein, Verschlechterungsverbot S 31, Kleinknecht-Müller § 312 StPO Vorb. 2, Löwe-Rosenberg (Jagusch) § 331 StPO A 1 Abs. 2, Mittelbach JZ 57/303; Sarstedt S 76, Schwarz-Kleinknecht § 331 StPO A 4; aA Eb.Schmidt Lehrkommentar § 264 StPO N 11. Wie hier auch OLG Braunschweig NJW 64/1237.

[29]) Grethlein, Verschlechterungsverbot S 141f; Fundstellen unten in FN 78 sowie Löwe-Rosenberg (Jagusch) § 331 StPO A 3, die dazu neigen, den Verzicht anzuerkennen.

[30]) Nur insoweit aber OLG Düsseldorf NJW 61/891 = SjE F 3 S 266b u. 268k, zust. OLG Hamburg NJW 63/67, 68 = GA 63/54 = DAR 63/279.

[31]) BGH 10/198, 202 (vgl dazu Potrykus NJW 61/863), Grethlein, Verschlechterungsverbot S 36—44, Dallinger-Lackner N 23 vor § 55, Potrykus B 10, Petersen NJW 61/348ff, wohl auch LG Nürnberg-Fürth MDR 62/326. Wie hier auch OLG Köln NJW 64/1684 = MDR 64/695.

[32]) zB BGH 5/168, 178; ObLG 62/1 (vgl für Einzelfälle BGH 4/157; 5/168, 178; VRS 21/335, 338), Ganske S 2, Kleinknecht-Müller § 331 StPO A 3e.

sind auch die ErzM und ZuchtM[33]). Der Strafbegriff kann aber für das Gebiet des Verschlechterungsverbotes nur einheitlich sein[34]). Deshalb müssen **alle Maßnahmen,** die diesem weiten Strafbegriff unterfallen (Strafen, ErzM, ZuchtM, Maßregeln), **in ihrer jeweils konkreten Gestaltung miteinander verglichen** werden. Dabei ist davon auszugehen, daß **nach dem Wertmaßstab unserer Rechtsordnung** Freiheitsentzug am schwersten wiegt und daß im übrigen die Maßnahmen härter sind, die einen größeren Eingriff in die Bewegungs- und Entschlußfreiheit enthalten[35]). Ein Festhalten an Gruppeneinteilungen (etwa Strafe: anderen Maßnahmen[36]) oder ErzM: Zuchtmitteln[37])) führt in die Irre, da es beim Verschlechterungsverbot allein auf die konkrete Belastung ankommt.

(2) (a) Am leichtesten ist die **Verwarnung,** da sie den Verurteilten zu bloßem Anhören einer richterlichen Ermahnung verpflichtet, wie sie wohl mit jeder Verurteilung verbunden ist[38]). (b) Es folgt die **Erziehungsbeistandschaft**[39]), da der Verurteilte auch zu keinem eigenen Handeln verpflichtet wird, doch eine Überwachung dulden muß[40]). (c) Schwerer sind die **besonderen Pflichten,** und zwar in der Reihenfolge: Entschuldigung (eine Wiedergutmachung ohne Vermögensopfer), Wiedergutmachung (eine auch sonst geschuldete vermögenswerte Leistung, wobei Zahlung härter als freiwillige Arbeit, aber milder als erzwungene Arbeit ist), und Bußezahlung (ein zusätzliches Vermögensopfer)[41]). (d) **Weisungen** (einschl. der Erz-Hilfe durch den Disziplinarvorgesetzten: § 112b mit Anm.) sind stets härter als alle bes. Pflichten und unter sich gleich, da sie jederzeit abgeändert und durch die schwerstmögliche Weisung ersetzt werden können[42]); (e) **JArrest** als Freiheitsentzug belastet mehr als alle bisher genannten Maßregeln, die einen zwangsweisen Eingriff in die

---

[33]) Grethlein, Verschlechterungsverbot S 39—44.

[34]) Grethlein, Verschlechterungsverbot S 139f.

[35]) Grethlein, Verschlechterungsverbot S 99f, 107f, 111.

[36]) So aber im Ergebnis LG Nürnberg-Fürth MDR 62/326; näher dazu unten A 4g.

[37]) wozu § 5 II Anlaß sein könnte; das ist aber nicht richtig: Grethlein, Verschlechterungsverbot S 109f; zur Auslegung des § 5 s. dort Vorb. und A 2.

[38]) Grethlein, Verschlechterungsverbot S 106, 111, 112, Dallinger-Lackner § 55 Vorb. 23, Potrykus § 66 B 4.

[39]) Daß ErzBeistandschaft und Fürsorgeerziehung bei unveränderter Sachlage auch vom Vormundschaftsrichter angeordnet werden können, macht ihre Verhängung im Strafverfahren im Widerspruch zum Verschlechterungsverbot nicht möglich. Denn die Rechtsstellung des einzelnen wird erst durch die tatsächliche Anordnung verschlechtert. Im Strafverfahren läßt sich aber nicht voraussehen, was der Vormundschaftsrichter nach Abschluß des Strafverfahrens für erforderlich halten wird. Näher Grethlein, Verschlechterungsverbot S 42f, 100.

[40]) Grethlein, Verschlechterungsverbot S 99f, 111, 112.

[41]) Grethlein, Verschlechterungsverbot S 106ff, 111, 112. — Dallinger-Lackner § 55 Vorb. 23 stellen zwischen Weisungen, besonderen Pflichten und JArrest auf die Beschwer des Einzelfalles ab (so auch Vorauflage); Potrykus § 66 B 4 sieht alle Weisungen und alle besonderen Pflichten als gleich schwer an und läßt auf Fürsorgeerziehung Dauerarrest und darauf Freizeit- und Kurzarrest folgen; auch Petersen NJW 61/348f läßt auf Fürsorgeerziehung den Dauerarrest folgen. Vgl dazu Grethlein, Verschlechterungsverbot S 112f.

[42]) Grethlein, Verschlechterungsverbot S 98ff, 111, 112; vgl im übrigen die Schrifttumshinweise bei FN 41.

freie Aufenthaltsbestimmung nicht kennen[43]). Kurzarrest (bis höchstens 6 Tage: § 16 III S 3) ist stets milder als Dauerarrest (ab mindestens 7 Tagen: § 16 IV S 1). JArrest an 1, 2 oder 3 Freizeiten ist ebenfalls milder als Dauerarrest und entspricht dem Freizeitarrest in entspr. (§ 16 III S 2) Höhe; JArrest an 4 Freizeiten ist aber härter als Kurzarrest[44]). 8 Tage Dauerarrest wiegen schwerer als 4 Freizeitarreste, da diese in 6 Tage Kurzarrest umgewandelt werden können (§ 16 A 3b); weil eine solche Umwandlung aber nicht zwingend ist, dürfen umgekehrt nicht 4 Freizeitarreste an die Stelle von 7 Tagen Dauerarrest treten[44]); (f) **Fürsorgeerziehung**[39]) ist die härteste Maßnahme, da sie ein auf die Dauer angelegter Freiheitsentzug ist[45]).

(g) Die **Überweisung an den Vormundschaftsrichter** (§ 53) entspricht nach der Schwere den Weisungen; denn die übrigen ErzM (Fürsorgeerziehung, ErzBeistandschaft) kann der Vormundschaftsrichter auch ohne die Überweisung anordnen und wird es auch tun, da er vom Strafurteil und dem ihm zugrunde liegenden Sachverhalt gem. § 70 S 1, Nr 31 MiStra Kenntnis erhält[46]) und da der gleiche Richter die gleiche Sachlage gleich beurteilen wird.

(3) **Innerhalb der Gruppen** — ausgenommen die Weisungen — ist eine Verlängerung, Erhöhung, Erschwerung oä nicht möglich, weil das Verschlechterungsverbot jede Erhöhung oder Erschwerung[47]) verbietet. Für die verschiedenen Arten des JArrestes stellt das Gesetz in § 16 III S 2, 3 einen Vergleichsmaßstab zur Verfügung. — Ein Ausgleich zwischen Dauer und Schwere oä ist nicht möglich; 4 Stunden leichte Arbeit können bei der Schadenswiedergutmachung durch Arbeit nicht durch 2 Stunden schwere Arbeit oder umgekehrt ersetzt werden[48]).

(4) **Alle** ErzM und Zuchtmittel sind **milder als JStr.**[49]). Da jedoch auch Erhöhung und sonstige Verschärfung[47]) verboten sind, darf zur Bewährung ausgesetzte JStr. nicht durch JArrest[50]) oder zu vollziehende Fürsorgeerziehung[51]) ersetzt

---

[43]) Grethlein, Verschlechterungsverbot S 103, 109f, 112; vgl im übrigen die Schrifttumshinweise bei FN 41.

[44]) Grethlein, Verschlechterungsverbot S 104ff, 112; vgl im übrigen die Schrifttumshinweise bei FN 41.

[45]) Grethlein, Verschlechterungsverbot S 99f, 110, 112, Dallinger-Lackner § 55 Vorb. 23, Potrykus § 66 B 4, Petersen NJW 61/348, 349.

[46]) Grethlein, Verschlechterungsverbot S 103.

[47]) Vgl ObLG NJW 62/1261 mit Anm. Gutmann.

[48]) Grethlein, Verschlechterungsverbot S 108.

[49]) Grethlein, Verschlechterungsverbot S 113f; unbestritten.

[50]) Grethlein, Verschlechterungsverbot S. 120f. AA OLG Düsseldorf NJW 61/891 = SjE F 3 S 266b u. 268k, zustimmend OLG Hamburg NJW 63/67f = GA 63/54 = DAR 63/279; es ist jedoch nicht einzusehen, wieso einerseits JArrest unter die „Strafen" im Sinn des Verschlechterungsverbotes gerechnet, dieses aber dann doch nicht angewendet wird. Wie 1 Tag vollstreckbare Haft hinsichtlich der Vollstreckbarkeit ein größeres Strafübel als 9 Monate Gefängnis mit Strafaussetzung sein kann, so auch vollstreckbarer JArrest gegen zur Bewährung ausgesetzte JStrafe. Der Versuch von Potrykus, durch Aussetzung des JArrestes zur Bewährung einen Ausgleich zu schaffen (NJW 61/863), muß daran scheitern, daß der JArrest seinem Wesen und Zweck nach nicht zur Bewährung ausgesetzt werden kann (vgl § 87 A 2b).

[51]) Grethlein, Verschlechterungsverbot S 117ff. Doch kann die Fürsorgeerziehung angeordnet werden mit der Maßgabe, daß sie in einer geschlossenen Anstalt nur mit Zustimmung des Vormundschaftsrichters vollzogen werden darf. Stimmt dieser zu, müßte er nämlich ohne

werden, wenn nicht auch die Strafaussetzung bei der JStrafe wegfallen könnte[52]).

b) Die **Aussetzung der Verhängung der JStrafe** (§ 27) ist schwerer als alle ErzM und ZuchtM, weil sie die Verhängung von JStr. wegen dieser Tat ermöglicht[53]), aber milder als JStrafe in jeder Form, weil sie noch offen läßt, ob JStrafe verhängt wird[54]). Eine nachteilige Veränderung der Entscheidung nach § 27 selbst ist nicht möglich, weil sie nur im Schuldspruch besteht, für den das Verschlechterungsverbot nicht gilt[55]); wegen Bewährungsauflagen und -zeit s. unten A 4c (1) (c) aE. — Im **Nachverfahren** (§ 30) kann die Tilgung mangels Beschwer nicht zugunsten des Angeklagten angefochten werden; für die Verurteilung zu JStrafe gilt nichts anderes, als wenn diese Strafe sofort verhängt worden wäre[56]).

c) (1) (a) Bei **bestimmter JStrafe** kommt es zunächst auf die Höhe an[57]). Eine Erhöhung — oder Nichtanrechnung früher angerechneter UHaft[58]) — ist nicht möglich [Ausnahmen: A 4 Abs. 1 S 2 mit FN 28 und § 31 A 4e (2)], selbst bei gleichzeitiger Gewährung von Strafaussetzung zur Bewährung[59]).

(b) Der Wegfall der Anrechnung der **UHaft** ist auch bei entspr. Ermäßigung der Strafe ein Nachteil (bestr.)[60]); denn die Entlassung zur Bewährung kann erst zu einem späteren Zeitpunkt erfolgen, weil das erste Strafdrittel (§ 88) erst später verbüßt ist;

---

entspr. Entscheidung des JGerichts die Fürsorgeerziehung anordnen. Wenn aber bei gleicher Sachlage der gleiche Richter eine im Ergebnis gleiche Anordnung treffen müßte, kann eine Verschlechterung nicht vorliegen (darin liegt der Unterschied zu oben FN 39).

[52]) vgl unten A 4c (1) (c) S 3 mit FN 66 und 67. Ist nämlich die Verhängung einer vollstreckbaren JStrafe zulässig, steht auch der Verhängung eines milderen vollziehbaren Freiheitsentzuges nichts entgegen.

[53]) Grethlein, Verschlechterungsverbot S 121f. Aus den oben A 4a (4) dargelegten Gründen darf aber an Stelle der Aussetzung der Verhängung nicht JArrest oder in einer geschlossenen Anstalt vollziehbarer Fürsorgeerziehung treten.

[54]) Grethlein, Verschlechterungsverbot S 93ff; **aA BGH** 9/104, 106, der meint, die Aussetzung dürfe durch JStrafe bis zu einem Jahr bei Strafaussetzung für höchstens 2 Jahre ersetzt werden. Aber es ist doch ein erheblicher Unterschied, ob schon eine JStrafe verhängt und nur die Vollstreckung ungewiß ist oder ob noch ungewiß ist, ob überhaupt eine JStrafe verhängt wird; auch sind die Voraussetzungen für den Widerruf der Strafaussetzung zur Bewährung eher gegeben als für die nachträgliche Verhängung von JStrafe (vgl §§ 26 II, 30 I, zB Nichterfüllung von Bewährungsauflagen).

[55]) Grethlein, Verschlechterungsverbot S 92.

[56]) Grethlein, Verschlechterungsverbot S 93.

[57]) Grethlein, Verschlechterungsverbot S 45.

[58]) Über das Verhältnis UHaft: Strafhaft s. unten (b) im Text.

[59]) BGH JZ 56/101, OLG Oldenburg MDR 55/436, OLG Hamm JMBl NRW 58/203 = EJF C I 50 (für 4½ Monate Gefängnis und 6 Monate JStrafe mit StrAzBew.), OLG Düsseldorf NJW 64/216 (für 3 Monate Gefängnis und 6 Monate JStrafe mit Bewährung), Grethlein, Verschlechterungsverbot S 50, Gutmann NJW 62/1262, Kaufmann JZ 58/297, Mittelbach JR 55/8, Kleinknecht-Müller A 4c, Eb.Schmidt N 28, Schwarz-Kleinknecht A 2 je zu § 331 StPO, Kohlrausch-Lange § 23 StGB A VIII, § 2 StGB A VII. AA Jagusch JZ 53/688, 690, Maassen MDR 54/4.

[60]) Grethlein, Verschlechterungsverbot S 45ff, Ganske S 96f; **aA hM** zB RG 59/231, 232, 66/351, 353, BGH JZ 52/754, JZ 56/101, Kleinknecht-Müller A 3b bb (2), Löwe-Rosenberg (Jagusch) A 4c, Eb.Schmidt N 13, Schwarz-Kleinknecht A 2 je zu § 331 StPO).

es wird also ein größeres Strafübel verhängt. Umgekehrt ist die Verlängerung der Strafzeit bei entspr. höherer Anrechnung von UHaft zulässig, da die Höchst-Strafzeit gleichbleibt, die Mindest-Strafzeit aber ermäßigt wird[61]). — In beiden Fällen ist auch dem Gedanken Rechnung getragen, daß die UHaft im Hinblick auf § 116 II StPO stets ein wesentlich kleineres Übel ist als jede Strafe.

(c) Der Wegfall der **Strafaussetzung zur Bewährung** verletzt das Verschlechterungsverbot[62]), und zwar auch dann, wenn die Strafaussetzung zur Bewährung nicht ausdrücklich abgelehnt wird, sondern die Entscheidung nach § 57 vorbehalten bleibt, weil Sicherheit mehr als eine bloße Möglichkeit ist[63]). Selbst der Ausspruch einer wesentlich niederen JStrafe — oder zusätzliche Anrechnung von UHaft — kann den Wegfall der StrAzBew, nicht rechtfertigen[64]), auch wenn sehr einschneidende Auflagen angeordnet waren[65]). Eine Versagung der Strafaussetzung zur Bewährung verstößt nur dann nicht gegen das Verschlechterungsverbot, wenn der Angeklagte eine fortgesetzte Handlung nach dem Urteil noch fortgesetzt hat (bestr.)[66]), wenn die Voraussetzungen für einen Widerruf vorliegen (bestr.)[67]) oder wenn die gesamte Strafe bereits durch angerechnete UHaft verbüßt ist[68]). — Keine Verschlechterung bedeutet die ausdrückliche Versagung der StAzBew., wenn das Erstgericht darüber **noch nicht entschieden** hat, also noch eine Bewilligung **nach § 57** möglich gewesen wäre. Denn hier hat das Erstgericht keine Entscheidung erlassen, der Angeklagte hat noch keine Rechtsposition erlangt; es ist kein Raum für das Verschlechterungsverbot[69]).

---

[61]) Einheitliche Meinung, Fundstellen FN 60.

[62]) BGH 7/180, 182; ObLG 59/143, 144f, 62/1, OLG Hamm NJW 55/1000, 57/1850, OLG Köln MDR 56/759, OLG Stuttgart NJW 56/1119, 1120, Bruns GA 56/193, 234, Grethlein, Verschlechterungsverbot S 49ff, Gutmann NJW 62/1261, Jagusch JZ 53/690, Kaufmann JZ 58/297, 299f, Mittelbach JR 55/8; Kleinknecht-Müller A 4a, Eb.Schmidt N 27, Schwarz-Kleinknecht A 2 je zu § 331 StPO; Kohlrausch-Lange Vorb. I 1 zu §§ 23—26 StGB, Schönke-Schröder § 23 StGB A VII. **AA** Hellmer JZ 56/714, Mayer NJW 58/433, Preiser NJW 56/1222. Mißverständlich BGH JZ 56/101.

[63]) Dallinger-Lackner § 59 N 4, Grethlein, Verschlechterungsverbot S 58f.

[64]) BGH JZ 56/101, ObLG 59/143, 145, Ganske S 65f, 98, Grethlein, Verschlechterungsverbot S 49, Gutmann NJW 62/1261, Kaufmann JZ 58/297, 300, Schorn S 66, Dallinger-Lackner § 59 N 4; Eb.Schmidt N 28, Schwarz-Kleinknecht A 2 je zu § 331 StPO, Schönke-Schröder § 23 StGB A VII; **aA** Bruns GA 58/193, 237, Jagusch im Leipziger Kommentar § 23 StGB A 4b, Mittelbach JR 55/8. Wie hier auch OLG Frankfurt NJW 64/368.

[65]) BGH NJW 54/39f, 40, 61/1220, Grethlein, Verschlechterungsverbot S 49, Eb.Schmidt § 331 StPO N 27; vgl OLG Stuttgart NJW 54/522, 611.

[66]) S. oben A 4 Abs. 1 S 2 mit FN 28.

[67]) Ganske S 99, Grethlein, Verschlechterungsverbot S 51ff (aus dem aaO S 27ff entwikkelten Verwirkungsgedanken), Kleinknecht-Müller A 4b, Schwarz 22. Aufl. A 1 A je zu § 331 StPO, Mayer NJW 58/433, Potrykus § 55 B 10, NJW 55/931; vgl ObLG NJW 57/83 und BGH 9/324, 330ff, aA OLG Hamm NJW 55/1000 und — eingeschränkt — NJW 57/1850, OLG Köln MDR 56/759, Dallinger-Lackner § 59 N 4, Kaufmann JZ 58/297, 300, Eb.Schmidt N 27, 31, Schwarz-Kleinknecht A 2 je zu § 331 StPO, Schönke-Schröder § 23 StGB A VII.

[68]) BGH NJW 61/1220, Grethlein, Verschlechterungsverbot S 49f.

[69]) Dallinger-Lackner § 59 N 4, Grethlein, Verschlechterungsverbot S 58f.

Eine nachteilige Änderung der **Bewährungsauflagen** ist immer möglich, da sie frei abänderbar sind[70]), dagegen darf die **Bewährungszeit** nicht verlängert werden[71]).

(2) Die **JStrafe von unbestimmter Dauer** lebt aus der Spannung zwischen Mindest- und Höchstmaß. Beide sind für die Höhe der endgültigen Strafe (§§ 19 III, 89 III, IV) gleich bedeutsam; für die Dauer der wirklichen Strafzeit kommt es innerhalb dieser beiden Zeitpunkte allein auf die Prognose für diesen Täter an. Deshalb darf weder das Höchst- noch das Mindestmaß erhöht werden; beide sind gesondert zu vergleichen, ein Ausgleich ist nicht möglich (bestr.)[72]). Wegen der UHaft gilt das A 4c (1) (b) Gesagte entspr.

(3) Daraus folgt, daß es auch beim **Vergleich zwischen bestimmter und unbestimmter JStr.** nicht nur auf das Höchstmaß ankommen kann[73]), wie die bisher herrschende Meinung fälschlich annimmt[74]). Die bestimmte JStrafe ist hinsichtlich ihrer wirklichen Vollzugsdauer annähernd gleich unbestimmt (§ 88), die Ungewißheit hinsichtlich der Entlassung ist also gleich groß. Dagegen besteht die Möglichkeit (praktisch entspr. dem Gesetz die Regel), daß die JStrafe von unbestimmter Dauer in eine unter ihrem Höchstmaß liegende bestimmte JStrafe umgewandelt wird (§§ 89 III, IV). Eine bestimmte JStrafe in Höhe des Höchstmaßes einer unbestimmten JStrafe wird also, von seltenen Ausnahmen abgesehen, stets eine Erhöhung sein, wenn man die bestimmte JStrafe nicht mit der vorläufigen unbestimmten, sondern mit der endgültigen Umwandlungsstrafe vergleicht. Auch die Regelungen bei der Konkretisierung der unbestimmten JStr. sind günstiger als die Entlassungsmöglichkeiten aus dem Vollzug der bestimmten JStrafe[75]). Die Ersetzung einer JStrafe von unbestimmter

---

[70]) ObLG 56/253, OLG Nürnberg NJW 59/1451f, GA 62/91, OLG Stuttgart NJW 54/611, LG München DAR 56/111, Grethlein, Verschlechterungsverbot S 54ff, Kleinknecht-Müller A 4d, Schwarz-Kleinknecht A 3 je zu § 331 StPO, Kohlrausch-Lange § 23 StGB A VIII, Schönke-Schröder § 24 StGB A III, Sarstedt S 78, Schorn S 65f; aA Ganske S 101 gegen seine eigene These S 7f.

[71]) Grethlein, Verschlechterungsverbot S 56f für die StrAzBew. Bei der Aussetzung der Verhängung der JStr. z Bew. ist eine Verlängerung der BewZeit bis auf 2 Jahre stets möglich, da § 28 — anders als § 22 — das jederzeit und voraussetzungslos zuläßt (wie im allgRecht § 24 IV S 3 StPO).

[72]) Grethlein, Verschlechterungsverbot S 59ff. — Die **hM dagegen** stellt nur auf das Höchstmaß ab: OLG Hamburg NJW 60/1971f = Zbl 60/279 = EJF D II 13 = RdJ 61/189 = SjE F 3 S 265, Dallinger-Lackner § 66 N 31, Potrykus A 4, Voraufl. Alle gehen von der falschen Voraussetzung aus, es sei JStrafe bis zu dieser Höhe vorbehalten; tatsächlich hat der Verurteilte gem. §§ 19 III, 89 einen Rechtsanspruch auf frühere Entlassung und Ansetzung einer Umwandlungsstrafe unter dem Höchstmaß, sobald er auch ohne weiteren Strafvollzug ordentliche Lebensführung erwarten läßt.

[73]) Grethlein, Verschlechterungsverbot S 67—91.

[74]) OLG Hamburg NJW 60/1970f = EJF D II 13 = Zbl 60/279 = RdJ 61/189 = SjE F 3 S 265, Dallinger-Lackner § 66 N 31, Potrykus § 55 B 10, § 66 B 4. — Petersen NJW 61/348, 349 geht auch vom Höchstmaß aus, will aber doch nur eine bestimmte JStrafe etwa in der Mitte zwischen Mindest- und Höchstmaß zulassen.

[75]) Die Entlassung ist bei der unbestimmten JStrafe allein davon abhängig, ob zu erwarten ist, daß er künftig einen rechtschaffenen Lebenswandel führen wird (§ 89 I). Bei der bestimmten JStrafe muß nicht nur diese Bedingung erfüllt sein, auch andere Gründe (zB das Sühnebedürfnis) können einer Entlassung dann noch entgegenstehen [§ 88 I; A 2c (2)].

Dauer durch eine bestimmte JStr. ist deshalb stets ein Nachteil, wenn nicht die bestimmte JStrafe zur Bewährung ausgesetzt wird oder das Mindestmaß der unbestimmten JStrafe nicht übersteigt[76]). Dagegen kann eine bestimmte JStrafe stets durch eine JStrafe unbestimmter Dauer ersetzt werden, deren Höchstmaß nicht über der bestimmten JStrafe und deren Mindestmaß nicht über einem Drittel der bestimmten Strafe liegt[77]).

Zu a—c). Sind **mehrere Maßnahmen nebeneinander** angeordnet (§ 8), gilt nichts Besonderes. Auch der Wegfall einer leichteren Maßnahme erlaubt nicht die Verschärfung oder Erhöhung der anderen (zB nicht JA an Stelle von Weisungen und besonderen Pflichten; nicht 7 Monate JStrafe statt 6 Monate JStrafe und Weisungen). Dagegen ist die Anordnung von Weisungen an Stelle von JArrest und besonderen Pflichten möglich, weil Weisungen auch angeordnet hätten werden können, wenn das erste Urteil nur auf JArrest gelautet hätte (Grethlein, Verschlechterungsverbot S 124).

d) (1) Auch für die **Entziehung der Fahrerlaubnis** gilt das Verschlechterungsverbot, wie grds für Maßregeln der Sicherung u. Besserung (BGH 4/157); auch eine Weisung, den Führerschein zu hinterlegen, das Fahrzeug zu hinterstellen oä [vgl § 10 A 2b (8)] darf nicht durch den Entzug der Fahrerlaubnis ersetzt werden (Dallinger-Lackner Vorb. 23, Potrykus B 10, NJW 55/931); doch kann das zweite Ger. noch die Einziehung des Führerscheins nachholen, wenn das ErstGer. die Fahrerlaubnis entzogen hat (BGH 5/168, 178, VRS 21/335). (2) Die Unterbringung in einer **Heil- oder Pflegeanstalt** darf noch in zweiter Instanz ausgesprochen werden (§§ 331 II, 358 II S 2 StPO) und sogar gegen §§ 51 II, 42b StGB isoliert, wenn eine Strafe oder andere Maßregel wegen des Verschlechterungsverbotes nicht mehr verhängt werden kann (BGH 11/319). An Stelle der Unterbringung darf grds[78]) nicht auf JStrafe (BGH 11/319), wohl aber auf ErzM (einschl. Fürsorgeerziehung bis zu Höchstdauer der Unterbringung) und alle ZuchtM erkannt werden (Dallinger-Lackner Vorb. 23). (3) Wegen Einzelheiten vgl Grethlein, Verschlechterungsverbot S. 137—144.

e) Nebenstrafen dürfen nicht neu angeordnet oder verschärft werden[79]). Dagegen kann auf **Nebenfolgen** ohne Strafcharakter immer erkannt werden[80]). Wegen Einzelheiten vgl Ganske S 102—106, 109—112 mit Fundstellen; wegen des Verhältnisses zu den Maßregeln des JRechts s. Grethlein, Verschlechterungsverbot S 145f.

---

[76]) Grethlein, Verschlechterungsverbot S 90f.

[77]) Grethlein, Verschlechterungsverbot S 81.

[78]) Entspr. BGH 5/312, 316f wird man aber JStr. statt der auch möglichen Unterbringung zulassen können, wenn der Angeklagte aus verständigen Gründen darum bittet (näher Grethlein, Verschlechterungsverbot S 140—143; vgl Bruns JZ 54/730ff, Dallinger MDR 54/333f, Ganske S 70, Seibert MDR 54/341; Eb.Schmidt § 331 StPO N 23, Sarstedt S 77, Löwe-Rosenberg (Jagusch) § 331 StPO A 3).

[79]) Kleinknecht-Müller A 3c, Löwe-Rosenberg (Jagusch) A 6 je zu § 331 StPO, Potrykus NJW 55/931. — BGH 4/157 für Eidesunfähigkeit, RG 67/95 für Verlust der Ehrenrechte, RG JW 33/955 für Veröffentlichungsbefugnis.

[80]) Kleinknecht-Müller § 331 StPO A 3d; vgl RG 67/215f, 217f, OLG Köln MDR 54/695, Schwarz-Kleinknecht § 331 StPO A 3, für Einziehung und Unbrauchbarmachung polizeilicher Art, BGH NJW 52/892; aA Potrykus B 10, NJW 55/931, Löwe-Rosenberg (Jagusch) § 331 StPO A 6, bes. f.

f) Die **Kostenentscheidung** darf in entspr. Anwendung der Vorschriften des Verschlechterungsverbotes nicht zum Nachteil des Angeklagten verändert werden (bestr.)[81]).

g) Es verstößt an sich nicht gegen das Verschlechterungsverbot, wenn die Verurteilung nach **ErwRecht statt** nach **JRecht oder umgekehrt** erfolgt[82]). Doch darf im **Einzelfall keine schwerere Maßnahme getroffen werden.**

(1) (a) **JStrafe** entspricht in der Schwere der **Gefängnisstrafe**[83]). Daraus leitet die allg. Meinung eine freie Auswechselbarkeit bis zur gleichen Höhe ab. Doch ist bei gleicher Höhe die Gefängnisstrafe wegen der späteren Entlassungsmöglichkeit ungünstiger (§ 26 StGB: § 88 JGG ≙ 2/3:1/3), also die Zeit des zu erwartenden Freiheitsentzuges länger. Gefängnis darf deshalb nur bis zur halben Höhe der JStrafe verhängt werden (bestr.)[84]); wäre das eine ungenügende Sühne, hat es bei der JStrafe sein Bewenden (bestr.)[84]). Umgekehrt kann JStrafe stets an Stelle einer gleich langen oder kürzeren Gefängnisstrafe treten[85]); dabei kann JStrafe auch in geringerer Höhe als 6 Monate ausgesprochen werden[86]), eine Entlassung gem. § 88 vor Verbüßung von 6 Mon. JStrafe erfolgen[86a]).

Für die Strafaussetzung und die Anrechnung von UHaft gilt das oben A 4c (1) (b) und (c) Entwickelte entsprechend.

[81]) Ganske S 21, 112, Grethlein, Verschlechterungsverbot S 136f im Anschluß an die ältere Rechtsprechung, zB RG 45/62, 64, ObLG GA Band 71/177 (alte Folge), KG Recht 1929/43, OLG Dresden Leipziger Zeitschrift 1930/1340, Löwe-Rosenberg 20. Aufl. § 331 StPO A 4a. — **AA BGH** 5/52, KG GA 55/119, OLG Saarbrücken JMBl Saar 62/108, Jagusch LM § 358 StPO Nr. 10, Kleinknecht-Müller A 3c, Löwe-Rosenberg (Jagusch) A 4d, Eb.Schmidt N 37, Schwarz-Kleinknecht A 3 je zu § 331 StPO, Sarstedt S 78, Voraufl.

[82]) OLG Hamburg NJW 63/67f = GA 63/54 = DAR 63/279, Dallinger-Lackner § 105 N 59, Lackner GA 55/36 (überzeugend), Potrykus § 105 B 6, Schaffstein NJW 55/1578; aA nur Petersen NJW 61/348, 350; vgl aber BGH 12/116, 118f, OLG Düsseldorf NJW 61/891 = SjE F 3 S 266b u. 268k, LG Nürnberg-Fürth MDR 62/326. Wie hier OLG Köln NJW 64/1684 = MDR 64/695.

[83]) BGH 5/366, 369, 10/100, 103, OLG Düsseldorf NJW 64/216, OLG Oldenburg NJW 56/1730 = MDR 56/630, OLG Hamm JMBl NRW 58/203 = EJF C I 50, Grethlein Verschlechterungsverbot S 150f, Potrykus NJW 55/930, Schnitzerling NJW 56/1385, Schwarz-Kleinknecht § 331 StPO A 7A. **AA** Dallinger-Lackner N 61, 64, Jagusch im Leipziger Kommentar A 5b je zu § 105, Lackner GA 55/35, Petersen NJW 61/348, Schaffstein, Jugendstrafrecht S 32 wegen der milderen Registerfolgen (zu diesem Argument vgl ObLG 55/160, 165 und Grethlein, Verschlechterungsverbot S 116f). Für die hier vertretene Meinung spricht entscheidend die Auswechselbarkeit von JStr. und Gefängnis im Vollzug gem. §§ 92 II S 2, 3, 114. Über die Unterschiede hinsichtlich der Höhe s. FN 84, 85 mit Text!

[84]) Grethlein, Verschlechterungsverbot S 153—155; vgl die Fundstellen der FN 83, wo mit der Schwere stets — zu Unrecht — auch die Höhe gemeint ist.

[85]) Grethlein, Verschlechterungsverbot S 152f. Vgl die Fundstellen der FN 83, wo mit der Schwere stets — zu Unrecht — auch die Höhe gemeint ist.

[86]) OLG Oldenburg NJW 56/1730 = MDR 56/630, OLG Hamm JMBl NRW 58/203 = EJF C I 50, Dallinger-Lackner § 105 N 67, Grethlein, Verschlechterungsverbot S 151, Lackner GA 55/37, Schnitzerling NJW 56/1385. AA Potrykus § 55 B 10, NJW 55/930, 56/656. Doch wird in solchen Fällen meist die Verhängung von ZuchtM oder ErzM angebracht sein.

[86a]) Grethlein, Verschlechterungsverbot S 152f. Es ist nämlich ein „besonders wichtiger Grund" im Sinn des § 88 II S 1, wenn die JStrafe an Stelle einer Gefängnisstrafe getreten ist, die eine Entlassung vor Ablauf von 6 Monaten Strafvollzug ermöglicht hätte, weil andernfalls das Verschlechterungsverbot verletzt würde.

Unbestimmte JStr. kann an Stelle von Gefängnis treten, wenn das Höchstmaß nicht dessen Höhe übersteigt[87]); nur Gefängnis bis zum Mindestmaß oder mit Strafaussetzung zur Bewährung ist gegenüber der unbestimmten JStrafe keine Verschlechterung (bestr.)[88]).

JStr. — die ja der Gefängnisstrafe nach der Schwere entspricht[83]) — ist **milder als Zuchthaus, härter als alle anderen Strafen** des allgRechts[89]).

(b) **Fürsorgeerziehung und JArrest** sind milder als JStr., damit auch milder als Zuchthaus und Gefängnis[90]). Fürsorgeerziehung ist milder als Einschließung, härter als Haft[91]); JArrest entspricht dem Strafarrest und der Haft, ist also milder als Einschließung[92]). Dabei sind die Besonderheiten bei Strafaussetzung zur Bewährung und die Härte des Vollzugs zu beachten[93]).

(2) **Geldstrafe** ist milder als jeder Freiheitsentzug, also milder als JArrest und als Fürsorgeerziehung (bestr.)[94]). Sie ist auch milder als Weisungen, da sie auf

---

[87]) BGH 5/366, 368, Potrykus NJW 55/930; ähnl. Dallinger-Lackner § 105 N 64, Schnitzerling NJW 56/1385. — Bei Beachtung des § 19 II S 3 wird das Mindestmaß nie über 2/3 der Gefängnisstrafe liegen. Durch ein höheres Mindestmaß würde die Lage des Angeklagten wegen der ungünstigeren Entlassungsmöglichkeit verschlechtert (Grethlein, Verschlechterungsverbot S 152).

[88]) Grethlein, Verschlechterungsverbot S 155; es gilt das oben A 4c (3) für die JStrafe Gesagte. Demgegenüber läßt die **hM** Gefängnis bis zum Höchstmaß der JStrafe unbestimmter Dauer zu: BGH 5/366, 368, Potrykus NJW 55/930, ähnl. Dallinger-Lackner § 105 N 64, Schnitzerling NJW 56/1385, Voraufl.; gegen diese hM meldet auch Petersen NJW 61/348, 350 Bedenken an.

[89]) Grethlein, Verschlechterungsverbot S 155; vgl Ganske S 49—53, Kleinknecht-Müller § 331 StPO A 3a.

[90]) Grethlein, Verschlechterungsverbot S 156; vgl oben A 4a (4).

[91]) Grethlein, Verschlechterungsverbot S 156f.

[92]) Grethlein, Verschlechterungsverbot S 157f.; OLG Köln NJW 64/1684 = MDR 64/695 für JArrest: Haft.

[93]) Grethlein, Verschlechterungsverbot S 157, 158.

[94]) Grethlein, Verschlechterungsverbot S 158f; nur darf die Ersatzfreiheitsstrafe nicht höher als der ursprünglich angeordnete JArrest sein (vgl Ganske S 76 mit vielen Belegstellen FN 293 für diese Regel im allgRecht), sie muß eine Haftstrafe sein (OLG Köln NJW 64/1684 = MDR 64/695). Ebenso Potrykus NJW 55/930, Schnitzerling NJW 56/1385. AA OLG Düsseldorf NJW 61/891 = SjE F 3 S 266b u. 268k, das das Verschlechterungsverbot nur im Verhältnis der Strafen untereinander und der ErzM und ZuchtM untereinander, aber nicht zwischen beiden Gruppen gelten lassen will; aA auch LG Nürnberg-Fürth MDR 62/326, weil JArrest „unzweifelhaft" milder als Geldstrafe sei und es auf die Beschwernis im Einzelfall nicht ankommen könne (!?). Dallinger-Lackner § 105 N 62f, Jagusch im Leipziger Kommentar § 1 A 5b, Lackner GA 55/35 und Vorauflage sehen die Geldstrafe stets als schwerer denn Fürsorgeerziehung an und wollen für den JArrest auf den Einzelfall unter Berücksichtigung des Strafregistereintrags und der Rückfallgefahr abstellen (so auch OLG Köln NJW 64/1684 = MDR 64/695, das an Stelle von 6 Tagen JArrest 300,— DM Geldstrafe wegen fahrl. Körperverletzung im Straßenverkehr zugelassen hat). Strafregister und Rückfall sind aber für das Verschlechterungsverbot ohne Bedeutung (ObLG 55/160, 165, Grethlein, Verschlechterungsverbot S 146f); wichtig ist allein, daß nach dem Grundgesetz die Freiheit nach dem Leben das am höchsten eingestufte Rechtsgut ist (vgl Art 2 II S 2, 3, Art 104 GG; vgl Eb.Schmidt § 331 StPO N 9, Ganske S 50).

einen Eingriff in das Vermögen beschränkt ist, während Weisungen zu einer größeren Beschränkung der persönlichen Freiheit führen können (bestr.)[95]). Die Geldstrafe entspricht der besonderen Pflicht der Bußzahlung, da beide ein zusätzliches Vermögensopfer fordern; sie können auch hinsichtlich der Höhe miteinander verglichen werden (bestr.)[96]). Sind mildere jrechtliche Maßnahmen verhängt, nämlich Verwarnung, Erziehungsbeistandschaft, Entschuldigung oder Schadensgutmachung [s. oben A 4a (2) (a)—(c)], hat es bei diesen sein Bewenden, auch wenn das Berufungsgericht eine Verurteilung nach allgRecht für richtiger hält[97]).

h) (1) Das Verschlechterungsverbot gilt auch im **vereinfachten JVerfahren**[98]), ist aber im **jrichterlichen Verfügungsverfahren** gem. §§ 75 I S 4 JGG, 413 IV, 411 III StPO ebenso wie bei der Ahndung von Ungehorsam gem. § 75 III (vgl § 75 RL 2 S 2) bis zum Erlaß des ersten Urteils ausgeschlossen[99]). Im **formlosen Erziehungsverfahren** (§§ 45, 47) kommt das Verschlechterungsverbot deshalb nicht in Betracht, weil der J zu nichts gezwungen, ein Ungehorsam nicht geahndet wird und eine Anfechtung deshalb ausgeschlossen ist[100]).

(2) (a) Das Verschlechterungsverbot ist grds auch zu beachten, wenn **Beschlüsse** zugunsten des Angeklagten angefochten werden, die materiellrechtliche Wirkungen haben[101]), also JArrest wegen Ungehorsams verhängt (§§ 11 II, 15 III, 26 A 1c (1), 65)[102]), die Dauer der Bewährungszeit geändert (§§ 22 I S 2, 88 V, 89 II, 59 II)[103]), über die Entlassung zur Bewährung entschieden (§§ 88, 89)[104]), nachträglich eine Einheits„strafe" gebildet (§§ 31, 66)[105]), vorzeitige Entlassung aus dem JArrest bewilligt (§ 87 III)[106]) oder bei Ablehnung eines Entlassungsantrages eine Sperrfrist gem. § 88 IV, (§ 89 II) festgesetzt ist[107]).

Kein Raum für das Verschlechterungsverbot ist dagegen bei Abänderung von Weisungen (s. § 11 A 1b), Bewährungsauflagen oder des Bewährungsplanes (§§ 23 S 3,

---

[95]) Grethlein, Verschlechterungsverbot S 159.

[96]) Grethlein, Verschlechterungsverbot S 159f.

[97]) Grethlein, Verschlechterungsverbot S 160. — Das Verschlechterungsverbot kann ja auch dazu führen, daß ein Verbrechen mit Haft oder Geldstrafe geahndet werden muß: RG 65/60, 65.

[98]) Grethlein, Verschlechterungsverbot S 130.

[99]) Grethlein, Verschlechterungsverbot S 130.

[100]) Grethlein, Verschlechterungsverbot S 131.

[101]) Grethlein, Verschlechterungsverbot S 126f, Ganske S 10f unter Anführung der unterschiedlichen Meinungen im Schrifttum in FN 28—36; wie hier LG Zweibrücken NJW 54/934, Kleinknecht-Müller § 462 StPO A 5b, Pohlmann-Hasemann Strafvollstreckungsordnung § 41 A IV für Gesamtstrafen.

[102]) Grethlein, Verschlechterungsverbot S 128.

[103]) Grethlein, Verschlechterungsverbot S 132; a. bei der Aussetzung der Verhängung einer JStr zBew, s. FN 71.

[104]) Grethlein, Verschlechterungsverbot S 133.

[105]) Grethlein, Verschlechterungsverbot S 126f.

[106]) Grethlein, Verschlechterungsverbot S 134.

[107]) Grethlein, Verschlechterungsverbot S 133f.

29, 58, 60, 62, 64)[108]), bei der nachträglichen Bewährungsentscheidung (§ 57)[109]) und bei der Anfechtung der Strafaussetzung allein[110]), bei Straferlaß (§§ 26 I, 59 IV, 88 V, 89 II)[111]), Widerruf der Strafaussetzung oder Entlassung zur Bewährung (§§ 26 II, 58, 88 V, 89 II)[112]), bei der nachträglichen Einheits„strafen"bildung selbst (§§ 31, 66)[113]), bei vorläufigen Anordnungen über die Erziehung (§§ 71, 72)[114]) und im Verfahren zur Beseitigung des Strafmakels (§§ 97ff)[115]).

5a) Für die **Wiederaufnahme** eines durch rechtskräftiges **Urteil** abgeschlossenen Verf. gelten §§ 359ff StPO. (1) Eine Verurteilung iS dieser Vorschriften ist auch die Verhängung von ZuchtM u. die AO von ErzM (allgM). Für das Anfechtungsrecht (§ 365 StPO) gilt A 1b; für die Wiederaufnahme gelten neben §§ 359 Nr 5, 363 StPO die bes. jrechtl. Beschränkungen des § 55 I (s. A 2); wegen der Auswirkungen des Grundsatzes der EinheitsStr. vgl das A 1c (2), (3) Gesagte. Bei Wiederaufnahme nur wegen einzelner Taten kann die Vollstr. wegen der übrigen Taten in entspr. Anwendung des § 56 eingeleitet oder fortgesetzt werden. Wegen des Verschlechterungsverbotes (§ 373 II StPO) vgl A 4. (2) Die Wiederaufnahme hat nach JGG eine bes. Bedeutung, wenn das Urteil auf einer Einreihung in eine falsche Altersstufe beruht (vgl § 1A 2d).

b) Auch gegen Beschlüsse[116]), durch die gem. §§ 11 II, 15 III JA verhängt worden ist, ist die Wiederaufnahme zulässig (aA LG Stuttgart NJW 57/1686). Es begründet für den Betroffenen keinen Unterschied, ob der JA gegen ihn durch Urteil oder Beschl. verhängt ist; nachdem in jedem Fall Unrecht gesühnt wird (§ 11 A 2a), müssen trotz des Ausnahmecharakters der Wiederaufnahmevorschriften im Interesse der gerade

---

[108]) Grethlein, Verschlechterungsverbot S 132.

[109]) Wurde Strafaussetzung angeordnet, kann mangels Beschwer nicht zugunsten des Angeklagten angefochten werden. Ist Strafaussetzung versagt, bleibt kein Raum für weitere Verschlechterung. Wendet sich der Verurteilte gegen den weiteren Aufschub der Entscheidung über die Strafaussetzung, kann das Verschlechterungsverbot durch keine Entscheidung verletzt werden, da der Verurteilte ja noch keine Rechtsposition erlangt hat [oben A 4c (1) (c)].

[110]) Grethlein, Verschlechterungsverbot S 131f.

[111]) Grethlein, Verschlechterungsverbot S 132.

[112]) Grethlein, Verschlechterungsverbot S 132.

[113]) Grethlein, Verschlechterungsverbot S 125f.

[114]) Grethlein, Verschlechterungsverbot S 135.

[115]) Grethlein, Verschlechterungsverbot S 128f.

[116]) Die Frage, ob eine Wiederaufnahme gegen Beschlüsse zulässig ist, wird auch im allg. Recht unterschiedlich beantwortet. Die herrschende Meinung lehnt die Wiederaufnahme ab: OLG Bremen NJW 59/353, OLG Celle Nds. Rpfl 64/17 (bei Eintragung in die Verkehrszentralkartei), OLG Hamburg JZ 51/185, OLG Hamm JZ 52/568, KG JR 56/351, OLG Neustadt MDR 57/568, Kleinknecht-Müller § 359 StPO A 1a, Löwe-Rosenberg (Kohlhaas) Vorb. 1b zu § 359 StPO, Schwarz-Kleinknecht Vorb. 3 vor § 359 StPO. — AA zu Recht OLG Braunschweig NJW 50/36 (für Verwerfungsbeschluß gem. § 349 StPO), OLG Neustadt NJW 61/2363 (für Einstellungsbeschluß gem. § 383 II StPO) und OLG Oldenburg NJW 62/1169 = MDR 62/670 (bei Widerruf der Strafaussetzung gem. § 453 StPO); OLG Hamm und OLG Hamburg aaO hielten Ausnahmen für urteilsgleiche Beschlüsse für möglich.

Wegen des Verfahrens vgl OLG Oldenburg aaO: § 367 I StPO nicht anwendbar; es gelten §§ 458 I, 462 I StPO.

gegenüber J bes. wichtigen materiellen Gerechtigk. die §§ 359, 373a StPO, 66 OWiG entspr. auf diese Beschlüsse angewendet werden.

Gleiches wird für andere urteilsgleiche Beschlüsse zu gelten haben, etwa im Nachverfahren gem. § 30 (§ 62 II), bei der nachträglichen Entscheidung über die Strafaussetzung zur Bewährung (§ 57), beim Widerruf der Strafaussetzung (§ 58 I) und bei der nachträglichen Gesamtstrafenbildung (§ 66 II S 2).

c) Wegen der **Wiederaufnahme bei jrichterlichen Verfügungen** vgl § 75 A 5d.

6) Nichtigkeit: s. § 1 A 2d mit FN 3.

7) Rechtsmittelbelehrung: § 54 A 6a.

§ 56

Teilvollstreckung einer Einheitsstrafe

1) Hw — J: § 109 II, § 56 RL 2. — **2) ErwG:** § 104 I 7, § 56 RL 2.

(1) Ist ein Angeklagter wegen mehrerer Straftaten zu einer Einheitsstrafe verurteilt worden, so kann das Rechtsmittelgericht vor der Hauptverhandlung das Urteil für einen Teil der Strafe als vollstreckbar erklären, wenn die Schuldfeststellungen bei einer oder bei mehreren Straftaten nicht beanstandet worden sind. Die Anordnung ist nur zulässig, wenn sie dem wohlverstandenen Interesse des Angeklagten entspricht. Der Teil der Strafe darf nicht über die Strafe hinausgehen, die einer Verurteilung wegen der Straftaten entspricht, bei denen die Schuldfeststellungen nicht beanstandet worden sind.

(2) Gegen den Beschluß ist sofortige Beschwerde zulässig.

Richtlinien zu § 56:

1. Von der Möglichkeit, die Teilvollstreckung einer Einheitsstrafe anzuordnen, wird nur mit Zurückhaltung Gebrauch gemacht werden können. Es ist vor allem zu bedenken, daß sich bei einem Wegfall einzelner Schuldfeststellungen ein anderes Bild von der Persönlichkeit des Jugendlichen ergeben und damit die Verhängung von Jugendstrafe überhaupt entbehrlich werden kann.
2. § 56 gilt auch im Verfahren gegen Jugendliche vor den für allgemeine Strafsachen zuständigen Gerichten (§ 104 Abs. 1 Nr. 7), im Verfahren gegen Heranwachsende nur, wenn der Richter Jugendstrafrecht anwendet (§ 109 Abs. 2).

1) Jede Anfechtung der EinheitsStrEntsch. erfaßt den ganzen Strafausspruch, während der Schuldspruch ganz oder teilweise in Rechtskraft erwachsen kann [§ 55 A 1c (2), (3)]. Eine **TeilVollstr.** aus dem nicht rechtskräftigen Strafausspruch ist **nur ausnahmsweise** (RL 1) entgegen § 449 StPO aus erz. Gründen (Str. muß der Tat auf dem Fuße folgen, UHaft soll möglichst vermieden werden) mögl., wenn **4 Voraussetzungen** (a—d) vorliegen.

a) Mehrere in **Tatmehrheit** stehende Taten sind gem. §§ 31, 32, 66 mit **einer** (auch unbest.)[1]) **JStr.** geahndet worden (I S 1). Bei Einbeziehung früherer Entsch. ist zu

[1]) Dallinger-Lackner N 8; aA Potrykus B 6.

beachten, daß in ihnen ausgesprochene JStr. bis zur Rechtskraft der EinheitsStr. Entsch. vollstreckbar bleibt, so daß § 56 hier meist nicht angewendet werden muß[1a]).

b) Der **Schuldspruch** ist hinsichtl. einer oder mehrerer (**nicht aller**) **Taten rechtskräftig** (I 1). Ist dagegen der gesamte Schuldspruch rechtskräftig, kann auch bei Teilanfechtung des Str.Ausspruches keine Teilvollstr. erfolgen[2]).

c) Die Teilvollstr. muß im wohlverstandenen **Interesse des Täters** liegen (I S 2). Das ist grds nur der Fall, wenn dadurch statt der erz. indifferenten UHaft oä die Erz.Arbeit der JStrAnstalt mit hinreichender Aussicht auf Dauer begonnen werden kann (vgl auch A 1 d) oder wenn der verwahrloste Täter möglichst schnell aus seiner Umgebung weg muß. Dem Angeklagten darf aus der Teilvollstr. — objektiv betrachtet — kein Rechtsnachteil erwachsen.

d) Die Möglichk., daß durch das Rechtsmittelurteil die **JStr. wegfallen** könnte (vgl RL 1 S 2!), darf **nur** eine **theoretische** sein (Dallinger-Lackner N 6, 12), selbst wenn alle angefochtenen Schuldsprüche aufgehoben werden müßten (I S 3).

2a) Das RechtsmittelGer. entscheidet nach pflichtgem. Ermessen. Der zu vollstreckende Teil wird durch die JStr. bestimmt, die mindestens bleibt, wenn der Schuldspruch im Umfang der Anfechtung wegfällt (I S 3). Die unvermeidl. Unsicherheit (Akten-Entsch. im TäterStrR) wirkt zugunsten des Täters.

b) Die AO erfolgt durch **Beschl.**, ggf mit Rechtsmittelbelehrung (§ 35a StPO). Der Beschl. der JK kann mit **sof.Beschw.** angefochten werden (II, § 311 StPO). Gegen Entsch. höherer Ger. gibt es kein Rechtsmittel (§§ 304 IV, 310 II StPO, Dallinger-Lackner N 16, aA Potrykus B 6 hinsichtl. der weiteren Beschw.).

c) Der Beschl. ist sofort **vollstreckbar.** Das Beschw.Ger. kann die Vollstr. aber aussetzen (§ 307 StPO). Wegen der urkundl. Grundlagen der Vollstr. s. § 85 RL II 3.

d) Vom Tage des Beschl. an rechnet jede Freiheitsentziehung in diesem Verf. (bes. UHaft) als **StrHaft** (§ 450 II StPO entspr.). Sie wirkt also bei unbestJStr. auf Mindest- u. HöchstStr.[3]).

3) § 56 gilt **im Wiederaufnahmeverf.** entspr. (§ 55 A 5a).

[1a]) Dallinger-Lackner N 9, Löwe-Rosenberg 20. Aufl. § 449 StPO A 1b. — Für das allg Recht wie hier OLG Celle JZ 58/508, Anm. Pohlmann, OLG Hamburg RPfl 63/194, Pohlmann-Hasemann § 19 A II, Schwarz-Kleinknecht § 449 StPO A 5; aA OLG Oldenburg NJW 60/62 = GA 59/382 = JR 60/73 (mit abl. Anm. Dünnebier).

[2]) Dallinger-Lackner N 11; aA Potrykus B 3; die Lage ist aber nicht anders als wenn nur eine Tat begangen wäre; § 56 berücksichtigt aber nur die Besonderheiten der EinheitsStr., setzt also Tatmehrheit voraus.

[3]) Dallinger-Lackner N 21; aA Potrykus B 6: § 52 III entspr., doch wirkt StrHaft stets auf das Mindest- u. Höchstmaß zugleich.

Vierter Unterabschnitt

Verfahren bei Aussetzung der Jugendstrafe zur Bewährung

§ 57

Entscheidung über die Aussetzung

1) **Hw — J:** § 109 II. — 2) **ErwG:** § 104 I 8.

(1) Die Aussetzung der Jugendstrafe zur Bewährung wird im Urteil oder, solange der Strafvollzug noch nicht begonnen hat, nachträglich durch Beschluß angeordnet. Für den nachträglichen Beschluß ist der Richter zuständig, der in der Sache im ersten Rechtszuge erkannt hat; der Staatsanwalt und der Jugendliche sind zu hören.

(2) Hat der Richter die Aussetzung im Urteil abgelehnt, so ist ihre nachträgliche Anordnung nur zulässig, wenn seit Erlaß des Urteils Umstände hervorgetreten sind, die allein oder in Verbindung mit den bereits bekannten Umständen eine Aussetzung der Jugendstrafe zur Bewährung rechtfertigen.

(3) § 260 Abs. 4 Satz 2, § 263 Abs. 4 und § 267 Abs. 3 Satz 3 der Strafprozeßordnung gelten entsprechend.

1a) Wie im allgR wird die **StrAzBew. im Urteils-Satz** angeordnet, in den Urteilsgründen abgelehnt (III; §§ 260 IV S 2, 267 III S 3 StPO).

b) Im JR kann die Entsch. **auch einem nachträgl. Beschl.Verf.** überlassen bleiben u. zwar — zweckmäßig — ausdrückl. u. begründet oder dadurch, daß das Urteil über Strafaussetzung zur Bewährung schweigt [s. A 2a (1)]. Ist Strafaussetzung beantragt, muß — wenigstens in den Urteilsgründen — ausgesprochen werden, daß die Entscheidung dem Beschlußverfahren vorbehalten bleibt (III, § 267 III S 3 StPO; BGH 14/74).

c) Ob über die Strafaussetzung im Urteil oder später entschieden wird, bestimmt das **pflichtgemäße Ermessen** des Gerichts auch dann, wenn die Strafaussetzung ausdrücklich beantragt ist (BGH 14/74). Angezeigt ist dieses Verfahren zB, wenn noch weitere Ermittlungen nur zur Frage der StrAzBew. oder zu den Aufl. notwendig sind (vgl § 21 RL 1, A 2b), dadurch also eine Vertagung vermieden wird, oder wenn die Gefahr besteht, daß der J das Urteil mit StrAzBew. als „halben Freispruch" ansieht und deshalb nicht die erforderl. Bereitschaft für die Bew.Zeit aufbringt, auch um das Gewicht des Urteils gegenüber JA zu betonen, der gleichzeitig gegen andere Angeklagte verhängt wird. Doch ist Zurückhaltung geboten, weil die Schöffen im Nachverf. nicht beteiligt sind, weil das Verf. mit dem Urteil noch nicht abgeschlossen ist, mitunter auch, weil der Eindruck entstehen kann, das Ger. sei nachträgl. weich geworden. Rglm soll StrAzBew. im Urteil angeordnet werden.

2a) (1) Das **nachträgl. Beschl.Verf. muß** stattfinden, **wenn** das Urteil keine Entsch. zur StrAzBew. getroffen hat, weil diese Entsch. nie unterbleiben darf (s. A 2c). — (2) Es **kann** auch stattfinden, **wenn** das Urteil StrAzBew. abgelehnt hat; dann allerdings müssen für die AO der StrAzBew. die bes. Voraussetzungen des II gegeben sein: Seit dem ablehnenden Urteil müssen dem Ger. (vgl BGH 7/64) Umstände bekannt geworden sein, die dem Ger. (allen Mitgliedern), das letztmals Tatsachen bei der Entsch. zur StrAzBew. berücksichtigen durfte, zZ des Urteilserlasses nicht bekannt waren, also bis zur Verkündung in letzter Tatsacheninstanz oder gem. § 354 I StPO. Diese Umstände müssen nunmehr die StrAzBew. zulassen, also neben den früher bekannten Umständen bedeutsam sein und nicht nur den Vorwand zu einer — unzulässigen — Korrektur bilden. Diese Beschränkung gilt auch, wenn die StrAzBew. vorher schon durch Beschl. abgelehnt wurde (Dallinger-Lackner N 29, aA Potrykus B 3). — (3) Das Verfahren nach **§ 57 ist ausgeschlossen,** wenn die bereits angeordnete Strafaussetzung gem. § 26 II widerrufen wurde; eine erneute Anordnung ist nur im Gnadenweg möglich. — Auch eine Freiheitsstrafe des allg Rechts kann nachträglich nur im Gnadenweg zur Bewährung ausgesetzt werden.

b) Zuständig ist das Ger. des ersten Rechtszuges (auch ErwG) in der Besetzung außerhalb der Hauptverh. Es hat die noch notwendigen Beweise zu erheben und JStA, Verurteilten, ErzBer., gesVertr. u. Verteidiger — zweckmäßig mündl. — zu hören. Der **Beschl.** ist zu verkünden (möglichst mit den Bew.Aufl. u. dem Bew.Plan; vgl §§ 58, 60), sonst zuzustellen (§ 35 StPO); er muß begründet werden (§ 34 StPO) und eine Belehrung über das Recht der sof. Beschw. (§ 59 I) enthalten (35a StPO).

c) Der Beschl. kann **nur zwischen Rechtskraft** des Urteils **u. dem Beginn der Str. Vollstr.** (Aufnahme in die zuständige JStrAnstalt), er muß also rasch ergehen. Wo im Urteil keine Entsch. getroffen ist, darf die StrVollstr. erst nach Entsch. im Beschl.Verf. erfolgen [s. A 2a (1)]; bei vorheriger Vollstr. kann deshalb der Beschl. noch nach ihrem Beginn ergehen (Dallinger-Lackner N 17).

d) Bis zur Rechtskraft dieser Entsch. kann ein **Haftbefehl** gem. §§ 112ff StPO, 72 JGG erlassen werden, weil das Verf. des Ger. noch nicht abgeschlossen ist, eine vollstreckbare Entsch. noch nicht vorliegt. Die erlittene U-Haft wird entspr. §§ 61 II S 1 JGG, 450 StPO anzurechnen sein.

3a) Sachl. Grundlagen der AO der StrAzBew. sind die §§ 20f, 30 I S 2. Die AO erfordert stets (Urteil, Beschl.) **einfache Mehrheit** (III, § 263 IV StPO). Zugleich mit der Aussetzung **muß beschränkte Auskunft** aus dem StReg. **angeordnet** werden (§ 96 II S 1).

b) Über das Verhältnis zu Gnadenentsch. s. § 21 A 1b aE.

§ 58

Weitere Entscheidungen

1) Hw — J: § 109 II. — **2)** ErwG: § 104 I 8, V 1; § 58 A 4. — **3) Sold:** A 3b (3).

(1) Entscheidungen, die infolge der Aussetzung erforderlich werden (§§ 22, 23, 26), trifft der Richter durch Beschluß. Der Staatsanwalt, der Jugendliche und der Bewährungshelfer sind zu hören. Der Beschluß ist zu begründen.

(2) Zuständig ist der Richter, der die Aussetzung angeordnet hat. Er kann die Entscheidungen ganz oder teilweise dem Jugendrichter übertragen, in dessen Bezirk sich der Jugendliche aufhält. § 42 Abs. 3 Satz 2 gilt entsprechend.

1a) Es handelt sich um (1) Festsetzung u. nachträgl. Abänderung der **Bew.Zeit** (§ 22), (2) AO, Änderung u. Aufhebung von **Bew.Aufl.** (§ 23), (3) **Widerruf** der StrAz Bew. **oder Erlaß** der JStrafe nach Ablauf der Bewährungszeit (§ 26). — Nicht hierher gehört die Einleitung der Vollstreckung; dafür bleibt das erkennende Gericht auch nach Übertragung gem. II zuständig, falls nicht die Vollstreckung gem. § 85 III abgegeben wurde (OLG Frankfurt Zbl 63/265).

b) § 58 gilt **entsprechend** für die gem. § 24 erforderlichen Maßnahmen, wie Bestellung eines ehrenamtlichen **BewHelfers**[1]) und die Aufstellung des **BewPlanes**[2]), einschließlich der Zuständigkeitsregelung (s. A 3), weil eine getrennte Zuständigkeit in diesem wichtigen Verfahrensabschnitt unmöglich wäre (BGH 19/170, 173).

2a) Die Entsch. ergeht **durch Beschl.** Bew.Zeit u. Bew.Aufl. gehören also auch bei gleichzeitiger Verkündung nicht ins Urteil[3]).

b) Die Entsch. kann ohne mündl. Verh., doch stets nur nach entspr. Beweisaufnahme und nach möglichst mündl. Anhörung zu allen Punkten (Art. 103 I GG) des JStA, BewH, J[3a]), ErzBer., gesVertr. u. Verteidigers, möglichst auch der JGH ergehen (I S 2, 67 I). — Der Beschl. ist zu begründen, auch wo er nicht angefochten werden kann (I S 3 über § 34 StPO hinaus); Rechtsmittelbelehrung s. § 35a StPO u. § 54 A 6a; Anfechtung s. § 59 II—IV.

3a) Zuständig ist das Ger., das ausgesetzt hat (s. aber A 4), also auch das Ber.Ger., wenn es im Gegensatz zum ErstRi. StrAzBew. angeordnet hat, dagegen der ErstRi., wenn das Ber Ger. seine Entsch. nur bestätigt hat[4]).

b) (1) Dieses Ger. kann nach pflichtgem. Ermessen die **Entsch.** (A 1) von Anfang an oder später an den JRi. des AG **übertragen,** in dessen Bezirk sich der J aufhält. Wann dieser Aufenthalt begründet wurde, ist bedeutungslos (OLG Köln NJW 55/603). Aufenthalt in einer FE-Anstalt genügt (OLG Schleswig EJF C I 26; vgl § 42 A 4a, bes. FN 5). Die JK kann auch dann übertragen, wenn der J sich in ihrem Bezirk aufhält (OLG Köln NJW 55/603), jedoch immer an den JRi., auch wenn das JSchöffG ErstGer. war (OLG Frankfurt NJW 57/1486). (2) Dabei kann es sich **auch einige**

---

[1]) Die Zuständigk. des hauptamtl. BewH ergibt sich aus der Geschäftsverteilung: s. § 59 A 2d.

[2]) Dallinger-Lackner § 60 N 16, Potrykus B 4; s. § 60 A 4.

[3]) Dallinger-Lackner N 3, BGH NJW 54/522 für das allgR; aA Potrykus B 1, 2.

[3a]) Vereitelt der Verurteilte selbst die Anhörung, indem er trotz entspr. Auflage den Wechsel seiner Anschrift nicht mitteilt, soll er sich nach OLG Köln (NJW 63/875, für § 453 I S 2 StPO) nicht auf das rechtl. Gehör berufen können. — ME sollte, wenn Widerruf in Betracht kommt, der Richter sich alsbald der Person des J gem. § 61 versichern, ihn anhören und erst dann über den Widerruf entscheiden; in anderen Fällen, bes. bei Änderung der Auflagen, kann mit dem OLG Köln verfahren werden, zumal durch die Abänderbarkeit der Auflagen kein Schaden entstehen kann.

[4]) BGH 19/170, OLG Frankfurt NJW 57/1486 = EJF C I 31, Dallinger-Lackner N 8; aA Potrykus B 2: stets der ErstRi.; vgl aber die Fassung des Abs. II u. des § 453 II S 1 StPO. Die Gegenmeinung hätte nach dem o. A 2a Gesagten zur Folge, daß das BerGer. die AO der Bew.Aufl. auch nicht im Anschluß an die Hauptverh. vornehmen könnte, und ist schon deshalb abzulehnen.

Entsch. vorbehalten (etwa den Widerruf und den StrErlaß, s. BGH 7/318, 321f); fehlt ein ausdrückl. Vorbehalt, ist alles übertragen. (3) Es ist **abzuwägen** zwischen den Vorzügen der Entsch.Nähe und der Kenntnis der Persönlichk. des J aus dem Verf. (OLG Köln aaO). Für die Übertragung müssen beachtl. Gründe vorliegen BGH NJW 58/560 und bei Herlan GA 59/47f für allgRecht). Bei **Wehrpflichtigen** kommt eine Übertragung an das Gericht des Garnisonsortes regelmäßig nicht in Betracht, wenn die Straftaten in der Zivilzeit begangen wurden (BGH NJW 59/1503, OLG Köln EJF C I 66 = SjE F 3 S 291); wegen weiterer Probleme bei Soldaten s. Grethlein NJW 59/1503.

c) (1) Hat der angegangene JRi. **Bedenken,** das Verf. zu übernehmen, entscheidet das **übergeordnete Ger.**[4a]; nur die Abgabe der übergeordneten JK (A 3b (1) aE) und des ErwG (A 4) ist bindend. Das Verf. wird erst mit der Übernahme oder dem die Übernahme anordnenden Beschl. des OberGer. beim angegangenen Ger. **anhängig** (Dallinger-Lackner N 15). (2) Das abgebende Ger. hat bei gleichbleibenden Verhältnissen kein Widerrufsrecht. Dagegen muß es bei einer **Änderung der Verhältnisse** seine **Entsch. überprüfen und ggf** — bes. bei Wechsel des Wohn- u. Aufenthaltsortes — **abändern.** Es kann selbst das Verf. wieder übernehmen oder das Verf. einem dritten Ger. übertragen (BGH 11/80 für § 453 II 2 StPO). Der zunächst übernehmende JRi. kann nur beim abgebenden Ger. eine Änderung anregen, indem er Bedenken auf Grund der veränderten Verhältnisse erhebt [A 3c (1)]; dagegen kann er nicht selbst an ein drittes Ger. übertragen[5]).

4a) Hat ein **ErwG** die JStr. zur Bew. ausgesetzt, **muß** es die Entsch. (A 1) gem. A 3b **übertragen,** der JRi. des Aufenthaltsortes muß übernehmen (§ 104 I Z 8, V S 1; Dallinger-Lackner § 104 N 15); die Entsch. über die StrAzBew. kann hier also nicht mit der Entsch. über Bew.Zeit, Bew.Aufl. uä verbunden werden (aA wohl Potrykus § 104 B 6).

b) Für das übernehmende Ger. gilt § 58 II S 2, 3 entspr.[6]).

5) Wegen des **Verschlechterungsverbotes** s. § 55 A 4h (2); wegen einer **Wiederaufnahme** dieses Verfahrens s. § 55 A 5b.

§ 59

Anfechtung

1) Hw — J: § 109 II. — **2) ErwG:** § 104 I 8.

(1) Gegen eine Entscheidung, durch die die Aussetzung der Jugendstrafe angeordnet oder abgelehnt wird, ist, wenn sie für sich allein angefochten wird, sofortige Beschwerde

[4a]) S. § 42 A 4a (3).

[5]) BGH 11/332 für § 453 II S 2 StPO mit Literaturangaben, zust. Kohlhaas EJF D II 7; aA OLG Frankfurt NJW 57/1486 = EJF C I 31 = Zbl 58/149 = SjE F 3 S 293: Rückübertragung; Dallinger-Lackner N 12: direkte Weiterübertragung. BGH 19/170, 174 läßt die Frage für § 58 II offen. — Hier ist die Lage anders als bei § 42 III; s. § 42 FN 5b; vgl auch § 85 A 4a (1).

[6]) Dallinger-Lackner N 15, Potrykus B 6 je zu § 104; FN 5 steht nicht entgegen; denn hier soll das erkennende Ger. ja gerade keine weiteren Befugnisse mehr haben, da es vorwiegend um erz. Belange geht (vgl auch §§ 23 u. 104 IV).

zulässig. Das gleiche gilt, wenn ein Urteil nur deshalb angefochten wird, weil die Strafe nicht ausgesetzt worden ist.

(2) Gegen eine Entscheidung über die Dauer der Bewährungszeit (§ 22) oder über Bewährungsauflagen (§ 23) ist Beschwerde zulässig. Sie kann nur darauf gestützt werden, daß die Bewährungszeit nachträglich verlängert worden oder eine getroffene Anordnung gesetzwidrig ist.

(3) Gegen den Widerruf der Aussetzung der Jugendstrafe (§ 26 Abs. 2) ist sofortige Beschwerde zulässig.

(4) Der Beschluß über den Straferlaß (§ 26 Abs. 1) ist nicht anfechtbar.

(5) Wird gegen ein Urteil eine zulässige Revision und gegen eine Entscheidung, die sich auf eine in dem Urteil angeordnete Aussetzung der Jugendstarfe zur Bewährung bezieht, Beschwerde eingelegt, so ist das Revisionsgericht auch zur Entscheidung über die Beschwerde zuständig.

1a) Das **Urteil** wird **grds** (a. A 1b) mit **Ber. oder Rev.** angefochten. Jede den StrAusspruch berührende Anfechtung umfaßt die StrAzBew. als Teil der StrZumessung. Dabei kann auch das RechtsmittelGer. die Entsch. über die StrAzBew. dem nachträgl. Beschl.Verf. überlassen (§ 57 A 1b); wegen der Wirkung des Verschlechterungsverbotes insoweit s. § 55 A 4c.

b) (1) Wird das **Urteil nur hinsichtl. der StrAzBew.** (AO, Ablehnung, Nicht-Entsch.) angefochten, ist **sof.Beschw** gegeben (I), auch dann, wenn diese Entsch. nach allg. Grundsätzen (vgl BGH bei Dallinger MDR 55/394f) nicht von der übrigen StrFrage zu trennen wäre (Dallinger-Lackner N 5). (2) Eine auf die StrAzBew.Frage beschränkte Ber. oder Rev. ist nicht unzulässig, sondern gem. § 300 StPO als sof.Beschw. zu behandeln, über die das unmittelbar übergeordnete Ger. entscheidet (BGH 6/206, 208). Auch ein Übergang von Ber. u. Rev. zur sof.Beschw. ist bei Beschränkung der Anfechtung auf die Frage der StrAzBew. innerhalb der Rev. Begründungsfrist möglich[1]). (3) Die Vorschrift bezieht sich **nur auf die JStr.**; eine Anwendung auf JArrest ist nicht möglich, da die Aussetzung des Vollzugs des JArrestes zwingend ausgeschlossen ist (OLG Frankfurt NJW 63/969). (4) Wegen des **Verf.** s. A 3.

c) Die sof.Beschw. tritt nur an Stelle der Ber. oder Rev.[1a]) (1) Sie erweitert den Rechtsmittelzug aber nicht. Urteile der Rev Ger. sind deshalb nicht nach I anzufechten (s. auch § 304 IV StPO entspr., Dallinger-Lackner N 13), ebenso nicht Ber.Urteile für den nach § 55 II von der Rev. Ausgeschlossenen (OLG Hamm JMBl NRW 55/10, Dallinger-Lackner N 14)[1a].) Auch umgekehrt kann der Beschw.Führer

[1]) BGH 6/206, 207; Dallinger-Lackner N 16 und Löwe-Rosenberg (Jagusch) § 335 StPO A 5 für Revision, Potrykus B 1 auch für Berufung. — Es ist anders als beim Übergang von der Ber. zur Rev. u. umgekehrt [§ 55 A 3b (1)], weil es sich hier um eine Frage der Rechtsmittelbeschränkung, dort um eine Änderung des Rechtsmittels selbst handelt.

[1a]) OLG Stuttgart, Justiz 64/172: ein in 1. Instanz nach ErwRecht abgeurteilter Hw, der selbst Berufung eingelegt hat und vom Berufungsgericht nach JRecht abgeurteilt wurde, hat gegen die Versagung der Aussetzung der JStr.zBew nicht mehr die sof. Beschwerde. Vgl aber § 55 FN 25 mit Text dazu.

keine weiteren Rechtsmittel einlegen [§ 55 II entspr.; s. u. (2)]. (2) Umstritten ist, was geschieht, wenn neben der sof.Beschw. nach I durch einen anderen Verf.Beteiligten Ber. oder Rev. eingelegt wird. (a) Diese Fragen lösen sich leicht u. befriedigend, wenn man auf das Wesen der sof.Beschw. abstellt, also darauf, daß diese eine auf die StrAz Bew. beschränkte, sonst aber umfassende Anfechtung ist, die zur Vereinfachung u. Beschleunigung an Stelle der Ber. tritt. (aa) Neben einer Ber. ist über die sof. Beschw. auf Grund der Ber.Verh. durch Urteil zu entscheiden; eine gesonderte Behandlung der sof.Beschw. würde zweckwidrig zu einer Komplizierung führen, ihre Behandlung wie eine Ber. aber gewährleistet die einfachste, volle u. erschöpfende [s. o. (1) aE] Nachprüfung beider Rechtsmittel. (bb) Neben der WahlRev. muß vor der Entsch. des RevGer. die Entscheidung des Ber.Ger. über die sof. Beschw. ergehen in Anwendung des Grundgedankens des § 335 III StPO, daß die tatsächl. Nachprüfung den Vorrang hat, doch unter Beachtung des Unterschieds, daß hier das Rev.Urteil nicht durch den Beschl. des Beschw.Verf. ersetzt werden kann. Daß die Beschw.Entsch. an sich keiner Nachprüfung mehr unterliegt (§ 310 StPO), steht dem nicht entgegen; die Beschw. vertritt hier ja nur zur Vereinfachung die Ber.; mit der Rev. werden aber allg. Ber.Urteile nachgeprüft und zwar auch hinsichtl. der Frage der StrAzBew., wenn diese durch die Ber. neben anderen Punkten angegriffen würde. — Eine Behandlung der sof.Beschw. durch das Rev.Ger. geht nicht an und findet auch im Ges. keine Stütze (BGH 6/206, 208). (cc) In dem seltenen Fall [vgl § 55 II u. o. A 1c (1)], daß gegen das Ber.Urteil gleichzeitig Rev. u. sof.Beschw. eingelegt wird, steht es mangels bes. oder vergleichbarer Vorschrift im Ermessen des auch für die sof.Beschw. zuständigen Rev.Ger. (§§ 121 I Z 1b, Z 2 GVG), ob es über beide Rechtsmittel getrennt oder gleichzeitig entscheiden will.

(b) **Demgegenüber** hält die **hM** in diesen Fällen die sof.Beschw. für unwirksam (Dallinger-Lackner N 17, Potrykus B 2, 5, JZ 54/538). Abgesehen davon, daß es an jeder Berechtigung dafür fehlt, ein zulässiges Rechtsmittel nur deshalb nicht zu beachten, weil der Prozeßgegner ein anderes Rechtsmittel mit grds widerstreitendem Ziele eingelegt hat, führt diese Meinung auch zu Unzuträglichk. So erhält danach der Angeklagte auch gegen das auf Ber. des StA ergangene Urteil erneut und gegen den Sinn des § 55 II die sof.Beschw., obgleich die Beschw. seiner sof.Beschw. gegen das Ersturteil bereits gem. § 301 StPO im Ber.Urteil auch nach seiner Anregung und nach seinem Vorbringen in der sof.Beschw. überprüft wurde (Dallinger-Lackner N 17 Abs 1, Potrykus B 2, JZ 54/538). Umgekehrt können nach dieser Meinung die Beschw.Punkte trotz der gesetzl. Zulassung dieser Anfechtung bei Einlegung der WahlRev. in tatsächl. Hinsicht überhaupt nicht überprüft werden, weil das Rev.Ger. auf die Prüfung der Rechtsfragen beschränkt ist (s. BGH 6/206, 208), andererseits aber gegen das Rev.Urteil keine sof.Beschw. mehr gegeben ist (A 1c (1), Dallinger-Lackner N 17 u. b; Potrykus B 2), ein mit rechtsstaatl. Forderungen nicht vereinbares Ergebnis. Auch der Gedanke, daß über die sof.Beschw. erst nach dem Urteil des Rev.Ger. zu entscheiden wäre (Potrykus B 5), findet nicht nur im Ges. keine Stütze, sondern führt auch dazu, daß das nicht gebundene Beschw.Ger. die Entsch. des Rev.Ger. praktisch kassieren könnte und zwar auch ausschließl. aus Rechtsgründen.

2a) Auch die **nachträgl. Beschl.Entsch.** über die StrAzBew. ist mit **sof.Beschw. anfechtbar** (I). Es gilt das in A 1b (1), (3) Gesagte.

b) Weiter ist gegen den **Widerruf der Str.Aussetzung sof.Beschw.** gegeben (III). Dagegen kann der Beschluß, durch den ein Antrag auf Widerruf zurückgewiesen wird, im Hinblick auf IV (s. A 2e) nicht angefochten werden (LG München II NJW 60/1216 mit zust. Anm. Potrykus; vgl Schnitzerling Zbl 60/115: nur Beschwerde, wenn Richter den Widerruf unterläßt, also nicht entscheidet). — Wegen der Vollstreckbarkeit s. § 26 A 1d mit FN 3.

c) (1) Mit der **einfachen Beschw.** kann stets die **Verlängerung der Bew.Zeit** (s. § 22 I S 2) angefochten werden. Dieses Rechtsmittel ist **auch gegen alle andere Entsch. über die Bew.Zeit** (AO, Verkürzung) u. über die **Bew.Aufl.** (AO, Änderung u. Aufhebung) gegeben, **wenn sie gesetzwidrig sind,** also zB die gesetzl. Grenzen der Bew.Zeit nicht beachten, andere Bew.Aufl. als zulässige Weisungen (s. § 10) oder bes. Pflichten festsetzen (II). — Eine Begründung der Beschw. ist nicht vorgeschrieben. (2) Sind die Voraussetzungen nicht gegeben, ist die Beschw. als unbegründet zurückzuweisen; andernfalls ist die gesamte angefochtene Entsch. nachzuprüfen. Die angeordneten Maßnahmen können — grds nur ausnahmsweise (vgl § 55 A 2c aE entspr. u. § 23 S 2) — durch andere ersetzt werden (§ 309 II StPO, Dallinger-Lackner N 24). Hier kommt es also nicht auf die Begründung (wie bei § 55 A 2b), sondern auf die tatsächl. Beschwer an (Dallinger-Lackner N 21).

d) Einfache Beschw. ist auch gegeben **gegen die Bestellung eines ehrenamtl. BewH** (§ 304 StPO). Der **hauptamtl. BewH** dagegen wird kraft Ges. im Rahmen der Geschäftsverteilung tätig; aus bes. Gründen ist eine Abweichung mögl. und kann durch Beschw. gefordert oder angefochten werden[2]).

e) Der **Str.Erlaß kann nicht angefochten** werden (IV).

3a) Ergänzend gelten die §§ 304ff StPO, so über die Unanfechtbark. der Beschl. der OLG u. des BGH, über die Unzulässigk. der weiteren Beschw.; über Form, Frist der Rechtsmittel und Abhilfemöglichk. durch das erkennende Ger.; über das Fehlen einer aufschiebenden Wirkung (§ 307 II StPO; § 14 II StrVollstrO; vgl aber § 26 A 1d mit FN 3), sowie über Befugnisse und Entscheidung des Beschwerdegerichts (Potrykus NJW 60/1216).

Im ganzen handelt es sich um eine abschließende Sonderregelung, neben der **§ 55 I S 1 nicht** gilt (Potrykus NJW 60/1216).

b) Das **Verschlechterungsverbot gilt nur bei sof.Beschw. gegen Urteile** (s. § 55 A 4c). Sonst kann das Problem nur bei der Anfechtung der AO oder Veränderung der Bew. Aufl. auftreten; diese sind aber stets auch zum Nachteil abzuändern (§ 23 S 3, A 3a u. § 11 A 1b).

---

[2]) Dallinger-Lackner N 27; aA Potrykus B 3, der für die Bew. Aufsicht I, für die Auswahl des BewH II anwenden will.

4) V gilt nur für die in II—IV genannten Entsch., nicht für die Frage der AO der StrAzBew. (I); er entspricht § 305a II StPO. Dies folgt nicht nur aus dem Wortlaut, sondern auch daraus, daß die im Fall des I notwendige Nachprüfung in tatsächl. Hinsicht und die Ausübung des Ermessens mit den Aufgaben des Rev.Ger. nicht vereinbar wären[3]).

§ 60

Bewährungsplan[1])

1) Hw — J: § 109 II. — **2) ErwG:** § 104 I 8.

(1) Rechtskräftig angeordnete Bewährungsauflagen stellt der Vorsitzende in einem Bewährungsplan zusammen. Er händigt ihn dem Jugendlichen aus und belehrt ihn zugleich über die Bedeutung der Aussetzung, die Bewährungszeit und die Bewährungsauflagen sowie darüber, daß er den Widerruf der Aussetzung zu erwarten habe, wenn er das in ihn gesetzte Vertrauen nicht rechtfertige, insbesondere den Bewährungsauflagen zuwiderhandle. Zugleich ist ihm aufzugeben, jeden Wechsel seines Aufenthaltes oder Arbeitsplatzes während der Bewährungszeit anzuzeigen. Auch bei nachträglichen Änderungen des Bewährungsplans ist der Jugendliche über den wesentlichen Inhalt zu belehren.

(2) Der Name des Bewährungshelfers wird in den Bewährungsplan eingetragen.

(3) Der Jugendliche soll durch seine Unterschrift bestätigen, daß er den Bewährungsplan gelesen hat, und versprechen, daß er den Bewährungsauflagen nachkommen will. Auch der Erziehungsberechtigte und der gesetzliche Vertreter sollen den Bewährungsplan unterzeichnen.

Richtlinie zu § 60:

Es empfiehlt sich, die Aushändigung des Bewährungsplans und die Belehrung des Jugendlichen in Gegenwart des Erziehungsberechtigten, des gesetzlichen Vertreters und des Bewährungshelfers vorzunehmen.

1) Der Bew.Plan ist keine gerichtl. Entsch., sondern nur eine möglichst klare, übersichtl. u. allg. verständl. **Zusammenstellung** all dessen, was der J in der Bew.Zeit wissen und beachten muß. Er kann deshalb auch **nicht angefochten** werden.

a) Einzutragen sind (I S 1, II): (1) alle Bew.Aufl., soweit sie nicht angefochten sind oder nur für kurze Zeit gelten sollen; Rechtskraft der nur mit einfacher Beschw. anfechtbaren Aufl. ist nicht notwendig (Dallinger-Lackner N 3, Potrykus B 1: Abw. Wortlaut des Ges ist Redaktionsversehen); (2) der Name des BewH.

b) Ein Bew.Plan, der seinen Zweck erfüllen soll, muß noch **weitere Angaben** enthalten: (1) genaue Anschrift, Fernsprechanschluß uä des BewH, (2) Bew.Zeit, (3) Pflichten des I S 3, soweit sie nicht als Bew.Aufl. festgelegt sind.

c) Sind ausnahmsweise keine Bewährungsauflagen angeordnet (s. § 23 „soll"), besteht auch kein Zwang, einen Bewährungsplan aufzustellen (§ 60 I S 1); doch wird ein Bewährungsplan immer zweckmäßig sein.

---

[3]) BGH 6/206, 208, Dallinger-Lackner N 28, 29, Potrykus B 5 gegen JR 54/538.

[1]) Schnitzerling: Fragen um den Bew.Plan, RdJ 58 H 2.

2a) Der BewPlan wird **aufgestellt, sobald Klarheit** besteht, welche Maßnahmen endgültig geboten sind [A 1a (1)]. Das ist meist erst der Fall, wenn der BewH den ersten ausführl. Bericht erstellt hat, was allerdings so bald als mögl. geschehen muß. Für die bis dahin erteilten BewAufl. empfiehlt sich wegen ihres vorl. Charakters die Aufstellung eines BewPlanes nicht.

b) Bei späteren **Änderungen** der im BewPlan angegebenen Pflichten oder Umstände muß der BewPlan neu gefaßt werden. Nur bei geringfügigen Änderungen ist eine bloße Abänderung oder Ergänzung vertretbar (Klarheit!). S. a. A 3a aE.

3a) Der **BewPlan** muß dem J durch den Ri. **persönl. ausgehändigt** werden; dieser muß „zugleich" — also mündl. (Dallinger-Lackner N 9; aA Potrykus B 2: nur soll) — gem. I S 2, 3 eingehend u. mit Nachdruck (s. auch A 3b) belehrt werden (s. § 21 RL 3). Dies geschieht wegen der großen Bedeutung am besten in einem bes. Termin (darüber s. RL), in dem JRi., BewH, gesVertr., ErzBer. u. J vertrauensvoll die Durchführung der Bew. besprechen u. Änderungsvorschläge erörtern können. Das Erscheinen des gesVertr. u. des ErzBer. kann hier allerdings nicht erzwungen werden. — Das alles gilt auch für nachträgl. Abänderungen; bei geringfügigen Änderungen mag schriftl. Zusendung u. Belehrung ausreichen (I S 4).

b) Im Termin soll der J die **Erfüllung der Aufl. versprechen** (III S 1); bei Weigerung kommt Widerruf in Betracht (s. § 26 II Z 2, § 21 RL 2). Weiter sollen der J, der gesVertr. u. der ErzBer. den BewPlan unterschreiben; Unterschrift im Protokoll genügt nach allgM; Unterschriftsverweigerung hat an sich keine Folgen, kann aber beim J ggf nach § 26 II Z 4 berücksichtigt werden.

c) Erscheint der J trotz Vorladung nicht, kann sein Erscheinen nicht erzwungen, eine **Vorführung nicht** angeordnet werden. Denn die darin liegende Freiheitsbeschränkung ist im Gesetz nicht vorgesehen, also gem. Art. 2 II S 2, 3, 104 I 1 GG nicht zulässig (OLG Celle MDR 63/523 für allg. Recht).

4) Zuständig ist der Vorsitzende des JG, das die BewAufsicht gem. § 58 II führt; die Aufgaben des § 60 können also mit übertragen werden[2]). Hält sich der J nicht im Bezirk des zuständigen JRi. auf, kann der zuständige Rechtshilfe-JRi. mit der Durchführung (A 3) beauftragt werden.

§ 61

Haftbefehl

1) Hw — J: § 109 II. — **2) ErwG:** § 104 I 8.

(1) Kommt ein Widerruf der Aussetzung in Betracht, so kann der Richter, um sich der Person des Jugendlichen zu versichern, vorläufige Maßnahmen treffen, notfalls einen Haftbefehl erlassen.

---

[2]) OLG Köln NJW 55/603, Dallinger-Lackner N 17; Potrykus B 2; § 58 A 1b; aA OLG Düsseldorf JMBl NRW 54/85 = Rspr 54 Nr 894.

(2) Die auf Grund eines Haftbefehls nach Absatz 1 erlittene Haft wird auf die zu vollstreckende Jugendstrafe angerechnet. Die §§ 114 bis 115a*) der Strafprozeßordnung gelten sinngemäß.

1) Voraussetzungen:

a) JStr. mit StrAzBew. (nicht: Aussetzung der Verhängung der JStr.[1]);

b) Vorliegen von Tatsachen u. Verdachtsgründen, die den Widerruf der StrAz Bew. wahrscheinl. machen (etwa entspr. „hinreichendem" Verdacht).

c) Anhaltspunkte dafür, daß sich der J der StrVollstr. entziehen wird („hinreichender" Fluchtverdacht); J neigen leichter zu Flucht als Erw. in gleicher Lage.

d) Die Fluchtgefahr darf nicht formlos durch Mithilfe Dritter abwendbar sein, etwa durch bes. Überwachung durch BewH, JGH oder den zuverlässigen ErzBer.

2a) Nur Sicherungsmaßnahmen dürfen angeordnet werden[2]). Das sind zunächst Meldepflicht, AO über den Aufenthalt ua. Nur wenn durch sie der naheliegenden Fluchtgefahr nicht begegnet werden kann, darf Haftbefehl erlassen werden („notfalls").

b) Die AO ergeht ohne mündl. Verh. durch begründeten Beschl.; gegen ihn ist einfache Beschw.[3]) gegeben, die keine aufschiebende Wirkung hat. (§§ 34, 304, 307 I StPO). Die AO wird mit dem sofort vollstreckbaren (§ 307 StPO)[4]) Widerruf hinfällig[5]); sie ist aufzuheben, wenn feststeht, daß ein Widerruf nicht in Betracht kommt[6]).

3a) Der **Haftbefehl** wird **wie** der **UHaftbefehl vollstreckt** (Inhalt, Eröffnung, Benachrichtigung Angehöriger, Beschw.-Belehrung, Ort u. Form des Vollz.), doch wird aus II S 2 abzuleiten sein, daß nur die genannten Vorschriften der UHaft auch hier gelten; denn die Haft wird ja nicht an einem Menschen vollzogen, der noch nicht abgeurteilt ist und damit als unschuldig gilt (Art. 6 II Menschenrechtskonvention) wie die UHaft, sondern an einem rechtskräftig schuldig Gesprochenen. Es gibt deshalb kein Haftprüfungsverfahren; auch die Vorschriften über den UHaft-Vollzug (§ 119 StPO) gelten nicht; im ganzen ist der Richter freier gestellt (vgl Scheunemann NJW 61/644f). Doch wird man bei gleicher Interessenlage einen

---

*) Fassung des StPÄG. Bis 31. 3. 1965 gelten die §§ 114—114c und 115 S 1 StPO sinngemäß.

[1]) Darüber s. § 62 A 2b (2).

[2]) Zu unterscheiden von den vorl. AO über die Erz. nach § 71; s. dessen Wortlaut: „bis zur Rechtskraft". Dallinger-Lackner N 6, aA Potrykus B 1.

[3]) **Weitere Beschwerde** ist **nicht** zulässig; denn die Haft nach § 61 dient der Sicherung der Strafvollstreckung; 2 Beschwerderechtszüge gibt es aber nur bei Haft vor Abschluß des Strafverfahrens (OLG Düsseldorf NJW 64/69 = Zbl 63/323, OLG Hamburg, NJW 64/605; vgl Scheunemann NJW 61/644f; für das allg. Recht wohl zu anderem Ergebnis führend LG Mannheim NJW 63/673, 64/1296 und Blösch NJW 63/1296).

[4]) Vgl § 26 A 1d mit FN 3.

[5]) Scheunemann NJW 61/644f.

[6]) Auch ohne Widerruf kann die Sicherungshaft zu einem erz. Erfolg geführt haben, der erst die Fortführung der Bew. sinnvoll, den Widerruf vermeidbar macht (Abel, BewH 64/121, 129).

Steckbrief entspr. § 131 StPO (vgl § 457 StPO!) zulassen können (Potrykus B 1; aA Dallinger-Lackner N 12).

b) Jede Freiheitsentziehung auf Grund des Haftbefehls ab Ergreifung bis zur Entlassung oder bis zum Tag des Widerrufs der JStr. wird **voll** auf die StrZeit **angerechnet.** Das geschieht wie bei gem. § 450 StPO anzurechnender UHaft in der Weise, daß der Beginn der Strafzeit auf den Zeitpunkt der Verhaftung vorverlegt wird (vgl § 450 II, StPO, § 39 III, IV S 2 StrVollstrO; § 61 II S 1 JGG).

c) Die **anderen Maßnahmen** (A 2a) können **nicht erzwungen,** sie müssen ggf durch Haft ersetzt werden.

Fünfter Unterabschnitt

Verfahren bei Aussetzung der Verhängung der Jugendstrafe

§ 62

Entscheidungen

1) Hw—J: § 109 II. — **2)** Abs. I—III: **ErwG:** § 104 I 8; — Abs. IV: ErwG: § 104 I 8, V S. 2; § 62 A 2d (2).

(1) Entscheidungen nach den §§ 27 und 30 ergehen auf Grund einer Hauptverhandlung durch Urteil. Für die Entscheidung über die Aussetzung der Verhängung der Jugendstrafe gelten § 263 Abs. 4 und § 267 Abs. 3 der Strafprozeßordnung sinngemäß.

(2) Mit Zustimmung des Staatsanwalts kann die Tilgung des Schuldspruchs nach Ablauf der Bewährungszeit auch ohne Hauptverhandlung durch Beschluß angeordnet werden.

(3) Ergibt eine während der Bewährungszeit durchgeführte Hauptverhandlung nicht, daß eine Jugendstrafe erforderlich ist (§ 30 Abs. 1), so ergeht der Beschluß, daß die Entscheidung über die Verhängung der Strafe ausgesetzt bleibt.

(4) Für die übrigen Entscheidungen, die infolge einer Aussetzung der Verhängung der Jugendstrafe erforderlich werden, gilt § 58 Abs. 1 und Abs. 2 Satz 1 sinngemäß.

1a) Die **Entsch. nach § 27** erfolgt immer durch Urteil. Der Schuldspruch erfordert $^2/_3$, die Aussetzung der Verhängung der JStr. einfache Mehrheit. Urteilsfassung u.-Gründe s. § 54 A 2d, 4a; Anfechtung s. § 63 A 1. Vgl auch § 27 A 1 wegen der Natur dieser Entsch. u. der Rechtskraft; § 31 A 4a (2) (3) wegen der Einbeziehung.

b) Die **Nebenentsch.** (AO, Verkürzung, Verlängerung der Bew.Zeit; AO, Änderung, Aufhebung der Bew.Aufl.; weiter bezügl. BewH) ergehen durch Beschl. Verf. s. § 58 A 2; Anfechtung s. § 63 A 3; Zuständigk.: A 2d.

2a) Die **Verhängung der JStr. nach § 30 I** ist nur auf Grund einer Hauptverh. durch Urteil mögl. Grundlage des Verf. ist das rechtskräftige Urteil nach § 27, das deshalb auch in der Hauptverh. zu verlesen ist (§§ 243 II, 324 I S 2 StPO entspr.).

Gegenstand des Verf. sind die Tatsachen, die die Überzeugung vom Vorliegen schädl. Neigungen und von der Notwendigk. der Verhängung einer JStr. begründen sollen; letztere sind deshalb (mit den Beweismitteln) in einem Beschl. anzugeben und dem Angeklagten mitzuteilen (entspr. dem Eröffnungsbeschl.), da der Angeklagte nicht überrumpelt werden soll; auch dieser Beschl. ist zu verlesen (§ 243 II StPO entspr.). Das belastende Material ist rglm vor allen in den Berichten des BewH enthalten; für deren Verwertung gilt dasselbe wie für die Berichte der JGH (s. § 38 A 5c).

b) (1) Die **Verh.** wird **in der BewZeit** anberaumt, **wenn** hinreichender Verdacht besteht, daß die Voraussetzungen des § 30 I gegeben sind (§ 203 StPO entspr.). Ein Antrag des JStA, die Verh. durchzuführen, kann abgelehnt werden; wegen der Anfechtung der Ablehnung s. § 63 A 2b(2). (2) Haftbefehl kann gem. §§ 112ff StPO, 72 JGG erlassen werden, da noch kein rechtskräftiger Schuldspruch vorliegt; § 61 gilt nicht. (3) In der Verh. kann nur (a) durch Urteil JStr. angeordnet werden oder (b) durch Beschl. die Aussetzung aufrecht erhalten bleiben (s. § 30 A 1a, 2). Anfechtung: s. § 63 A 1, 2b (1).

c) Nach Abschluß der BewZeit muß entweder JStr. ausgesprochen oder die Tilgung des Schuldspruchs angeordnet werden. (1) Grds wird durch Urteil auf Grund einer Hauptverh. entschieden. (2) Nur wenn sich keine Anhaltspunkte dafür ergeben haben, daß schädl. Neigungen vorliegen, kann mit Zustimmung des JStA die Tilgung des Schuldspruchs durch Beschl. ohne mündl. Verh. erfolgen. Eine Begründung ist nicht vorgeschrieben, aber erz. zweckmäßig.

d) (1) **Zuständig** ist das Ger., das die Verhängung der JStr. zur Bew. ausgesetzt hat (s. § 58 A 3a). Die Nebenentsch. können also nicht übertragen werden. Das Verf. kann erst recht nicht im Ganzen nach § 42 III JGG abgegeben werden, wie ein Schluß aus § 104 V S 2 ergibt[1]). Doch muß der JRi. nach § 270 StPO verweisen, wenn sich herausstellt, daß sein Strafbann nicht ausreicht[2]), etwa weil unbestJStr. geboten ist, was nicht selten vorkommt, da es sich meist um undurchsichtige J handelt. (2) **Hat das ErwG** entschieden, bleibt es nur für das Nachverf. (§ 30) zuständig; die Nebenentsch. muß es dem JRi. des Aufenthaltsortes des J übertragen (§ 104 I Z 8, V S 2).

3) Vgl auch bei §§ 27, 30.

---

[1]) BGH 8/346, Potrykus B 4 und NJW 57/1135, Schnitzerling DRiZ 58/317; aA Dallinger-Lackner N 19, Lackner GA 56/381.

[2]) Potrykus NJW 56/655; aA Pentz NJW 54/1353, der nur im (Vor)Verf. nach § 27 eine Verweisung zulassen will. — Das Verbot der Übertragung der Nebenentsch. steht dem nicht entgegen; die Verweisung ist nicht verboten, umgekehrt gebietet aber das Ges. die Verhängung der unbestJStr., wenn die Voraussetzungen vorliegen. Dieses Gebot zwingt den EinzelRi. zur Verweisung. — Auch daß das JSchöffG durch die Rechtskraft des Schuldspruchs gebunden ist, hindert eine Verweisung nicht, weil ähnl. Bindungen übergeordneter Ger. auch sonst bestehen, zB bei auf Strafmaß beschränkter Ber. Die Schwierigk. können vermieden werden, wenn die Eröffnungszuständigk. sorgfältig geprüft wird (s. § 27 A 3c).

§ 63

Anfechtung

1) **Hw — J:** § 109 II. — 2) **ErwG:** § 104 I Z 8.

(1) Ein Beschluß, durch den der Schuldspruch nach Ablauf der Bewährungszeit getilgt wird (§ 62 Abs. 2) oder die Entscheidung über die Verhängung der Jugendstrafe ausgesetzt bleibt (§ 62 Abs. 3), ist nicht anfechtbar.

(2) Im übrigen gilt § 59 Abs. 2 und Abs. 5 sinngemäß.

1) Grds sind auch hier die allg. Rechtsmittel gegeben. Das **Urteil** nach § 27 ist ebenso wie die nachträgl. Festsetzung der JStr. (§ 30) unter der Beschränkung des § 55 II mit Ber. u. Rev. anfechtbar. Gleiches gilt für das Urteil, das nach Ablauf der BewZeit die Tilgung anordnet.

2a) Dagegen ist der **Beschl.** nicht anfechtbar, durch den nach Ablauf der BewZeit die Tilgung mit Zustimmung des JStA ohne mündl. Verh. angeordnet ist (I); durch ihn ist niemand beschwert. Fehlt dagegen die Zustimmung des JStA, hat dieser die sof. Beschw. wegen des VerfVerstoßes (überzeugend Dallinger-Lackner N 5).

b) (1) Ebenso unanfechtbar ist der Beschl., durch den das Ger. nach Verh. in der Bew.Zeit die Verhängung der Str. ausgesetzt läßt (I). (2) Eine entspr. Anwendung dieser Ausnahme-Vorschrift auf die Ablehnung des Antrags des JStA auf Durchführung des Verf. nach § 30 I in der BewZeit ist nicht mögl., zumal es hier um die Durchführung der Prüfung, dort aber um die Entsch. nach Prüfung geht. Es ist einfache Beschw. gegeben[1]).

3) Die **Nebenentsch.** (BewZeit, -Aufl., -Helfer) sind wie bei StrAzBew. anzufechten. S. § 59 A 2c, d; 3. Auch hier ist das RevGer. zur Entsch. über diese Beschw. berufen, wenn gegen das Urteil Rev. eingelegt ist.

§ 64

Bewährungsplan

1) **Hw — J:** § 109 II. — 2) **ErwG:** § 104 I Z 8.

§ 60 gilt sinngemäß. Der Jugendliche ist über die Bedeutung der Aussetzung, die Bewährungszeit und die Bewährungsauflagen sowie darüber zu belehren, daß er die Festsetzung einer Jugendstrafe zu erwarten habe, wenn er sich während der Bewährungszeit schlecht führe.

a) Es gilt das bei § 60 A 1, 2 Dargelegte.

b) § 60 A 3 gilt mit folgenden Abweichungen: (a) Die Belehrung muß dem J vor allem klar machen, daß es von seinem künftigen Verhalten abhängt, ob er sehr

---

[1]) AA Dallinger-Lackner § 62 N 14 wegen § 305 StPO; doch geht die Ablehnung der Hauptverh. gerade nicht voraus, sondern macht sie zunächst unmögl.; vgl Schwarz § 305 StPO A 1b, Kleinknecht-Müller § 205 StPO A 5 u. § 228 A 5a u. die jeweils angeführten Entsch.

empfindl. und ohne StrAzBew. gestraft werden oder ob er ganz straffrei bleiben wird. (b) Die Weigerung, die Erfüllung der Aufl. zu versprechen, rechtfertigt nicht die Verhängung der JStr., sondern kann nur als Indiz gewertet werden.

c) Zuständig ist das Ger., das die Nebenentsch. zu treffen hat (§ 62 A 2d; vgl § 60 A 4).

Sechster Unterabschnitt

Ergänzende Entscheidungen

§ 65

Nachträgliche Entscheidungen über Weisungen und Pflichten

1) Hw — J: § 109 II. — 2) Abs. I: ~~ErwG~~ : A 2c; — Abs. II: ErwG: A 4.

(1) Nachträgliche Entscheidungen, die sich auf Weisungen (§ 11) oder besondere Pflichten (§ 15 Abs. 3) beziehen, trifft der Richter des ersten Rechtszuges nach Anhören des Staatsanwalts und des Jugendlichen durch Beschluß. Er kann das Verfahren an den Jugendrichter abgeben, in dessen Bezirk sich der Jugendliche aufhält, wenn dieser seinen Aufenthalt gewechselt hat. § 42 Abs. 3 Satz 2 gilt entsprechend.

(2) Hat der Richter die Änderung von Weisungen abgelehnt, so ist der Beschluß nicht anfechtbar. Hat er Jugendarrest verhängt, so ist gegen den Beschluß sofortige Beschwerde zulässig. Diese hat aufschiebende Wirkung.

Richtlinie zu § 65:

Der Vollstreckungsleiter und der Vormundschaftsrichter prüfen selbständig, ob wegen Zuwiderhandlungen gegen Weisungen oder wegen Nichterfüllung von besonderen Pflichten Jugendarrest geboten und deshalb die Sache dem Richter des ersten Rechtszuges vorzulegen ist. Sie können sich damit begnügen, den Jugendlichen eindringlich zu ermahnen.

1) § 65 betrifft die Änderung von Weisungen (§ 11 A 1) und die Verhängung von JA bei schuldhafter Verletzung von Weisungen oder bes. Pflichten (§ 11 A 2).

2a) Zuständig ist der JRi. des ersten Rechtszuges, nicht der VollstrL, der an sich die Befolgung der Weisungen u. bes. Pflichten zu überwachen hat (s. RL). Wegen der Abgabe an den JRi. des Aufenthaltsortes gilt § 42 A 4a entspr. (I S 2). Doch ist hier die Zustimmung des JStaatsanwaltes nicht erforderlich (vgl unterschiedl. Wortlaut hier I S 2 und § 42 III S 1).

b) Der **VormRi.** ist **nur** zur Änderung von Weisungen selbst berufen; JA wegen Ungehorsams kann nur der übertragende JRi. verhängen (§ 53 A 2d; s. RL).

c) (1) **Beim ErwG** könnte nur die Verhängung von JA wegen Ungehorsams in Frage kommen, weil es die Auswahl und Abänderung der ErzM dem VormRi. überlassen muß (§ 104 IV). Das ErwG kann jedoch auch keinen JA verhängen, weil das Ges. § 65 bei den für das ErwG anwendbaren Vorschriften nicht aufführt (§ 104 I) und die stets notwendige Zuständigkeitsregelung nicht dem Ermessen (§ 104 II) überlassen bleiben kann (aA Potrykus § 104 B 3). Zur Ahndung dieses spezifisch jrechtl. Unrechtstatbestandes (§ 11 A 2a) ist vielmehr mangels einer bes. Vorschrift der gem. § 42 örtl. zuständige JRi. berufen[1]).

d) Wegen der Besonderheiten bei der jrichterl. Verfügung s. § 75 A 2b, 4b.

3) Die Entsch. (auch nach A 2c) erfolgt durch begründeten **Beschl. ohne mündl. Verh.** nach grds mündl. Anhörung des J[2])u. der weiteren Antragsberechtigten, des JStA, des gesVertr., des ErzBer. sowie der JGH. Wegen Eröffnung u. Rechtsmittelbelehrung s. §§ 35, 35a StPO, 67 II JGG. Die nachträgl. Entsch. muß der ErzKartei mitgeteilt werden (Nr 2a der AO); der JGH sind Änderungen mitzuteilen (§ 85 RL III 1 entspr.).

4) Anfechtung (auch bei A 2c):

a) Änderungen von Weisungen oder (unzulässig) von bes. Pflichten sind mit einfacher Beschw., doch nur im Rahmen des § 55 I, anfechtbar, desgleichen die Ablehnung eines Antrags, JA zu verhängen (§ 304 StPO).

b) Gegen die Verhängung von JA ist sof.Beschw. mit aufschiebender Wirkung, doch nur im Rahmen des § 55 I, gegeben (II S 2, 3). Auch Wiederaufnahme des Verf. ist mögl. (§ 55 A 5b).

c) Die Ablehnung eines Antrags, Weisungen zu ändern, also auch von Weisungen zu befreien (aA Dallinger-Lackner N 12: Beschw.), ist nicht anfechtbar (II S 1). Gleiches gilt hinsichtl. der — nicht abänderbaren — bes. Pflichten.

§ 66

Ergänzung rechtskräftiger Entscheidungen bei mehrfacher Verurteilung

1) Hw — J: § 109 II. — **2) ErwG:** § 104 II; § 66 A 6.

(1) Ist die einheitliche Festsetzung von Maßnahmen oder Jugendstrafe (§ 31) unterblieben und sind die durch die rechtskräftigen Entscheidungen erkannten Erziehungsmaßregeln, Zuchtmittel und Strafen noch nicht vollständig ausgeführt, verbüßt oder sonst erledigt, so trifft der Richter eine solche Entscheidung nachträglich. Dies gilt nicht, soweit der Richter nach § 31 Abs. 3 von der Einbeziehung rechtskräftig abgeurteilter Straftaten abgesehen hatte.

(2) Die Entscheidung ergeht auf Grund einer Hauptverhandlung durch Urteil, wenn der Staatsanwalt es beantragt oder der Vorsitzende es für angemessen hält. Wird keine Hauptverhandlung durchgeführt, so entscheidet der Richter durch Beschluß. Für die Zuständigkeit und das Beschlußverfahren gilt dasselbe wie für die nachträgliche

---

[1]) AA Potrykus § 104 B 3: § 65 gilt gem. § 104 II; aA auch Dallinger-Lackner N 17, § 104 N 16: § 65 I S 1 gilt entspr., I S 2 abgewandelt, I S 3 nicht.

[2]) Das Erscheinen des J kann nicht erzwungen werden (vgl § 60 A 3c); vereitelt er die Anhörung, kann er daraus, daß sie unterbleibt, keine Rechte ableiten (vgl § 58 FN 3a).

Bildung einer Gesamtstrafe nach den allgemeinen Vorschriften. Ist eine Jugendstrafe teilweise verbüßt, so ist der Richter zuständig, dem die Aufgaben des Vollstreckungsleiters obliegen.

Richtlinien zu § 66:

1. Liegen die Voraussetzungen des Absatzes 1 vor, so ist stets die Entscheidung des Richters herbeizuführen. Der Richter kann in seiner Entscheidung von der einheitlichen Festsetzung von Maßnahmen oder Jugendstrafe absehen (§ 31 Abs. 3).
2. Der Staatsanwalt beantragt die Durchführung einer Hauptverhandlung nach Absatz 2 vor allem dann, wenn zu erwarten ist, daß die ergänzende Entscheidung von den früheren Entscheidungen erheblich abweicht.
3. Wegen der Mitteilung zum Strafregister wird auf Nr. 2 der Richtlinien zu § 94 hingewiesen.

1) Das Einheitsstrafprinzip als Ausfluß des ErzGedankens (§ 31 A 3) muß stets beachtet werden.

a) Bei einer nachträgl. Entsch. müssen folgende **Voraussetzungen** vorliegen: (1) Mehrere Taten (s. § 31 A 1). (2) Entsch., deren Art die Anwendung des § 31 gestattet (s. § 31 A 6), auch wenn in ihnen schon teilweise einheitl. Maßnahmen getroffen sind; es genügt auch eine Entsch. wegen mehrerer Taten, wenn sie § 31 nicht beachtet hat (s. b). (3) Rechtskraft dieser Entsch. [§ 31 A 4a (1)]. Auch Zweifel über Auslegung des Urteils u. über Berechnung der JStr., des JA uä müssen schon behoben sein (ObLG NJW 55/601). (4) In allen beteiligten Entsch. müssen einbeziehbare [s. § 31 A 4a (3)] Maßnahmen (auch § 27) oder JStr. enthalten sein, die noch nicht vollständig verbüßt sind [s. § 31 A 4a (2)][1]. (5) Der früher entscheidende Ri. darf nicht nach § 31 III von der Einbeziehung abgesehen haben (s. A 2c); dies gilt jedoch nur, wenn eine Entsch. ausdrückl. getroffen, auf § 31 III gestützt ist u. nunmehr keine anderen Taten als die dabei berücksichtigten vorliegen (Dallinger-Lackner N 6, 7). (6) Die Zusammenfassung darf nicht erz. unzweckmäßig sein (A 2c).

b) Im übrigen aber ist es **gleichgültig, warum früher die Einbeziehung nicht erfolgt** ist, ob also dem Ri. weitere Taten unbekannt waren oder er solche übersehen hat oder ob die Einbeziehung wegen noch nicht eingetretener Rechtskraft nicht mögl. war. Das gilt sogar dann, wenn der Ri. aus unzutreffenden Erwägungen die Einbeziehung abgelehnt hat, weil das Ges. diesen Fall nicht ausschließt, die Einbeziehung aber auch hier erz. geboten ist und durch die Möglichk., eine Hauptverh. durchzuführen und durch Urteil zu entscheiden, erschöpfende Aufklärung gewährleistet ist (Dallinger-Lackner N 4).

2a) Sobald die **Voraussetzungen** vorliegen (RL 1 S 1), **muß** nach **§ 66** entschieden werden. Wo dem J keine Rechtsnachteile entstehen, kann auch noch die Rechtskraft einer weiteren Entsch. abgewartet werden.

[1]) Dallinger-Lackner N 9; aA Potrykus B 1, der auf den Zeitpunkt der letzten Entsch. abstellt.

b) Für die **Bildung** einer einheitl. Maßnahme gilt hier grds das gleiche wie bei § 31 (§ 31 A 3, 4b—d). Eine Bindung besteht an die Schuldsprüche, abgeschwächt auch an die Feststellungen zur Straffrage; nur die Wertung ist frei (§ 31 A 4b). Die Häufung der Taten wird allerdings oft zu einer ungünstigeren Beurteilung der Persönlichk. und damit zur Verhängung von JStr. oder unbestJStr. führen, wenn bisher keine oder nur bestimmte JStr. verhängt war. Das Verschlechterungsverbot gilt nicht (vgl die Beispiele bei Potrykus B 2 u. 5). Die Wirkung ist hier die gleiche wie bei § 31.

c) Auch hier kann der Ri. unter den Voraussetzungen des § 31 III (s. § 31 A 5) davon **absehen,** eine einheitl. Unrechtsreaktion zu treffen. Er muß das ausdrückl. aussprechen, zumal auch diese Entsch. nach § 66 I S 2 bindet.

3a) Die **Entsch.** ergeht auf Grund einer Hauptverh. durch Urteil, wenn der Vorsitzende das für angemessen hält. Das kann ausnahmsweise auch bei mehreren jrichterl. Verfügungen der Fall sein (Dallinger-Lackner N 16; aA Potrykus B 6). Angemessen ist das rglm im Fall der RL 2, vor allem also, wenn Häufung, Tatfolge, Tatzeit uä bei der Gesamtschau eine andere Beurteilung der Täterpersönlichk. nahelegen. Gleiches gilt bei einem entspr. Antrag des JStA. Anträge sonstiger VerfBeteiligter haben nur die Bedeutung einer Anregung. Eine Anfechtung der Ermessensentsch. des Vorsitzenden ist nicht mögl.; seine Entsch. ist auch für das Ger. bindend (aA Dallinger-Lackner N 18). — Das **Verf.** richtet sich nach den allg. Vorschriften über die Vorbereitung u. Durchführung der Hauptverh.; eines Eröffnungsbeschl. bedarf es nicht. Das Urteil ist im Rahmen des § 55 mit Ber. u. Rev. anfechtbar (Dallinger-Lackner N 20; Potrykus B 5).

b) Sonst wird nach Anhörung des J, JStA, ErzBer. u. gesVertr. (§§ 462 II StPO, 67 I JGG) sowie der JGH (§ 38 III S 1) ohne mündl. Verh. durch begründeten Beschl. entschieden. Wegen Eröffnung u. Rechtsmittelbelehrung s. §§ 35, 35a StPO, 67 II JGG. Anfechtung erfolgt gem. § 462 IV StPO durch sof.Beschw. (außer gegen BGH- u. OLG Beschl.) im Rahmen des § 55 I.

c) Kosten § 74 RL 2, 3 S 4.

4a) Zuständig ist in erster Linie der VollstrL einer nur zum Teil verbüßten **JStr.;** UHaft oä genügt nicht; Erlaß steht der Vollverbüßung gleich (Dallinger-Lackner N 24). Die Zuständigk. liegt bei ihm als JRi. (=EinzelRi.) ohne Rücksicht auf Strafhöhe und Art der Taten; die Zuständigk. ist eine **ausschließl.** (vgl insgesamt überzeugend Dallinger-Lackner N 25—28). Bei Wechsel der örtl.VollstrL-Zuständigk. (§§ 85, 88 V), wechselt auch die Zuständigk. nach § 66; bei nur teilweiser Übertragung der Entsch. (§ 58 II S 2) wird das Verf. mit Rücksicht auf die Widerruflichk. der Übertragung (§ 85 III) zweckmäßig vom abgebenden VollstrL eingeleitet. Sind mehrere JStr. ausgesprochen und teilverbüßt, ist der VollstrL zuständig, der das Verf. zuerst einleitet.

b) Beim VollstrL des JA ist keine Sonderzuständigk. begründet (aA Potrykus B 6). Hier und **sonst gilt § 462 III StPO.** Wegen Schwere u. Höhe der Maßnahmen des JGG s. § 55 A 4.

5) § 66 gilt **entspr.** auch beim Zusammentreffen von **Erw.- u. J„Strafen"**, wenn die Voraussetzungen des § 460 StPO vorliegen (aA Potrykus B 1). S. § 32 A 2a.

6) Diese Vorschrift gilt **stets für ErwG entspr.** (§ 104 II; Dallinger-Lackner N 17; aA wohl Potrykus B 3, je zu § 104); ob bei mehreren Entsch. das Erw.- oder das JG zuständig ist, richtet sich nach II S 3, 4 (A 4).

Siebenter Unterabschnitt

Gemeinsame Verfahrensvorschriften

§ 67

Stellung des Erziehungsberechtigten und des gesetzlichen Vertreters[1])

1) Hw: § 109 I S 1, § 67 RL, A 5a — **2)** ErwG: RL; § 104 I 9, III, A 2.

(1) Soweit der Beschuldigte ein Recht darauf hat, gehört zu werden, Fragen und Anträge zu stellen oder bei Untersuchungshandlungen anwesend zu sein, steht dieses Recht auch dem Erziehungsberechtigten und dem gesetzlichen Vertreter zu.

(2) Ist eine Mitteilung an den Beschuldigten vorgeschrieben, so soll die entsprechende Mitteilung an den Erziehungsberechtigten und den gesetzlichen Vertreter gerichtet werden.

(3) Die Rechte des gesetzlichen Vertreters zur Wahl eines Verteidigers und zur Einlegung von Rechtsbehelfen stehen auch dem Erziehungsberechtigten zu.

(4) Der Richter kann diese Rechte dem Erziehungsberechtigten und dem gesetzlichen Vertreter entziehen, soweit sie verdächtig sind, an der Verfehlung des Beschuldigten beteiligt zu sein, oder soweit sie wegen einer Beteiligung verurteilt sind. Liegen die Voraussetzungen des Satzes 1 bei dem Erziehungsberechtigten oder dem gesetzlichen Vertreter vor, so kann der Richter die Entziehung gegen beide aussprechen, wenn ein Mißbrauch der Rechte zu befürchten ist. Stehen dem Erziehungsberechtigten und dem gesetzlichen Vertreter ihre Rechte nicht mehr zu, so bestellt der Vormundschaftsrichter einen Pfleger zur Wahrnehmung der Interessen des Beschuldigten im anhängigen Strafverfahren. Die Hauptverhandlung wird bis zur Bestellung des Pflegers ausgesetzt.

(5) Sind mehrere erziehungsberechtigt, so kann jeder von ihnen die in diesem Gesetz bestimmten Rechte des Erziehungsberechtigten ausüben. In der Hauptverhandlung oder in einer sonstigen Verhandlung vor dem Richter wird der abwesende Erziehungberechtigte als durch den anwesenden vertreten angesehen. Sind Mitteilungen oder Ladungen vorgeschrieben, so genügt es, wenn sie an einen Erziehungsberechtigten gerichtet werden.

Richtlinie zu § 67:

§ 67 gilt auch im Verfahren gegen Jugendliche vor den für allgemeine Strafsachen zuständigen Gerichten und im Verfahren gegen Heranwachsende (§ 104 Abs. 1 Nr. 9, § 109 Abs. 1).

1a) ErzBer. ist, wer — allein oder mit anderen — das Recht u. die Pflicht zur Sorge für die Person des Beschuldigten hat. **GesVertr. ist,** wer das Recht hat, den Beschuldig-

[1]) Schnitzerling: Probleme um die Stellung des ErzBer. u. gesVertr. im JStrR, UJ 57 II 8.

ten in persönl. Angelegenheiten zu vertreten. Es entscheidet das bürgerl. Recht (bes. §§ 1626 II, 1629, 1671, 1707 S 2, 1793 BGB). Pflegeeltern, Lehrherrn ua, die kraft Vertrags zur Erz. verpflichtet sind, sind nicht gesetzliche Vertreter. Auch der ErzBeistand (§ 58 JWG) hat im JGG Verfahren diese Rechte nicht (OLG Hamburg NJW 64/605).

b) Rglm sind mehrere erz. berechtigt (Vater u. Mutter während der Ehe). Es gilt V. Jeder hat die vollen Rechte; doch genügt Mitt. (A 3) u. Ladung (A 2d) an einen; der Ri. hat aber das Recht, beide oder einen bestimmten unter Ausschluß der Vertretung zu laden und das Erscheinen zu erzwingen (Dallinger-Lackner N 24, Potrykus B 11). In jeder Verh., also auch noch bei dem nach der Urteilsverkündung abgegebenen Rechtsmittelverzicht (Dallinger-Lackner N 25, Potrykus B 11, NJW 55/246), vertritt der Anwesende den Abwesenden; dieser ist an die hier abgegebenen Erklärungen gebunden. — Diese Regelung wird auch durch die Auswirkungen der Gleichberechtigung nicht berührt (Kohlhaas NJW 60/1, 3, 1940f; aA Boeckmann NJW 60/1940f, der formalistisch argumentiert, die Eltern seien nicht mehrere ErzBerechtigte, da sie gem. § 1626f BGB die elterliche Gewalt nur gemeinsam ausüben könnten).

c) Eine **Vertretung** in den Rechten (s. A 2) ist **nicht** vorgesehen (BGH bei Herlan GA 61/358 für ges. Vertreter); doch wird der Richter rglm einer von den Eltern beauftragten Person die Anwesenheit gestatten und sie auch anhören. — Über **Ausschluß** von ErzBerechtigten und ges. Vertretern s. A 4.

d) Die **Stellung des J** wird **im Verf.** dadurch nicht beeinträchtigt; er hat die gleiche Stellung wie ein Volljähriger.

2) Daneben hat gem. I, III jeder **ErzBer. u. gesVertr.** selbständig und unabhängig (s. A 1b, § 55 II S 2) in gleichem Umfang wie der Beschuldigte **folgende Rechte:**

a) auf **Gehör** (I)[1a]) und damit das Recht des **letzten Wortes** (OLG Hamm NJW 58/34), das zu ergreifen ihm ausdrückl. angeboten werden muß (BGH 3/368, 370). Wo also der Beschuldigte Gelegenheit zur Äußerung erhalten muß, muß diese auch ErzBer. u. gesVertr. gegeben werden. Nach den einzelnen Beweismitteln ist dagegen nur die Befragung des Beschuldigten selbst nach § 257 StPO notwendig[2]).

b) Fragen zu stellen (I, bes. § 240 II StPO);

c) Anträge zu stellen (I, zB Beweisanträge) und einen **Verteidiger zu wählen** (III, § 137 II StPO).

d) in der Hauptverh. (§ 50 A 2), auch bei vorweggenommenen Teilen (§§ 223, 225, 233 StPO) und bei Untersuchungshandlungen[2a]) (I) **anwesend zu sein** und dazu **geladen zu werden** (§ 50 II, A 2, bes. b; § 67 II iVm § 224 u. entspr. § 233 III StPO). Ihre

---

[1a]) Dazu Art. 103 I GG und ab 1. 4. 1965 §§ 33 III, IV, 33a, 311a StPO.

[2]) Potrykus B 4a; aA Dallinger-Lackner N 6, die aber selbst § 257 StPO in § 78 N 6 als „Ordnungsvorschrift" bezeichnen und nicht als Teil des rechtl. Gehörs; es wäre auch sinnlos, zB nach jedem reinen Tatzeugen den ErzBer. bes. zu fragen, wenn dieser von der Tat nichts weiß.

[2a]) gem. §§ 169 II, 193f StPO für Augenschein, Vernehmung eines Zeugen oder Sachverständigen, der in der Hauptverhandlung nicht erscheinen wird; wohl auch für die Vernehmung des J oder Hw als Besch. oder Angeschuldigten (so Schwarz-Kleinknecht § 192 StPO

Abwesenheit beeinträchtigt jedoch nicht die Wirksamk. der Prozeßhandlungen. Unter den Voraussetzungen des § 51 II können sie von der Hauptverhandlung ausgeschlossen werden (s. § 51 A 2). Ob der Ausschluß bei Untersuchungshandlungen außerhalb der Hauptverhandlung entspr. § 51 II oder nur in dem engeren Rahmen des § 194 StPO (s. FN 2a) möglich ist, ist zwh.; da § 51 II sich ausdrücklich nur auf die Hauptverhandlung bezieht und es durchaus einen Sinn hat, den Ausschluß bei den Vorermittlungen an strengere Voraussetzungen zu binden, wird man sich auf den in FN 2a dargelegten strengeren Standpunkt zu stellen haben. Das alles gilt auch für das **Schlußgehör entspr.** (§ 169b II StPO, ab 1. 4. 1965). — Weitere Ausschlußmöglichkeiten: unten A 4 und § 48 A 4.

e) innerhalb der für den J laufenden Fristen (ObLG 54/51) und unter den Beschränkungen des § 55 zu Gunsten des Beschuldigten selbständig **alle Rechtsbehelfe** (nicht nur Rechtsmittel) **einzulegen** (III). **Über Zurücknahme** s. § 55 A 1c (1). Wiedereinsetzung wegen Versäumung von Rechtsmittelfristen ist nach den allg. Vorschriften nur dann mögl., wenn der gesVertr. oder ErzBer. von der Entsch. weder rechtzeitig Kenntnis hatte noch haben konnte (OLG Düsseldorf HRR 41 Nr 749); dies ist zB bei Urteilen nicht der Fall, wenn zur Hauptverh. ordnungsgem. geladen wurde, weil hier mit dem Erlaß eines Urteils zu rechnen und entspr. Erkundigung geboten war (bestr.)[3]). Das Gericht ist nicht einmal verpflichtet, den Urteilssatz mit Rechtsmittelbelehrung in der Rechtsmittelfrist mitzuteilen, weil § 67 II nur der erz. gebotenen Unterrichtung, nicht der Erleichterung der Rechtsmitteleinlegung dient, und eine Zustellung des Urteilssatzes mit Rechtsmittelbelehrung sinnlos wäre, da die Anfechtung Kenntnis der Urteilsgründe voraussetzt (BGH 18/21, 25; aA OLG Stuttgart NJW 60/2353 = MDR 60/1033; vgl FN 3 aE). Dagegen ist Wiedereinsetzung angebracht, wenn dem Berechtigten weder rechtzeitig Zeit und Ort der Hauptverhandlung mitgeteilt noch das Urteil ihm alsbald nach Erlaß übermittelt wurde (OLG Hamm GA 61/183).

Eine Verletzung dieser Rechte (a—e) kann nach § 337 StPO, ggf nach § 338 Z 8 StPO, mit der Rev. gerügt werden (aA Potrykus B 5 aE).

A 3; vgl aber § 149 II, III StPO). Aus den gleichen Gründen wie der Beschuldigte (§ 194 StPO) können auch ges Vertreter und Erz.Berechtigte im Vorverfahren bei Zeugenvernehmungen ausgeschlossen werden (aA Schwarz-Kleinknecht § 194 StPO A 1; aber sie können nicht mehr Rechte haben als der Besch., dessen Rechte auch ihnen gewährt sind; zudem können sie in der Hauptverhandlung gem. § 51 II schon ausgeschlossen werden, wenn nur Bedenken gegen ihre Anwesenheit bestehen). Entspr. hat für die Vernehmung des Beschuldigten selbst zu gelten; auch bei ihr können ges Vertreter und ErzBerechtigte ausgeschlossen werden, wenn zu befürchten ist, der Beschuldigte werde sonst nicht die Wahrheit sagen (vgl § 51 II und A 2a, b).

[3]) BGH 18/21, 23, nach dem das eigene Verschulden, sich über den Ausgang der Hauptverhandlung zu unterrichten, unabwendbaren Zufall ausschließt; ähnlich Dallinger-Lackner N 13, 20, Potrykus B 5, NJW 54/1836. AA ObLG 54/51, 53, das Wiedereinsetzung stets gewähren will, wenn die Entscheidung und damit die Rechtsmittelbelehrung nicht rechtzeitig mitgeteilt wurde; es übersieht, daß § 67 II nur eine Soll-Vorschrift ist (A 3a), § 44 S 2 StPO aber eine zwingende Belehrungspflicht voraussetzt. — Kolping UJ 59/377 fordert die Urteilszustellung mit Rechtsmittelbelehrung in der Rechtsmittelfrist, läßt aber die unterlassene Rechtsmittelbelehrung für die Wiedereinsetzung nicht genügen, wenn dazu nicht ein weiteres Verschulden kommt; ähnl. OLG Stuttgart NJW 60/2353 = MDR 60/1033.

3a) GesVertr. u. ErzBer. sollen gem. II weiterhin **die gleichen Mitt.**[3a]) in gleicher Form gemacht werden wie dem Beschuldigten (einschl. StrVerfügungen, StrBefehlen uä, über Ladung s. A 2d). Aus bes. Gründen kann ausnahmsweise die Mitt. unterbleiben; Unterlassen der Mitt. ist kein RevGrund (BGH MDR 52/564); doch kann ggf die Aufklärungspflicht verletzt sein. Wird eine Entsch. in Anwesenheit des Beschuldigten, aber in Abwesenheit des gesVertr. u. der ErzBer. verkündet, ist diesen grds die Mitt. zu machen, die dem J zu machen wäre, wenn er bei der Verkündung nicht anwesend gewesen wäre, und dabei eine entspr. (s. A 2e) **Rechtsmittelbelehrung** zu erteilen (ObLG 54/51). Ein Verstoß begründet nicht die Rev. — soweit nicht die Aufklärungspflicht verletzt ist — und nicht stets die Wiedereinsetzung (s. A 2e), da II eine Soll-Vorschrift ist und in ihrem Bereich die bloß ergänzende Rechtsmittel-Belehrungs-Vorschrift (§ 35a StPO) ihren zwingenden Charakter einbüßt (Dallinger-Lackner N 13, Potrykus NJW 54/1836; a. im Ergebnis ObLG aaO).

b) Näheres über Mitt. s. § 70 u. MiStra Nr 35.

4a) Diese **Rechte können** gem. IV dem gesVertr. oder ErzBer. ganz oder zum Teil **entzogen werden,** der verdächtig ist, in strafbarer Weise an der Tat beteiligt zu sein (Täterschaft jeder Form, Anstiftung, Beihilfe, Begünstigung, Hehlerei; vgl § 60 Z 3 StPO) oder gar deshalb schon verurteilt ist. Auch wenn der zZ der Entziehung bestehende Verdacht sich später als unberechtigt erweist, war die Entziehung nicht prozeßordnungswidrig (Dallinger-Lackner N 27).

b) Die Gefahr des Mißbrauchs dieser Rechte rechtfertigt ihre Entziehung nur, wenn bei einem anderen Berechtigten die Voraussetzungen o. A 4a vorliegen. Es muß sich um eine naheliegende und ernsthafte, durch tatsächl. Anhaltspunkte begründete Gefahr handeln (Dallinger-Lackner N 30).

c) Zuständig ist hier (a. § 51 II) ab Einreichung der Anklage das Ger. (Dallinger-Lackner N 33, aA Potrykus B 7: Vorsitzender), vorher der JRi., bei VU der URi. Der Beschl. ist zu begründen und stets mit einfacher Beschw. ohne aufschiebende Wirkung anzufechten (§§ 304, 305 II, 307 StPO); seine Wirkung beschränkt sich auf dieses Verf.

d) Sind so alle Berechtigten ausgeschlossen, **muß** der VormRi. einen **Prozeßpfleger** bestellen, der diese Rechte ausübt (§§ 1909, 1915, 1918, 1919 BGB); weiter muß ein **Verteidiger bestellt** werden (§ 68 Z 3). Bis dahin muß die Hauptverh. ausgesetzt werden. — Die Bestellung eines **Prozeßpflegers** ist **auch sonst** zweckmäßig, wenn kein Berechtigter vorhanden, zu ermitteln oder zu erreichen ist (Potrykus B 6).

5) Die Vorschrift **gilt auch:**

a) für **Hw** (RL); doch wird sie immer gegenstandslos, sobald der Beschuldigte volljährig (auch für volljährig erklärt) wird, weil es dann weder einen gesVertr. noch einen ErzBer. gibt[4]). Vorher getroffene Maßnahmen des ErzBer. oder gesVertr. wirken aber fort; über die Wirkung bei Rechtsmitteln s. § 55 A 1b (2) (a).

[3a]) Wegen des Schlußgehörs vgl §§ 169b II, III, 169a StPO ab 1. 4. 1965.

[4]) BGH LM § 109 JGG 2 und bei Herlan GA 63/106 (für Hw vor ErwGericht), Dallinger-Lackner N 26, Potrykus NJW 57/1136 gegen B 3.

b) vor **ErwG** (RL); vgl jedoch § 104 A 2.

c) Für das **vereinfachte JVerf.** (§ 78 III S 2).

d) Für das **VollstrVerf.** (§ 83 S 3).

§ 68

Notwendige Verteidigung[1])

1) **Hw:** § 109 I S 1, § 68 RL 2. — **2) ErwG:** RL 2; § 104 I 10.

Der Vorsitzende bestellt dem Beschuldigten einen Verteidiger, wenn[1a])

1. einem Erwachsenen ein Verteidiger zu bestellen wäre,

2. dem Erziehungsberechtigten und dem gesetzlichen Vertreter ihre Rechte nach dem Gesetz entzogen sind oder

3. zur Vorbereitung eines Gutachtens über den Entwicklungsbestand des Beschuldigten (§ 73) seine Unterbringung in einer Anstalt in Frage kommt.

Richtlinien zu § 68:

1. Es empfiehlt sich, nach § 68 möglichst nur Verteidiger zu bestellen, die erzieherisch befähigt und in der Jugenderziehung erfahren sind.
2. § 68 gilt auch im Verfahren gegen Jugendliche vor den für allgemeine Strafsachen zuständigen Gerichten und im Verfahren gegen Heranwachsende (§ 104 Abs. 1 Nr. 10, § 109 Abs. 1).

1) Für die **Verteidigung** in JSachen[1]) gelten **grds** die Vorschriften des **allgR.** Die Befugnisse des Verteidigers sind ab 1. 4. 1965 durch das StPÄG erweitert.

a) (1) Es kann auch hier stets ein **Verteidiger** und zwar jeder **gewählt**[2]) werden, der nach allgR zum Verteidiger bestellt werden kann (§§ 137, 138 StPO). (2) Nur bei der Auswahl des **Pflichtverteidigers** kann und soll die Eignung zum Verteidiger im JVerf. beachtet werden (RL 1); eine Bindung an Vorschläge oder ein bestimmter Turnus besteht also nicht. Bestimmte, ungeeignete Anwälte zB dürfen übergangen werden (Dallinger-Lackner N 27, Potrykus B 3). Die Bestellung (s. A 3) erfolgt gem. §§ 68 JGG, 141 IV StPO durch den Vorsitzenden (Dallinger-Lackner N 26, aA Potrykus B 2d gegen das Ges.), der auch die Rücknahme nach § 143 StPO verfügt.

b) Auch der **Verkehr zwischen Verteidiger u. J** (§ 148 StPO) ist nicht eingeschränkt, ebenso die **Akteneinsicht** (§ 147 StPO). Wie weit der Verteidiger über vertraul. zu behandelnde Aktenbestandteile (zB JGH Berichte) Mitt. machen darf oder muß, richtet sich auch hier in erster Linie nach den Erfordernissen der Verteidigung; Belange der Erz. oder der JGH sind so weit als mögl. zu beachten, treten aber im Konflikt zurück (Dallinger-Lackner N 30; vgl Lüttger NJW 51/744ff).

---

[1]) Cohnitz: Der Verteidiger in Jugendsachen.

[1a]) Die bisherige Z 1 („die Hauptverhandlung im ersten Rechtszug vor der Jugendkammer stattfindet") wurde durch StPÄG gestrichen, da sie durch § 140 I Z 1 StPO in der Neufassung überflüssig ist.

[2]) Zu dem eigenständigen Recht des ges Vertreters und ErzBerechtigten, einen Verteidiger zu wählen, s. § 67 III, 137 II StPO; über die Folgen in den Fällen notwendiger Verteidigung s. § 68 A 3a; wegen der Erstattung der Kosten für einen so bestellten Verteidiger s. § 74 A 1b (2).

c) Wegen der Einlegung von **Rechtsmitteln** durch den Verteidiger s. § 55 A 1b (1).

2a) Die **Verteidigung** im JVerf. muß grds anders als im ErwVerf. **geführt** werden. Da dort die Sühnefunktion der Str. bes. Bedeutung hat, ist es Sache des Verteidigers, die Str. zu vermeiden oder möglichst gering zu halten. Im JR dienen alle Maßnahmen — auch die JStr. — der Erz. Die richtige Maßnahme nutzt also dem Täter, eine falsche kann ihn erhebl. schädigen (vgl Einf. II 2a), ebenso ein zu Unrecht erfolgter Freispruch. Will der Verteidiger seiner Aufgabe entspr. wirkl. das beste herausholen, muß er im JR darauf hinwirken, daß die richtige Maßnahme gefunden wird. Dazu ist er bes. geeignet, weil der J und seine Angehörigen ihm bes. vertrauen, er also oft den besten Einblick hat. Er wird den J zur Wiedergutmachung, Entschuldigung oä anhalten, den Eltern bes. erz. Maßnahmen nahelegen ua; so kann er oft eine Einstellung des Verf. nach §§ 45, 47 vorbereiten.

b) Die weitere Entwicklung des J kann durch eine falsche Verteidigung schwer beeinträchtigt werden (Potrykus B 3); durch den Ausschluß des J nach § 51 I und sorgfältige Auswahl des Pflichtverteidigers [A 1a (2)] kann diese Gefahr nur zT gebannt werden. Abhilfe ist nur mögl., wenn die Anwaltschaft dem JGG und seinen Grundgedanken größere Beachtung schenkt.

3a) In bestimmten Fällen (b) wird die Bestellung [A 1a (2)] eines **Pflichtverteidigers notwendig,** wenn der Beschuldigte noch keinen Wahlverteidiger hat. Ein Pflichtverteidiger muß nicht bestellt werden, wenn der gesVertr. oder ErzBer. einen Verteidiger beauftragt hat (OLG Hamm NJW 58/641), außer wenn der J mit diesem nicht einverstanden ist (Dallinger-Lackner N 25, Potrykus B 3).

b) Die **Fälle der notwendigen Verteidigung** sind: (1) Die 1. instanzl. Verh. findet nicht vor dem AG statt (§ 140 I Z 1 StPO), also auch, wenn die JK das Verf. gem. §§ 40 II, 41 I Z 2 übernommen hat oder wenn sie nach § 108 III zuständig ist[3]. (2) Alle gesVertr. u. ErzBer. sind gem. § 67 IV ausgeschlossen (Z 3; s. § 67 A 4d). Z 3 gilt entspr., wenn gesVertr. u. ErzBer. aus Gründen der Staatssicherheit gem. § 104 III von der Beteiligung ausgeschlossen sind (Dallinger-Lackner § 104 N 18, Potrykus § 104 B 4). (3) Es kommt die Unterbringung des Täters in einer Anstalt zur Vorbereitung eines Gutachtens über seinen Geistes- oder Entwicklungszustand (§§ 81 StPO, 73 JGG) in Frage (Z 4; § 140 I Z 6 StPO), also stets, wenn ein ernstl. Antrag gestellt ist (BGH NJW 52/797). Ob die Unterbringung erfolgt, ist ohne Bedeutung. Die Verteidigerbestellung wirkt für das ganze Verf. (BGH aaO). (4) Die in § 140 I Z 2—5, 7 u. §§ 117 IV, 118a III StPO genannten Fälle; s. die Erläuterungsbücher zur StPO. Zu Z 2 empfiehlt sich bes. im JVerf. die konkrete Belehrung (vgl Pohlmann NJW 58/372). Zu Z 3 vgl BGH 4/320, 322, RG 74/193f, 76/183f. Zu Z 5 vgl BGH 4/308, 316; hier genügt jede Freiheitsentziehung iS des § 52 (s. dort A 1a; aA wohl Dallinger-Lackner N 15), die in dem anhängigen Verf. verbüßt wird. (5) Auch sonst bei bes. schweren Taten, schwieriger Sach- u. Rechtslage oder wenn der Beschuldigte sich nicht selbst verteidigen kann (§ 140 II StPO; s. dort); letzteres ist bei J, bes. bei 14—15jährigen, häufig der Fall, da diese oft unbeholfen,

[3]) So auch BGH GA 59/178.

verschüchtert oder trotzig sind (BGH MDR 52/564, Dallinger-Lackner N 19, Potrykus B 2b). — Es muß **ersichtl.** sein, daß der Vorsitzende nach allen Gesichtspunkten **geprüft** hat (BGH NJW 53/116).

c) Auch im vereinfachten JVerfahren kann eine Verteidiger- Bestellung notwendig werden (zB im Fall des § 68 Z 3, § 140 I Z 2, 3 StPO).

4) Auch **Rechtsbeistände** können als Verteidiger gewählt werden. Das Ger. sollte jedoch die Eignung sorgfältig prüfen; zu einer Zulassung neben einem Pflichtverteidiger besteht rglm kein Anlaß (Potrykus NJW 57/1137). Bei der Bestellung eines Rechtsbeistandes zum Beistand (§ 69) kann großzügiger verfahren werden (Potrykus aaO), jedoch muß er erz. befähigt sein.

§ 69

Beistand[1])

1) **Hw:** § 109 I S 1. — **2)** ErwG: § 104 II, RL.

(1) Der Vorsitzende kann dem Beschuldigten in jeder Lage des Verfahrens einen Beistand bestellen, wenn kein Fall der notwendigen Verteidigung vorliegt.

(2) Der Erziehungsberechtigte und der gesetzliche Vertreter dürfen nicht zum Beistand bestellt werden, wenn hierdurch ein Nachteil für die Erziehung zu erwarten wäre.

(3) Dem Beistand kann Akteneinsicht gewährt werden. Im übrigen hat er bei dem Schlußgehör (§ 169b der Strafprozeßordnung)[2]) und in der Hauptverhandlung die Rechte des Verteidigers.

1a) Die Beistandschaft[1]) dient der Betreuung des J im Verf. u. seiner erz. Lenkung und Leitung nachher. Der Beistand hat eine **fürsorgerische Stellung** und soll dem J mit menschl. Rat und Zuspruch zur Seite stehen, während der Verteidiger der juristische Berater ist.

b) Die Beistandschaft hat nur noch **geringe praktische Bedeutung,** da ihre Aufgaben heute weitgehend von der JGH, ggf dem BewH erfüllt werden und auch die Stellung des gesVertr. u. ErzBer. der eines Beistandes kaum nachsteht.

c) Die jrechtl. Beistandschaft ist etwas anderes als die des Ehegatten und gesVertr. nach § 149 StPO (bloße Fürsprecher; s. die Erläuterungsbücher dazu); beide sind von einander unabhängig.

2a) Ein **Beistand** kann **nicht gewählt,** sondern **nur** durch den Vorsitzenden (gerichtl. Zuständigk.: § 141 III StPO entspr.) **bestellt werden;** das ist in jeder Lage des Verf. mögl. (s. § 83 S 3). Die Bestellung kann (ggf muß: b) zurückgenommen werden.

b) (1) Beistandschaft ist nur **zulässig,** wo kein Fall der notwendigen Verteidigung (§ 68) vorliegt, gleichgültig, ob ein Pflicht- oder Wahlverteidiger auftritt (Dallinger-Lackner N 9, aA Potrykus B 3: nur bei Pflichtverteidiger). Im Fall des § 140 II StPO

---

[1]) Peters: Einige Bemerkungen zum Beistand des JGG, JWohl 56/400.

[2]) Einfügung durch StPÄG, gültig ab 1. 4. 1965.

kann aber das Vorhandensein eines Beistandes dazu führen, daß eine Verteidigung nicht mehr notwendig ist. (2) Sonst können Verteidiger u. Beistand nebeneinander auftreten.

c) Bestellt werden kann jeder, der die entspr. erz. Fähigk. hat und das notwendige Vertrauen besitzt oder sich erwerben kann (Lehrherr, älterer Arbeitskamerad, JFührer, JAmts-Mitarbeiter), auch ein ErzBer. oder gesVertr. (s. A 1b) oder ein Rechtsbeistand (§ 68 A 4). Nicht bestellt werden kann, wessen Bestellung erz. Nachteile erwarten oder Mißbrauch oder Pflichtenkollision befürchten läßt (II über den Wortlaut hinaus).

d) Bestellung und Auswahl sind als prozeßleitende Maßnahmen nicht anfechtbar (a. bei notwendiger Verteidigung; A 2 b: § 304 StPO).

3a) Ob **Akteneinsicht** gewährt werden kann, entscheidet der Vorsitzende nach Lage des Einzelfalles. Gegen Verweigerung ist Beschw. gegeben (§ 304 StPO). Mündl. Information durch den JRi. ist stets mögl.

b) Die **Rechte** des Verteidigers hat der Beistand nur in der Hauptverh. und deren vorweggenommenen Teilen (§§ 223, 225, 233 StPO), aber auch beim Schußgehör (§ 169b StPO); er ist dazu zu laden. Dagegen kann er keine Rechtsmittel einlegen, hat nicht das Verkehrsrecht (§ 148 StPO) und auch nicht das Anwesenheitsrecht im VorVerf. (§§ 169 II, 193 StPO).

§ 70

Mitteilungen

1) Hw: § 109 I S 1. — **2)** ErwG: A 1d; § 104 I 11, III, A 2. — **3) Sold!** § 112a Vorb. 1 a.

Vormundschaftsrichter und Jugendgerichtshilfe, in geeigneten Fällen auch die Schule, werden von der Einleitung und dem Ausgang des Verfahrens unterrichtet. Sie benachrichtigen den Staatsanwalt, wenn ihnen bekannt wird, daß gegen den Beschuldigten noch ein anderes Strafverfahren anhängig ist.

Richtlinie zu § 70:

Zu beachten sind auch die Verwaltungsvorschriften über Mitteilungen in Strafsachen.

Auszug aus der
Anordnung über Mitteilungen in Strafsachen (Mi Stra)
v. 15. 6. 57 in der Fassung v. 15. 1. 58

. . .

2.) Erweiterung und Einschränkung der regelmäßigen Mitteilungspflichten

(1) Eine Mitteilung ist auch dann zu machen, wenn sie zwar nicht ausdrücklich vorgeschrieben, aber durch ein besonderes öffentliches Interesse geboten ist.

(2) Eine vorgesehene Mitteilung unterbleibt, wenn ihr im Einzelfall erhebliche Bedenken entgegenstehen.

(3) Die Entscheidung trifft der Richter oder der Staatsanwalt.

. . . . .

31.) **Mitteilungen an den Vormundschaftsrichter in Strafsachen gegen Jugendliche und Heranwachsende**

(1) In Strafsachen gegen Jugendliche und Heranwachsende sind dem Vormundschaftsrichter mitzuteilen

a) die Einleitung des Verfahrens,
b) die Urteile,
c) der Ausgang des Verfahrens.

(2) Werden Tatsachen bekannt, die Maßnahmen des Vormundschaftsrichters erfordern können, so sind ihm auch diese mitzuteilen. Die Mitteilung wird von dem Richter oder dem Staatsanwalt angeordnet.

32.) **Mitteilungen an die Jugendgerichtshilfe in Strafsachen gegen Jugendliche und Heranwachsende**

(1) In Strafsachen gegen Jugendliche und Heranwachsende sind der Jugendgerichtshilfe mitzuteilen

a) die Einleitung des Verfahrens,
b) vorläufige Anordnungen über die Erziehung,
c) Der Erlaß und die Vollstreckung eines Haftbefehls oder Unterbringungsbefehls sowie die Unterbringung zur Beobachtung.
d) die Erhebung der öffentlichen Klage,
e) Ort und Zeit der Hauptverhandlung,
f) die Urteile,
g) der Ausgang des Verfahrens,
h) der Name des Bewährungshelfers,
i) die nachträglichen Entscheidungen, die sich auf Weisungen oder besondere Pflichten beziehen oder eine Aussetzung der Jugendstrafe, eine Entlassung zur Bewährung oder eine Aussetzung der Verhängung der Jugendstrafe betreffen.

(2) Bei Übertretungen können die Mitteilungen nach Absatz 1 Buchst. b) bis f), h) und i) unterbleiben, wenn die Mitwirkung der Jugendgerichtshilfe für die sachgemäße Durchführung des Verfahrens entbehrlich ist. Die Entscheidung trifft der Richter oder der Staatsanwalt.

33.) **Mitteilungen an die Fürsorgeerziehungsbehörde in Strafsachen gegen Jugendliche und Heranwachsende**

(1) Hat das Gericht im Strafverfahren auf Fürsorgeerziehung erkannt, so ist der zuständigen Fürsorgeerziehungsbehörde[1]) die rechtskräftige Entscheidung mitzuteilen.

---

[1]) Zuständige **Fürsorgeerziehungsbehörden** sind im Land
Baden-Württemberg im Regierungsbezirk Nordbaden das Regierungspräsidium, im Re-

(2) Der Fürsorgeerziehungsbehörde ist auch Mitteilung zu machen, wenn gegen einen Fürsorgezögling ein Strafverfahren eingeleitet wird.

34.) Mitteilungen an die Schule in Strafsachen gegen Jugendliche und Heranwachsende

(1) In Strafsachen gegen Jugendliche und Heranwachsende sind nach § 70, § 109 Abs. 1 JGG Mitteilungen an die Schule nur in geeigneten Fällen zu machen. Es wird in der Regel genügen, die Schule von der rechtskräftigen Verurteilung zu unterrichten.

Die Einleitung des Verfahrens oder die Erhebung der öffentlichen Klage wird in der Regel nur mitzuteilen sein, wenn aus Gründen der Schulzucht sofortige Maßnahmen gegen den Beschuldigten geboten sein können.

(2) Die Mitteilungen sind an den Leiter der Schule zu richten.

(3) Die Mitteilung wird von dem Richter oder dem Staatsanwalt angeordnet. Inhalt und Form der Mitteilungen richten sich nach dem Umständen des Einzelfalles.

35.) Mitteilungen an andere Prozeßbeteiligte in Strafsachen gegen Jugendliche und Heranwachsende

(1) Sind in Strafsachen gegen Jugendliche und Heranwachsende durch verfahrensrechtliche Bestimmungen Mitteilungen an den Beschuldigten vorgeschrieben, so sind diese auch zu richten an

a) den Erziehungsberechtigten,
b) den gesetzlichen Vertreter,
c) den Prozeßpfleger.

(2) Die in Absatz 1 bezeichneten Personen werden ferner benachrichtigt von

a) der Einleitung des Verfahrens,
b) der Verhaftung, Verwahrung oder Unterbringung.

Die Mitteilungen nach Buchst. a) können bei Geringfügigkeit der Verfehlung unterbleiben. Die Entscheidung trifft der Richter oder der Staatsanwalt.

---

	gierungsbezirk Südbaden das Regierungspräsidium, in den Landkreisen Sigmaringen und Hechingen der Landeskommunalverband der Hohenzollerischen Lande, im übrigen Land der Württ. Landesfürsorgeverband;
Bayern	die Kreisverwaltungsbehörde — Jugendamt —;
Berlin	der Senator für Jugend und Sport;
Bremen	das Landesjugendamt;
Hamburg	die Jugendbehörde;
Hessen	die Hauptverwaltung des Landeswohlfahrtsverbandes Hessen;
Niedersachsen	die Landesjugendämter in Braunschweig, Hannover und Oldenburg;
Nordrhein-Westfalen	die Landschaftsverbände Rheinland in Düsseldorf und Westfalen-Lippe in Münster
Rheinland-Pfalz	das Landesjugendamt
Saarland	das Landesjugendamt im Ministerium für Arbeit und Wohlfahrt;
Schleswig-Holstein	das Landesjugendamt.

1) Mitt. der StA, des Ger. u. der VollstrBehörden (s. MiStra § 4).

a) Bes. jrechtl. Mitt.Pflichten sind außer in § 70 noch in §§ 50 III S 1, 67 II, IV S 3, V S 3 (s. auch § 67 A 4d); 75 I S 4 JGG iVm §§ 413 IV u. 409 II StPO enthalten. Eine gute Zusammenstellung bringen MiStra Nr 31, 32, 34, 35. Sie werden ergänzt durch Nr 33 MiStra und durch § 1 RL 2, § 42 RL 2, § 43 RL 6, § 85 RL III 1, IV 2, V 7, VI 4 sowie durch § 73 JVollzO (Mitt. an JAmt bei Aufnahme in JStr.-Anstalt).

b) Neben diesen bes. jrecht Mittl.Pflichten gelten **auch noch die allg.** für das StReg., die übrigen Bestimmungen der MiStra u. die AO Erz.Kartei (diese ist bei § 94 abgedruckt). Wegen Unterrichtung der **Polizei** s. § 94 Vorb. 4 Abs. 2.

c) (1) Darüber hinaus muß der Ri. oder StA **im Einzelfall** Mitt. **anordnen,** wo an ihnen ein bes. öffentl. Interesse besteht; (2) umgekehrt **unterbleiben** Mitt. nach AO des Ri. oder StA, wenn ihnen im Einzelfall erhebl. — auch erz. — Bedenken entgegenstehen (MiStra Nr 2; vgl auch die AO der Justizverwaltungen über den Verkehr mit der DDR).

d) Die an sich in gleichem Umfang bestehende Mitt Pflicht der **ErwG** in Verf. gegen Ju. Hw (§§ 104 I Z 11, 112) kann aus Gründen der Staatssicherheit eingeschränkt werden [§ 104 III; s. dort A 2; s. o. A 1c (2)].

2a) VormRi., JGH u. Schule haben den Behörden des StrVerf. **Mitt. zu machen,** wenn ihnen andere StrVerf. (nicht: Str.Taten) bekannt sind. Dadurch soll die Verbindung mehrerer StrVerf. ermöglicht werden. Eine Pflicht zur Anzeige von StrTaten wird dadurch nicht begründet; diese richtet sich nach allg. Vorschriften.

b) Diese und andere Stellen werden jedoch auch in anderen Fällen nach ihrem pflichtgem. Ermessen Mitt. machen.

§ 71

Vorläufige Anordnungen über die Erziehung

1) Hw: RL 5 S 2; § 109 RL 6. — **2)** ErwG: § 104 II, RL; § 71 RL 5 S 1.

(1) Bis zur Rechtskraft des Urteils kann der Richter vorläufige Anordnungen über die Erziehung des Jugendlichen treffen. Die Anordnung der vorläufigen Fürsorgeerziehung ist nicht zulässig.

(2) Ist Jugendstrafe zu erwarten, so kann der Richter auch die einstweilige Unterbringung in einem geeigneten Erziehungsheim anordnen, wenn dies geboten ist, um einem Mißbrauch der Freiheit zu neuen Straftaten entgegenzuwirken oder um den Jugendlichen vor einer weiteren Gefährdung seiner Entwicklung zu bewahren. Für die einstweilige Unterbringung gelten die §§ 114 bis 115a, 117 bis 118b, 120, 125 und 126 der Strafprozeßordnung sinngemäß.

Richtlinien zu § 71:

1. Vor Erlaß einer vorläufigen Anordnung über die Erziehung wird der Richter regelmäßig die Jugendgerichtshilfe und, wenn notwendig, auch den Erziehungsberechtigten sowie den gesetzlichen Vertreter hören. Hiervon kann abgesehen werden, wenn die Anordnung keinen Aufschub duldet. In diesem Falle kann eine nachträgliche Anhörung angezeigt sein. Der Beschluß über die vorläufige Anordnung ist zu begründen (§ 34 StPO).
2. Durch vorläufige Anordnung kann der Richter den Jugendlichen auch in ein zur Aufnahme bereites Heim einweisen, in dem der Jugendliche zu geregelter Arbeit angehalten und seine Persönlichkeit erforscht wird.
3. Den Unterbringungsbefehl nach § 71 Abs. 2 wird der Richter durch einen Haftbefehl ersetzen, wenn sich die Unterbringung des Beschuldigten im Erziehungsheim als ungenügend oder undurchführbar erweist.
4. Der Richter hebt die vorläufige Anordnung auf, sobald sie entbehrlich wird oder das Verfahren rechtskräftig erledigt ist.
5. Auch im Verfahren gegen Jugendliche vor den für allgemeine Strafsachen zuständigen Gerichten kann eine vorläufige Anordnung über die Erziehung getroffen und die einstweilige Unterbringung in einem Erziehungsheim angeordnet werden (§ 104 Abs. 2). Im Verfahren gegen Heranwachsende sind diese Maßnahmen nicht zulässig.

1) Der ErzZweck des JVerf. könnte nicht erreicht werden, wenn der J bis zur Rechtskraft in einer erz.bedenkl. Umgebung gelassen oder ggf stets die erz. oft wenig geeignete UHaft angeordnet werden müßte. Dem hilft **bis zur Rechtskraft** § 71 ab (nachher überbrückt bei StrAzBew. § 61). Abgesehen von UHaft (§ 72; s. dort) kann die einstweilige Unterbringung in einem ErzHeim angeordnet (II, A 2a) oder eine andere vorl. AO über die Erz. getroffen werden (I, A 2b). Nach dem **Subsidiaritätsprinzip** kann UHaft nicht angeordnet werden, wenn die Unterbringung (II) genügt (§ 72 I; mißverständl. Potrykus B 8 aE); diese kann nicht angeordnet werden, wenn andere vorl. AO (I) genügen (s. II: „wenn ... geboten").

2a) Die **Unterbringung in einem ErzHeim**[1]) ist echte Freiheitsentziehung in Erwartung von JStr. [A 3b (1)] und wie UHaft anrechenbar (§ 52 I, RL 1). Sie erfolgt auf Grund eines dem Haftbefehl entspr. Unterbringungsbefehls, der ein bestimmtes Heim benennen muß. Der Unterbringungsbefehl wird wie ein Haftbefehl vollstreckt. Das jeweilige Heim muß fluchtsicher sein und auch Alter und Entwicklung des J entspr. Solche ErzHeime gibt es zu wenig. Ihre Errichtung ist notwendig,

---

[1]) Vgl Scheunemann: J und Hw in Sicherungshaft, NJW 61/644; Wehner: Die Heimunterbringung im Strafverfahren nach §§ 71—73 JGG (Erfahrungsbericht aus Berlin), RdJ 63/381.

soll nicht der Gedanke des JGG, daß UHaft vermieden werden muß, bedeutungslos werden. JA- u. FE-Anstalten sind keine ErzHeime[2]).

b) Die anderen **vorl. AO über die Erz.** (I) entspr. den Weisungen. Sie sind nicht erzwingbar. Die Verhängung von JA bei Verstößen ist nicht mögl., notfalls muß Unterbringung (a) oder UHaft angeordnet werden (A 2c). Im Einzelnen kommt in Frage: Eintritt in ein Heim, Aufnahme in eine Familie, Übernahme oder Wechsel eines Arbeitsplatzes oder einer Lehrstelle uä; auch Alkohol-, Nikotin-, Wirtshaus-, Kfz-Verbot uä (vgl RL 2). Stets muß es sich um vorl., überbrückende Maßnahmen mit Einfluß auf die Lebensführung handeln. Nie darf damit zwangsweiser Freiheitsentzug wie bei UHaft (§ 72) oder Unterbringung in einem ErzHeim (A 2a) verbunden sein; deshalb sind auch vorl. FE (I S 2) und Aufnahme in eine JA-Anstalt (Dallinger-Lackner N 10 überzeugend; aA Potrykus B 1) ausgeschlossen.

c) Reicht die getroffene Maßnahme nicht aus oder ist sie undurchführbar, so ist notfalls eine allg. vorl. AO (A 2b) durch eine Heimunterbringung (A 2a), letztere aber durch Haftbefehl **zu ersetzen,** wenn dafür die Voraussetzungen (§ 72 A 1) vorliegen (RL 3; s. auch § 72 A 1b aE).

3) Voraussetzungen der AO:

a) nach I: (1) Verdacht einer StrTat, die Maßnahmen des JRi. rechtfertigt, sei es auch nur nach § 3 S 2 (Dallinger-Lackner N 3); (2) Noch nicht eingetretene Rechtskraft, also schon vor Anklageerhebung und noch nach Urteilsspruch (s. auch A 5); (3) Notwendigk. sofortigen Eingreifens aus erz. Gründen; es darf also nicht bloß ein „Denkzettel" erteilt, ein einmaliges Tun angeordnet werden.

b) nach II: (1) JStr. muß zu erwarten sein, also Überführung hinsichtl. der Schuldfrage und der Voraussetzungen des § 17 II, (2) Rechtskraft darf noch nicht eingetreten sein [A 3a (2)], (3) eine durch ausreichende Anhaltspunkte belegte Wiederholungsgefahr muß bestehen (Schutz der Interessen der Allgemeinheit) oder (3) die erz. Notwendigk., den J vor weiterer Gefährdung seiner Entwicklung zu bewahren, (4) andere vorl. AO über die Erz. dürfen nicht ausreichen (A 1). — Die Unterbringung in einem ErzHeim ist unter der Einschränkung (4) auch zulässig, wenn die Voraussetzungen für den Erlaß eines Haftbefehls vorliegen (§ 72 III).

c) Die Notwendigk. einer Untersuchung und Beobachtung hinsichtl. des Entwicklungs- oder Geistes-Zustandes rechtfertigt eine solche AO (a, b) nicht (dafür §§ 73 JGG, 81 StPO), doch kann eine zulässige AO zugleich der Persönlichkeitserforschung (RL 2) dienen. — Gegen Volljährige ist die AO (a, b) zwar nicht unzulässig, aber kaum sinnvoll.

4) Verf.

a) Zuständigk.: wie beim Haftbefehl (§ 124 StPO entspr., näheres s. § 72 A 2a).

b) Anhörung: § 33 StPO, RL 1 S 1—3.

---

[2]) Für JArrestanstalten wie hier Dallinger-Lackner N 10, aA Potrykus B 1. — Für Fürsorgeerziehungsheime aA Schaffstein S 172; doch will § 71 I S 2 gerade die Belastung dieser Heime ausschließen.

c) Entsch. durch begründeten Beschl. (RL 1 S 4); der Unterbringungsbeschl. entspricht dem Haftbefehl auch hinsichtl. der Vorführung vor den Ri., der Benachrichtigung der Angehörigen, der mündl. Verh. auf Antrag, des Haftprüfungsverf. und der Aufhebung (II S 2).

d) Bekanntmachung: §§ 35 I, II S 2, 41 StPO, 67 II JGG, MiStra 32, 35 IIb.

e) Rechtsmittel ist die einfache Beschw. ohne aufschiebende Wirkung (§§ 304, 307 StPO); bei Unterbringung in einem ErzHeim ist weitere Beschw. gegeben (§ 310 I StPO entspr.; OLG Hamburg NJW 63/1167 = MDR 63/865 = JR 63/231 = GA 63/216 = Zbl 63/171, gebilligt in OLG Hamburg NJW 64/605, Dallinger-Lackner N 28, Potrykus B 9). — Es gelten aber auch hier die Rechtsmittelbeschränkungen des § 55 I, soweit es sich nicht um eine AO nach II handelt. Beschw. Berechtigter s. § 55 A 1b.

f) Die Kosten der Maßnahmen sind Auslagen des Verf. (§ 92 Z 11 GKG; § 74 RL 4).

5a) Die AO muß **ausdrückl. aufgehoben** werden. Mit Rechtskraft wird nach dem klaren Wortlaut nur die AO unzulässig; schon getroffene Maßnahmen aber bleiben bis zur Aufhebung bestehen (Dallinger-Lackner N 30; s. RL 4, aA Potrykus B 5).

b) Die Aufhebung erfolgt, wenn die AO entbehrl. oder unzweckmäßig geworden ist, eine andere Maßnahme angeordnet wird (RL 3) oder wenn sie nach Rechtskraft überflüssig ist (RL 4). Wo eine AO getroffen wurde, sollte bei Urteilsverkündung auch über ihr Fortbestehen entschieden werden. Doch kann es zweckmäßig sein, die AO noch kurze Zeit über die Rechtskraft hinaus bis zum Anlaufen der endgültigen Maßnahmen aufrechtzuerhalten (zB bei § 53; Dallinger-Lackner N 30).

§ 72

Untersuchungshaft[1])

1) Hw: RL 4; § 109 RL 6. — 2) Abs. 1, II, IV, V: **ErwG:** § 104 I 5; § 72 RL 4; — Abs. III: ErwG: § 104 II, RL.

(1) Untersuchungshaft darf nur verhängt und vollstreckt werden, wenn ihr Zweck nicht durch eine vorläufige Anordnung über die Erziehung oder durch andere Maßnahmen erreicht werden kann.

(2) Über die Vollstreckung eines Haftbefehls und über die Maßnahmen zur Abwendung seiner Vollstreckung entscheidet der Richter, der den Haftbefehl erlassen hat, in dringenden Fällen der Jugendrichter, in dessen Bezirk die Untersuchungshaft vollzogen werden müßte.

(3) Unter denselben Voraussetzungen, unter denen ein Haftbefehl erlassen werden kann, kann auch die einstweilige Unterbringung in einem Erziehungsheim (§ 71 Abs. 2) angeordnet werden. In diesem Falle kann der Richter den Unterbringungsbefehl nachträglich durch einen Haftbefehl ersetzen, wenn sich dies als notwendig erweist.

---

[1]) Becker: UHaft bei J u. Hw, JR 55/45; Schnitzerling: J u. Hw in UHaft, RdJ 57 H 6; Herold: UHaft bei J und Hw, RdJ 57 H 7; de Wyl: Die Wirkungen der UHaft bei J und Hw, RdJ 58/305. — Vgl auch Scheunemann: J und Hw in Sicherungshaft, NJW 61/644.

(4) Befindet sich ein Jugendlicher in Untersuchungshaft, so ist das Verfahren mit besonderer Beschleunigung durchzuführen.

(5) Die richterlichen Entscheidungen, die die Untersuchungshaft betreffen, kann der zuständige Richter aus wichtigen Gründen sämtlich oder zum Teil einem anderen Jugendrichter übertragen.

Richtlinien zu § 72:

1. Das Verfahren gegen einen verhafteten Jugendlichen soll durch Ermittlungen gegen Mitbeschuldigte oder durch kommissarische Zeugenvernehmungen nach Möglichkeit nicht verzögert werden. Erforderlichenfalls ist das Verfahren abzutrennen.
2. Wird der Jugendliche an einem Ort ergriffen, der weder sein gewöhnlicher Aufenthaltsort ist noch zum Bezirk des Richters gehört, dem die vormundschaftsrichterlichen Erziehungsaufgaben obliegen, so veranlaßt der Staatsanwalt in der Regel unverzüglich, daß der Jugendliche durch Einzeltransport dem Richter überstellt wird, der für die vormundschaftsrichterlichen Erziehungsaufgaben zuständig ist. Gleichzeitig beantragt er beim bisherigen Haftrichter, daß dieser seine Aufgaben auf den Richter überträgt, der die vormundschaftsrichterlichen Erziehungsaufgaben wahrzunehmen hat.
3. Wegen des Vollzugs der Untersuchungshaft wird auf § 93 und die Richtlinien dazu hingewiesen.
4. § 72 gilt auch im Verfahren gegen Jugendliche vor den für allgemeine Strafsachen zuständigen Gerichten (§ 104 Abs. 1 Nr. 5), aber nicht im Verfahren gegen Heranwachsende (§ 109).

1a) Die **Voraussetzungen für** die AO der **UHaft**[1]) sind die gleichen wie im allgR. Die Änderungen durch die kleine Strafprozeßreform betreffen die Sonderregelung des § 72 nicht. — Vgl §§ 112,113 StPO.

Zum allg. Recht ist hier nur festzustellen: Der dringende Tatverdacht muß sich auch auf die Altersreife beziehen (vgl aber § 3 Vorb.). — Verdunklungsgefahr besteht bei J selten, soweit es nicht um Taten von Banden oä geht. Fluchtgefahr dagegen ist bei den zu Kurzschlußhandlungen neigenden J oft auch bei Taten geringen Gewichts gegeben. Wegen der Eigenart der Taten J (s. Einf. I 1) und, weil die Strafrahmen des allg. Rechts im JRecht nicht gelten (§§ 5, 18 I S 3), kann die Fluchtgefahr aber nicht schon deshalb vermutet werden, weil die Tat als Verbrechen qualifiziert ist (anders bei Kapitalverbrechen). Wiederholungsgefahr wird bei bestimmten umgrenzten Taten nach der kleinen Strafprozeßreform ab 1. 4. 1965 neuer Haftgrund. Daneben besteht dieser Grund für den Unterbringungsbefehl gem § 71 II allgemein weiter.

b) (1) Auch unter diesen Voraussetzungen darf ein Haftbefehl **nur** erlassen werden, **wenn andere Maßnahmen nicht ausreichen** (I), da die UHaft zu seelischen Schäden oder zur kriminellen Ansteckung führen kann (vgl Becker JR 55/45, 46, Dallinger-Lackner N 2, Potrykus B 1; auch § 71 A 1). Es kommt also darauf an, ob der im

Einzelfall bestehenden Verdunklungs- oder Fluchtgefahr auf andere Weise begegnet werden kann. Möglichk.: s. § 61 A 1d, 2a u. § 71 A 2a, b; weiter ggf Hausarrest bei verständigen Eltern, uU bloßes Versprechen des J (vgl Dallinger-Lackner N 7, 8; Potrykus B 1, Becker JR 55/45, 46). Danach ist es selbstverständl., daß bei Vorliegen der Voraussetzungen für einen Haftbefehl auch als mildere Maßnahme ein Unterbringungsbefehl nach § 71 II erlassen werden kann (III S 1). (2) Ebenso ist es selbstverständl., daß der Unterbringungsbefehl durch einen Haftbefehl ersetzt werden kann, wenn jener nicht ausreicht (s. § 71 RL 3, A 2c) und die Voraussetzungen für den Erlaß eines Haftbefehls vorliegen. Es bedarf auch bei Umwandlung des nach III S 1 erlassenen Unterbringungsbefehls in einen Haftbefehl keiner Darlegung, daß die Voraussetzungen nach A 1a vorliegen, da dies hier schon bei Erlaß des Unterbringungsbefehls dargelegt ist (III S 2). Die Umwandlung ist auch mögl., wenn sich die Tatsachen nicht geändert haben, nun aber anders beurteilt werden (Dallinger-Lackner N 9; aA Potrykus B 4).

2a) Das **Verf.** einschl. Haftprüfung und die **Anfechtung** richten sich nach allgR (s. zu §§ 112ff StPO); doch sind die Rechte des gesVertr. u. der ErzBer. (§ 67 I, III) zu beachten. — Das gilt auch für die Zuständigk. (s. §§ 125, 126, 207 IV, 268b StPO; das BerGer. ist mit Akteneingang zuständig); selbstverständl. ist nicht das allg., sondern das JG zur Entsch. berufen; auch die bes. örtl. Zuständigk. des JG (§ 42) ist zu beachten (s. RL 2 S 1); wegen bes. HaftGer. und des BezirksJRi. s. § 33 A 1c. — Oft ist die Übertragung der die UHaft betreffenden Entsch. zweckmäßig (V), zB an den Jugendrichter des Haftortes (vgl RL 2 S 2). Der Übertragungsbeschluß hat auch hier keine bindende Wirkung; bei Bedenken des angegangenen Richters entscheidet das gemeinschaftliche obere Gericht entspr. § 42 III S 2 JGG (s. dort): OLG Hamm JMBl NRW 61/224; doch sollte man sich gerade hier vor einem das Verfahren verzögernden Zuständigkeitsstreit hüten.

b) Die in IV ausgesprochene Pflicht zur Beschleunigung ist etwas Selbstverständliches [s. Einf. II 2c (2)]; beachtenswert hierfür RL 1.

c) Wegen des Vollz. s. § 93 (RL 3).

d) Wegen der Anrechnung s. § 52; Mitt.: MiStra Nr 31 II, 32, 35 II; §§ 114a StPO, 67 II JGG.

3a) Auch die **Vollstr.** (nicht nur der Erlaß) **des Haftbefehls** muß nach I **unterbleiben,** wenn sein Zweck durch andere Maßnahmen erreicht werden kann (s. A 1b, § 116 StPO). Stets ist zugleich zu prüfen, ob der Haftbefehl nicht ganz aufgehoben werden kann.

b) Zuständigk. für diese Entsch., die bei jeder Überprüfung des Haftbefehls zu treffen ist: II. Nach Einreichung der Anklageschrift ist der nach A 2a zuständige Ri. berufen.

4) Nicht unter § 72 fallen die Unterbringungen nach §§ 71 II, 73 JGG, 81 StPO.

§ 73

Unterbringung zur Beobachtung[0])

1) **Hw:** § 109 I S 1, § 73 RL 3. — 2) **ErwG:** § 104 I 12; § 73 RL 3.

(1) Zur Vorbereitung eines Gutachtens über den Entwicklungsstand des Beschuldigten kann der Richter nach Anhören eines Sachverständigen und des Verteidigers anordnen, daß der Beschuldigte in eine zur kriminalbiologischen Untersuchung Jugendlicher geeignete Anstalt gebracht und dort beobachtet wird. Im vorbereitenden Verfahren entscheidet der Richter, der für die Eröffnung des Hauptverfahrens zuständig wäre.

(2) Gegen den Beschluß ist sofortige Beschwerde zulässig. Sie hat aufschiebende Wirkung.

(3) Die Verwahrung in der Anstalt darf die Dauer von sechs Wochen nicht überschreiten.

Richtlinien zu § 73:

1. Der Staatsanwalt beantragt die Unterbringung zur Vorbereitung eines Gutachtens über den Entwicklungsstand des Jugendlichen nur, wenn die Bedeutung der Strafsache diese schwerwiegende Maßnahme rechtfertigt und eine Untersuchung nach § 43 Abs. 3 nicht ausreicht (vgl die Nrn. 10 und 11 der Richtlinien zu § 43 sowie Nr. 48 RiStV).
2. Dem Beschuldigten, der keinen Verteidiger hat, ist ein solcher zu bestellen (§ 68 Nr. 4).
3. § 73 gilt auch im Verfahren gegen Jugendliche vor den für allgemeine Strafsachen zuständigen Gerichten (§ 104 Abs. 1 Nr. 12) und im Verfahren gegen Heranwachsende (§ 109 Abs. 1).

1) Im Verf. gegen J u. Hw ist der **Entwicklungsstand** [Gegensatz: Geisteszustand in § 81 StPO; s. A 2c (3)] von großer, oft entscheidender Bedeutung. Von ihm hängt bei J die strafrechtl. Verantwortlichk. (§ 3), bei Hw die Anwendung des J- oder ErwR (§ 105) ab; er beeinflußt die Auswahl der Maßnahmen und ihren Umfang (§ 43 A 1b). Die Feststellung des Entwicklungsstandes ist ein Teil der Persönlichkeitserforschung (§ 43; s. dort).

2a) Liegen **konkrete Anhaltspunkte** dafür vor, **daß Abweichungen** vom normalen Entwicklungsstand bestehen, und reicht eine ambulante Untersuchung zur Klärung nicht aus (§ 43 RL 11), kann die Unterbringung in einer zur kriminalbiologischen Untersuchung J geeigneten Anstalt geboten sein [§ 43 A 4c (3)].

b) Diese einschneidende Maßnahme ist aber nicht am Platze, wenn es sich nicht um eine gewichtige Tat handelt (RL 1, s. § 43 A 3). Sie ist nur zu vertreten, wenn JStr., eine längere GefängnisStr. oder FE zu erwarten ist. Läßt die Unterbringung

[0]) **Literatur:** Wehner: Die Heimunterbringung im Strafverfahren nach §§ 71—73 JGG (Erfahrungsbericht aus Berlin), RdJ 63/381.

Schäden erwarten, ist bes. Zurückhaltung geboten (allgM). — Die Lücke in der Aufklärung muß ggf hingenommen werden, Zweifel wirken zu Gunsten des Täters.

c) (1) Die Unterbringung nach § 73 dient nur der Klärung des Entwicklungsstandes, nicht der Aufklärung des Tatherganges. Doch muß der Sachverständige dem Ger. zB ein Geständnis oder eine andere für den Tathergang wichtige freiwillige Angabe mitteilen [Verwertung: § 43 A 4c (2)]; als vom Ger. Beauftragter hat er kein Zeugnisverweigerungsrecht. (2) Die AO der Unterbringung berechtigt nicht zu körperl. Untersuchungen und Eingriffen; für diese gelten §§ 81a, 81b StPO. (3) Für die Begutachtung des Geisteszustandes gilt § 81 StPO. Die Beobachtung des Entwicklungsstands und Geisteszustands (§§ 73 JGG, 81 StPO) kann durch die gleiche Unterbringung erfolgen; hier gilt für beide die einmalige Höchstdauer von 6 Wochen. Die gleichen Beobachtungen können aber auch nacheinander je bis zur Höchstdauer von 6 Wochen erfolgen (Potrykus B 6).

d) Die Unterbringung darf **nur** für die Dauer von **6 Wochen** [länger nur bei UHaft: RG 34/306, 308f; s. auch A 2c (3)] angeordnet werden (III), was zweckmäßig im Beschl. ausgesprochen wird (beachte RiStV 48 II). Setzt das Ger. aus bes. Gründen eine kürzere Frist, ist deren Verlängerung oder die spätere Ergänzung der Untersuchung bis zu 6 Wochen insgesamt mögl.[1]) Die Untersuchung ist mit allen Mitteln zu beschleunigen (RiStV 48 III—V); nach Abschluß der notwendigen Untersuchung ist der Untergebrachte sofort zu entlassen. — Vgl im übrigen die Erläuterungswerke der StPO zu § 81 IV.

3a) Die Entsch. trifft das Ger. nach **pflichtgem. Ermessen** [wegen Nachprüfung s. A 4a (7)].

b) Es muß bei der AO der Unterbringung die **Anstalt bezeichnen**[2]), da das Ger. bestimmt, auf welche Weise die Aufklärung erfolgen und welcher Sachverständige die Beobachtung und Untersuchung leiten soll. Als Anstalten kommen bes. Heil- oder Pflegeanstalten mit abgetrennter Unterbringung der J in Betracht.

4a) **Das Verf.** gleicht dem nach § 81 StPO (s. die StPO Erläuterungswerke). Also: (1) Es müssen **gehört** werden: (a) ein Sachverständiger (§ 43 III S 2, A 4c), der Gelegenheit zur persönl. Untersuchung gehabt haben muß; er kann jedoch in klaren Fällen auch nur auf Grund der Akten seine Meinung äußern (Dallinger-Lackner N 15; aA Potrykus B 2; für § 81 StPO umstritten); (b) der sofort zu bestellende Verteidiger [RL 2, s. § 68 A 3b (3)], der erst nach dem Gutachter gehört wird; (c) der StA (§ 33 StPO) u. (d) hier grds auch die JGH (§ 38 III). (2) Es kann **außerhalb der Hauptverh.** (in dieser Anhörung nach §§ 33 StPO, 67 II JGG) auch ohne Anhörung des J und damit auch ohne Anhörung des gesVertr. u. der ErzBer. entschieden werden. (3) **Zuständig** ist das Ger., bei dem das Verf. anhängig ist oder das bei gleichzeitiger Anklage-Erhebung nach dem bisherigen Stand der Ermittlungen

---

[1]) RiStV 48 I; Dallinger-Lackner N 11, Potrykus B 5, hM zu § 81 StPO zB OLG Hamm NJW 53/1237, OLG Köln NJW 60/2353, OLG Schleswig MDR 59/415, 513 = SchlHA 59/81.

[2]) Dallinger-Lackner N 18; aA Potrykus B 2, OLG Hamm NJW 53/1237: kann dem Sachverständigen überlassen.

für die Eröffnung des Hauptverf. zuständig wäre, also bei VU stets die JK; (4) Die Entsch. kann **auf Antrag**[3]) **oder von Amts wegen** (ggf auf Anregung zB des Sachverständigen: § 43 RL 11) ergehen. (5) Der Beschl. ist **zu begründen** (§ 34 StPO) unter Angabe der Frist (A 2d) u. der Anstalt (A 3b). (6) (a) Der AOBeschl. ist gem. §§ 35 I, II S 1; 41, 35a StPO, 67 II JGG mit Rechtsmittelbelehrung **zuzustellen**, (b) der Ablehnungsbeschl. gem. §§ 35 I, II S 2; 41 StPO, 67 II JGG formlos mitzuteilen. (7) (a) Der AOBeschl. kann gem. II (geht § 305 S 1 StPO vor) mit der sof. Beschw. **angefochten** werden, die aufschiebende Wirkung hat. Das BeschwGer. überprüft die ganze Entsch. einschl. der richtigen Ausübung des Ermessens[4]). Weitere Beschw. ist ausgeschlossen (allgM; auch für § 81 StPO); über das Anfechtungsrecht bes. des Verteidigers s. A 4b; (b) der Ablehnungsbeschl. ist unanfechtbar (allgM, auch zu § 81 StPO); liegt eine Verletzung der Aufklärungspflicht vor, kann allerdings auch das RevGer. das Urteil deshalb aufheben. (8) Die **Vollstr.** betreibt der StA; sie kann erst nach Rechtskraft beginnen; es gilt RiStV 48. (9) Wegen der **Kosten** s. § 92 Z 11 GKG, § 74 RL 4. (10) Wegen der **Anrechnung** auf Str. u. JA s. § 52 RL 1, A 1; § 60 StGB; BGH 4/325.

b) Hinsichtl. der **Anfechtungsberechtigung** gilt § 55 A 1b. Im Gegensatz zu § 81 StPO darf der Verteidiger nicht gegen den Willen des Beschuldigten (a. nur im Auftrag des gesVertr. oder eines ErzBer.) sof. Beschw. einlegen. Denn der Beschuldigte ist hier rglm zurechnungsfähig; überdies gewährt das Anfechtungsrecht des gesVertr. u. der ErzBer. genügend Schutz (Dallinger-Lackner N 21, Potrykus B 4).

§ 74

Kosten und Auslagen [1])

1) Hw—J: § 109 II; § 74 RL 6, A 2a aE. — **2) ErwG:** § 104 I 13; § 74 RL 6.

Im Verfahren gegen einen Jugendlichen kann davon abgesehen werden, dem Angeklagten Kosten und Auslagen aufzuerlegen.

Richtlinien zu § 74:

1. Kosten und Auslagen werden dem Jugendlichen nur aufzuerlegen sein, wenn anzunehmen ist, daß er sie aus Mitteln zahlt, über die er selbständig verfügen kann, und wenn ihre Auferlegung aus erzieherischen Gründen angebracht erscheint. Reichen die Mittel des Jugendlichen zur Bezahlung sowohl der Kosten als auch der Auslagen nicht aus, so können ihm entweder nur die Kosten oder nur die Auslagen auferlegt werden.

---

[3]) In der Sitzung je nach Fassung als Beweisermittlungs- oder als Beweis-Antrag: s. BGH LM § 244 III StPO 2.

[4]) Dallinger-Lackner N 23, hM zu § 81 StPO; aA Potrykus B 3, 4 unter Verkennung des Wesens des BeschwVerf.

[1]) Schnitzerling: Die Kostenentscheidung im JStrafverfahren, MDR 62/541; sowie: Die Kosten der Nebenklage gegen einen Hw, RdJ 60/293.

2. Eine Entscheidung über die Kosten und Auslagen wird auch bei der Ergänzung rechtskräftiger Entscheidungen nach § 66 getroffen. Wenn in einer einbezogenen Entscheidung (§ 31 Abs. 2, § 66) von der Ermächtigung des § 74 kein Gebrauch gemacht worden ist, kann in der neuen Entscheidung ausgesprochen werden, daß es insoweit bei der früheren Kostenentscheidung verbleibt. Das wird sich besonders dann empfehlen, wenn auf Grund der früheren Kostenentscheidung bereits Kosten oder Auslagen eingezogen worden sind.

3. Für die Anordnung von Erziehungsmaßregeln und Zuchtmitteln entstehen keine Gerichtsgebühren. Im übrigen werden Gerichtsgebühren nach § 52 des Gerichtskostengesetzes berechnet. Bei Verurteilung zu Jugendstrafe von unbestimmter Dauer wird das festgesetzte oder das gesetzliche Mindestmaß (§ 19) zugrunde gelegt. Bei Einbeziehung einer Strafe nach § 31 Abs. 2 oder bei Ergänzung rechtskräftiger Entscheidungen nach § 66 werden die Gerichtsgebühren, die auf Grund der früheren rechtskräftigen Urteile fällig geworden waren, angerechnet.

4. Zu den Auslagen des Verfahrens gehören auch die durch die Ausführung einer vorläufigen Anordnung über die Erziehung oder durch die Unterbringung zur Beobachtung entstehenden Kosten (§§ 71, 73).

5. Die Kosten, die einem Jugendlichen dadurch entstehen, daß er einer ihm auferlegten Weisung (§ 10) oder besonderen Pflicht (§ 15) nachkommt, gehören nicht zu den Kosten und Auslagen im Sinne des § 74. Sie werden von dem Jugendlichen oder einem für ihn leistungspflichtigen oder leistungsbereiten Dritten getragen.

6. § 74 gilt auch im Verfahren gegen Jugendliche vor den für allgemeine Strafsachen zuständigen Gerichten (§ 104 Abs. 1 Nr. 13), im Verfahren gegen Heranwachsende nur, wenn der Richter Jugendstrafrecht anwendet (§ 109 Abs. 2).

1 a) § 74 **baut auf den Kostenvorschriften des allgR auf,** die auch im JR gelten; so tritt zB die gesamtschuldnerische Haftung gem. § 466 StPO auch bei Verurteilung zu JArrest ein (KG JR 62/271). Wegen der Kostenvorschriften im übrigen vgl die einschlägigen Erläuterungsbücher zu §§ 464ff StPO.

b) Ein **Ersatz der notwendigen Verteidigungsauslagen** (§ 467 II StPO) wird bei Freispruch wegen nachgewiesener oder wahrscheinl. Altersunreife (§ 3 S 1) oft gem. § 2 II des Ges. betr. die Entschädigung f. unschuldig erlittene UHaft vom 14. 7. 1904 (RGBl I S 321, geändert RGBl 1933 S 1005) wegen „grober Unredlichkeit" unterbleiben (BGH 7/276); denn es liegt ja eine strafbare Handlung vor.

Die Kosten für einen Verteidiger sind auch dann notwendige Auslagen des minderjährigen Angeklagten, wenn der Verteidiger allein vom ges. Vertreter (oder ErzBerechtigten) ausgewählt und bevollmächtigt wurde (LG Bückeburg NJW 60/1026).

c) Der Rechtsanwalt-Pflichtverteidiger kann auch im JGerichtsverfahren **Ansprüche gegen seinen Mandanten** gem. § 100 BRA GebO geltend machen (OLG Hamm NJW 61/1640).

2. Doch wandelt § 74 JGG den § 465 I S 1 StPO ab. Im JR brauchen dem Verurteilten (A 2b) die Kosten u. Auslagen (A 2c) nicht auferlegt zu werden (Form: A 2d); auch teilweise Auferlegung ist mögl. (s. RL 1 S. 2; zB nur Gebühren, nur Auslagen, bestimmte Auslagen, eine bestimmte Summe, einen prozentualen Anteil)[2]); komplizierte Aufteilung ist aber abzulehnen.

a) Das Ger. entscheidet nach pflichtgem. **Ermessen,** wobei es die wirtschaftl. Verhältnisse des J (RL 1), die Art der Tat (bes. Verwerflichk.) und das Verhalten im Verf. (mutwilliges Erzwingen einer größeren Beweisaufnahme, böswillige Verzögerung des Verf.) berücksichtigen muß. Entscheidend sind letztl. erz. Gründe (RL 1); einerseits muß eine wirtschaftl. Gefährdung des J vermieden werden, andererseits kann es oft notwendig sein, dem Angeklagten durch Auferlegung der Kosten zu zeigen, daß er für alle Folgen seiner Taten einzustehen hat. — Bei Hw, die oft über gutes Einkommen verfügen, wird § 74 seltener anzuwenden sein (Dallinger-Lackner § 109 N 18).

b) Verurteilt ist auch, gegen wen ErzM angeordnet oder ZuchtM verhängt sind[3]). Auch die Entsch. nach § 27 enthält eine an sich (§ 465 I StPO) zur Kostentragung verpflichtende Verurteilung (vgl §§ 94 I S 1 JGG u. 465 I S 2 StPO; Dallinger-Lackner N 4, LG Wuppertal EJF C I 53, Schnitzerling MDR 62/541, Löwe-Rosenberg 20. Aufl. § 464 StPO Vorb. 5a, A 1a aa; aA Kleinknecht-Müller § 464 StPO A 1a, Potrykus EJF C I 53 und RdJ 56/281); die Kostenentscheidung kann allerdings im Nachverf. (§ 30) nachgeholt werden. — Wegen der Einbeziehung in eine Einheits-„strafe" s. RL 2, 3 S 4.

c) Unter **Kosten u. Auslagen** fallen die GerGebühren u. die GerAuslagen sowie die erstattungsfähigen Aufwendungen anderer VerfBeteiligter (Kosten der Nebenklage bei Hw[4])). Für Rechtsmittel fällt nur eine Gebühr an, auch wenn Angeklagter und ges Vertreter oder ErzBerechtigter eingelegt haben, weil die Gebühr für die Instanz, nicht für das Rechtsmittel gilt. (1) **Gerichtsgebühren** fallen nicht an bei ErzM, ZuchtM (RL 3 S 1; s. § 67 I GKG: „Strafe") und Schuldfeststellung nach § 27 (zw.; § 465 I S 2 entspr.?). Wegen der Berechnung der GerGebühren, bes. auch bei unbestJStr. (§ 67 II GKG) und bei Einbeziehung in eine Einheits-„strafe" (§ 68 I S 2, II GKG) s. §§ 67ff GKG u. RL 3 S 2—4. — (2) **Was Auslagen des Ger.** sind,

---

[2]) OLG Hamm NJW 63/1168 = MDR 63/434, Schnitzerling RdJ 60/293, MDR 62/541.

[3]) vgl KG JR 62/271 oben A 1a.

[4]) OLG Schleswig EJF C I 2 = SchlHA 56/299, OLG Hamm NJW 63/1168 = MDR 63/434, Schnitzerling RdJ 60/293, MDR 62/541, Dallinger-Lackner N 6. Doch kann die Belastung des Hw mit den dem **Nebenkläger** entstandenen **Auslagen** erz. geboten sein. Die Freistellung des Angeklagten ist eine Belastung des Nebenklägers. Denn die Überbürdung der Kosten des Nebenklägers auf die Staatskasse kommt nicht in Betracht (OLG Hamm aaO, Stöber, Rpfl 64/42, aA LG Saarbrücken Rpfl 64/57 = NJW 63/2334 mit abl. Anm. Tschischgale). Es kommt auf die Verwerflichkeit des Verhaltens gegenüber dem Nebenkläger und darauf an, ob die Nebenklage bei sachlicher Betrachtung als gerechtfertigt oder als mutwillig erscheint (vgl OLG Hamm, OLG Schleswig, Schnitzerling je aaO, Mantler EJF C I 2, Roestel SchlHA 56/300). Werden solche Erwägungen nicht angestellt, liegt rglm ein Rechtsfehler vor (OLG Hamm aaO).

sagen §§ 91ff GKG, erläutert durch § 465 I S 3 StPO u. RL 4, 5; s. bes. § 92 Z 11 GKG. Haftkosten in JA-Anstalten werden nicht in Rechnung gestellt (allgM; § 92 Z 10 GKG gilt nicht), ebensowenig UHaft-Kosten (§ 12 II Kostenverfügung). — Ausführlich dazu Löwe-Rosenberg 20. Aufl. § 464 StPO Vorb. 5a. — (3) Hinsichtl. der **Anwaltsgebühren** gelten keine Besonderheiten (s. §§ 83ff RA GebO und oben A 1c); wegen der Gebühren bei JKammer-Sachen s. § 83 I Z 1 und 2 RA GebO. Die sof. Beschwerde gem. § 59 I S 2 eröffnet sachlich und formell eine neue Instanz; der Verteidiger erhält eine bes. Vergütung (LG Lübeck NJW 63/2336).

d) Für die Kosten haftet stets nur das Vermögen des J oder Hw, da sich die Pflicht zur Kostentragung nach sachlichem Recht richtet und der ges Vertreter (wie der ErzBerechtigte) das Recht des J oder Hw wahrt (Löwe-Rosenberg (Dünnebier) § 137 Vorb. 7c). Wegen Kostenerstattung s. A 1b Abs. 2.

e) Wegen des Ausspruchs im Urteil s. § 54 A 2e.

3. § 74 gilt auch sonst. (1) Bei **Wider-Klagen** (§ 80 II) gibt er einen Anhalt für die Ausübung des Ermessens bei der Kostenverteilung nach § 471 III StPO. Wegen der bes. Parteistellung kann es hier allerdings erz. bedenkl. sein, dem unterlegenen J die Kosten nicht aufzuerlegen. (2) § 74 kann entspr. angewendet werden, wenn ein J eine **unbegründete Anzeige** erstattet (§ 469 StPO) oder ein J einen **Strafantrag zurückgenommen** (§ 470 StPO) hat und ihm nach allgR die Kosten aufzuerlegen wären (Dallinger-Lackner N 19).

(3) Dagegen gilt § 74 nach seinem klaren Wortlaut („gegen") **nicht für den j Privatkläger,** gegen den keine Widerklage erhoben ist (Löwe-Rosenberg 20. Aufl. § 471 StPO A 14).

Achter Unterabschnitt

Jugendrichterliche Verfügung und vereinfachtes Jugendverfahren

§ 75

Jugendrichterliche Verfügung[0])

1) ~~Hw~~: § 109 RL 3 S 2, § 75 RL 3, A 1c; s. § 109 A 2b (4). — 2) ~~ErwG~~: A 3b, FN 1.

(1) Bei Übertretungen kann der Jugendrichter durch richterliche Verfügung eine Arbeits- oder eine Geldauflage anordnen, auf ein Fahrverbot erkennen oder die Einziehung oder eine Verwarnung aussprechen. Bei einer Verletzung von Verkehrsvorschriften kann er dem Jugendlichen auch die Pflicht auferlegen, an einem polizeilichen Verkehrsunterricht teilzunehmen. Die Heranziehung der Jugendgerichtshilfe ist nicht erforderlich. Im übrigen gilt § 413 Abs. 1 bis 4 der Strafprozeßordnung sinngemäß.

(2) Der Jugendrichter kann das Verfahren unter den Voraussetzungen des § 45 einstellen. Der Beschluß ist nicht anfechtbar.

[0]) **Literatur:** Schorn: Das Strafbefehls- und Verfügungsverfahren, besonders S 165ff. Allg. Schmidt: Zum Strafverfügungsverfahren nach § 413 StPO.

(3) Kommt der Jugendliche einer Auflage schuldhaft nicht nach, so kann Jugendarrest bis zu vierzehn Tagen verhängt werden, wenn der Jugendliche über die Folgen schuldhafter Nichterfüllung in der Verfügung belehrt worden war. Die Anordnung steht einer jugendrichterlichen Verfügung gleich.

Richtlinien zu § 75:

1. Vor Erlaß der jugendrichterlichen Verfügung wird der Jugendrichter prüfen, ob die Persönlichkeit des Jugendlichen eine Ahndung ohne Verhandlung zuläßt. In geeigneten Fällen wird er zunächst die Jugendgerichtshilfe hören (vgl. § 38 Abs. 3 Satz 3). Hat er Bedenken, ohne Verhandlung zu entscheiden, so übersendet er die Akten der Staatsanwaltschaft.
2. Es empfiehlt sich, daß der Richter den Jugendlichen anhört, bevor er eine Entscheidung nach Absatz 3 trifft. Gegen die Verhängung von Jugendarrest ist ebenso wie gegen die jugendrichterliche Verfügung selbst der Einspruch zulässig.
3. Im Verfahren gegen Heranwachsende ist eine jugendrichterliche Verfügung nicht zulässig. Auf die Nrn. 3 und 4 der Richtlinien zu § 109 wird hingewiesen.

1a) Die jrichterl. Verfügung ist die den bes. Verhältnissen des JR angepaßte gerichtl. Strafverfügung°) (§ 413 StPO). Gegen sie bestehen rglm keine erzBedenken, weil gerade bei J auch kleine Verfehlungen grds nicht ohne jede Reaktion bleiben sollen, es aber andererseits verfehlt wäre, wegen jeder Kleinigk. eine Verh. durchzuführen, und das formlose Verf. nach §§ 45, 47 wegen des fehlenden Zwangs [§ 11 A 2b (2), § 45 A 3d aE] nicht immer geeignet ist.

b) Ob das Verf. nach § 75 **geeignet** ist, richtet sich nicht nur nach der Tat, sondern vor allem nach der Persönlichk. des Täters (RL 1 S 1); bei kriminellem Unrecht oder einer bedenkl. Entwicklung des Täters ist Verh. notwendig. Um Klarheit über das anzuwendende Verf. zu gewinnen, ist die nicht vorgeschriebene (§§ 75 I S 3, 38 III S 3) Mitwirkung der JGH oft zweckmäßig (RL 1 S 2).

c) Die **gegen** einen **Hw** zu Unrecht (RL 3) ergangene jrichterliche Verfügung ist **nicht nichtig**; der Verfahrensmangel wird geheilt, wenn nach zulässigem Einspruch zur Hauptverhandlung geschritten wird (OLG Stuttgart Justiz 64/65; vgl. auch § 79 A 1c).

2a) An Stelle der Geld- oder HaftStr. des allgR treten in der jrichterl. Verfügung folgende **6 Maßnahmen:** (1) als Weisungen (a) **Arbeitsaufl.** [§ 10 I Z 4; RL 4; § 15 RL 1 S 3; § 10 A 2a (2)]; (b) bei Verkehrsdelikten auch **Verkehrsunterricht** (§ 10 I Z 7). (2) **als bes.** Pflichten (a) **Verwarnung** (§ 14 mit RL u. A; § 85 RL IV, 1) und (b) **Geldaufl.** (§ 15 I Z 3; beachte bes. § 15 II, RL 3, 4 u. A 4). Geldaufl. ist auch die zu Gunsten des Geschädigten (§ 15 Z 1, A 2; aA wohl Dallinger-Lackner N 8, Potrykus B 4). (3) **Einziehung,** wo die gesetzl. Voraussetzungen [zB § 367 II StGB; nicht § 40, der nur bei Vergehen u. Verbrechen gilt; s. A 3b (2) (e)] vorliegen. Die Einziehung kann im Gegensatz zum allgR auch allein angeordnet werden (rglm unzweckmäßig); die Strafverfügung kann aber das objektive Verf. (§§ 430ff StPO) nicht ersetzen, wo dessen Voraussetzungen vorliegen (Potrykus B 4 aE). (4) **Fahrverbot** (§ 37 StGB); auch es kann allen angeordnet werden.

b) (1) **Jede** dieser sechs [auch Einziehung und Fahrverbot; s. A 2a (3)] in I S 1, 2 genannten Maßnahmen kann in einer jrichterl. Verfügung **einzeln oder** gem. § 8 **neben anderen** verhängt werden. Wegen der Anwendung des Einheitsstrafprinzips s. § 31 A 6a u. § 66 A 3a. (2) Welche Maßnahmen getroffen werden, richtet sich nach allg. Grundsätzen. Der Ri. ist bei der **Auswahl** frei und nicht an den Antrag (A 3a) gebunden (I S 4, § 413 II S 1 StPO). Stets müssen die allg. Voraussetzungen der einzelnen Maßnahmen vorliegen [s. o. A 2a (1)—(3) (1), (2)]. (3) Von diesen Maßnahmen können die **Weisungen** [A 2a (1)] **nachträgl.** gem. § 11 I **abgeändert** werden. Praktisch kommt auch bei diesen nur Verlängerung, Verkürzung oder Befreiung in Betracht, da andere Weisungen als die in § 75 genannten nicht erteilt werden dürfen u. Arbeitsaufl. u. Verkehrsunterricht wegen des verschiedenen Anwendungsbereiches grds nicht auszutauschen sind.

3a) (1) Die jrichterliche Verfügung setzt den **Antrag** einer dazu befugten Dienststelle [s. (2), (5)] voraus (I S 4, § 413 I StPO). Fehlt dieser, muß das Verfahren in jeder Lage eingestellt werden, weil eine **Prozeßvoraussetzung** fehlt (OLG Frankfurt NJW 64/510, OLG Bremen JZ 52/238, Dallinger, MDR 63/797, 798).

(2) Zuständig sind grds [s. (5)] die **Polizeibehörden,** soweit sie **vom Landesrecht ermächtigt** sind. Mangels besonderer Regelungen gelten die Vorschriften für die gerichtliche Strafverfügung (Fundstelle: Schwarz-Kleinknecht § 413 StPO FN 1 vgl BGH 18/326). Fehlen auch dafür landesrechtliche Vorschriften, ist eine jrichterliche Verfügung nicht zulässig (Dallinger-Lackner N 15). — Eine Ermächtigung gilt auch für Bundesbehörden im Lande, falls sie nicht eingeschränkt ist*). Die Frage, ob die Ermächtigung nur in dem Lande oder im ganzen Gebiet der Bundesrepublik gilt (OLG Frankfurt NJW 64/510 gegen Anm. Reissfelder), ist ohne praktische Bedeutung, da jede Anklagebehörde nur bei den Gerichten ihres Bezirkes tätig werden kann (§ 143 I GVG). — (3) Die **Polizeibehörden** haben in diesem Verfahren bis zur Abgabe der Akten an das Gericht die Stellung der Staatsanwaltschaft (BGH 12/177, 178), sie **sind die Anklagebehörden** (OLG Bremen JZ 52/238), doch nur in diesem Verfahren, also nur mit dem Recht der Antragstellung. Sie können also zB nicht gem. § 45 verfahren, bei Gericht nicht die Vernehmung des Beschuldigten beantragen (Eb. Schmidt § 413 StPO A III 1; aA Schorn S. 149); wegen Einstellung s A 6b. — Der Polizei obliegt die Auswahl des Gerichtsstandes gem. § 42; meist kommt § 42 RL 1 in Betracht. Das angegangene Gericht ist an diese Entscheidung gebunden; vgl aber A 4b (3) (a) und (c). Eine Verweisung nach § 42 III ist erst nach Beginn der Hauptverhandlung (BGH 13/186, 188f), also erst nach Einspruch und auch dann nur möglich, wenn ausnahmsweise nicht gem. § 76 II im vereinfachten JVerfahren verhandelt wird (BGH 12/180, 182ff); s. insgesamt § 42 A 4a (2). — (4) Der **Antrag** ist an **keine be-**

---

*) Schwarz-Kleinknecht § 413 StPO A 3. So kommt es zB bei der **Bahnpolizei** darauf an, ob die Befugnis den Polizeibehörden schlechthin übertragen ist oder nur bestimmten, unter denen die Bahnpolizei nicht genannt ist; deshalb ist in NRW die Bahnpolizei ermächtigt (OLG Düsseldorf NJW 64/829 im Anschluß an Jürgen Adam NJW 63/1440, gegen Herzig NJW 63/800, AG Krefeld MDR 63/866 und neuerdings Franz NJW 64/1407, der — zu Unrecht — Bedenken aus Art. 73 Nr. 6 GG herleitet), in Bayern nicht (ObLG 57/102).

stimmte Form gebunden; Formblätter der Kurzanzeige genügen (Schwarz-Kleinknecht § 413 StPO A 3); wegen der Anhörung des Beschuldigten s. A 3b (1) (d). Stets sollten im Hinblick auf § 15 II die wirtschaftlichen Verhältnisse des J angegeben sein.

(5) (a) **Die Staatsanwaltschaft** wird erst tätig, wenn das Gericht ihr die Akten zuleitet [A 3b (3) (c)] oder wenn Einspruch eingelegt wird (A 5b). Als Herr des Verfahrens kann aber der StA die Polizei anweisen, die Akten ihm vorzulegen, also nicht nach § 413 StPO zu verfahren (Löwe-Rosenberg 20. Aufl. § 413 StPO A 4b; aA Schorn S 149). (b) Dem JStaatsanwalt muß unter Berücksichtigung des in A 1a dargelegten Bedürfnisses auch das Recht zuerkannt werden, selbst den Erlaß einer jrichterlichen Verfügung zu beantragen, wenn das Landesrecht diesen verfahrensrechtlichen Weg überhaupt eröffnet hat (überzeugend Dallinger MDR 63/797ff). Denn es widerspräche der Stellung von Polizei und Staatsanwaltschaft, wenn jene eine von dieser als zweckmäßig erachtete Verfahrensart ausschalten könnte. Auf diese Weise ist der Übergang vom formlosen ErzVerfahren (§ 45) in dieses Verfahren möglich. Der JRichter kann in diesem Bagatell-Verfahren auch dann von dem Antrag abweichen, wenn der JStaatsanwalt ihn gestellt hat (Dallinger aaO).

b) (1) Der Antrag kann **nur zum JRi.** gestellt werden, nicht zum ErwG[1]) (§ 75 I S 1). (2) Der JRi. muß die **Voraussetzungen** [(a)—(i)] für den Erlaß einer jrichterl. Verfügung **prüfen.** (a) Antrag einer zuständigen Behörde (s. A 3a). (b) Zuständigk. des Ger. (wegen des Bezirks-JRi. s. § 33 A 1c). (c) J.Alter zZ der Tat (§ 1 II; s. § 1 A 2; wegen Hw s. RL 3). (d) Anhörung des J durch Polizei[1a]) (vgl I S 4, § 413 I StPO: „nach Vernehmung des Beschuldigten"); die Anhörung des gesVertr. u. des ErzBer. nach § 67 I ist hier nicht notwendig, da es sich hier nicht um ein Recht des Beschuldigten handelt, sondern um eine der Sachaufklärung dienende VerfVorschrift. (e) Vorliegen einer Übertretung. (f) Fehlen von VerfHindernissen. (g) Hinreichender Tatverdacht — auch bezügl. der Altersreife. (h) Keine Eignung der Sache für das formlose ErzVerf. nach § 45 [s. A 3b (3) (b)]. (i) Keine Notwendigk., eine Verh. durchzuführen, wobei es auf Täterpersönlichk. u. erforderl. Maßnahmen ankommt (RL 1 S. 1). — (3) **Liegen diese Voraussetzungen nicht vor,** hat der JRi. verschiedene Möglichk.; bei ihrer Auswahl entscheidet die Art des Mangels. (a) Bei leicht behebbaren Mängeln wird die Anzeige der Polizei unter

---

[1]) ErwG können nicht nach § 75 verfahren und auch keine amtsrichterl. StrVerfügung nach § 413 StPO gegen J erlassen: Dallinger-Lackner § 104 N 35; aA Potrykus § 75 B 13; doch kann einerseits in einer solchen StrVerfügung nur Str. verhängt werden, andererseits darf gegen J keine Geld- oder Haftstrafe ausgesprochen werden!

[1a]) Der Beschuldigte muß tatsächlich gehört worden sein (aA OLG Düsseldorf JZ 59/66, das nur Gelegenheit zur Äußerung verlangt, mit überzeugender ablehnender Anm. Eb. Schmidt, der auf den klaren Gesetzeswortlaut hinweist). Jedoch berührt es nicht die Gültigkeit des gerichtlichen Verfahrens, wenn der Richter das Fehlen der Vernehmung des Beschuldigten nicht beachtet oder übersieht (OLG Hamm NJW 59/1791, 1792, Schwarz-Kleinknecht § 413 StPO A 3; vgl OLG Düsseldorf NJW 60/1921).

Umstritten ist, ob eine förmliche „Vernehmung" mit Niederschrift erfolgen muß (so Schorn S 147; aA Löwe-Rosenberg 20. Aufl. A 5b, Schwarz-Kleinknecht A 3 je zu § 413 StPO). Da es sich um ein der Beschleunigung dienendes Verfahren wegen geringfügiger Taten handelt, wird man der weniger strengen Auslegung den Vorzug geben können.

entspr. Anregung formlos zurückgegeben. Gleiches gilt bei unzweckmäßigen Maßnahmen, zB bei der Zuständigkeitsauswahl [s. A 3a (3)]. (b) Der JRi. kann in geeigneten Fällen das Verf. auch nach § 45 II einstellen oder in das formlose ErzVerf. (§ 45 I) übergehen. Eine Zustimmung des StA ist nicht notwendig. Doch müssen die Voraussetzungen des § 45 vorliegen, bei § 45 I zB ein glaubwürdiges Geständnis. — Kommt der J den nach § 45 I verhängten Aufl. nicht nach, kann der JRi. noch die beantragte jrichterl. Verfügung erlassen oder die Akten dem StA zuleiten [s. u. (c)]. JA kann er wegen dieses Ungehorsams nicht verhängen; III gilt nur für die jrichterl. Verfügung. (c) Stets kann der JRi. die Akten dem StA zuleiten (RL 1 S 3, § 413 III StPO[1b]). Durch diese Einschaltung des StA wird das jrichterl. StrafverfügungsVerf. in das Regel-Verf. übergeleitet [s. A 3a (5)]. Der StA verfährt wie sonst, wenn ihm die Anzeige unmittelbar und ohne Einschaltung des Ger. vorgelegt wird. — (d) Auch kann der JRi. selbst das Verf. nicht eröffnen (§ 204 StPO), zB wenn das angezeigte Verhalten nicht strafbar oder nicht nachzuweisen oder wenn die Tat verjährt ist (Löwe-Rosenberg 20. Aufl. § 413 StPO A 6c). Fehlt es an dem Antrag einer zuständigen Behörde, ist das Verfahren in jeder Lage einzustellen [A 3a (1)]. — (4) Wegen der Anhörung der JGerichtshilfe s. A 1b aE.

c) Die **jrichterl. Verfügung** gleicht in **Form u. Inhalt** der gerichtl. StrVerfügung (I S 4). Sie ist dem J zuzustellen (§ 35 II S 1 StPO), dem gesVertr. (§ 409 II StPO) u. einem ErzBer. (§ 67 II, V) mitzuteilen unter gleichzeitiger Belehrung (§ 35a StPO) über das Recht des Einspruchs (s. A 5; wegen des Anfechtungsrechtes gilt § 55 A 1b) und die Folgen einer Zuwiderhandlung gegen die Aufl.; die Belehrung über die Folgen kann nachgeholt werden.

4a) Die **rechtskräftige jrichterl. Verfügung steht einem Urteil gleich** (I S 4, §§ 413 IV, 410 StPO); doch ist die Rechtskraft wie bei der gerichtl. StrVerfügung beschränkt (BGH 3/13, 15f für StrBefehl; vgl BVerfG NJW 54/69).

b) (1) Die darin ausgesprochene **Einziehung** kann **zwangsweise** erfolgen. (2) Die **Verwarnung** ist ebenso wie eine durch Urteil verhängte Verwarnung zu **vollstrecken** (s. § 85 RL IV 1, § 14 A 2). (3) (a) Die **Aufl.** (Arbeits-, Geld-Aufl., Verkehrsunterricht) können **nicht erzwungen werden.** War der Täter über die Folgen einer Zuwiderhandlung belehrt (A 3c), kann gegen ihn **bei Ungehorsam JA bis zu 14 Tagen** verhängt werden (III S 1). Es gilt § 11 A 2a, b, d; wegen mehrerer Verstöße kann JA mehrfach verhängt werden (§ 11 A 2c entspr.). (b) Die Entsch. ergeht durch begründeten (§ 34 StPO) **Beschl.** (§ 65 I S 1 entspr.; allgM) nach der stets notwendigen möglichst mündl.

[1b]) Diese Zuleitung an die Strafverfolgungsbehörde ist eine gegen den Beschuldigten gerichtete Handlung und unterbricht die Verjährung (LG Kiel NJW 64/604 für den Fall der Zuleitung zum Zweck der Abgabe an StA und Gericht beim Vormundschaftsrichter). **AA** Herzig NJW 63/1344 und OLG Celle NdsRpfl 64/66, nach dem die Weiterleitung der Akten an die StA „gem. § 413 III StPO" die Verjährung nicht unterbrechen soll; zu Unrecht, denn was kann die Strafverfolgung mehr fördern als die Einschaltung der Strafverfolgungsbehörde zur Vorbereitung der Hauptverhandlung oder zu weiteren Ermittlungen (vgl § 413 III StPO Text)?

Anhörung des J[2]), der ErzBer. u. des gesVertr. (§ 67 I) sowie des StA (§ 33), möglichst auch der JGH. (c) Der Beschl. ist dem J mit Einspruchsbelehrung zuzustellen (§ 35 II S 1 StPO), sonst nach § 67 II mitzuteilen und kann mit **Einspruch** angefochten werden (III S 2, I S 4, §§ 413 IV, 409 I, 410, 411 I StPO; RL 2 S 2; Dallinger-Lackner N 50; Potrykus B 10, aA noch NJW 54/1350: sof. Beschw.). Es kann nur geprüft werden, ob der J gegen die Aufl. verstoßen hat und ob JA zur Ahndung erforderl. ist, ggf in welcher Höhe. Die StrTat unterliegt keiner Nachprüfung mehr, da sie schon bindend festgestellt ist (A 4a). (d) Über den Einspruch wird — rglm im vereinfachten JVerf. (III S 2, § 76 II, RL 3) — durch **Urteil** entschieden, das im Rahmen des § 55 mit Ber. oder Rev. angefochten werden kann[3]). Die StA ist stets beteiligt; die Einschaltung der JGH ist nicht geboten, aber meist zweckmäßig. (4) Wird nach einem **Fahrverbot** der **Führerschein** nicht herausgegeben, ist er zu **beschlagnahmen** (§ 463 b StPO).

5a) Die **jrichterl. Verfügung selbst kann mit dem Einspruch** wie ein StrBefehl **angefochten** werden (I S 4, §§ 413 IV, 409, 410, 411 I StPO). Der Einspruch ergreift den ganzen Sachverhalt; die Rechtsmittelbeschränkung des § 55 I gilt in diesem summarischen Verf. nicht (Dallinger-Lackner N 38), allerdings auch nicht das Verschlechterungsverbot (I S 4, §§ 413 IV, 411 III StPO).

b) Mit der Einlegung des Einspruchs ist der StA eingeschaltet. Dieser kann die Klage fallen lassen (I S 4; §§ 413 IV, 411 I StPO); dann kann auch nach § 45 verfahren werden. Dagegen kann der Ri. nicht mehr nach §§ 75 II, 45 (hM; aA Rasehorn NJW 55/899f; wie hier für das allg. Recht OLG Hamburg JZ 58/576 mit zust. Anm. Schaefer: § 153 III, nicht § 153 I StPO), sondern nur nach § 47 tätig werden.

c) (1) Die Verh. findet vor dem JRi. als EinzelRi. statt, grds im vereinfachten JVerf. (s. § 76 II, RL 3). Ob die JGH eingeschaltet wird, steht im Ermessen des JRi. (§ 38 III S 3). (2) Das allgR des Täters, sich in der EinspruchsVerh. durch einen Verteidiger (gesVertr. u. ErzBer. nur ausnahmsweise nach Zulassung gem. § 138 II StPO) vertreten zu lassen (I S 4; §§ 413 IV, 411 II StPO), ist durch § 50 I beschränkt (s. dort A 1b). — (3) Wird der unentschuldigt ausgebliebene Täter nicht zulässig vertreten, muß der Einspruch entgegen § 412 I StPO dann nicht unbedingt verworfen werden, wenn im vereinfachten JVerf. entschieden werden soll; es ist auch Vertagung mögl. (§ 78 III S 1). (4) In dem Urteil können auch andere als die in § 75 genannten Maßnahmen getroffen werden; das Verschlechterungsverbot gilt nicht (I S 4; §§ 413 IV, 411 III StPO). Das Urteil weist keine Abweichungen gegenüber einem auf Anklage ergangenen Urteil auf (Anfechtung s. § 55; Abänderung der Maßnahmen und Folgen der Zuwiderhandlungen s. § 11). (5) Aus Mängeln des Strafverfügungsverfahrens kann nichts mehr abgeleitet werden; die jrichterliche Verfügung hat nur noch die Bedeutung eines Eröffnungsbeschlusses und muß nur

---

[2]) § 65 I S 1 entspr., Art. 103 I GG; Potrykus B 9, NJW 54/1350; aA Dallinger-Lackner N 48 u. wohl auch RL 2 S 1, die Anhörung nur empfehlen.

[3]) Dallinger-Lackner N 51; aA Potrykus B 10, der — ohne Grundlage im Ges. — durch Beschl. entscheiden will und als Rechtsmittel die sof. Beschw. gibt.

dessen Voraussetzungen (§ 207 StPO) genügen (OLG Düsseldorf NJW 60/1921 für Strafbefehl). — Wegen Verhandlung trotz verspäteten Einspruchs vgl BGH 13/306.

d) Wiederaufnahme des Verfahrens ist auch gegenüber einer rechtskräftigen jrichterlichen Verfügung in entspr. Anwendungen des § 373a StPO zulässig (bestr.)[4]).

6a) Wegen der landesrechtl. geregelten Verf. (Art. 3 EG StPO) s. § 79 A 2. Wegen der StrBescheide von Verwaltungsbehörden s. § 33 A 4; wegen der Bußgeldbescheide s. § 1 A 1a (1).

b) Etwas Besonderes ist die Erteilung **gebührenfreier oder gebührenpflichtiger Verwarnungen** durch die Polizei. (1) **§ 153 I StPO gilt** auch im JG Verf. (s. § 45 A 1b, 2a). Liegen seine Voraussetzungen vor, darf eine Übertretung nicht verfolgt werden. Das gilt auch für die Polizei[5]), jedenfalls solange keine förmliche Anzeige erstattet, keine schriftlichen Vorgänge angefallen sind[6]). — (2) Daß die Polizei das Recht hat, in **solchen Fällen** den Täter zu **verwarnen,** ergibt sich nicht nur aus ihrer Aufgabe, StrTaten zu verhüten, sondern auch aus allg. verwaltungsrechtl. Gesichtspunkten (s. BVerwG NJW 56/684). Diese Befugnis besteht auch gegenüber Strafunmündigen u. J mit fehlender Altersreife. (3) (a) Das zuständige **Landesrecht** kann **für die Verwarnung eine Gebühr** festsetzen (BVerwG aaO; aA Dallinger-Lackner Vorb. 2, 3). Nach § 22 StVG kann für leichte Straßenverkehrsübertretungen über die Grenzen des § 153 I StPO hinaus eine Gebühr erhoben werden. (b) Eine Gebühr darf nach allg. Grundsätzen nur erhoben werden, wenn eine gebührenfreie Verwarnung nicht ausreicht. Die Gebühr kann nur gegen strafmündige J mit vorhandener Altersreife[7]) ausgesprochen werden (Floegel-Hartung § 22 StVG N 2). Gegen J darf eine Gebühr auch nur festgesetzt werden, wenn sie diese aus eigenen Mitteln zahlen können (§ 15 II Z 1 entspr.). (4) **Wer gebührenpflichtige Verwarnungen erteilen kann,** bestimmt das Landesrecht. Die Befugnis sollte erz. noch wenig erfahrenen Beamten J gegenüber nicht erteilt werden. Eine zu große Zurückhaltung der Polizei ist jedoch nicht am Platze, da eine auf frischer Tat erteilte

[4]) Es ist dieselbe Rechtslage wie im allg. Recht. Dort lassen die Wiederaufnahme bei der Strafverfügung zu: LG Stade Nds RPfl 62/261, LG Wiesbaden NJW 64/510, AG Landsberg NJW 61/134 mit zust. Anm. Rutkowski, Kleinknecht-Müller A 2, Löwe-Rosenberg (Kohlhaas) A 2, Schwarz-Kleinknecht A 1 je zu § 373a StPO; Schorn S 169f und JZ 63/399; **aA** LG Hamburg MDR 63/336, LG Kassel NJW 58/1104, Eb. Schmidt § 359 StPO Vorb. 1. — Löwe-Rosenberg (Kohlhaas) § 373a A 4 wollen aber im Fall des § 75 JGG keine Wiederaufnahme zulassen; das steht in Widerspruch zu der aaO in A 2 vertretenen Meinung. — Wegen der Notwendigkeit, gerade gegenüber J die Wiederaufnahmevorschriften nicht engherzig auszulegen s. § 55 A 5b.

[5]) LG Bonn NJW 57/802; Kleinknecht-Müller A 3b, Schwarz-Kleinknecht A 3 Eb. Schmidt A 7 je zu § 153 StPO, Reh NJW 52/1122; Schorn S 150, 173, Löwe-Rosenberg (Schäfer) Einleitung FN 6 S 20 unten. **AA** OLG Hamm HESt 2/354, Löwe-Rosenberg (Kohlhaas) § 153 StPO A 11, Kohlhaas GA 56/241.

[6]) In solchen Fällen muß die Polizei die Akten dem Staatsanwalt vorlegen (26. Justizministerkonferenz DRiZ 56/86, Löwe-Rosenberg (Kohlhaas) A 11, Schwarz-Kleinknecht A 3 je zu § 153 StPO; vgl auch FN 4.

[7]) Schorn S 173 meint, kein Polizeibeamter könne die Altersreife wirklich prüfen, und erhebt deshalb Bedenken gegen die gebührenpflichtige Verwarnung von J. Die Bedenken wiegen im Hinblick auf die Überlegungen § 3 Vorb. nicht schwer; vgl auch Text A 6b (4).

gebührenpflichtige Verwarnung meist besser wirkt als wenn JG u. JStA wegen Nichtigk. eingeschaltet werden; überdies würden die Ger. sonst ihren eigentl. Aufgaben entzogen. (5) Die **Folgen der Verwarnung** bestimmt für das Straßenverkehrsrecht § 22 II StVG, sonst das Landesrecht. Ist nur gebührenfrei verwarnt worden, kann das Verf. wegen dieser Tat stets wieder aufgenommen werden.

§ 76

Voraussetzungen des vereinfachten Jugendverfahrens[0])

1) ~~HW~~: § 109 RL 4, § 76 RL 4. — 2) ~~ErwG~~: RL 4.

(1) Der Staatsanwalt kann bei dem Jugendrichter schriftlich oder mündlich beantragen, im vereinfachten Jugendverfahren zu entscheiden, wenn zu erwarten ist, daß der Jugendrichter ausschließlich Weisungen erteilen, die Erziehungsbeistandschaft anordnen, Zuchtmittel verhängen oder auf ein Fahrverbot erkennen wird. Der Antrag des Staatsanwalts steht der Anklage gleich.

(2) Das vereinfachte Jugendverfahren ist mit Zustimmung des Staatsanwalts auch nach vorangegangener jugendrichterlicher Verfügung zulässig, wenn Einspruch eingelegt ist.

Richtlinien zu § 76:

1. Ist zu erwarten, daß der Jugendrichter ausschließlich Weisungen erteilen, die Erziehungsbeistandschaft anordnen oder Zuchtmittel verhängen wird, so stellt der Staatsanwalt in aller Regel Antrag auf Entscheidung im vereinfachten Jugendverfahren. Er sieht von dem Antrag namentlich dann ab, wenn eine umfangreiche Beweisaufnahme erforderlich ist oder wenn die Beurteilung der Persönlichkeit des Beschuldigten besonderen Schwierigkeiten begegnet. Liegen die Voraussetzungen des § 45 vor, so verfährt der Staatsanwalt nach dieser Vorschrift.
2. Der Staatsanwalt wird den Antrag im allgemeinen schriftlich stellen, um dem Jugendrichter eine einwandfreie Grundlage für seine Entscheidung nach § 77 Abs. 1 und für das spätere Urteil zu geben. Ein schriftlicher Antrag ist besonders dann angebracht, wenn der Staatsanwalt an der mündlichen Verhandlung nicht teilnehmen will. In dem Antrag bezeichnet der Staatsanwalt die dem Beschuldigten zur Last gelegte Tat und das anzuwendende Strafgesetz.
3. Wird gegen eine jugendrichterliche Verfügung Einspruch eingelegt, so stellt der Staatsanwalt in der Regel den Antrag, im vereinfachten Jugendverfahren zu entscheiden.
4. Das vereinfachte Jugendverfahren findet weder vor den für allgemeine Strafsachen zuständigen Gerichten noch im Verfahren gegen Heranwachsende statt (§§ 104, 109).

Anmerkungen hierzu siehe nach § 78.

§ 77

Ablehnung des Antrages[0])

1) Hw : § 109 RL 4, § 76 RL 4. — 2) ErwG : § 76 RL 4.

(1) Der Jugendrichter lehnt die Entscheidung im vereinfachten Verfahren ab, wenn sich die Sache hierzu nicht eignet, namentlich wenn die Anordnung der Fürsorgeerziehung oder die Verhängung von Jugendstrafe wahrscheinlich oder eine umfangreiche Beweisaufnahme erforderlich ist. Der Beschluß kann bis zur Verkündung des Urteils ergehen. Er ist nicht anfechtbar.

(2) Lehnt der Jugendrichter die Entscheidung im vereinfachten Verfahren ab, so reicht der Staatsanwalt eine Anklageschrift ein.

Richtlinien zu § 77:

1. Hält der Jugendrichter die Voraussetzungen für das vereinfachte Jugendverfahren für gegeben, so bestimmt er Termin zur mündlichen Verhandlung. Einer Entscheidung über die Eröffnung des Hauptverfahrens (§ 203 StPO) bedarf es nicht.
2. Hält der Jugendrichter eine richterliche Ahndung der Tat für entbehrlich, so kann er nach § 47 verfahren. In der mündlichen Verhandlung bedarf es hierzu der Zustimmung des Staatsanwalts nicht, wenn dieser an der Verhandlung nicht teilnimmt (§ 78 Abs. 2 Satz 2).

Anmerkungen hierzu siehe nach § 78.

§ 78

Verfahren und Entscheidung[0])

1) Hw : § 109 RL 4, § 76 RL 4. — 2) ErwG : § 76 RL 4.

(1) Der Jugendrichter entscheidet im vereinfachten Jugendverfahren auf Grund einer mündlichen Verhandlung durch Urteil. Er darf auf Fürsorgeerziehung oder Jugendstrafe nicht erkennen.

(2) Der Staatsanwalt ist nicht verpflichtet, an der Verhandlung teilzunehmen. Nimmt er nicht teil, so bedarf es seiner Zustimmung zu einer Einstellung des Verfahrens in der Verhandlung oder zur Durchführung der Verhandlung in Abwesenheit des Angeklagten nicht.

(3) Zur Vereinfachung, Beschleunigung und jugendgemäßen Gestaltung des Verfahrens darf von Verfahrensvorschriften abgewichen werden, soweit dadurch die Erforschung der Wahrheit nicht beeinträchtigt wird. Die Vorschriften über die Anwesenheit des Angeklagten (§ 50), die Stellung des Erziehungsberechtigten und des gesetzlichen Vertreters (§ 67) und die Mitteilung von Entscheidungen (§ 70) müssen beachtet werden.

---

[0]) **Literatur:** Heinen UJ 57/204ff und (zutreffender) Müller RdJ 58/337, 339.

Richtlinien zu § 78:

1. Von den Vorschriften über die Gewährung des rechtlichen Gehörs und die Unmittelbarkeit der Beweisaufnahme darf nicht abgewichen werden. Dagegen kann im vereinfachten Jugendverfahren ohne Einhaltung von Fristen verhandelt werden.
2. Der Erziehungsberechtigte und der gesetzliche Vertreter werden zur mündlichen Verhandlung insbesondere dann zu laden sein, wenn damit zu rechnen ist, daß die Erziehungsbeistandschaft angeordnet, Jugendarrest verhängt oder eine andere einschneidende Maßnahme getroffen wird.
3. Die schnelle Durchführung des vereinfachten Jugendverfahrens wird mitunter die Mitteilungen, die vor Erlaß des Urteils zu machen sind, unmöglich machen. Für die rechtzeitige, notfalls fernmündliche Benachrichtigung der Jugendgerichtshilfe vom Verfahren und vom Verhandlungstermin wird jedoch stets Sorge zu tragen sein.

1. Das vereinfachte JVerf. steht zwischen dem formlosen jrichterl. ErzVerf. (§§ 45, 47), auch dem jrichterl. StrVerfügungsVerf. (§ 75), **und dem förml. Verf.** Von ersterem unterscheidet es sich dadurch, daß nur nach mündl. Verh. durch **Urteil entschieden werden kann und daß in ihm auch JA, ErzBeistandsch.** und alle Weisungen verhängt werden können. Im Gegensatz zum förml. Verf. gestattet das vereinfachte JVerf. ein Abweichen von verschiedenen Vorschriften, die oft einer erz. notwendigen Beschleunigung und der jgemäßen VerfGestaltung entgegenstünden, obgleich die Bedeutung der Sache eine Vereinfachung zuließe (s. § 78 III). Für das vereinfachte JVerf. eignen sich also die nicht ganz unbedeutenden Fälle der kleineren u. mittleren Kriminalität, bes. im Anwendungsbereich des JA (s. A 2). Es tritt vielfach an die Stelle des beschleunigten Verf. und des Strafbefehlsverf. des allgR (§§ 212ff, 407ff StPO), die das JR nicht kennt (§ 79). — **Es ist dem JRi. vorbehalten** (vgl die Fassung der Paragraphen; s. auch A 6).

2. Sachl. Voraussetzung ist, daß sich die Sache für das vereinfachte JVerf. **eignet.**

a) Zunächst kommt es auf die zu erwartenden Maßnahmen an. (1) **Die Eignung fehlt bei Maßnahmen, die** vom JRi. überhaupt oder im vereinfachten JVerf. **nicht angeordnet werden dürfen,** also bei **JStr. u. FE***) (§ 78 I S 2) und bei **Unterbringung** in einer Heil- oder Pflegeanstalt (§§ 7 JGG, 42b StGB; s. § 41 A 4c). Hierher gehört auch der **Schuldspruch** nach § 27, weil er ggf die Grundlage für die Verhängung von JStr. ist (Dallinger-Lackner § 78 N 19, Potrykus § 78 B 1). Sind solche Maßnahmen auch nur zu erwarten (vgl § 41 A 2a), ist ein Antrag nach § 76 sinnlos und damit unzulässig (§§ 76 I S 1, 77 I S 1). (2) Der **Antrag** auf Entsch. im vereinfachten JVerf. kann auch **nicht** gestellt werden, **wenn Nebenstr. u. Nebenfolgen** (§ 6) zu erwarten sind (§§ 76 I S 1, 77 I S 1), **ausgenommen die Einziehung,** da sie sogar im jrichterl. Strafverfügungsverf. ausgesprochen werden kann (vgl §§ 75 I S 1, 76 II), und das **Fahrverbot** (§§ 37 StGB), 76 I S 1 aE). Doch können **alle Nebenstr. und Nebenfolgen** sowie der **Entzug der Fahrerlaubnis wirksam im Urteil** des verein-

*) Wurde FE zu Unrecht angeordnet, ist auf Berufung grds gem. § 328 II StPO zurückzuverweisen (LG Schweinfurt RdJ 59/351).

fachten JVerf. angeordnet werden (§ 78 I S 2). (3) Ähnl. gilt von der **Überlassung der AO und Auswahl der ErzM an den VormRi.** nach § 53. Ist die Überlassung von vornherein zu erwarten, ist der **Antrag** nach § 76 nach dem klaren Wortlaut des Ges. **nicht zulässig** (§§ 76 I S 1, 77 I S 1); der StA wird hier im Interesse wirksamer Beschleunigung meist die entspr. Maßnahmen unmittelbar beim VormRi. anregen und dann nach § 45 verfahren. — Ist aber das Verf. nach § 76 schon im Gang, kann **im Urteil auch auf Überlassung nach § 53** erkannt werden, wenn dies nicht gegen die bes. Beschleunigungspflicht des vereinfachten JVerf. verstößt (Dallinger-Lackner § 78 N 20). Daß dabei auch FE angeordnet werden kann, steht der Überweisung nicht entgegen, da die FE — im Gegensatz zur JStr. nach dem Schuldspruch gem. § 27 — nur aus Anlaß der Überweisung, aber auf Grund der bürgerl. rechtl. Vorschriften angeordnet wird. (4) Wegen der ErzHilfe des Disziplinarvorgesetzten s. § 112b A 4c.

b) Weiter ist das vereinfachte JVerf. **bei kompliziertem Sachverhalt nicht angebracht,** bes. wenn eine umfangreiche Beweisaufnahme zu erwarten ist (§ 77 I) oder die Persönlichkeitserforschung bes. Schwierigk. macht (§ 76 RL 1 S 2) **oder wenn** der Eindruck einer förml. **Hauptverh. erz. Vorteile** verspricht (Dallinger-Lackner § 76 N 9); letzteres kann auch bei hartnäckigem Leugnen der Fall sein (Potrykus § 77 B 1; aA Dallinger-Lackner § 76 N 9).

c) Auch für **Bagatellen** ist das vereinfachte JVerf. **nicht geeignet,** da hier eine Verh. ein unverhältnismäßig großer, erz. oft bedenkl. Aufwand wäre (s. §§ 45 A 1c, 75 A 1). Hat nicht schon die Polizei den Antrag auf Erlaß einer jrichterl. Verfügung gestellt, führt rglm der StA das formlose ErzVerf. nach § 45 durch (§ 76 RL 1 S 3), wenn die danach zulässigen Maßnahmen ausreichen; auch der JStaatsanwalt kann noch den Erlaß einer jrichterlichen Verfügung beantragen [§ 75 A 3a (5) (b)]. Doch wird auch bei leichten Taten eine Verh. geboten sein, wenn die Eltern die Tat gutheißen oder ganz bagatellisieren, der J bes. leichtfertig ist oä. — Wegen des Verf. nach § 47, wenn in solchen Fällen Antrag nach § 76 gestellt ist, s. A 4c.

d) Das alles sind nur Beispiele; **weitere Gründe** sind **im Einzelfall** mögl.

3. Formelle Voraussetzung ist ein Antrag des JStA [§ 76 I S 1; wegen II s. A 3a (4)]. Er kommt nur in Betracht, **wenn** die Sache **anklagereif** ist (hinreichender Tatverdacht, auch bezügl. der Altersreife; Fehlen von VerfHindernissen, Zuständigk.).

a) Der Antrag ist an **keine bes. Form** gebunden. (1) Er kann ausnahmsweise, zB wenn gegen einen dem JRi. vorgeführten J sofort verhandelt werden kann und soll, auch fernmündl. gestellt werden (vgl § 76 RL 2 S 1, 2); auch mit dem ausdrückl. Verzicht auf Teilnahme an der Verh. kann der Antrag gestellt werden. (2) Doch muß der Antrag wenigstens Tat iS des § 264 StPO (Ort, Zeit, wesentl. Umstände) und Täter sowie das StrGes. eindeutig bezeichnen, weil sonst gar kein konkreter Antrag vorliegt (s. § 76 RL 2 S 3, für den StA bindend!). Die Anführung der Beweismittel, ggf die Anregung einer bestimmten Maßnahme ist oft zweckmäßig. (3) Der Antrag kann auch in Form einer Anklage gehalten werden mit dem Zusatz, daß im vereinfachten JVerf. entschieden werden soll. Dieser Zusatzantrag kann auch noch nach Einreichung einer förml. Anklage bis zur Eröffnung des Hauptverf.[1]) gestellt werden [nicht umgekehrt: s. A 3b (2)]. (4) Ist eine jrichterl. Verfügung vorausgegangen, sind also Täter, Tat und Beweismittel schon bezeichnet, genügt nach Einspruch (gegen die jrichterl. Verfügung oder den JA-Beschl. gem. § 75 III) die bloße formlose [o. (1)] Bemerkung des JStA, daß im vereinfachten JVerf. verhandelt werden soll (§ 76 II).

b) (1) Der **Antrag kann** bis zur Vernehmung des J zur Sache, dem Eintritt der Rechtshängigk., **zurückgenommen werden.** Bei der Formungebundenheit des Verf. ist dies der zuverlässig zu ermittelnde Zeitpunkt, der eine mißbräuchl. Zurücknahme ausschließt[2]). Mit der Rücknahme ist ebenso wie mit der Ablehnung nach § 77 I das gerichtl. Verf. beendet [s. A 4d (2)]. — (2) Eine **Überleitung in das förml. Verf.** ist **nicht** mögl.; es fehlen dafür Anklage und Eröffnungsbeschl. Ggf ist nach Rücknahme [o. (1)] oder Ablehnung (§ 77 I; u. A 4d) des Antrags förml. Anklage einzureichen (allgM). **Der Antrag nach § 76 steht also nur für das vereinfachte JVerf. der Anklage gleich** (§ 76 I S 2).

c) Ob der **JStA** den Antrag nach § 76 stellt oder wieder zurücknimmt, liegt in seinem **Ermessen.** Wo die sachl. Voraussetzungen (A 2) gegeben sind, wird der Antrag grds gestellt (§ 76 RL 1 S 1, RL 3). Der JRi. kann die Stellung des Antrags höchstens anregen. Dagegen hat er stets nach Antragstellung nachzuprüfen, ob die sachl. Voraussetzungen für einen solchen Antrag vorliegen (§ 77; vgl A 4c, d).

4. Geht ein Antrag (§ 76 I S 1, II; o. A 3) **beim JRi. ein, prüft er,** ob die allg. VerfVoraussetzungen (Dallinger-Lackner § 77 N 5; vgl A 4a) und die bes. Voraussetzungen für das vereinfachte JVerf. (A 2; A 4c, d) vorliegen. Ob hinreichender Tatverdacht gegeben ist, muß nicht — kann aber — geprüft werden (A 4b). Im Rahmen der Prüfung steht es auch hier dem JRi. frei, die Akten dem JStA zur Stellungnahme zu etwaigen Bedenken (ggf mit Anregungen) oder zu weiteren Ermittlungen des Tathergangs oder der Täterpersönlichk. zurückzugeben oder selbst zu ermitteln. Je nach dem Ergebnis der Prüfung richtet sich das weitere Verf.

a) Fehlt die **Zuständigk.** oder bestehen allg. **VerfHindernisse** (kein StrAntrag, Verjährung oä), lehnt der JRi. ab, das Verf. zu eröffnen (§ 204 StPO), oder stellt ggf das Verf. nach § 206a StPO ein; gegen diesen Beschl. hat der JStA die sof. Beschw. (§§ 210 II, 206a II, 311 StPO).

b) Gleiches gilt, wenn der JRi. feststellt, daß eine **Verurteilung** aus tatsächl. oder rechtl. Gründen **nicht zu erwarten ist** (§ 204 StPO). Zwar trifft den JRi. insoweit

---

[1]) Dallinger-Lackner § 76 N 13; aA Potrykus § 76 B 3: Bis zum Termin der 1. Hauptverh.; aber was wird dann aus dem Eröffnungsbeschl., bes. wenn das Ger. nach § 77 I verfahren sollte?

[2]) Sehr umstritten. Wie hier für § 212a StPO OLG Oldenburg NJW 61/1127 = GA 61/187, Kleinknecht-Müller A 6 und Schwarz-Kleinknecht A 3 je zu § 212a StPO. — Dallinger-Lackner § 76 N 12 stellen auf den Beginn der ersten mündlichen Verhandlung, Löwe-Rosenberg (Kohlhaas) § 212a StPO A 8 für das allg. Recht bei mündlicher Klageerhebung ebenfalls darauf und bei schriftlichem Antrag auf die Terminanberaumung ab. — Potrykus § 76 B 3 und Schnitzerling DRiZ 58/316 lassen die Bekanntgabe des Antrags durch den JRichter in der Verhandlung entscheiden.

keine bes. Prüfungspflicht (s. § 77 u. RL 1 dazu); er ist aber dadurch nicht an dieser Entsch. gehindert; eine aA würde nur zu erz. unerwünschten Freisprüchen führen.

c) Hätte nach Ansicht des JRi. der JStA nach § 45 vorgehen sollen (A 2c), ist eine Zurückweisung nach § 77 I nicht mögl. Der JRi. kann aber selbst **nach § 47 verfahren;** der StA kann diese Möglichk. allerdings dadurch ausschalten, daß er die Zustimmung verweigert, auch wenn er schon ausdrückl. auf die Teilnahme an der Sitzung verzichtet hat (Dallinger-Lackner § 78 N 18, Potrykus NJW 56/657). In der Sitzung jedoch, an der der StA nicht teilnimmt [s. A 5a (3)], kann der JRi. ohne dessen Zustimmung bis zum Schluß der mündl. Verh. nach § 47 verfahren (§ 78 II S 2; § 77 RL 2 S 2), selbst wenn der JStA vorher widersprochen hat (Dallinger-Lackner § 78 N 18, Potrykus NJW 56/657, aA noch § 78 B 3). Auch dann ist diese Entsch. nicht anfechtbar (§ 47 II S 3); vgl im übrigen bei § 47.

d) (1) Hält der JRi. die **sachl. Voraussetzungen** (A 2a, b, d; wegen 2c s. A 4c) **nicht** für gegeben, **lehnt** er die **Entsch. im vereinfachten JVerf. ab** (§ 77 I S 1). Der Beschl. ist unanfechtbar und kann bis zur Verkündung des Urteils 1. Instanz (wegen der weiteren Instanzen s. A 6) ergehen (§ 77 I S 2, 3). Eine Begründung ist nicht vorgeschrieben; doch sollten die Gründe dem JStA wenigstens schlagwortartig mitgeteilt werden. — (2) Der Beschl. **versetzt das Verf. wieder in den Stand des Ermittlungsverf. zurück.** Will der JStA eine Entsch. des Ger., muß er Anklage erheben; wo schon eine Anklage eingereicht wurde [A 3a (3)], genügt Bezugnahme (Potrykus § 77 B 3); ein Antrag nach § 76 ist ausgeschlossen. § 77 II zwingt aber den JStA nicht, in jedem Fall anzuklagen. Er kann zB nach § 45 verfahren, wenn er das für angebracht hält (zB wenn abgelehnt wurde, weil FE geboten ist, und der VormRi. inzwischen — ggf auf Anregung des JStA — FE angeordnet hat). Er kann auch aus sonstigen Gründen das Verf. einstellen, zB wenn kein hinreichender Tatverdacht mehr besteht oder ein Verf.Hindernis vorliegt (zB Rücknahme des Strafantrags). Das gilt auch, wenn das Ger. den Antrag erst zurückgewiesen hat, als der JStA den Antrag nicht mehr hätte zurücknehmen können[3]). Der JStaatsanwalt kann das Verfahren auch abgeben (BGH 12/180, 184).

e) Dagegen ist dem JRichter eine **Abgabe** des vereinfachten JVerfahrens gem. § 42 III **nicht erlaubt** [BGH 12/180, 182f; s. § 42 A 4a (2)].

5. Das Hauptverfahren[3a])

a) Nur zur Vereinfachung, Beschleunigung u. jgem. Gestaltung sind Abweichungen zulässig (§ 78 III S 1, 1. HS). (1) So brauchen **Fristen** nicht beachtet zu werden (§ 78 RL 1 S 2). (2) Auch in der Ausgestaltung der **„mündl. Verh."** (nicht: „Haupt-

---

[3]) Dallinger-Lackner § 77 N 10, hM zu § 212b StPO; aA Potrykus § 77 B 2; aber die Zurückweisung hat die Rechtshängigk. beseitigt. — Die Gegenmeinung ist zwar mit dem Wortlaut des § 77 II, nicht aber mit Sinn und Zweck des vereinfachten JVerf. zu vereinbaren, auch nicht — jedenfalls bei Fehlen einer Prozeßvoraussetzung oder des hinreichenden Tatverdachts — mit den §§ 170, 203f StPO; § 77 II bezieht sich eben nur auf den Regel-Fall, daß überhaupt Anklage zu erheben ist. — BGH 12/180, 184 spricht davon, daß die **Staatsanwaltschaft „ihre volle Entschlußfreiheit zurückerhält"**.

[3a]) Literatur s. FN 0).

verh.") ist der Ri. frei (zB ohne Protokollführer, ohne Amtstracht, nicht im Sitzungssaal). Die Verh. kann in Form einer Aussprache ohne die strenge Ordnung des § 243 StPO geführt werden; doch ist es zweckmäßig, auch hier nach dem Aufruf die Personalien aufzunehmen, den Inhalt des Antrags bekannt zu machen und dann den Angeklagten in Abwesenheit der Zeugen zur Sache zu vernehmen. Wegen des rechtl. Gehörs und der Sachaufklärung s. A 5c; wegen der Beeidigung, Öffentlichk. u. Mitt. s. A 5b. (3) **Der JStA** muß nicht an der Sitzung teilnehmen (§ 78 II S 1), was rglm mehr dem Wesen des vereinfachten JVerf. entspricht (Dallinger-Lackner § 78 N 7, Potrykus § 78 B 2). Der StA verliert dadurch allerdings einige Rechte [§ 78 II S 2; A 4c, 5c (3) (a)], nicht jedoch das **Recht, das in seiner Abwesenheit ergangene Urteil anzufechten**[3b]). Das Urteil muß ihm auch zugestellt werden (§§ 35 II S 1, 41 StPO, Potrykus NJW 56/657, Gaberdiel NJW 57/532f). Der örtl. Sitzungsvertreter vertritt die StA hier ebenso wie im förml. Verf.; § 78 II S 2 gilt dann also nicht (aA Potrykus § 78 B 2 ohne Begründung). (4) Die Einschaltung der **JGH** darf das Verf. nicht verzögern. Grds aber sollte sie mindestens fernmündl. vom Termin verständigt und gehört werden (§ 78 RL 3 S 2), obgleich es hier sogar zulässig ist, die JGH erst nachträgl. zu verständigen. Die JGH darf mit dem verhafteten J auch hier wie ein Verteidiger verkehren [§ 93 III; s. A 5c (3) aE]. (5) Eine Abgabe gem. § 42 III ist nicht zulässig [oben A 4e, näher § 42 A 4a (2)].

b) Dagegen dürfen alle **Vorschriften nicht ausgeschaltet** werden, **die gerade der Vereinfachung** (zB Befreiung vom Eideszwang durch § 49) oder der **jgem. Gestaltung** (zB Ausschluß der Öffentlichk. durch § 48) **oder der Beschleunigung dienen.** Auch die bes. MittPflichten (§ 70) gelten unverändert (§ 78 III S 2; vgl § 78 RL 3).

c) Ebensowenig darf die Wahrheitsermittlung beeinträchtigt werden (§ 78 III S 1, 2. HS). (1) Diesem Ziel dient die **mündl. Verh.** (§ 78 I S 1) mit der notwendigen mündl. Erörterung des gesamten Prozeßstoffes (§ 261 StPO), der Unmittelbark. der Beweisaufnahme (§ 78 RL 1, S 1; s. §§ 250ff StPO, § 38 JGG A 5c) und dem gegenüber dem förml. Verf. nicht eingeschränkten [s. A 5c (3)] Recht auf Gehör (Art. 103 I GG, § 78 RL 1 S 1) einschl. des letzten Wortes; nur die bes. Fragepflicht nach § 257 StPO — eine Ordnungs-Vorschrift — entfällt (vgl § 67 A 2a, FN 2). (2) Auch hier hat das Ger. den **Sachverhalt** (Tathergang, Täterpersönlichk.) **von Amts wegen aufzuklären** (§ 244 II StPO); es hat alle Beweise zu erheben, deren Benutzung der bekannte Sachverhalt mindestens nahelegt (BGH LM Nr 1 zu § 244 II StPO). Die Aufklärung darf auch nicht zu Gunsten des Täters unterbleiben, da dies nicht nur den Interessen der Allgemeinheit zuwiderliefe, sondern auch erz. gefährl. wäre. — An sich ist der Ri. hier gegen **Beweisanträge** freier gestellt; die allg. Vorschriften, bes. § 244 III StPO, gelten hier nicht. Da diese Vorschriften jedoch nur der Niederschlag der Rechtsprechung zur Aufklärungspflicht sind, wird die Ablehnung eines Beweisantrags über die allg. Regeln hinaus meist auch die Aufklärungspflicht verletzen. Die Ablehnung eines Beweisantrags ist stets zu begründen (ObLG 51/347 zu § 384 StPO); die Begründung, die behauptete Tatsache sei unwahr-

[3b]) Die Rechtsmittelfrist beginnt für ihn erst mit der Zustellung, s. A 5d (2) mit FN 3c.

scheinl. oder erdichtet, der Zeuge werde in bestimmter Weise aussagen oder das Ger. sei schon vom Gegenteil überzeugt, ist unzulässig (vgl ausführl. Dallinger-Lackner § 78 N 15, 16). Nur deshalb, weil eine Beweiserhebung beantragt oder ein Zeuge mitgebracht ist (§ 245 StPO), muß hier allerdings nicht Beweis erhoben werden. (3) (a) In **Abwesenheit des J** kann nur verhandelt werden, wenn dies auch im förml. Verf. mögl. wäre (§§ 78 III S 2, 50 I); nur die Zustimmung des StA ist hier entbehrl., wenn er nicht an der Verh. teilnimmt (§ 78 II S 2). (b) Ebensowenig kann die **Stellung des gesVertr. u. der ErzBer.** hier eingeschränkt werden (§§ 78 III S 2, 50 II, 67; vgl § 78 RL 2). — (c) Wegen der **JGH** s. A 5a (4). (d) Auch **ein Wahlverteidiger** kann unbeschränkt mitwirken (§§ 137 StPO, 2 JGG; vgl aber A zu § 68, bes. A 2b). Akteneinsicht (§§ 147 I StPO, 76 I S 2 JGG) und Verkehr (§ 148 IV StPO entspr.) sind Eingang des Antrags bei Gericht gestattet. — In den Fällen notwendiger Verteidigung muß auch in diesem Verfahren ein **Pflichtverteidiger** bestellt werden (s. § 68 A 3c). (e) Um die Vorbereitung der Verteidigung zu ermöglichen, sollte in der **Ladung** wenigstens kurz angegeben werden, was dem J zur Last liegt.

d) (1) Es wird **durch Urteil entschieden** (§ 78 I S. 1). Wegen der zulässigen Maßnahmen s. A 2a; wegen der Fassung s. A zu § 54; die Begründung kann kürzer sein, muß aber stets eine Persönlichkeitsbeurteilung und Tatschilderung enthalten. Weitere Besonderheiten gelten nicht. (2) Auch für die **Anfechtung** gelten keine Besonderheiten (s. näher § 55). Die AO einer unzulässigen Maßnahme (§ 78 I S 2, A 2a) begründet nur die Anfechtung, führt aber nicht zur Nichtigk. (Dallinger-Lackner § 78 N 20, Potrykus § 78 B 1; vgl § 1 A 2d). Die **Rechtsmittelfrist** beginnt für einen bei der Urteilsverkündung nicht anwesenden Verfahrensbeteiligten erst mit der Zustellung des begründeten Urteils[3c]); das ist beim JStaatsanwalt in diesem Verfahren oft der Fall [s. A 5a (3)]. (3) Die **Rechtskraft** tritt wie im förmlichen Verfahren nach allseitigem Rechtsmittelverzicht oder Ablauf der Rechtsmittelfrist ein.

6. Vor dem RechtsmittelGer. gelten die allg. Verf Vorschriften; das vereinfachte JVerf. ist dem JRi. vorbehalten (vgl Wortlaut der §§ 76—78); bei einem Kollegial-Ger. mit fünf Ri. wäre es ein Unding. Doch wird nur das Verf. und die Entsch. des **vereinfachten JVerf. überprüft. Das bedeutet, daß das** Fehlen von Anklage u. Eröffnungsbeschl. sowie die zulässigen Abweichungen des JRi. von Verf.-Vorschriften nicht schaden, daß auch das RechtsmittelGer. nur auf die hier zulässigen Maßnahmen (A 2a) erkennen kann und auch nicht ins förml. Verf. übergehen darf, weil dadurch Rechte des Angeklagten verkürzt würden[4]). Meint das RechtsmittelGer., die Sache eigne sich nicht für das vereinfachte JVerf., muß es das Verf. einstellen (vgl RG 67/59, 62 für § 212 StPO); einen Beschl. nach § 77 I kann nur der JRi. erlassen[4]). Ein Beschl. nach § 47 ist auch hier mögl. (§ 47 A 1c).

3c) OLG Neustadt NJW 63/1074 = MDR 63/335, Potrykus NJW 56/657, Gaberdiel NJW 57/532.

4) Ebenso Dallinger-Lackner § 78 N 24 u. Potrykus NJW 57/1135. Nur bezeichnen diese auch das BerVerf. ohne nähere Darlegung und gegen den Wortlaut des Ges., das nur vom JRi. spricht, als vereinfachtes JVerf.

Neunter Unterabschnitt
Ausschluß von Vorschriften des allgemeinen Verfahrensrechts

§ 79
Strafbefehl und beschleunigtes Verfahren

1) Abs. I: **Hw — J:** § 109 II, RL 2, A 2a (3), 2 b (4); — Abs. II: ~~Hw~~: § 109 RL 4, A 2a (2) — **2) ErwG:** § 104 I 14, § 79 RL 1.

(1) Gegen einen Jugendlichen darf kein Strafbefehl erlassen werden.

(2) Das beschleunigte Verfahren des allgemeinen Verfahrensrechts ist unzulässig.

Richtlinien zu § 79:

1. Gegen einen Jugendlichen kann auch das für allgemeine Strafsachen zuständige Gericht weder einen Strafbefehl erlassen noch im beschleunigten Verfahren (§§ 212 ff. StPO) entscheiden (§ 104 Abs. 1 Nr. 14).
2. Wegen des Strafbefehls und des beschleunigten Verfahrens gegen einen Heranwachsenden wird auf die Nrn. 2 und 4 der Richtlinien zu § 109 hingewiesen.
3. Strafbescheide der Verwaltungsbehörden sind gegen Jugendliche nicht zulässig.

1 a) Strafbefehl und beschleunigtes Verf. setzen ein Alter von **mindestens 18 Jahren zZ der Tat** (§ 1 A 2) voraus (Prozeßvoraussetzung: Dallinger-Lackner N 6; Kleinknecht-Müller Einl. 11e); sie werden im Verf. gegen J (nicht Hw) durch das formlose ErzVerf. (auch vor ErwG: § 45 RL 8) und das vereinfachte JVerf. (nicht vor ErwG: § 76 RL 4) ersetzt.

b) Gegen Hw ist das beschleunigte Verf. immer, das Strafbefehlsverf. nur dann zulässig, wenn Erwachsenenrecht angewendet wird [§ 109 II, A 2a (2) (3), 2b (4)]. Wegen Besonderheiten s. § 109 A 2b (4) (c).

c) Ein Strafbefehl gegen einen J ist nicht nichtig (Dallinger-Lackner N 8: grds; Löwe-Rosenberg (Schäfer) Einleitung Kapitel 13 S 145 unten und 20. Aufl. § 407 StPO A 8, ObLG 57/59; vgl §§ 1 A 2d, 33 A 3b). Nach Einspruch wird verhandelt; der Strafbefehl vertritt den Eröffnungsbeschluß (ObLG 57/59, Schwarz-Kleinknecht § 408 StPO A 9); förmliche Mängel des Strafbefehlsverfahrens werden bedeutungslos (OLG Düsseldorf NJW 60/1921); wegen Verhandlung nach verspätetem Einspruch s. BGH 13/306.

2) Die bes. landesrechtl. Verf. (Art. 3 III EG StPO, zB Forstrügeverf.)[1]) sind gegen J u. Hw **nur im Rahmen der §§ 75 JGG, 413 StPO** mögl.; es kann also an Stelle der StA bei Übertretungen zunächst für die Antragstellung die Verwaltungsbehörde treten [s. § 75 A 3a (2)]. Im übrigen verbieten §§ 33 I, 107 die Ausschaltung des Ger.

---

[1]) **Literatur:** Löwe-Rosenberg: 20. Aufl. § 24 GVG A 9b; Potrykus: das hessische ForstGes. und das JGG, UJ 55/134.

und der StA (Potrykus B 2), §§ 6, 81 die Festsetzung von Wertersatz und Schadensersatz gegen J u. Hw—J (§ 6 A 2d, e). — Wegen der StrBescheide der Verwaltungsbehörden s. § 33 A 4; wegen der Bußgeldbescheide des OWiG s. § 1 A 1a (1).

§ 80

Privatklage und Nebenklage

1) Hw: § 80 RL 3 S 2, 3, § 109 RL 5; s. § 109 A 2b (2). — **2) ErwG:** § 104 I 14; § 80 RL 3 S 1; wegen Widerklage s. § 80 RL 2, A 3b.

(1) Gegen einen Jugendlichen kann Privatklage nicht erhoben werden. Eine Verfehlung, die nach den allgemeinen Vorschriften durch Privatklage verfolgt werden kann, verfolgt der Staatsanwalt auch dann, wenn Gründe der Erziehung oder ein berechtigtes Interesse des Verletzten, das dem Erziehungszweck nicht entgegensteht, es erfordern.

(2) Gegen einen jugendlichen Privatkläger ist Widerklage zulässig. Auf Jugendstrafe darf nicht erkannt werden.

(3) Nebenklage ist unzulässig. Dies gilt auch, wenn eine staatliche Behörde die Rechte eines Nebenklägers hat.

Richtlinien zu § 80:

1. Gründe der Erziehung werden die Verfolgung der Privatklageverfehlung eines Jugendlichen dann fordern, wenn dem Jugendlichen, der sich schwer oder wiederholt vergangen hat, zum Bewußtsein gebracht werden muß, daß er nicht ungeahndet die Rechtsordnung verletzen darf.
2. Für die Widerklage bleibt das mit der Privatklage befaßte Gericht zuständig. Gegen den jugendlichen Widerbeklagten kann das für allgemeine Strafsachen zuständige Gericht nur Zuchtmittel (§ 13) selbst verhängen; hält es Erziehungsmaßregeln für erforderlich, so verfährt es nach § 104 Abs. 4 Satz 1.
3. Auch vor den für allgemeine Strafsachen zuständigen Gerichten kann gegen einen Jugendlichen eine Privat- oder Nebenklage nicht erhoben werden (§ 104 Abs. 1 Nr. 14). Gegen einen Heranwachsenden sind die Privat- und die Nebenklage zulässig, gleichviel, ob die Anwendung des allgemeinen Strafrechts oder des Jugendstrafrechts zu erwarten ist (§ 109). Auch insoweit ist grundsätzlich der Jugendrichter zuständig (§ 108 Abs. 1 und 2 JGG in Verbindung mit § 25 Nr. 2a GVG).

1a) Ein **Alter** des Täters **von mindestens 18 Jahren** zZ der Tat (§§ 1 A 2, 33 Vorb. 1) ist **Prozeßvoraussetzung für die Privatklage** (I S 1; Dallinger-Lackner N 3, Kleinknecht-Müller Einl. 11e). Fehlt sie, ist auch ein Sühneversuch (§ 380 StPO) unzulässig[1]). Die erhobene Privatklage ist zurückzuweisen (§ 383 I StPO), das

[1]) Dallinger-Lackner N 6, Potrykus B 1 aE, NJW 57/1137f; aA bes. Schuhmacher zB NJW 57/1548; er übersieht aber, daß das Verbot der Privatklage verhindern will, daß eine StrTat J im Wege privater Auseinandersetzung beigelegt wird, und verkennt die Gefahren eines Vergleiches und die Gefahr, daß der J sich „überfahren" fühlen könnte. Das ist auch Löwe-Rosenberg 20. Aufl. § 380 StPO A 11 entgegenzuhalten, die hier das Landesrecht entscheiden lassen wollen.

schon eröffnete Verf. einzustellen (§§ 206a, 260 III, 389 StPO); Kostenfolge: § 471 II StPO. Das Privatklage-Urteil gegen einen J ist nur anfechtbar, nicht nichtig (allgM; vgl §§ 33 A 3b, 1 A 2d).

b) Privatklagedelikte J (§ 374 I StPO) sind, wenn die allg. Voraussetzungen (auch ein erforderl. StrAntrag) vorliegen, vom JStA **im Offizialverf.** (§§ 45, 76ff, formelles Verf.) zu verfolgen, **wenn** eine der folgenden drei — meist zusammentreffenden — Voraussetzungen gegeben ist (I S 2). (1) **Öffentl. Interesse** an der StrVerfolgung (§ 376 StPO; vgl. RiStV Nr 68 II); (2) **Gründe der Erz.** (vgl. RL 1); zu berücksichtigen sind dabei auch Alter u. ErzVerhältnisse (ggf Billigung der StrTat durch Eltern oä) **oder** (3) berechtigtes **Interesse des Verletzten** [s. § 48 A 2b (1) (b)]; dh ein vernünftiger Anlaß (nicht Haß, Rache) für den Wunsch nach Verfolgung und Ahndung der Tat. Dieses Interesse ist jedoch nur dann beachtl., wenn der ErzZweck nicht entgegensteht; geringe erz. Bedenken können bei stark überwiegenden Interessen des Verletzten hintangestellt werden (Dallinger-Lackner N 14).

c) Der JStA entscheidet nach pflichtgem. Ermessen. Bei Ablehnung der Verfolgung ist nur Dienstaufsichtsbeschw. gegeben, nicht das Klageerzwingungsverf.[2]. Der **JRi. kann** das Vorliegen der Voraussetzungen (A 1b) **nicht nachprüfen** (vgl RiStV 68 III S 2); er kann gem. § 47 verfahren. Im förml. Verf. kann er auch JStr. verhängen[3].

d) Wegen **Hw** s. RL 3 S 2, 3.

2. Nebenklage gegen J ist nicht zulässig (III). — Der Verletzte hat jedoch ein Anwesenheitsrecht (§ 48 II). Staatl. Behörden (zB Finanzamt) können ggf als Sachverständige gehört werden; Nebenkläger sind sie nie (KG NJW 55/723 für § 54 WiStG 1952, § 20 WiStG 1954). Es gelten A 1a u. A 1d.

3a) Dagegen können **J** wie alle Minderjährigen **als Privat- u. Nebenkläger** auftreten (II S 1, §§ 374 III, 395 I StPO); es gelten die Vorschriften der StPO. Ob das JG oder ErwG zuständig ist, entscheidet das Alter des Privatbeklagten zZ der Tat.

b) Gegen den j. Privatkläger ist unter den allg. Voraussetzungen (§ 388 StPO) **Widerklage** zulässig; Zuständigk.: RL 2 S 1. Vor dem ErwG gilt für den j. Widerbeklagten § 104. Gegen ihn ist also immer JR anzuwenden; JStr. kann hier (a. A 1c aE) nicht verhängt werden; das ErwG darf nur ZuchtM verhängen (RL 2 S 2). — Fällt die Privatklage weg, geht das Verfahren an das JGericht über. Dazu kommt es jedoch nur dann, wenn hinsichtlich der Widerklage ein Rechtsmittel eingelegt oder wenigstens schon zur Sache verhandelt, das Verfahren also gerichtshängig geworden ist (Pentz GA 58/301f, der auch noch die Einstellung der Privatklage gem. § 383 II StPO hierher rechnet). In allen anderen Fällen kann die Widerklage nicht weiterverfolgt werden, weil die Widerklage nur gegen einen j. Privatkläger zulässig ist, ein Privatkläger aber nach Wegfall der Privatklage nicht mehr vorhanden ist. Das Verfahren ist gem. § 206a StPO einzustellen. — Wegen der Kosten s. § 74 A 3 (1).

---

[2]) § 172 II S 3 StPO, OLG Braunschweig NJW 60/1214f, vgl Pentz NJW 58/819. § 80 durchbricht das Legalitätsprinzip, das Klageerzwingungsverfahren aber soll nur jenes sichern.

[3]) Dallinger-Lackner N 24; aA wohl Potrykus B 4 aE, der auch hier — ohne Grundlage im Ges. — keine JStr. zulassen will.

§ 81

Entschädigung des Verletzten

1) Hw — J: § 109 II; 81 RL 2 S 2. — **2) ErwG:** § 104 I 14; § 81 RL 2 S 1.

Die Vorschriften der Strafprozeßordnung über die Entschädigung des Verletzten werden im Verfahren gegen einen Jugendlichen nicht angewendet.

Richtlinien zu § 81:

1. Die Wiedergutmachung des Schadens kann dem Jugendlichen als besondere Pflicht nach § 15 Abs. 1 Nr. 1 auferlegt werden.
2. Die Vorschriften der §§ 403ff. StPO sind gegen einen Jugendlichen auch im Verfahren vor den für allgemeine Strafsachen zuständigen Gerichten nicht anzuwenden (§ 104 Abs. 1 Nr. 14). Im Verfahren gegen einen Heranwachsenden ist die Anwendung dieser Vorschriften nur ausgeschlossen, wenn der Richter Jugendstrafrecht anwendet (§ 109 Abs. 2).

Nicht nur die Geltendmachung der Ansprüche nach §§ 403ff. u. § 406 d StPO ist **ausgeschlossen,** sondern die **Verfolgung aller zivilrechtl. Ansprüche** (s. § 6 A 2d, e). Soweit es erz. geboten ist, den J zur Wiedergutmachung des Schadens zu veranlassen, stehen dafür die besondere Pflicht des § 15 I Nr 1 (RL 1) oder eine entspr. Bewährungsauflage (§ 23 S 2) zur Verfügung (vgl Schnitzerling DAR 59/204).

DRITTES HAUPTSTÜCK

Vollstreckung und Vollzug

Vorbemerkung 1

Vollz. ist die eigentl. Verwirklichung der Entsch., also das, was in der JStr.- oder JAAnstalt mit dem Verurteilten geschieht, auch der Ausspruch der Verwarnung uä. **Vollstr. ist** alles, was zur Verwirklichung der Entsch. getan wird, also Prüfung der VollstrVoraussetzungen, Ladung u. Einweisung, AO der Überführung, Fahndung, Zwangsgestellung, Berechnung der Zeit und Überwachung der Art u. Dauer des Freiheitsentzuges, Entsch. über die Entlassung zur Bew. uä. An sich ist der Vollz. ein Teil der Vollstr.; Vollstr. ohne Vollz. heißt Betrieb der Vollstr.; in der Praxis wird dieser Betrieb der Vollstr. schlechthin als Vollstr. bezeichnet. — Die Vollstr. betreibt der VollstrL (§ 82; = Vollstr.Behörde des allgR); für den Vollz. ist der VollzL (§ 90 II S 2; s. § 91 IV) verantwortl.

Erster Abschnitt

Vollstreckung

Erster Unterabschnitt

Verfassung der Vollstreckung und Zuständigkeit

Vorbemerkung 2

a) Die Vorschriften gelten für alle Urteile und ihnen gleichstehende Entsch. (§ 75; 65, 66), in denen **ErzM, ZuchtM, JStr., NebenStr., Nebenfolgen, Maßnahmen der**

Sicherung u. Besserung verhängt sind. Bei einer vom ErwG verhängten JStr. zB kommt nur eine Entlassung zur Bew. durch den JRi. als VollstrL (§§ 88f) in Betracht, nicht die bedingte Entlassung (§ 26 StGB) durch das ErwG (OLG München MDR 57/437, EJF C I 29). Wegen Vollstr. der einzelnen Maßnahmen u. AO s. § 82 A 2, 3.

b) Das **JGG** enthält **nur Einzelvorschriften** (über §§ 82ff hinaus vgl. §§ 57ff, 62ff; 56, 65, 66), die durch die §§ 449—463 a StPO ergänzt werden, soweit diese nicht durch das JGG ausgeschlossen sind. Da die Vollstr. Justizverwaltungsangelegenheit ist (§ 83 A 1), **sind die RL bindend,** ebenso die subsidiär geltende **StVollstrO** (§ 85 RL II 6 S 1). Die **Vollstr.** bedarf gerade in J Sachen **bes. Nachdrucks u. bes. Beschleunigung.** § 85 RL II 1 u. VI 1; vgl. auch RiStV 149, § 85 RL IV 1, V 5 u. §§ 55 RL 1, 43 RL 5.

c) Die Vollstr. setzt grds Rechtskraft voraus (§ 449 StPO); urkundl. Grundlage ist deshalb die Urschrift der Entsch. (oder eine beglaubigte Abschrift des erkennenden Teils) mit Rechtskraftbescheinigung (StVollstrO § 13; s. weiter § 85 RL II 2). Dieser Grundsatz ist bei Teilvollstr. eines Einheitsstrafurteils durchbrochen (§ 56); wegen der VollstrUnterlage in diesem Fall s. § 85 RL II 3. Bei Widerruf einer Bew. ist noch die Urschrift (oder die beglaubigte Abschrift des erkennenden Teils) des Widerrufsbeschl. notwendig (StVollstrO § 14; § 26 A 1 d).

d) Für die **Berechnung** der JStr. gelten §§ 37ff StVollstrO; Besonderheiten für JA enthält § 85 RL V 9.

e) Wegen der **VollstrVerjährung** s. § 4 A 2.

f) Soweit die **Zuständigkeit in Gnadensachen** bei der Vollstreckungsbehörde liegt, ist in JSachen (oben a) der Vollstreckungsleiter zuständig. Zu beachten ist dabei, daß immer nur der vom Gesetz bezeichnete JRichter (§ 84, § 85 I, II) oder der J-Richter, an den dieser die Vollstreckung (nicht etwa nur die Bewährungsaufsicht!) übertragen hat (§ 85 III), Vollstreckungsleiter ist, da eine Weiterübertragung unzulässig ist [vgl § 85 A 4a (1)].

Vorbemerkung 3[1]).

Der Vollstreckungsleiter braucht nicht alles selbst zu machen; § 82 I verlangt nur, daß der JRichter die entscheidenden Anordnungen trifft.

a) So kann der **Rechtspfleger** bei der **Vollstreckung von JStrafe und JArrest** (wegen der übrigen Maßnahmen s. unten b, c) tätig werden, soweit dabei die beim JRichter liegende Leitung der Vollstreckung nicht beeinträchtigt wird (§ 85 RL II 6). Das Nähere ist in der einheitlichen Bekanntmachung der Landesjustizverwaltungen „Über die Entlastung des Jugendrichters bei den Vollstreckungsgeschäften"[2]) geregelt[1]).

(1) (a) **Daß vollstreckt werden soll,** bestimmt der Richter. Der Rechtspfleger wird daraufhin tätig wie im allg. Recht; er muß also noch nachprüfen, ob die angeordneten

---

[1]) **Literatur:** Pohlmann, die Aufgaben des Rechtspflegers bei der Vollstreckung nach dem JGG, RPfl 63/37—41; diese ausgezeichneten und überzeugenden Darlegungen liegen der Vorb. 3 zugrunde.

Maßnahmen zulässig und geboten sind. Beispiele für Maßnahmen, die der Rechtspfleger dann selbständig treffen kann, bringt die Bekanntmachung unter II 2a[2]).

(b) Die Anordnung der Vollstreckung berechtigt den Rechtspfleger nur, die zur Einleitung der Vollstreckung notwendigen Maßnahmen zu treffen. Der Richter sollte

---

[2]) **Bekanntmachung über die Entlastung des Jugendrichters bei den Vollstreckungsgeschäften.**

I. Zur Entlastung des Jugendrichters sind dem Rechtspfleger durch Abschnitt II Nr. 6 der Richtlinien zu den §§ 82 bis 85 des Jugendgerichtsgesetzes in der Fassung vom 1. Dezember 1962 Vollstreckungsgeschäfte in bestimmtem Umfange übertragen worden. Darüber hinaus kann der Rechtspfleger zur Vorbereitung von Vollstreckungsgeschäften, die dem Vollstreckungsleiter vorbehalten sind, herangezogen werden. Dadurch soll es dem Jugendrichter ermöglicht werden, sich in verstärktem Maße den erzieherischen Aufgaben zu widmen, die ihm innerhalb des Jugendstrafverfahrens auch im Rahmen der Vollstreckung obliegen.

II. Hierzu wird folgendes bestimmt:

1) Der Jugendrichter kann den Rechtspfleger zur Mitwirkung bei den ihm vorbehaltenen Geschäften der Vollstreckung heranziehen, ihn insbesondere zur Vorbereitung solcher Geschäfte mit der Fertigung von Entwürfen beauftragen. Die Unterzeichnung bleibt dem Jugendrichter vorbehalten. Die Überwachung von Weisungen und Auflagen ist Sache des Jugendrichters (vgl auch Abschnitt III Nr. 1 der Richtlinien zu den §§ 82 bis 85 JGG). Er kann sich dabei der Mithilfe des Rechtspflegers oder eines anderen Beamten der Vollstreckungsbehörde bedienen.

Eine Mitwirkung des Rechtspflegers bei jugendrichterlichen Entscheidungen (§ 83 Satz 1 JGG) kommt nicht in Betracht.

2) a) Zu den Geschäften, die dem Rechtspfleger durch Abschnitt II Nr. 6 der Richtlinien zu den §§ 82 bis 85 JGG übertragen worden sind, gehören vor allem folgende:

die Ausführung einer richterlichen Vollstreckungsanordnung (Anordnung der Ladung zum Arrest- oder Strafantritt, Aufnahme- und Überführungsersuchen und Strafzeitberechnung),

der Erlaß eines Vollstreckungshaft- oder Vorführungsbefehls u. die Zwangszuführung zum Jugendarrest (Nr. V 8) auf richterliche Anordnung sowie die Maßnahmen zu ihrer Vollziehung,

die Anordnung über das Anlegen von Vollstreckungsheften,

die Ausführung von richterlichen Anordnungen über Fahndungsmaßnahmen, die Rücknahme erledigter Fahndungsmaßnahmen,

die Ausführung von richterlichen Anordnungen nach § 61 Abs. 1 Satz 1 StVollstrO,

die nach den §§ 56, 59 und 63 bis 86 StVollstrO erforderlichen Maßnahmen der Vollstreckungsbehörde.

Die hiernach vorgesehenen richterlichen Anordnungen sind schriftlich zu erteilen.

Der Rechtspfleger ist bei der Ausführung der ihm übertragenen Geschäfte an Weisungen des Jugendrichters nach § 10 Abs. 2 StVollstrO gebunden. Vor allem hat er bei Aufnahmeersuchen besondere Vollzugshinweise des Jugendrichters, die über § 30 Abs. 2 Satz 2 StVollstrO hinausgehen, zu beachten.

b) Die Wahrnehmung der dem Rechtspfleger durch Abschnitt II Nr. 6 der Richtlinien zu den §§ 82—85 JGG übertragenen Vollstreckungsgeschäfte obliegt dem Jugendrichter, wenn der Vollstreckungsbehörde hierfür ein Rechtspfleger nicht zur Verfügung steht.

III. Die Zuständigkeit von Beamten des gehobenen oder des mittleren Dienstes zur Anordnung und Ausführung von Nachrichten zum Strafregister, zur Erziehungskartei und zum Verkehrszentralregister sowie von Mitteilungen und Zählkarten richtet sich nach den allgemeinen Vorschriften (vgl. Abschnitt II Nr. 4 der Richtlinien zu den §§ 82 bis 85 JGG).

IV. Diese Bekanntmachung tritt am 1. 1. 1963 in Kraft. Vorschriften, die ihr entgegenstehen, sind vom gleichen Zeitpunkt ab nicht mehr anzuwenden.

deshalb **alle für den Vollzug gebotenen,** ihm vorbehaltenen **Anweisungen zugleich** mit der Anordnung geben (vgl Bekanntmachung II 2a aE), um Verzögerungen zu vermeiden, also Anordnungen für den Erlaß eines Vollstreckungshaft- oder Vorführungsbefehls, für die Zuführung zum JArrest, uU mit besonderen Zusätzen etwa über den Zeitpunkt, vorherige gütliche Versuche uä. — Auch Anordnungen über Fahndungsmaßnahmen und ihre Aufhebung vor Erledigung können sogleich getroffen werden und ermächtigen dann den Rechtspfleger zum Erlaß eines Steckbriefes; doch kann der Richter seiner Anordnung Beschränkungen beifügen. — Für die Vollstreckung in Gegenstände (§ 61 I StVollstrO) bedarf es ebenfalls einer bes. Anordnung, die ggf ausdrücklich auch die Zwangsvollstreckung durch den Gerichtsvollzieher erwähnen sollte.

(c) Die **Schlußverfügung** — eine bloße Feststellung, kein Vollstreckungsgeschäft! — unterschreibt der JRichter wegen ihrer Bedeutung, da nach ihr nichts mehr geschieht.

(2) Wird der **Rechtspfleger ohne Übertragung** tätig, ist das Vollstreckungsgeschäft **unwirksam;** der JRichter kann die Maßnahmen jedoch nachträglich billigen und dadurch — rückwirkend (zw.)— wirksam machen. In Zweifelsfällen sollte der JRichter entweder — ggf nach Vorbereitung durch den Rechtspfleger — selbst tätig werden oder ausdrücklich — und grds schriftlich — übertragen. Eine generelle Anordnung kann als Übertragung für alle Einzelfälle umgedeutet werden.

b) Die Sonderregelungen für die **Vollstreckung von ErzM, von Verwarnung und von besonderer Pflicht** (RL III, IV zu §§ 82—85) werden nicht beeinträchtigt. Eine Übertragung auf den Rechtspfleger scheidet hier aus; der JRichter kann jedoch den Rechtspfleger wie jeden anderen ihm unterstellten Beamten und Angestellten zur Mitarbeit heranziehen. Die Verantwortung des JRichters wird dadurch nicht eingeschränkt.

c) Die Nebengeschäfte der Vollstreckung (Mitteilungen, Zählkarte uä) werden von den nach allg. Recht zuständigen Beamten vorgenommen (RL II 4 zu §§ 82—85).

§ 82

Vollstreckungsleiter [3])

1) Hw — JRecht: A 1, § 110 I, RL 1; § 85 RL I 3. — **2) ErwG:** A 1, § 104 A 1a.

(1) Vollstreckungsleiter ist der Jugendrichter.

(2) Soweit Erziehungsbeistandschaft oder Fürsorgeerziehung angeordnet ist, richtet sich die weitere Zuständigkeit nach den Vorschriften über Jugendwohlfahrt.

Richtlinien hierzu siehe nach § 85.

1) Der Amtsrichter als **JRichter ist Vollstreckungsleiter, wo materielles JRecht** angewendet wurde (§ 110 I), also auch, wenn die JKammer oder ein ErwGericht (auch der BGH) entschieden hat (vgl § 84 II; Grundsatz der Einheitlichkeit der Erziehung; vgl §§ 34, 42), oder wenn es um eine neben den Maßregeln des JGG verhängte Maßregel der Sicherung und Besserung geht (s. § 85 A 2c). Wegen seiner

[3]) **Literatur:** Janiszewski: Der JRichter als Vollstreckungsleiter, DRiZ 61/46 (zT überholt) und oben Vorb. 3 mit Fußnote [1]).

Aufgabe und Stellung s. § 83, wegen der Zuständigkeit und Abgabe s. §§ 84f. Der JRichter ist jedoch von weniger wichtigen Geschäften entlastet (Vorb. 3).

Bei mehreren Verurteilten kann die Vollstreckung in verschiedenen Händen liegen; eine Verbindung ist nicht möglich. Das ist zB stets der Fall, wenn Mittäter nach J-Recht, andere nach allg. Strafrecht verurteilt sind (Löwe-Rosenberg 20. Aufl. § 451 StPO A 4b aE; vgl Vorb. 2a aE).

2. Die Vollstr. von FE u. ErzBeistandsch. besteht praktisch nur in der Fertigung der vorgeschriebenen Mitt. (s. § 70 u. MiStra 31—35, bes. 33 I) und der Übersendung der erforderl. Unterlagen an den nach dem JWG zuständigen VormRi. (§ 85 RL III 2). Voraussetzung ist — selbst bei vorl. FE — die Rechtskraft des Urteils (s. § 12 A 3c). Die Durchführung u. Aufhebung ist Sache des VormRi.

3. Wegen der Vollstr. von **Weisungen** s. § 85 RL III 1 u. — wegen der ErzHilfe — s. § 112b u A dazu; **bes. Pflichten** s. § 85 RL IV 2; einer **Verwarnung** s. § 85 RL IV 1, § 14 A 2; von **JA** s. §§ 86f, § 85 RL V u. A 3; von **JStr.** s. §§ 88f, § 85 RL VI u. A 2; von **UHaft** und der Maßnahmen zu ihrer Abwendung s. § 72 II u. A 3 und § 71 A 2a, b; von **Sicherungsmaßnahmen** s. § 61 A 3.

§ 83

Entscheidungen im Vollstreckungsverfahren

1) **Hw — JRecht:** § 110 I, RL 1; § 85 RL I 3. — **2) ErwG:** § 104 A 1a. — **3) Sold!** § 112c III; § 83 A 2a (1).

Die Entscheidungen des Vollstreckungsleiters nach den §§ 86 bis 89 sind jugendrichterliche Entscheidungen. Sie können, soweit nichts anderes bestimmt ist, mit sofortiger Beschwerde angefochten werden. Die §§ 67 bis 69 gelten sinngemäß.
Richtlinien hierzu siehe nach § 85.

1a) Der VollstrL wird **grds** als **Organ der Justizverwaltung** tätig; er ist dann weisungsgebunden. Seine Entsch. sind Verwaltungsakte (§ 85 RL II 5 S 1, 2).

b) (1) Über **Beschw.** entscheidet rglm der GStA beim OLG, dann das Landesministerium (Senat); Art. 19 IV GG eröffnet schließl. in Verbindung mit §§ 23ff EG GVG den Rechtsweg zum Strafsenat des übergeordneten OLG. (2) Nur in den von der StPO bes. bezeichneten Fällen (vgl. §§ 455, 456, 458, 462, 463a StPO) entscheidet über Beschw. gegen Maßnahmen des VollstrL das Ger. 1. Instanz. (3) S. § 85 RL II 5 S 1.

c) Der **VollstrL** hat bei Zweifeln über die Auslegung des Urteils (Strafzeit, Anrechnung der UHaft uä.) als Vollstr.Behörde die Pflicht, eine Entsch. des erkennenden Ger. gem. § 458 StPO herbeizuführen; in diesem Rahmen hat er auch das **BeschwRecht** nach § 462 IV StPO (Krauss NJW 58/49).

d) Wegen der Einschaltung des **Rechtspflegers** hier (anders bei jrichterlichen Entscheidungen: A 2c) s. Vorb. 3 vor § 82 mit FN 2.

2a) (1) § 83 u. § 112c III erklären jedoch **bes. bedeutsame Entsch.** des VollstrL als **jrichterl. Entsch.,** näml. (a) die Umwandlung von Freizeit- in Kurzarrest (§ 86),

(b) die Entlassung zur Bew. (einschl. BewZeit, -Aufl., Widerruf, Str Erlaß und der Umwandlung einer unbestJStr.) (§§ 88, 89 I—III), (c) die endgültige Entlassung bei unbestJStr. (§ 89 IV), (d) das Absehen von der Vollstr. von JA nach Teilverbüßung (§ 87 III) oder bei Soldaten überhaupt (§ 112c II) und (e) die Erledigterklärung der militärischen ErzHilfe (§ 112c I). (2) Die Berücksichtigung von UHaft bei JA unter den Voraussetzungen des § 450 StPO (§ 87 II) ist keine Entsch., sondern eine bindende, einer Entsch. nicht zugängl. Anweisung für die Berechnung; bei Zweifeln und Einwendungen entscheidet das Ger. des ersten Rechtszuges (§ 458 I StPO, Dallinger-Lackner N 3; aA Potrykus B 1: jrichterl. Entsch.).

b) Diese bes. **jrichterl. Entsch.** trifft der VollstrL auf Grund eines **gerichtl. Verf. in richterl. Unabhängigk.** auf Antrag (s. § 88 A 2a) oder von Amts wegen. Der JStA (Zuständigk.: § 143 I GVG), der gesVertr., ein ErzBer. (S 3, § 67) sind beteiligt, ebenso der Verurteilte. Auch ein Verteidiger oder Beistand kann mitwirken; die Wahl eines Verteidigers wirkt für das ganze Verf., die Bestellung zum Pflichtverteidiger nicht (OLG Hamm NJW 55/1201); wo die Voraussetzungen vorliegen (bes. §§ 67 IV, 68 Z 3), muß hier ein Pflichtverteidiger bes. bestellt werden (S 3, §§ 67f). — Das rechtl. Gehör ist zu beachten; teilweise (§§ 87 III, 88 III, 89 II, 112d) bestehen bes. Anhörungspflichten. Die Entsch. ergeht ohne mündl. Verh. (ggf jedoch nach mündl. Anhörung: §§ 88 III S 2, 89 II) durch begründeten (§ 34 StPO) Beschl, der gem. §§ 35 StPO, 67 II JGG bekannt zu machen ist (Rechtsmittelbelehrung nach § 35a StPO) und der rglm mit der sof. Beschw. ohne aufschiebende Wirkung angefochten werden kann (§ 83 S 2; a. § 88 V, 89 II, 59 II, IV: zT einfache Beschw., zT unanfechtbar). Die allg. Rechtsmittel-Beschränkungen (§§ 59 II S 2, 55 I) gelten. Darüber hinaus empfiehlt sich für das BeschwGer.-Zurückhaltung bei der die Tat- u. Rechtsfrage umfassenden Prüfung, da ihm der unmittelbare Kontakt fehlt (Dallinger-Lackner N 15).

c) Hier ist eine Übertragung auf den **Rechtspfleger nicht** möglich (Bekanntmachung in FN 2 zu Vorb. 3 vor § 82, Ziff II 1 Abs. 2).

§ 84

Örtliche Zuständigkeit

1) Hw — JRecht: § 110 I, RL 1; § 85 RL I 3. — **2) ErwG:** § 104 A 1a.

(1) Der Jugendrichter leitet die Vollstreckung in allen Verfahren ein, in denen er selbst oder unter seinem Vorsitz das Jugendschöffengericht im ersten Rechtszuge erkannt hat.

(2) Soweit, abgesehen von den Fällen des Absatzes 1, die Entscheidung eines anderen Richters zu vollstrecken ist, steht die Einleitung der Vollstreckung dem Jugendrichter des Amtsgerichts zu, dem die vormundschaftsrichterlichen Erziehungsaufgaben obliegen.

(3) In den Fällen der Absätze 1 und 2 führt der Jugendrichter die Vollstreckung durch, soweit § 85 nichts anderes bestimmt.

Richtlinien hierzu siehe nach § 85.

1a) Die **ursprüngl.** (primäre) **örtl. Zuständigk.** (I, II) kann wechseln (§ 85: nachfolgende — sekundäre — Zuständigk.; vgl § 85 RL I 1, 2) oder erhalten bleiben (III).

b) Bei **Streit** über die Zuständigk. entscheidet das **gemeinschaftl. obere Ger.** (§ 14 StPO entspr. ObLG NJW 55/601), also JKammer, OLG oder BGH [§ 42 A 4a (1) (b)].

2a) Die **ursprüngl. Zuständigk. liegt** stets bei dem JRi., wenn dieser als Einzel-Ri. oder Vorsitzender des JSchöffG in 1. Instanz tätig war, ohne Rücksicht auf Rechtsmittel und deren Erfolg (§ 85 RL I 1a); bei EinheitsStr. ist zuständig, wer diese gebildet hat (§ 66 II S 3, 4 — s. § 66 A 4—; ebenso Dallinger-Lackner N 6).

b) Sonst liegt die ursprüngl. Zuständigk. beim JRi. des AG, an dem die vormundschaftsrichterl. ErzAufgaben wahrgenommen werden, oder beim Bezirks-JRi. (nicht beim Vorsitzenden des Bezirks-JSchöffG; aA Potrykus B 2, wohl irrtüml.), zu dessen Bezirk dieses AG gehört (§ 33 IV S 1; § 85 RL I 1b), wenn die JK oder irgend ein ErwG in erster Instanz entschieden hat. Ist der Verurteilte volljährig, ist der JRi. zuständig, der zuständig wäre, wenn der Verurteilte noch nicht volljährig wäre (Dallinger-Lackner N 9; BGH 16/78 läßt offen).

3) Wegen der **Zuständigkeit für die Nebengeschäfte** der Vollstreckung s. § 85 RL II 4, 94 RL 1 und 100 RL 1 sowie § 82 Vorb. 3c.

§ 85

Abgabe und Übergang der Vollstreckung

1) Hw — JRecht: § 110 I, RL 1; § 85 RL I 3. — **2) ErwG:** § 104 A 1a. — **3) Sold!** § 112c IV, A 2b (1); § 85 A 3b (2).

(1) Ist Jugendarrest zu vollstrecken, so gibt der zunächst zuständige Jugendrichter die Vollstreckung an den Jugendrichter ab, der nach § 90 Abs. 2 Satz 2 als Vollzugsleiter zuständig ist.

(2) Ist Jugendstrafe zu vollstrecken, so geht nach der Aufnahme des Verurteilten in die Jugendstrafanstalt die Vollstreckung auf den Jugendrichter eines in deren Nähe gelegenen Amtsgerichts über, den die Landesjustizverwaltung hierfür allgemein bestimmt hat.

(3) Aus wichtigen Gründen kann der Vollstreckungsleiter die Vollstreckung widerruflich an einen sonst nicht oder nicht mehr zuständigen Jugendrichter abgeben.

Richtlinien zu §§ 82 bis 85:

I. Zuständigkeit zur Vollstreckung

1. Vollstreckungsleiter ist

a) der Jugendrichter in allen Verfahren, in denen er selbst oder unter seinem Vorsitz das Jugendschöffengericht im ersten Rechtszug erkannt hat (§ 82 Abs. 1, § 84 Abs. 1),

b) in allen anderen Fällen der Jugendrichter des Amtsgerichts, dem die vormundschaftsrichterlichen Erziehungsaufgaben obliegen (§ 84 Abs. 2, § 34 Abs. 3) bzw. der Bezirksjugendrichter, zu dessen Bezirk dieses Amtsgericht gehört (§ 33 Abs. 4).

2. Bei der Vollstreckung von Jugendarrest und Jugendstrafe tritt unter Umständen ein Wechsel der Zuständigkeit ein. An Stelle des zu Nr. 1 genannten Jugendrichters wird Vollstreckungsleiter

a) der Jugendrichter am Ort des Vollzugs des Jugendarrestes nach Abgabe der Vollstreckung (§ 85 Abs. 1 in Verbindung mit § 90 Abs. 2 Satz 2),

b) der von der Landesjustizverwaltung gemäß § 85 Abs. 2 bestimmte Jugendrichter nach der Aufnahme des zu Jugendstrafe Verurteilten in die Jugendstrafanstalt.

3. Hat das Gericht wegen der Straftat eines Heranwachsenden das allgemeine Strafrecht angewendet, so bestimmt sich die Zuständigkeit nach den Vorschriften der Strafvollstreckungsordnung.

II. Verfahren im allgemeinen

1. Die bei der Strafvollstreckung ohnehin erforderliche Beschleunigung ist für die Vollstreckung der für Jugendliche festgesetzten Maßnahmen und Strafen besonders wichtig. Je mehr sich für den Jugendlichen der innere Zusammenhang zwischen Tat, Urteil und Vollstreckung durch Zeitablauf lockert, um so weniger ist damit zu rechnen, daß die Maßnahme oder Strafe die beabsichtigte Wirkung erreicht. Alle beteiligten Stellen müssen daher bestrebt sein, die Vollstreckung nachdrücklich zu fördern. In ganz besonderem Maße hängt beim Jugendarrest der Erfolg davon ab, daß er ohne jedes Zögern vollstreckt wird (vgl. hierzu Abschn. V Nr. 5).

2. Nach Eintritt der Rechtskraft des Urteils sind dem in Abschnitt I Nr. 1 genannten Vollstreckungsleiter unverzüglich die Strafakten mit der Bescheinigung der Rechtskraft des Urteils zu übersenden. Falls die Akten noch nicht entbehrlich sind, werden ihm ein Vollstreckungsheft und zwei Ausfertigungen des vollständigen Urteils zugeleitet. Hat ein Mitangeklagter gegen die Verurteilung wegen einer Tat, an der der rechtskräftig verurteilte Jugendliche nach den Urteilsfeststellungen beteiligt war, Revision eingelegt, so ist dem Vollstreckungsheft eine Abschrift der Revisionsbegründung beizufügen oder nachzusenden (§ 10 Abs. 1 der Strafvollstreckungsordnung; § 357 StPO).

3. Wird die Teilvollstreckung einer Einheitsstrafe nach § 56 angeordnet, so werden dem Vollstreckungsleiter unverzüglich nach Eintritt der Rechtskraft des Beschlusses je zwei beglaubigte Abschriften des vollständigen Urteils und des Beschlusses übersandt.

4. Die mit der Rechtskraft des Urteils anfallenden Nebengeschäfte der Vollstreckung (Mitteilungen, Zählkarten usw.) werden von dem nach den allge-

meinen Vorschriften zuständigen Beamten bei dem zunächst als Vollstreckungsleiter berufenen Jugendrichter (vgl Abschnitt I Nr 1) ausgeführt. In den Fällen, in denen dem Vollstreckungsleiter die Strafakten nicht zugeleitet werden (vgl Nr 2 Satz 2), führt die Staatsanwaltschaft die Nebengeschäfte aus und teilt dem Vollstreckungsleiter die Erledigung bei Übersendung des Vollstreckungsheftes mit.

5. Soweit die Entscheidungen des Vollstreckungsleiters nicht jugendrichterliche Entscheidungen sind (§ 83 Satz 1), nimmt der Jugendrichter als Vollstreckungsleiter Justizverwaltungsaufgaben wahr. Er ist insoweit weisungsgebunden. Über Beschwerden gegen andere als jugendrichterliche Entscheidungen des Vollstreckungsleiters wird im Verwaltungswege entschieden, falls nicht nach §§ 455, 456, § 458 Abs. 2 und § 462 Abs. 1 StPO das Gericht des ersten Rechtszuges zuständig ist.
6. Auf die Vollstreckung finden, soweit nichts anderes bestimmt ist, die Vorschriften der Strafvollstreckungsordnung Anwendung. Die Leitung der Vollstreckung obliegt dem Jugendrichter. Dem Rechtspfleger werden die Geschäfte der Vollstreckung übertragen, durch die eine richterliche Vollstreckungsanordnung oder eine die Leitung der Vollstreckung nicht betreffende allgemeine Verwaltungsvorschrift ausgeführt wird. Das Nähere wird durch Anordnung der Landesjustizverwaltung bestimmt[1]).

III. Vollstreckung bei Erziehungsmaßregeln

1. Sind dem Jugendlichen Weisungen erteilt worden, so übersendet der Vollstreckungsleiter der Jugendgerichtshilfe oder, falls der Jugendliche unter Bewährungsaufsicht steht, dem Bewährungshelfer eine beglaubigte Abschrift des Urteils mit dem Ersuchen, die Befolgung der Weisungen zu überwachen, erhebliche Zuwiderhandlungen mitzuteilen (§ 38 Abs. 2) und, falls eine Änderung der Weisungen oder die Befreiung von ihnen angebracht erscheint (§ 11 Abs. 1), solche Maßnahmen anzuregen.
2. Ist Erziehungsbeistandschaft oder Fürsorgeerziehung angeordnet worden, so übersendet der Vollstreckungsleiter die Strafakten mit der Bescheinigung der Rechtskraft des Urteils dem zuständigen Vormundschaftsrichter (§ 82 Abs. 2; vgl. auch §§ 55ff. und 62ff. des Gesetzes für Jugendwohlfahrt sowie §§ 36, 43 und 46 des Reichsgesetzes über die Angelegenheiten der freiwilligen Gerichtsbarkeit).

IV. Vollstreckung von Zuchtmitteln (mit Ausnahme des Jugendarrestes)

1. Die Verwarnung wird nach Möglichkeit in Gegenwart des Erziehungsberechtigten ausgesprochen, sobald das Urteil rechtskräftig geworden ist.
2. Sind dem Jugendlichen besondere Pflichten auferlegt worden, so übersendet der Vollstreckungsleiter der Jugendgerichtshilfe oder, falls der Jugendliche unter Bewährungsaufsicht steht, dem Bewährungshelfer eine beglaubigte

[1]) S. § 82 Vorb. 3 und FN 2 dazu.

Abschrift des Urteils mit dem Ersuchen, die Erfüllung der besonderen Pflichten zu überwachen und erhebliche Zuwiderhandlungen mitzuteilen (§ 38 Abs. 2). In geeigneten Fällen wird der Vollstreckungsleiter die Erfüllung der besonderen Pflichten selbst überwachen.

V. Vollstreckung des Jugendarrestes

1. Ist der zunächst als Vollstreckungsleiter zuständige Jugendrichter nicht selbst Vollzugsleiter (vgl. § 90 Abs. 2 Satz 2), so gibt er die Vollstreckung an diesen ab. Mit Zustimmung des Vollzugsleiters kann er zunächst den Jugendlichen zum Antritt des Jugendarrestes laden. Bei Abgabe der Vollstreckung übersendet er dem neuen Vollstreckungsleiter die Strafakten oder, falls diese noch nicht entbehrlich sind, das Vollstreckungsheft.
2. Soll der Jugendarrest an einem in Heimerziehung befindlichen Fürsorgezögling nach § 90 Abs. 2 Satz 3 in dem Fürsorgeerziehungsheim vollzogen werden, so übersendet der in Abschnitt I Nr 1 genannte Vollstreckungsleiter der Fürsorgeerziehungsbehörde eine beglaubigte Abschrift des Urteils mit der Bescheinigung der Rechtskraft und ersucht um weitere Veranlassung. Falls die Fürsorgeerziehungsbehörde dem Vollzuge des Jugendarrestes in dem Fürsorgeerziehungsheim zustimmt, wird sie das Heim anweisen, den Jugendarrest zu vollziehen und dem Vollstreckungsleiter die Beendigung des Vollzuges mitzuteilen.

   Hat die Fürsorgeerziehungsbehörde die Zustimmung zum Vollzuge des Jugendarrestes in bestimmten Heimen allgemein erteilt, so wendet sich der Vollstreckungsleiter mit dem Ersuchen um Vollzug des Jugendarrestes unmittelbar an das Fürsorgeerziehungsheim.
3. Der Vollstreckungsleiter weist den Jugendlichen in die Jugendarrestanstalt oder in die Freizeitarresträume der Landesjustizverwaltung durch ein Aufnahmeersuchen ein. Er gibt dabei die in der Ladung zum Antritt des Jugendarrestes vorgeschriebene Zeit oder, falls sich der Jugendliche nicht auf freiem Fuße befindet, die Anstalt an, aus der er übergeführt wird. Nach Möglichkeit teilt er in dem Ersuchen ferner die Umstände mit, die für die Festsetzung der Entlassungszeit von Bedeutung sein können (z. B. Arbeits- oder Schulbeginn).
4. Der Vollstreckungsleiter lädt den auf freiem Fuße befindlichen Jugendlichen durch einfachen Brief unter Verwendung des eingeführten Vordrucks zum Antritt des Jugendarrestes. Er schreibt die Zeit des Antritts nach Tag und Stunde vor und teilt die voraussichtliche Entlassungszeit mit. Bei der Festsetzung der Antrittszeit berücksichtigt er die Berufsverhältnisse des Jugendlichen und die Verkehrsverhältnisse.
5. Falls das Urteil sofort rechtskräftig wird und der Vorsitzende des Gerichts entweder selbst Vollzugsleiter ist oder das Einverständnis des Vollzugsleiters herbeiführen kann, wird dem Jugendlichen die Ladung nach Möglichkeit im Anschluß an die Hauptverhandlung ausgehändigt. Ist der Jugendliche für den

Vollzug genügend ausgestattet oder in der Lage, sich alsbald mit dem Notwendigen zu versehen, so soll er in geeigneten Fällen im Anschluß an die Hauptverhandlung mündlich geladen werden, den Jugendarrest sofort anzutreten.

6. Hinweise darüber, ob eine Fahrkarte oder Ersatz der Fahrkosten bei einem Reiseweg von mehr als 10 km zur Vollzugsanstalt gewährt wird oder die Kosten der Zuführung eines zum Vollzug des Jugendarrestes in einer Vollzugseinrichtung der Landesjustizverwaltung geladenen Fürsorgezöglings übernommen werden können, enthalten die Nrn. 19 und 20 der Jugendarrestgeschäftsordnung.

7. Zugleich mit der Ladung ist der Erziehungsberechtigte, bei Fürsorgezöglingen die Fürsorgeerziehungsbehörde, von der Ladung zu benachrichtigen und zu ersuchen, für rechtzeitigen Antritt des Jugendarrestes zu sorgen. Auch der Lehrherr oder der sonstige Leiter der Berufsausbildung des Jugendlichen und der Leiter der Schule oder Berufsschule, die der Jugendliche besucht, sollen davon unterrichtet werden, wo und in welcher Zeit der Jugendliche Jugendarrest zu verbüßen hat. Dem Jugendlichen kann auch aufgegeben werden, die Ladung den bezeichneten Personen vorzulegen und von ihnen auf der Ladung die Kenntnisnahme bescheinigen zu lassen. Die Unterrichtung des Lehrherrn oder des Ausbildungsleiters kann unterbleiben, wenn der Arrest in der Freizeit oder während des Urlaubs des Jugendlichen vollzogen wird und dem Jugendlichen aus der Mitteilung Nachteile für sein berufliches Fortkommen entstehen können.

8. Folgt der Jugendliche der Ladung zum Antritt des Jugendarrestes ohne genügende Entschuldigung nicht oder zeigt er sich bei fristloser Ladung nicht zum Antritt des Jugendarrestes bereit, so veranlaßt der Vollstreckungsleiter, daß er sofort dem Vollzuge zugeführt wird. Für die Zwangszuführung kann sich der Vollstreckungsleiter der Hilfe der Polizei oder anderer geeigneter Stellen bedienen. Die Polizei ist darauf hinzuweisen, daß der Jugendliche nicht im Gefangenensammeltransport befördert werden darf.

9. Für die Vollstreckung von Dauerarrest und Kurzarrest wird der Tag zu vierundzwanzig Stunden, die Woche zu sieben Tagen gerechnet. Die Arrestzeit wird von der Annahme zum Vollzug ab nach Tagen und Stunden berechnet. Die Stunde, in deren Verlauf der Jugendliche angenommen worden ist, wird voll eingerechnet.

VI. Vollstreckung der Jugendstrafe

1. Der Erziehungserfolg der Jugendstrafe wird durch die Verzögerung der Vollstreckung in starkem Maße gefährdet. Sogleich nach Eintritt der Rechtskraft des Urteils soll daher der auf freiem Fuße befindliche Verurteilte zum Antritt der Jugendstrafe geladen und der in Untersuchungshaft befindliche oder einstweilen untergebrachte (§ 71 Abs. 2) Verurteilte in die zuständige Voll-

streckungsanstalt eingewiesen werden. Der Umstand, daß das Urteil noch nicht mit den Gründen bei den Akten ist, rechtfertigt einen Aufschub der Vollstreckung nicht. In den Fällen, in denen dem Aufnahmeersuchen eine Abschrift des vollständigen Urteils nicht beigefügt werden kann, ist die Abschrift der Vollzugsanstalt nachzureichen, sobald das Urteil abgefaßt ist. Auch hierbei ist Beschleunigung geboten, da die Kenntnis des Urteilsinhalts für die wirksame Gestaltung des Vollzugs unentbehrlich ist.

2. Die Jugendstrafe wird grundsätzlich in der Jugendstrafanstalt vollzogen (§ 92 Abs. 1). Auch wenn der zu Jugendstrafe Verurteilte das 18. Lebensjahr bereits vollendet hat, wird er in der Regel zunächst in die Jugendstrafanstalt eingewiesen. Die Entscheidung über die Eignung des Verurteilten für den Jugendstrafvollzug (§ 92 Abs. 2) wird dann von dem nach § 85 Abs. 2 zuständigen Vollstreckungsleiter getroffen. Lediglich in den Fällen, in denen der Mangel der Eignung für den Jugendstrafvollzug offenkundig ist, wird der über 18 Jahre alte Verurteilte sogleich in die zuständige Vollzugsanstalt für Erwachsene eingewiesen.

3. Der Vollstreckungsleiter weist den Verurteilten in die zuständige Vollzugsanstalt ein und führt die Vollstreckung so lange, bis der Verurteilte in die Jugendstrafanstalt aufgenommen worden ist. Dem Aufnahmeersuchen sind stets zwei Abschriften des vollständigen Urteils beizufügen oder nachzusenden. War gegen den Verurteilten früher Erziehungsbeistandschaft oder Fürsorgeerziehung angeordnet worden, so ist dies der Vollzugsanstalt unter Angabe der mit der Durchführung der Erziehungsmaßregel befaßten Behörde mitzuteilen.

4. Zugleich mit der Ladung ist der Erziehungsberechtigte, bei Fürsorgezöglingen die Fürsorgeerziehungsbehörde, von der Ladung zu benachrichtigen und zu ersuchen, für rechtzeitigen Antritt der Jugendstrafe zu sorgen.

5. Mittellosen Verurteilten, die sich auf freiem Fuße befinden und zum Vollzug einer Jugendstrafe in eine mehr als 10 km von ihrem Wohnort entfernt liegende Jugendstrafanstalt eingewiesen werden, kann der Vollstreckungsleiter für die Fahrt zur Jugendstrafanstalt eine Fahrkarte, oder, soweit das Gutscheinverfahren üblich ist, einen Gutschein für die Fahrkarte aushändigen.

6. Sobald der Vollstreckungsleiter von dem Vollzugsleiter Nachricht von der Aufnahme des Verurteilten in die Jugendstrafanstalt erhält, übersendet er die Strafakten oder das Vollstreckungsheft an denjenigen Jugendrichter, auf den die Vollstreckung nach § 85 Abs. 2 mit der Aufnahme übergegangen ist. Der Vollzugsleiter legt dem neuen Vollstreckungsleiter unverzüglich eine Durchschrift der Strafantrittsanzeige und eine der ihm mit dem Aufnahmeersuchen übersandten Urteilsabschriften vor.

7. Der nach § 85 Abs. 2 zuständige Vollstreckungsleiter macht sich mit der Wesensart der einzelnen Jugendlichen vertraut und verfolgt deren Entwick-

lung im Vollzug. Er hält mit dem Vollzugsleiter und den Beamten der Jugendstrafanstalt Fühlung und nimmt an Vollzugsangelegenheiten von größerer Bedeutung beratend teil.

8. Im Falle der Entlassung des Verurteilten zur Bewährung wird sich die Zurück- oder Weitergabe der Vollstreckung (§ 85 Abs. 3) dann empfehlen, wenn der Vollstreckungsleiter mit dem Verurteilten oder dem Bewährungshelfer wegen weiter Entfernung nicht mehr Fühlung halten kann. Wird die Vollstreckung zurück- oder weitergegeben, so soll sich der bisher zuständige Vollstreckungsleiter über die Führung des Verurteilten während der Bewährungszeit auf dem laufenden halten, damit er vor einem Widerruf der Entlassung zur Bewährung die Vollstreckung wieder an sich ziehen kann. In der Regel wird es zweckmäßig sein, daß sich der Vollstreckungsleiter bei der Abgabe der Vollstreckung ausdrücklich vorbehält, die Vollstreckung wieder zu übernehmen, bevor über den Widerruf der Entlassung zur Bewährung entschieden wird.

1) § 85 betrifft nur die **nachfolgende** (sekundäre) **Zuständigk.** (s. § 84 A 1) des VollstrL. Sie kann nur aus der ursprüngl. hervorgehen. Wo die ursprüngl. u. die nachfolgende Zuständigk. zusammenfallen, bleibt es für die ganze Vollstr. bei der ursprüngl. Zuständigk.; gleiches gilt, wenn kein Fall der nachfolgenden Zuständigk. (A 2—4) vorliegt (§ 84 III).

2a) Bei JStr. wechselt die Zuständigk. gem. II kraft Ges. mit der Aufnahme in eine JStr.Anstalt (nicht in ErwStrAnstalt, s. RL VI 2), falls nicht ursprüngl. u. nachfolgende Zuständigk. zusammenfallen (s. A 1). Alle Maßnahmen (vgl auch RL VI 4, 5; II, 4) bis zur Aufnahme in die JStr.Anstalt trifft der nach § 84 berufene JRi. (RL VI 3), alle späteren der JRi. des in der Nähe der StrAnstalt gelegenen AG (Grundsatz der VollzNähe; vgl RL VI 7), den die Landesjustizverwaltung[2]) als Amtsträger, nicht als Person (Gottwald DRiZ 54/118) allg. bestimmt hat (sog. „**bes. VollstrL**"). Bes. die **Einweisung ist zu beschleunigen** (RL VI 1; vgl auch § 82 Vorb. 2b aE). Wegen der Übersendung der Unterlagen s. RL VI 6; wegen eines späteren ZuständigkWechsels s. RL VI 8 u. A 4, bes. b.

b) Der jeweils zuständige JRi. ist VollstrL in vollem Umfang; er ist zu allen Entsch. berufen [vgl aber A 4a (1)].

c) Diese besondere Zuständigkeit gilt **nur für die Vollstreckung der JStrafe.** Für die Vollstreckung einer sich anschließenden Unterbringung in einer Heil- oder Pflegeanstalt ist der ursprüngliche Vollstreckungsleiter (§ 84 I, II) zuständig (§ 84 III); eine Rückübertragung ist nicht notwendig (BGH 16/78). Über die Entlassung aus der Heil- oder Pflegeanstalt entscheidet dagegen gem. §§ 462, 463a III StPO das Gericht des 1. Rechtszugs, das diese Entscheidung auch nicht übertragen kann (BGH 16/78).

3a) Bei JA bedarf es gem. I grds (s. b) einer — allerdings **zwingend** vorgeschriebenen — **ausdrückl. Abgabe an den VollzL** (§ 90 II S 2, s. aber u. b), falls nicht ur-

[2]) Es gilt § 33 FN 2.

sprüngl. und nachfolgende Zuständigk. zusammenfallen (A 1; RL V 1 S 1; Grundsatz der VollzNähe). Die Abgabe erfolgt zweckmäßig ab Rechtskraft unter gleichzeitiger Übersendung der Unterlagen (RL V 1 S 3). Die Einweisung u. Ladung (s. RL V 3, 4, 6, 7) nimmt dann der neue VollstrL vor (s. aber ausführl. RL V 1 S 2; V 5). Dieser veranlaßt grds auch die Zwangszuführung (RL V 8) u. trifft die Entsch. nach § 86 (grds) u. § 87 III.

b) (1) Soll der gegen einen **FE-Zögling** verhängte JA **im FE-Heim** vollstreckt werden [s. § 90 A 2b (1)], gilt RL V 2. VollzL ist der FE-Heimleiter. Eine Abgabe der Zuständigk. des VollstrL scheidet aus; es bleibt bei der ursprüngl. Zuständigk. nach § 84; Abgabe nach III (A 4) ist jedoch mögl. (2) Ähnl. gilt für **Soldaten** (§ 112c A 2b).

4a) (1) Jeder VollstrL (der ursprüngl. oder der nachfolgende) kann gem. III ohne Rücksicht auf die Art der zu vollstreckenden Maßnahme die **Vollstr. ab-, weiter- oder zurückgeben** (s. RL VI 8). Dieses Recht steht aber nur dem VollstrL (§§ 84, 85 I, II) selbst zu, nicht einem anderen, nur gem. III eingeschalteten Richter; will letzterer abgeben, gilt § 58 A 3c (2). Die gegenteilige Ansicht des BGH (Zbl 63/264), die weitere Abgabe sei entspr. der zu § 42 III vertretenen Meinung [§ 42 A 4a (1) (a)] auch hier zulässig, beachtet den Unterschied nicht, der in der Bindung an den gesetzlichen Vollstreckungsleiter durch den Widerruf (§ 85 III) liegt, führt zu mehreren Widerrufsrechten (A 4c) und damit — wie die Praxis zeigt — zur Unübersichtlichkeit bei der Vollstreckung; vgl § 42 FN 5b! — (2) Der angegangene JRi. ist zur Übernahme nicht verpflichtet. Ggf entscheidet das gemeinsame obere Ger. (§ 42 III S 2 entspr.)[3]; nur wenn keine echten jrichterl. Entsch. mehr in Frage kommen, wird auf dem Verwaltungsweg entschieden (Dallinger-Lackner N 18).

b) Voraussetzung für die Abgabe sind wichtige Gründe, bes. die Rücksicht auf die VollzNähe; entscheidend ist stets der Einzelfall. Rglm sind die Voraussetzungen bei Entlassung zur Bew. gegeben (RL VI 8; §§ 88 V, 89 II; § 88 A 3b: Abgabe an JRi. des Aufenthaltsortes; Potrykus B 5). Auch bei einer Verlegung von einer JStrAnstalt in eine andere[4]) oder in eine ErwStrAnstalt[5]) gilt III.

c) Die **Abgabe ist stets** (unverzichtbar: BGH 7/318, 319) **widerrufl.;** deshalb hat der abgebende JRi. Anspruch auf eine angemessene Unterrichtung, jedoch kein Kontrollrecht (BGH 7/318, 321).

d) Zuständigk. des StA: § 36 A 2b.

---

[3]) BGH bei Herlan GA 61/358.

[4]) Potrykus B 5; aA Dallinger-Lackner N 9; diese wollen bei dauernder Verlegung von einer in eine andere JStrAnstalt II anwenden. Doch sind die Grenzen bei dem Begriff „Dauernde Verlegung" flüssig, die Zuständigk. erfordert aber eine eindeutige Regelung; auch spricht II von Aufnahme in die J StrAnstalt, worunter wohl nur die Aufnahme zu Beginn des StrVollz. zu verstehen ist.

[5]) Dallinger-Lackner § 92 N 28; aA Potrykus B 4: automatischer Rückfall an den ursprüngl. VollstrL, wenn alsbald Ausnahme vom JStrVollz. nach § 92 II, III angeordnet wird. Aber dafür bietet das Ges. keine Handhabe; es besteht auch im Hinblick auf III kein Bedürfnis dafür; endl. bietet der Begriff „alsbald" keine sichere Abgrenzung, wie sie für eine Zuständigk-Regelung notwendig ist.

Zweiter Unterabschnitt
Jugendarrest

§ 86
Umwandlung des Freizeitarrestes

1) Hw — JRecht: § 110 I, RL 1; § 85 RL I 3. — **2) ErwG:** § 104 A 1a.

Der Vollstreckungsleiter kann Freizeitarrest in Kurzarrest umwandeln, wenn die Voraussetzungen des § 16 Abs. 3 nachträglich eingetreten sind.

1. Diese **jrichterl. Entsch.** (§ 83; s. dort A 2) ist keine Korrektur des rechtskräftigen Urteils (Beschl. nach §§ 65, 66; j richterl. Verfügung nach § 75 III), sondern die **Anpassung an nachträgl. veränderte Verhältnisse.** Die Verhältnisse müssen sich also zu einem Zeitpunkt geändert haben, in dem ihre Berücksichtigung bei der Entsch. tatsächl. oder rechtl. [s. § 57 A 2a (2)] nicht mehr mögl. war; ob die bes. Verhältnisse dem Ger. damals unbekannt waren, ist ohne Bedeutung. Da die rechtskräftige Entsch. nicht geändert werden darf, muß der feste Umwandlungsmaßstab des § 16 III S 2 beachtet werden, dh 1 Freizeitarrest = 2 Tage Kurzarrest, 2 = 4, 3 = 6, 4 = 6, hier jedoch niemals 1, 3, 5 oder 7 Tage (§ 16 III S 3, Dallinger-Lackner N 10; aA Potrykus B 2: 4 Freizeiten = 6 Tage + 1 Freizeit, ggf § 87 III). Auch Teilumwandlung (von vornherein oder nach Teilverbüßung) ist mögl., doch nur ausnahmsweise angebracht (zB 4 Freizeiten = 2 Freizeiten, 4 Tage).

2a) Die **Voraussetzungen des § 16 III S 1,** müssen vorliegen; Gründe des Vollz sind unbeachtl.; doch kann eine Verzögerung der Vollstr. bei Überbelegung des Freizeitarrestes ein erz. Grund sein (Dallinger-Lackner N 5, Potrykus B 1). Die Umwandlung liegt im pflichtgem. Ermessen des — grds nachträgl. zuständigen (§ 85 A 3a) — VollstrL.

b) Wegen **Verf.,** Entsch., Anfechtung s. § 83 A 2b; gem. § 55 I kann mit der sof. Beschw. nur gerügt werden, daß die Umwandlung an sich unzulässig sei (3 Tage statt 1 Freizeit). Mitt. an ErzKartei unterbleibt (Potrykus B 4; aA Dallinger-Lackner N 17; aber N 2a AO ErzKartei spricht nur von AO; Mitt. der Umwandlung ist auch sachl. unnötig).

§ 87
Vollstreckung des Jugendarrestes

1) Hw — JRecht: § 110 I, RL 1; § 85 RL I 3. — **2) ErwG:** § 104 A 1a. — **3) Sold!** § 112c II, A 2a.

(1) Die Vollstreckung des Jugendarrestes wird nicht zur Bewährung ausgesetzt.

(2) Für die Anrechnung von Untersuchungshaft auf Jugendarrest gilt § 450 der Strafprozeßordnung sinngemäß.

(3) Ist Jugendarrest teilweise verbüßt, so sieht der Vollstreckungsleiter von der Vollstreckung des Restes ab, wenn dies aus Gründen der Erziehung geboten ist. Vor der Entscheidung hört er nach Möglichkeit den erkennenden Richter und den Staatsanwalt.

(4) Die Vollstreckung des Jugendarrestes ist unzulässig, wenn seit Eintritt der Rechtskraft ein Jahr verstrichen ist.

1) S. §§ 82—85, bes. RL V.

2) Bes. der JA, ein Ordnungsruf gegen gutartige Täter bei nicht zu schwerer Verfehlung, häufig mit Schockwirkung (s. bei § 16), verlangt **rasche Vollstr.**

a) (1) Eine Vollstr. längere Zeit nach der Verhängung ist sinnlos; dem beugt **IV** vor. Es kommt für die **Jahresfrist** auf die formelle Rechtskraft der AO (auch nach §§ 65, 66, 75 III), nicht der Umwandlung nach § 86 an. Die Frist wird nach §§ 187f BGB berechnet, dabei jedoch zu Gunsten des Verurteilten § 70 III StGB entspr. angewendet. Ein Ruhen oder eine Unterbrechung der Vollstr Verjährung (§§ 71f StGB) tritt nicht ein; dies würde nur den Zweck vereiteln; überdies können die allg. Vorschriften nicht gelten, weil **IV ein VollstrVerbot** enthält, nicht etwa die VollstrVerjährung regelt[1]. (2) Die Jahresfrist darf der VollstrL nicht bewußt verstreichen lassen, auch wenn er den JA-Vollz. nicht mehr für sinnvoll hält; hier muß der Gnadenweg beschritten werden (Erlaß). (3) Nach Ablauf der Jahresfrist ist auch ein inzwischen begonnener JA-Vollz. abzubrechen.

b) Aus dem gleichen Grund ist eine **Aussetzung des JA zur Bew. verboten** (I). Dieses Verbot gilt unbedingt, weil es aus dem Wesen des JArrestes abzuleiten ist (s. § 16 A 1); es kann nicht einmal durch das Verschlechterungsverbot beseitigt werden[2]. Weil die Aussetzung von JArrest zur Bewährung ein Rechtsverstoß ist, kann sie ohne die Beschränkung des § 55 I JGG angefochten werden (OLG Düsseldorf NJW 61/891 = SjE F 3 S 266b), und zwar mit Berufung oder Revision, nicht mit der sofortigen Beschwerde des § 59 I [OLG Frankfurt NJW 63/969; vgl § 55 A 2b (2) (a), § 59 A 1b (3)]. Dieses Verbot gilt allerdings nicht für die Gnadeninstanz; doch ist hier dem Zweck der Vorschrift Rechnung zu tragen und Zurückhaltung geboten.

c) Letzteres gilt auch für **Aufschub und Unterbrechung der Vollstr.** im Verwaltungsweg (§ 18 V, VI JAVollzO, §§ 455, 456 StPO entspr.) und im Gnadenweg; solche Maßnahmen sollten nur aus gesundheitl. Gründen, bei fortgeschrittener Schwangerschaft und während der Stillzeit getroffen werden.

3) **II** bringt den § 450 StPO auch für JA zur Geltung (vgl bei den StPO Erläuterungswerken). Die so berücksichtigte **UHaft** wird fiktiv als JA-Vollz. („VollstrHaft") behandelt, so als wäre in dem in § 450 StPO bestimmten Zeitpunkt die formelle Rechtskraft eingetreten (hM). Hierbei handelt es sich nur um eine Frage der Berechnung [s. § 83 A 2a (2)]. Wegen Anrechnung der UHaft allg. s. § 52.

4a) **Das Absehen von der Vollstr. des Restes** (III) ist eine jrichterl. Entsch. [§ 83; s. dort A 2a (1)]. III S 2 bringt eine Einschränkung des Zwanges (§ 33 StPO)

[1]) Dallinger-Lackner N 19—21; aA Potrykus B 5, der bei sonst gleichem Ergebnis — wenig konsequent — VollstrVerjährung annimmt.

[2]) OLG Düsseldorf NJW 61/891 = SjE F 3 S 266b u. 268k, OLG Frankfurt NJW 63/969, OLG Hamburg NJW 63/67 = GA 63/54 = DAR 63/279, Grethlein, Verschlechterungsverbot S 120, oben § 55 A 4a (4) mit FN 50. AA Potrykus NJW 61/863.

zur Anhörung des StA (Zuständigk.: § 143 I GVG; s. § 36 A 2b; aA Potrykus B 4: StA beim erkennenden Ger.) und fordert zusätzl. „nach Möglichk." — doch rglm — die Anhörung des erkennenden JRi.; grds ist Einvernehmen mit dem erkennenden JRi. anzustreben. Im übrigen gilt für das Verf. § 83 A 2b; Mitt. an ErzKartei erfolgt nicht.

b) Sachl. **Voraussetzung** ist, daß entweder (1) der Vollz. die erstrebte Wirkung (Selbstbesinnung, Besserungswille) schon vor der im Urteil festgesetzten Zeit hat; nach dem Höhepunkt kann leicht eine Abstumpfung eintreten; doch ist die AO grds nur gerechtfertigt, wo der Erfolg zweifelsfrei erreicht ist (allgM), oder daß (2) der Zweck des JA nicht erreichbar ist (s. § 16 RL 2), was sich erst im Vollz. herausstellen kann; bei Verwahrlosten u. Kriminellen kommt aber eine vorzeitige Entlassung grds nicht in Betracht, weil das einer erz. gefährl. Belohnung oder Bestärkung gleich käme (Dallinger-Lackner N 11).

5. Wegen des Absehens vom JA-Vollz. **bei Soldaten** mit Rücksicht auf die Besonderheiten des Wehrdienstes s. § 112c A 2a.

Dritter Unterabschnitt

Jugendstrafe

Vorbemerkung[1]).

Die Vorschriften regeln nur die **vorzeitige Entlassung**[1]) und die damit zusammenhängenden Fragen. Sie schalten als **Sondervorschriften** § 26 StGB aus (Potrykus NJW 56/658; s. § 82 Vorb. 2a). Sonst gelten die allg. Vorschriften (s. § 82 Vorb. 2b), bes. aber die §§ 82—85 mit RL, vor allem § 85 RL VI u. die JVollzO (§ 89 RL).

§ 88

Entlassung zur Bewährung während der Vollstreckung einer bestimmten Jugendstrafe[1])

1) Hw — JRecht: § 110 I, RL 1; § 85 RL I 3. — **2) ErwG:** § 104 A 1a; § 82 Vorb. 2a.

(1) Der Vollstreckungsleiter kann den zu einer bestimmten Jugendstrafe Verurteilten zur Bewährung entlassen, wenn dieser einen Teil der Strafe verbüßt hat und die

---

[1]) **Literatur:** Abel: Unterschiede zwischen den mit Schuldspruch und Aussetzung zur Bewährung unterstellten Probanden und den Probanden, die aus dem JStrVollz zur Bewährung entlassen worden sind, BewH 64/121; Gottwaldt: Die Rechtsprechung zu § 26 StGB und zu den §§ 88, 89 JGG, BewH 61/251; Lennartz: Strafaussetzung zur Bewährung und bedingte Entlassung unter Anordnung von Bewährungsaufsicht trotz Risikos, BewH 64/137; Steinemann: Zur Modalität der Entlassung aus JStrafe gem. §§ 88, 89 JGG, Zbl 57/5 (und § 91 FN 1); Ullrich: Die nachgehende Fürsorge bei strafentlassenen J, RdJ 56 H 5. — Vgl auch § 24f FN 1 und Krause: Eingliederung j und hw Probanden, JWohl 63/384.

Gerson: Zur Frage der Strafaussetzung auf Bewährung bei einem j Mörder, MKrim 59(42)/40, 61(44)/225; Jung: Ein j Mörder in der BewAufsicht und BewHilfe, BewH 61/45; Rehbein: Zur Frage der Strafaussetzung auf Bewährung bei einem wegen Totschlags verurteilten Hw, MKrim 60(43)/211; Reiser: Bewährungshilfe bei Rückfälligen?, BewH 55/109.

Nagel: Zur Behandlung von Entlassungsgesuchen (für das allgemeine Recht!) BewH 58, 59/16.

Umstände erwarten lassen, daß er künftig einen rechtschaffenen Lebenswandel führen wird.

(2) Vor Verbüßung von sechs Monaten darf die Entlassung zur Bewährung nur ausnahmsweise aus besonders wichtigen Gründen angeordnet werden. Sie ist bei einer Jugendstrafe von mehr als einem Jahr nur zulässig, wenn der Verurteilte mindestens ein Drittel der Strafe verbüßt hat.

(3) Der Vollstreckungsleiter entscheidet über die Entlassung auf Antrag oder von Amts wegen nach Anhören des Staatsanwalts und des Vollzugsleiters. Dem Verurteilten ist Gelegenheit zur mündlichen Äußerung zu geben.

(4) Wird der Antrag auf Entlassung abgelehnt, so bestimmt der Vollstreckungsleiter eine Frist von höchstens sechs Monaten, vor deren Ablauf ein neuer Antrag nicht gestellt werden darf.

(5) Ordnet der Vollstreckungsleiter die Entlassung zur Bewährung an, so stellt er den Verurteilten unter Bewährungsaufsicht. Die §§ 22 bis 26 gelten sinngemäß; an die Stelle des erkennenden Richters tritt der Vollstreckungsleiter. Auf das Verfahren und die Anfechtung von Entscheidungen sind § 58, § 59 Abs. 2 bis 4 und §§ 60 und 61 entsprechend anzuwenden.

Richtlinie hierzu siehe nach § 89.

1a) Sachl. Voraussetzung ist die Erwartung eines rechtschaffenen Lebenswandels (I; s. § 21 A 2b). Größte Bedeutung hat hier die Entwicklung im StrVollz.; doch sind die übrigen Faktoren daneben bedeutsam, bes. die Verhältnisse, in die der Verurteilte nach der Entlassung kommt. Über die Ermittlungen s. A 2c. Bei Zweifeln, ob diese Voraussetzung gegeben ist, ist die Entlassung unzulässig (Dallinger-Lackner N 16; ähnl. Potrykus B 2: „sollte nicht"); doch ist eine sichere Vorhersage nie möglich. Der JRichter muß sich aber zu einer Entscheidung durchringen. Er wird sich an den Vorschlag der Denkschrift der deutschen Vereinigung für JGerichte und JGerichtshilfen eV über die Reform des JGG halten können, der folgende — der bisherigen Praxis entsprechende — Formulierung vorschlägt: (Gesetzestext Abs. I Zeile 1—2 bleiben bis auf letztes Wort; dann) es verantwortet werden kann, zu erproben, ob er künftig einen rechtschaffenen Lebenswandel führen wird (vgl Lennartz in FN 1). Er muß sich klar sein, daß das Risiko eines Mißerfolges hier größer als bei Aussetzung gem. §§ 20, 27 ist, weil hier rglm schädliche Neigungen größeren Umfangs vorlagen, die Angst vor dem Vollzug nicht mehr so groß und die Einstellung allg. negativer ist (eingehend Abel, BewH 1964/121 mit Zahlen).

b) Weitere Voraussetzung ist Teilverbüßung (II) einer bestimmten JStr. (1) Immer muß bei **JStr. über 1 Jahr mindestens $^1/_3$ verbüßt** sein (II S 2). Die Berechnung erfolgt nach allg. Grundsätzen. Angerechnete UHaft usw zählt als verbüßte StrZeit (BGH 6/215, OLG Köln NJW 54/205); doch sind hier wegen der beschränkten erz. Möglichk. der UHaft die sachl. Voraussetzung (A 1a) u. die übrigen Gesichtspunkte [A 2c (2)] bes. sorgfältig zu prüfen (Dallinger-Lackner N 14, 15; ähnl. Potrykus B 3).

(2) **Grds sollen mindestens 6 Monate verbüßt** sein (II S 1), weil sonst rglm eine wirksame erz. Beeinflussung nicht mögl. ist (s. § 18 I); wegen der Berechnung s. o. (1). Seltene Ausnahmen sind hier nur aus bes. „wichtigen Gründen", die über die sachl. Voraussetzungen (A 1a) hinausgehen, mögl., zB bei außergewöhnlichen Leistungen, schweren Schicksalsschlägen, einmaliger Gelegenheit zur Resozialisierung in Freiheit, schädl. Einwirkungen des Vollz. auf die Persönlichkeitsentwicklung uä[2]) (Dallinger-Lackner N 11). (3) **Beide Voraussetzungen** [(1) u. (2)] sind **unabhängig** voneinander. Bei einer JStr. von 15 Monaten müssen mindestens 5 Monate verbüßt sein [o. (1)], Entlassung im 6. Monat ist aus bes. wichtigen Gründen [o. (2)] mögl. Bei einer JStr. von 18 Monaten u. mehr ist b) gegenstandslos; bei JStr. bis zu 1 Jahr gilt nur b).

c) Der **Verurteilte muß aber nicht im StrVollz.** sein [zB bei StrUnterbrechung oder noch vor StrAntritt bei angerechneter UHaft in entspr. Höhe: s. A 1b (1)] (BGH 6/215). Doch ist hier Zurückhaltung geboten (Dallinger-Lackner N 17). Vor Str.-Antritt gilt § 57.

d) Daß die Strafe zunächst zur **Bewährung** ausgesetzt war (§§ 20ff), aber **widerrufen** wurde, oder daß schon früher — besonders bei langen Strafen — eine Entlassung zur Bewährung gem. § 88 oder — bei Umwandlungsstrafen [s. § 89 A 2c (4)] — gem. § 89 I erfolgt war, diese aber widerrufen wurde, **steht einer neuen Entscheidung nicht im Wege.** Nur ist in einem solchen Fall besonders sorgfältig zu prüfen, ob eine erneute Entlassung zur Bewährung verantwortet werden kann (s. A 1a).

2a) (1) Die **Entsch.** ergeht von Amts wegen oder auf Antrag (III). Ein Antrag muß baldmöglichst verbeschieden werden. Das Amtsverf. führt nur zu einer formellen Entsch., wenn die Entlassung angeordnet wird (Dallinger-Lackner N 22, 23). (2) Wird der Antrag abgelehnt, muß stets eine **Sperrfrist** gem. IV bestimmt werden, die für alle VerfBeteiligten gilt (Dallinger-Lackner N 33; aA Potrykus B 6, der den StA gegen den klaren Wortlaut ausnehmen will). Die Dauer richtet sich nach Höhe des StrRestes u. Entlassungsreife; sie ist selbständig gem. § 83 S 2 anfechtbar. Ein Antrag in der Sperrfrist ist unzulässig, kann aber (als Anregung) zu einem Verf. von Amts wegen führen.

b) Zuständig ist der zZ der Entsch. als VollstrL amtierende JRi. (s. §§ 84f, § 85 A 2, 4).

c) Es handelt sich um ein **jrichterl. Verf.;** wegen der Einzelheiten, auch der Anfechtbark. s. § 83 A 2b. Wegen der bes. Bedeutung gelten Besonderheiten: (1) hinsichtl. der **Anhörung** (III). Der VollzL muß gehört werden, am besten im Rahmen einer Beamtenkonferenz (Näheres s. Holzschuh JWohl 50/102); dieser legt seine Meinung (nicht die der Mehrheit der Konferenz) schriftl. nieder. Der Verurteilte muß mündl. gehört werden[3]), möglichst unter vier Augen (a. der gesVertr. u. ein Erz-

---

[2]) Wegen eines weiteren Beispiels aus dem Verschlechterungsverbot s. § 55 FN 86a und Text dazu!

[3]) S. S. 272 Fußnote [3])

Ber.; § 67 schreibt nicht die Art der Anhörung[3]) vor); er erhält dadurch Gelegenheit zu umfassender Äußerung, der JRi. zur ergänzenden Persönlichkeitserforschung; gegen den Willen des Verurteilten sollte die Entlassung grds nicht angeordnet werden. Der VollstrL muß den J selbst anhören; nur ausnahmsweise ist Anhörung durch einen anderen JRi. im Wege der Rechtshilfe mögl. Die Anhörung des JStA (Zuständigk.: § 143 I GVG, s. § 36 A 2b) erfolgt zweckmäßig nach Abschluß der Ermittlungen auf Grund der Akten schriftl. — (2) Die **jrichterl. Entsch.** (§ 83) **ergeht** nach eingehender, weithin persönl. (§ 85 RL VI 7) Persönlichkeitserforschung in richterl. Unabhängigk. nach pflichtgem. Ermessen. Auch wenn die Voraussetzungen [A 1, 2a (2)] vorliegen, kann die Entlassung unterbleiben, zB wenn noch keine einwandfreie Unterkunft oder Arbeitsmöglichk. gefunden ist, die Entlassung sonst nicht genügend vorbereitet ist (s. Loesch BewH 54/55 S 145f) oder aus dem Sühne-Gedanken. Dabei sind die Ziele der Entlassung zur Bew. zu berücksichtigen, näml. (a) Anreiz für gute Führung nach Entlassung, (b) Erleichterung des Übergangs in die Freiheit durch Aufsicht u. Hilfe (progressiver StrVollz!), (c) Belohnung für gute Leistungen in der Anstalt, (d) nachträgl. Korrektur des Urteils (vgl § 18 A 3a). Die Punkte (a) u. (b) werden fast immer eine vorzeitige Entlassung ratsam sein lassen (Dallinger-Lackner N 18) und oft Anlaß sein, eine noch bestehende FE aufzuheben (Potrykus NJW 55/245).

3a) Für die Nebenentsch. gilt bei Entlassung zur Bew. gem. V grds dasselbe wie bei StrAzBew. (vgl die A zu den in V genannten Paragraphen). — Bei der BewAufsicht überwiegt hier das Fürsorge-Element; als Aufl. kommen vor allem Weisungen (Aufenthalt, Arbeit, Befolgung der AO des BewH) in Betracht; denn das Unrecht der Tat und das Einstehen dafür sind durch den Str.Vollz. schon nachdrückl. vor Augen geführt (Schrifttum s. FN 1).

b) Zuständig ist der VollstrL. Dieser kann die Vollstr. und damit auch die in V erwähnten Entsch. gem. § 85 III aus wichtigen Gründen **widerrufl. abgeben**; die Entlassung z. Bew. stellt rglm einen wichtigen Grund dar. Demgegenüber hat die Abgabe der BewEntsch. allein (V, § 58 II S 2, 3) nur geringe praktische Bedeutung. Doch sind die letztgenannten Vorschriften die Grundlage für die weithin geübte und begrüßenswerte Praxis, daß sich der abgebende VollstrL die Entsch. über den Widerruf der Ent-

---

[3]) Zur Frage des **Umfangs des rechtlichen Gehörs** gelten die allgemeinen Regeln. Dem Verurteilten, seinem ges. Vertreter und den ErzBerechtigten müssen alle Tatsachen mitgeteilt werden, die gegen eine Entlassung vom Vollzugsleiter oder vom JStaatsanwalt vorgebracht wurden. Nimmt der Staatsanwalt auch alle vom Vollzug vorgebrachten ungünstigen Umstände ohne Erwähnung der Quelle in seine Stellungnahme auf, wird das rechtliche Gehör ohne Belastung des Vollzugs gewährt. Das BVerfG (NJW 64/293) erwägt Beschränkungen des rechtlichen Gehörs nur, wenn konkrete Anhaltspunkte einer Gefahr für Leib und Leben des Anstaltspersonals vorliegen oder der Zweck des Freiheitsentzuges vereitelt würde; das Gericht läßt offen, ob die Ablehnung mit der Begründung, es lägen keine auf eine innere Wandlung hinweisenden Anzeichen vor, auch ohne Mitteilung der entsprechenden Äußerung des Anstaltsleiters möglich ist, wenn der entscheidende Richter den J oder Hw mündlich gehört hat. — Vgl OLG Hamm MDR 60/424, Heiss und Schütz NJW 61/1094 und 582.

lassung z. Bew. und über den endgültigen Erlaß der JStr. vorbehält[4]); diese **Vorbehalte** kann das OberGer. nicht nachprüfen, da es sich um ErmessensEntsch. handelt (BGH 7/318, 321f). Auch diese Teil-Übertragung kann als Übertragung von Entsch. des VollstrL jederzeit widerrufen werden (BGH 7/318ff, Dallinger-Lackner N 37). Wegen Einzelheiten s. §§ 58 A 3b—d, 85 A 4b—d; der übernehmende JRi. kann seinerseits in keinem Falle weiter- oder zurückübertragen [vgl §§ 85 A 4a (1), 58 A 3c (2) aE]. — **Zweckmäßig** ist, wenn der abgebende VollstrL noch den BewH bestimmt und die ersten BewAufl. festsetzt, also sicherstellt, daß die Betreuung mit der Entlassung beginnen kann (Loesch BewH 54—55/145f), der übernehmende aber erst den BewPlan aufstellt.

c) **In der BewZeit** ist auch gute **Zusammenarbeit** mit dem VollzL und den Betreuungsstellen geboten (s. §§ 72ff JVollzO).

4) Wegen der **bes. AO** bei Entlassung zur Bew. und bei Erlaß des StrRestes s. § 89 RL; wegen der Mitt. an das StReg. s. § 94 RL 3, wegen sonstiger Mitt. s. MiStra § 31—35, bes. 32 I i.

5. **Entlassung zur Bew.** ist **auch im Gnadenweg** mögl. Doch sollte hier gerichtl. Entsch. weder vorgegriffen noch sollten diese gar in erz. bedenkl. Weise beseitigt werden (Dallinger-Lackner N 42).

§ 89

Entlassung während der Vollstreckung einer Jugendstrafe von unbestimmter Dauer[1])

1) **Hw — JRecht:** § 110 I, RL 1; § 85 RL I 3. — 2) **ErwG:** § 104 A 1a; § 82 Vorb. 2a.

(1) Der Vollstreckungsleiter entläßt den zu einer Jugendstrafe von unbestimmter Dauer Verurteilten zur Bewährung, wenn dieser das Mindestmaß seiner Strafe verbüßt hat und die Umstände erwarten lassen, daß er künftig einen rechtschaffenen Lebenswandel führen wird.

(2) Die Vorschriften des § 88 Abs. 3 bis 5 gelten sinngemäß.

(3) Zugleich mit der Anordnung der Entlassung wandelt der Vollstreckungsleiter die Jugendstrafe von unbestimmter Dauer in der Weise in eine bestimmte um, daß für den Fall des Widerrufs der Entlassung eine Reststrafe zu vollstrecken ist. Diese beträgt mindestens drei Monate und höchstens ein Jahr. Sie darf zusammen mit dem bereits verbüßten Teil der Strafe das Höchstmaß der Jugendstrafe von unbestimmter Dauer nicht überschreiten.

(4) Wenn es aus besonderen Gründen geboten erscheint, kann der Vollstreckungsleiter die Entlassung auch endgültig anordnen. Dabei wandelt er die Jugendstrafe von

---

[4]) Es sollte jedoch nicht übersehen werden, daß der Kontakt des Vollstreckungsleiters mit der Zeit immer schwächer wird; nur der Gesichtspunkt der Einheitlichkeit und Gleichmäßigkeit der für die Aussetzung wesentlichen Maßnahmen rechtfertigt dann noch den Vorbehalt.

[1]) **Literatur** s. § 88 FN 1, weiter Selge: Die JStrafe unbestimmter Dauer in der Praxis der Rechtsprechung der JGerichte und des JStrafvollzugs, MKrim 62(45)/129, vgl auch § 19 FN 1.

unbestimmter Dauer in der Weise in eine bestimmte um, daß die Strafe im Zeitpunkt der Entlassung verbüßt ist.

Richtlinie zu §§ 88 und 89:

Auf die Vorschriften der Jugendstrafvollzugsordnung, auf die Anordnung der beschränkten Auskunft nach § 96 Abs. 2 und auf die Beseitigung des Strafmakels nach § 96 Abs. 3 wird hingewiesen.

1a) Sachl. Voraussetzung ist auch hier die Erwartung eines rechtschaffenen Lebenswandels. Es gilt das § 88 A 1a Gesagte (vgl auch Meyer: Die Rückfallprognose bei unbestimmt verurteilten J, sowie — zusammenfassend — in DRiZ 57/294). Tritt zB bei Unerziehbaren diese Voraussetzung nicht ein, muß das Höchstmaß verbüßt werden (Dallinger-Lackner N 9). Auch sonst ist zu bedenken, daß grds nur schwer durchschaubare, stark gefährdete J zu unbestJStr. verurteilt werden und daß eine zu frühe Entlassung alle bisherigen Bemühungen um ihren Erfolg bringen kann.

b) Weitere unabdingbare Voraussetzung ist die Verbüßung des Mindestmaßes der Str., das rglm im Urteil festgesetzt ist, sonst 6 Monate beträgt (§§ 18 I, 19 II S 2). Wegen der Berechnung, bes. wegen Anrechnung von UHaft s. § 88 A 1b (1); zu beachten ist jedoch nur die auf das Mindestmaß angerechnete UHaft (vgl § 52 A 4); dagegen wirkt sich nach § 450 StPO zu berücksichtigende UHaft immer voll aus. Der UHaft steht die sonst anrechenbare Freiheitsentziehung (s. § 52 A 1a) gleich.

2a) (1) **Liegen die Voraussetzungen vor, muß die Entlassung ausgesprochen werden** (I; Dallinger-Lackner N 10). UnbestJStr. erhält ihre eigentl. Bemessung erst im VollstrVerf.; sie darf nach dem Grundsatz der Subsidiarität des Freiheitsentzuges (§ 5 A 2, Einf. II 2a) nur so lange aufrecht erhalten werden, als nicht die Aussichten auf eine günstige Entwicklung in Freiheit — grds unter Aufsicht (A 2b) — die erz. Möglichk. des Vollz. überwiegen (Dallinger-Lackner N 3). (2) Liegen die Voraussetzungen nicht vor, ist die Entlassung unzulässig (Dallinger-Lackner N 9; s. § 88 A 1a). (3) **Andere Umstände dürfen** — im Gegensatz zu § 88 („kann") — **nicht berücksichtigt werden, soweit** sie nicht für die Erwartung eines rechtschaffenen Lebenswandels Bedeutung haben (Dallinger-Lackner N 10).

b) (1) **Die Entlassung erfolgt in der Regel (III) zur Bew.** Dadurch wird der abrupte Übergang in die Freiheit vermieden und die Möglichk. geschaffen, den Entlassenen zu leiten und zu beeinflussen; dazu vgl II, § 88 V, A 3a. (2) Die **endgültige Entlassung muß** — wie auch der GesWortlaut (IV) zeigt — **die seltene Ausnahme sein** (Dallinger-Lackner N 14, Potrykus B 5). Sie kann bei außergewöhnl. Verdiensten angebracht sein, vor allem aber dann, wenn ein erz. sinnvolle RestStr. nicht mehr bleibt [s. a u. § 88 A 2c (2)].

c) In jedem Fall der Entlassung muß die unbestimmte (einschl. des schon verbüßten Teiles) **in eine bestimmte JStr. umgewandelt werden** (III, IV S 2). (1) Bei der **Berechnung**[2]) ist vom Entlassungstag auszugehen und danach folgende Zeit zu berechnen

[2]) Berechnung wie hier bei OLG Celle GA 60/86 = EJF C I 63 = Zbl 60/27: Zeit der Strafverbüßung und Dauer der zur Bewährung auszusetzenden Reststrafe; UHaft war in diesem Fall nicht angerechnet.

(Dallinger-Lackner N 18—25): (a) der tatsächl. StrVerbüßung + (b) eines Freiheitsentzuges (§ 52 A 1 a), der auf die MindestStr. anzurechnen ist + (c) eines Freiheitsentzuges, der nur auf die HöchstStr. angerechnet wurde, in dem Umfang, in dem er bei der Umwandlung angerechnet wird, bei Entlassung z. Bew. stets voll [s. u. (3) (b)] + (d) – nur bei Entlassung zur Bew. – zur Bew. auszusetzende Rest Str. (2) Die **Entsch. enthält** (a) die AO und den Tag der Entlassung, (b) die Höhe der Umwandlungs-Str. mit Angabe über Anrechnung der UHaft, (c) – bei Entlassung zur Bew. – die Höhe des StrRestes (Dallinger-Lackner N 26). Die bloße Festsetzung der RestStr. genügt also nicht [Dallinger-Lackner N 17; wichtig für EinheitsStr., s. § 31 A 4b (3)]. — (3) **Höhe der RestStr.** (III S 2): (a) mindestens 3 Monate, grds aber nicht unter 6 Monaten (vgl § 18 I S 1 u. RL 1), (b) höchstens 1 Jahr; sie darf aber nicht höher sein als das Höchstmaß nach Abzug der tatsächl. verbüßten StrZeit und der gesamten — auf Mindest- und Höchstmaß — angerechneten UHaft (BGH 10/21, 24f). — (4) Die so gewonnene **Umwandlungsstrafe ist nun die JStrafe,** auf die erkannt ist. Die — immer nur vorläufige — unbestimmte JStrafe ist von dieser Zeit an gegenstandslos. Sie war nur der Rahmen, in dem die verwirkte Strafe festgesetzt werden sollte, sobald genügend sichere Anhaltspunkte für eine exakte Strafbemessung vorliegen. Im Strafregister erscheint die Umwandlungsstrafe (§ 94 RL 3). Diese ist auch, wenn eine Einheitsstrafe gebildet wird, allein maßgebend [OLG Celle GA 60/86 = Zbl 60/27 = EJF C I 63; vgl § 31 A 4b (3)]. Bei Widerruf der Bewährung kommt eine vorzeitige Entlassung nur gem. § 88 in Frage, weil die Umwandlungsstrafe eine bestimmte Strafe ist (§ 88 A 1 d).

3. Für das **Verf.** gilt das in § 88 A 2 Gesagte (II) mit der sich aus § 89 A 2a (1) ergebenden Einschränkung gegenüber § 88 A 2c (2); wegen des Gnadenweges s. § 88 A 5; wegen bes. AO s. RL; wegen der Mitt. s. § 88 A. 4. Wegen der allg. Vorschriften s. § 88 Vorb.

Zweiter Abschnitt

Vollzug

Vorbemerkung: s. § 82 Vorb. 1.

§ 90

Jugendarrest[1])

1) Hw — JRecht: § 110 I. — **2) ErwG:** § 104 A 1a. — **3) Sold!** § 112c IV, A 2b; § 90 A 2b (2).

(1) Der Vollzug des Jugendarrestes soll das Ehrgefühl des Jugendlichen wecken und ihm eindringlich zum Bewußtsein bringen, daß er für das von ihm begangene Unrecht einzustehen hat.

[1]) **Literatur:** Potrykus, Reform des JArrestVollz., UJ 64/208 (Übersicht über die Bestimmungen der Länder und die rechtl. Möglichk. d. VollzLeiters; zum Referentenentwurf einer JArrestVollzO).

(2) Der Jugendarrest wird in Jugendarrestanstalten oder Freizeitarresträumen der Landesjustizverwaltung vollzogen. Vollzugsleiter ist der Jugendrichter am Ort des Vollzugs. An Fürsorgezöglingen, die sich in Heimerziehung befinden, kann der Vollstreckungsleiter im Einvernehmen mit der Fürsorgeerziehungsbehörde Jugendarrest in der Fürsorgeerziehungsanstalt vollziehen lassen.

(3) Im Freizeitarrest und im Kurzarrest bis zu zwei Tagen kann der Jugendliche vereinfachte Kost und hartes Lager erhalten.

(4) Der Kurzarrest von mehr als zwei Tagen und der Dauerarrest können durch strenge Tage verschärft werden, an denen der Jugendliche vereinfachte Kost und hartes Lager erhält.

Richtlinie zu § 90:

Für den Vollzug des Jugendarrestes in Vollzugseinrichtungen der Landesjustizverwaltungen bestimmt die Jugendarrestvollzugsordnung das Nähere.

1a) Durch den **Vollz. des JA** soll der Zweck der ZuchtM allg. erreicht werden (s. § 13 I, A 1). Daraus und aus seiner Dauer ergibt sich, daß im JA Vollz. **keine Umgestaltung der Persönlichk.** vorgenommen werden kann und soll. Der JA soll ein unüberhörbarer — häufig schockartiger — **Ordnungsruf** sein und **zur Selbstbesinnung** führen. Dementspr. ist er auszugestalten. Einzelheiten über den Vollz. enthält die in den meisten Ländern zZ (s. § 115) noch geltende JAVollzO (s. RL). Die notwendigen Verwaltungs- u. Wirtschaftsbestimmungen bringt die ebenfalls in den meisten Ländern noch geltende JAGO. Beide Verwaltungsvorschriften sind bindend (s. A 2a). Doch soll mit dem Erlaß einer bundeseinheitlichen JArrest-Vollzugsordnung (§ 115 I) in absehbarer Zeit zu rechnen sein.

b) (1) Der J muß demnach **im Vollz.** voll durch sinnvolle Arbeit und gemeinsame Veranstaltungen wie Sport, Unterricht (11—13 JAVollzO) beansprucht und streng, aber sachl. und gerecht (4, 10 JAVollzO) gehalten werden. Die seelsorgerische Betreuung muß gewährleistet sein; für die freie Zeit sollte jedenfalls später geeigneter Lesestoff vorhanden sein (14 JAVollzO). Wichtig ist die persönl. Aussprache mit dem VollzL (5 JAVollzO) und die fürsorgerische Betreuung nach der Entlassung (22—24 JAVollzO); Besinnungsaufsätze können förderl. sein. (2) Absolut notwendig für die Selbstbesinnung ist der Einzelvollz. (7, 25 JAVollzO), der später nur kurzfristig für gemeinschaftl. Veranstaltungen gelockert werden sollte; auch Besuche u. Schriftverkehr sollen nicht ablenken (15 JAVollzO). Bei der Ausübung der **Hausstrafgewalt** (20 JAVollzO; V u. VI gelten nicht mehr) ist Zurückhaltung anzuraten; **§ 115 II ist zu beachten.** — (3) Zur Intensivierung des Vollz. dienen die **strengen Tage** (hartes Lager, vereinfachte Kost: III, IV; s. 19, 25 II—IV JAVollzO). Ihre Anwendung steht im Ermessen des VollzL, der bei der Ausübung von den Vorstellungen des GesGebers ausgehen muß, also etwa strenge Tage nicht allg. ablehnen darf; entgegenstehendes Landesrecht ist unbeachtl. (Dallinger-Lackner N 12; Potrykus B 8). Entscheidend sind gesundheitl., erz. u. disziplinäre Gründe. Bei Freizeitarrest wird ein strenger Tag die

Regel sein (Dallinger-Lackner N 11, Potrykus B 8); bei Dauerarrest sollte über 8 JAVollzO nicht hinausgegangen werden.

c) Weisungen für den JArrestvollzug [vgl Schütze NJW 62/783, UJ 61/229, 63/504; s. § 10 A 2b (13) mit FN 7] können Schwierigkeiten beim Vollzug vorbeugen.

2. Der JA-Vollz. ist eine Angelegenheit der Verwaltung.

a) (1) Die **Einrichtung** der JA-Anstalten und der Freizeitarresträume (nur für Freizeitarrest u. Kurzarrest bis zu 3 Tagen: 1 I S 2 JAVollzO) ist Sache der Länder (II S 1; s. JAVollzO 1). (2) **VollzL** ist der JRi. am Ort des Vollz. (II S 2), der insoweit Verwaltungsbeamter ist, dem Vorstand einer StrAnstalt vergleichbar. Wo kein JRi. ist oder mehrere JRi. sind, wird ein JRi. von der höheren VollzBehörde (2 II JAVollzO) zum VollzL bestellt (2 I JAVollzO). Dieser JRi. ist auch VollstrL (§ 85 I). (3) Gegen Maßnahmen des Vollz. gibt es die verwaltungsrechtl. **Dienstaufsichtsbeschw.;** der durch Art. 19 IV GG eröffnete Rechtsweg ist der vor dem OLG-StrSenat (§§ 23ff EG GVG). (4) Während des Vollz. sind die zu **JA Verurteilten Gefangene** im Sinne der §§ 120, 347 StGB (Dallinger-Lackner N 39, Potrykus B 3). Haftkosten fallen aber ebensowenig an wie Arbeitsentschädigung.

b) (1) JA gegen einen **Fürsorgezögling kann** ausnahmsweise (Dallinger-Lackner N 38, Potrykus B 6) auch in dem **FE-Heim** vollzogen werden, in dem sich der Verurteilte befindet (II S 3; s. § 85 RL V 2). VollzL ist dann der Leiter des FE-Heimes; der JRi. als VollstrL hat keinen Einfluß auf die Gestaltung des Vollz. JAVollzO u. JAGO gelten nicht; die FE-Behörde bestimmt die Art der Vollstr. und trägt die Kosten; die FE wird dabei nicht unterbrochen. Dienstaufsichtsbeschw. gegen Maßnahmen des Vollz. werden im Verwaltungsweg der FE-Behörden entschieden. (2) **Bei Soldaten** muß **JA immer** durch die Behörden der **Bundeswehr** vollzogen werden (§ 112c IV S 1; Näheres s. § 112c A 2b).

§ 91

Aufgabe des Jugendstrafvollzugs[1])

1) Hw — JRecht: § 110 I; RL 2; vgl § 92 II. — **2) ErwG:** § 104 A 1a.

(1) Durch den Vollzug der Jugendstrafe soll der Verurteilte dazu erzogen werden, künftig einen rechtschaffenen und verantwortungsbewußten Lebenswandel zu führen.

(2) Ordnung, Arbeit, Unterricht, Leibesübungen und sinnvolle Beschäftigung in der freien Zeit sind die Grundlagen dieser Erziehung. Die beruflichen Leistungen des Verurteilten sind zu fördern. Lehrwerkstätten sind einzurichten. Die seelsorgerische Betreuung wird gewährleistet.

---

[1]) **Literatur:** Fratzscher: Der JStrafvollzug. Seine Entgegensetzung zum ErwStrafvollzug, seine Einrichtung und seine erz. Möglichkeiten, SchlHA 58/149; sowie: Zur Problematik des JStrafvollzugs, Zeitschrift für Strafvollzug 1963/18; Hermann: Der j Rechtsbrecher und seine Behandlung, Abschn. IV: Erz in der JStrafanstalt, RdJ 60/180; Krebs: Wichtige Daten zum JStrafvollzug, Zeitschrift für Strafvollzug 1962 H 4, 5; Krüttner: JStrafvollzug, Zbl 53/133; Rehbein: Formen der Erz im JStrafvollzug (Diss. Münster); Steinemann: Der

(3) Um das angestrebte Erziehungsziel zu erreichen, kann der Vollzug aufgelockert und in geeigneten Fällen weitgehend in freien Formen durchgeführt werden.

(4) Die Beamten müssen für die Erziehungsaufgabe des Vollzugs geeignet und ausgebildet sein.

Richtlinie zu § 91:

Über den Vollzug der Jugendstrafe ist das Nähere in der Jugendstrafvollzugsordnung bestimmt.

1. Das Ges. gibt nur einige allg. Richtlinien; die RL verweisen deshalb auf die **JVollzO,** die in den meisten Ländern, wenn auch zum Teil überlagert durch neuere Vorschriften, zZ noch (§ 115) gilt. Ein näheres Eingehen auf dieses weite Sondergebiet würde den Rahmen dieser Arbeit sprengen, zumal die Organe des JGVerf. in den JStrVollz. nicht eingeschaltet sind (A 2e). Eine gedrängte, doch inhaltsreiche Einf. ist bei Dallinger-Lackner zu § 91 zu finden.

2. Hier sei nur auf folgendes hingewiesen:

a) Auch der **JStrVollz. ist echter StrVollz.,** der durch seine nüchterne und sachl. Strenge (§ 20 JVollzO) die Sühnebereitschaft wecken soll. Auf dieser Grundlage aber muß alles getan werden, um den Gefangenen zu einem rechtschaffenen und verantwortungsbewußten Lebenswandel zu erziehen (I, § 21 JVollzO). Diese erz. Be-

---

JGerichtsbeschluß für Gefangene im JStrafvollzug Zbl 57/62; Walther: Der Erzieher in der JStrafanstalt RdJ 61/180; Werner: Aufgaben und Praxis des JStrafvollzugs sowie: Erz.-Möglichkeiten und -methoden im JStrafvollzug, H 10 und 18 der Schriften des Fliedner-Vereins Rockenberg; Werner: Pädagogik im Strafvollzug?, RdJ 61/305. — Frisch: Die JStrafe im Lichte des Vollz., Justiz 64/155.

Busch: Die Zusammenarbeit von Psychotherapeut, Psychologe und Fürsorger in der Strafanstalt aus der Sicht des Sozialpädagogen, MKrim 61(44)/201; Haller: Erziehungsgruppen im JStrafvollzug, Zbl 61/17, 44, 151; Lettner: Behandlung durch Unterricht im JGefängnis, UJ 63/66; Munkwitz: Behandlung besonders schwieriger j Rechtsbrecher in psychiatrisch geleiteten Sonderanstalten, MKrim 59(42)/149, sowie: Die Tätigkeit des j psychiatrischen Sachverständigen für Strafvollzug und Bewährungshilfe; Schley: Die Berufsschule der JStrafanstalt Rockenberg, Zeitschrift für Strafvollzug 62/163; Schmid: Unterricht in der Strafanstalt, Zeitschrift für den Strafvollzug 61/230; Wehner: Das fürsorgerische Gespräch in der JStrafanstalt, UJ 59/379f. — Mattulke: Sinnvolle Freizeitgestaltung als ErzMittel im [J] Strafvollz., Zeitschrift f. Strafvollz. 64/26ff, 93ff; Steinemann: Ordnung als Lebensproblem der jungen Straffälligen, ZBl 64/121 (Bericht aus der JAnstalt Berlin-Plötzensee).

Büttner: Der pädagogische Weg in der JStrafanstalt Laufen-Lebenau, UJ 63/497; Potrykus: Zur Situation im bayerischen JStrafvollzug UJ 60/465; Weber: Mädchen im Gefängnis (Frauenstrafanstalt Rothenfeld), UJ 63/506.

Selge: Die Gesellschaft der Gefangenen, ihre Eigenart und Überwindung durch Straffälligen- und Bewährungshilfe, BewH 61/15; Suttinger: Persönlichkeit und Strafvollzug, MKrim 60(43)/1, 76; Steinemann: Gruppenbildung und Gruppenstrukturen bei minderjährigen Straftätern, Zbl 60/(161), 196; Wolf: Die vierte Klasse, j Menschen im Gefängnis. — Vgl Brink: Von der kriminellen zur sozialen Gruppe durch Gruppentherapie im Gefängnis, MKrim 64(47)/121.

Wegen der Besonderheiten bei JStrafe von unbestimmter Dauer s. Literatur bei § 19 FN 1.

mühungen müssen individuell erfolgen und dürfen grds (a. § 92 II) nicht aufgegeben werden; die individuelle Behandlung erfordert eine Aufgabenteilung durch Schaffung von Sonderanstalten[2]) oder Sonderabteilungen (etwa bei unbestJ-Str., Psychopathen, Störern uä; s. §§ 3, 7 JVollzO). Eine Aufteilung in verschiedene Erz.Gruppen[3]) (11 JVollzO) innerhalb der Anstalt ist unumgängl., was eine eingehende Persönlichkeitserforschung zu Beginn der Haftzeit voraussetzt (Beobachtungsabteilung: § 22ff JVollzO).

b) Die Erz. erfordert (II) eine feste Ordnung, die um so besser ist, je weniger sie sich auf Zwang stützt, eine gerechte, sachl. Behandlung sowie eine einfache, doch nicht kalte Unterbringung u. Lebenshaltung. Ihr dient die Arbeit entspr. Veranlagung u. Neigung, bes. die berufl. Aus- u. Fortbildung in eigenen Lehrwerkstätten für möglichst viele und verschiedenartige Berufe (§§ 29ff JVollzO). Daneben müssen allg. Unterricht (§§ 36ff JVollzO), Leibesübungen (§§ 43ff JVollzO) und eine sinnvolle Freizeitgestaltung (§§ 48ff JVollzO) treten. Bes. die Freizeitgestaltung ist wichtig; sie soll den Gefangenen auch für die Zeit nach der Entlassung anregen. Die seelsorgerische Betreuung kann eine wesentl. Grundlage für die Besserung des Täters sein; doch darf sie dem Gefangenen nicht gegen seinen Willen aufgezwungen werden. Der Verkehr mit der Außenwelt darf nicht die erz. Bemühungen beeinträchtigen (§§ 56f JVollzO).

c) Hausstrafen (§§ 58ff JVollzO) können nicht entbehrt werden; doch sind sie häufig nur ein Anzeichen dafür, daß die erzBemühungen nicht zu dem gewünschten Erfolg geführt haben. **Beachte § 115 II.**

d) Die Zeit der **Entlassung** (s. §§ 61ff JVollzO) muß nicht nur durch umfangreiche fürsorgerische Maßnahmen (Wohnung, Arbeit, Kontakt mit beispielhaften, erzbefähigten Menschen) **vorbereitet,** sondern der Übergang in die Freiheit vor allem durch die Methoden des **progressiven StrVollz.** erleichtert werden. Während der Gefangene nach der Einlieferung streng gehalten und angeleitet werden muß, müssen ihm später immer mehr Freiheiten eingeräumt, mehr Selbstverantwortung übertragen werden; am Ende soll er so weit sein, daß er sich aus eigenem Antrieb für das Gute und gegen das Böse entscheidet. Deshalb gestattet das Ges. die **Auflockerung des Vollz.** (III) und schützt damit die Beamten vor Str. (§ 347 StGB), wenn sie ein erz.notwendiges Wagnis eingehen.

e) Den schweren Anforderungen können nur **bes. qualifizierte VollzBeamte** genügen. Neben der Begabung u. Neigung, mit jungen Menschen umzugehen und ihnen Vorbild zu sein, müssen sie entspr. geschult und fortgebildet werden (IV). Dies gilt nicht nur für den VollzL, einen höheren Verwaltungsbeamten (10 JVollzO) u. die Gruppen-Leiter (11 JVollzO), sondern für alle Lehrer, Fürsorger, Werk- u. Aufsichtsbeamte (12, 14 JVollzO), zumal letztere meist in bes. enger Berührung mit den Gefangenen stehen. Auch müssen solche Beamte in genügender Anzahl vorhanden sein.

---

[2]) Vgl Munkwitz: Behandlung besonders schwieriger j Rechtsbrecher in psychiatrisch geleiteten Sonderstrafanstalten, MKrim 59(42)/149.

[3]) Vgl Haller: ErzGruppen im JStrafvollzug, Zbl 61/17, 44, 151.

§ 92

Jugendstrafanstalten[1])

1) Hw — JRecht: § 110 I, RL 2. — **2) ErwG:** § 104 A 1a.

(1) Die Jugendstrafe wird in Jugendstrafanstalten vollzogen.

(2) An einem Verurteilten, der das achtzehnte Lebensjahr vollendet hat und sich nicht für den Jugendstrafvollzug eignet, braucht die Strafe nicht in der Jugendstrafanstalt vollzogen zu werden. Jugendstrafe, die nicht in der Jugendstrafanstalt vollzogen wird, wird wie Gefängnisstrafe vollzogen. Hat der Verurteilte das vierundzwanzigste Lebensjahr vollendet, so soll Jugendstrafe wie Gefängnisstrafe vollzogen werden.

(3) Über die Ausnahme vom Jugendstrafvollzug entscheidet der Vollstreckungsleiter.

Richtlinie zu § 92:

Wegen der Einweisung in die Jugendstrafanstalt und der Ausnahme vom Jugendstrafvollzug wird auf Abschn. VI Nr. 2 der Richtlinien zu §§ 82 bis 85 hingewiesen.

1a) Der JStrVollz. ist ein Sondervollz. (I). Das Ges. erstrebt die radikale Trennung, weil die eigenständigen Methoden des JStrVollz. (§ 91 A 2) leiden müssen, wenn die JStrAnstalt in eine allg. StrAnstalt eingegliedert ist, wie es leider noch immer vorkommt.

b) VollzL (= VollzBehörde) ist der Leiter der JStrAnstalt (10 JVollzO), oberste Aufsichtsbehörde ist das Landesministerium (Senat) der Justiz. Die höhere VollzBehörde — in den Ländern abw. — ist der GStA beim OLG, eine Abteilung des Ministeriums oder ein bes. Amt.

c) Gegen Maßnahmen des Vollz. ist die Dienstaufsichtsbeschw. im Verwaltungsweg gegeben; der durch Art. 19 IV GG eröffnete Rechtsweg ist der vor dem OLG-Strafsenat (§§ 23ff EG GVG).

2a) Grds ist jede JStr. (ggf auch Gefängnis bei jungen Verurteilten: § 114) in einer JStrAnstalt zu vollziehen (I). Ausnahmen (s. A 2b) von diesem Grundsatz kann in allen Fällen nur der VollstrL anordnen (III), dessen Aufgabe es allg. ist, die Einweisung in eine Anstalt vorzunehmen (§ 82 Vorb. 1); zu den Aufgaben des VollzL gehört das in keinem Fall (ausführl. Dallinger-Lackner N 26, ebenso Potrykus B 5; vgl § 85 RL VI 2).

b) Ob und in welchem Umfang **Ausnahmen** mögl. sind, richtet sich **nach dem Alter** zZ der Entsch. (II); Berechnung: § 1 A 2b. (1) **Bei J bis 18 Jahren** gibt es keine Ausnahme vom JStr.Vollz. (2) Ist der zu JStr. Verurteilte schon **über 24 Jahre alt,** kann er rglm mit den Methoden des JStrVollz. nicht mehr erzogen

---

[1]) **Literatur:** Krebs: Architekten und Vollzugsbeamte beraten Anstaltsneubauten (Tagungsbericht), Zeitschrift für Strafvollzug 61 H 6; Schüler-Springorum: Über den Neubau von JStrafanstalten, MSchrKrim 61(44)/153.

werden. Hier muß grds (Ausnahmen in Sonderfällen, etwa bei einem noch kurzen StrRest, sind mögl.) die JStr. in einem Gefängnis verbüßt werden. (3) Zu JStr. Verurteilte **zwischen 18 u. 24 Jahren** können ausnahmsweise aus dem JStr. Vollz. herausgenommen werden (s. RL), wenn sie für diesen nicht geeignet sind (darüber vgl § 114 RL 1), näml. (a) wenn die erz. Einwirkung bei ihnen keinen Erfolg verspricht (Vorsicht: sehr schwere Prognose mit vielen Fehlerquellen; kein Schaden durch Belassen im JStrVollz.); oder (b) wenn sie den JStrVollz. aktiv oder passiv so erhebl. stören oder voraussichtl. stören werden, daß die Erz. der Mitgefangenen gefährdet wird. Weitere Gründe für eine Ausnahme gibt es nicht; auch die genannten Gründe sind eng auszulegen, da dem J durch die Ausnahme vom JStrVollz. ein anderes (s. § 17 A 1a) als das gegen ihn verhängte StrÜbel auferlegt wird.

c) (1) **Die Entsch. des VollstrL** (= JRi.) nach A 2b (3) ist eine **verwaltungsrechtl. Ermessensentsch.** in Weisungsgebundenheit, bei der auch die Möglichk. der jeweiligen JStrAnstalt zu berücksichtigen sind. Sie erfordert wegen der einschneidenden Bedeutung sorgfältigste Vorbereitung (grds Beobachtung in der JStrAnstalt: RL; Gutachten der JStrAnstalt; grds Anhörung des Verurteilten, des gesVertr., eines ErzBer., ggf der JGH); deshalb müssen auch 18—24jährige zur Verbüßung einer JStr. grds zunächst in die JStrAnstalt eingewiesen werden (§ 85 RL VI 2 S 2, 4). Die Entsch. sollte (Dallinger-Lackner N 34; aA Potrykus B 5: muß; aber § 34 StPO gilt hier nicht) stets eingehend begründet sein. (2) Mit der AO der Ausnahme weist der VollstrL den Verurteilten in die zuständige ErwVollzAnstalt ein (5 III S 2, 6 VI S 2 JVollzO). Dadurch ändert sich die VollstrZuständigk. nicht; doch ist rglm Übertragung gem. § 85 III zweckmäßig (s. § 85 A 4b u. FN).

d) Zuständigk.: s. §§ 84, 85 II; § 85 A 2, 4. **Anfechtbark.** s. § 83 A 1b (1); es handelt sich um eine die Vollstr., nicht den Vollz. betreffende Entsch. (Dallinger-Lackner N 31; vgl. § 82 Vorb. 1 u. o. A 2a).

§ 93

Untersuchungshaft[1])

1) Hw: § 110 I, II; § 93 A 4b. — **2)** Abs. I, II: **ErwG:** § 104 A 1a; — Abs. III: ErwG: § 104 III, A 1a, 2; § 93 A 4a.

(1) An Jugendlichen wird die Untersuchungshaft nach Möglichkeit in einer besonderen Anstalt oder wenigstens in einer besonderen Abteilung der Haftanstalt oder, wenn Freiheitsstrafe nicht zu erwarten ist, in einer Jugendarrestanstalt vollzogen.

(2) Der Vollzug der Untersuchungshaft soll erzieherisch gestaltet werden.

(3) Den Vertretern der Jugendgerichtshilfe und, wenn der Beschuldigte unter Bewährungsaufsicht steht oder für ihn ein Erziehungsbeistand bestellt ist, dem Helfer und dem Erziehungsbeistand ist der Verkehr mit dem Beschuldigten in demselben Umfang wie einem Verteidiger gestattet.

---

[1]) **Literatur:** s. § 72 FN 1; de Wyl: Wünschenswerte Verbesserungen bei der UHaft Minderjähriger, RdJ 58/361 (auch RdJ 58/329); zum allg. Recht eingehend Löwe-Rosenberg (Dünnebier) Anm. zu § 116 StPO.

Richtlinie zu § 93:

Über den Vollzug der Untersuchungshaft sind in Nr 1 Abs. 4, Nr 13, Nr 22 Abs. 4, Nr 77 bis 85 der Untersuchungshaftvollzugsordnung nähere Bestimmungen getroffen.

Auszug aus der
Untersuchungshaftvollzugsordnung (UVollzO)
vom 12. 2. 53 i. d. Fassung vom 1. 8. 54.

. . . . .

1.) . . . (4) Bei Gefangenen unter einundzwanzig Jahren (jungen Gefangenen) wird die Untersuchungshaft erzieherisch gestaltet.

. . . . .

13.) Junge Gefangene

(1) An jungen Gefangenen (Nr 1 Abs. 4) wird die Untersuchungshaft in besonderen Anstalten oder wenigstens in besonderen Abteilungen vollzogen. Hiervon darf ausnahmsweise abgesehen werden.

(2) Junge Gefangene, die keine Freiheitsstrafe zu erwarten haben, können auch in Jugendarrestanstalten verwahrt werden.

. . . . .

19.) Anrede

Untersuchungsgefangene über achtzehn Jahre werden mit „Sie" angesprochen. Außerdem ist die im bürgerlichen Leben übliche Anrede zu gebrauchen; Titel und Amtsbezeichnungen sollen in der Regel vermieden werden.

. . . . .

22.) . . . (4) Junge Gefangene (Nr. 1 Abs. 4) sind von erwachsenen Gefangenen zu trennen.

Achter Abschnitt
Junge Untersuchungsgefangene

77.) Zuständiger Richter

In Verfahren gegen Jugendliche und Heranwachsende gilt die Vorschrift der Nr 2 mit der Maßgabe, daß an die Stelle des Amtsrichters der Jugendrichter tritt (§§ 34, 107 des Jugendgerichtsgesetzes). Der zuständige Richter kann in Verfahren gegen Jugendliche die richterlichen Entscheidungen, welche die Untersuchungshaft betreffen, aus wichtigen Gründen sämtlich oder zum Teil einem anderen Jugendrichter übertragen (§ 72 Abs. 5 des Jugendgerichtsgesetzes).

78.) Trennung

(1) Mit erwachsenen Gefangenen dürfen junge Untersuchungsgefangene (Nr 1 Abs. 4) nicht zusammenkommen (vgl. Nr 22 Abs. 4). Mit besonders ausgewählten

erwachsenen Untersuchungsgefangenen darf ein junger Gefangener ausnahmsweise vorübergehend zusammengelegt werden, wenn es sein Wohl dringend erforderlich macht; der Anstaltsarzt ist vorher zu hören.

(2) Werden junge Gefangene in gemeinsamer Haft zusammengelegt, so sind Entwicklung und Reife der Gefangenen sowie erzieherische Gesichtspunkte zu berücksichtigen.

79.) Persönlichkeitserforschung

(1) Der Anstaltsleiter und die von ihm beauftragten Beamten sollen sich mit der Erforschung der Persönlichkeit des jungen Gefangenen befassen. Sie dient dem Ziele, für die Beurteilung der Persönlichkeit des jungen Gefangenen Unterlagen zu gewinnen und so die richtige Behandlung im Vollzug der Untersuchungshaft wie auch die richtige Entscheidung in der Strafsache zu erleichtern.

(2) Die Persönlichkeitserforschung ist in Zusammenarbeit mit den Organen der Jugendgerichtshilfe durchzuführen. Besonderer Wert ist zu legen auf die Feststellung der seelischen, geistigen und körperlicben Eigenart des jungen Gefangenen, auf seine Lebensgeschichte, die Schul- und Berufsbildung sowie die persönlichen und sozialen Verhältnisse. Der Gefangene ist zu beobachten und sein Verhalten laufend schriftlich festzuhalten. Jeder junge Gefangene hat alsbald nach der Aufnahme seinen Lebenslauf niederzuschreiben.

(3) Das Ergebnis der Persönlichkeitserforschung ist dem Richter oder dem Staatsanwalt mitzuteilen (Nr 8).

80.) Erzieherische Gestaltung

(1) Bei der erzieherischen Gestaltung des Vollzugs der Untersuchungshaft an jungen Gefangenen ist auf die körperliche, geistige und seelische Entwicklung Rücksicht zu nehmen.

(2) Der junge Gefangene ist aus erzieherischen Gründen zur Arbeit verpflichtet. Es sind möglichst Arbeiten auszuwählen, die dem Erziehungszweck dienen. Die Hälfte der Arbeitsbelohnung ist als Rücklage gutzuschreiben. Erzieherisch wertvolle Selbstbeschäftigung ist zu fördern.

(3) Dem jungen Gefangenen soll Unterricht erteilt werden. Ist die Teilnahme am gemeinsamen Unterricht nicht gestattet, so soll wenigstens in Anstalten mit eigenen Erziehungsbeamten erzieherische Fortbildung sichergestellt werden. Soweit eigene Erziehungsbeamte nicht zur Verfügung stehen, sollen geeignete ehrenamtliche Kräfte gewonnen werden.

(4) Der Anstaltsleiter gestaltet und überwacht die arbeits- und unterrichtsfreie Zeit. Durch Überlassen von gutem und geeignetem Lesestoff, durch Einzelseelsorge, persönliche Einwirkung und persönliche Aussprache soll auf Förderung der geistigen und sittlichen Entwicklung des jungen Gefangenen hingewirkt werden. Lesestoff zuzulassen, der nicht aus der Gefangenenbücherei stammt, ist dem Richter vorbehalten.

81.) Lebenshaltung

(1) Besondere Wünsche des jungen Gefangenen werden nur erfüllt, soweit es mit dem Erziehungszweck vereinbar ist.

(2) Selbstbeköstigung wird versagt, wenn erzieherische Nachteile zu befürchten sind.

(3) Tabakgenuß kann in beschränktem Umfang zugelassen werden.

82.) Bewegung im Freien

Die Zeit der Bewegung im Freien wird nach Möglichkeit für Leibesübungen ausgenützt. Von der Verpflichtung zur Teilnahme an der Bewegung im Freien soll der junge Gefangene nur befreit werden, wenn es der Anstaltsarzt beantragt oder wenn es das Wohl des Gefangenen aus besonderen Gründen erforderlich macht.

83.) Verkehr mit der Außenwelt

(1) Der Verkehr mit der Außenwelt wird mit besonderer Sorgfalt überwacht. Er wird unterbunden, soweit es aus erzieherischen Gründen bedenklich erscheint.

(2) Dem Vertreter der Jugendgerichtshilfe und, wenn der Gefangene unter Schutz- oder Bewährungsaufsicht steht, auch dem Helfer ist der Verkehr mit dem Beschuldigten in demselben Umfange wie einem Verteidiger gestattet (§§ 93, 110 des Jugendgerichtsgesetzes). Die Vorschriften der Nrn 36 und 37 dieser Vollzugsordnung gelten entsprechend.

84.) Beamte

Die Beamten müssen für die besonderen Aufgaben des Vollzugs an jungen Gefangenen geeignet sein.

85.) Ergänzende Vorschriften

Soweit nicht diese Vollzugsordnung anderes bestimmt, gelten für den Vollzug der Untersuchungshaft an jungen Gefangenen ergänzend die Vorschriften für Erwachsene. Daneben gelten sinngemäß die Vorschriften über den Jugendstrafvollzug, soweit nicht Wesen und Zweck der Untersuchungshaft entgegenstehen.

1. Läßt sich die AO oder der Vollz. der erz. bedenkl. (§ 72 A 1b) UHaft nicht vermeiden (§ 72 I), müssen die Nachteile durch **reinl. Trennung** der j. UHäftlingen (s. auch A 4) von StrGefangenen u. Erw. (I, A 2) und durch **erz. Ausgestaltung** der UHaft [II, A 3c (2)] möglichst vermieden werden.

2. I stellt eine **Reihenfolge der Anstalten** nach ihrer Eignung auf.

a) Allg. (1) Bes. J UHaftVollzAnstalt (entspr. Einrichtung; geeignetes u. ausgebildetes Personal: 84 UVollzO; vgl § 91 A 2e); (2) räuml. getrennte Abteilung einer allg. UHaft-Anstalt (die Forderungen (1) können noch zum Teil verwirklicht werden); (3) notfalls getrennte Abteilung einer JStr.Anstalt, eines GerGefängnisses oä.

b) In den seltenen Fällen der UHaft, in denen keine Str. zu erwarten ist, sondern nur ErzM(FE) oder ZuchtM(JA), kann UHaft in einer JA-Anstalt vollzogen werden (I aE, 13 II UVollzO, 1 IV JA VollzO).

3a) Für den Vollz. gilt im Rahmen der §§ 116 StPO, 93 JGG die **UVollzO**[2]) vom 12. 2. 1953, die Sonderregelungen für J bringt (s.o.). Die allg. Vorschriften gelten nur, soweit sie diesen Sondervorschriften nicht widersprechen (85 UVollzO).

b) Wie im allgR hat die **UHaft** auch im JR keinen eigenen Unrechtsgehalt. Sie **dient allein der Verhinderung von Flucht u. Verdunkelung**[3]) und darf grds nur solche Nachteile bringen, die zur Erreichung des Haftzweckes oder zur Erhaltung von Sicherheit u. Ordnung in der Anstalt notwendig sind. Sittl. oder körperl. Schäden darf der Gefangene keinesfalls erleiden; sein Ehrgefühl ist zu schonen, seine Persönlichk. zu achten (vgl. § 119 StPO, 1 UVollzO). Gefangene über 18 Jahren müssen mit „Sie" angeredet werden (19 UVollzO). Im Interesse der Erz. muß der J weitere Beschränkungen über den bei Erw. notwendigen Umfang hinaus auf sich nehmen. Sie sind zulässig, da sie auf einem Gesetz — § 93 II — beruhen (Art. 104 I S 2 GG) und auch die Menschenrechtskonvention einer erz. Gestaltung zulässigen Freiheitsentzugs nicht entgegensteht (vgl dort Art. 5 I d).

c) Bei J muß die **UHaft erz. gestaltet** werden (II; 1 IV, 80 UVollzO), da sie durch die Haft ihrem bisherigen erz. Einfluß entzogen werden, die UHaft für junge Menschen bes. Gefahren birgt (§ 72 A 1b) und da andernfalls meist eine Anrechnung der UHaft nicht mögl. wäre (§ 52 II); überdies sind viele J unter der Schockwirkung der UHaft für erz. Einflüsse bes. empfängl. (1) Schädl. Einfluß anderer Gefangener muß ausgeschaltet werden. Über die Trennung der Anstalten (A 2) hinaus sind auch die einzelnen Gefangenen grds getrennt zu halten (§ 119 I, II StPO, 22, 23, 78 UVollzO); eine Zusammenlegung soll nur aus bes. Gründen und nach sorgfältiger Beobachtung der einzelnen Gefangenen erfolgen. — (2) Der erz. Beeinflussung dienen eine feste Ordnung, sinnvolle Arbeit (ggf geeignete und ausreichende Selbstbeschäftigung), Unterricht, seelsorgerische Betreuung, Aussprachen, Leibeserziehung und allg. Bewegung im Freien sowie sinnvolle Freizeitgestaltung (geeigneter Lesestoff) (§§ 55, 80 82 UVollzO; vgl § 91 A 2b). — Übermäßige (-gesundheitsschädliche) Beschäftigung ist auch als Selbstbeschäftigung unzulässig, da sie einem Zweck der UHaft zuwiderläuft, nämlich der Gesunderhaltung für die gerichtliche Untersuchung (KG JR 58/470 für das allg. Recht); sie widerspricht auch der erz. Gestaltung (UVollzO Nr 80 I). — (3) Wegen Vergünstigungen, wie Selbstbeköstigung, Rauchen u. Alkoholgenuß uä, s. § 119 IV StPO, 18, 51 III S 1 u. bes. 81 UVollzO.

d) In diesem Rahmen ist die **UHaft auch zur Persönlichkeitserforschung** (nicht zur Tataufklärung) zu nutzen. Grds sollte der J einen Lebenslauf schreiben. In jedem Fall muß dem J genügend Zeit zur Vorbereitung seiner Verteidigung bleiben (20 UVollzO).

e) (1) Der **Verkehr mit der Außenwelt** ist beschränkt (27, 32—35, 83 I UVollzO). Doch müssen erz. günstige Bindungen gefördert u. gefestigt werden; im Rahmen der fürsorgerischen Betreuung können sogar neue Kontakte geschaffen werden. — (2) Verteidiger, Vertreter der JGH, ErzBeistand u. BewH dürfen

---

[2]) Zum Wesen der UVollzO überzeugend Löwe-Rosenberg (Dünnebier) § 116 StPO A I 2.

[3]) Wegen der mögl. Änderungen durch die „kleine Strafprozeßreform" s. § 72 A 1a.

aber mit dem Verhafteten mündl. u. schriftl. frei verkehren (§§ 148 StPO, 93 III JGG, 36, 37, 83 II UVollzO). Beschränkungen sind nach der Neufassung des § 148 StPO durch das StPÄG ab 1. 4. 1965 nicht mehr möglich.

f) (1) Für die **Zuständigkeitsabgrenzung** zwischen dem JRi. (Zuständigk.: §§ 124f StPO, 34 I JGG, 77 UVollzO.), JStA (Zuständigk.: § 143 I GVG, § 36 A 2b) und Anstaltsleiter gelten die allg. Vorschriften (§ 116 V StPO, 2–6 UVollzO). — (2) **Hausstrafen** (Arten: 68 UVollzO; Grenzen: § 116 II StPO) darf nur der JRi. verhängen; er muß dabei auf jgem. Behandlung achten (zB nicht Schmälerung der Kost oder der Bewegung im Freien); **beachte 115 II.**

4a) § 93 gilt auch, wenn die UHaft vom **ErwG** angeordnet ist (s. § 104 A 1a); jedoch ist das Recht der JGH nach III gem. § 104 III beschränkbar.

b) § 93 gilt auch für **Hw,** bei Hw ab 21 Jahren jedoch nur, wenn in einer noch nicht rechtskräftigen Entsch. JR angewendet wurde (§ 110; Dallinger-Lackner § 110 A 11–13).

c) Doch wird rglm auch bei einem inzwischen **21 Jahre alten J** die UHaft in allg. UHaft-Anstalten ohne bes. erz. Ausgestaltung vollzogen (1 IV UVollzO; vgl § 93 I: „nach Möglichk.", II: „soll").

d) Für die 21-Jahresgrenze kommt es auf die Zeit des Vollz., sonst (ob J, Hw) auf die Zeit der Tat an.

VIERTES HAUPTSTÜCK

Strafregister und Beseitigung des Strafmakels durch Richterspruch[1])

Erster Abschnitt

Strafregister

Vorbemerkung.

1) Auch im JR gelten die **StRegVO** (RGBl I 1934 S 140) und das **StTilgG** (RGBl I 1939 S 2254). Das **JGG schränkt jedoch die Fernwirkungen häufig ein** durch Beschränkung der Eintragungen (§ 94), Verkürzung der Fristen (§ 95), Erweiterung der nur beschränkten Auskunft mit alsbaldiger Tilgung bei BewFällen (§ 96) sowie durch die bes. Beseitigung des Strafmakels durch Richterspruch (§§ 97–101).

2) Andererseits ist die Kenntnis früherer Verf. gerade für die Persönlichkeitserforschung bedeutsam. Diesem Bedürfnis dient die **gerichtl. ErzKartei** (s. § 94 nach RL). Aus ihr erhalten nur J- u. VormRi., StA u. JAmt Auskunft (Nr 6 AO Erz.Kartei), nicht jedoch zB die Polizei; die nachteiligen Wirkungen des StReg-Eintrags (bes. Mitt. zu den Führungslisten; s. Nr 5 AO ErzKartei) sind dadurch vermieden. Die Zuständigk. für die Führung der ErzKartei und für die Mitt. ist grds die gleiche wie beim StReg. (Nr 1, 4 AO ErzKartei). Wegen der einzutragen-

[1]) Ausführliche Erläuterungen bei Hartung, das Strafregister, S. 196–242. — Vgl Becker: Verewigte Strafen, Betrachtungen über das Strafregister bei JStrafen, UJ 63/221.

den Entsch. s. Nr 2, 3 AO ErzKartei u. § 94 A 2; auch verschiedene Entsch. des VormRi. werden eingetragen (s. Nr 2f, g AO ErzKartei).

3) Diese Besonderheiten gelten stets, wo **materielles JR** zur Anwendung gekommen ist, also auch gegenüber Entsch. der ErwG oder bei nach materiellem JR (§ 105) abgeurteilten Hw (§ 111).

4. Diese Besonderheiten führen auch zu einer erhebl. **Beschränkung des Akteneinsichtsrechts** nach Rechtskraft (181 III—V RiStV), weil bei ErzM, ZuchtM, Aussetzung der Verhängung von JStr., StrAussetzung zur Bew. u. bedingte Entlassung bei JStr. bis 1 Jahr beschränkte Auskunft besteht und hier nur die Stellen Akteneinsicht erhalten können, denen eine Mitt. aus dem StReg. oder der gerichtl. Erz.-Kartei gemacht werden kann (vgl näher Potrykus NJW 57/1135f).

Auch der **Polizei** dürfen **Mitteilungen nur in beschränktem Umfang** gemacht werden, nämlich von der Einstellung des Verfahrens, vom Freispruch (ggf unter Anführung des § 51 I StGB, nicht des § 3 JGG), von der Verurteilung zu Jugendstrafe oder der Entscheidung gem. § 27 JGG (letzteres schon zw.); in allen anderen Fällen wird die Polizei nur dahin unterrichtet, daß das Verfahren durch Entscheidung des Gerichts anders als durch Freispruch oder Verurteilung zu Strafe oder durch Feststellung der Schuld gem. § 27 JGG beendet wurde (zB bayJME 9. 5. 56 Nr 1431 — II — 166 47/56, JMBl 56/100).

Im praktischen Erfolg wird diese wohlbedachte Regelung oft dadurch **unwirksam** gemacht, daß — auch staatliche Stellen (!) — Bewerber nach früheren Strafverfahren und deren Ergebnis fragen und so mittelbar die Offenbarung von Tatsachen erreichen, deren Offenbarung der Gesetzgeber gerade nicht wollte (vgl Carspecken Zbl 59/16; Krüger UJ 60/173; Ullrich RdJ 64/145).

5) Bei der **Verkehrszentralkartei** (§§ 6a StVG, 13—13e StVZO; sog. Verkehrssünderkartei) gelten für J und Hw einige Besonderheiten (vgl Potrykus UJ 58/380, Schnitzerling Zbl 58/70).

a) (1) **Eingetragen** werden neben **JStrafe** [s. aber (2)] **alle ErzM und ZuchtM** (wie sich aus § 13a I Z 2d StVZO ergibt), wenn sie durch Urteil oder jrichterliche Verfügung ausgesprochen sind. Im formlosen ErzVerfahren nach §§ 45, 47 angeordnete Maßnahmen werden nicht eingetragen, da hier weder eine rechtskräftige Entscheidung des Gerichts (§ 6a StVG) noch eine rechtskräftige Verurteilung (§ 13 I 2c—e StVZO) vorliegt.

(2) **Nicht einzutragen** ist die **Aussetzung der Verhängung** der JStrafe gem. § 27 JGG (Floegel-Hartung § 13a StVZO A 5 = RN 8) und eine **zur Bewährung ausgesetzte JStrafe** (Burchardi-Klempahn S 194), da in beiden Fällen kraft Gesetzes oder infolge zwingend vorgeschriebener Anordnung die Einträge im Strafregister der beschränkten Auskunft unterliegen (§ 96 I, II), also entspr. Einträge in der Verkehrssünderkartei sofort wieder zu tilgen wären (§ 13a III Z 1 StVZO, Müller NJW 60/1095f, FN 1). Wegen der Wirkung einer daneben angeordneten Maßregel der Sicherung und Besserung s. bei § 96.

(3) Ist eine **Einheits-„Strafe“** (§ 31f) wegen Verkehrs- und anderer Delikte gebildet, wird nur der Schuldspruch wegen der Verkehrsverfehlung eingetragen, nicht aber die wegen der Tat getroffenen Maßnahmen (§ 13 III S 2 StVZO). Demgegenüber wollen Burchardi-Klempahn (S. 190) und Floegel-Hartung (§ 13 StVZO A 7 = RN 10) die Tatsache, daß JStrafe verhängt ist, eintragen lassen ohne Angabe über deren Höhe; sie übersehen, daß die Verhängung der JStr. im JRecht schon eine wichtige Strafmaßentscheidung ist (§ 5).

b) Die **Tilgungszeit** bei Maßnahmen nach dem JRecht ist verkürzt (für Führerscheinentzug, JStrafe, ErzM, Zuchtmittel und Eintrag des bloßen Schuldspruchs [oben a (3)]: §§ 13a I Z 1, Z 2b—d StVZO). Weiter sind die Einträge in der Verkehrssünderkartei zu tilgen bei Beseitigung des Strafmakels (§ 13a III Z 1 StVZO, Burchardi-Klempahn S 194, Floegel-Hartung § 13a StVZO A 5 = RN 8).

c) Die **Mitteilung obliegt** dem nach den allgemeinen Vorschriften zuständigen Beamten beim Vollstreckungsleiter (§ 94 RL 1) oder — bei Tilgung des Strafmakels — bei dem JRichter, der die Entscheidungen im 1. Rechtszug getroffen hat (§ 100 RL) (Burchardi-Klempahn S 199).

§ 94

Anwendung der Strafregisterverordnung und des Straftilgungsgesetzes

1) Hw — JRecht: § 111. — **2) ErwG:** § 104 A 1a.

(1) Verurteilungen, durch die Jugendstrafe verhängt oder die Schuld des Jugendlichen festgestellt ist, werden im Strafregister vermerkt. Auf die Vermerke werden, soweit nichts anderes bestimmt ist, die für die Gefängnisstrafe geltenden Vorschriften der Strafregisterverordnung und des Gesetzes über beschränkte Auskunft aus dem Strafregister und die Tilgung von Strafvermerken angewendet.

(2) Die Anordnung von Erziehungsmaßregeln und Zuchtmitteln wird dem Strafregister nur mitgeteilt, wenn sie mit einer Verurteilung zu Jugendstrafe verbunden ist. Entscheidungen, durch die das Verfahren gegen einen Jugendlichen wegen mangelnder Reife eingestellt wird, werden dem Strafregister nicht mitgeteilt.

(3) Der Tag, an dem Jugendstrafe verbüßt ist, wird dem Strafregister stets mitgeteilt.

Richtlinien zu § 94:

1. Soweit Mitteilungen zum Strafregister und zu den amtlichen Listen (Führungslisten) vorgeschrieben sind, obliegen sie dem nach den allgemeinen Vorschriften zuständigen Beamten bei dem Vollstreckungsleiter (vgl. aber die Ausnahmebestimmungen in Abschn. II Nr 4 der Richtlinien zu §§ 82 bis 85 und in den Richtlinien zu § 100).
2. Dem Strafregister werden auch die Entscheidungen mitgeteilt, durch die gemäß § 66 nachträglich eine einheitliche Jugendstrafe festgesetzt wird. § 2 Abs. 6 der Strafregisterverordnung ist entsprechend anzuwenden.

3. Ist eine Jugendstrafe zur Bewährung ausgesetzt (§ 20) oder ein zu Jugendstrafe Verurteilter zur Bewährung entlassen worden (§§ 88, 89), so werden dem Strafregister in entsprechender Anwendung der §§ 4, 5 und 6 der Strafregisterverordnung auch mitgeteilt
   a) die Strafaussetzung oder die Entlassung zur Bewährung unter Angabe des Tages der Bewilligung, der Dauer und des Beginns der Bewährungszeit sowie der bis dahin verbüßten Strafzeit,
   b) die Verkürzung oder die Verlängerung der Bewährungszeit,
   c) der Widerruf der Strafaussetzung oder Entlassung zur Bewährung,
   d) der Erlaß der Jugendstrafe oder des Restes der Jugendstrafe.
4. Wegen der Mitteilung der in § 94 Abs. 2 genannten Entscheidungen zur Erziehungskartei wird auf die Anordnung über die gerichtliche Erziehungskartei hingewiesen.

Anordnung über die gerichtliche Erziehungskartei
vom 15. Februar 1955. — BAnz. Nr 37 vom 23. Februar 1955.

1.) Die Strafregisterbehörden führen im Rahmen ihrer Zuständigkeit nach § 1 der Strafregisterverordnung für Zwecke der Jugendrechtspflege eine Kartei (gerichtliche Erziehungskartei).

2.) Der gerichtlichen Erziehungskartei sind folgende Anordnungen und Entscheidungen mitzuteilen, soweit sie nicht nach § 94 Abs. 2 Satz 1, § 111 des Jugendgerichtsgesetzes (JGG) im Strafregister vermerkt werden:
   a) die Anordnung von Erziehungsmaßregeln oder Zuchtmitteln nach §§ 9 bis 16, 75, § 112a Nr 2 JGG oder von Maßnahmen nach § 3 Satz 2 JGG,
   b) Entscheidungen, in denen der Richter die Auswahl und Anordnung von Erziehungsmaßregeln dem Vormundschaftsrichter überläßt (§ 53, § 104 Abs. 4 JGG),
   c) Anordnungen des Vormundschaftsrichters, die auf Grund einer Entscheidung nach Buchst. b) ergehen,
   d) der Freispruch wegen mangelnder Reife und die Einstellung des Verfahrens aus diesem Grunde,
   e) das Absehen von der Verfolgung nach § 45 JGG und die Einstellung des Verfahrens nach § 47 oder § 75 Abs. 2 JGG,
   f) die Anordnung der Schutzaufsicht[0]) oder der (vorläufigen oder endgültigen) Fürsorgeerziehung durch den Vormundschaftsrichter (§§ 57, 65, 67 des Reichsgesetzes für Jugendwohlfahrt[x]) und
   g) vorläufige und endgültige Entscheidungen des Vormundschaftsrichters nach § 1631 Abs. 2, § 1666 Abs. 1 und § 1838 BGB sowie diejenigen Entscheidungen nach § 1671 Abs. 5 BGB, welche die Sorge für die Person des Minderjährigen

betreffen; ferner diejenigen Entscheidungen, mit denen die vorgenannten Entscheidungen aufgehoben oder geändert werden.

In den Fällen zu e) ist zugleich die von dem Richter nach § 45 Abs. 1 oder § 47 Abs. 1 Nr 1 JGG getroffene Maßnahme mitzuteilen.

Ist Schutzaufsicht[0]) angeordnet, so ist auch ihre Aufhebung mitzuteilen (§ 59 Satz 2 des Reichsgesetzes für Jugendwohlfahrt[y]). Ist Fürsorgeerziehung angeordnet, so ist jede Entscheidung über die Aufhebung oder Fortführung oder Entlassung aus der Fürsorgeerziehung sowie über den Widerruf einer solchen Maßnahme mitzuteilen (§ 72 Abs. 2, §§ 72a, 73 des Reichsgesetzes für Jugendwohlfahrt[z]). Wird die Entscheidung von der Fürsorgeerziehungsbehörde getroffen, so liegt die Mitteilung dem Vormundschaftsrichter ob.

3.) Für die Mitteilungen nach Nummer 2 Abs. 1 Buchstaben a und b wird das anliegende Muster J[1]) verwendet, für die übrigen Mitteilungen nach Nummer 2 das anliegende Muster K[1]). Weitere Mitteilungen nach dem Muster J sowie alle Mitteilungen nach dem Muster K, die den bereits in der gerichtlichen Erziehungskartei Geführten betreffen, werden auf das zuerst eingelegte Muster J übertragen und sodann vernichtet.

Bei der Erteilung von Weisungen oder der Auferlegung besonderer Pflichten nach §§ 10 und 15 JGG braucht der Inhalt der Weisungen oder Pflichten in die Mitteilungen nicht im einzelnen aufgenommen zu werden, im Falle des § 15 Abs. 1 Nr 3 JGG ist jedoch die Höhe des Geldbetrages mitzuteilen.

4.) Für die Mitteilungen zur gerichtlichen Erziehungskartei und ihre weitere Behandlung gelten die Vorschriften über die Führung des Strafregisters sinngemäß, soweit nicht anders bestimmt ist.

5.) Die in die gerichtliche Erziehungskartei aufzunehmenden Vermerke werden zu den amtlichen Listen (Führungslisten) nicht mitgeteilt.

6.) Über die in die gerichtliche Erziehungskartei aufgenommenen Vermerke wird nur den Strafgerichten, den Vormundschaftsgerichten, den Behörden der Staatsanwaltschaft und den Jugendämtern Auskunft erteilt. Für die Anfragen ist das anliegende Muster L[1]) zu verwenden.

Den Behörden, denen Auskunft sowohl aus dem Strafregister als auch aus der Erziehungskartei zu erteilen ist, werden auf eine Strafregisteranfrage auch die in die Erziehungskartei aufgenommenen Vermerke mitgeteilt.

7.) Die Vermerke der gerichtlichen Erziehungskartei werden entfernt und vernichtet, wenn der in der Kartei Geführte das 24. Lebensjahr vollendet hat. Die Kartei ist daraufhin zu Beginn eines jeden Kalenderjahres durchzusehen. In dem Zeitpunkt,

---

[0]) nach dem neuen JWG muß es statt Schutzaufsicht: Erziehungsbeistandschaft heißen.
[x]) nun: §§ 57, 65, 67 Jugendwohlfahrtsgesetz.
[y]) nun: § 61 II Jugendwohlfahrtsgesetz.
[z]) nun: § 75 II Jugendwohlfahrtsgesetz.
[1]) Von einem Abdruck dieser allg. eingeführten Formulare wird abgesehen.

in dem hiernach die Vermerke zu entfernen wären, wird festgestellt, ob im Strafregister eine Verurteilung zu einer Freiheitsstrafe eingetragen ist; in diesem Falle unterbleibt die Entfernung, solange noch eine Freiheitsstrafe im Strafregister verzeichnet ist.

Der obersten Justizbehörde bleibt vorbehalten, die Entfernung eines Vermerkes aus der gerichtlichen Erziehungskartei vorzeitig anzuordnen.

8.) Die vorstehenden Bestimmungen treten an die Stelle der Vorschriften der Allgemeinen Verfügung des Reichsjustizministers vom 16. Dezember 1943 (Deutsche Justiz S. 578).

Allgemeine Verfügung

des Bundesministers der Justiz über die Mitteilung von Nebenstrafen, Nebenfolgen und Maßregeln der Sicherung und Besserung, auf die neben der Anordnung von Erziehungsmaßregeln und Zuchtmitteln erkannt worden ist

vom 20. 1. 1962 (BAnz. 15/62 4240—0—20034/62).

I. Zur Herbeiführung eines einheitlichen Verfahrens haben der Bundesminister der Justiz und die Landesjustizverwaltungen folgendes vereinbart:

1. Wird gegen einen Jugendlichen oder Heranwachsenden neben der Anordnung von Erziehungsmaßregeln oder Zuchtmitteln auf eine Nebenstrafe, Nebenfolge oder Maßregel der Sicherung und Besserung erkannt, so ist die Entscheidung über die Anordnung der Erziehungsmaßregeln oder Zuchtmittel auf einem Vordruck Muster J der Erziehungskartei mitzuteilen. Die Nebenstrafen, Nebenfolgen oder Maßregeln der Sicherung und Besserung werden in diese Mitteilung nicht aufgenommen.
2. Dem Strafregister werden die Nebenfolgen, Nebenstrafen oder Maßregeln der Sicherung und Besserung mit Strafnachricht A mitgeteilt. In die Strafnachricht werden die daneben angeordneten Erziehungsmaßregeln oder Zuchtmittel nicht eingetragen.
3. Die Fristen für den Eintritt beschränkter Auskunft und Tilgung des Vermerks im Strafregister werden nach § 95 des Jugendgerichtsgesetzes berechnet. Hierauf ist in der Strafnachricht A in der Spalte „Bemerkungen" durch Eintragung der Worte „nach Jugendrecht verurteilt" hinzuweisen.

II. Ich setze die Anordnung mit Wirkung vom 1. Februar 1962 für den Bereich der Bundesjustizverwaltung in Kraft.

1. Bei Anwendung des materiellen JR (§ 111) erfolgt **nur in folgenden Fällen Mitt. zum StReg.** (Zuständigk.: RL 1) und Eintrag:

a) (1) Verhängung von **JStr.**[2]) — auch als nachträgl. EinheitsStr. gem. § 66 (RL 2) und im Nachtragsverf. gem. § 30 — **und Schuldfeststellung nach § 27** (I S 1); beide werden im Reg. wie GefängnisStr. behandelt (I S 2). — (a) Bei JStr. ist der Tag der Entlassung nach voller Verbüßung mitzuteilen (III); wegen der StrAz-

[2]) Wegen der JStrafe von unbestimmter Dauer vgl RL 3 und § 89 A 2c (4): nach Umwandlung gem. §§ 19 III, 89 III, IV liegt Verurteilung zu einer bestimmten JStrafe vor.

Bew. u. der Entlassung zur Bew. s. RL 3. — (b) Auch bei der Schuldfeststellung nach § 27 ist Beginn, Dauer, Verkürzung u. Verlängerung der BewZeit (§ 5 StRegVO entspr.) mitzuteilen. Ebenso ist jede Entsch. nach § 30 im Hinblick auf § 96 I S 2 mitzuteilen. (2) Daneben werden die zugleich getroffenen ErzM, ZuchtM (II S 1 gilt für Schuldfeststellung entspr.), Nebenstr., Nebenfolgen u. Maßregeln der Sicherung u. Besserung (§ 2 IV StRegVO) mit eingetragen. Sie sind von dem Haupteintrag abhängig, werden also mit ihm getilgt, unterliegen wie er der beschränkten Auskunft usw. [vgl auch § 96 A 4, § 97 A 2a (3)].

b) AO von **Nebenstr., Nebenfolgen u. Maßregeln** der Sicherung und Besserung allein oder neben ErzM oder ZuchtM [§ 2 I, IV StRegVO; neben JStr. u. Schuldfeststellung s. A 1a (2)]; die Tilgungsfristen werden nach § 95 berechnet (AV vom 20. 1. 62 I Z 3, oben vor A 1). Neben diesen verhängte ErzM oder ZuchtM werden aber — im Gegensatz zu A 1a (2) — nicht im Strafregister eingetragen; sie kommen vielmehr in die ErzKartei. Wegen der Einzelheiten s. oben AV vom 20. 1. 1962 vor A 1.

c) Entsch., deren Grundlage die **Zurechnungsunfähigk.** des J ist (§§ 51 I, 55 I StGB; nicht aber fehlende Altersreife: II S 2, Dallinger-Lackner N 13; s. dazu A 2; § 9 Z 1 StRegVO). Wegen Aufhebung und Entlassung bei Unterbringung s. §§ 4 III, 5a III StRegVO.

d) Vgl auch §§ 96 u. 97ff.

2. Die übrigen Maßnahmen (ErzM, ZuchtM allein; § 53; §§ 45, 47, 75 II; § 3 S 2, fehlende Altersreife) **werden in die ErzKartei eingetragen** (AO ErzKartei Nr 2; s. RL 4 u. Vorb. 2). Der Inhalt von Weisungen u. bes. Pflichten im einzelnen braucht rglm nicht angegeben zu werden (s. näher AO Erz Kartei Nr 3 II). Soweit eine Entsch. ganz ins Strafregister kommt (A 1a, c), ist weder Raum noch Bedürfnis für eine Eintragung in die ErzKartei; anders, wenn nur ein Teil der Entscheidung ins Strafregister kommt (A 1b, AV vom 20. 1. 62 vor A 1; auch bei Einstellung gem. §§ 51 I StGB und 3 S 1 JGG mit oder ohne Maßnahmen nach § 3 S 2).

3) Wer die Mitteilung zu machen hat, sagt RL 1; vgl § 84 A 3.

§ 95

Beschränkte Auskunft und Tilgung

1) Hw — JRecht: § 111. — **2) ErwG:** § 104 A 1a.

(1) Für Vermerke über Jugendstrafe beträgt die Frist, nach deren Ablauf nur noch beschränkt Auskunft aus dem Strafregister erteilt wird,

1. **drei Jahre, wenn auf höchstens ein Jahr Jugendstrafe allein oder mit Nebenstrafen erkannt worden ist, mit Ausnahme der Fälle, in denen die Unterbringung in einer Heil- oder Pflegeanstalt angeordnet worden ist,**
2. **fünf Jahre in allen übrigen Fällen.**

Die Frist der Nummer 1 beginnt mit dem im Strafregister vermerkten Tag der Verurteilung. Die Frist der Nummer 2 beginnt mit dem Tag, an dem die Strafe verbüßt, verjährt oder erlassen oder eine Unterbringung in einer Heil- oder Pflegeanstalt erledigt

ist. Hat sich nach Ablauf einer Bewährungszeit die Strafe oder die Unterbringung in einer Heil- oder Pflegeanstalt erledigt, ohne daß die Entlassung zur Bewährung widerrufen worden ist, so wird die Bewährungszeit in die Frist der Nummer 2 eingerechnet.

(2) Die Frist, nach deren Ablauf Vermerke über Jugendstrafe getilgt werden, beträgt

1. **zwei Jahre, wenn auf höchstens ein Jahr Jugendstrafe allein oder in Verbindung mit Nebenstrafen erkannt worden ist, mit Ausnahme der Fälle, in denen die Unterbringung in einer Heil- oder Pflegeanstalt angeordnet worden ist,**
2. **vier Jahre in allen übrigen Fällen.**

Die Frist beginnt mit dem Tag, von dem ab nur noch beschränkt Auskunft erteilt wird.

1) § 95 baut grds (Ausnahme: Unterbringung in Heil- oder Pflegeanstalt; A 2, 3) auf dem StTilgG auf. Beschränkte Auskunft u. Tilgung haben hier die allg. Wirkungen (§§ 4, 5 StTilgG).

2a) I S 1, II **verkürzen die Fristen** für beschränkte Auskunft oder Tilgung (§§ 6, 7 StTilgG) **bei JStr.** u. früherem JGefängnis (§ 119) erhebl. Das gilt auch für die damit verbundenen Nebenentsch. [§ 94 A 1a (2)] einschl. der Unterbringung in einer Heil- oder Pflegeanstalt, für die I Z 2 gilt (Dallinger-Lackner N 8, Potrykus B 3). Diese Unterbringung ist aber erst erledigt, wenn die Vollstreckung nach bedingter Entlassung verjährt ist (§§ 42f, 70 II, 71f StGB), frühestens also nach 10 Jahren (überzeugend Hartung § 95 A 2, Burchardi-Klempahn S 108; aA Dallinger-Lackner N 8). Die anderen Nebenentscheidungen, auch die Entziehung der Fahrerlaubnis (Hartung NJW 64/81, 83f), haben keinen Einfluß auf die Fristen; diese werden allein nach der Haupt-„Strafe" berechnet. — Wegen der **Aussetzung der Verhängung** der JStrafe nach § 27 s. § 96. Die Verkürzung der Fristen bewirkt eine raschere Rückfallverjährung (§ 5 II StTilgG); nach § 95 II JGG, 3 III StTilgG tilgungsreife JStrafen stehen auch nach Strafaussetzung gem. § 96 II einer Strafaussetzung nach § 23 III Z 2 StGB nicht entgegen (OLG Köln JMBl NRW 61/139 = SjE F 5 S 507).

b) I S 2—4 regelt **Beginn u. Berechnung der Fristen** entspr. § 6 III StTilgG. Die Tilgungsfrist beginnt über II S 2 hinaus auch mit der Zustellung des Beschl. über die Strafmakelbeseitigung (§ 99) zu laufen (Dallinger-Lackner N 13, Potrykus B 4, Hartung, A 2b, je zu § 100).

3a) Nebenstrafen, -folgen und Maßregeln der Sicherung und Besserung, die **neben ErzM oder ZuchtM** angeordnet wurden, unterfallen gem. Nr I 3 der AV vom 20. 1. 62 (s. § 94 vor A 1) ebenfalls den Fristen des § 95. Für die Unterbringung in einer Heil- oder Pflegeanstalt gelten I Ziff 2 und II Ziff 2 (vgl auch oben 2a), sonst kommt die kurze Frist zum Zug gem. I Ziff 1, II Ziff 1 (Hartung § 95 A 2, 3; Dallinger-Lackner § 95 N 9 wollten vor der AV vom 20. 1. 62 nur §§ 6—8 StTilgG anwenden).

b) Werden diese Maßnahmen **allein** getroffen (zB Unterbringung in einer Heil- oder Pflegeanstalt oder Entziehung der Fahrerlaubnis gegen einen gem. § 51 I StGB Zurechnungsunfähigen), gelten die allg. Fristen der §§ 6, 7 StTilgG; bei Unterbringung in einer Heil- oder Pflegeanstalt gibt es keine Tilgungsfristen (§ 1 III StTilgG). Doch kann § 8 StTilgG helfen (Dallinger-Lackner N 9—10; aA Hartung § 95 A 2 Abs. 4; doch ist hier kein Anlaß für eine jrechtliche Sonderregelung).

4. Tilgung oder beschränkte Auskunft durch AO der Justizverwaltung gem. § 8 StTilgG ist auch im JR mögl. (s. § 97 RL). Wegen weiterer Möglichk. s. §§ 96 u. 97—101.

§ 96

Beschränkte Auskunft und Beseitigung des Strafmakels in besonderen Fällen[1])

1) Hw — JRecht: § 111. — **2) ErwG:** § 104 A 1a.

(1) Über Vermerke, die einen Schuldspruch betreffen, wird nur beschränkt Auskunft erteilt. Wird der Schuldspruch getilgt oder Jugendstrafe verhängt (§ 30), so wird der Vermerk über den Schuldspruch im Strafregister getilgt.

(2) Bei Verurteilungen von nicht mehr als einem Jahr Jugendstrafe ordnet der Richter an, daß nur beschränkt Auskunft erteilt wird, wenn Aussetzung oder Entlassung zur Bewährung bewilligt ist. Wird die Vollstreckung der Strafe angeordnet, so beginnt die Frist des § 95 Abs. 1 Nr 1 mit dem Tage dieser Anordnung erneut.

(3) Wird die Jugendstrafe oder der Strafrest in den Fällen des Absatzes 2 erlassen, so erklärt der Richter den Strafmakel als beseitigt. Der Beschluß wird im Strafregister vermerkt. Die §§ 100 und 101 gelten entsprechend.

Richtlinie zu § 96:

Der Beschluß nach Absatz 2, daß über die Jugendstrafe nur beschränkt Auskunft erteilt wird, ist dem Strafregister mitzuteilen.

1. Es handelt sich um **BewFälle**[1]). Die Bemühungen um Resozialisierung sollen nicht durch die unbeschränkte Auskunft aus dem StReg. gefährdet werden.

2. I: **a)** Der **Schuldspruch nach § 27** unterliegt mit allen Nebeneintragungen[2]) [§ 94 A 1a (2)] **kraft Ges.** der beschränkten Auskunft (Wirkung: § 95 A 1a).

b) Er ist bei jeder **Nachtragsentsch. nach § 30** (Verhängung von JStr. oder AO der Tilgung) zu tilgen und zwar, wo JStr. nachträgl. verhängt wird, zugleich mit deren Eintrag ohne bes. AO (Dallinger-Lackner N 9). Jede Nachtragsentsch. muß dem StReg. mitgeteilt werden.

3a) II S 1: **Bei bestimmter JStr. bis zu 1 Jahr** muß (kein Ermessensspielraum!)[2]) beschränkte Auskunft **angeordnet** werden, wenn die JStr. zur Bew. ausgesetzt (§§ 20ff) oder die Entlassung zur Bew. (§ 88) angeordnet wird. Die AO erfolgt zugleich mit der Sachentsch. durch das sie erlassende J- oder ErwG (Dallinger-Lackner N 13, Pentz NJW 57/822); die JKammer darf also die Anordnung der beschränkten

---

[1]) **Literatur:** Pentz: Beschränkte Auskunft aus dem StReg. nach § 96 [zT zum künftigen Recht], NJW 57/821.

[2]) Vgl unten A 4.

Auskunft nicht dem JRichter übertragen (OLG Celle MDR 59/144 = GA 59/180 = EJF C I 62 = Zbl 59/29). Der Beschl. ist dem Strafregister mitzuteilen (RL); er kann mit der einfachen Beschwerde angefochten werden[3]). Die Entscheidung kann nachgeholt werden (Dallinger-Lackner N 15, Hartung A 2c, Pentz NJW 57/822). Die Wirkungen treten schon mit Erlaß der richterl. AO ein (Dallinger-Lackner N 18). Auch die Tilgungsfrist läuft von diesem Zeitpunkt an; doch tritt Tilgungsreife niemals vor der abschließenden Entsch. über Erlaß oder Widerruf ein (§ 3 III StTilgG; Dallinger-Lackner N 19, Potrykus NJW 57/1138).

b) II S 2: Wird die Strafaussetzung oder Entlassung zur Bew. **widerrufen,** wird die AO der beschränkten Auskunft gegenstandslos. Der bereits verstrichene Zeitraum wird nicht angerechnet; die Frist des § 95 I beginnt am Tag des Widerrufsbeschlusses (Dallinger-Lackner N 20, Hartung A 2d, Potrykus B 3; vgl auch § 94 RL 3c), wie wenn erst jetzt die Verurteilung ausgesprochen würde.

c) III: Wird die JStr. oder die RestStr. **erlassen,** muß (kein Ermessensspielraum!) der J Ri. den Strafmakel zugleich als beseitigt erklären. Die Entsch. wird im StReg. jedoch nur vermerkt, wenn nicht inzwischen die Eintragung wegen Tilgungsreife (vgl A 3a aE) zu tilgen ist. Für Form, Zuständigk., Anfechtung gelten A 3a S 2, 3, nicht §§ 98f (Dallinger-Lackner N 22, Hartung A 3); für die Wirkungen gelten §§ 100f entspr.

d) Zuständig ist das nach § 57f berufene Gericht, bei Teilaussetzung der Vollstreckungsleiter gem. §§ 88, 82, 58 (Hartung, § 96 A 2c).

4) Das alles **gilt auch, wenn** neben der Aussetzung der Verhängung der JStrafe oder neben der Strafaussetzung zur Bewährung **noch die Unterbringung** in einer Heil- oder Pflegeanstalt **oder die Entziehung der Fahrerlaubnis** angeordnet ist. Denn die Entscheidung im Register kann nur eine einheitliche sein. § 96 trifft in allen drei Absätzen klare, verbindliche Regelungen ohne Einschränkung. Diese Folgen müssen eintreten, wenn die Voraussetzungen gegeben sind; daneben getroffene weitere Maßnahmen können das klare gesetzliche Gebot nicht ausschalten. Eine Auslegung gegen den Wortlaut zum Nachteil des Verurteilten ist nicht möglich. **AA Hartung,** der die Anordnung nach Abs. II nicht zuläßt, wenn zugleich eine der obengenannten Maßregeln angeordnet ist (§ 96 A 2b, NJW 64/81, 84), ja sogar eine Verbindung einer solchen Maßregel mit der Aussetzung der Verhängung der JStrafe zur Bewährung (§ 27) für unzulässig hält (§ 96 A 1a Abs. I aE; vgl § 27 A 4d). Das Registerrecht kann aber das materielle Recht nicht ändern, da jenes erst an dieses anknüpft. Auch übersieht Hartung, daß Nebenstrafen, -folgen oder Maßregeln neben der eigentlichen

---

[3]) Dallinger-Lackner N 16 lassen gegen die Ablehnung der Anordnung die einfache Beschwerde zu (ebenso OLG Hamm NJW 63/1165 für das allg. Recht); Hartung § 96 JGG A 2c hält entspr. dem allg. Recht die bewilligende Entscheidung für unanfechtbar (Hartung aaO § 25 StGB A 2). Das entspricht der hM zum allg. Recht (vgl bes. Oske NJW 64/237 mit vielen Fundstellen); doch lassen Löwe-Rosenberg (20. Aufl. § 453 StPO A 6b) jedenfalls die Anfechtung einer gesetzwidrig bewilligten Anordnung der beschränkten Auskunft zu. Ich kann aber nicht einsehen, warum im JRecht eine Beschwerde gegen diese Entscheidung nicht schlechthin zulässig sein soll, da die Anfechtung im Gesetz nicht ausgeschlossen ist.

„Straf"-Entscheidung nur dann besondere Folgen im Register haben, wenn das ausdrücklich angeordnet ist.

5) Die durch diese jrechtliche **Sonderregelung** geschaffenen Folgen sind **unabhängig von weiteren Registereinträgen;** weder beseitigen diese die günstigen Registerfolgen des § 96, noch führen die gem. § 96 bevorzugten Einträge zu einer Begünstigung anderer Einträge. Denn Zweck des § 96 ist eine der weiteren Entwicklung nicht nachteilige registerrechtliche Behandlung der ausdrücklich genannten Bewährungsentscheidungen; erst der Wegfall der Bewährung hebt die registerrechtliche Sonderstellung auf.

Zweiter Abschnitt

Beseitigung des Strafmakels durch Richterspruch

§ 97

Voraussetzungen

1) Hw — JRecht: § 111. — **2) ErwG:** § 104 A 1a.

(1) Hat der Jugendrichter die Überzeugung erlangt, daß sich ein zu Jugendstrafe verurteilter Jugendlicher durch einwandfreie Führung als rechtschaffener Mensch erwiesen hat, so erklärt er von Amts wegen oder auf Antrag des Verurteilten, des Erziehungsberechtigten oder des gesetzlichen Vertreters den Strafmakel als beseitigt. Dies kann auch auf Antrag des Staatsanwalts oder, wenn der Verurteilte im Zeitpunkt der Antragstellung noch minderjährig ist, auf Antrag des Vertreters der Jugendgerichtshilfe geschehen.

(2) Die Anordnung kann erst zwei Jahre nach Verbüßung oder Erlaß der Strafe ergehen, es sei denn, daß der Verurteilte sich der Beseitigung des Strafmakels besonders würdig gezeigt hat. Während des Vollzugs oder während einer Bewährungszeit ist die Anordnung unzulässig.

Richtlinie zu § 97:

Wird wegen einer Jugendstrafe eine Vergünstigung nach § 8 des Straftilgungsgesetzes erbeten, so ist das Gesuch in der Regel zunächst dem nach § 98 zuständigen Jugendrichter vorzulegen, damit dieser prüfen kann, ob die Beseitigung des Strafmakels durch Richterspruch angebracht ist. Wird der Strafmakel als beseitigt erklärt, so ist dem Verurteilten zu eröffnen, daß sein Gesuch als damit erledigt angesehen wird.

1. Die Beseitigung des Strafmakels ist eine richterl. Entsch. (§§ 98f) in voller Unabhängigk. (Wirkung s. §§ 100f). Über die starren Fristen von beschränkter Auskunft u. Straftilgung hinaus schafft sie die Möglichk., die **bes. Situation des J** (zB entwicklungsbedingte Tat; lebenslange Schäden, wenn der RegEintrag die Berufsausbildung gefährdet) zu berücksichtigen und dem J noch einen **bes. Anreiz** zu bieten; er muß deshalb über diese Möglichk. belehrt werden (66 JVollzO).

2. Die **Beseitigung** des Strafmakels **muß** (Dallinger-Lackner N 8) angeordnet werden, **wenn** folgende **sechs Voraussetzungen** vorliegen:

a) (1) **Verurteilung zu** — bestimmter [s. aber u. (2)] oder unbestimmter — **JStr.** (I S 1), gleich ob als J oder Hw (§ 111) oder ob durch J- oder ErwG. (2) Bei JStr. bis zu einem Jahr nach StrAzBew. oder Entlassung zur Bew. gilt § 96 III (s. § 96 A 3c) als Sondervorschrift.

(3) Hartung (§ 97 A 2) schließt die Beseitigung des Strafmakels aus, wenn neben der JStr. eine Maßregel der Sicherung und Besserung angeordnet ist. Das ist nicht richtig. Das Gesetz schafft nun einmal diese Vergünstigung und beschränkt sie nicht, wenn daneben Maßregeln angeordnet sind; deren Behandlung im Register aber richtet sich mangels einer anderweitigen Regelung nach der Haupt„strafe". Nachteile entstehen nicht; kann dem Verurteilten nämlich Rechtschaffenheit bescheinigt werden (s. A 2e!), besteht auch im Hinblick auf eine Maßregel kein Interesse an der Aufrechterhaltung des Registereintrages.

b) (1) **Fehlen der Tilgung** oder Tilgungsreife des Eintrags. Denn die schon eingetretene Wirkung braucht und kann nicht noch einmal herbeigeführt werden (Dallinger-Lackner N 18). (2) Der Verurteilte muß deshalb auch noch am Leben sein (Dallinger-Lackner N 27, aA Potrykus B 3), da die StRegEinträge Toter entfernt werden (§ 24 I StRegVO).

c) Verbüßung oder endgültiger Erlaß der JStr. (II S 2), auch Amnestie uä. — Läuft noch eine BewZeit (auch im Gnadenweg: Dallinger-Lackner N 21; vgl § 23 III Z 2 StGB), ist eine Beseitigung des Strafmakels ausgeschlossen, ebenso bei StrUnterbrechung, -Aufschub (Dallinger-Lackner N 20) oder gar während des Vollz.

d) Grds Ablauf von 2 Jahren (II S 1) seit vollständiger Verbüßung oder Erlaß, also seit Zustellung des Beschl. nach § 26 I, Ausspruch des Gnadenerweises, Inkrafttreten des Amnestie-Ges. (Dallinger-Lackner N 22). Seltene (Dallinger-Lackner N 23, Potrykus B 4) **Ausnahmen** sind bei außergewöhnl. Leistungen mögl., wenn diese ohne die sonst notwendige längere Beobachtung des J ein Abrücken des Täters von seiner früheren schlechten Einstellung deutl. zeigen (s. e).

e) Rechtschaffenheit, bewiesen durch einwandfreie Führung (I S 1). Straffreies Verhalten genügt nicht; gefordert wird eine positiv betätigte, die RechtsO bejahende Gesinnung (zB Verhalten u. Leistungen in Beruf, Familie, Nachbarschaft; bei Unglücksfällen; für die Allgemeinheit). Die in der Verfehlung zutage getretene Fehlhaltung muß sichtl. überwunden sein. Für die Bejahung oder Verneinung dieser Voraussetzung müssen bestimmte Tatsachen angeführt werden.

f) (1) **Grds Antrag** (I; s. RL) des Verurteilten, seines gesVertr. oder eines ErzBer. Denn diese können am besten beurteilen, ob der StrVermerk nachteilig ist; überdies kann das die Vorgänge wieder aufwühlende Verf. mehr schaden als nützen. — (2) JStA u. JGH sollten deshalb nur in seltenen Ausnahmefällen und nur nach Anhörung des Verurteilten und seiner Angehörigen ihr Antragsrecht ausnützen. Gleiches gilt für die Einleitung eines **Verf. von Amts wegen** durch das

Ger. (Dallinger-Lackner N 27, Potrykus B 3). — (3) GesVertr., ErzBer. u. JGH können den Antrag nur stellen, solang der Verurteilte minderjährig ist (s. § 67 A 5a u. § 97 I S 2). — (4) Wegen Wiederholung eines abgewiesenen Antrags s. § 99 A 1a (3) aE; wegen Umdeutung eines Antrags nach § 8 StTilgG s. RL.

§ 98

Verfahren

1) Hw — JRecht: § 111. — **2) ErwG:** § 104 A 1a.

(1) Zuständig ist der Jugendrichter des Amtsgerichts, dem die vormundschaftsrichterlichen Erziehungsaufgaben für den Verurteilten obliegen. Ist der Verurteilte volljährig, so ist der Jugendrichter zuständig, in dessen Bezirk der Verurteilte seinen Wohnsitz hat.

(2) Der Jugendrichter beauftragt mit den Ermittlungen über die Führung des Verurteilten und dessen Bewährung vorzugsweise die Stelle, die den Verurteilten nach der Verbüßung der Strafe betreut hat. Er kann eigene Ermittlungen anstellen. Er hört den Verurteilten und, wenn dieser minderjährig ist, den Erziehungsberechtigten und den gesetzlichen Vertreter, ferner die Schule und die zuständige Verwaltungsbehörde.

(3) Nach Abschluß der Ermittlungen ist der Staatsanwalt zu hören.

Richtlinie zu § 98:

1. In dem Verfahren zur Beseitigung des Strafmakels wird der Jugendrichter außer den Strafakten und den Vorgängen des Vollstreckungsleiters in der Regel die Personalakten der Vollzugsanstalt heranziehen, die Aufschluß über die Führung des Verurteilten auch nach seiner Entlassung aus dem Strafvollzug geben können.
2. Bei der Erteilung von Ermittlungsaufträgen empfiehlt es sich, die beauftragte Stelle auf die Notwendigkeit schonender Durchführung der Ermittlungen hinzuweisen. Es muß vermieden werden, daß die Verurteilung Personen bekannt wird, die bisher darüber nicht unterrichtet waren.

1. Zuständig (I) **ist immer der JRi.** Für die örtl. Zuständigk. kommt es (s. I) während des ganzen Verf. darauf an, ob der Täter zZ des Eingangs des Antrags bei Ger. oder der Einleitung des Amtsverf. (§ 97 I) volljährig war (Dallinger-Lackner N 3). Volljährigk. u. Wohnsitz bestimmt das bürgerl. Recht (§§ 2ff, 7ff BGB).

2. Herr des **Ermittlungsverf.** ist der JRi. (II S 2). Im Hinblick auf die erforderl. eingehende Aufklärung der persönl. Verhältnisse (§ 97 A 2e) sind gründl. Ermittlungen geboten; der JRi. hat aber alles zu tun, um eine schonende Durchführung sicherzustellen (vgl RL 2 u. § 97 A 2f).

a) Er wird zunächst durch Aktenbeiziehung (RL 1) und Anhörung des Verurteilten, ggf des gesVertr. u. ErzBer., feststellen, wie weit bes. Ermittlungen nötig sind. Sind sie nicht zu vermeiden, ist grds die JGH (§ 38 II S 7 JGG, 73ff JVollzO) oder der Bew H (s. aber § 97 A 2c) mit der Durchführung unter Hinweis nach RL 2 rglm mit einem bestimmten Ermittlungsauftrag einzusetzen (II S 1).

b) Weiter sind stets die vom Verurteilten zZ besuchte öffentl. Schule unter Hinweis auf Wesen u. Sinn dieses Verf. und die nach Landesrecht zuständige untere Verwaltungsbehörde (grds Landkreis) **zu hören;** falls noch nicht geschehen (a), auch der Verurteilte, gesVertr. u. ErzBer. (II S 3). Auch JGH, VormRi., VollstrL, FE-Behörde, Polizei können ggf gehört werden.

c) Das Verf. kennt keine mündl. Verh. Doch ist zur Aufklärung mündl. Anhörung mögl. und, zB beim Verurteilten, meist zweckmäßig.

d) Erst nach Abschluß aller Ermittlungen werden die Akten dem für das Ger. zuständigen JStA zur Stellungnahme zugeleitet (III); dieser stellt einen bestimmten Antrag.

§ 99

Entscheidung

1) Hw — JRecht: § 111. — 2) ErwG: § 104 A 1a.

(1) Der Jugendrichter entscheidet durch Beschluß.

(2) Hält er die Voraussetzungen für eine Beseitigung des Strafmakels noch nicht für gegeben, so kann er die Entscheidung um höchstens zwei Jahre aufschieben.

(3) Gegen den Beschluß ist sofortige Beschwerde zulässig.

1a) Der Beschl. kann einen **dreifachen Inhalt** haben. (1) Entweder er erklärt den **Strafmakel für beseitigt,** wenn die Voraussetzungen vorliegen (§ 97 A 2), (2) (a) **oder er schiebt die Entsch. gem. II auf,** wenn nur die zeitl. Voraussetzungen (§ 97 A 2c, d) nicht gegeben sind oder wenn für das Urteil „rechtschaffener Mensch" (§ 97 A 2e) noch weitere Bew. erforderl. erscheint. (b) Nach Ablauf der gem. II gesetzten Frist muß das Verf. fortgesetzt und durch Beschl. abgeschlossen werden. Eine Einstellung (A 1b) ist ausgeschlossen (Dallinger-Lackner N 8); eine weitere aufschiebende Entsch. ist nur mögl., wenn der Aufschub insgesamt 2 Jahre nicht übersteigt (aA Dallinger-Lackner N 8, Hartung § 99 A 2: überhaupt nicht möglich. — Das ist jedoch aus II nicht abzuleiten). (3) **Oder er weist den Antrag** (s. b) als unbegründet oder als unzulässig **zurück,** wenn eine positive Entsch. in absehbarer Zeit nicht zu erwarten ist. Für einen neuen Antrag müssen neue Tatsachen vorliegen (Rechtskraft).

b) (1) **Ein von Amts wegen** eingeleitetes **Verf.** wird in diesem [A 1a (3)] Falle durch eine Verfügung einfach **eingestellt.** (2) Zwar ist auch ein feststellender Beschl. dahin, daß die Voraussetzungen nicht vorliegen, mögl., doch im Amtsverf. grds nicht angebracht (Dallinger-Lackner N 4; Hartung § 99 A 1).

2a) Der Beschl. [A 1a, b (2)] ist zu begründen (§ 34; s. § 97 A 2e) u. gem. §§ 35 II, 41 StPO, 67 II JGG mit Rechtsmittelbelehrung (§ 35a StPO) zuzustellen. Wegen Mitt. des rechtskräftigen Beseitigungsbeschl. [A 1a (1)] an StReg. u. Führungsliste s. § 100 RL S 1.

b) Die **Einstellungsverfügung** [A 1b (1)] ist nur mitzuteilen (§ 35 II StPO).

3a) (1) Gegen jeden **Beschl.** [A 1a, b (2)] ist die **sof. Beschw.** (III, § 311 StPO) zur JK gegeben, die in vollem Umfang nachprüft. Weitere Beschw. ist nicht zulässig (§ 310 StPO). (2) Die **Einstellungsverfügung** [A 1b (1)] kann nicht angefochten werden; sie hindert einen Antrag nach § 97 I nicht.

b) Beschw. berechtigt sind (1) der Verurteilte, gesVertr., ErzBer., ggf ein Verteidiger u. der Antragsteller bei Ablehnung der Beseitigung [A 1a (3), b (2)] oder Aufschub [A 1a (2)], (2) der JStA immer, außer wenn auf seinen Antrag die Beseitigung angeordnet wurde (hier keine Beschwer; hätte Antrag zurücknehmen können).

4. Kosten u. Auslagen werden nicht erhoben.

§ 100

Wirkung

1) Hw — JRecht: § 111. — **2) ErwG:** § 104 A 1a.

(1) Hat der Jugendrichter den Strafmakel als beseitigt erklärt, so gilt § 4 Abs. 4 des Gesetzes über beschränkte Auskunft aus dem Strafregister und die Tilgung von Strafvermerken sinngemäß.

(2) Der Beschluß, durch den der Strafmakel als beseitigt erklärt wird, wird in das Strafregister eingetragen. Über die Verurteilung wird nur noch dem Strafrichter und dem Staatsanwalt für eine Strafverfolgung auf ausdrückliches Ersuchen Auskunft erteilt.

(3) In den amtlichen Listen wird die Strafe gelöscht.

Richtlinie zu § 100:

Die Mitteilungen zum Strafregister und zu den amtlichen Listen (Führungslisten) obliegen dem nach den allgemeinen Vorschriften zuständigen Beamten bei dem Jugendrichter, der über die Beseitigung des Strafmakels im ersten Rechtszug entschieden hat. Im Strafregister wird der Inhalt der Mitteilung bei der Entscheidung, auf die sie sich bezieht, in der Spalte „Bemerkungen" eingetragen.

1a) Der Verurteilte hat nach Beseitigung des Strafmakels die gleichen **Rechte** wie nach StrTilgung (I). Er darf also die Auskunft über die Tat verweigern (jedoch nicht gegen Ger. u. StA bei bes. Verlangen), und sich als unvorbestraft bezeichnen (näheres s. § 4 IV StTilgG).

b) Auch wird die Str. **in den amtl. Listen gelöscht** (III, vgl RL).

2a) Dagegen bleibt die Str. im StReg. Der Beschl. wird jedoch vermerkt (II S 1, RL S 2) mit der Wirkung, daß über die Str. grds keine Auskunft mehr erteilt wird. Nur auf ausdrückl. Verlangen, auch Str. mitzuteilen, bei denen der Strafmakel beseitigt ist, erhalten StrRi. u. StA — niemals andere Stellen wie Polizei oä — zum Zwecke der Str Verfolgung Auskunft (II S 2); die Auskunftsbefugnisse (II S 2; § 4 IV S 3 StTilgG) sollten nur mit äußerster Zurückhaltung ausgeübt werden (Dallinger-Lackner N 8, 11; Hartung § 100 A 2a, 3b: grds nur in Strafverf. gegen den Verurteilten von erhebl. Bedeutung; rglm bei Taten, die rückfallqualifiziert sind). In die Auskunft aus dem Register ist auch der Vermerk über die Makelbeseitigung aufzunehmen (Hartung § 100 A 2a).

b) Die Str. **bleibt rückfallbegründend.**

c) Die Beseitigung des Strafmakels kann **sogar widerrufen** werden (s. § 101). §§ 2, 3 StTilgG gelten daneben nicht; neue Verurteilungen oder ein Steckbrief heben also die Wirkung der Strafmakelbeseitigung nicht auf; sie können nur die Grundlagen einer Entscheidung gem. § 101 sein (Hartung § 100 A 2c).

3. Die Beseitigung des Strafmakels **hindert die — weitergehende** (A 2) — **Tilgung** durch Zeitablauf (§ 95; wegen des bes. Fristbeginns s. § 95 A 2b aE) oder im Verwaltungsweg (§ 8 StTilgG, vgl. Klemer DJ 43/566) **nicht.**

§ 101

Widerruf

1) Hw — JRecht: § 111. — 2) ErwG: § 104 A 1a.

Wird der Verurteilte, dessen Strafmakel als beseitigt erklärt worden ist, vor der Tilgung des Vermerks wegen eines Verbrechens oder vorsätzlichen Vergehens erneut verurteilt, so widerruft der Richter in dem Urteil oder nachträglich durch Beschluß die Beseitigung des Strafmakels. In besonderen Fällen kann er von dem Widerruf absehen.

Richtlinie zu § 101:

Der Widerruf der Beseitigung des Strafmakels ist zum Strafregister und zu den amtlichen Listen (Führungslisten) mitzuteilen; er wird im Strafregister bei der Eintragung über die Beseitigung des Strafmakels vermerkt.

1a) (1) **Voraussetzung des Widerrufs** ist eine erneute Verurteilung wegen eines Verbrechens oder vorsätzl. Vergehens (§§ 1 StGB, 4 JGG). Verurteilung ist jeder Schuldspruch, auch wenn von Str. abgesehen oder die Str.-Verhängung ausgesetzt oder wenn nur ZuchtM oder ErzM angeordnet werden (Dallinger-Lackner N 4). Der Zeitpunkt des neuen Urteils oder der ihm zu Grunde liegenden Tat ist ohne Bedeutung; es kann also auch widerrufen werden, wenn die Beseitigung des Strafmakels erst nachträgl. in Unkenntnis der neuen Verurteilung angeordnet wurde. (2) Andere Gründe (Verurteilung wegen Übertretung oder fahrlässigem Vergehen; Einstellung eines Verf.; schlechte Führung) rechtfertigen einen Widerruf nicht.

b) Der Widerruf unterbleibt, wo bereits Tilgungsreife (vgl allg. RG 64/146, 147) eingetreten ist; die Feststellung der Tilgungsreife trifft die RegBehörde bindend (RG 56/75f). — Dallinger-Lackner N 5.

2. Trotz der Voraussetzungen kann **vom Widerruf „in bes. Fällen" abgesehen** werden, also wenn zB die neue Tat bes. leicht u. anders geartet ist als die frühere oder wenn ein Widerruf das Fortkommen ungerechtfertigt behindern würde und mit der neuen Maßnahme kein Strafmakel verbunden ist.

3a) Zuständig ist das Ger. (auch ErwG) des neuen StrVerf. (Dallinger-Lackner N 15, 16, Potrykus B 1).

b) (1) **Die Entsch.** kann im neuen Urteil – der Widerruf im Tenor – getroffen werden; sie kann mit den allg. Rechtsmitteln (Ber., Rev.) angefochten werden, u. zwar auch beschränkt auf die Widerrufsentsch. (2) Sonst wird nachträgl. ohne weitere mündl. Verh. durch zu begründenden (§ 34 StPO) u. gem. §§ 35 II, 41 StPO, 67 II JGG formlos mitzuteilenden Beschl. entschieden, der mit der einfachen Beschwerde § 304 StPO) angefochten werden kann (überzeugend Dallinger-Lackner N 14, Hartung § 101 A 3; aA Potrykus B 2: entspr. § 99 III sof. Beschw.). Auch der Widerrufsbeschluß muß vor Tilgungsreife (A 1b) ergehen (Hartung § 101 A 3). Der Beschluß darf auch dann nicht unterbleiben, wenn nicht widerrufen werden soll; denn es muß Klarheit herrschen.

4. Der Widerruf ist mitzuteilen (RL). Durch ihn fallen alle **Wirkungen** der Beseitigung des Strafmakels so weg, als wäre die Beseitigung nie angeordnet worden. Da die Strafe in den amtl. Listen bereits gelöscht ist (§ 100 III), muß an sie zusammen mit der Mitteilung des Widerrufs eine die ursprüngliche Verurteilung enthaltende Strafnachricht gegeben werden (Hartung § 101 A 5).

FÜNFTES HAUPTSTÜCK

Jugendliche vor Gerichten, die für allgemeine Strafsachen zuständig sind

Vorbemerkung.

1a) Verfehlungen J u. Hw (§ 112 S 1) **können nur in bes. Fällen durch ErwG abgeurteilt werden, näml.** durch BGH, ObLG, OLG u. Staatsschutzkammer (§ 102), uU bei Verbindung mit Verf. gegen Erw. (§ 103) oder bei Widerklage gegen den j. oder hw. Privatkläger (§ 80 II).

b) Weitere Ausnahmen gibt es nicht (Potrykus § 102 Vorb.). Wenn also mehrere Taten oder die Einzelakte einer fortgesetzten Handlung oder eines Dauerdeliktes **teils vor, teils nach Vollendung des 21. Lebensjahres** begangen sind, ist bei gemeinsamer Verh. **immer das JG zuständig**[1]). Allerdings besteht kein Zwang zu gemein-

[1]) BGH 7/26f, 8/349ff, 10/64, ObLG 57/1ff, OLG Frankfurt NJW 56/1211, LG Berlin NJW 62/169, Potrykus § 112 B 1. — **AA** Dallinger-Lackner § 103 N 14 und Schaffstein S 141, die entspr. § 103 II je nach Schwergewicht das ErwG oder das JG für zuständig halten, aber einräumen, daß das JG den Vorzug verdient. AA auch Henkel JZ 57/565ff; er sieht einen Widerspruch zu BGH 10/327 (s. § 103 A 3b u. FN 2), doch zu Unrecht, weil hier zur Entsch. nach § 32 die bes. Erfahrungen des JG bedeutsam sind, während dieser Gesichtspunkt dort (s. § 103 A 3b) nicht zutrifft. AA weiter Peters NJW 56/492: entspr. § 32; doch ist ihm entgegenzuhalten, daß ein überwiegend als Erw. kriminell gewordener Täter nicht aus der JKriminalität herausgewachsen sein muß, daß vielmehr oft der erste Schritt vom rechten Weg der entscheidende ist und die Wurzel aller späteren Taten (vgl § 32 A 1c); das aber kann eben das JG besser beurteilen; ein gegenteiliger Wille kann dem Ges. nicht entnommen werden.

samer Verh.[2]); sogar nach Verbindung kann das Verf. dadurch getrennt werden, daß die Rev. auf Taten einer bestimmten Altersstufe beschränkt wird (BGH 10/100, 101f). — Für die Frage, ob Taten in verschiedenen Altersstufen vorliegen, kommt es zunächst auf die Sachlage nach dem Eröffnungsbeschl. an; doch kann der Angeklagte eine Rev. nicht darauf stützen, daß das ErwG das Verf. unter Verletzung der oben dargelegten Grundsätze eröffnet hat, wenn er nur wegen Taten verurteilt wurde, die er nach Vollendung des 21. Lebensjahres begangen hat (BGH 10/64f). — Auch wenn ein Teil der Taten nach Vollendung des 21. Lebensjahres begangen wurde, gilt die eigene Regelung der **sachlichen und örtlichen Zuständigkeit des JGG** gem. §§ 39—42, 108. Die Strafkammer ist also auch hier kein Gericht höherer Ordnung gegenüber den JGerichten (BGH 8/349, LG Berlin NJW 62/169, Löwe-Rosenberg (Dünnebier) § 4 StPO A III 3). Wegen des Verfahrens in solchen Fällen s. § 109 A 3.

c) Das Verfahren des allg. Gerichts gegen J und Hw ist in §§ 104, 112 S 2 geregelt. — Welche Folgen es hat, wenn ein allg. Gericht ohne gesetzliche Grundlage gegen J oder Hw tätig wird, ist in § 33 A 3 behandelt.

2. Über den umgekehrten Fall, daß **Erw vor JGerichte** kommen, s. §§ 103 und 121; wegen des **Verfahrens** s. § 103 A 5a und § 121 A 2a. Wegen der Folgen, wenn ein JGericht ohne gesetzliche Grundlage gegen einen Erw. tätig wird, vgl § 33 A 3.

3. Zuständigk. des JStA oder ErwStA s. § 36 A 2a.

§ 102

Zuständigkeit

1) Hw: § 112 S 1. — **2)** ./.

Die Zuständigkeit des Bundesgerichtshofes und des Oberlandesgerichts sowie die Zuständigkeit der Strafkammer nach § 74a des Gerichtsverfassungsgesetzes werden durch die Vorschriften dieses Gesetzes nicht berührt. In Fällen von geringer Bedeutung kann die Strafkammer mit Zustimmung des Staatsanwalts die Strafsache gegen einen Jugendlichen an das Jugendschöffengericht abgeben.

Richtlinien zu § 102:

1. Die zur Zuständigkeit der Strafkammer nach § 74a GVG gehörenden Strafsachen bearbeitet grundsätzlich nicht der Jugendstaatsanwalt, sondern der hierfür allgemein zuständige Sachbearbeiter. Gibt die Strafkammer die Sache an das Jugendschöffengericht ab, so übernimmt der Jugendstaatsanwalt die weitere Bearbeitung.
2. § 102 gilt auch im Verfahren gegen Heranwachsende (§ 112 Satz 1).

1a) BGH, ObLG u. OLG werden als RechtsmittelGer. und auch in den Verf. gegen J u. Hw tätig, in denen sie als Ger. erster Instanz berufen sind (§§ 120, 121, 134, 134a, 135 GVG).

---

[2]) BGH 10/100, 101f, 18/238.

b) Ebenso entscheidet die **Staatsschutzkammer** in ihrem Zuständigkeitsbereich (§ 74a GVG) auch über Verfehlungen von J u. Hw.

2. Die **Staatsschutzkammer** (nicht auch der StA im Vorverf.) **kann** das Verf. mit Zustimmung des StA in Fällen geringerer Bedeutung **an das JSchöffG abgeben** (nicht an JRi. oder JK), jedoch nur hinsichtl. der J u. Hw, nicht auch der erw. Mittäter (Potrykus B 3, Dallinger-Lackner § 103 N 7; vgl § 103 A 3c). Die Abgabe ist ab Einreichung der Anklage, also noch vor Eröffnung des Hauptverf., u. noch in der Hauptverh. mögl. Die Staatsschutzkammer kann auch Verf. abgeben, die sie gem. §§ 270 StPO oder 134a III GVG übernommen hat. Das **JSchöffG kann die Übernahme nicht ablehnen.** Es kann auch nicht gem. § 40 II an die JK zur Übernahme vorlegen. Die örtl. Zuständigk. kann, soweit nicht § 18 StPO einer Prüfung entgegensteht, durch Entsch. des gemeinschaftl. oberen Ger. (grds OLG: ObLG 57/21, 23) festgestellt werden (§ 42 III S 2 entspr.). — Dallinger-Lackner N 10—12.

3. Zuständigk. des StA: RL 1 u. § 36 A 2a; Verf. s. § 104; Einbeziehung in eine EinheitsStr. § 41 A 7.

§ 103

Verbindung mehrerer Strafsachen

1) Hw: § 112 S 1. — **2)** ./.

(1) Strafsachen gegen Jugendliche und Erwachsene können nach den Vorschriften des allgemeinen Verfahrensrechts verbunden werden, wenn es zur Erforschung der Wahrheit oder aus anderen wichtigen Gründen geboten ist.

(2) Der Staatsanwalt erhebt die Anklage vor dem Jugendgericht, wenn das Schwergewicht bei dem Verfahren gegen Jugendliche liegt.

(3) Beschließt der Richter die Trennung der verbundenen Sachen, so erfolgt zugleich Abgabe der abgetrennten Sache an den Richter, der ohne die Verbindung zuständig gewesen wäre.

Richtlinien zu § 103:

1. Die Verbindung von Strafsachen gegen Jugendliche und Erwachsene ist im allgemeinen nicht zweckmäßig. Sie ist namentlich dann nicht angebracht, wenn der Jugendliche geständig und der Sachverhalt einfach ist oder wenn es sich bei den Erwachsenen um die Eltern des Jugendlichen handelt. Die Verbindung wird aber in der Regel geboten sein, wenn ohne sie eine umfangreiche Beweisaufnahme wiederholt werden müßte.
2. Der Staatsanwalt beantragt die Trennung der verbundenen Sachen, sobald sich die gesonderte Bearbeitung als zweckmäßig erweist (z. B. wenn gegen die erwachsenen Beschuldigten in Abwesenheit des Jugendlichen verhandelt und Urteil erlassen worden ist oder wenn der Durchführung des Verfahrens gegen die erwachsenen Beschuldigten für längere Zeit Hindernisse entgegenstehen.
3. § 103 gilt auch im Verfahren gegen Heranwachsende (§ 112 Satz 1).

1) Wegen **mehrerer Taten eines J oder Hw** sollte grds nur ein Verf. durchgeführt werden (§§ 2—4[0]), 13, 237 StPO, 17 RiStV; vgl. § 70 S 2 JGG; Potrykus B 1; Dallinger-Lackner § 33 Vorb. N 7f), weil die Besserung des einen Täters, nicht die Sühne der mehreren Taten im Vordergrund steht (§ 43 A 1b; s. §§ 31f); die Verbindung erfolgt zum höheren Ger. (§§ 2, 4 II StPO). Das gilt im Hinblick auf § 32 (s. dort A 2b) bes. bei Taten des selben Täters in mehreren Altersstufen; für solche Verf. ist immer das JG zuständig (§ 102 Vorb. 1b). Doch zwingt das Ges. nie zur Verbindung (BGH 10/100, 101f, 18/238).

2) Bei Beteiligung **mehrerer J — und — oder — Hw** ist die Verbindung nach **allg. Grundsätzen** (§§ 2, 3[1]), 4[0]), 13, 237 StPO, 17 RiStV) mögl.; wegen der Schwierigk. des Verf. nach Verbindung (s. § 109 A 1b) ist aber Zurückhaltung angebracht (Dallinger-Lackner § 112 N 4).

3a) Sollen **Verf. gegen J oder Hw mit** solchen gegen **Erw.** verbunden werden, müssen über die allg. Voraussetzungen (s. A 2) hinaus noch die **bes. Voraussetzungen** des § 103 I vorliegen (BGH 10/327, 329) und zwar auch dann, wenn der Erw. an sich vor das JG kommt (§ 121) oder der J (Hw) an sich vor das ErwG (§ 102) (Dallinger-Lackner N 13, vgl § 48 RL 4). Notwendig sind **wichtige sachl. Gründe,** zB zur Wahrheitserforschung (I), etwa bei auseinandergehenden Aussagen mehrerer Mittäter (BGH 10/327, 329), wenn umfangreiche Beweise zu erheben sind (RL 1 S 3), oder zur Vermeidung widersprechender Entsch. (Dallinger-Lackner N 5, Potrykus B 2). Abgesehen von den Fällen, in denen eine Verbindung rechtl. nicht zulässig ist (A 3c), ist auch sonst Zurückhaltung geboten (RL 1 S 1; Dallinger-Lackner N 5; Potrykus B 2), bes. in den Fällen RL 1 S 2.

b) (1) **Zuständig** für die verbundenen Verf. kann nur ein Ger. sein, das für eines der getrennten Verf. zuständig wäre. Wo das Schwergewicht bei dem Verf. gegen J liegt, ist bei Verbindung immer das JG zuständig. Sonst entscheidet das pflichtgem. Ermessen; häufig wird auch hier dem JG der Vorzug zu geben sein (bestr.)[2]). Für das Schwergewicht ist weniger die Zahl der Beteiligten uä als vor allem der Anstoß zur Tat, die Tatherrschaft entscheidend (BGH 10/327, 329; s. a. § 32 A 1c). (2) Die **Zuständigk. des JStA** richtet sich nach § 103; es ist jedoch zweckmäßig, dem JStA im Wege der Geschäftsverteilung die Entsch. über die Verbindung im Vorverf. zu

[0]) Wegen der Verbindung von Strafsachen, die bei Gerichten verschiedener Ordnung anhängig sind, vgl § 41 A 6a aE mit FN 6.

[1]) BGH 11/130 nimmt zu Recht an, daß in § 3 StPO der Begriff „eine strafbare Handlung" wie im materiellen Recht zu verstehen ist, nicht iS des § 264 StPO (bestr.).

[2]) ZB ein Erw., der mehrere J zu einer Diebesbande zusammengeschlossen hat: Anklage zum JG; Dallinger-Lackner N 8; Kohlhaas A in LM § 103 Nr 4; **aA BGH** 10/327, 329f: ErwG bei Schwergewicht bei Erw., doch ohne Anhalt im Ges.; es ist auch nicht einzusehen, warum der BGH daraus Bedenken ableitet, daß sonst die meisten verbundenen Verf. vor das JG kämen; schließlich kann auch nicht unbeachtet bleiben, daß das JGericht für den Erwachsenen ein normales, nach den für ihn geltenden Vorschriften besetztes Gericht ist, während das ErwGericht für den J oder Hw nicht das Gericht mit den besonderen Kenntnissen und Erfahrungen ist, auf das er gem. §§ 33ff, 107 JGG Anspruch hat [vgl § 33 A 3a (2)].

übertragen, bei Verbindung auch Vorverf. u. Anklageerhebung (Potrykus B 3; s. § 36 RL 2 S 3, 4).

c) Eine Verbindung unter Verletzung der Bestimmungen über die sachl. Zuständigk. ist nicht mögl. Ein Erw. kann wegen einer SchwG-Tat nicht von der JK abgeurteilt werden[3]); wegen einer Staatsschutzkammersache nicht vom JSchöffG, wegen schweren Diebstahls nicht vom JRi.; ein J kann wegen einer SchwG-Tat nur von der JK oder dem SchwG, nicht von der allg. StrK verurteilt werden (Dallinger-Lackner N 7). Die Verf. gegen einen j. u. einen erw. Mittäter eines Mordes können also nicht verbunden werden, wenn das Schwergewicht beim J liegt (JK wäre nach II zuständig, doch fehlt ihr die sachliche Zuständigkeit gegen den Erwachsenen). — Das gilt jedoch nur in 1. Instanz. Später gilt der **allg. Instanzenzug.** Der J oder Hw muß sich also die kleine Strafkammer als Gericht 2. Instanz gefallen lassen, wenn der Amtsrichter als Einzelrichter gem. § 103 das Urteil erster Instanz gesprochen hat [BGH 18/79, 80, 83; aA Pentz GA 58/300, 301; zur Frage, was geschieht, wenn das Verfahren 2. Instanz sich nur noch gegen J und Hw richtet, vgl unten A 4a (3)].

Ist durch Verbindung ein sachlich **nicht zuständiges Gericht** tätig geworden, hat das Revisionsgericht von Amts wegen ohne Rüge aufzuheben (BGH 10/74, 76f); es gilt § 41 A 2—4. Doch ist ein solcher Verstoß nur bei einem Angeklagten zu beachten, der davon betroffen ist (BGH 10/119, NJW 62/261). — War die Verbindung unzulässig und ist dadurch ein JGericht gegen einen Erw oder umgekehrt ein ErwGericht gegen einen J oder Hw tätig geworden, gilt das § 33 A 3 Dargelegte.

4a) (1) **Ob** die Verf. gem. § 103 **verbunden** werden, **bestimmt** zunächst der **StA.** (2) Das **Ger. kann** jedoch jederzeit (III) die Verf. **trennen,** wenn es die Voraussetzungen der Verbindung nicht für gegeben hält. Mit der Trennung wird das abgetrennte Verf. an das Ger. abgegeben, das ohne Verbindung zuständig gewesen wäre[4]). Fallen die Voraussetzungen für die Verbindung später weg, können die verbundenen Verf. verbunden bleiben; nur wenn die Voraussetzungen schon bei der Verbindung nicht vorlagen, verfällt das Urteil der Rev. (3) **Scheiden** im Laufe des Verf. **alle J u. Hw aus,** bleibt das JGericht bis zur **Abgabe** gegen die Erwachsenen zuständig (bestr.)[5]); denn es ist für diese einer der verschiedenen Spruchkörper des für sie zuständigen Gerichts. Die Abgabe geschieht formlos und bedarf nicht der Zustimmung der Staatsanwaltschaft; bei Streit entscheidet das Präsidium [s. § 33 A 3a (1) (a) und (2) (a)]. Das alles

---

[3]) BGH 9/399ff, 10/74; aA Henkel JZ 57/565, wenn das Schwergewicht beim J liegt; doch hebt er zu Recht hervor, daß die Ger.Zuständigk. fast verfassungsmäßigen Rang hat; deshalb muß hinter sie notfalls auch die Chance besserer Wahrheitserforschung zurücktreten, zumal sich das nur zugunsten des Angeklagten auswirken kann. — Schaffstein S 141 stimmt Henkel zu.

[4]) Wegen erneuter Verbindung vgl A 4b (3).

[5]) Vgl BGH 18/79. Wie hier 1. Strafsenat und Generalbundesanwalt nach BGH 18/79, 80, 84 (großer Senat, der diese Frage offengelassen hat), wohl OLG Stuttgart NJW 61/1424 = JR 61/353, Dallinger-Lackner N 12, Löwe-Rosenberg (Dünnebier) § 4 StPO A IV 6b, Pentz GA 58/300; **aA** BGH 13/157, 159f, OLG Celle NJW 57/1848 = DAR 57/362, OLG Hamm NJW 58/1704 = VRS 15/442, OLG Oldenburg NJW 57/1329 = MDR 57/566, OLG Stuttgart NJW 59/1697, Weigelt DAR 59/293.

muß entsprechend für das Verfahren nach Einspruch und für das Berufungsverfahren gelten (wegen der bisherigen Meinung s. FN 8 und 9). Wenn es allerdings zur Aufhebung und zur Zurückverweisung kommt oder die Wiederaufnahme des Verfahrens angeordnet wird (§ 370 StPO), kann gleich an das für den am Verfahren Beteiligten zuständige J- oder ErwGericht verwiesen werden[6]); denn darin liegt zugleich die Abgabe. — (4) Etwas **anderes** gilt im umgekehrten Falle, wenn das beim **ErwGericht** anhängige Verfahren **nach dem Ausscheiden aller Erwachsenen** sich nur noch gegen J und Hw richtet. Denn hier ist das Verfahren bei einem funktionell unzuständigen Gericht anhängig [bestr.; s. oben § 33 A 3a (1) (a) und (2) (b)]. Deshalb ist im Gegensatz zu der aus der Entscheidung des BGH (18/179) abzuleitenden Folgerung, auch hier bleibe das Verfahren wie oben (3) bis zur Abgabe beim ErwGericht anhängig, daran festzuhalten, daß das Verfahren mit dem Ausscheiden aller Erw **beim JGericht anhängig** wird und das bisher befaßte Gericht die Akten nur mehr diesem zuständigen Gericht zuzuleiten hat[7]). Über die Berufung eines J oder Hw gegen das Urteil des ErwGerichts hat deshalb nach dem Ausscheiden aller Erwachsenen die JKammer (nicht die Strafkammer) zu entscheiden[8]). Für die Verhandlung über einen Einspruch eines J oder Hw gegen einen vom ErwGericht erlassenen Strafbefehl ist, wenn die Erw keinen Einspruch eingelegt oder diesen zurückgenommen haben, das JGericht zuständig[9]). Nur bei Aufhebung oder Wiederaufnahme gilt auch hier das oben (3) Gesagte entsprechend. — (5) Wegen der **Folgen,** wenn ein nach diesen Überlegungen nicht zuständiges Gericht entschieden hat, s. oben § 33 A 3a.

b) Auch die **Verbindung getrennt angeklagter Verfahren** wird man unterschiedlich behandeln müssen. (1) Die Verbindung **zum JGericht,** bei der jeder Angeklagte vor das den gesetzlichen Bestimmungen entsprechende Gericht kommt, kann **formlos** durch Einigung der Gerichte ohne Einschaltung der Staatsanwaltschaft zugelassen werden; bei Streit entscheidet das Präsidium [oben A 4a (3)]. (2) Die Verbindung **zum ErwGericht** erfolgt — schließt man sich den Gedanken von BGH 18/79ff auch insoweit an

---

[6]) Für **Berufung** OLG Schleswig GA 59/28 = EJF C I 38 = SchlHA 58/117 allg. — Für **Revision** BGH NJW 59/159, 161 (= 12/116; die hier wichtige Stelle fehlt aber), Deisenhofer EJF C I 34 gegen OLG Hamburg EJF C I 34 = GA 58/57 = Zbl 58/56. — Allg. Weigelt DAR 59/293. — Für **Wiederaufnahme** BGH 14/64, Schwarz-Kleinknecht § 370 StPO A 6.

[7]) BGH NJW 59/159, 161 (= 12/116, wo aber die hier wichtige Stelle fehlt), LM § 103 JGG Nr 1, OLG Celle, Hamm u. Oldenburg sowie Weigelt wie FN 5, Löwe-Rosenberg (Dünnebier) § 4 StPO A IV 6b; **aA** Dallinger-Lackner N 12, BGH 1. Strafsenat und Generalbundesanwalt in BGH 18/79, 80, 84.

[8]) BGH 13/157, 159, OLG Hamm NJW 58/1704 (Vorlagebeschluß) = VRS 15/442, OLG Celle NJW 57/1848, OLG Oldenburg NJW 57/1329 = MDR 57/366, Potrykus NJW 54/1350; aA wohl OLG Stuttgart NJW 61/1424 = JR 61/353. Für die Zuständigkeit der JKammer als Berufungsgericht auch für die Berufung des Erwachsenen BGH 1. Strafsenat und Generalbundesanwalt in BGH 18/79, 80, 84 (großer Strafsenat ließ offen).

[9]) ObLG 61/121 (allerdings nach Abgabe an übernahmebereites Gericht), OLG Hamm NJW 58/1704 = VRS 15/442, OLG Stuttgart NJW 59/1697. —

Wegen der Frage, ob überhaupt eine ordnungsgemäße Eröffnung des Verfahrens vorliegt, wenn der ErwRichter zu Unrecht einen Strafbefehl gegen einen Hw erlassen hat, aber das JGericht verhandelt hat (das ObLG 60/122 verneint das) vgl § 33 A 3a (3) und § 109 A 2b (4) (c).

[vgl § 33 A 3a (1) (a)] — nach gleichen Grundsätzen. Da jedoch der J oder Hw dadurch dem ihm vom Gesetz zugedachten, besonders qualifizierten Gericht entzogen wird [s. § 33 A 3a (2) (b)], wird man eine Verbindung hier **nur** zulassen können (a) entweder — auch in der Berufungsinstanz (ObLG 60/147 läßt offen; vgl auch § 41 A 6a mit FN 6) — **durch Vereinbarung** (nicht gem. § 4 II HS 1 StPO) der beteiligten Erw und JGerichte (nicht der Vorsitzenden) und Zustimmung der beteiligten Staatsanwälte (§ 13 II StPO entspr.); beides muß aktenkundig sein (ObLG 57/118f, 60/147) **oder** (b) durch **Beschluß des** gemeinschaftlichen **oberen Gerichts** [grds OLG, nie LG; § 4 II HS 2 StPO entspr.: ObLG 57/21, 22f; nie ObLG: s. § 42 A 4A (1) (b)]. — (3) Das Gericht, das verbundene Verfahren getrennt hat, kann diese von sich aus, also ohne Einschaltung von Staatsanwalt und anderem Gericht — **wieder verbinden,** solange das abgetrennte Verfahren noch nicht abgegeben ist (ObLG 59/132).

5a) Vor den **ErwG** gelten **für J u. Hw §§ 104, 112. Vor den JG** werden die **Erw. nach** allg. materiellem StrR abgeurteilt. Für das Verf. gilt JR, wenn sich nicht aus den Bestimmungen selbst (zB §§ 43, 45, 47, 55, 75, 76) das Gegenteil ergibt oder das Ges. selbst eine bes. Regelung trifft (§§ 48 III, 49 II).

b) Bei verbundenen Verf. gilt bis zum Ende der Verbindung (A 4a) der **Rechtsmittelzug** des angegangenen Ger.

§ 104

Verfahren gegen Jugendliche

1) Abs. I, II: Hw: § 112 S 1, 2; A 2; — Abs. III—V: **Hw:** § 112 S 1. — **2)** ./.— **3) Sold!** § 112e, § 104 A 1a (2) und 1c.

(1) In Verfahren gegen Jugendliche vor den für allgemeine Strafsachen zuständigen Gerichten gelten die Vorschriften dieses Gesetzes über

1. Verfehlungen Jugendlicher und ihre Folgen (§§ 3 bis 32),
2. die Heranziehung und die Rechtsstellung der Jugendgerichtshilfe (§ 38, § 50 Abs. 3),
3. den Umfang der Ermittlungen im Vorverfahren (§ 43),
4. das Absehen von der Verfolgung und die Einstellung des Verfahrens durch den Richter (§§ 45, 47),
5. die Untersuchungshaft (§§ 52, 72),
6. die Urteilsgründe (§ 54),
7. das Rechtsmittelverfahren (§§ 55, 56),
8. das Verfahren bei Aussetzung der Jugendstrafe zur Bewährung und der Verhängung der Jugendstrafe (§§ 57 bis 64),
9. die Beteiligung und die Rechtsstellung des Erziehungsberechtigten und des gesetzlichen Vertreters (§ 67, § 50 Abs. 2),
10. die notwendige Verteidigung (§ 68),
11. Mitteilungen (§ 70),
12. die Unterbringung zur Beobachtung (§ 73),

13. Kosten und Auslagen (§ 74) und

14. den Ausschluß von Vorschriften des allgemeinen Verfahrensrechts (§§ 79 bis 81).

(2) Die Anwendung weiterer Verfahrensvorschriften dieses Gesetzes steht im Ermessen des Richters.

(3) Soweit es aus Gründen der Staatssicherheit geboten ist, kann der Richter anordnen, daß die Heranziehung der Jugendgerichtshilfe und die Beteiligung des Erziehungsberechtigten und des gesetzlichen Vertreters unterbleiben.

(4) Hält der Richter Erziehungsmaßregeln für erforderlich, so hat er deren Auswahl und Anordnung dem Vormundschaftsrichter zu überlassen. § 53 Satz 2 gilt entsprechend.

(5) Entscheidungen, die nach einer Aussetzung der Jugendstrafe zur Bewährung erforderlich werden, sind dem Jugendrichter zu übertragen, in dessen Bezirk sich der Jugendliche aufhält. Das gleiche gilt für Entscheidungen nach einer Aussetzung der Verhängung der Jugendstrafe mit Ausnahme der Entscheidungen über die Festsetzung der Strafe und die Tilgung des Schuldspruchs (§ 30).

Richtlinie zu § 104:

Als Verfahrensvorschriften, deren Anwendung nach Absatz 2 im Ermessen des Richters steht, kommen z. B. § 51 (zeitweilige Ausschließung von Beteiligten), § 69 (Beistand), § 71 (vorläufige Anordnungen über die Erziehung) und § 72 Abs. 3 (Unterbringung in einem Erziehungsheim an Stelle von Untersuchungshaft) in Betracht.

1a) Unmittelbar gelten auch vor ErwG: (1) die §§ 1, 2 (vgl Stellung im Ges.; Dallinger-Lackner § 1 Vorb. N 2), (2) die §§ 82—101, 112c, bei denen es nur darauf ankommt, ob eine Unrechtsfolge des materiellen JR angewendet wurde (Dallinger-Lackner § 82 Vorb. N 20, Potrykus § 82 Vorb. 5; s. § 85 RL I 1b und § 82 Vorb. 2a), (3) die §§ 102, 103 (vgl Stellung im Ges.).

b) Dagegen gelten niemals, auch nicht entspr. (II) oder in abgeänderter Form (III—V): (1) die Vorschriften über Organisation u. örtl. Zuständigk. der JG mit JSchöff u. JStA (§§ 33—37, 42; Dallinger-Lackner N 32, Potrykus B 1). Die Geschäftsverteilung kann den JRi. jedoch auch für Vernehmung J zum Rechtshilfe-Ri. bestellen, wenn das Verf. vor dem ErwG anhängig ist (§ 34 RL 1 S 2; Dallinger-Lackner N 33 halten sogar in allen Fällen ein Rechtshilfeersuchen an den JRi. für zulässig). Wegen der sachl. Zuständigk. s. § 41 A 1b; (2) die Vorschriften über die bes. jrichterl. Verf. (s. § 75 A 3b, § 76 RL 4); (3) § 49 als Besonderheit des Verf. des JRi. gegen J (§ 49 RL; Dallinger-Lackner N 34).

c) Von den **übrigen Vorschriften** gelten einige immer und uneingeschränkt (I, § 112e), andere aber nur nach dem Ermessen des Ger. (II), abgeändert (IV, V) oder beschränkbar (III; s. dazu A 2).

d) Wie weit die einzelnen JGG-Vorschriften auch im Verf. vor dem ErwG gelten, ist bei jedem Paragraphen zwischen Überschrift u. GesText vermerkt (näheres s. Abkürzungsverzeichnis Teil I).

2a) III gibt dem ErwG die Möglichk., die **Beteiligung der JGH** (§§ 38, 50 III 70, 93 III, auch 43), **der ErzBer. u. der gesVertr.** (§§ 50 II, 67) **einzuschränken** oder diese ganz von der Teilnahme am Verf. auszuschließen. Bei der Bedeutung gerade der Einschaltung der JGH, der ErzBer. u. gesVertr. in der JGerichtsbark. und der rglm geringen Erfahrung der ErwG in JSachen sind **solche Beschränkungen nur ausnahmsweise und nur für die Hauptverh. selbst angebracht;** auf die Ermittlungen der JGH zur Persönlichk. (§§ 38, 43) und auf die Anhörung der ErzBer. u. gesVertr. wenigstens außerhalb der Hauptverh. sollte nie ganz verzichtet werden (Dallinger-Lackner N 6; Potrykus B 4).

b) Wo ErzBer. u. gesVertr. ausgeschlossen sind, liegt rglm ein Fall der **notwendigen Verteidigung** vor (§§ 68 Z 2, 3 JGG, 140 I Z 1, II StPO; Dallinger-Lackner N 18, Potrykus B 4).

c) Wegen der **Voraussetzung** „aus **Gründen der Staatssicherheit**" vgl die Erläuterungswerke zu § 172 GVG.

3) ErzMaßregeln (Weisungen, ErzBeistandschaft, Fürsorgeerziehung § 9, auch ErzHilfe durch den Disziplinarvorgesetzten: § 112a Z 2) und alle **Maßnahmen nach Aussetzung** der Verhängung oder Vollstreckung einer JStrafe zur Bewährung — ausgenommen das Nachverfahren gem. § 30 — **darf das ErwGericht nicht anordnen.** Statt dessen ist das Verfahren bei ErzMaßregeln und Strafaussetzung gem. §§ 53, 58 II S 2, 3 abzugeben (s. dort); bei der sonst nicht vorgesehenen (§ 62 A 2d) Abgabe der Bewährungsentscheidungen nach Aussetzung der Verhängung einer JStrafe muß § 58 II S 2, 3 entspr. angewendet werden.

DRITTER TEIL

Heranwachsende

Vorbemerkung.

1) Wer Hw ist, sagt § 1 II. Es kommt auf das **Alter zZ der Tat** an; Volljährigk. ist ohne Einfluß (Potrykus NJW 57/1136). Vgl. näheres § 1 A 2 u. § 105 A 3b.

2) Vgl auch die Einführung, bes. II 3!

Erster Abschnitt

Anwendung des sachlichen Strafrechts

§ 105

Anwendung des Jugendstrafrechts auf Heranwachsende[1])

1) ./. — **2) ErwG:** § 112, A 3.

(1) Begeht ein Heranwachsender eine Verfehlung, die nach den allgemeinen Vorschriften mit Strafe bedroht ist, so wendet der Richter die für einen Jugendlichen geltenden Vorschriften der §§ 4 bis 32 an, wenn

1. die Gesamtwürdigung der Persönlichkeit des Täters bei Berücksichtigung auch der Umweltbedingungen ergibt, daß er zur Zeit der Tat nach seiner sittlichen und geistigen Entwicklung noch einem Jugendlichen gleichstand, oder

2. es sich nach der Art, den Umständen oder den Beweggründen der Tat um eine Jugendverfehlung handelt.

(2) Das Höchstmaß der Jugendstrafe für Heranwachsende beträgt zehn Jahre.

Richtlinien zu § 105:

1. Der Heranwachsende ist stets strafmündig; seine Verantwortlichkeit wird nicht nach § 3, sondern nur nach den allgemeinen Vorschriften beurteilt. Gröbere Entwicklungsmängel können Anlaß zu der Prüfung geben, ob die Zurechnungsfähigkeit nach § 51 StGB ausgeschlossen oder vermindert ist.
2. Die zur Feststellung des Entwicklungsstandes notwendige Persönlichkeitserforschung setzt besonders sorgfältige Ermittlungen voraus (vgl. hierzu die Richtlinien zu §§ 38 und 43).

Vorbemerkung. (Ziff. 1 und 2 vor dem Text des § 105).

3) In Schrifttum und Praxis besteht seltene Einmütigkeit darüber, daß die **Einbeziehung der Hw in die JGerichtsbarkeit** ein erfreulicher **Fortschritt** war. Ebenso einmütig wird **aber § 105 abgelehnt.** Diese Vorschrift ruft nämlich zur Beantwortung von Fragen auf, die das Gericht auch mit Hilfe bester Sachverständiger nicht lösen kann. Die Folge ist Unsicherheit bis zur Rechtsungleichheit durch unterschiedliche Entscheidungen der verschiedenen Gerichte, ja der Richter des gleichen Gerichts zur

---

[1]) **Literatur:** Bericht vom 10. deutschen JGerichtstag: Die Rechtsbrüche der Hw, ihre Kriminologie und Behandlung (Schriftenreihe der deutschen Vereinigung für JGerichte und JGerichtshilfen H 3); Blau: Zur Frage der partiellen strafrechtlichen Vollreife Hw, MDR 59/717 (vgl auch RdJ 62/289, 310); Bresser: Zur Problematik des § 105 JGG, NJW 60/1385; Eickmeyer: Die strafrechtliche Behandlung der Hw nach § 105 des JGG (Kriminologische Untersuchungen H 12); Gerson: Die Anwendung des JStrafrechts auf Hw, RdJ 61 H 2; Hinrichsen: Hw- und JKriminalität, RdJ 56 H 14; Kühling: Zur Kriminologie und strafrechtlichen Behandlung Hw, MKrim 59(42)/157; Lempp: Zur Problematik des § 105 JGG, NJW 60/1384; Loesch: Die strafrechtliche Behandlung der Hw (die Schriften des Fliedner-Vereins Rockenberg H 6); Potrykus: Zum Heranwachsenenrecht, ein Rückblick auf die Rechtsprechung, UJ 58/145; Petersen: Feststellungen zur JVerfehlung bei Verkehrsdelikten Hw, NJW 61/493; Potrykus-Middendorf: Die Rechtsbrüche der Hw und ihre Behandlung RdJ 56 H 23; Schaffstein: Die Behandlung der Hw im künftigen Strafrecht, ZStW 62(74)/1 und: Zur jstrafrechtlichen Behandlung der Hw, die Problematik des § 105, NJW 55/1577; Schneider: Kriminologie und Behandlung hw und jungerw. Rechtsbrecher, RdJ 63/1, 24; Schnitzerling: § 105 JGG in der höchstrichterlichen Rechtsprechung und das Verkehrsdelikt als JVerfehlung, UJ 57 H 5 (vgl auch DAR 56/96ff und 63/208, 209); Suttinger: Psychologische Kriterien für die Anwendung des § 105 I Z 1 des JGG, MKrim 56(39)/65; Vins: Zur Problematik des § 105 JGG, UJ 54/261; Wegener: Der „vorzeitige Abschluß der Entwicklung" bei minderbegabten Straftätern, MKrim 60(43)/147.

Vgl auch die **„Marburger Richtlinien"** (Ergebnisse der Arbeitstagung der deutschen Vereinigung für JPsychiatrie vom 24./25. 4. 1954 in Marburg) in UJ 54/283, MKrim 55(38)/60; Dallinger-Lackner N 11—38, Jagusch A 6 und Potrykus B 2, NJW 54/1351; hier in A 2b eingearbeitet.

Frage des § 105. Überwiegend wird gefordert, die Hw ganz — oder mit kleinen Abweichungen — auch dem materiellen JStrafrecht zu unterstellen. Es wird auf die Literatur in FN 1, besonders auf die neueren Arbeiten von Eickmeyer und Schaffstein sowie auf den Bericht vom 10. deutschen JGerichtstag verwiesen.

Die wissenschaftlichen Erkenntnisse können nicht unbeachtet bleiben. Das führt **zur Anwendung des JRechts auf Hw, wenn nicht ausnahmsweise** eindeutig [vgl aber unten A 2e (3)] zu erkennen ist, daß ihre Entwicklung schon weithin abgeschlossen ist. Eine solche Auslegung ist auch berechtigt, weil die allgemein anerkannten Marburger Richtlinien (Fundstellen in FN 1 aE) bei sorgsamer Beachtung fast bei allen Hw die Anwendung des JStrafrechts geboten erscheinen lassen (Schaffstein MKrim 62(74)/1, 6f). Ausnahmen wird man aus praktischen Gründen bei Bagatell-Verstößen ohne eigentlich kriminellen Gehalt zulassen können [s. § 109 A 2b (4)].

1. § 105[1]) **betrifft nur die Straffrage** (BGH 5/207, 209)[1a]). Ob ein Hw strafrechtl. verantwortl. ist, richtet sich nach allg R (BGH aaO). Eine bes. Schuldvoraussetzung gibt es nicht; § 3 gilt für Hw nicht (RL 1). Bei erhebl. Reifeverzögerungen kann jedoch Zurechnungsunfähigk. (§ 51 StGB: RL 1) oder Verbotsirrtum (Potrykus § 3 B 9) gegeben sein[1b]). — Die **Reifegradentsch.** nach § 105 I muß **bei allen Verfehlungen** (§ 1 A 1) **Hw** (Vorb. 1) getroffen werden.

2. Materielles JR ist auch gegen Hw anzuwenden bei verzögerter Entwicklung (c) oder bei einer JVerfehlung (d), also immer, **wenn Täter oder Tat jgem.**, dh **entwicklungsbedingte Züge** tragen (Dallinger-Lackner N 2). **Eine Vermutung für die Anwendung des J- oder des ErwRechts besteht nicht** [s. A 2e (3)]. Doch hat die Praxis ergeben, daß häufiger JR anzuwenden ist als man ursprünglich angenommen hatte (vgl Einf. II 3, § 105 Vorb. 3).

a) Die Entsch. muß jeweils auf Grund der Besonderheiten des Einzelfalls getroffen werden. So wenig es bestimmte StrTatbestände gibt, die stets eine JVerfehlung (d) darstellen, so wenig gibt es einen bestimmten, fest abgrenzbaren Typ des J, des typischen 14—17jährigen. Das Leben des einzelnen verläuft nicht in klar erkennbaren, allg. gültigen Entwicklungsabschnitten. Man muß deshalb mit Potrykus (B 2, ähnl. Dallinger-Lackner N 6, Schaffstein NJW 55/1577) unter „J" hier abw. von der Legaldefinition (§ 1 II) entspr. dem materiellen Inhalt den noch ungefestigten, in der Entwicklung stehenden Menschen verstehen[1c]). Entspr. ist die JVerfehlung eine Tat, die in dieser Art unter diesen Umständen oder aus diesen Gründen zu begehen typisch für einen solchen Menschen ist (Schaffstein NJW 55/1580).

b) Die **Anhaltspunkte für die Entsch.,** die nur im Zusammenhang richtig gewürdigt werden können (s. A 2c), sind im Folgenden dargestellt. Vgl dazu die „Marburger Richtlinien"; FN 1.

[1a]) Wegen beschränkter Anfechtung und Aufhebung des Urteils s. unten A 4d mit FN 7. Vgl auch BGH 5/132.

[1b]) Schaffstein S 39f.

[1c]) Vgl BGH 12/116, 118: wenn bei dem Täter „die Entwicklungskräfte noch in großem Umfang" wirksam sind.

(1) Zeichen einer unreifen, noch in der Entwicklung stehenden Persönlichk. sind: (a) Vorherrschen des Gefühls- u. Trieblebens (Besitz-, Geschlechtstrieb, sinnlose Zerstörungswut, Lust am Quälen) mit Launen u. allg. Unausgeglichenheit; Leben im Augenblick; spielerische Einstellung zur Arbeit. Die Handlungen entspringen der Gelegenheit, nicht der Planung und sind ohne Verbindung zu tieferen Schichten der Persönlichk., weshalb den Verlockungen nicht genügend Widerstand entgegengesetzt werden kann; hierher zählen auch die Primitivreaktionen bes. der geistig Retardierten.

(b) Drang zur Selbständigk. mit Lösung der familiären Bindungen[1d]), Widerstand gegen bisherige positive erz. Einflüsse, ja gegen jede Autorität, Suche nach neuen, meist bedingungslos anerkannten [s. (d)] Vorbildern[1d,e]) (Film, Sport); Wunsch, anerkannt zu werden [s. (c)], bes. nicht als feige zu gelten.

(c) Hang zum Abenteuer und Phantastischen; Leidenschaft für die Technik (Kfz[1f]), Geschwindigk. — Rausch); Sucht, in aller Mund zu sein (Angeberei, Kraftmeierei), auch echter Kampf gegen Mängel der Rechts- u. Sozialordnung (Tötung des Liebhabers der Mutter).

(d) Unsicherheit gegen die noch nicht verstandene Ordnung der Erw., oft verborgen in Arroganz u. Trotz; bei Auflehnung gegen Bestehendes [s. (b)] Anlehnung und Vertrauensseligk. gegenüber Fremden, auch Nachahmung u. Herdentrieb[1e]) (j. Überzeugungstäter; Mitwirkung bei Banden; verführter Einzeltäter); äußert sich auch in falsch verstandener Kameradschaft[1e]), Ritterlichk. uä.

(2) Demgegenüber sind Zeichen einer weitgehend abgeschlossenen Entwicklung: (a) gewisse Lebensplanung mit ernsthafter Einstellung zur Arbeit, (b) Fähigk. zu selbständigem, rationell unterbautem Urteil u. Entscheiden sowie zu zeitl. überschauendem Denken, (c) gewisse Eigenständigk. gegenüber anderen Menschen. (d) Leistungsehrgeiz (im Gegensatz zum Geltungsehrgeiz des J). (e) Eheschließung nur, wenn die Ehe in sittlicher Verantwortung eingegangen worden ist (s. FN 1 d und 6).

[1d]) Eine **Eheschließung** kann auf solchen typisch j Motiven beruhen; sie ist deshalb nicht notwendig ein Zeichen geistiger und sittlicher Reife (OLG Saarbrücken JBlSaar 63/172 = RSpr 64 Nr 17). Auch ist zu beachten, daß frühe Selbständigkeit in ungünstiger Umgebung die Entwicklung des mit einem charakterlosen Manne verheirateten Mädchens nicht fördert; das naive Zutrauen einer noch nicht starken und sicheren Persönlichkeit kann eher das Gegenteil bewirken (BGH 12/116, 120). Vgl aber FN 6.

[1e]) **Ungute Kameraden** haben oft großen Einfluß, weil gerade die Schwäche gegen schlechte Einflüsse für diese Altersstufe kennzeichnend ist; es ist für die Reife-Entscheidung ohne Bedeutung, wenn der Angeklagte seinen „Freunden" auf geistig-sittlichem Gebiet überlegen ist (BGH EJF C I 43).

[1f]) **Kfz Entwendungen** zu Spazierfahrten ohne weitere Vorteile sind meist Ausfluß des starken Reizes der Technik und damit Anzeichen für eine noch im Jugendlichen verhafteten Entwicklung (BGH EJF C I 43). Gleiches gilt für **Verkehrsdelikte** Hw aus puberaler motorischer Enthemmung, aus Geltungsstreben, Selbstbestätigungs- und Erlebnisdrang oder aus Mangel an Verantwortungsbewußtsein, da hier regelmäßig die soziale Reife noch nicht eingetreten ist (OLG Hamm NJW 60/1966 = DAR 60/339 = SjE F 7 S 625). Die Anwendung allg. Rechts kann nie damit begründet werden, daß der Hw den Führerschein schon länger habe (OLG Saarbrücken JMBl Saar 61/35; ähnl. OLG Hamm aaO, Blau RdJ 62/289, 310; vgl Petersen NJW 61/493 und Schnitzerling DAR 56/96).

(3) Hw Anlagetäter sind rglm schon in ihrer kriminellen Haltung gefestigt; für sie gilt grds allg R. — Gegen **Hw Entwicklungstäter** (Tat aus Reifungsvorgängen; ohne feststellbare Anlage- oder Milieu-Schäden) ist grds JR anzuwenden; der „normale" Hw hat „Sturm u. Drang" im wesentl. hinter sich. — Auf **Hw Verwahrlosungstäter** (schädl. Umwelteinflüsse meist neben entspr. Anlage u. Entwicklung) ist großzügig JR anzuwenden, da gerade wegen dieser Gruppe § 105 geschaffen wurde; doch muß ErwR gelten, wenn die schon abgeschlossene Entwicklung zu einem negativen Persönlichkeitsbild geführt hat, das unabhängig von den schädl. Einflüssen in sich gefestigt ist. — Eine **Minderbegabung** selbst im Sinn des § 51 II StGB ist nicht unbedingt ein Zeichen, daß die Entwicklung auf geistigem Gebiet noch nicht abgeschlossen ist (BGH NJW 59/1500). Doch vertreten medizinische Sachverständige rglm die Auffassung, daß auf Debile und Imbezile (Wegener MKrim 60(43)/147) und auf Hw mit frühkindlichen Hirnschäden (Lempp NJW 59/798) grds JRecht anzuwenden sei. Vgl auch A 2c (2)!

(4) Als Taten entsprechen der Vorstellungswelt eines **in der Entwicklung** stehenden jungen Menschen vor allem Diebstahl (bes. Banden, Warenhaus), Sittlichkeitsdelikte, Taten aus technischem Interesse (unbefugter Kfz-Gebrauch[1f]), Gewaltakte (Sachbeschädigung, Tierquälerei, Brandstiftung; ggf Raub, Totschlag). **Dagegen** entsprechen rglm **nicht** Untreue, Hehlerei (bes. gewerbsmäßig); komplizierte Betrügereien (a. zB Fahrkartenschwindel) und Urkundenfälschungen. Die meisten Taten sind selbst einer so groben Eingliederung nicht zugängl.

(5) Ein wichtiges Indiz in Zweifelsfällen [s. auch A 2e (3)], sonst aber eine stets beachtenswerte Kontrolle bietet die Frage, welche Rechtsordnung **die für diesen Täter am besten geeignete Maßnahme** enthält. Die RechtsO ist stets, gerade aber mit § 105 bestrebt, für jeden Täter die geeignete Maßnahme zur Verfügung zu stellen (Dallinger-Lackner N 47, Jagusch A 4, Potrykus B 6, Becker NJW 54/335, ausführl. Schaffstein S 44 und NJW 55/1578f, Blau MDR 59/720 FN 26; aA Hinrichsen RdJ 55/44, 45, Vins UJ 54/261).

c) (1) Ob eine verzögerte Entwicklung vorliegt (I Z 1), ist auf Grund einer **Gesamtwürdigung der Täterpersönlichk.** zu entscheiden. Es kommt auf die **Reife im ganzen,** nicht nur in Bezug auf die konkrete Tat an[2]). Es muß nachdrückl. davor gewarnt werden, auf das Vorliegen einzelner unter A 2b genannter Umstände allein die Entscheidung zu stützen oder nur auf die Tat und ihre Begleitumstände abzustellen (Schaffstein S 41). Es geht hier um die **Prüfung, wieweit die dritte Reifephase,** die

---

[2]) Jagusch A 4. Blau MDR 59/717 setzt sich für die Anerkennung einer **partiellen Vollreife** ein; vgl Schaffstein S 45 und NJW 55/1580. — Die Annahme einer partiellen Vollreife widerspricht dem Gesetz: JRecht ist gem. § 105 anzuwenden, wenn der Täter als Persönlichkeit und damit im ganzen noch nicht reif ist; zusätzlich wird — in Gestalt der JVerfehlung — noch eine partielle Unreife anerkannt. Eine Begünstigung des ErwRechts durch Anerkennung der partiellen Vollreife findet nicht nur im Gesetz keine Stütze, sondern widerspricht auch den in Vorb. 3 dargelegten Erkenntnissen. Wo auf dem Gebiet der Tat Unreife vorliegt, wird man JRecht anzuwenden haben; andernfalls bestände ein Mißverhältnis zwischen Tat und Ahndung.

Adoleszenz (etwa 18./20. Jahr) abgeschlossen ist, der das Trotzalter (ca. 12/13. Jahr) und die Pubertät (etwa 14./17. Jahr) vorausgegangen sind. Nach dem negativen Abbau der bisherigen Bindungen und dem allgemeinen Umbruch in der Entwicklung bedeutet die Adoleszenz die **Konsolidierung zum Erwachsenen.** „Der" Hw ist also rglm weder ganz reif noch ganz unreif. Die zu entscheidende Frage ist, ob diese Konsolidierung bei diesem Täter so weit erfolgt ist, daß das **Gesamtbild** nicht mehr dem eines jungen, unreifen Menschen entspricht. Dieser Stand der Entwicklung tritt um so später ein, je differenzierter die soziale Welt ist, in die der Hw hineinwächst (auch ein Grund für die zunehmende Verzögerung der Reife auf geistig-sittlichem Gebiet).

(a) Es kommt allerdings **nur auf die** für das soziale Verhalten entscheidende **Entwicklung auf geistigem u. sittlichem Gebiet** an. Doch ist eine stark verzögerte körperl. Entwicklung rglm ein Indiz dafür, daß auch die geistige u. sittl. Entwicklung zurückgeblieben ist (allgM, zB Dallinger-Lackner N 8), nicht umgekehrt[2a]). — **Die Verzögerung auf geistigem oder sittl. Gebiet allein genügt,** wenn dadurch das Gesamtbild des Hw entspr. beeinflußt wird (BGH NJW 56/1408, Dallinger-Lackner N 9). Fehlt, wie meist, nur die sittl. Reife, doch in erhebl. Umfang, darf auch eine fortgeschrittene geistige Entwicklung nicht darüber hinwegtäuschen, daß die gesamte Persönlichkeitsentwicklung noch der eines J entspricht.

(b) Für die Persönlichkeitsentwicklung haben die **Umwelteinflüsse** oft entscheidendes Gewicht und müssen deshalb eingehend erforscht und bei der Entsch. berücksichtigt werden. Steht fest, daß die Ursachen der Tat eines Hw ausschl. ErzMängel, erz. ungünstige Umwelteinflüsse uä sind, liegt es nahe, daß der Täter mindestens in seiner sittl. Entwicklung zurückgeblieben ist u. grds nach JR abgeurteilt werden muß (BGH MDR 54/694)[1d]), ohne daß es noch darauf ankäme, ob diesem Einfluß alle Gleichalterigen ausgesetzt waren (BGH 8/90, 91f). Jedoch bleiben die Umwelteinflüsse außer Betracht, die die Persönlichkeitsentwicklung nicht beeinflußt haben (Dallinger-Lackner N 40).

Wichtige Aufschlüsse gibt oft der Lebenslauf, besonders auffällige Änderungen, Schicksalsschläge oä, auch Mängel geistiger oder körperlicher Art sowie Fehler im Entwicklungsgang (falscher Beruf). Besteht zwischen Fähigkeiten, Neigungen, Interessen und Plänen besonders in der Leitthematik des Lebens weitgehend Harmonie, ist die 3. Reifungsphase [s. oben A 2c (1) 1. Abs.] abgeschlossen.

(c) In der Praxis spielt das **Alter** eine wichtige Rolle: wurde die Tat im 19. Lebensjahr begangen, wird meist JRecht angewendet; 20jährige werden oft nach allg. Strafrecht abgeurteilt (vgl Statistik in Einf. IV 5c und bes. Eickmeyer aaO FN 1). Man muß sich jedoch vor einer Überbewertung hüten. 18jährige können reifer als 20jährige sein. — Bei einer **fortgesetzten Tat,** bei deren Beginn der Täter kurz vor Vollendung des 18. Lebensjahres stand und bei deren Ende er 18½ Jahre alt war, ist bes. sorgfältig zu prüfen, ob die Reife bei den letzten Tatteilen vorlag (BGH EJF C I 43). Daß die Tat über das 21. Lebensjahr hinaus fortgesetzt wurde, schließt die

[2a]) Sexuelle Frühreife verzögert meist sogar die geistig-sittliche Reifung.

Anwendung des § 105 nicht aus (OLG Hamburg und OLG Koblenz gegen OLG Frankfurt bei Wagner in GA 62/14; vgl § 32 A 3).

(d) Entscheidend ist immer die **Reife zZ der Tat;** notfalls müssen darüber bes. Ermittlungen angestellt werden [BGH 12/116, 120; s. A 2e (1)].

(2) **Unbehebbare Entwicklungsrückstände** (Schwachsinn, charakterl. Fehlhaltung) berechtigen nicht zur Anwendung des § 105 I Z 1 (vgl JSchöffG Kiel NJW 56/35). Doch findet fast immer eine Nachreifung statt, die nach den Erfahrungen gerade durch unbestJStr. oft erhebl. gefördert wird. Deshalb ist eine so negative Prognose praktisch nicht mögl. Daß der Entwicklungsrückstand wahrscheinl. nicht behoben werden kann, steht der Anwendung von JR nicht entgegen[3]).

d) Eine Jugendverfehlung[3a]) **ist** mindestens ein partieller Rückfall eines altersgem. entwickelten Hw in die **Verhaltensweise eines J** (Dallinger-Lackner N 42, Potrykus B 5), wenn sie nicht überhaupt noch dem ganzen Wesen eines in der Entwicklung zurückgebliebenen Hw entspricht [s. A 2e (2)]. Sie muß — entgegen den im Ges.Text nicht zum Ausdruck gekommenen, also unbeachtl. Vorstellungen des GesGebers — nicht notwendig eine Tat geringer Bedeutung sein; auch die schwerste Tat kann eine JVerfehlung sein[4]). Für die Beurteilung kommt es darauf an, ob die **Motive** oder das **äußere Erscheinungsbild** oder auch nur die **Begleitumstände** der Tat eine Verhaltensweise zeigen, wie sie bei J übl. ist; s. dazu A 2b. Es wird nicht gefordert, daß so nur J zwischen 14 u. 17 Jahren handeln; es genügt, daß vorwiegend unreife Menschen dieser Versuchung erliegen oder aus diesen Gründen in dieser Art handeln uä (Schaffstein NJW 55/1580). Ein Verkehrsvergehen scheidet umgekehrt nicht deshalb als JVerfehlung aus, weil derartige Vergehen von Tätern aller Altersklassen begangen werden [OLG Hamm NJW 60/1966 = DAR 60/339 = SjE F 7 S 625; vgl aber Petersen A 2e (2) aE]. Bei der Rauschtat muß sich diese, nicht die im Rausch begangene Tat, als JVerfehlung darstellen, weil jene bestraft wird, während letztere nur Bedingung der Strafbark. ist (LG Nürnberg-Fürth MDR 55/566).

e) (1) Die schwere Entsch. nach I Z 1 kann immer (RL 2, Potrykus NJW 56/658), die Entsch. nach I Z 2 jedenfalls dann nur nach **eingehender Persönlichkeitserforschung** (§ 43, s. dort u. § 105 A 4c) getroffen werden, wenn es auf das Tatmotiv ankommt. Deshalb wird eine Hauptverhandlung in Abwesenheit des Angeklagten — auch bei

---

[3]) Dallinger-Lackner N 39, ähnl. Jagusch A 6; abw. Potrykus B 2, der schon gegen die Anwendung des JR an sich keine Bedenken hat. Vgl dazu vom ärztl. Standpunkt Munkwitz Zbl 56/117 und oben A 2b (3) aE. Ähnlich wie Potrykus auch Hinrichsen RdJ 55/44, 46 und Schaffstein S 44.

[3a]) Der BGH EJF C I 43 (mit Anm. Kohlhaas) formuliert: „Eine JVerfehlung liegt ua dann vor, wenn die Tat ihrem äußeren Erscheinungsbild nach kennzeichnend für Verfehlungen ist, wie sie bei J oft vorkommen", also auch bei gutgearteten J (Kohlhaas aaO). Der BGH würdigt hier eine Kfz-Entwendung allein zur Spazierfahrt unter dem Einfluß unguter Freunde.

[4]) BGH bei Herlan GA 56/347, Dallinger-Lackner N 43, Jagusch A 7; vgl BGH NJW 54/1775 für Meineid, MDR 54/694 für Hehlerei, 8/90 f für politische Delikte; — unklar Potrykus B 5, der zunächst die Erwägungen des GesGebers, dann aber die Meineidentsch. des BGH billigt. Vgl Kohlhaas EJF C I 43, der gegen diese Auslegung Bedenken anmeldet. Wie hier auch Schaffstein S 47.

Verkehrsdelikten — nur selten möglich sein (OLG Hamburg NJW 63/67f = DAR 63/279 = GA 63/54; vgl aber OLG Hamm FN 5). Wichtige Aufschlüsse können aus bisherigem Lebensweg und Umwelt gewonnen werden [oben A 2c (1) (b)]. Der Eindruck in der Hauptverh. gestattet nur die Feststellung der körperl., allenfalls der geistigen Entwicklung, niemals der Entwicklung in sittl. Hinsicht[5]). Nur wo schon die äußeren Lebensumstände zeigen, daß der Hw eine entwickelte, ausgereifte Persönlichk. ist, können die in § 43 vorgeschriebenen Ermittlungen unterbleiben[6]) (a. ggf bei § 106). Dies gilt nicht umgekehrt bei klar erkennbar zurückgebliebener Entwicklung, weil in diesem Fall jedenfalls für die Auswahl der Maßnahme Ermittlungen nach § 43 notwendig sind. — Wegen Strafbefehl.-Verfügg s. § 109 A 2b (4) (b).

Um den Stand der **Persönlichkeitsentwicklung zur Tatzeit** [A 2c (1) (e)] feststellen zu können, sind gegebenenfalls Zeugen zu vernehmen, die den Angeklagten zur Zeit der Tat gut gekannt haben (BGH 12/116, 120; BGH MDR 54/694 und 12/116, 117f nennen verschiedene Ermittlungsmöglichkeiten). Gegebenenfalls können Anhaltspunkte aus früheren Urteilen gewonnen werden (vgl OLG Köln VRS 23/386).

(2) **I Z 1 u. Z 2 sind selbständige Tatbestände,** wenn sie sich auch meist decken (Dallinger-Lackner N 45, Jagusch A 7). Es ist zweckmäßig, zunächst das Vorliegen einer J Verfehlung zu prüfen, weil deren Voraussetzungen enger und daher rglm leichter festzustellen sind als der Stand der vielschichtigen Entwicklung (vgl Schaffstein S 45, NJW 55/1580; Petersen NJW 61/493 stellt bei Verkehrsdelikten auf die äußere Erscheinung ab und lehnt weitere Ermittlungen über Motivation uä im Hinblick auf die zur geringen Bedeutung der Tat außer Verhältnis stehenden Kosten und Schwierigkeiten ab).

(3) Lassen sich trotz eingehender Ermittlungen die **Zweifel** nicht beseitigen [s. auch A 2b (5)], verdient das **JR** ob seiner reichen Auswahl und großen Anpassungsfähigk. den **Vorzug,** zumal seine ungerechtfertigte Anwendung — im Gegensatz zum umgekehrten Fall — grds nicht schadet (BGH 12/116, 118, Dallinger-Lackner N 3, 33, Potrykus B 3, 4, Schaffstein S 31, 43, Schnitzerling DAR 63/208; s. Vorb. 3). Doch darf sich das **nicht zum Nachteil des Täters** auswirken, solange § 105 und der Grundsatz „im Zweifel zugunsten des Angeklagten" gelten (eingehend Grethlein NJW 59/542; Jagusch A 4, 4b, Kohlhaas EJF C I 45, Schaffstein S 31, 43; **aA BGH** 12/116, 118f, ohne auf die Problematik einzugehen). — Über Vergleichsmaßstäbe s. § 55 A 4g.

---

[5]) BGH MDR 54/694, ObLG DAR 56/19; bedenkl. OLG Hamm JMBl NRW 55/190, Rspr 55 Nr 800, das sich bei einem Verkehrsdelikt mit den Feststellungen, der Täter arbeite als KfzMechaniker im väterl. Betrieb, u. dem Eindruck in der Verh. begnügt; vgl auch Potrykus NJW 56/657; FN 33 und hier FN 6. Beachte auch BGH 12/116, 118. — Doch wird bei leichten Delikten, die offenbar nicht Ausdruck einer abartigen Persönlichkeit sind, der Eindruck in der Hauptverhandlung genügen können (OLG Hamburg NJW 63/67 = GA 63/54 = DAR 63/279; vgl § 38 III S 3, 109).

[6]) BGH 6/316, 329: Täterin 19 u. 20 Jahre alt, 3 Jahre verheiratet, ordentl. Ehe, gesicherte Lebensgrundlage; als Unrecht klar erkennbare Ladendiebstähle; vgl auch BGH bei Herlan GA 54/310: ErwR bei geistig u. sittl. voll entwickeltem Kfz Schlosser bei fahrlässiger Tötung im Verkehr. — Vgl auch FN 1d und 5.

3a) (1) **Es muß materielles JR angewendet werden, wenn die Voraussetzungen** des § 105 I Z 1 oder Z 2 **vorliegen.** Die §§ 4—32 gelten an sich (s. b) unverändert mit der einen Ausnahme, daß **die HöchstJStr. für alle Delikte 10 Jahre** beträgt (II; abw. von § 18 I S 1, 2). Eine JStr. von mehr als 5 Jahren ist aber gegen einen Hw entspr. dem Grundgedanken des § 18 I S 2 nur gerechtfertigt, wenn auch das allgR eine Str. in dieser Höhe zuließe; denn Str. über 5 Jahre dienen weniger der Erz. (s. § 18 A 2a, b, 3d) als der Sühne (Dallinger-Lackner N 81; **aA BGH** MDR 55/372, Jagusch A 8, Potrykus B 8). — (2) Wegen der Schwierigk. bei geringfügiger Oberflächenkriminalität s. § 109 A 2b (4) (b).

b) Doch ergeben sich **aus dem höheren Lebensalter der Hw Besonderheiten** [s. § 1 A 2a (2)], die bei den Einzelvorschriften behandelt sind. Allg. tritt mit fortschreitendem Alter der ErzGedanke mehr zurück, der Sühnegedanke mehr hervor (Jagusch A 8). ErzBeistandsch., FE u. Verwarnung sind rglm nicht mehr angebracht (§ 12 A 1a aE, § 14 A 1d), bei der Auswahl der Weisungen ist Vorsicht geboten (§ 10 A 1c (2)). Für bes. Pflichten (§ 15 A 1b), JA (§ 16 A 2e), JStr. [§ 17 A 2, § 18 A 2b, 3d (2)], unbestJStr. (§ 19 A 2b), Aussetzung der Verhängung von JStr. [§ 27 A 2b (4), § 30 A 1c] gilt im wesentl. das gleiche wie bei J; die StrAzBew. weist nur insofern Besonderheiten auf, als für die Weisungen u. bes. Pflichten als BewAufl. Besonderes gilt (s. o.).

c) Wegen Taten in verschiedenen Alters- u. Reifestufen s. § 32 mit A.

d) Wegen der Strafzumessung bei Straftaten unter Alkoholeinfluß s. BGH MDR 60/938 oben § 3 A 4a aE.

4a) Die **Reifegradentscheidung** (§ 105 I) wird **rglm auf Grund einer Hauptverhandlung** in Anwesenheit des Angeklagten [OLG Hamburg NJW 63/67 = GA 63/54 = DAR 63/279; vgl oben A 2e (1)], ggf bei ganz leichten Delikten auch im summarischen Verfahren [§ 109 A 2b (4)] getroffen.

b) Über diese Frage ist **gesondert abzustimmen.** Die Entsch. erfordert **$^2/_3$ Mehrheit** (Dallinger-Lackner N 58, Potrykus B 7, NJW 54/822, Lackner GA 55/36). Wird diese nicht erreicht, sind gem. § 196 III S 2 GVG die im Einzelfall nach ErwR u. JR verwirkten Maßnahmen festzusetzen u. gegeneinander abzuwägen [wegen der Vergleichsmaßstäbe s. § 55 A 4 g]; die mildere ist auszusprechen; das JR ist nicht generell milder (Einf. II 2, Jagusch A 4; Schaffstein NJW 55/1578); die Frage, welche Maßnahme milder ist, wird ggf mit einfacher Mehrheit entschieden (Dallinger-Lackner N 57—60, Lackner GA 55/36).

c) Die Entsch. nach § 105 I ist stets **eingehend zu begründen** (§ 54 FN 1). Die Anführung des GesWortlauts genügt auch in VerkehrsStr. Sachen nicht[6a]). **Allein** der Eindruck in der Verh. u. die Feststellung, daß der Täter KfzMechaniker im väterl. Betrieb ist, reicht auch in diesen Fällen nicht (ObLG DAR 56/19 — vgl. FN 5). Vielmehr müssen auch hier **bestimmte Tatsachen angegeben** werden, die erkennen

---

[6a]) KG VRS 22/373, OLG Hamburg NJW 63/67 = GA 63/54 = DAR 63/279, OLG Hamm NJW 60/1966 = DAR 60/339 = SjE F 7 S 625.

lassen, daß auch die Umweltverhältnisse und die Tatsache berücksichtigt sind, daß häufig die sittl. Entwicklung mit der körperl.-geistigen nicht Schritt hält (OLG Schleswig SchlHA 57/211 = RSpr 57 Nr 749). Das Vorliegen einer JVerfehlung kann nicht mit der Begründung abgelehnt werden, derartige Delikte würden von Tätern aller Altersgruppen begangen, da jede Tat nach den Umständen und Beweggründen eine JVerfehlung sein kann (OLG Hamm NJW 60/1966 = DAR 60/339 = SjE F 7 S 625 und VRS 18/113; vgl oben A 2d). — Wegen der Ermittlungspflicht s. A 2e (1).

d) Die **Anfechtung** und Aufhebung des Urteils kann auf die StrFrage, nicht aber auf die Frage des § 105 allein beschränkt werden[7]); dagegen ergreift eine Anfechtung, die auf die Rüge der Ablehnung einer Strafmilderungsvorschrift oder der Versagung der StrAzBew. beschränkt ist, nicht die Frage des § 105 I (ObLG 56/7f; OLG Frankfurt NJW 56/233). Wegen der Wirkung des Verschlechterungsverbots bei Aufhebung wegen falscher Anwendung des § 105 s. § 55 A 4g und wegen des Verhältnisses von ErwStr. zu den Maßnahmen des JGG s. auch § 55 A 4 g.

e) In **späteren Verf.** besteht **keine Bindung an die ReifegradEntsch.** (§ 105 I) des früheren Verfahrens [BGH NJW 59/159, 160 (= 12/116ff; dort ist dieser Teil nicht abgedruckt)] (a. im Nachverfahren gem. § 30; s. dort A 1c). Die Vorentscheidung ist aber oft ein wertvolles Indiz [OLG Köln VRS 23/386; Dallinger-Lackner N 41a; vgl oben A 2e (1)].

§ 106

Milderung des allgemeinen Strafrechts für Heranwachsende

1) ./. — **2) ErwG:** § 112, A 3.

(1) Ist wegen der Straftat eines Heranwachsenden das allgemeine Strafrecht anzuwenden, so kann der Richter an Stelle von lebenslangem Zuchthaus auf eine Zuchthausstrafe von zehn bis fünfzehn Jahren und an Stelle einer zeitigen Zuchthausstrafe auf Gefängnisstrafe von gleicher Dauer erkennen.

(2) Von der Anordnung der Sicherungsverwahrung und der Aberkennung der bürgerlichen Ehrenrechte oder der Fähigkeit zur Bekleidung öffentlicher Ämter kann der Richter absehen.

1a) Auch bei altersgem. entwickelten Hw, die nach allgR abgeurteilt werden müssen, ist **rglm die Reifeentwicklung noch nicht abgeschlossen** (vgl § 114); bei ihnen ist häufig nach entspr. erz. Bemühungen eine **Wiedereingliederung** auch dann zu erwarten, wenn sie schwer gefehlt haben. Müßten die in § 106 genannten bes. schwerwiegenden Maßnahmen des allgR gegen sie verhängt werden, würde die anzustrebende Resozialisierung dadurch vereitelt, mindestens wesentl. erschwert. Das aber muß möglichst vermieden werden.

---

[7]) Dallinger-Lackner N 65, 66; vgl OLG Hamm NJW 60/1960 = DAR 60/339, nach dem die Aufhebung zum Strafmaß auch den Entzug der Fahrerlaubnis umfaßt, weil für diese Frage eine zwischenzeitlich erfolgte Nachreifung bedeutsam sein kann. AA Potrykus B 7.

b) Vielfach genügen schon die Wahlmöglichk. (zB §§ 178, 307; 174, 224; 161 II, 180 I StGB) **oder die Milderungsbefugnisse des allgR,** die bes. Situation des hw. Täters zu berücksichtigen. Dann ist kein Raum für die Anwendung des § 106 (Dallinger-Lackner N 4). Gleiches gilt, wenn die bes. Umstände (A 1a) zB dazu führen, daß eine **Sicherungsverwahrung oft** schon deshalb **nicht** angeordnet werden kann, weil im Hinblick auf die zu erwartende Nachreife im Zeitpunkt des Urteils nicht festgestellt werden kann, daß der Hw auch nach der StrVerbüßung noch eine Gefahr für die Allgemeinheit sein wird (vgl BGH JZ 53/673 und GA 63/14).

c) Zwingt aber das allgR zur Verhängung der in § 106 genannten, für die weitere Entwicklung bes. nachteiligen Str. (I; zB in §§ 211 StGB, 234, 306 StGB) oder Maßregeln der Sicherung u. Besserung (II; zB in §§ 20a, 42e; 161 I, 181 II, 302d StGB), **ermöglicht § 106 eine Abweichung im Interesse der Wiedereingliederung** (BGH 7/353, 355).

d) Dagegen kann das Ger. die kraft Ges. eintretenden **Nebenfolgen der ZuchthausStr.** (§ 31 StGB) **auch bei Hw nicht beseitigen,** wenn es auf Zuchthaus erkennt (Dallinger-Lackner N 8, Jagusch A 1, aA Potrykus B 1; doch gestattet das Ges. in seiner **abschließenden Regelung** — BGH bei Herlan GA 56/347 — nur, von einer AO abzusehen; überdies kann in den geeigneten Fällen statt auf Zuchthaus auf Gefängnis erkannt werden).

2a) Die Anwendung des § 106 liegt — grds nach Anhörung der JGH (s. § 38 A 8a aE) — im pflichtgem. Ermessen des Ger. Dabei steht die Frage **im Vordergrund, ob eine Wiedereingliederung zu erwarten ist** (BGH 7/353, 355). Ist diese Frage (wie meist: A 1a) zu bejahen, wird gemildert, falls nicht ausnahmsweise Art u. Schwere der Tat und die anderen anerkannten StrZwecke, bes. der Sühne oder des Schutzes der Allgemeinheit, die Milderung verbieten (BGH 7/353, 355f bei bes. schwerer Mordtat; Dallinger-Lackner N 9).

b) Die **ablehnende Entsch** bedarf stets einer $^2/_3$ Mehrheit (§ 263 I StPO); die Urteilsgründe müssen jedenfalls in den Fällen, in denen eine Milderung in Betracht kommt, erkennen lassen, daß das Ger. sich seiner Befugnis bewußt war (ähnl. StrAz-Bew., Dallinger-Lackner N 10, Jagusch A 3).

c) (1) Bei **Milderung** nach § 106 wird im Tenor nur auf die gemilderte Str. erkannt (I, s. § 54 A 2h) oder die an sich verwirkte Maßregel nicht angeordnet (II). In den Gründen ist auszuführen, welche Str. oder Maßregel an sich verwirkt wäre (das ist der Ausgangspunkt der Entsch. nach § 106; vgl A 1b) u. warum das Ger. gemildert hat (Jagusch A 3). — (2) Eine **zeitige ZuchthausStr.** wird **in eine GefängnisStr. gleicher Höhe** umgewandelt. § 21 StGB gilt also nicht (Dallinger-Lackner N 5, Jagusch A 1). Diese GefängnisStr. darf höher als 5 Jahre sein; § 16 I StGB gilt hier nicht (Potrykus FN 1). Wo eine **Gesamtstrafe** zu bilden ist, müssen Zuchthaus = Einsatz- und = Einzelstrafen zunächst in Gefängnisstrafen umgewandelt werden, aus denen dann die Gesamtstrafe als Gefängnisstrafe zu bilden ist (AG Nienburg NdsRpfl 62/160).

3) Wegen der **Strafzumessung bei Taten Hw** nach **Alkoholgenuß,** der zu verminderter Zurechnungsfähigkeit geführt hat, s. BGH MDR 60/938 u. § 3 A 4a aE.

Zweiter Abschnitt

Gerichtsverfassung und Verfahren

§ 107

Gerichtsverfassung

1) ./. — 2) ~~ErwG~~: nur § 38 gilt; § 112, § 104 I Z 2, A 1b.

Die Vorschriften über die Jugendgerichtsverfassung (§§ 33 bis 38) gelten für Heranwachsende entsprechend.

Unabhängig vom Alter zZ der Aburteilung und unabhängig davon, ob JR oder allgR angewendet wird (§ 105), und welche Verf. Vorschriften gelten (§ 109), kommen **Hw** ebenso wie J **vor das JG** (s. § 33 A 1d). Es ist nur konsequent, daß auch der **JStA** mitwirkt (§ 36; vgl dort RL 2 S 2) und daß die **JGH** eingeschaltet werden muß (§ 38 A 8).

§ 108

Zuständigkeit

1) ./. — 2) ~~ErwG~~: s. § 41 A 1b, § 104 A 1b; § 112.

(1) Die Vorschriften über die Zuständigkeit der Jugendgerichte (§§ 39 bis 42) gelten auch bei Verfehlungen Heranwachsender.

(2) Der Jugendrichter ist für Verfehlungen Heranwachsender auch zuständig, wenn die Anwendung des allgemeinen Strafrechts zu erwarten ist und nach § 25 des Gerichtsverfassungsgesetzes der Amtsrichter allein zu entscheiden hätte.

(3) Das Jugendschöffengericht darf wegen der Verfehlung eines Heranwachsenden nicht auf Zuchthaus von mehr als zwei Jahren und nicht auf Sicherungsverwahrung erkennen. Ist höhere Zuchthausstrafe oder Sicherungsverwahrung zu erwarten, so ist die Jugendkammer zuständig.

1. Für die **sachl. Zuständigk.** kommt es darauf an, ob materielles JR oder ErwR anzuwenden ist (§ 105).

a) (1) **Ist die Anwendung materiellen JR zu erwarten,** gelten die §§ 39—41 uneingeschränkt (I).

(2) (a) **Wird voraussichtl. eine Str. nach allgR verhängt,** hat der **JRi.** dieselbe sachl. Zuständigkeit wie der EinzelRi. des allgR (II; § 25 GVG für die Eröffnung; für das Urteil gilt nach hM § 24 GVG[1])). Die **JK** ist für Schwurgerichtssachen (I §§ 41 I Z 1 JGG, 80 GVG) und für Verf. zuständig, in denen auf Zuchthaus von mehr als 2 Jahren oder Sicherungsverwahrung zu erkennen ist (III). In diesen Fällen muß unmittelbar zur JK angeklagt werden (OLG Hamm JMBl NRW 54/181,

---

[1]) ZB BGH 16/248, ObLG 51/452, OLG Köln GA 57/24, Löwe-Rosenberg 20. Auflage A 5b, Schwarz-Kleinknecht A 4 je zu § 25 GVG; aA zB OLG Düsseldorf NJW 61/1992, Kleinknecht-Müller § 25 GVG A 6.

Rspr 54 Nr 897). Sonst gehört — abgesehen von der Sonderzuständigk. nach § 102 (§ 112 S 1) — das Verf. zum **JSchöffG;** dieses darf sowohl bei der Gesamtstrafenbildung als auch bei Anwendung des § 106 eine 5 Jahre übersteigende GefängnisStr. verhängen (Dallinger-Lackner N 12; aA Potrykus B 5; — vgl. § 41 FN 1). (b) Das JSchöffG kann auch hier ein Verf. wegen des Umfangs der JK zur Übernahme vorlegen (I; §§ 40 II, 41 I S 2). Dadurch werden die Nachteile vermieden, die sich aus dem Fehlen des erweiterten SchöffG ergeben könnten. Die Ablehnung der Übernahme hindert nicht die spätere Verweisung, wenn der StrBann nicht ausreicht (OLG Celle MDR 57/117 = Zbl 57/246 = EJF C I 20).

(3) Läßt sich, wie oft, **keine sichere Voraussage über die anzuwendende RechtsO** treffen, ist die Zuständigk. in beiden Richtungen [o. (1) u. (2)] zu prüfen. Sind danach verschiedene Ger. zuständig, muß zum höheren angeklagt bzw vor dem höheren eröffnet werden; nur so können unnötige Verweisungen vermieden werden. Deshalb gehört der schwere Diebstahl eines Hw rglm vor das JSchöffengericht, das Rückfallverbrechen eines erheblich vorbestraften Hw grds zur JKammer (BGH 18/1).

b) Ist das **Ger.** bei der Eröffnung oder später **aA als der StA,** so verfährt es, wenn die Bedenken für den Fall der Anwendung des JR bestehen, wie § 41 A 3—5 dargestellt; andernfalls gelten die Regeln des allgR (s. die Erläuterungsbücher zu §§ 209, 270 StPO). Wegen Übernahme vom JSchöffG zur JK s. A 1a (2) (b).

2a) Die **örtl. Zuständigk.** richtet sich stets nach § 42 (s. dort RL u. A). Doch wird, auch wo bevorrechtigte Gerichtsstände (§ 42 II, RL 1) gegeben sind, das pflichtgem. Ermessen (§ 42 A 3a) bei fortgeschrittener Entwicklung häufiger zur Anwendung des Tatortgerichtsstandes als Regel-Gerichtsstand des allgR (Kleinknecht-Müller § 7 StPO Vorb. 2) führen. Bes. zu beachten ist hier, daß es eine vormundschaftsrichterl. Zuständigk. nach Volljährigk. nicht mehr gibt (Dallinger-Lackner N 15, aA Potrykus B 1, der den zZ der Tat zuständigen VormR. für berufen hält) und daß es eine Zuständigk. beim VollstrL nur gibt, wenn eine frühere JStr., nicht eine frühere GefängnisStr. zu vollstrecken ist (§ 42 A 2c).

b) Auch bei Hw kann das Verf. nach § 42 III abgegeben werden.

§ 109

Verfahren

1) ./. — **2)** Abs. I: ErwG: §§ 112, 104 Z 2, 3, 9, 10, 11, 12; — wegen § 68 s. § 112 A 2a (2).

Abs. II: ErwG: §§ 112, 104 Z 5, 6, 7, 8, 13, 14; — wegen § 53 s. § 104 IV; § 112 S 1, A 2a (3); § 53 RL 3; — wegen § 65 s. dort A 2c; — wegen § 66 s. dort A 6 iVm § 112.

(1) Von den Vorschriften über das Jugendstrafverfahren (§§ 43 bis 81) sind im Verfahren gegen einen Heranwachsenden § 43, § 50 Abs. 2 und 3, §§ 67 bis 70 und 73 entsprechend anzuwenden. Die Öffentlichkeit kann ausgeschlossen werden, wenn dies im Interesse der Erziehung des Angeklagten geboten ist.

(2) Wendet der Richter Jugendstrafrecht an (§ 105), so gelten auch die §§ 52 bis 66, § 74, § 79 Abs. 1 und § 81 entsprechend.

Richtlinien zu § 109:

1. Im Gegensatz zum Verfahren gegen Jugendliche ist das Verfahren gegen Heranwachsende grundsätzlich öffentlich. Die Öffentlichkeit kann aber nicht nur aus den in §§ 171a, 172 GVG genannten Gründen, sondern auch im Interesse der Erziehung ausgeschlossen werden (vgl. hierzu die Richtlinien zu § 48).
2. Gegen einen Heranwachsenden darf ein Strafbefehl nur erlassen werden, wenn das allgemeine Strafrecht anzuwenden ist (§ 109 Abs. 2, § 79 Abs. 1). Der Staatsanwalt beantragt deshalb den Erlaß eines Strafbefehls gegen einen Heranwachsenden nur, wenn er Ermittlungen nach § 43 angestellt hat und zu der Auffassung gelangt ist, daß das allgemeine Strafrecht anzuwenden ist.
3. Eine amtsrichterliche Strafverfügung (§ 413 StPO) darf gegen einen Heranwachsenden nur erlassen werden, wenn das allgemeine Strafrecht anzuwenden ist. Eine jugendrichterliche Verfügung (§ 75) ist unzulässig.
4. Das vereinfachte Jugendverfahren ist gegen einen Heranwachsenden nicht zulässig, wohl aber das beschleunigte Verfahren nach §§ 212ff. StPO.
5. Privatklage und Nebenklage sind gegen einen Heranwachsenden zulässig, gleichviel, ob allgemeines Strafrecht oder Jugendstrafrecht anzuwenden ist. Auch insoweit ist grundsätzlich der Jugendrichter zuständig.
6. Im Strafverfahren gegen Heranwachsende gelten folgende Vorschriften über das Jugendstrafverfahren nicht:

   § 44 — Vernehmung des Beschuldigten durch den Staatsanwalt oder den Vorsitzenden des Jugendgerichts (vgl. jedoch Nr 1 der Richtlinien zu § 44),
   § 45 — Absehen von der Verfolgung (bei Einstellung des Verfahrens wegen Vergehens ist also die Zustimmung des Amtsrichters nach § 153 Abs. 2 StPO erforderlich),
   § 46 — Zurückhaltung bei der Darstellung des Ermittlungsergebnisses (vgl. jedoch Nr 4 der Richtlinien zu § 46),
   § 47 — Einstellung des Verfahrens durch den Richter (in Betracht kommen also § 153 Abs. 3, § 154 Abs. 2, § 154b Abs. 4 StPO),
   § 48 — Nichtöffentlichkeit (vgl. jedoch Nr 1 der vorstehenden Richtlinien),
   § 49 — Vereidigung von Zeugen und Sachverständigen (vgl. die Richtlinien zu § 49),
   § 50 Abs. 1 — Voraussetzungen für eine Hauptverhandlung in Abwesenheit des Angeklagten,
   § 51 — Zeitweilige Ausschließung von Beteiligten (vgl. Nr 4 der Richtlinien zu § 51),
   § 71 — Vorläufige Anordnungen über die Erziehung,
   § 72 — Untersuchungshaft.

1a) Für Hw gilt allg. VerfRecht, wo nicht eine Sonderregelung getroffen ist (Dallinger-Lackner N 4). (1) Gem. I S 1 gelten die jrechtl. Sondervorschriften zur Persönlichkeitserforschung (§§ 43, 50 II, III, 67, 70, 73) und die auf die Minderjährigk. abgestellten Vorschriften (§§ 50 II, III, 67—70) auch gegen Hw immer. (2) Die bei der Anwendung materiellen JR notwendigen Sondervorschriften (§§ 52—66, 74, 79 I, 81) gelten dagegen gem. II nur bei nach JR abzuurteilenden Hw; Schwierigk. entstehen hier nicht, weil diese Vorschriften erst bei der Entsch. des Ger. zur Anwendung kommen, also zu einem Zeitpunkt, in dem auch über die Frage, welche materielle RechtsO anzuwenden ist (§ 105), entschieden werden muß. (3) Hinsichtl. der Frage der Öffentlichk. trifft I S 2 eine Sonderregelung. (4) **Auch sonst** muß das Ger. bei Hw **den ErzGedanken im Rahmen seines Ermessens** berücksichtigen (Dallinger-Lackner N 4; vgl §§ 44 RL 1 S 2, 46 RL 4).

b) Für **Verf. gegen J u. Hw** (Verbindung nach allg. StPO-Grundsätzen s. § 103 A 2) treffen nur §§ 48 III (Öffentlichk.) und 49 II (Eid) Sonderregelungen. Sonst gilt für jeden Täter das seiner Altersgruppe entsprechende VerfRecht (Dallinger-Lackner N 47); eine Verh. gegen J u. Hw zugleich ist also nur im förml. Verf. mögl., nicht etwa im vereinfachten JVerf. (nicht gegen Hw) oder im beschleunigten Verf. (nicht gegen J). — Wegen Verf. auch gegen Erw. s. § 103 A 5.

c) (1) **Wie weit die einzelnen Vorschriften des 2. Teiles des JGG auch für Hw gelten, ist bei jedem Paragraphen zwischen Überschrift u. GesText vermerkt** (näheres s. Abkürzungsverzeichnis Teil I). (2) Wegen des Verf. gegen **Hw vor ErwG** s. § 112.

d) Grundsätzlich kommt es auf das **Alter zZ der Tat** an (BGH bei Herlan GA 63/106 für I S 2 und § 50 III, nicht für § 50 II).

2. Die bes. VerfArten.

a) (1) Die bes. JVerf., näml. das formlose ErzVerf. [§§ 45, 47; s. aber u. A 2b (1)], das jrichterl. Verfügungsverf. (§ 75) und das vereinfachte JVerf. (§§ 76—78) können **gegen Hw nicht** durchgeführt werden (RL 6; 3 S 2; 4). (2) Dagegen sind **gegen Hw immer** das beschleunigte Verf. (§§ 212 ff StPO)[0], Privat- u. Nebenklage [§§ 374 ff, 395 ff StPO; s. A 2b (2)] mögl. (RL 4, 5), ebenso — wie bei J — die gebührenpflichtige Verwarnung durch die Polizei (s. § 75 A 6b). (3) **Nur wenn ErwR angewendet wird,** sind auch das StrBefehlsverf. [§§ 407 ff StPO; s. A 2b (4)], die gerichtl. StrVerfügung [§ 413 StPO; s. A 2b (4)] u. das Entschädigungsverf. [§§ 403 ff StPO; s. A 2b (3)] zulässig (RL 2, 3 S 1; § 81 RL 2 S 2). (4) Wegen der VerwaltungsStrVerf. s. § 33 A 4, wegen der bes. landesrechtl. Verf. (Forstrüge) s. § 79 A 2.

b) An **Besonderheiten** ist dabei zu beachten: (1) Zwar ist eine **Einstellung des Verf.** nur nach den allg. Vorschriften*) (s. § 45 A 1a, b u. § 47 A 1 a, b) mögl. Doch wird die bes. Entwicklungssituation der Hw, bes. wenn die Voraussetzungen des § 105 zu bejahen sind, häufiger als sonst eine Einstellung nach den allg. Vorschriften rechtfertigen (Dallinger-Lackner N 22). (2) Auch für die **Privatklage** ist grds der JRi. zu-

---

[0]) BGH 15/314.

*) Nach **§ 154 StPO** kann verfahren werden, wenn gegen den Hw schon eine **ErzMaßregel oder ein Zuchtmittel** festgesetzt worden ist. Die Fassung dieser Vorschrift zeigt, daß ihr ein weiter Strafbegriff zugrunde liegt. Unter diesen weiten Strafbegriff fallen auch ErzM und ZuchtM; insoweit gilt das zu § 55 A 4a (1) für das Verschlechterungsverbot Entwickelte (vgl auch § 2 A 1d).

ständig (§§ 107, 108 I, 2, 33 I, 39 JGG, 25 Z 2a GVG, § 109 RL 5 S 2) (a. nach §§ 112, 103 u. bei Widerklage, vgl § 80 II, RL 2). Das Ger. prüft wie auch bei der Nebenklage stets nach § 105 und ahndet entspr. dem Ergebnis die Tat nach J- oder ErwR (Dallinger-Lackner N 32, Becker NJW 54/336). JStr. dürfte ausgeschlossen sein (§ 80 II S 2 entspr.: auch hier private Genugtuung). (3) Das **EntschädigungsVerf.** bietet dem Verletzten hier bes. Schwierigk. weil er kaum zuverlässig voraussehen kann, ob ErwR angewendet wird und ihm sein Anspruch zuerkannt werden kann (Dallinger-Lackner N 20). (4) (a) Eine **gerichtl. StrVerfügung** oder ein **StrBefehl** kann grds. nur erlassen werden, wenn auf Grund sorgfältiger Ermittlungen zum Entwicklungsstand feststeht, daß die Voraussetzungen des § 105 I nicht vorliegen (RL 2 S 2, Dallinger-Lackner N 35, 40, Potrykus B 6a, b, Becker NJW 54/335). Auch sonst ist Zurückhaltung geboten. Bei rückfallbegründenden Delikten, bei Taten mit kriminellem Gehalt, wo FreiheitsStr. zu erwarten ist oder wo allg. nachteilige Folgen für den Hw aus dem Verf. entstehen könnten, ist das summarische Verf. nicht geeignet (Dallinger-Lackner N 36, Potrykus B 6a). (b) Andererseits ist das schnelle, kostensparende Verf. im Interesse der Entlastung der Ger., aber auch deshalb nicht zu entbehren, weil es gerade bei Hw meist erz. ungünstig ist, wenn wegen einer geringfügigen Verfehlung eine Hauptverh. durchgeführt werden muß. Da — außer dem nicht immer geeigneten beschleunigten Verf. — kein vereinfachtes Verf. zur Verfügung steht, wenn auf einen Hw JR anzuwenden ist oder eine Klärung dieser Frage noch aussteht, erläßt die Praxis rglm wegen leichter, nicht krimineller Oberflächenverstöße Hw ohne Prüfung des Entwicklungsstandes StrBefehle oder gerichtl. Str Verfügungen. Das steht in Widerspruch zu den §§ 105, 109 und wird vielfach im Schrifttum abgelehnt[1]). Abgesehen davon, daß der GesGeber — irrig — davon ausgegangen ist, daß gegen Hw häufiger allgR anzuwenden (s. Einf. II 3b) u. damit oft Str.Befehl oder gerichtl. Str.Verfügung mögl. sei, findet das Verf. der Praxis auch eine Rechtfertigung in dem für die Auslegung des JGG maßgebenden ErzGedanken. Es ist meist erz. wesentl. schädl., wenn eine leichte Verfehlung in einer Hauptverh. abgeurteilt wird (Reise, Arbeitsausfall, häusl. Aufregung, geringe Maßnahme nach förml. Verf. u. Urteil), als wenn eine Geldstrafe verhängt wird, an deren Stelle vielleicht (!) besser eine nicht sehr einschneidende [tatangemessen: § 10 A 1b(3)]

---

[1]) Dallinger-Lackner N 35, Potrykus B 6a. Schaffstein S 181 meint aber zutreffend, daß JRichter und JStaatsanwalt „geradezu genötigt" werden, allg. Recht anzuwenden und Strafbefehle zu erlassen, wenn sie der Arbeitslast Herr werden wollen. Auch Dallinger-Lackner N 42 halten die an sich gebotene Zurückhaltung bei Strafverfügungen für entbehrlich, weil es hier nur um Übertretungen gehe. Gleiches wird aber auch für das Strafbefehlsverfahren bei Bagatelldelikten zu gelten haben, zumal der JStaatsanwalt besser als die Polizei überblicken kann, ob dieses schriftliche Verfahren erz. geeignet ist. Becker NJW 54/335 und Blau MDR 59/717 rechtfertigen die Praxis mit dem — allerdings nicht zutreffenden — Hinweis, daß Hw im Straßenverkehr rglm die volle Entwicklung hätten, daß also partielle Vollreife vorliege; doch begründen technische Kenntnisse keine sittliche Reife; eine partielle Vollreife widerspricht Wortlaut und Sinn des § 105 (s. § 105 FN 1f und FN 2). — Vgl auch Petersen NJW 61/493 (Feststellungen zur JVerfehlung bei Verkehrsdelikten Hw), Potrykus MDR 54/403 (Strafbefehl und Strafverfügung gegen Hw) und Just-Dahlmann MDR 54/24 (Erste Fragen zum JGG).

Weisung ergangen wäre. Überdies verdienen Hw meist gut, auch wird der Unterschied zwischen GeldStr. (ErwR) und Geldaufl. (JR) oft nicht empfunden; endl. können sogar gegen J im Ordnungsstrafverf. GeldStr. u. Haft [§ 1 A 1a (2)] verhängt werden. — Es ist dringend notwendig, daß der GesGeber bald einen Ausweg aus diesem Dilemma schafft. (c) **Sonst ist beim Strafbefehlsverfahren zu beachten:** Auch vor dem JGericht kann nach Beginn der Hauptverhandlung nicht mehr beantragt werden, daß der Einzelrichter entscheiden solle, (ObLG 61/250); der örtliche Sitzungsvertreter kann diesen Antrag nicht stellen (ObLG 61/265). Der Amtsrichter, der zu Unrecht einen Strafbefehl gegen einen Hw erlassen hat, kann das Verfahren nach Einspruch an den zur Übernahme bereiten JRichter abgeben (ObLG 61/121); allerdings hob ObLG 60/122 das Urteil eines JRichters auf, der über einen vom allg. Gericht gegen einen Hw erlassenen Strafbefehl nach Einspruch ohne Verweisung verhandelt und entschieden hatte, weil kein ordnungsgemäßer Eröffnungsbeschluß vorliege. — Zur Frage der Abgrenzung allg. Gerichte: JGerichte allgemein vgl § 33 A 3a. Vgl auch § 79 A 1c.

3) Taten, die in verschiedenen Altersstufen begangen sind, unterfallen auch unterschiedlichen Verfahrensvorschriften (wegen der Zuständigkeit s. § 102 Vorb. 1b). Soweit möglich, sind für jede Tat die für sie geltenden Vorschriften anzuwenden; so ist bei Steuerdelikten die Nebenklage des Finanzamtes nur für die nach Vollendung des 18. Lebensjahres begangenen Taten zulässig; auch die für J verschärfte Anwesenheitspflicht für die Hauptverhandlung (§ 50 I) bleibt bei gleichzeitiger Verhandlung wegen später begangener Taten bestehen, weil für das JStrafrecht der persönliche Eindruck von wesentlicher Bedeutung ist. — Dagegen scheiden alle **Verfahrensarten** aus, die auch nur hinsichtlich einer der in einem Verfahren verbundenen Taten nicht zulässig wären; denn das Verfahren kann nach Verbindung nur einheitlich sein. Eine entsprechende Anwendung des § 32 in der Weise, daß das Verfahren sich nach der Tat mit dem größten Gewicht richtet, kommt nicht nur deshalb nicht in Betracht, weil es an einer gesetzlichen Grundlage für die Ausschaltung der für die einzelnen Taten geltenden Vorschriften fehlt, sondern auch deshalb, weil das Schwergewicht ja erst im Verfahren festgestellt wird, die Verfahrensart aber vorher zu bestimmen ist. Auch bei Verbindung ist deshalb ein Strafbefehl oder eine Privatklage für vor Vollendung des 18. Lebensjahres begangene Taten, das vereinfachte JVerfahren oder das formlose ErzVerfahren für nach dem genannten Zeitpunkt liegende Taten nicht möglich; notfalls muß die Verbindung wieder aufgehoben werden. — Die **Verfahrensgestaltung** kann aber auch im Regelverfahren vor die Frage stellen, welche Verfahrensrechtsordnung gilt, etwa bei der Frage der Öffentlichkeit der Verhandlung oder bei der Beeidigung eines (zu allen Taten aussagenden) Zeugen. Hier muß abgewogen werden. In beiden genannten Fällen entspricht die Interessenlage jener bei der Verbindung der Verfahren gegen mehrere Beschuldigte verschiedener Altersstufen; deshalb sind §§ 48 III, 49 II entspr. anzuwenden. Bei der Ausübung des Ermessens kann auch berücksichtigt werden, ob voraussichtlich die Verurteilung nach allg. oder JRecht erfolgen wird, weil im letzten Fall die publizitätsfeindlichen gesetzlichen Regelungen durch öffentliche Verhandlung weithin gegenstandslos würden.

Dritter Abschnitt

Vollstreckung, Vollzug und Strafregister

§ 110

Vollstreckung und Vollzug

1) ./. — **2) ErwG:** §§ 104 A 1a (2), 112.

(1) Die Vorschriften über die Vollstreckung und den Vollzug bei Jugendlichen (§§ 82 bis 93) gelten für Heranwachsende entsprechend, soweit der Richter Jugendstrafrecht angewendet (§ 105) und nach diesem Gesetz zulässige Maßnahmen oder Jugendstrafe verhängt hat.

(2) § 93 ist entsprechend anzuwenden, solange der Heranwachsende das einundzwanzigste Lebensjahr noch nicht vollendet hat.

Richtlinien zu § 110:

1. Wird gegen einen Heranwachsenden das allgemeine Strafrecht angewendet, so gelten für die Vollstreckung die allgemeinen Vorschriften.
2. Wegen der Möglichkeit des Vollzugs einer Gefängnisstrafe in der Jugendstrafanstalt wird auf § 114 und die Richtlinien dazu hingewiesen.

1a) Die §§ 82—89 (s. dort) gelten auch für Hw uneingeschränkt, wenn das Ger. JR angewendet und nach JGG zulässige Maßnahmen (auch §§ 6, 7) oder JStr. verhängt hat (I). Andernfalls gelten für die **Vollstr.** die allg. Vorschriften der StPO und der StVollstrO (RL 1, § 85 RL I 3) selbst dann, wenn eine GefängnisStr. nach § 114 (s. dort) in einer JStrAnstalt vollstreckt wird.

b) (1) Wo ein Hw gem. § 105 nach JR abgeurteilt ist, müssen wegen des Fehlens anderer Bestimmungen für den **Vollz.** der bes. Maßnahmen des JGG zwangsläufig auch die Sondervorschriften des JGG (§§ 90—92) gelten (I). Ebenso gelten umgekehrt die allg. Vorschriften, wenn Str. oder Maßnahmen des allgR gegen einen Hw verhängt sind; doch schafft § 114 hier Ausnahmen hinsichtl. der GefängnisStr. (RL 2). (2) Wegen des **Vollz. der UHaft** an Hw (I u. II) s. § 93 A 4b.

2) Bei jeder Vorschrift, die Vollstr. oder Vollz. betrifft, **ist** zwischen Überschrift u. Ges. Text **auf ihre Geltung gegenüber Hw hingewiesen** (näheres s. Abkürzungsverzeichnis Teil I).

§ 111

Strafregister und Beseitigung des Strafmakels durch Richterspruch

1) ./. — **2) ErwG:** §§ 104 A 1a (2), 112.

Die Vorschriften über das Strafregister und die Beseitigung des Strafmakels durch Richterspruch (§§ 94 bis 101) gelten für Heranwachsende entsprechend, soweit der Richter Jugendstrafe verhängt oder die Schuld des Heranwachsenden festgestellt hat (§ 27).

Richtlinie zu § 111:

Erziehungsmaßregeln und Zuchtmittel gegen Heranwachsende sind der Erziehungskartei mitzuteilen, soweit die Maßnahmen nicht neben einer Jugendstrafe angeordnet worden sind und daher im Strafregister vermerkt werden (vgl. § 94 Abs. 2 und die Anordnung über die gerichtliche Erziehungskartei).

1a) Wird auf einen Hw gem. § 105 materielles JR angewandt, gelten folgerichtig auch für ihn die bes. Vorschriften über StReg. u. Beseitigung des Strafmakels (§ 111), sowie die AO ErzKartei (RL).

b) Bei Anwendung des **ErwR** gilt das allg. StRegR.

2) Auf die **Geltung** gegenüber Hw **ist** zwischen Überschrift u. GesText **jeder einschlägigen Vorschrift hingewiesen** (Näheres s. Abkürzungsverzeichnis Teil I).

Vierter Abschnitt

Heranwachsende vor Gerichten, die für allgemeine Strafsachen zuständig sind

§ 112

Entsprechende Anwendung

1) ./. — **2)** ./.

Die §§ 102 bis 104 gelten für Verfahren gegen Heranwachsende entsprechend. Die in § 104 Abs. 1 genannten Vorschriften sind nur insoweit anzuwenden, als sie nach dem für die Heranwachsenden geltenden Recht nicht ausgeschlossen sind.

1a) Verf. gegen Hw kommen (u. bleiben!) unter den selben Voraussetzungen vor das ErwG wie Verf. gegen J (I; s. §§ 102, 103 u. Vorb. 1 vor § 102). Auch die Möglichk. der Abgabe des Verf. von der Staatsschutzkammer an das JSchöffG (§ 102 S 2) besteht (Dallinger-Lackner N 2).

b) Über Verf. wegen Taten in verschiedenen Altersstufen s. § 102 Vorb. 1b.

c) Wegen der Verbindung von Verf. gegen J u. Hw s. § 103 A 2.

2a) Grundsatz ist auch (s. § 109 A 1a) **hier die Anwendung allg. R.** (1) Vorschriften des **JR** gelten **nur, wenn** sie gem. §§ 105 I, 107, 108 I, 109 I S 1, II, 110, 111 im Verf. gegen Hw vor dem JG anzuwenden wären **und** wenn das ErwG sie im Verf. gegen J anwenden müßte (S 2; § 104 mit der Einschränkung des III) oder könnte (§ 104 II, Grundgedanke des § 112 S 2 entspr.; Dallinger-Lackner N 13). (2) **Nicht gelten** in Verf. des ErwG gegen einen Hw **zB** die §§ 3, 45, 47, 49, 51, 71, 75—78, 80. Dagegen ist die Bestellung eines Beistandes (§§ 104 II, 109 I S 1) mögl. Die Öffentlichk. kann ausgeschlossen werden (§§ 104 II, 48 I), wenn das im Interesse der Erz. des Hw geboten ist (§ 109 I S 2) [Dallinger-Lackner N 13; § 48 A 1c (1)]. (3) Auch hier **muß das** ErwG Auswahl u. AO von **ErzM dem VormRi.** überlassen (S 1, § 104 IV) u. die **Entsch. nach einer Aussetzung zur Bew. dem JRi.** übertragen (S 1, § 104 V; s. dort).

b) Die Geltung einer JGG-Vorschrift in einem Verf. gegen einen Hw vor einem ErwG ist insgesamt unschwer **aus der zwischen Überschrift u. GesText jedes Paragraphen angebrachten Kennzeichnung** für die Geltung gegenüber Hw u. vor ErwG zu entnehmen. (Näheres s. Abkürzungsverzeichnis Teil I.)

3) Soweit das Hw-Recht **Verschärfungen des JR** (§ 105 II) oder **Milderungen des allgR** (§ 106) vorsieht, gelten diese Vorschriften sinngem. **auch vor dem ErwG.** Sie dienen näml. nur der näheren Ausgestaltung des vom allgR abweichenden materiellen JR für Hw u. fallen deshalb unter die durch § 112 gebotene entspr. Anwendung des § 104 I Z 1.

Vierter Teil

Sondervorschriften für Soldaten der Bundeswehr[1])

Vorbemerkung

1a) Das JGG gilt auch für Soldaten (§ 3 IIWehrstrafges.). Die §§ 112aff sehen nur geringfügige Veränderungen des materiellen JR (§§ 112a, 112b), ein Anhörungsrecht des Disziplinarvorgesetzten in bes. Fällen (§ 112d) und zwei Besonderheiten in Vollstr. u. Vollz. (§ 112c) vor. Weiter sind für j. u. hw. Soldaten neben den allg. Mitt. (MiStra 20 IV; s. § 70) noch weitere an militärische Stellen zu fertigen (MiStra 20). **Es kommt darauf an, ob der Täter zZ des Urteils, der Vollstr. oder des Vollz. Soldat ist,** nicht darauf, ob er zZ der Tat Soldat war.

Soldat ist, wer in einem Wehrdienstverhältnis (§ 1 I S 1, II SoldGes.) auf Grund Wehrpflicht (§§ 4 I, 21, 23 I, 25 S 2; nicht §§ 24, 25 S 1 WehrpflichtGes.) oder freiwilliger Verpflichtung (§§ 1, III Nr 1 u. 2, 60 SoldatenGes.) steht. Beginn: §§ 2, 4, 41, SoldatenGes., 21, 23 I WehrpflichtGes.; ob der Dienst pünktlich angetreten wurde, ist ohne Belang. — Ende: §§ 46—49, 52, 54—56 SoldatenGes., 6, 43, 48 Wehrdisziplinarordnung, §§ 28ff. WehrpflichtGes.

b) Die Sonderbestimmungen sind erst nachträgl. durch das EinfGes. z. Wehrstrafges. vom 30. März 1957 (BGBl I 306) in das JGG eingefügt. **Auf die Abweichungen oder auch nur auf Besonderheiten ist bei den einzelnen Vorschriften** durch ein Sold! zwischen Überschrift u. GesText **hingewiesen** (vgl. näher Abkürzungsverzeichnis Teil I).

2a) Soweit gem. § 2 allgR anzuwenden ist, gilt für Soldaten zunächst das Wehrstrafgesetz (§ 3 I WehrStG). **Bei j.u.hw. Soldaten gilt also folgende Reihenfolge (1) JGG** gem. §§ 2 JGG, 3 II WehrStG, **(2) WehrStG** gem. § 3 I WehrStG, **(3) das sonstige allg. StrR.**

---

[1]) **Literatur:** Potrykus: Zur Entwicklung des JStrafrechts für Soldaten, RdJ 61/278 (vgl auch NJW 57/814, Zbl 57/229); Becker: Wehrstrafrecht und Jugend, UJ 58/54, 58ff; Schwalm: Das Einführungsgesetz zum Wehrstrafgesetz, JZ 57/399; Schnitzerling: Der BewH im militärischen Bereich, BewH 57/95. — S. auch Dreher-Lackner-Schwalm, Wehrstrafgesetz (Referenten-Kommentar); Rittau, Wehrstrafgesetz (Sammlung Guttentag), Vorb. und Art. 1 zum EinfGes. und Dallinger-Lackner, Ergänzungsheft zum JGG-Kommentar. — Potrykus: Jugend- und wehrrechtliche Fragen, RdJ 64/148.

b) (1) Die **§§ 15–48 WehrStG** enthalten bes. Deliktstatbestände u. **gelten ebenso wie** die allg. Bestimmungen über die Strafbarkeit bei Handeln auf Befehl, aus Furcht u. in selbstverschuldeter Trunkenheit **(§§ 5–7 WehrStG)** auch für den Geltungsbereich des JGG (s. § 2 A 2b); das gilt auch für § 22 II, III WehrStG, der nur eine Normierung allg. Grundsätze des Verbotsirrtums hinsichtl. der Verbindlichkeit des militärischen Befehls enthält. Auch die allg. Vorschriften über Geltungs- u. Anwendungsbereich des allgR sowie die Begriffsbestimmungen **(§§ 1–4 WehrStG)** gelten auch für J u. Hw, da das JGG nicht entgegensteht. (2) **Dagegen** sind die Regelungen über die bes. Strafarten **(§§ 8–14 WehrStG)** durch die §§ 5, 105, 2 JGG **ausgeschlossen, wenn materielles JRecht** anzuwenden ist (bei J oder Hw-J). Bei Anwendung allg. Rechts ist § 106 zu beachten.

§ 112a

Anwendung des Jugendstrafrechts

1) Hw — J: Text des § 112a. — **2) ErwG:** § 112e.

Das Jugendstrafrecht (§§ 3 bis 32, 105) gilt für die Dauer des Wehrdienstverhältnisses eines Jugendlichen oder Heranwachsenden mit folgenden Abweichungen:

1. **Erziehungsbeistandschaft und Fürsorgeerziehung dürfen nicht angeordnet werden.**
2. **Bedarf der Jugendliche oder Heranwachsende nach seiner sittlichen oder geistigen Entwicklung besonderer erzieherischer Einwirkung, so kann der Richter Erziehungshilfe durch den Disziplinarvorgesetzten als Erziehungsmaßregel anordnen.**
3. **Bei der Erteilung von Weisungen und der Auferlegung besonderer Pflichten soll der Richter die Besonderheiten des Wehrdienstes berücksichtigen. Weisungen und besondere Pflichten, die bereits erteilt oder auferlegt sind, soll er diesen Besonderheiten anpassen.**
4. **Als ehrenamtlicher Bewährungshelfer kann ein Soldat bestellt werden. Er untersteht bei der Bewährungsaufsicht (§ 25 Satz 1) nicht den Anweisungen des Richters.**
5. **Von der Überwachung durch einen Bewährungshelfer, der nicht Soldat ist, sind Angelegenheiten ausgeschlossen, für welche die militärischen Vorgesetzten des Jugendlichen oder Heranwachsenden zu sorgen haben. Maßnahmen des Disziplinarvorgesetzten haben den Vorrang.**

1a) Nur die AO von **ErzBeistandsch. u. FE** (§ 12) ist verboten (Z 1). Schon bestehende ErzBeistandsch. u. FE sollte der zuständige VormRi. (§ 82 A 2 aE) nach Einberufung allerdings rglm aufheben (Potrykus NJW 57/815; vgl § 19 RL 6); denn der militärische Vorgesetzte hat für den Soldaten so zu sorgen, daß er nicht verwahrlost (Schwalm JZ 57/399).

b) (1) Wegen der Auswahl (§ 10) und der erforderl. Anpassung (§ 11) der **Weisungen** bei Soldaten (Z 3) s. §§ 10 A 1c (3), 11 A 1a. (2) Über die **ErzHilfe** durch den Disziplinarvorgesetzten (Z 2) vgl § 112b.

2a) Verwarnungen (§ 14) sind bei Soldaten kaum angebracht (§ 14 A 1d).

b) Wegen der Auswahl der **bes. Pflichten** (Z 3; § 15) s. § 15 A 6; eine Abänderung dürfte auch bei Soldaten nur zulässig sein, wenn sie BewAufl. sind (bestr., s. § 15 A 6).

c) Auch bei der Frage, ob gegen einen Soldaten **JA** (§ 16) zu verhängen ist, dürfen die militärischen Belange nicht ganz unbeachtet bleiben (Potrykus NJW 57/817 entspr. dem Gedanken des § 112c II).

3a) Für die Verhängung von **JStr.** (§§ 17—19) — mit oder ohne StrAzBew. (§§ 20—22) — und für die **Aussetzung der Verhängung** der JStr. (§§ 27f) gelten keine Besonderheiten, auch nicht für Erlaß, Widerruf u. Nachverf. (§§ 26, 30). Manchmal wird die AO der ErzHilfe (Z 2) an Stelle der JStr. mögl. sein, wenn der Disziplinarvorgesetzte bes. geeignet und interessiert ist.

b) Wegen der **BewAufl.** (§§ 23, 29) ist § 112a Z 3 zu beachten. Über den BewH und seine Stellung (§§ 24, 25, 29) gegenüber Soldaten s. § 25 A 5; vgl auch Schnitzerling BewH 57/95.

4) Zur **Dauer des Wehrdienstverhältnisses** s. Vorb. 1 a.

§ 112b

Erziehungshilfe durch den Disziplinarvorgesetzten[0])

1) Hw — J: Text des § 112a. — **2) ErwG:** § 112e.

(1) Hat der Richter Erziehungshilfe (§ 112a Nr 2) angeordnet, so sorgt der nächste Disziplinarvorgesetzte dafür, daß der Jugendliche oder Heranwachsende, auch außerhalb des Dienstes, überwacht und betreut wird.

(2) Zu diesem Zweck werden dem Jugendlichen oder Heranwachsenden Pflichten und Beschränkungen auferlegt, die sich auf den Dienst, die Freizeit, den Urlaub und die Auszahlung der Besoldung beziehen können. Das Nähere wird durch Rechtsverordnung (§ 115 Abs. 3) geregelt.

(3) Die Erziehungshilfe dauert solange, bis ihr Zweck erreicht ist. Sie endet jedoch spätestens, wenn sie ein Jahr gedauert hat oder wenn der Soldat zweiundzwanzig Jahre alt oder aus dem Wehrdienst entlassen wird.

(4) Die Erziehungshilfe kann auch neben Jugendstrafe angeordnet werden.

Rechtsverordnung zur Durchführung der Erziehungshilfe durch den Disziplinarvorgesetzten (§ 112a Nr 2 des Jugendgerichtsgesetzes) vom 25. August 1958 (BGBl I S 645f) [auf Grund § 115 III JGG].

§ 1 Geltungsbereich

(1) Hat der Richter Erziehungshilfe durch den Disziplinarvorgesetzten rechtskräftig angeordnet (§ 112a Nr. 2 des Jugendgerichtsgesetzes), so unterliegt der Soldat für ihre Dauer den Vorschriften der §§ 2 bis 9.

[0]) **Literatur:** Becker: ErzHilfe bei jungen Soldaten, Zbl 59/61.

(2) Der nächste Disziplinarvorgesetzte eröffnet dem Soldaten, daß er seine Überwachung und Betreuung (§ 112b Abs. 1 des Jugendgerichtsgesetzes) übernommen habe und macht den Tag der Eröffnung aktenkundig.

§ 2 Gemeinschaftsunterkunft und Gemeinschaftsverpflegung

Der Soldat hat in einer Gemeinschaftsunterkunft zu wohnen und an einer Gemeinschaftsverpflegung teilzunehmen, wenn nicht zwingende dienstliche oder gesundheitliche Gründe entgegenstehen.

§ 3 Dienstleistung

Der Soldat leistet Dienst wie jeder andere Soldat der Einheit.

§ 4 Auflagen

(1) Der nächste Disziplinarvorgesetzte kann dem Soldaten, auch für die Freizeit, Auflagen machen, die dem Zweck der Erziehungsmaßregel dienen.

(2) Insbesondere kann er eine bestimmte Beschäftigung aufgeben oder ihm verbieten,

1. alkoholische Getränke oder andere Rauschmittel zu sich zu nehmen,
2. Gaststätten, Vergnügungsstätten oder Spielhallen aufzusuchen,
3. sich an Glückspielen zu beteiligen,
4. sich an bestimmten Orten oder Örtlichkeiten aufzuhalten,
5. mit bestimmten Personen oder Personen bestimmter Gruppen zu verkehren, von denen zu befürchten ist, daß sie ihn schädlich beeinflussen werden, oder
6. bestimmte Gegenstände im Besitz zu haben, die ihm Gelegenheit oder Anreiz zu weiteren Straftaten bieten können.

§ 5 Verlassen der Unterkunft

(1) Der Soldat darf sich einen Monat lang während seiner Freizeit nicht außerhalb der Gemeinschaftsunterkunft aufhalten; die Frist beginnt mit dem Tage der Eröffnung (§ 1 Abs. 2). Aus zwingenden Gründen oder bei besonders guter Führung kann der nächste Disziplinarvorgesetzte Ausnahmen zulassen.

(2) Darüber hinaus kann der nächste Disziplinarvorgesetzte, wenn es dem Zweck der Erziehungsmaßregel dient, den Aufenthalt während der Freizeit außerhalb der Gemeinschaftsunterkunft zeitlich beschränken oder für insgesamt nicht mehr als vier Monate verbieten.

§ 6 Urlaub

(1) Erholungsurlaub ist dem Soldaten in den ersten drei Monaten nach dem Tage der Eröffnung (§ 1 Abs. 2) zu versagen. Bei besonders guter Führung kann der nächste Disziplinarvorgesetzte Ausnahmen zulassen.

(2) In der Folgezeit kann der nächste Disziplinarvorgesetzte dem Soldaten den allgemein zustehenden Erholungsurlaub ganz oder teilweise gewähren, wenn keine erzieherischen Nachteile zu erwarten sind oder diese auf andere Weise, insbesondere durch Auflagen (§ 4), vermieden werden können.

§ 7 Besoldung

(1) Die Besoldung des Soldaten wird nicht gekürzt.

(2) Der nächste Disziplinarvorgesetzte kann anordnen, daß dem Soldaten nur ein Teil der Besoldung, jedoch mindestens ein Viertel, ausgezahlt wird, wenn es dem Zweck der Erziehungsmaßregel dient. Der Rest ist spätestens am Ende der Erziehungshilfe nachzuzahlen.

§ 8 Vorschlag für die Beendigung der Erziehungshilfe

Hält der nächste Disziplinarvorgesetzte den Zweck der Erziehungshilfe für erreicht, bevor sie ein Jahr gedauert hat oder der Soldat zweiundzwanzig Jahre alt geworden ist oder der Soldat aus dem Wehrdienst entlassen wird, so schlägt er dem Vollstreckungsleiter vor, die Erziehungsmaßregel für erledigt zu erklären.

§ 9 Verhältnis zur Wehrdisziplinarordnung und zur Wehrbeschwerdeordnung

(1) Die Vorschriften der Wehrdisziplinarordnung werden durch diese Verordnung nicht berührt.

(2) Die Vorschriften der Wehrbeschwerdeordnung finden Anwendung. Ist die weitere Beschwerde gegen eine Maßnahme, die der nächste Disziplinarvorgesetzte nach dieser Verordnung getroffen hat, erfolglos geblieben oder ist über sie innerhalb eines Monats nicht entschieden worden, so kann der Soldat, soweit nicht andere gerichtliche Zuständigkeiten gesetzlich begründet sind, die Entscheidung des Truppendienstgerichts (§ 17 der Wehrbeschwerdeordnung) beantragen, wenn seine Beschwerde eine Verletzung seiner Rechte oder eine Verletzung von Pflichten eines Vorgesetzten ihm gegenüber zum Gegenstand hat.

§ 10 Inkrafttreten

Diese Verordnung tritt am Tage nach ihrer Verkündigung in Kraft.

1a) Voraussetzung der AO ist, daß **JR** angewendet wird (§ 112a) und daß eine **bes. erz. Einwirkung notwendig** ist (§ 112a Z 2). Letzteres ist der Fall, wenn bestimmte auch länger dauernde Weisungen nicht ausreichen, weil erhebl. ErzMängel bestehen, die in ihrem Umfang und der Möglichk. sie zu bekämpfen nicht genügend zu übersehen sind (ähnl. Potrykus NJW 57/815, 816), so daß ein intensiver erz. Einfluß einer im Leben des Täters gewichtigen Persönlichk. von entspr. Dauer erforderl. ist. Die ErzHilfe wird häufig angebracht sein, wo JStr. noch nicht geboten ist (s. aber IV u. A 5 u. § 112a A 3a) und JA oder andere gegen Soldaten zulässige Weisungen und bes. Pflichten (§ 112a Z 3) jedenfalls allein nicht ausreichen (Potrykus NJW 57/1815f).

b) Die AO trifft der Ri. durch Urteil[0]) (in §§ 45, 47, 75 nicht vorgesehen), auch im vereinfachten JVerf. (s. A 4c); sie kann gem. § 8 mit anderen für Soldaten zulässigen Maßnahmen des JGG — auch mit JStr. (IV) — gekoppelt werden. Die Anhörung des nächsten Disziplinarvorgesetzten (§ 112d; s. dort) ist hier deshalb bes. bedeutsam, weil er kraft Ges. die Maßnahme durchzuführen hat (s. A 2a).

[0]) Vgl aber A 4c!

c) Der Disziplinarvorgesetzte wird nicht namentl. bezeichnet; **ErzHelfer** ist nicht eine bestimmte Person, sondern **der jeweils nächste Disziplinarvorgesetzte des Täters**[1]). Wer nächster Disziplinarvorgesetzter ist, bestimmen §§ 16ff WDO v. 15. 3. 57 (BGBl I S 189); grds also der Kompanie-Chef.

Der nächste Disziplinarvorgesetzte ist schon nach § 10 Soldatengesetz gehalten, für seine Untergebenen zu sorgen. Während dabei aber die Grenze des privaten Bereichs nicht überschritten werden darf, hat der Disziplinarvorgesetzte als ErzHelfer die gesamte Lebensführung zu überwachen (Dallinger-Lackner N 5).

2) Die **Durchführung** der ErzHilfe ist in II u. der gem. § 115 III erlassenen RVO (hier: **DVO ErzHilfe**; s. o. nach GesText) geregelt.

a) (1) Die **Ausführung der ErzHilfe** ist für Vorgesetzten und Verurteilten **militärische Dienstpflicht** (Dallinger-Lackner N 21). Der JRichter ist daran nicht beteiligt; vielmehr trifft der Disziplinarvorgesetzte die erforderlichen Maßnahmen **in eigener Verantwortung.** Doch wird dadurch eine verständige Zusammenarbeit mit dem JRichter nicht verboten; diese bleibt vielmehr auch hier erwünscht (Dallinger-Lackner N 5). Deshalb ist bei Versetzung des Verurteilten oder Verlegung seiner Truppe eine **Abgabe** der Vollstreckung gem. §§ 85 III i.V. 112c I möglich.

(2) Der Disziplinarvorgesetzte trifft seine **Maßnahmen in Form des militärischen Befehls,** wofür §§ 10 IV, 11 SoldatenGes. gelten (Dallinger-Lackner N 17). Kommt der Verurteilte dem Befehl nicht nach, können Disziplinarstrafen nach der Wehrdisziplinarordnung (§ 10) verhängt werden (§ 9 DVO ErzHilfe, Dallinger-Lackner N 21); auch ein Vergehen des militärischen Ungehorsams kann so begangen werden. Gegen den Befehl oder gegen die Disziplinarstrafe kann der Verurteilte Beschwerde nach der WehrbeschwerdeO (§§ 9 II DVO ErzHilfe, § 30 WehrdisziplinarO), nicht aber beim Vollstreckungsleiter erheben (Dallinger-Lackner N 22, Becker ZBl 59/61).

(3) Wegen der **Möglichkeiten des Richters** bei Befehlsverweigerung s. A 4b (2), bei Mißgriffen des Vorgesetzten s. A 5.

b) (1) Der Disziplinarvorgesetzte führt **als erstes** selbst ein **erz. Gespräch** mit dem Verurteilten. Dabei eröffnet er ihm, daß er ihn nun betreut und überwacht (§ 1 II DVO ErzHilfe) und belehrt ihn über Sinn und Zweck der ErzHilfe und über die bes. Beschränkungen u. Pflichten (A 2c). Die **Eröffnung** ist mit Datum aktenkundig zu machen (§ 1 II DVO ErzHilfe), da die Wirkungen der AO der ErzHilfe erst damit eintreten [A 2c, bes. (2) u. 3a]. (2) Der **Disziplinarvorgesetzte muß** den Verurteilten nicht selbst **betreuen u. überwachen.** Er kann damit einen geeigneten Angehörigen seiner Einheit beauftragen, dem er jedoch genaue Richtlinien u. Anregungen geben muß; bes. die AO gem. II, §§ 4, 7 II, auch 5 I S 2, II, 6 I S 2, II (s. A 2c) kann er nicht

[1]) Schwalm JZ 57/400; aA Potrykus NJW 57/816 in irriger Auslegung des GesWortlautes „der nächste Disziplinarvorgesetzte"; das Ges. umschreibt in § 112a Z 2 die AO des Ger. als Anordnung „der ErzHilfe durch den Disziplinarvorgesetzten" und bestimmt in § 112b I weiter, daß nach dieser AO der nächste Disziplinarvorgesetzte (so auch Potrykus. Schwalm aaO) tätig werden muß; bei einer Versetzung ändert sich also der Disziplinarvorgesetzte und damit der ErzHelfer. — Wie hier auch Dallinger-Lackner N 7.

übertragen. Auch muß er sich durch Berichte stets auf dem laufenden halten u. bei Schwierigk. selbst eingreifen.

c) (1) **Während der Dauer der ErzHilfe** (A 2b(1) aE, 3) muß der Verurteilte grds in Gemeinschaftsunterkunft wohnen, an der Gemeinschaftsverpflegung teilnehmen (§ 2 DVO ErzHilfe) und militärischen Dienst wie jeder andere leisten (§ 3 DVO ErzHilfe); seine Besoldung darf nicht gekürzt, sondern höchstens zu $^3/_4$ bis zum Ende der ErzHilfe zurückbehalten werden (§ 7 DVO ErzHilfe). Ab Beginn der ErzHilfe [A 2b(1) aE] tritt ohne bes. AO eine Ausgangssperre für 1 Monat u. eine Urlaubssperre[1a]) für 3 Monate ein; der Disziplinarvorgesetzte kann beide aus erz. Gründen verlängern oder bei bes. guter Führung verkürzen (§§ 5, 6 DVO ErzHilfe). — (2) (a) **Daneben** kann u. soll der Disziplinarvorgesetzte (nicht der JRi.) weitere dem Einzelfall angepaßte **Maßnahmen** anordnen. Er ist dabei in der freien Auswahl nur so weit beschränkt, als seine AO **der Überwachung u. erz. Betreuung** dienen, also die Lebensführung des Verurteilten günstig beeinflussen muß (II iVm I, § 112a Z 2). Die **Auflagen** der ErzHilfe entspr. also den Weisungen, deren Grundsätze (§ 10 A 1 b (2) — (4), d) auch hier zu beachten sind; sie sollten deshalb stets **schriftl. erteilt** werden. Dagegen darf der Disziplinarvorgesetzte keine bes. Pflichten (§ 15) — Unrechtsreaktion mit Sühnezweck! — auferlegen; wo ihre AO geboten ist, ordnet sie der Ri. im Urteil neben der ErzHilfe an. (b) §§ 4 II, 7 II DVO ErzHilfe enthalten **Beispiele,** leider vorwiegend Verbote. Doch verdienen auch hier Gebote entspr. § 10 RL 2 den Vorzug. Die notwendigen, dem Gewicht der Tat entspr. Beschränkungen sollten grds nur neben positiven, fördernden Maßnahmen getroffen (Potrykus NJW 57/816) und nach allg. Grundsätzen fortschreitend abgebaut werden. Die Maßnahmen können stets geändert werden (wie Weisungen: §§ 10f); Ungehorsamsfolgen s. u. A 4b (2). (3) Der Disziplinarvorgesetzte ist durch die DVO ErzHilfe nicht gehindert, **auch Maßnahmen nach der Wehrdisziplinarordnung** zu treffen (§ 9 I DVO ErzHilfe), soweit solche zulässig und notwendig sind.

3a) Die Maßnahme endet von selbst, wenn die in III S 2 genannten drei Gründe vorliegen [s. aber A 4b (1)]. Die **Entlassung aus dem Wehrdienst,** die **Dauer von 1 Jahr**[1b]) und die **Vollendung des 22. Lebensjahres** (s. § 1 A 2b) lassen sich leicht feststellen. Der ErzHelfer benachrichtigt das Ger. Dieses kann das Verf. formlos abschließen (Nachricht an ErzKartei!); besser erklärt es auch hier die ErzHilfe formell für erledigt (s. § 112c I).

b) Ist der Zweck — näml. die genügende Nacherz. — **schon früher erreicht, ist die ErzHilfe beendet** (III S 1); der JRi. erklärt sie für erledigt (§ 112c I).[1c]) Hält

[1a]) Sie bezieht sich wohl nur auf Erholungs-, nicht auf Sonderurlaub (Dallinger-Lackner N 14); doch sollte Sonderurlaub in dieser Zeit nur aus triftigen Gründen gewährt werden.

[1b]) Die hM rechnet ab Rechtskraft: Becker, Zbl 59/61, Dallinger-Lackner N 26, Potrykus NJW 57/816. Doch beginnt die ErzHilfe erst mit der Eröffnung [A 2b (1)]; da es sich um einen einwandfrei feststellbaren Zeitpunkt handelt, ist nicht einzusehen, warum nicht auf die wirkliche Dauer abgestellt werden soll.

[1c]) Obwohl es sich um eine jrichterliche Entscheidung handelt (§ 112c III), stellt der Vormundschaftsrichter dann, wenn er die ErzHilfe nach Übertragung gem. § 53 angeordnet hat, die Erledigung fest (s. § 53 A 2d).

der Disziplinarvorgesetzte den Zweck für erreicht, berichtet er (§ 8 DVO ErzHilfe). Der Ri. entscheidet eigenverantwortl., er kann die Maßnahme auch für erledigt erklären, wenn der Disziplinarvorgesetzte den Zweck noch nicht für erreicht hält[2]). Wegen des Verf., der Entsch. u. ihrer Anfechtbarkeit s. § 112c A 3, wegen der Anhörung des Disziplinarvorgesetzten s. § 112d.

Mangelnde ErzFähigkeit des Verurteilten und mangelnde erz. Eignung des Vorgesetzten sind keine Beendigungsgründe. Ersteres ist kaum sicher feststellbar; im 2. Fall kann eine Versetzung des Beschuldigten helfen (Dallinger-Lackner N 25, Schwalm JZ 57/400).

c) Mit dem Ende der ErzHilfe treten alle auf sie gegründeten **Maßnahmen von selbst außer Kraft,** die zusätzliche Betreuung hört wie die bes. Überwachung ohne weiteres auf.

4 a) Die ErzHilfe durch den Disziplinarvorgesetzten ist eine ErzM (§ 112a Z 2). Es gilt also das bei § 9 Gesagte. Vor allem müssen ErzFähigkeit und ErzBedürftigkeit gerade für diese Maßnahme vorliegen. Dazu ist eine sorgfältige Persönlichkeitserforschung (§ 43) notwendig. Bei dem Gewicht dieser Maßnahme kommt sie nur bei Taten einigen Gewichts in Betracht. Zweifelhaft ist nur, ob sie eine **Weisung** (§ 10) ist oder eine selbständige, der Weisung nahestehende ErzM. — Weisungen sind Gebote u. Verbote, die die Lebensführung des J regeln und dazu seine Erz. fördern und sichern sollen (§ 10 I S 1). Die ErzHilfe enthält diese erz. Beeinflussung (I, II). Ihre AO enthält auch das Gebot, sich dieser ErzHilfe und ihren einzelnen Maßnahmen (II) zu unterwerfen. Sie entspricht damit bei Soldaten der Weisung § 10 RL 3. Die ErzHilfe durch den Disziplinarvorgesetzten muß deshalb als Weisung iS des § 10 aufgefaßt werden[2a]).

b) Das hat zur Folge, daß **§ 11 gilt** (den Potrykus ohne Klärung dieser Frage für anwendbar hält: NJW 57/816). (1) Im Rahmen der **Anpassung früherer Weisungen** (§ 112a Z 3 S 2) ist deshalb die Ersetzung einer zivilistischen Weisung durch die AO der ErzHilfe nach § 112a Z 2 ebenso mögl. wie die Ersetzung der ErzHilfe durch eine andere Weisung. Letzteres ist zu erwägen, wenn bei Vorliegen der Voraussetzungen des III S 2 die ErzHilfe aufgehoben werden müßte, obgleich der an sich erreichbare Erfolg noch nicht ganz erreicht ist; die Umwandlung muß allerdings schon vor Eintritt dieser Voraussetzungen erfolgen, da sonst die Aufhebung zwingend vorgeschrieben ist. Diese Änderungsmöglichk. ist auch deshalb bedeutsam, weil ErzHelfer stets der nächste Disziplinarvorgesetzte ohne Rücksicht auf dessen Neigungen u. erz. Fähigk. ist und da der Ri. keinen Einfluß auf dessen Maßnahmen hat (s A 2a, 5). (2) Auch kann **wegen Zuwiderhandlungen** gegen einzelne AO des ErzHelfers **JA** verhängt werden, weil der Täter sich nur dann der ErzHilfe unterstellt, wenn er alle AO des ErzHelfers befolgt. Stellen sich die AO des Disziplinarvorgesetzten als Miß-

[2]) Dallinger-Lackner N 29. AA Potrykus NJW 57/816, der meint, der Richter sei an den Vorschlag des Disziplinarvorgesetzten gebunden; doch bietet das Gesetz keinen Anhalt für eine so systemwidrige Bindung des gem. § 112c III in voller Unabhängigkeit entscheidenden Richters.

[2a]) Vgl Becker UJ 58/54, 61, der die ErzHilfe als eine Art Bewährungsaufsicht ansieht.

griffe dar, wird der JRi. von der Verhängung von JA absehen, ggf auch die Ersetzung der ErzHilfe durch eine andere Weisung erwägen (s. A 5). — Die Verhängung von JArrest wird auch sonst nur bei schwerwiegenderen oder wiederholten Zuwiderhandlungen in Betracht kommen, weil in den anderen Fällen grds Disziplinarmaßnahmen ausreichen (s. A 2a).

c) Weiter ergibt sich aus der Erkenntnis A 4a auch, daß die **ErzHilfe durch den VormRi.**[2b]) (§ 53), **im vereinfachten JVerf.**[3]) (§§ 76ff) oder **als BewAufl.** (§ 25 A 5a) angeordnet werden kann.

d) Als ErzM (§ 112a Z 2) unterliegt die ErzHilfe der Rechtsmittelbeschränkung des § 55 I.

5) Wo **der nächste Disziplinarvorgesetzte** von Anfang an oder später (Wechsel, Mißgriffe) als **nicht geeignet** [s. A 4b (1) aE] erscheint, wird der JRi. zu der Weisung greifen, daß der Soldat sich der Leitung u. Aufsicht eines anderen Soldaten unterstellen muß (§ 10 RL 3 u. § 112a Z 4; Potrykus NJW 57/816); er kann auch die Versetzung des Soldaten anregen (Schwalm JZ 57/400).

§ 112c

Vollstreckung und Vollzug

1) **Hw — JRecht:** Text der §§ 112a, 112c. — 2) **ErwG:** § 112e A.

(1) Der Vollstreckungsleiter erklärt die Erziehungsmaßregel nach § 112a Nr 2 für erledigt, wenn ihr Zweck erreicht ist.

(2) Der Vollstreckungsleiter sieht davon ab, Jugendarrest, der wegen einer vor Beginn des Wehrdienstverhältnisses begangenen Tat verhängt ist, gegenüber Soldaten der Bundeswehr zu vollstrecken, wenn die Besonderheiten des Wehrdienstes es erfordern und ihnen nicht durch einen Aufschub der Vollstreckung Rechnung getragen werden kann.

(3) Die Entscheidungen des Vollstreckungsleiters nach den Absätzen 1 und 2 sind jugendrichterliche Entscheidungen im Sinne des § 83.

(4)[1]) Jugendarrest wird während der Dauer des Wehrdienstverhältnisses von den Behörden der Bundeswehr vollzogen. Er darf nicht verschärft werden.

1) Wegen der **Erledigt-Erklärung der ErzHilfe** durch den Disziplinarvorgesetzten s. § 112b A 3 und — bei Übertragung an den Vormundschaftsrichter — § 53 A 2d mit § 112b FN 1c.

---

[1]) Diese Fußnote ist auf Seite 338 abgedruckt.

[2b]) Dallinger-Lackner § 112a N 25; das ist sogar notwendig, wenn das Verfahren bei einem ErwGericht anhängig war (§§ 104 IV, 112, 112a Z 2).

[3]) Potrykus NJW 57/816 FN 9 kommt über eine ausdehnende Auslegung des § 76 I zum selben Ergebnis. AA Schwalm JZ 57/400 (wegen der Bedeutung der ErzHilfe) und Dallinger-Lackner N 25 (wegen des Wortlauts der §§ 76 und 112a Z 2); doch ist mindestens die Anordnung gem. § 78 I S 2 zulässig und wirksam.

2a) Nur JA wegen einer vor Beginn des Wehrdienstes begangenen Tat ist ohne Rücksicht auf den Zeitpunkt der Verhängung nicht zu vollstrecken, solange die Besonderheiten des Wehrdienstes es erfordern (zB zusammenhängende Grundausbildung). Die Vollstr. von Freizeit- oder Kurzarrest wird meist mögl. sein, ggf wenigstens als Teilvollstr. Von der Vollstr. darf nur dann abgesehen werden, wenn den Besonderheiten des Wehrdienstes nicht durch einen Aufschub der Vollstr. Rechnung getragen werden kann, etwa weil die Vollstr. dann unzulässig (§ 87 IV) oder jedenfalls erz. sinnlos (§ 87 A 2) würde. — Wegen des Verf. u. der Entsch. s. A 3.

b) (1) **JA, der während des Wehrdienstes vollstreckt wird, wird von den Behörden der Bundeswehr vollzogen**[1]); IV S 1 schließt also § 90 II aus. Eine Übertragung der VollstrL-Zuständigk. nach § 85 I findet nicht statt[1]). Es gilt § 85 RL V 2 Abs. 2 entspr.; die Übersendung der Unterlagen erfolgt an den für die Bundeswehrarrest-Anstalt zuständigen Offizier. (2) Für den **Vollz.**[1]) gilt § 90 I; die Möglichk. der Verschärfung (§ 90 III, IV) wird durch IV S 2 — leider — ausgeschlossen. Im übrigen gilt das § 90 A 2b für den Vollzug in Fürsorgeerziehungsanstalten Gesagte entsprechend. Der Beschwerdeweg richtet sich nach der WehrbeschwerdeO, führt also zu den übergeordneten Bundeswehrdienststellen (Dallinger-Lackner N 21). — (3) **Schon eingeleiteter Vollzug** darf bei zwischenzeitlicher Einberufung — unter Beachtung des II — in der Zivilanstalt, bei zwischenzeitlicher Entlassung in der Bundeswehranstalt zu Ende vollstreckt werden (Dallinger-Lackner N 18 nach dem Sinn des Gesetzes).

3) Die Erledigt-Erklärung (I) und die Entsch., ob JA vollstreckt wird, wenn die Tat noch in der Zivil-Zeit begangen ist (II), sind **jrichterl. Entsch.** (III). Sie ergehen in richterl. Unabhängk. und unterliegen der sof. Beschw.; nähere Einzelheiten s. § 83 S 2, 3 u. § 83 A 2b. Hier ist auch der nächste Disziplinarvorgesetzte zu hören (§ 112d; s. dort).

---

[1]) Vgl. **Bekanntmachung** d. BMin. f. Verteidigg über d. Vollstr. u. d. Vollz. v. FreiheitsStr. u. Jugendarrest an Soldaten v. 2. 12. 1958 (VR II 8 — 39-78-01), BAnz. Nr. 234 v. 5. 12. 1958. [Auszug].

I.) Ab 1. 1. 1959 werden an **Soldaten** 1. ... 3. **Jugendarrest** v. d. Bundeswehr vollzogen (...; § 112c IV JGG). Die erforderl. Einrichtungen sind vorhanden. (Art. 6 Einf.Ges.z. WehrStrGes.).

II.) **Die Vollstreckung** obliegt den VollstrBehörden d. **Justiz**. Sie richtet sich nach d. StPO, d. JGG u. d. StVollstrO v. 15. 2. 1956, die i. d. am 1. 1. 1959 geltenden Fassung auch bes. Bestimmungen f. Soldaten enthalten wird. FreiheitsStr. u. JA sind im I., II. u. III Abschnitt d. StVollstrO behandelt. Diese Vorschriften (§§ 1—52) sind f. d. Bundeswehr als verbindl. erklärt u. ihr bekannt gemacht worden.

IV.) **Der Vollzug** i. d. **Bundeswehr** (Abschnitt I) richtet sich 1. ... 2. beim JA nach § 90 I, § 112c IV JGG. Ergänzend sind d. unter Nr 1 genannten Besimmungen über d. disziplinaren Arrest [näml. d. Erlasse über Vollstr. u. Vollz. disziplinarer ArrestStr. v. 10. 6. 1958 (Abschnitt III A—K) u. v. 6. 9. 1958 (Min.ABl. d. BMin. f. Verteidigg S 362 u. S 565)] sinngem. anzuwenden. Am Dienst nimmt d. Verurteilte nicht teil. Von Soldaten, die StrArrest, Gefängnis, Haft oder disziplinaren Arrest verbüßen, ist er getrennt zu halten.

§ 112d

Anhörung des Disziplinarvorgesetzten

1) Hw — J und **Hw — JRecht:** Text des § 112d. — **2) ErwG:** § 112c.

Bevor der Richter oder der Vollstreckungsleiter einem Soldaten der Bundeswehr Weisungen erteilt oder besondere Pflichten auferlegt, die Erziehungsmaßregel nach § 112a Nr 2 anordnet oder für erledigt erklärt, von der Vollstreckung des Jugendarrestes nach § 112c Abs. 2 absieht oder einen Soldaten als Bewährungshelfer bestellt, soll er den nächsten Disziplinarvorgesetzten des Jugendlichen oder Heranwachsenden hören.

1a) Um die bes. militärischen Gesichtspunkte berücksichtigen zu können, wenn eine Weisung erteilt, eine bes. Pflicht auferlegt (§ 112a Z 3), ErzHilfe durch den Disziplinarvorgesetzten angeordnet (§ 112a Z 2) oder für erledigt erklärt (§ 112c I), von der Vollstr. des JA wegen der Besonderheiten des Wehrdienstes abgesehen (§ 112c II) oder ein Soldat als BewH bestellt (§ 112a Z 4) werden soll, ist der nächste Disziplinarvorgesetzte des J oder Hw zu hören. Über die Eignung des Soldaten zum BewH oder des Disziplinarvorgesetzten zum ErzHelfer wird der Ri. sich am besten noch auf andere Weise unterrichten.

b) § 112d ist **nur eine Soll-Vorschrift.** Ihre Verletzung ist rglm unschädl., falls nicht ausnahmsweise darin ein Verstoß gegen die allg. Aufklärungspflicht liegt. Nur die VerfBeteiligten können ggf wegen des Verstoßes anfechten, nicht der Disziplinarvorgesetzte selbst; dieser kann sich nur an den StA wenden (Schwalm JZ 57/400, Potrykus NJW 57/815 unter Hinweis, daß die ein BeschwR begründende Bestimmung des Regierungsentwurfs gestrichen wurde; Dallinger-Lackner N 30).

c) Die Anhörung des nächsten Disziplinarvorgesetzten macht die Einschaltung der **JGerichtshilfe** (§§ 38, 43, 109) auch bei hw Soldaten nicht überflüssig (OLG Schleswig EJF C I 47 = SchlHA 58/341).

d) Die **Form der Anhörung** richtet sich nach dem jeweiligen Stand des Verfahrens, also Vernehmung in der Hauptverhandlung als Zeugen, Besprechung mit Aktennotiz oder förmliche Niederschrift (je nach Bedeutung), ausnahmsweise schriftlicher Bericht. Nur die Anhörung wegen eines militärischen Bewährungshelfers, die mit dem Verfahren selbst nichts zu tun hat, wird stets formlos möglich sein (Dallinger-Lackner N 8).

2) Über diese gesetzl. Verpflichtung hinaus kann die **Anhörung auch sonst geboten sein,** bes. bei Änderungen bestehender Weisungen und bes. Pflichten (§ 112a Z 3 S 2; s. auch § 112b A 4b; Potrykus NJW 57/815 hält hier die Anhörung entspr. dem Gedanken der Vorschrift für stets geboten), vor der Verhängung von JA (s. § 112a A 2c) bes. nach §§ 11 II, 15 III (ob Erfüllung dienstl. mögl. war), bei Unterstellung eines J oder Hw unter die Aufsicht eines Soldaten (§ 112b A 5).

Ganz allgemein ist die Anhörung des Disziplinarvorgesetzten ein wichtiges **Mittel der Persönlichkeitserforschung,** weil dieser den Angeklagten im Regelfall aus einer längeren, intensiven Beobachtung kennt und zB genügend Vergleichsmöglichkeiten hat, um wichtige Anhaltspunkte für die Reife-Entscheidung nach § 105 geben zu können. Auch hier kann durch Nicht-Anhörung die Aufklärungspflicht verletzt werden.

Die **Bedeutung der Anhörung** liegt darin, daß sie ein erz. gefährliches Neben- oder Gegeneinander richterlicher und militärischer Maßnahmen vermeiden hilft, unter dem rglm der Soldat selbst am meisten zu leiden hätte (Dallinger-Lackner § 112a N 38).

3) Zuständiger Disziplinarvorgesetzter: s. § 112b A 1c.

§ 112e

Verfahren vor Gerichten, die für allgemeine Strafsachen zuständig sind

1) Hw — J: Text des § 112a. — **2)** ./.

In Verfahren gegen Jugendliche oder Heranwachsende vor den für allgemeine Strafsachen zuständigen Gerichten (§ 104) sind die §§ 112a, 112b und 112d anzuwenden.

Alle Sondervorschriften für Soldaten muß auch das ErwG. beachten. Der in § 112 e nicht genannte § 112c betrifft nur Vollstr. u. Vollz., die beide dem JRi. obliegen, soweit überhaupt ein Ri. eingeschaltet ist; es ist dabei gleichgültig, ob ein JG oder ein ErwGericht den JArrest verhängt hat [vgl § 104 A 1a (2)].

Die Befugnisse des **ErwGerichtes** sind auch gegenüber Soldaten nicht erweitert. Dieses Gericht darf **keine ErzM,** also auch **nicht die ErzHilfe** durch den Disziplinarvorgesetzten anordnen (§§ 104 IV, 112a Z 2) und bei Strafaussetzung zur **Bewährung keine Nebenentscheidungen** treffen (§ 104 V); vgl § 104 A 3.

Fünfter Teil
Schluß- und Übergangsvorschriften

§ 113

Bewährungshelfer

Für den Bezirk eines jeden Jugendrichters ist mindestens ein hauptamtlicher Bewährungshelfer anzustellen. Die Anstellung kann für mehrere Bezirke erfolgen oder ganz unterbleiben, wenn wegen des geringen Anfalls von Strafsachen unverhältnismäßig hohe Aufwendungen entstehen würden. Das Nähere über die Tätigkeit des Bewährungshelfers ist durch Landesgesetz zu regeln.

Die Vorschrift **verpflichtet die Länder,** durch Ges. die Verhältnisse der hauptamtl. BewH zu regeln. Dabei müssen die Ziele des JGG beachtet werden (vgl bes. § 25 A 4a). Nähere Ausführungen würden den Rahmen dieses Handbuches für die Anwendung des JGG in der Praxis sprengen.

§ 114

Vollzug von Gefängnisstrafe in der Jugendstrafanstalt

In der Jugendstrafanstalt darf an Verurteilten, die das vierundzwanzigste Lebensjahr noch nicht vollendet haben und sich für den Jugendstrafvollzug eignen, auch Gefängnisstrafe vollzogen werden.

Richtlinien zu § 114:

1. Ein zu Gefängnisstrafe Verurteilter unter 24 Jahren ist für den Jugendstrafvollzug geeignet, wenn die erzieherische Einwirkung in der Jugendstrafanstalt bei ihm Erfolg verspricht und von seiner Anwesenheit in der Jugendstrafanstalt Nachteile für die Erziehung der anderen Gefangenen nicht zu befürchten sind.
2. Ein zu Gefängnisstrafe Verurteilter unter 21 Jahren wird in die Jugendstrafanstalt eingewiesen. Wenn jedoch in der Strafanstalt für Erwachsene eine besondere Abteilung für junge Gefangene besteht, kann der Verurteilte in die Strafanstalt für Erwachsene eingewiesen werden.
3. Ein zu Gefängnis Verurteilter, der das 21., aber noch nicht das 24. Lebensjahr vollendet hat, wird in der Regel in die Strafanstalt für Erwachsene eingewiesen.
4. Hält der Leiter der Strafanstalt für Erwachsene einen Verurteilten unter 24 Jahren für den Jugendstrafvollzug für geeignet, so überweist er ihn in die Jugendstrafanstalt und benachrichtigt hiervon die Strafvollstreckungsbehörde.
5. Nach Anhörung des Vorsitzenden des Gerichts, das im ersten Rechtszug erkannt hat, und, falls sich der Verurteilte in Haft befindet, des Leiters der Vollzugsanstalt kann die Strafvollstreckungsbehörde einen zu Gefängnisstrafe Verurteilten, der das 21., aber noch nicht das 24. Lebensjahr vollendet hat, ausnahmsweise sogleich in die Jugendstrafanstalt einweisen, wenn seine Eignung für den Jugendstrafvollzug offenkundig ist. Dies gilt auch für Verurteilte unter 21 Jahren, die nach Nr 2 Satz 2 in die Strafanstalt für Erwachsene einzuweisen wären.
6. Die Entscheidung darüber, ob ein zu Gefängnisstrafe Verurteilter unter 24 Jahren in die Jugendstrafanstalt oder in die Strafanstalt für Erwachsene einzuweisen ist, wird dem Rechtspfleger nicht übertragen.
7. Über die endgültige Übernahme des Verurteilten in den Jugendstrafvollzug und über sein Verbleiben in der Jugendstrafanstalt entscheidet in allen Fällen der Leiter dieser Anstalt.

1 a) Die Vorschrift gehört nicht ins JGG, weil sie sich mit dem **Vollz. einer ErwStr.** befaßt. Sie wendet sich an den ARi. (auch JRi.) u. StA (nicht an denRechtspfleger RL 6) als VollstrBehörde des allgR (Dallinger-Lackner N 8).

b) Sie betrifft **nur GefängnisStr.** Zu Zuchthaus Verurteilte sind nie geeignet. Andererseits sind JStrAnstalten auf eine Erz. über eine gewisse Zeit (§ 18 I S 1) eingestellt und deshalb zum Vollz. kurzfristiger HaftStr. nicht geeignet. Deshalb kommen grds auch nur GefängnisStr. **ab 6 Monate** in Betracht. Ferner scheiden Verurteilte aus, die schon fast 24 Jahre alt sind und deshalb nur wenige Wochen oder Monate im JStrVollz. verbleiben könnten (A 3; Potrykus B 3).

2) Entscheidend ist zunächst das **Alter zZ der Vollstr.**

a) Noch nicht 21 Jahre alte Verurteilte werden stets in die JStrAnstalt eingewiesen, falls nicht eine bes. Abteilung für junge Männer in einer ErwStrAnstalt zur Verfügung steht (RL 2); wegen einer seltenen Ausnahme vgl RL 5 S 2.

b) Verurteilte im Alter **von 21 bis etwa 23½** (s. A 1b, 3) **Jahren** werden in die ErwStrAnstalt eingewiesen (RL 3), falls nicht ausnahmsweise nach RL 5 S 1 verfahren wird. Der Leiter der StrAnstalt kann einen geeigneten (RL 1) Gefangenen in die JStrAnstalt überweisen (RL 4).

c) Ob der nach A 2a oder b **in eine JStrAnstalt Eingewiesene dort verbleibt** oder (wieder) in die ErwStrAnstalt kommt, **entscheidet der Leiter der JStrAnstalt** (RL 7), ein Verwaltungsbeamter, nach Prüfung der Eignung [RL 1, vgl § 92 A 2b (3)]; an die Eignung sind hier jedoch strengere Anforderungen zu stellen als bei zu JStr. Verurteilten gem. § 92 II (Potrykus B 3). Die Entsch. kann auch noch getroffen werden, wenn der Verurteilte schon längere Zeit in der JStrAnstalt war (Dallinger-Lackner N 7). Die Entsch. ist eine Verwaltungsentsch., die mit der Dienstaufsichtsbeschw. (GStA, Ministerium) angefochten werden kann; gerichtl. Nachprüfung: Art. 19 IV GG, §§ 23ff EG GVG.

3) Sobald der in der JStrAnstalt Einsitzende 24 Jahre alt ist, muß er in eine ErwStrAnstalt überführt werden, falls nicht nur ein unbedeutender StrRest noch aussteht (Dallinger-Lackner N 4).

4) Die Regelung beseitigt die durch § 105 vorgenommene Differenzierung häufig und ist auch sonst den Interessen der zu JStr. Verurteilten abträgl. (Potrykus B 1). Eine **befriedigende Lösung** wäre nur durch Schaffung eigener **Jungmänner-Gefängnis**-Strafanstalten zu gewinnen (Potrykus B 1).

§ 115

Rechtsvorschriften der Bundesregierung über den Vollzug

(1) Die Bundesregierung wird ermächtigt, durch Rechtsverordnung mit Zustimmung des Bundesrates für den Vollzug der Jugendstrafe, des Jugendarrestes und der Untersuchungshaft Vorschriften zu erlassen über die Art der Unterbringung, die Behandlung, die Lebenshaltung, die erzieherische, seelsorgerische und berufliche Betreuung, die Arbeit, den Unterricht, die Gesundheitspflege und körperliche Ertüchtigung, die Freizeit, den Verkehr mit der Außenwelt, die Ordnung und Sicherheit in der Vollzugsanstalt und die Ahndung von Verstößen hiergegen, die Aufnahme und die Entlassung sowie das Zusammenwirken mit den der Jugendpflege und Jugendfürsorge dienenden Behörden und Stellen.

(2) Die Rechtsverordnungen der Bundesregierung dürfen für die Ahndung von Verstößen gegen die Ordnung der Sicherheit der Anstalt nur Hausstrafen vorsehen, die der Vollzugsleiter oder bei Untersuchungshaft der Richter verhängt. Die schwersten Hausstrafen sind die Beschränkung des Verkehrs mit der Außenwelt auf dringende Fälle bis zu drei Monaten und Arrest bis zu zwei Wochen. Mildere Hausstrafen sind zulässig. Dunkelhaft ist verboten.

(3) Die Bundesregierung wird ermächtigt, durch Rechtsverordnung mit Zustimmung des Bundesrates zur Durchführung des § 112b Abs. 2 Vorschriften über

Art, Umfang und Dauer der Pflichten und Beschränkungen zu erlassen, die dem Jugendlichen oder Heranwachsenden hinsichtlich des Dienstes, der Freizeit, des Urlaubs und der Auszahlung der Besoldung auferlegt werden oder durch den nächsten Disziplinarvorgesetzten auferlegt werden können.

1a) (1) Die **Bundesregierung** hat von der **Ermächtigung** nach I noch nicht Gebrauch gemacht[1]). Es kämen in Betracht eine JStr.- u. eine JA-VollzO (statt der nicht mehr einheitl. geltenden vom 1. 9. 44 — SV DJ Nr 32 — u. vom 20. 12. 43 — DJ S 580 —). Als UHaft-VollzO genügen zunächst die Nr 77—85 der UVollzO vom 12. 2. 1953 (s. bei § 93). (2) Die VO gem. III ist ergangen (s. § 112b nach Ges.-Text u. A 2).

b) Eine einheitl. JA-Geschäftsordnung (statt der nicht mehr einheitl. geltenden vom 15. 5. 44 — SV DJ Nr 31 —) kann nur — ähnl. wie die AO über die gerichtl. ErzKartei vom 15. 2. 1955 (s. bei § 94) und die AO über die Mitt. in StrSachen vom 15. 6. 1957 (s. bei § 70) — durch **Vereinbarung der Länder** entstehen (Dallinger-Lackner N 3; zw. Potrykus B 1).

2) II bringt bereits jetzt gültige (Dallinger-Lackner N 4) **Beschränkungen der Hausstrafgewalt.**

§ 116

Zeitlicher Geltungsbereich

(1) Das Gesetz wird auch auf Verfehlungen angewendet, die vor seinem Inkrafttreten begangen worden sind. Für diese Verfehlungen ist das Mindestmaß der Jugendstrafe drei Monate.

(2) Auf Jugendstrafe darf gegen einen Heranwachsenden nicht erkannt werden, wenn die Straftat vor dem Inkrafttreten dieses Gesetzes begangen ist und nach dem allgemeinen Strafrecht die Verhängung einer Freiheitsstrafe von weniger als drei Monaten zu erwarten gewesen wäre.

(3) Auf Jugendstrafe von unbestimmter Dauer darf gegen einen Heranwachsenden nur erkannt werden, wenn die Tat nach dem Inkrafttreten dieses Gesetzes begangen ist oder wenn bei mehreren Straftaten das Schwergewicht in der Zeit nach dem Inkrafttreten des Gesetzes liegt.

Diese Übergangsbestimmung ist nunmehr praktisch **gegenstandslos.**

§ 117

Gerichtsverfassung

(1) Die Wahl der Jugendschöffen nach § 35 erfolgt erstmalig innerhalb von sechs Monaten nach Inkrafttreten dieses Gesetzes, später gleichzeitig mit der Wahl der

---

[1]) Eine JArrest-VollzugsO ist in Bearbeitung. Vgl. Potrykus: Reform des JArrestvollzugs [u.a. zum Referentenentwurf], UJ 64/208.

Schöffen für die Schöffengerichte und die Strafkammern. Solange noch keine Jugendschöffen gewählt sind, werden dem Jugendschöffengericht und der Jugendkammer die auf Grund anderer Rechtsvorschriften gewählten Jugendschöffen oder, soweit solche nicht vorhanden sind, die nach den allgemeinen Vorschriften gewählten Schöffen beigegeben. Solange keine nach diesem Gesetz gewählten Jugendschöffen zur Verfügung stehen, kann von der Durchführung des § 33 Abs. 3 Satz 2 abgesehen werden.

(2) Wo ein Jugendwohlfahrtsausschuß noch nicht besteht, wird die Vorschlagsliste nach § 35 Abs. 3 vom Jugendamt aufgestellt.

1) Die Bestimmung, daß künftig die **JSchöff zugleich mit den ErwSchöff gewählt** werden (I S 1 HS 2) ist gültiges Recht.

2) Im übrigen ist die Bestimmung Übergangsbestimmung und nunmehr **bedeutungslos.** Das gilt auch von II (Potrykus B 4 FN 1).

§ 118

Zuständigkeit und Verfahren

(1) Die am Tage des Inkrafttretens dieses Gesetzes anhängigen Strafsachen gegen Jugendliche oder Heranwachsende gehen in der Lage, in der sie sich befinden, auf das zuständige Jugendgericht über.

(2) Sind Strafsachen gegen Heranwachsende und Erwachsene verbunden, so sollen die Sachen gegen Heranwachsende abgetrennt und an das zuständige Jugendgericht verwiesen werden, wenn nicht wichtige Gründe entgegenstehen.

(3) Hat die Hauptverhandlung begonnen, so ist sie nach den bisherigen Verfahrensvorschriften zu Ende zu führen. Die Bekanntmachung einer Entscheidung und ihre Anfechtung durch Rechtsmittel bestimmen sich, wenn die Entscheidung vor dem Inkrafttreten dieses Gesetzes oder auf Grund einer nach Satz 1 zu Ende geführten Hauptverhandlung erlassen worden ist, nach den bisher geltenden Vorschriften. Die Besetzung des Rechtsmittelgerichts bestimmt sich nach den Vorschriften dieses Gesetzes.

Diese Übergangsbestimmung ist nunmehr **gegenstandslos.**

§ 119

Freiheitsstrafen

(1) Jugendgefängnisstrafen, auf die gegen einen Jugendlichen vor dem Inkrafttreten dieses Gesetzes erkannt worden ist, werden für die Anwendung dieses Gesetzes der Jugendstrafe gleichgestellt.

(2) Die Vorschriften über die beschränkte Auskunft und Tilgung von Jugendstrafen (§ 95) werden auch auf Gefängnis- und Festungshaftstrafen angewendet, die von Wehrmachtgerichten oder Gerichten wehrmachtähnlicher Formationen gegen einen Jugendlichen verhängt worden sind.

Jugendgefängnisstrafen werden wie JStr. behandelt. Gleiches gilt hinsichtl. der strafregisterl. Behandlung von Gefängnis- u. FestungshaftStr., die WehrmachtsGer. oä gegen J (zZ der Tat) verhängt haben. Durch Zeitablauf hat die Vorschrift nun kaum noch Bedeutung. Wegen der gelegentl. auftretenden Fragen sei auf die Erläuterungswerke von Dallinger-Lackner u. Potrykus verwiesen.

§ 120

Verweisungen

Verweisungen auf Vorschriften des Reichsjugendgerichtsgesetzes vom 6. November 1943 (Reichsgesetzbl. I S 637) gelten als Verweisungen auf die an ihre Stelle getretenen Vorschriften dieses Gesetzes.

Die neueren Textausgaben sind durchweg berichtigt.

§ 121

Änderung des Gerichtsverfassungsgesetzes

Das Gerichtsverfassungsgesetz wird wie folgt geändert:

1. § 26 wird durch folgende Vorschrift ersetzt:

„§ 26

(1) Für Straftaten Erwachsener, durch die ein Kind oder ein Jugendlicher verletzt oder unmittelbar gefährdet wird, sowie für Verstöße Erwachsener gegen Vorschriften, die dem Jugendschutz oder der Jugenderziehung dienen, sind neben den für allgemeine Strafsachen zuständigen Gerichten auch die Jugendgerichte zuständig. Die §§ 24 und 25 gelten entsprechend.

(2) In Jugendschutzsachen soll der Staatsanwalt Anklage bei den Jugendgerichten nur erheben, wenn in dem Verfahren Kinder oder Jugendliche als Zeugen benötigt werden oder wenn aus sonstigen Gründen eine Verhandlung vor dem Jugendgericht zweckmäßig erscheint.“

2. Nach § 74a wird folgender § 74b eingefügt:

„§ 74b

In Jugendschutzsachen (§ 26 Abs. 1 Satz 1) ist neben der für allgemeine Strafsachen zuständigen Strafkammer auch die Jugendkammer als erkennendes Gericht des ersten Rechtszuges zuständig. § 26 Abs. 2 und §§ 73 und 74 gelten entsprechend.“

Richtlinie zu § 121:

Es empfiehlt sich, nach Möglichkeit bei den Landgerichten im Wege der Geschäftsverteilung die landgerichtlichen Jugendschutzsachen einer bestimmten Strafkammer als Jugendschutzkammer zuzuweisen.

1a (1) **Jugendschutzsachen sind einmal** Verf. wegen Verstößen gegen StrVorschriften, die dem J Schutz (zB Unzucht mit Kindern, § 176 I Z 3 StGB) oder der JErz. dienen (zB Verbreitung jugendgefährdender Schriften, Ges. vom 9. 6. 1953, BGBl I S 377). Weitere Beispiele: §§ 143, 170d, 174 Z 1, 175a Z 3, 182, 184 I Z 2, 184a, 223b, 235, 237, 239a, 361 Z 4 HS 2, 361 Z 6b StGB; Ges. zum Schutz der J in der Öffentlichk. vom 4.12.1951 — BGBl I S 936 —; JArbeitsschutzGes. vom 9. 8. 1960 — BGBl I S. 665 —; ebenso Dallinger-Lackner N 11). (2) Jugendschutzsachen sind **aber auch** Verf. wegen StrTaten, durch die ein Kind (§ 1 III entspr.) oder ein J (§ 1 II entspr.) — auch mittelbar — verletzt oder — nur unmittelbar — gefährdet worden ist; nicht gefordert wird, daß der StrTatbestand den Unrechtsgehalt nur oder in bes. Weise gegen Kinder oder J hat (Dallinger-Lackner N 9; Kleinknecht-Müller § 26 GVG A 1b bb). Der Begriff des Verletzten ist weit zu fassen (ähnl. § 61 Z 2 StPO, allg.M); doch ist es notwendig, daß die durch die verletzte StrVorschrift geschützten Interessen des Kindes oder J beeinträchtigt werden (Dallinger-Lackner N 7), also Verletzung seines körperl. oder sittl. Wohls, von Gesundheit, Freiheit, Ehre, Vermögensrecht, nicht aber zB Tötung des Ernährers. Die Tat eines Erwachsenen, durch die ein Kind ums Leben gekommen ist, soll die Zuständigkeit der JGerichte **nicht** begründen können[1]). Das ist für Schwurgerichtssachen selbstverständlich (Schwarz-Kleinknecht § 74b GVG A 4); dem ist auch für andere Taten, jedenfalls im Ergebnis, zuzustimmen, da die Anklage zum JGericht hier ein offensichtlicher Verstoß gegen §§ 26 II, 74 S 2 GVG wäre (s. auch unten FN 6).

b) Täter kann **nur ein Erw.** sein; J u. Hw kommen schon nach den §§ 33 I, 107 vor das JG.

c) Verletzter kann **nur ein Kind** (§ 1 III entspr.) **oder J** (§ 1 II entspr.) sein, nicht ein **Hw**[2]), **falls** nicht eine JSchutzvorschrift [A 1a (1)] auch Hw schützt[3]) wie § 174 Z 1 StGB. Im Wege der Geschäftsverteilung können den JGerichten alle Verfahren gegen Erwachsene, also auch Verfahren wegen Taten, durch die Hw verletzt wurden, übertragen werden, weil die JGerichte für den Erw. nur Spruchkörper ihres Gerichts sind [§ 33 A 3e (1) (a), (2) (a)]; doch wäre eine solche Geschäftsverteilung wenig sinnvoll.

2a) Hier sind die **JG wahlweise** (A 2b) **neben den ErwG zuständig.** (1) Die JG entscheiden in ihrer durch das JGG (§§ 33 II—IV, 35, 37) vorgeschriebenen **Besetzung** mit JSchöff; ein zweiter BerufsRi. kann also beim JSchöffG auch in JSchutzVerf. nicht zugezogen werden (Dallinger-Lackner § 33 N 26, Potrykus NJW 56/656, aA Kleinknecht-Müller § 29 GVG A 5). Auch der JStA wirkt mit (§ 36 A 2a). (2) Die sachl. (§§ 26 I S 1, 74b S 2 GVG) u. örtl. (allg.M) **Zuständigk.** richtet sich nach allgR (§§ 24, 25, 73, 74 GVG; 7ff StPO). (a) Statt zum (Erw.)EinzelRi. kann also zum JRi., statt zum (Erw.)SchöffG zum JSchöffG und statt zur StrK

[1]) OLG Hamm JMBl NRW 63/34, OLG Düsseldorf JMBl NRW 63/166 = Rspr 63 Nr 904.
[2]) Löwe-Rosenberg 20. Aufl. A 2a, Schwarz-Kleinknecht A 3 je zu § 26 GVG; Potrykus B 1.
[3]) BGH 13/53, 58f, Dallinger-Lackner N 10, Kleinknecht-Müller § 26 GVG A 1b aa.

zur JK[4]) angeklagt werden; die Zuständigk. der JK (s. RiStV 92, Kleinknecht-Müller § 24 A 4a bb; vgl auch BGH JR 55/189, 190) ist also nicht erweitert (Dallinger-Lackner N 16, 17 ausführl., Löwe-Rosenberg § 26 GVG A 4, Schwarz § 74b GVG A 2 A; zu weit Potrykus B 4); doch ergeben sich gewisse Abweichungen daraus, daß es ein erweitertes JSchöffG nicht gibt u. §§ 40 II, 41 I Z 2 hier nicht gelten. (b) Auch in JSchutzsachen muß aber das ErwG stets tätig werden, wo im allgR weder das AG noch die StrK zuständig sind, sondern Staatsschutzkammer, SchwG, OLG, BGH. (3) Es gelten auch die **allg. VerfVorschriften.** (4) Gegen Urteile des JRi. oder des JSchöffG ist die JK **Ber.- u. BeschwGer.;** ebenso entscheidet umgekehrt die Str. über Urteile des (Erw.) EinzelRi. und des (Erw.) SchöffG (Dallinger-Lackner N 21. Kleinknecht-Müller § 74 GVG A 2, Löwe-Rosenberg § 26 GVG A 5; aA Potrykus B 5, Schwarz § 74b GVG A 2 B: je nach Geschäftsverteilung). Auch wo der JRi. allein entschieden hat, ist die JK in voller Besetzung zuständig; eine kleine JK gibt es nicht. (5) Wegen der **Rechtshilfe** im JSchutzverf. s. § 34 A 1a (2).

b) (1) **Die Wahl trifft der StA** (§§ 26 II, 74b S 2 GVG) bei der Anklageerhebung[5]), ohne daß das Gericht dadurch gebunden würde. Das ErwG kann also vor dem JG eröffnen und umgekehrt (§§ 209 II, III StPO)[6]). (2) § 26 II GVG stellt **für den StA verbindl. Richtlinien** auf, deren Einhaltung das Ger. nachprüfen darf[6]). Das Ges. ist dahin zu verstehen, daß **nur in bes. Fällen zum JG** angeklagt werden soll; andernfalls würden die JG zu sehr ihrer eigentl. Aufgabe entzogen und wohl auch entfremdet (allg.M; vor allem Dallinger-Lackner N 24—26). (3) Wo das Ger. groß genug ist, sollten **bes. JSchutzkammern** (RL) und entspr. Dezernate am AG geschaffen werden, zu denen der StA ausschließl. anklagen sollte.

3a) Die **Glaubwürdigkeit kindlicher und jugendlicher Zeugen**[7]) hat in JSchutzverfahren oft entscheidende Bedeutung. Für die Glaubwürdigkeitsbeurteilung lassen sich aus der **Rechtsprechung des BGH** folgende Grundsätze ableiten (vgl bes. BGH

---

[4]) Auch im **Sicherungsverfahren gem. §§ 429aff StPO.** Einmal ist für den Erwachsenen die JKammer nur eine der großen Strafkammern dieses Landgerichts [s. § 33 A 3a (1) (a) und (2) (a)]. Zum anderen wird es auch im Sicherungsverfahren oft nützlich sein, wenn die JKammer ihre besondere Erfahrung im Umgang mit jungen Menschen und bei deren Beurteilung verwerten kann, wenn solche als Zeugen auftreten.

[5]) Dieses Wahlrecht widerspricht nicht Art. 101 GVG (BGH 13/297).

[6]) Das gilt nach dem StPÄG ab 1. 4. 1965. Bis dahin ist das Gericht an den Antrag gebunden.

[7]) **Literatur:** (Die Rechtsprechung des BGH — dazu auch Jagusch LM § 244 II StPO Nr 15 — ist im Text der Anm. 3 zugrunde gelegt): Bach: Kindliche Zeuginnen in Sittlichkeitsprozessen; Blau: Zur Zulässigkeit und Zweckmäßigkeit psychologischer Glaubwürdigkeitsgutachten in JSchutzsachen, GA 59/294; Knögel: J und Kinder als Zeugen in Sittlichkeitsprozessen, NJW 59/1663; Matthes: Minderjährige „Geschädigte" als Zeugen in Sittlichkeitsprozessen (Schriftenreihe des Bundeskriminalamts 1961 H 1); Müller-Luckmann: Über die Glaubwürdigkeit kindlicher und jugendlicher Zeuginnen bei Sexualdelikten (Beiträge zur Sexualforschung 14); Panhuysen: Die Untersuchung des Zeugen auf seine Glaubwürdigkeit (Neue Kölner Rechtswissenschaftliche Abhandlungen 28); Roesen: Der psychologische Sachverständige im Sittlichkeitsprozeß, NJW 64/442; Schnetz: Das Kind als klassischer Zeuge bei Sexualdelikten.

NJW 61/1636): Der Tatrichter ist im allgemeinen nicht auf die Hilfe eines **Sachverständigen** angewiesen (BGH 3/27), es sei denn, Zeugen vor oder in der Geschlechtsentwicklung sagen über geschlechtsbezogene Dinge, namentlich als Opfer von Sittlichkeitsverbrechen, aus (BGH 2/163). Sogar in solchen Fällen kann das Gericht ohne Sachverständigen auskommen, wenn es mit der eigentümlichen seelischen Verfassung geschlechtlich Heranreifender vertraut ist, etwa bei besonderer Ausbildung oder langer richterlicher Erfahrung in J- oder JSchutzsachen (BGH 3/52), oder wenn die Aussage in anderen Umständen eine gewichtige Unterstützung findet (BGH 7/82). Letztlich kommt es aber immer auf die Eigenart und besondere Gestaltung des Einzelfalles an. Weicht zB die Aussage des jungen Zeugen bei mehreren Vernehmungen in verschiedenen Punkten voneinander ab, hat er in einem wichtigen Punkt die Unwahrheit gesagt, wurde er früher noch ungeschickt vernommen („Hineinfragen“) oder hatte er schon vor der Tat geschlechtliche Erlebnisse, so kann die Überprüfung der Glaubwürdigkeit durch einen Sachverständigen erforderlich werden, besonders wenn das entscheidende Gericht kein JGericht ist (BGH NJW 61/1636). Vgl auch BGH 7/82 über die besseren Möglichkeiten des Sachverständigen.

b) (1) (a) Das **Zeugnisverweigerungsrecht** steht auch Kindern zu; ohne ihre Zustimmung dürfen sie nicht vernommen werden (BGH 14/159). Hat die Beweisperson ausnahmsweise die zum Verständnis des Zeugnisverweigerungsrechts erforderliche Reife nicht, darf sie erst vernommen werden, wenn auch ihr gesetzlicher Vertreter nach Belehrung über ihr Zeugnisverweigerungsrecht der Vernehmung zustimmt (BGH 12/235, 242, 14/159). Das gilt auch, wenn nur Zweifel darüber bestehen, ob der Zeuge die Belehrung über das Zeugnisverweigerungsrecht richtig verstehen kann (BGH 14/21, 24, 14/159, 161, 19/85)[8]). Dazu gehört, daß der Zeuge wenigstens den Widerstreit verstandesmäßig erfaßt, in den ihn die familiären Beziehungen stellen, und erkennt, daß der Angehörige etwas Unrechtes getan hat, wofür ihm Strafe droht; die Folgen der Aussage braucht er nicht zu überblicken (BGH 14/159, 161f). — (b) Über **frühere Aussagen** darf nach der Zeugnisverweigerung nur der Richter vernommen werden (BGH 2/99, 13/394), auch ein Zivilrichter (BGH 17/324), nicht aber Staatsanwalt, Polizeibeamter, Protokollführer ua. Dagegen kann über **Mitteilungen außerhalb des Verfahrens** jeder vernommen werden, dem sich der Zeugnisverweigerungsberechtigte anvertraut hat (BGH JR 51/349); das gilt auch für Polizeibeamte, denen gegenüber eine Anzeige erstattet wurde oder die um Hilfe angegangen wurden, wenn damit nicht eine förmliche Vernehmung verbunden wurde (BGH NJW 56/1886). Wegen Angaben, die dem Sachverständigen gemacht wurden, s. unten (2) (b).

(2) (a) Entsprechendes gilt für das Recht, körperliche **Untersuchungen zu verweigern** gem. § 81c I, II StPO (BGH 11/97, 12/235, 240, 13/394, 398). Untersuchungen ohne vorherige richterliche Belehrung (BGH 11/97, 13/394) — gegebenenfalls des gesetzlichen Vertreters (BGH 12/235, 242) — über dieses Recht dürfen nur verwertet

---

[8]) BGH 14/159, 161 hatte Zweifel bei einem $7^3/_4$ Jahre alten, in der Entwicklung zurückgebliebenen Kind; ähnlich BGH 19/85; dagegen nahm BGH 14/21, 24 diese Fähigkeit bei einem 17jährigen Mädchen als wahrscheinlich an.

werden, wenn der Untersuchte, gegebenenfalls sein gesetzlicher Vertreter nachher zustimmen (BGH aaO). Dagegen steht ein nachträglicher Widerruf der nach Belehrung gegebenen Zustimmung der Verwertung nicht entgegen, schließt jedoch weitere Untersuchungshandlungen aus (BGH 11/97). — Eine psychologische **Glaubwürdigkeitsuntersuchung** ist stets nur mit Einwilligung zulässig (§ 81c I S 1, BGH 13/394). — (b) **Auskünfte,** die **dem Sachverständigen** gegeben wurden, dürfen nach Zeugnisverweigerung weder dem Gutachten zugrunde gelegt noch durch den Sachverständigen als mittelbarem Zeugen eingeführt werden, wenn nicht entweder der Untersuchung eine ordnungsgemäße richterliche Belehrung über das Zeugnisverweigerungsrecht vorausgegangen ist oder der Berechtigte die Verwertung der Auskünfte genehmigt (BGH 11/97, 12/235, 242, 13/1).

c) Wegen der Beurteilung der **Eidesfähigkeit** s. Stutte MKrim 61(43)/193.

§ 122

Aufhebung von Rechtsvorschriften

Vorschriften, die diesem Gesetz entgegenstehen oder gegenstandslos werden, treten außer Kraft. Aufgehoben werden namentlich folgende Vorschriften, soweit sie nicht bereits außer Kraft getreten sind:

1. **Das Reichsjugendgerichtsgesetz in der Fassung der Anlage zu § 1 Abs. 1 der Verordnung über die Vereinfachung und Vereinheitlichung des Jugendstrafrechts (Jugendstrafrechtsverordnung) vom 6. November 1943 (Reichsgesetzbl. I S 637),**
2. **die Verordnung über die Vereinfachung und Vereinheitlichung des Jugendstrafrechts (Jugendstrafrechtsverordnung) vom 6. November 1943 (Reichsgesetzbl. I S 635),**
3. **die Verordnung zur Durchführung der Jugendstrafrechtsverordnung in den Alpen- und Donau-Reichsgauen, im Reichsgau Sudetenland und im Protektorat Böhmen und Mähren (Erste Durchführungsverordnung zum Reichsjugendgerichtsgesetz) vom 6. Dezember 1943 (Reichsgesetzbl. I S 669),**
4. **die Verordnung zur Anwendung des Reichsjugendgerichtsgesetzes in der Wehrmachtgerichtsbarkeit und der SS- und Polizeigerichtsbarkeit (Zweite Durchführungsverordnung zum Reichsjugendgerichtsgesetz) vom 28. Dezember 1943 (Reichsgesetzbl. I S 687),**
5. **§ 1 des württembergisch-badischen Gesetzes Nr 205 zur Abänderung des Reichsjugendgerichtsgesetzes und der Jugendarrestvollzugsordnung vom 14. August 1946 (Regierungsbl. der Regierung Württemberg-Baden S 246),**
6. **§ 6a der Landesverordnung des Landes Rheinland-Pfalz über Gerichtsverfassung und Verfahren vom 11. April 1947 (Verordnungsbl. der Landesregierung Rheinland-Pfalz S 155) in der Fassung des Landesgesetzes zur Wiedereinführung der Schöffen und Geschworenen in der Strafrechtspflege und zur Änderung der Strafprozeßordnung vom 2. September 1949 (Gesetz- und Verordnungsbl. der Landesregierung Rheinland-Pfalz Teil I Seite 374),**

7. § 6 des badischen Landesgesetzes zur Wiedereinführung der Schöffen und Geschworenen in der Strafrechtspflege vom 30. Dezember 1947 (Badisches Gesetz- und Verordnungsbl. 1948 S 39),
8. § 6 des Gesetzes des Landes Württemberg-Hohenzollern zur Wiedereinführung der Schöffen und Geschworenen in der Strafrechtspflege vom 14. Mai 1948 (Regierungsbl. für das Land Württemberg-Hohenzollern S 85),
9. das Landesgesetz des Landes Rheinland-Pfalz zur Änderung des Reichsjugendgerichtsgesetzes vom 30. Dezember 1948 (Gesetz- und Verordnungsbl. der Landesregierung Rheinland-Pfalz 1949 Teil I S 1),
10. § 6 der Rechtsanordnung des Kreispräsidenten von Lindau zur Wiedereinführung der Schöffen und Geschworenen in der Strafrechtspflege vom 26. April 1949 (Amtsblatt des Bayerischen Kreises Lindau Nr 18).

Es sind also **alle entgegenstehenden Vorschriften,** auch verwaltungsrechtl. Inhalts, **aufgehoben,** auch wenn sie vom Ges. nicht ausdrückl. erwähnt sind.

§ 123

Land Berlin

Dieses Gesetz gilt nach Maßgabe des § 13 Abs. 1 des Dritten Überleitungsgesetzes vom 4. Januar 1952 (Bundesgesetzbl. I S 1) auch im Land Berlin. Rechtsverordnungen, die auf Grund der in diesem Gesetz enthaltenen Ermächtigung erlassen werden, gelten im Land Berlin nach § 14 des Dritten Überleitungsgesetzes.

Vgl Berliner Gesetz zur Übernahme des Jugendgerichtsgesetzes vom 10. 8. 1953 (GVBl S 768).

§ 124

Inkrafttreten

Dieses Gesetz tritt am 1. Oktober 1953 in Kraft.

A

Fundstellenverzeichnis der Entscheidungen des Bundesgerichtshofes

I. Amtliche Sammlung

Amtl. Sammlung	Datum	Aktenzeichen	NJW	MDR	JZ	JR	LM Nr	FN *)
1/ 47	27. 2. 51	4StR 123/51		51/370		51/502	§ 50 StGB 1a	
1/175	18. 5. 51	1StR 173/51	51/671		51/650		§ 64 StPO 2	
1/346	2. 10. 51	1StR 434/51	52/192	52/117			§ 247 StPO 2	
1/373	30. 10. 51	1StR 67/51				51/349		
2/ 63	12. 12. 51	3StR 691/51			52/149		§ 345 StPO 4	
2/ 99	15. 1. 52	1StR 341/51	52/359				§ 252 StPO 5	
2/163	29. 2. 52	1StR 631/51	52/554	52/309			§ 244 II StPO 4	
2/393	30. 8. 52	3StR 496/51						
3/ 13	10. 6. 52	1StR 827/51	52/900	52/628			§ 103 GG 2	
3/ 52	13. 6. 52	2StR 259/52	52/1064				§ 244 StPO 4	
3/327	9. 12. 52	1StR 518/52	53/232				§ 60 StGB 3	
3/344	16. 12. 52	1StR 528/52	53/315				§ 338Z 6 StPO 4	
3/368	9. 1. 53	1StR 623/52	53/673	53/247	53/186		§ 258 StPO 1	
3/384	9. 1. 53	1StR 620/52	53/515	53/246			§ 247 StPO 3	
4/157	30. 4. 53	4StR 90/53	53/1195				§ 161 StGB 3	
4/205	8. 5. 53	2StR 690/52	53/1233		53/609		§ 149 StPO 1	
4/308	24. 6. 53	GSSt 1/53	53/1561		53/766		§ 140 StPO 9	
4/320	23. 7. 53	3StR 312/53	53/1481		53/738		§ 141 StPO 2	
4/325	17. 9. 53	4StR 791/52	53/1679		54/ 56		§ 60 StGB 4	
4/364	8. 10. 53	5StR 245/53	53/1925	54/54	53/767		§ 274 StPO 4	
5/ 52	13. 10. 53	1StR 710/52	54/122				§ 358 StPO 10	
5/132	20. 11. 53	2StR 467/53	54/323				§ 1 JGG 1	
5/168	5. 11. 53	3StR 504/53	54/159		54/123			
5/207	17. 11. 53	1StR 362/53	54/360			54/189	§ 105 JGG 2	
5/226	15. 12. 53	5StR 294/53	54/1009				§ 207 StPO 1	
5/312	11. 2. 54	4StR 755/53	54/968		54/751		§ 358 StPO 13	
5/338	20. 11. 53	1StR 279/53	54/687	54/372		54/230	§ 335 StPO 2	
5/366	23. 2. 54	1StR 723/53	54/847		54/397		§ 1 JGG 3	
5/377	12. 3. 54	1StR 333/53	54/846		54/363	54/228	§ 23 StGB 6	
6/ 6	24. 3. 54	6StR 84/54	54/848	54/371	54/398	54/229	§ 32 JGG 2	
6/109	1. 4. 54	StE 4/54	54/1375		55/ 52			
6/117	6. 4. 54	5StR 89/54	54/1210				§ 45 GVG 2	

*) **Diese Spalte verweist auf andere Zeitschriften, in denen die Entscheidungen angeführt sind. Aus Raumgründen sind diese nicht in die Tabelle, sondern in Fußnoten aufgenommen. Die Zahl in dieser Spalte bezeichnet die entsprechende Fußnote.**

Amtl. Sammlung	Datum	Aktenzeichen	NJW	MDR	JZ	JR	LM Nr.	FN *)
6/163	26. 5. 54	3StR 109/54	54/1086	54/494	54/517		§ 23 StGB 12	
6/183	29. 6. 54	5StR 233/54	54/1167	54/560	54/636		§ 42 m StGB 9	
6/206	14. 7. 54	5StR 324/54	54/1377		54/709		§ 59 JGG 1	
6/209	30. 6. 54	6StR 172/54	54/1415	54/628			§ 250 StPO 8	
6/215	6. 7. 54	StE 1/53	54/1208	54/691	54/645			
6/258	13. 7. 54	1StR 465/53	54/1616	54/757			§ 8 JGG 1	
6/298	23. 4. 54	2StR 79/54	54/1087				§ 23 StGB 8	
6/326	5. 10. 54	2StR 194/54	54/1855				§ 43 JGG 1	1)
6/354	12. 10. 54	5StR 335/54	54/1855				§ 38 JGG 1	2)
6/391	4. 11. 54	3StR 392/54	55/30		55/88		§ 23 StGB 18	
6/394	11. 11. 54	4StR 526/54	55/72	55/118	55/90	55/27	§ 42mStGB 12	3)
7/ 26	2. 11. 54	5StR 492/54	55/273	55/180	55/219	55/104	§ 338Z 4 StPO2	
7/ 53	28. 10. 54	1StR 379/54	55/271	55/178			s. FN 4)	
7/ 64	8. 12. 54	6StR 272/54	55/232			55/147		
7/ 82	14 12. 54	5StR 416/54	55/599				§ 244IIStPO15	
7/ 86	7. 1. 55	5StR 638/54	55/600			55/147	§ 358 StPO 14	
7/180	16. 12. 54	3StR 189/54	55/758				§ 74 StGB 16	
7/214	25. 1. 55	3StR 552/54	55/557	55/306	55/383	55/187	§ 60 StGB 6	
7/238	8. 3. 55	5StR 49/55	55/840	55/372	55/456		§ 51 I StGB 6	
7/276	1. 3. 55	1StR 626/54	55/997		55/457		§ 467 StPO 3	4a)
7/300	8. 2. 55	5StR 591/54	55/598	55/623	55/508	55/188	§ 244 StGB 7	
7/318	18. 5. 55	3ARs 46/55	55/1238	55/690	55/618		§ 89 JGG 1	
7/353	8. 6. 55	3StR 163/55	55/1196	55/500		55/388	§ 211 StGB 32	
8/ 78	12. 7. 55	2StR 188/55	55/1605		55/711		§ 49 JGG 1	
8/ 90	27. 7. 55	6StR 48/55	55/1606				§ 105 JGG 7	
8/182	4. 10. 55	5StR 268/55	55/1889		56/63	56/25	§ 23 StGB 28	
8/346	12. 1. 56	3ARs 172/55	56/520				§ 42 JGG 1	
8/349	15. 12. 55	4StR 342/55	56/517				§ 108 JGG 1	
9/ 34	24. 1. 56	1StR 568/55	56/680				§ 55 StPO 3	
9/104	13. 3. 56	2StR 472/55	56/960				§ 358 StPO 18	
9/160	6. 4. 56	2StR 91/56	56/1078		56/539		§ 27 JGG 1	
9/195	1. 6. 56	2StR 27/56	56/1288				§ 52 StPO 12	
9/203	12. 1. 56	3StR 626/54	56/1326				§ 52 GVG 1	4b)

1) Zbl 55/240.
2) Zbl 55/239; UJ 55/178.
3) UJ 55/131; DAR 55/21.
4) Vorb. zu § 3 StGB Interlokales Strafrecht Nr 1.
4a) RPfl 59/109.
4b) BB 56/799.

Amtl. Sammlung	Datum	Aktenzeichen	NJW	MDR	JZ	JR	LM	Nr.	FN *)
9/258	14. 6. 56	3StR 37/56	56/1447	56/624	57/63	56/382	§ 24 StGB	3	
9/292	7. 6. 56	3StR 136/56	56/1526	56/691	57/227		§ 250 StPO	10	
9/324	18. 7. 56	6StR 28/56	56/1725		57/479		§ 264 StPO	15	
9/365	3. 10. 56	4StR 345/56	56/1886	57/50			§ 24 StGB	4	
9/370	6. 7. 56	2StR 87/55	57/ 29			57/25			
9/399	19. 10. 56	5StR 142/56	57/390		57/585	57/148	§ 103 JGG	3	5)
10/ 21	29. 11. 56	4StR 350/56	57/309		57/314		§ 19 JGG	2	6)
10/ 35	6. 12. 56	4StR 234/56	57/229		57/549		§ 59 StGB	36	
10/ 64	8. 1. 57	5StR 378/56	57/ 389	57/307	57/314	57/109	§ 33 JGG	3	7)
10/ 74	10. 1. 57	2StR 575/56	57/ 511	57/307			§ 6 StPO	2	8)
10/100	29. 2. 56	2StR 25/56	56/ 680				§ 108 JGG	2	9)
10/104	15. 1. 57	5StR 390/56	57/ 551		57/515	57/187	§ 45 JGG	1	10)
10/109	7. 2. 57	4StR 453/56	57/ 550		57/355	57/227	§ 62 StPO	1	
10/119	23. 1. 57	2StR 600/56	57/ 599		57/389		§ 48 JGG	2	11)
10/137	26. 2. 57	5StR 411/56	57/ 719			57/384	§ 200 StPO	2	
10/174	20. 3. 57	2StR 583/56			57/639				12)
10/177	4. 4. 57	2ARs 49/57	57/ 838	57/370	57/640		§ 42 JGG	2	13)
10/198	3. 4. 57	4StR 517/56	57/ 998		58/ 32		§ 55 JGG	1	14)
10/233	7. 3. 57	4StR 552/56	57/1040	57/433			§ 21 JGG	1	15)
10/252	8. 5. 57	2StR 174/57	57/1118				§ 49 GVG	3	
10/287	6. 6. 57	4StR 138/57	57/1287	57/563	58/ 30		§ 23 StGB	36	
10/323	6. 6. 57	2ARs 63/57	57/1370				§ 42 JGG	3	16)
10/327	22. 5. 57	2StR 181/57	57/1327				§ 103 JGG	4	17)
10/372	30. 8. 57	4StR 277/57	57/1683	57/757	58/251		§ 61 Z 2StPO	6	
10/373	10. 9. 57	5StR 230/57	57/1682	57/755	58/373		§ 199 StGB	1	
10/384	24. 9. 57	1StR 532/56	57/1770						18)
10/391	11. 10. 57	2ARs 167/57	57/1809		58/181		§ 42 JGG	4	19)
11/ 80	29. 11. 57	2ARs 179/57	58/ 191		58/218		§ 453 StPO	2	
11/ 97	10. 10. 57	4StR 393/57	58/268				§ 252 StPO	11	
11/106	22. 11. 57	4StR 497/57	58/ 429	58/253			§ 63 GVG	10	
11/116	13. 12. 57	2ARs 188/57	58/ 638	58/260		58/148	§ 33 JGG	5	

5) EJF C I 11.
6) EJF C I 10; Zbl 57/243.
7) EJF C I 12.
8) EJF D II 3.
9) EJF C I 1; SjE F 2 S 182b.
10) Zbl 58/54; EJF C I 16; SjE F 3 S 239.
11) EJF C I 15.
12) EJF D II 2; SjE F 3 S 345.
13) EJF C I 24; Zbl 58/53; SjE F 3 S 133.
14) EJF C I 21; Zbl 57/241.
15) EJF C I 23.
16) Zbl 58/53; EJF C I 30; SjE F 2 S 131.
17) EJF C I 28.
18) Rpfl. 58/181.
19) EJF C I 32.

Amtl. Sammlung	Datum	Aktenzeichen	NJW	MDR	JZ	JR	LM Nr.	FN
11/130	10. 1. 58	5StR 487/57	58/469	58/356	58/508	58/187	§ 3 StPO 3	
11/169	9. 1. 58	4StR 514/57	58/638	58/260			§ 19 JGG 3	
11/319	29. 4. 58	1StR 68/58	58/1050	58/617	59/27		§ 358 StPO 23	
11/332	7. 5. 58	2ARs 60/58	58/1006	58/620			§ 453 StPO 5	
12/116	23. 10. 58	4StR 327/58	59/159, 542	59/143	59/184	59/103	§ 105 JGG 9	[20]
12/129	4. 11. 58	5StR 441/58	59/156	59/226		59/224	§ 20aStGB 17	
12/177	31. 10. 58	1StR 417/58	59/250	59/225		59/266	§ 68 StGB 7	
12/180	14. 11. 58	2ARs 182/58	59/396	59/322			§ 42 JGG 7	[21]
12/197	2. 12. 58	1StR 375/58	59/349	59/231			§ 36 GVG 1	
12/235	8. 12. 58	GSSt 3/58	59/445	59/318	59/323		§ 81c StPO 2	
12/243	9. 12. 58	1StR 551/58	59/395	59/231			§ 84 GVG 3	
13/ 1	13. 2. 59	4StR 470/58	59/828	59/775			§ 250 StPO 11	
13/ 53	20. 3. 59	4StR 416/58	59/1093	59/679			§ 26 GVG 2	
13/157	13. 5. 59	4StR 439/58	59/1694	59/940			§ 103 JGG 5	[22]
13/186	10. 7. 59	2ARs 86/59	59/1695	59/940			§ 42 JGG 6	[23]
13/209	30. 6. 59	2ARs 158/58	59/1834	59/1026			§ 42 JGG 5	[24]
13/284	13. 10. 59	2ARs 55/59	60/ 59	60/65			§ 42 JGG 8	[25]
13/293	13. 10. 59	2ARs 171/59	60/394	60/152			§ 42f StGB 1	
13/297	29. 10. 59	2StR 393/59	60/ 56	60/150	60/416		§ 26 GVG 3	[26]
13/306	19. 11. 59	2StR 359/59	60/109	60/329		60/ 70	§ 260 StPO 24	
13/378	22. 12. 59	3StR 40/59	60/493	60/331			§ 74a GVG 1	
13/388	15. 1. 60	1StR 627/59	60/494, 733	60/422	60/754	60/188	§ 335 StPO 3	
13/394	14. 10. 59	2StR 249/59	60/584	60/419			§ 81c StPO 4	
14/ 21	11. 11. 59	2StR 471/59	60/586	60/420			§ 52 StPO 16	
14/ 64	11. 12. 59	4StR 321/59	60/545	60/423			§ 80 GVG 1	
14/ 74	13. 1. 60	2StR 557/59	60/587	60/332	60/448		§ 57 JGG 1	[27]
14/159	2. 3. 60	2StR 44/60	60/1396	60/599	60/378	60/268	§ 52 StPO 17	
14/198	11. 3. 60	4StR 574/59	60/1357	60/690			§ 243 IZ7 StGB 5	[28]
14/287	6. 5. 60	4StR 107/60	60/1531	60/773			§ 32 JGG 5	[29]
14/343	10. 6. 60	2ARs 76/60	60/1681	60/862			§ 12 StPO 6	[30]

[20]) EJF C I 45.
[21]) EJF C I 56.
[22]) EJF C I 57; Zbl 59/267.
[23]) EJF C I 59; DAR 59/277.
[24]) EJF C I 55.
[25]) EJF C I 60.
[26]) EJF D II 8.
[27]) EJF C I 64.
[28]) EJF C I 65.
[29]) EJF C I 67; SjE F 2 S 181; RPfl 61/45.
[30]) BB 60/1373.

Amtl. Sammlung	Datum	Aktenzeichen	NJW	MDR	JZ	JR	LM Nr.	FN
14/374	15. 6. 60	4StR 20/60	60/1776	60/942			§ 62 StPO 2	
14/381	22. 6. 60	2StR 221/60	60/1870	60/864	60/708		§ 358 StPO 29	
15/107	10. 8. 60	2StR 307/60	60/1918	60/942			§ 45 GVG 4	31)
15/125	19. 8. 60	4StR 241/60	60/2201	61/ 79			Ausliefergs. recht allg 3	
15/194	28. 9. 60	2StR 429/60	61/132, 419	61/249	61/184	61/103	§ 338 StPO 6	
15/224	11. 11. 60	4StR 387/60	61/278, 687	61/340	61/581		§ 17 JGG 4	32)
15/259	15. 12. 60	3StR 26/59	61/ 227	61/335	61/180		Art 103 GG 21	
15/314	31. 1. 61	2ARs 1/61	61/ 789	61/338			§ 12 StPO 7	
15/377	28. 2. 61	1StR 467/60	61/1031, 1731	61/519	61/581	61/349	§ 180 StGB 11	
16/ 63	25. 4. 61	1StR 618/60	61/1413, 1879	61/705	61/637	61/351	§ 48 GVG 4	
16/ 78	26. 5. 61	2ARs 46/61	61/2071	61/869			§ 85 JGG 1	
16/ 84	2. 6. 61	2ARs 70/61	61/1484	61/783			§ 15 StPO 3	
16/ 99	3. 6. 61	1StR 155/61	61/1485	61/870			§ 62 StPO 3	
16/248	6. 10. 61	2StR 362/61	61/2316	62/149	62/714	62/ 65	§ 25 GVG 1	
16/261	29. 9. 61	4StR 301/61	61/2359	62/149			§ 17 JGG 5 § 74 JGG 1	33)
16/335	13. 12. 61	2StR 548/61	62/ 452	62/233	62/289	62/149	§ 31 JGG 3	
16/374	24. 11. 61	1StR 140/61	62/ 404	62/495		62/148	§ 296 StPO 4	
17/ 44	22. 1. 62	5StR 442/61	62/ 820	62/424	62/370	62/224		
17/176	6. 3. 62	1StR 554/61	62/1167	62/494	62/715		§ 48 GVG 5	
17/324	2. 5. 62	2StR 132/62	62/1875	62/1003			§ 252 StPO 18	
18/ 1	20. 7. 62	4StR 194/62	62/2116	63/152			§ 260 StPO 29	
18/ 21	25. 9. 62	1StR 368/62	62/2262	63/151			§ 44 StPO 6	
18/ 79	5. 10. 62	GSSt 1/62	63/ 60	63/ 64		63/ 67	§ 6 StPO 4	
18/130	16. 11. 62	2ARs 194/62	63/ 453	63/150			§ 4 StPO 3	
18/173	20. 12. 62	2ARs 81/62	63/ 500	63/429			§ 33 JGG 8	
18/207	9. 1. 63	4StR 443/62	63/ 770	63/518		63/304	§ 8 JGG 2	34)
18/238	5. 2. 63	1StR 265/62	63/ 869	63/514				
18/261	15. 2. 63	2ARs 26/63	63/ 965	63/518			§ 42 JGG 13	
18/274	19. 2. 63	1StR 318/62	63/1209	63/855	63/605			

31) EJF C I 68.
32) SjE F 2 S 105.
33) RdJ 62/77; SjE F 2 S 103.
34) Zbl 63/291.

Amtl. Sammlung	Datum	Aktenzeichen	NJW	MDR	JZ	JR	LM Nr.	FN
18/290	13. 3. 63	2StR 570/62	63/1509	63/695	63/684	63/268	§ 6 StPO 5	
18/326	10. 4. 63	4StR 73/63	63/1214	63/614			§ 413 StPO 6	
18/349	20. 3. 63	2StR 577/62	63/1511	63/776			§ 192 GVG 2	
19/ 85	9. 8. 63	4StR 188/63	63/2378	63/944			§ 52 StPO 22	
19/170	6. 12. 63	2ARs 220/63	64/ 603	64/340			§ 58 JGG 2	
19/177	13. 8. 63	2ARs 172/63	64/ 506	64/340			§ 4 StPO 5	
19/196	24. 1. 64	1StR 297/60	64/ 674					

II. NJW

NJW	Datum	Aktenzeichen	LM	Sonstige Zeitschriften
51/ 450	2. 3. 51	1StR 44/50	§ 42b StGB 2	JZ 51/344
51/ 769	12. 7. 51	4StR 339/51	§ 155 StPO 1	
51/ 894	2. 8. 51	3StR 463/51	§ 410 StPO 1	
52/ 436	3. 1. 52	3StR 1153/51		
52/ 797	17. 4. 52	5StR 349/52	§ 140 StPO 3	
52/ 892	5. 6. 52	4StR 635/51	§ 358 StPO 5	
53/ 116	28. 10. 52	2StR 435/52	§ 140 StPO 6	
54/ 39	14. 10. 53	2StR 40/53	§ 23 StGB 1, 2	JZ 54/101
54/ 360	15. 1. 54	5StR 703/53		JR 54/149
54/ 522	2. 2. 54	5StR 686/53	§ 24 StGB 1	MDR 54/309; JZ 54/260
54/1775	7. 10. 54	4StR 216/54	§ 105 JGG 6	UJ 55/176
54/1775	27. 4. 54	3ARs 18/54		
56/1408	19. 7. 56	1StR 224/56	§ 105 JGG 8	EJF C I 5
56/1886	18. 10. 56	4StR 261/56	§ 252 StPO 10	JZ 57/99
57/1326	28. 6. 57	1StR 179/57	§ 247 StPO 7	MDR 57/626; JZ 58/316
57/1370	28. 6. 57	1StR 8/57	§ 354 I StPO 7	EJF D II 5
58/ 559	24. 10. 57	4StR 320/57		MDR 58/358
58/ 560	5. 2. 58	2ARs 13/58	§ 453 StPO 3	MDR 58/360
58/ 560	11. 2. 58	1StR 589/57	§ 357 StPO 10	JZ 58/375; MDR 58/359
58/2123	17. 4. 58	5StR 80/58	§ 51 II StGB 15	MDR 58/528
59/1500	16. 6. 59	1StR 261/59	§ 105 JGG 10	MDR 59/772, JR 59/427, EJF C I 54
59/1503	22. 5. 59	2ARs 72/59		
59/2315	22. 7. 59	4StR 250/59	§ 244 II StPO 21	MDR 59/858
60/2203	2. 9. 60	5StR 297/60	§ 355 StPO 1	MDR 61/78, JZ 60/757, JR 60/467
61/1220	21. 4. 61	4StR 15/61	§ 23 StGB 46	MDR 61/612, JZ 62/125
61/1636	20. 6. 61	1StR 211/61	§ 244 IV StPO 12	MDR 61/784

NJW	Datum	Aktenzeichen	LM	Sonstige Zeitschriften
62/261	1. 12. 61	3StR 11/61	§ 338Z6StPO11	MDR 62/151, JZ 62/501
63/166	16. 10. 62	1StR 383/62	§ 169 GVG 6	MDR 63/150, JZ 63/294
63/1963	14. 6. 63	4StR 210/63	§ 59 StGB 46	MDR 63/855
64/176	20. 10. 63	4StR 320/63		

III. MDR

MDR	Datum	Aktenzeichen	LM	Sonstige Zeitschriften
52/564	20. 12. 51	4StR 880/51		
54/694	29. 7. 54	4StR 276/54	§ 105 JGG 5	NJW 54/1617; JR 54/427
55/246	11. 1. 55	1StR 302/54	§ 48 JGG 1	
55/372	25. 2. 55	2StR 556/54	§ 105 JGG 6a	NJW 55/760; Zbl 55/214; UJ 55/368
55/433	31. 3. 55	4StR 68/55		
58/356	21. 1. 58	1StR 602/57	§ 37 JGG 1	NJW 58/639, EJF C I 36
59/507	21. 1. 59	4StR 523/58	§ 349 StPO 4	
60/938	19. 8. 60	4StR 182/60		

IV. JZ

JZ	Datum	Aktenzeichen	LM	Sonstige Zeitschriften
52/754	18. 9. 52	4StR 409/52	§ 358 StPO 7	
53/673	11. 8. 53	2StR 206/53	§ 42e StGB 4	NJW 53/1559; MDR 53/755; JR 54/65
56/101	13. 10. 55	4StR 372/55	§ 358 StPO 16	NJW 55/1847

V. JR

JR	Datum	Aktenzeichen	LM	Sonstige Zeitschriften
51/349	13. 2. 51	1StR 58/50	§ 252 StPO 1	NJW 51/283
54/149	8. 12. 53	5StR 540/53	§ 17 StPO 1	Zbl 55/57
54/271	29. 1. 54	1StR 632/53	§ 1 JGG 2	
55/189	1. 3. 55	5StR 34/55	§ 140 StPO 18	
61/111	14. 11. 61	5StR 445/61		

VI. GA

GA	Datum	Aktenzeichen
53/ 83	27. 11. 52	5StR 803/52
58/305	23. 1. 58	4StR 664/57
59/178	17. 11. 58	2StR 376/58
62/149	13. 12. 60	5StR 341/60
63/ 14	23. 1. 62	1StR 536/61

VII. VRS (zit. nach Bänden)

VRS	Datum	Aktenzeichen
13/125	6. 6. 57	4StR 159/57
21/335	29. 9. 61	4StR 307/61
25/427	11. 10. 63	4StR 434/63

VIII. LM

LM		Datum	Aktenzeichen	Sonstige Zeitschriften
§ 60	StGB 1	3. 11. 50	4StR 17/50	JZ 51/151
§ 244 II	StPO 1	27. 2. 51	1StR 73/50	
§ 244 III	StPO 2	6. 4. 51	2StR 84/51	
§ 103	JGG 1	21. 9. 54	5StR 170/54	NJW 54/1695
§ 67	JGG 1	11. 11. 55	1StR 309/55	NJW 56/520
§ 32	JGG 4	7. 6. 56	4StR 154/56	EJF C I 4
§ 109	JGG 2	9. 8. 56	1StR 269/56	EJF C I 6; Rpfl. 56/336; NJW 56/1607

IX. Weitere Fundstellen

1) Zbl	Datum	Aktenzeichen
63/264	6. 6. 63	2ARs 83/63

2) EJF	Datum	Aktenzeichen	Sonstige Zeitschriften
C I 3	15. 5. 56	5StR 127/56	
C I 7	10. 5. 55	5StR 189/55	Herlan GA 55/364, 56/346
C I 22	26. 3. 57	5StR 15/57	Herlan GA 58/47
C I 43	20. 2. 58	4StR 73/57	Dallinger MDR 58/566

3) Dallinger in MDR	Datum	Aktenzeichen	Sonstige Zeitschriften
53/273	23. 1. 53	2StR 863/52	
54/400	23. 10. 53	2StR 188/53	Herlan GA 54/308f
55/394	15. 2. 55	1StR 701/54	

4) Herlan in GA	Datum	Aktenzeichen	Sonstige Zeitschriften
54/309	26. 1. 54	1StR 632/53	
54/310	10. 12. 53	3StR 460/53	
55/364	26. 4. 55	1StR 94/55	Herlan GA 56/346
55/364	2. 6. 55	4StR 175/55	Herlan GA 56/345
56/346	29. 11. 55	5StR 526/55	
56/347	19. 7. 55	5StR 259/55	
56/347	6. 3. 56	2StR 39/56	
56/347	30. 5. 56	3StR 88/56	
59/ 47	3. 5. 55	3ARs 63/55	
59/ 47	25. 7. 56	2StR 283/56	
59/ 47	11. 3. 58	5StR 620/57	
59/ 48	19. 6. 58	4StR 191/58	
59/339	14. 10. 58	5StR 365/58	
59/340	4. 11. 58	5StR 434/58	
59/340	16. 12. 58	1StR 429/58	
59/340	30. 6. 59	2StR 280/59	
61/358	27. 11. 59	4AR 539/59	
61/358	13. 5. 60	4StR 93/60	
61/358	29. 11. 60	5StR 263/60	
61/358	13. 1. 61	4StR 507/60	
61/359	30. 3. 60	2StR 58/60	
63/105	17. 1. 62	2StR 552/61	
63/105	19. 6. 62	5StR 158/62	
63/106	5. 1. 62	2ARs 175/61	
63/106	16. 3. 62	4StR 27/62	
63/106	4. 7. 62	2StR 230/62	

B

Fundstellenverzeichnis der Entscheidungen des Bayerischen Obersten Landesgerichts

Amtl. Sammlung	Datum	Aktenzeichen	NJW	MDR	JZ	JR	EJF C I Nr.	Zbl.	FN
51/347	14. 3. 51	RR III 105/50			51/377				
51/452	27. 6. 51	RR III 170/51							
52/ 9	9. 1. 52	RR III 788/51			52/494				
54/ 51	25. 5. 54	BR 2St 30/54	54/1378						
54/152	17. 12. 54	RR 3St 112/53							
55/ 1	24. 1. 55	BR 3St 215/54	55/601	55/374	55/252	55/192		55/115	
55/ 53	30. 3. 55	RR 1St 141/55	55/959	55/373		55/272		55/142	
55/ 77	27. 4. 55	RR 1St 113/55							
55/160	4. 10. 55	RR 2St 293/55							
56/ 7	17. 1. 56	RR 2St 414/55							
56/163	13. 7. 56	RR 1St 609/56	56/1488	56/694			8	56/270	1)
56/253	27. 11. 56	RR 1St 195/56							
57/ 1	11. 1. 57	BR 3St 130/56	57/600		57/314		18	57/54	2)
57/ 21	20. 2. 57	RR1St1033/56	57/1161				14	57/245	
57/ 59	15. 3. 57	RR 3St 53/57	57/838		57/389		27	57/246	
57/ 83	8. 5. 57	RR 1St 63/56		58/500		57/303			
57/102	30. 11. 57	RR 4St 131/57				58/108			
57/118	12. 8. 57	RR 1St 198/57	57/1329	57/628	57/719	57/338	25	58/54	
57/165	29. 11. 57	2ARs 179/57	57/1566						
58/244	15. 10. 58	RR 1St 468/57		59/ 58					
58/263	28. 10. 58	RR 2St 529/58					52	59/ 29	
59/132	20. 5. 59	RR 1St 243/59				59/308	58	59/265	
59/143	29. 5. 59	RR 3St 149/58	59/1838						
59/168	10. 6. 59	RR 1St 133/59				59/349			
59/210	7. 7. 59	RR 2St 333/59						59/264	
60/122	1. 6. 60	RR 1St 96/60	60/2013				69	60/218	
60/147	8. 6. 60	RR 1St 238/60	60/2015	60/782		60/386	70	60/218	
60/271	10. 11. 60	RR 4St 239/60				61/ 31		61/ 32	3)
61/ 89	27. 3. 61	BR 4St 6/61	61/1415			61/353		61/186	4)
61/121	10. 5. 61	RR 1St 38/61	61/1829					61/219	5)
61/174	13. 7. 61	RR 4St 134/61	61/2029					61/307	6)

1) Rpfl. 57/80.
2) GA 57/147.
3) RdJ 61/189; SjE F 2 S 101.
4) SjE F 3 S 209.
5) RdJ 61/314; SjE F 7 S 653.
6) GA 62/58; SjE F 2 S 63.

Entscheidungen des Bayerischen Obersten Landesgerichts

Amtl. Samm-lung	Datum	Aktenzeichen	NJW	MDR	JZ	JR	EJF C I Nr.	Zbl.	FN
61/250	28. 9. 61	RR 4St 269/61						61/335	[7])
61/258	6. 10. 61	RR 2St 388/61						61/336	[8])
61/265	17. 10. 61	RR 2St 370/61							
62/ 1	10. 1. 62	RR 1St 671/61	62/1261						
62/ 85	4. 4. 62	RR 1St 738/61							
62/207	10. 9. 62	RR 4St 255/62	63/ 63						[9])
63/157	5. 6. 63	RR 1St 6/63							

Sonstige Fundstellen

1) NJW	Datum	Aktenzeichen	Sonstige Zeitschriften
55/ 601	24. 1. 55	AR 55/54	
59/2280	16. 10. 59	RR 2St 521/59	VRS 17/431
60/1682	26. 4. 60	RR 2St 106/60	DAR 60/238
61/ 576	20. 2. 61	RR 1St 55/61	
61/ 576	27. 2. 61	RR 4St 264/60	
64/1084	21. 2. 64	RR 1St 69/64	Rpfl. 64/176

2) JR 63/263 vom 22. 3. 63 Aktenzeichen: RR 2St 645/62

3) DAR 56/19 vom 5. 10. 55 Aktenzeichen: RR 1St 144/55

4) Dallinger-Lackner, Rechtsprechung zum JGG S 3 zu § 6: vom 28. 8. 57 Aktenzeichen: 1St 620/56

---

[7]) RdJ 62/41; SjE F 7 S 654c.

[8]) SjE F 3 S 268a.

[9]) RdJ 62/329.

Sachregister

Kolibri 360 GmbH
Ferdinand-Jühlke-Straße 7
99095 Erfurt, Deutschland
produktsicherheit@kolibri360.de